HISTOIRE DE CHARLES VII

PORTRAIT DE CHARLES VII

Musée du Louvre. École française, n° 053.
Ce portrait est décrit au tome IV, p. 80-81.

HISTOIRE
DE
CHARLES VII

PAR

G. DU FRESNE DE BEAUCOURT

Tome IV
L'EXPANSION DE LA ROYAUTÉ
1444-1449

Ouvrage honoré du Grand prix Gobert par l'Académie des Inscriptions
et Belles-Lettres

PARIS
LIBRAIRIE DE LA SOCIÉTÉ BIBLIOGRAPHIQUE
RUE DES SAINTS-PÈRES, 76

1888

LIVRE IV

CHARLES VII PENDANT LA TRÊVE AVEC L'ANGLETERRE

1444-1449

CHAPITRE I

LES EXPÉDITIONS DE SUISSE ET DE LORRAINE
CAMPAGNE DU DAUPHIN

1444

Allégresse générale à la nouvelle de la trêve avec l'Angleterre; après avoir délivré ses sujets des maux de la guerre, Charles VII veut les mettre à l'abri des routiers. — Ouvertures faites par Frédéric III, en lutte contre les Suisses, en vue d'obtenir un corps de troupes; après avoir échoué tout d'abord, il revient à la charge et demande le secours de la France; la campagne du Dauphin est décidée. — Véritable but de cette campagne; visées de la politique royale; la limite du Rhin; pendant que le Dauphin marche contre les Suisses, le Roi se décide à attaquer Metz. — Arrangements faits avec les Anglais après la trêve; négociations entamées pour la libération du comte d'Angoulême; appréciations de ce prince sur la situation; lutte d'influences autour du Roi. — Départ du Dauphin pour son expédition; concentration de l'armée à Langres; marche sur Montbéliard. — Effroi causé en Alsace par sa venue; entrée de l'avant-garde en Suisse; victoire de Saint-Jacques. — Négociations avec la ville de Bâle et les cantons suisses, bientôt suivies de la conclusion d'un traité d'alliance entre le Dauphin et les confédérés. — Attitude du roi des Romains à Nuremberg; ambassade envoyée au Dauphin; négociations entamées. — Le Dauphin s'installe à Ensisheim; ses troupes occupent la haute Alsace et se répandent dans la basse Alsace; Strasbourg est menacé. — Suite des négociations entre le roi des Romains et le Dauphin; ambassade de Charles VII; réponse du Dauphin aux plaintes de Frédéric. — Mesures militaires prises par ce prince; le Dauphin n'en poursuit pas moins sa marche en avant; il s'arrête au moment où l'on croit qu'il va attaquer Strasbourg. — Négociations entre le duc Albert d'Autriche et le Dauphin; on convient d'une suspension d'armes. — Le Dauphin quitte l'Alsace, après avoir assigné des cantonnements à ses troupes.

Si l'on veut se faire une idée de l'allégresse qui éclata de toutes parts à la nouvelle de la conclusion d'une trêve entre la France et l'Angleterre, il faut se rappeler la situation du royaume à cette époque. Les lignes suivantes du *Jouvencel* nous font entrevoir un coin du tableau : « En passant mon chemin, me trouvay en pays moult desolé et desert, pour tant que longtemps y avoit eu guerre entre les habitans du païs, qui moult estoient povres et en petit nombre ; car, pour vous dire, ce sembloit mieulx receptacles de bestes sauvaiges qu'il ne sembloit estre habitacion de gens[1]. » Une vie nouvelle s'ouvre, en quelque sorte, pour ces populations réduites au désespoir. Tel un condamné, qui, après une longue captivité au fond d'une sombre prison, voit tout à coup tomber ses fers; avec quelle ivresse ne s'empare-t-il pas de ces biens incomparables dont, depuis tant d'années, il était privé : l'éclat du jour, les splendeurs de la nature, la liberté, la tranquillité, la paix! Dans tout le royaume, et jusque dans les provinces occupées par l'ennemi, la joie est immense, indicible[2]. Les communications se rétablissent comme par enchantement; les haines s'effacent; une sécurité inconnue succède à des périls incessants. Chacun reprend les travaux abandonnés avec autant de confiance que si une paix perpétuelle avait été conclue. Les terres en friche sont mises en culture ; les villages se repeuplent ; les marchands se livrent à leur négoce, et l'on s'étonne de pouvoir traverser sans encombre les terres restées anglaises. Hommes et femmes sortent en foule des villes pour se répandre sur les routes, visiter les lieux de pèlerinage et accomplir les vœux faits dans des jours d'angoisse. On voit des vieillards à cheveux blancs rechercher la trace de leurs demeures et s'efforcer de reconnaître les lieux associés aux joies, aux malheurs, aux désastres d'un passé déjà lointain. Chacun contemple avec bonheur ces forêts, ces champs, tout incultes et déserts qu'ils soient, ces vertes prairies, ces fleurs, ces sources, ces ruisseaux, toutes ces merveilles de la nature qu'un grand nombre, enfermés depuis leur enfance dans l'enceinte des villes, ne connaissent que par ouï-dire[3]. Chose merveilleuse ! Des gens ennemis la veille, ne respirant que le sang et la vengeance, oublient soudain leurs querelles pour se tendre une main

---

1. *Le Jouvencel*, par Jean de Bueil, publié pour la Société de l'histoire de France par MM. L. Lecestre et Camille Favre, t. I, p. 19.
2. « ... immensa et, quæ vix referri possit, lætitia. » Thomas Basin, t. I, p. 161.
3. « Juvabat et silvas videre, et agros, licet ubique pene squalentes et desertos, viventia prata, fontesque atque amnes, et aquarum rivulos, de quibus quidem a multis, qui urbium claustra nunquam exierant, fama duntaxat, experimento vero nulla notitia habebatur. » Thomas Basin, p. 162.

amie, s'asseoir à la même table, prendre part en commun à des festins et à des danses. Les gens de guerre des deux partis en font autant, se félicitant d'avoir échappé à de tels périls. Partout ce ne sont que réjouissances publiques, feux de joie, processions solennelles, chants du *Te Deum*; les cris mille fois répétés de *Noël! Noël!* retentissent d'une extrémité à l'autre du royaume [1].

Dans ce concert unanime, quelques voix discordantes se font pourtant entendre : certains regrettent que Charles VII n'ait pas poursuivi les hostilités, estimant que la trêve sera plus profitable aux Anglais qu'aux Français [2].

Mais ce n'était point assez de mettre le pays à l'abri des maux de la guerre; il fallait le délivrer en même temps d'un fléau non moins redoutable, les ravages des routiers. Que faire de ces terribles bandes dont l'indiscipline avait jusque-là résisté à tous les efforts? L'unique préoccupation du Roi fut de les éloigner du royaume. Nous allons voir comment il y parvint.

Dès l'année précédente il avait reçu des ouvertures du duc Frédéric d'Autriche, roi des Romains, alors en lutte avec les Suisses. Depuis longtemps la plupart des cantons avaient secoué le joug des ducs d'Autriche. Lors de son couronnement à Aix-la-Chapelle (17 juin 1440), Frédéric avait hautement manifesté l'intention de rentrer en possession des pays jadis soustraits à la domination de ses prédécesseurs. Ce jour-là même, des négociations, entamées secrètement avec des représentants du canton de Zurich, aboutirent à une alliance. De concert avec le nouveau roi des Romains, Zurich, la ville directoriale, posait les bases d'une confédération des cantons sous la direction suprême des ducs d'Autriche [3]. Peu après (19 sep-

---

1. Voir sur ce soudain et merveilleux changement, Thomas Basin, t. I, p. 161-62 ; *Chronique de Mathieu d'Escouchy*, t. I, p. 5-6 ; *Registres capitulaires de la cathédrale de Rouen*, cités par Ch. de Beaurepaire, les *États de Normandie*, p. 83, note ; *Journal d'un bourgeois de Paris*, p. 371, etc.

2. Voir Mathieu d'Escouchy, p. 8.

3. Voir *Die Eidgenössischen Abschiede aus dem Zeitraume von 1421 bis 1477*, n° 217. Cf. Pfister, *Histoire d'Allemagne*, t. VI, p. 205-6, et Müller, *Histoire de la Confédération suisse*, t. V, p. 269 et 274-81.

tembre), Frédéric fit solennellement son entrée dans cette ville, au milieu des acclamations populaires ; la communauté lui prêta le serment de l'Empire et jura d'observer le traité d'Aix-la-Chapelle[1]. Dans l'assemblée des députés des cantons confédérés, tenue à Constance, Frédéric, sollicité de confirmer, à l'exemple de son prédécesseur Albert, les franchises des cantons, ne voulut point y consentir ; il déclara qu'auparavant il fallait que les choses fussent remises en l'état où elles étaient avant la paix de cinquante ans[2]. C'était ranimer de vieilles susceptibilités. Furieux de se voir refuser ce qu'ils considéraient comme un droit, les confédérés s'assemblèrent à Bade (1er avril 1443), en présence du margrave Guillaume de Hochberg, gouverneur au nom de la maison d'Autriche dans la Souabe et les contrées voisines. « Zurich peut-elle, au moment où le roi des Romains refuse aux Suisses la confirmation de leurs franchises, maintenir son étroite union avec lui, contrairement au sentiment unanime des Confédérés, sans violer les alliances perpétuelles ? » telle fut la question posée à l'assemblée par les représentants des cantons. Elle ne pouvait être tranchée que par les armes. La guerre contre Zurich commença aussitôt : Schwyz en donna le signal ; Lucerne, Uri et Unterwalden entrèrent en campagne, bientôt suivis par Glaris, Zoug, Berne et Soleure. De leur côté le margrave et les seigneurs autrichiens déployèrent leurs bannières, et la mêlée devint générale[3].

Le margrave de Hochberg, voyant Zurich attaquée par la Confédération tout entière, voulut s'assurer le secours des princes de l'Empire : il n'obtint de succès qu'auprès des deux comtes de Wurtemberg. La situation troublée de l'Allemagne ne permettait pas de compter sur l'intervention de Frédéric III. Le margrave résolut de s'adresser au duc de Bourgogne. Mais Philippe répondit : « J'ai déjà reçu pareille demande des Confé-
« dérés. Je connais trop leur insolence à l'égard de la maison
« d'Autriche pour leur donner mon appui ; mais, avant de
« secourir le roi des Romains, j'attendrai l'exécution de ses

---

1. Müller, t. V, p. 291-92.
2. Voir Müller, t. V, p. 300 ; cf. t. IV, p. 159.
3. Müller, t. V, p. 325 et suiv.

« promesses au sujet des fiefs impériaux des Pays-Bas et aussi
« du Luxembourg, sur lequel j'ai d'incontestables droits[1]. »

Informé par son représentant du refus du duc de Bourgogne,
Frédéric prit le parti de s'adresser au Roi de France. Invoquant auprès de lui la cause de tous les rois, de tous les seigneurs, contre des sujets, des vilains, qui osaient attaquer la ville impériale de Zurich et outrager par là le Saint-Empire, il demandait à Charles VII de pouvoir prendre à sa solde, à des conditions déterminées, un certain nombre de ces *Armagnacs* qui guerroyaient en France. Par ce moyen il pourrait éteindre un incendie dont tous les rois éprouveraient sans cela un notable dommage.

La lettre du roi des Romains, rédigée par le célèbre Ænéas Sylvius, alors son secrétaire, porte la date du 22 août 1443[2]. On a aussi une lettre du jeune Sigismond, duc d'Autriche, fiancé à Radegonde de France, écrite dans les termes les plus pressants[3].

Pierre de Mörsperg, porteur des deux messages, ne réussit point dans sa mission : Charles VII fit une réponse dilatoire. Mais la Reine profita de l'occasion pour donner une marque de sympathie à son futur gendre : elle lui envoya une haquenée[4].

Sur ces entrefaites une trêve fut conclue entre le margrave de Hochberg et la ville de Zurich, d'une part, et les Confédérés, de l'autre ; elle devait durer jusqu'au 23 avril 1444[5]. Le margrave mit ce temps à profit. Dans une diète des seigneurs et communautés de Thurgovie, il fit déclarer (3 novembre 1443) que si le roi des Romains n'envoyait de prompts secours, les États de l'Autriche antérieure, y compris l'Alsace, se verraient dans l'obligation de se donner au duc de Bourgogne. Devant cette menace, Frédéric sortit de son inaction. Il hypothéqua ses seigneuries pour lever des troupes ; il fit des démarches de

---

1. Müller, t. V, p. 359.
2. Le texte est dans Schoepflinus, *Alsatia diplomatica*, t. II, p. 371. Cf. Müller, *l. c.*, p. 360-61 ; Barante, t. VII, p. 183-84.
3. Lettre du 21 août 1443 : original, Le Grand, vol. 4 (Fr. 6963), f. 1 ; éditée par Schoepflinus, *l. c.*, p. 372. — Sigismond n'avait alors que seize ans.
4. Mandement de la Reine en date du 6 septembre 1443. Ms. fr. 20118, n° 31.
5. Müller, t. VI, p. 14.

plusieurs côtés, à Zurich, en France, à la cour de Bourgogne[1]. L'ambassadeur envoyé près de Charles VII eut mission formelle de solliciter son assistance contre les Suisses[2].

C'était le moment où venaient d'être entamées avec l'Angleterre des négociations pour la conclusion d'une trêve. Charles VII n'hésita pas, cette fois, à accueillir les ouvertures du roi des Romains[3]. Il fut décidé qu'une armée, composée tout ensemble de gens de guerre français et anglais[4], serait envoyée, sous les ordres du Dauphin, pour prêter main-forte à la maison d'Autriche[5]. Des mesures furent prises aussitôt dans ce but[6]. Nous avons une lettre écrite par la Reine peu après le moment où la chose avait été résolue : le jeudi après la Pentecôte (4 juin 1444) elle s'adressait au margrave Jacques de Bade pour lui annoncer le prochain départ du Dauphin, à la tête d'une nombreuse armée, et lui donner l'assurance qu'elle faisait tous ses efforts pour épargner les horreurs de la guerre aux États du margrave et du comte Palatin[7], et qu'elle avait à cet égard la promesse

---

1. Müller, t. VI, p. 22-23.
2. « En l'an mil CCCCXLIIII, le Roy des Romains et ses frere et neveux, ducz d'Autriche, voyans la grande hostilité, destruccion, invasion de persecution de gens et de païs que les Suisses avoient faiz et portez, faisoient et portoient incessamment en la seigneurie d'Autriche, eurent par plusieurs foiz requis ou fait requerir le Roy nostre dit souverain seigneur, par leurs ambaxeurs et lettres expresses, de leur envoyer aide et secours pour leur aider à resister à l'entreprise desdiz Suisses. » Instructions de Charles VII en date du 24 janvier 1447, publiées par Tuetey, les Écorcheurs sous Charles VII, t. II, p. 154. Cf. les Remontrances du 13 mars 1445, Id., ibid., p. 139.
3. Il est fait mention dans les comptes de la présence d'un ambassadeur allemand à Tours. (Sixième compte de Jean de Xaincoins, dans le ms. 685 du Cabinet des titres, f. 83.) Il est question en outre, de l'envoi d'un matériel de guerre fait, en 1443-44, par « le duc d'Autriche : » un huissier d'armes du Roi fut chargé de conduire de Tours à Lyon « un chariot plein de cranequins, targes, salades et autres menues choses envoyées par le duc d'Autriche au Roy. » (Id., ibid., f. 85.)
4. C'est ce qui résulte de ce passage de Berry (p. 425) : « En ce temps conclut le Roy en son Conseil qu'on envoyeroit les gens d'armes de France, tant François comme Anglois, pour vivre en Allemagne et faire guerre cependant que les trêves dureroient et demeureroient en leur vertu. »
5. On lit dans Adrien de But (Chroniques belges, p. 275) : « Hoc tempore medio rex Francorum ordinavit tam Francos quam Anglicos, cum Delphino primogenito suo, dirigere versus Almaniam, quorumdam occasione qui Francos infestaverunt alia parte... »
6. Les comptes nous donnent quelques renseignements à ce sujet : Pierre de Fontenil fut envoyé en Picardie; Robert d'Estouteville à Granville; Olivier de Couvran et Olivier de Broon reçurent 300 l. t. « pour tirer leurs gens de Granville et les mener en certain voyage à eux ordonné. » Sixième compte de Xaincoins, l. c., f. 84.
7. Marie d'Anjou s'intéressait à ces deux princes à un double titre : Jacques, margrave de Bade, avait épousé Catherine de Lorraine, sœur d'Isabelle, mariée à René d'Anjou,

du Roi et de son fils : « Quand vous apprendrez, disait-elle, que le Dauphin s'avance, allez à sa rencontre et rappelez-lui cette promesse : il la tiendra, car je l'ai reçue de sa bouche[1]. »

Le but que se proposait Charles VII, en cédant aux sollicitations de Frédéric III, n'était pas seulement d'entretenir — conformément au style de la chancellerie royale — les anciennes alliances et les relations d'amitié de la Couronne avec les ducs d'Autriche[2]. Il voulait surtout, suivant une énergique et fort juste expression, « oster le mauvais sang qui si longtemps avoit altéré le corps de son royaume[3]. » Dans une lettre du mois d'octobre suivant, adressée aux habitants de Reims, le Roi laissait entendre clairement son intention : « Vous savez, disait-il, les grans et comme innumerables charges que, pour le fait de la guerre, nous avons eu et avons à supporter, et mesmement pour descharger nostre païs de Champagne et autres pays de nostre obeissance des gens de guerre qui y vivoient, à la grande charge et dommaige de nos subgets d'iceulx païs, et envoier et entretenir hors de nostre royaume lesdictes gens de guerre, à ce que plus ne retournent en nostre dit païs pour y faire les dommaiges qu'ilz ont accoustumé de y faire[4]. » Il s'agissait donc — comme à ce moment le Dauphin le faisait écrire aux bonnes villes, en sollicitant leur

---

lequel était donc beau-frère du margrave; Louis de Bavière, comte Palatin du Rhin, était à la veille d'épouser Marguerite de Savoie, veuve de Louis III, roi de Sicile, et par conséquent belle-sœur de la Reine.

1. Nous ne possédons cette lettre que dans un texte allemand publié par Fugger, *Ehrenspiegel*, etc., éd. de Birken, p. 650.

2. « Icelui nostre souverain seigneur, considerant les grandes amour, affinitez et alliances qui tous jours avoient esté entre luy et les dessusdiz (Frédéric, Albert et Sigismond), et desirant ensuivre les bons et loüables faiz de ses predecesseurs, aussi en faveur de son beau filz le duc Sigismond d'Autriche, leur voulant à tout son povoir secourir et aider... » Instructions citées plus haut.

3. C'est à tort que certains historiens (et en particulier M. de Barante) ont placé cette expression dans la bouche du Roi ; elle est du président Fauchet. Voir *Origines des chevaliers, armoiries et herauts*, etc., recueillies par Claude Fauchet, à la suite des *Antiquitez Gauloises et Françoises*. Paris, 1610, in-4, p. 527.

4. Original, aux archives de Reims. Cf. les lettres patentes du 6 janvier 1445 (Archives, K 68, n° 9), publiées par M. Tuetey, *les Ecorcheurs*, etc., t. I, p. 307, note ; une lettre du Dauphin aux habitants de Senlis, en date du 17 juillet 1445, dans *Lettres de Louis XI*, t. I, p. 21 ; enfin un passage de Thomas Basin, t. I, p. 161-65, et celui de Berry, cité plus haut.

concours financier — de « jeter les gens d'armes hors du royaume[1]. »

Les contemporains les mieux informés ne se méprirent pas sur le véritable dessein du Roi : le témoignage du commandeur de Saint-Antoine de Viennois à Issenheim[2] est, à cet égard, précieux à recueillir. Dans une relation adressée le 5 septembre 1444 aux bourgeois de Strasbourg, il s'exprimait en ces termes : « Voici la cause de la venue dans nos contrées de ces étrangers, telle que je l'ai apprise des principaux d'entre eux, dignes de toute créance. Une fois la paix ou la trêve conclue entre les rois de France et d'Angleterre, il était à craindre qu'il ne fût plus possible de licencier ces compagnies sans exposer à un massacre ceux qui auraient voulu les chasser de force et sans risquer la destruction totale du territoire. En conséquence, le Roi tint conseil avec les grands du royaume et agita cette grave question. Enfin, ayant eu connaissance des dissentiments qui s'étaient élevés de nos côtés entre les nobles et quelques communes, il prit la décision d'envoyer ces gens de guerre au secours du duc d'Autriche, afin d'en purger le sol de la France, et le Dauphin leur fut donné pour chef, avec d'autres seigneurs, de peur qu'ils ne se figurassent être expulsés du royaume. Sous couleur de ce, ils sont entrés et espèrent rester dans ces parages jusqu'à la fin des trêves existantes entre les susdits rois, c'est-à-dire une année et demie. Pendant ce temps ils pourront faire beaucoup de mal, si Dieu n'y pourvoit[3]. »

On pourrait citer d'autres témoignages, tels que ceux de Cosme de Médicis et d'Æneas Sylvius, attestant que, avant

---

1. Communication faite, à la date du 21 juillet 1444, aux habitants de Mâcon. Canat, *Documents inédits pour servir à l'histoire de Bourgogne*, p. 115.
2. M. Tuetey nous dit (t. I, p. 274) qu'il n'a pu retrouver le nom de ce personnage ; il nous paraît résulter de documents conservés aux archives de Strasbourg (AA 180), et enregistrés dans l'*Inventaire* imprimé (t. I, p. 65), qu'il s'appelait Jean Berthonelli. Ses lettres nous apprennent en outre qu'il était neveu de l'évêque de Mondovi (Aymeri Segaud), l'un des prélats du Concile qui séjournaient encore à Bâle.
3. Lettre du commandeur d'Issenheim aux habitants de Strasbourg, en date du 5 septembre 1444, dans Tuetey, t. II, p. 511 et suiv. Passage traduit par l'auteur, t. I, p. 198.

toutes choses, Charles VII voulait mettre son royaume à l'abri des excès d'une soldatesque sans frein[1].

Est-ce à dire que, soit au début de la campagne, soit au cours de la double expédition dont le récit va suivre, d'autres visées ne se soient présentées à l'esprit du Roi ? Sans admettre, comme n'a pas craint de le prétendre un historien célèbre[2], que, dans une sorte de manifeste, Charles VII ait déclaré hautement qu'il se sentait d'autant plus disposé à répondre favorablement à la requête des princes de la Maison d'Autriche, que, depuis bien des années, la France avait été injustement dépouillée de sa frontière naturelle, le Rhin, et qu'il était de son devoir de la rétablir[3], nous pouvons supposer que le Roi ne voulut point négliger une si belle occasion d'étendre, du côté de l'Allemagne, l'influence et la suprématie de sa Couronne.

C'était, en effet, une antique tradition que le royaume de France avait comme limite, sinon le Rhin, au moins la Meuse et l'Escaut. En énonçant le fait, dans sa description du royaume, le héraut Berry montre bien que cette tradition était encore en pleine vigueur. Après avoir décrit la frontière et parcouru le littoral de la Méditerranée, depuis la rive droite du Rhône jusqu'à Lyon, il ajoute : « Et de là est formé du fleuve de Sonne (Saône) dudit Lyon jusqu'à Louseu (Luxeuil), ès marches de

---

[1]. Dans une lettre de Cosme de Médicis à Sforza, en date du 20 décembre 1444, publiée par Osio (*Documenti diplomatici*, etc., t. III, p. 350-51), on lit : « L'andata del Dalfino nella Magna... è per tenere quelle genti d'arme fuori del reame. » Cf. lettre de Gerolamo di Siena au duc de Milan, en date du 15 juillet 1444 (Id., ibid., p. 308). — Æneas Sylvius dans le chap. xxxix de son *Europæ Status* (ap. Freher, 3ᵉ édit., t. II, p. 136), s'exprime ainsi : « Ut Franciam militaribus spoliis atque incendiis diu agitatam tantisper sineret requiescere. »

[2]. Müller, *Histoire de la Confédération suisse*, t. VI, p. 83 (suivi par M. de Barante, dans son *Histoire des ducs de Bourgogne*, t. VII, p. 180).

[3]. Müller a rédigé ce prétendu manifeste à l'aide de passages empruntés à de vieux auteurs allemands, tels que Schilter (*Remarques sur la chronique de Königshoven*, p. 1002) : « Und liess andeuten dass Strasburg und die gantze Landschaft hin an Rhein zu Frankreich gehörten, » et Wimpheling (*Germania ad remp.*, dédicace) : « Vendicare velle jura domus Galliæ, quæ usque ad Rhenum extendi debeat ; qua de causa urbem Argentinam obsessuram se asserebat. » Mgr Héfélé s'est fait, de nos jours, l'interprète de ce sentiment : « L'intention du Dauphin, dit-il (*Histoire des Conciles*, t. XI, p. 635), n'était pas tant de combattre les Suisses que de s'emparer, au bénéfice de la France, de la rive gauche du Rhin. »

Lauraine. Et près de là commence le fleuve de la Meuse, dont ledit royaume est farmé contre les Allemaignes jusques à la conté de Henault et au païs du Liège. Et à une journée de là est farmé du fleuve de l'Escault, qui part d'enprès Bouhain en Cambrexis jusques à la mer de Flandres où tumbe ledit fleuve. » — « Les paroles du héraut Berry, dit M. Aug. Longnon, auquel nous empruntons cette citation, ont ici une autorité incontestable, car elles nous apprennent ce que le monde officiel d'alors considérait, non seulement comme les frontières naturelles du royaume, mais aussi comme les limites qu'avait assignées à la France un traité déjà vieux de six siècles, le traité de Verdun de 843, que les juristes de la fin du moyen âge invoquaient fréquemment, sans en connaître, plus que nous, le texte, qui probablement ne leur eût pas toujours donné raison[1]. »

Nous avons parlé de la limite du Rhin. Certains esprits, plus aventureux que le sage Berry, ne craignaient pas d'affirmer comme un fait incontestable que, dans l'entrevue de Vaucouleurs entre Philippe le Bel et l'empereur Albert, celui-ci avait, avec le consentement de ses barons, accordé au roi de France que les limites du royaume qui, depuis le partage de Charles le Chauve, n'allaient que jusqu'à la Meuse, s'étendraient désormais jusqu'au Rhin. Boutaric, dans sa savante étude sur Philippe le Bel[2], et après lui, un érudit distingué, dans un mémoire sur les relations de la France avec l'Allemagne au quatorzième siècle[3], ont reconnu l'existence d'un traité secret attestant à la fois les visées ambitieuses du roi de France et le consentement tacite donné par l'empereur à la réalisation de ses desseins. Telle fut sans doute l'origine des prétentions dont nous rencontrerons plus loin l'expression.

En même temps qu'une armée formidable était envoyée,

---

1. *Les limites de la France*, dans la *Revue des questions historiques*, t. XVIII (1875), p. 415-16.
2. *La France sous Philippe le Bel*, p. 398-400.
3. *Recherches critiques sur les relations politiques de la France avec l'Allemagne de 1292 à 1378*, par Alfred Leroux. Paris, 1882, gr. in-8, p. 103-108. Cf. l'opuscule du D₁ Janssen : *Frankreichs Rheingelüste und deutsch-feindliche Politik in früheren Jahrhunderten*, 2ᵉ édit. (Fribourg-en-Brisgau, Herder, 1883), p. 2 et suiv.

sous les ordres du Dauphin, pour guerroyer sur les rives du Rhin, le Roi allait entreprendre en personne une expédition contre la ville impériale de Metz.

Les historiens lorrains racontent, et tout le monde répète après eux, que, vers le mois de mai 1444, Isabelle, duchesse de Lorraine, voulant se rendre à Pont-à-Mousson pour gagner les indulgences accordées par le Pape Eugène IV à ceux qui feraient le pèlerinage de saint Antoine, se fit précéder par ses bagages. Les habitants de Metz, depuis de longues années créanciers de la maison d'Anjou pour des sommes importantes, ne manquèrent pas une si belle occasion de se nantir d'un gage : ils firent main basse sur les chariots de la duchesse, et les emmenèrent, sous bonne escorte, dans leur cité. Isabelle eut beau réclamer : les Messins déclarèrent qu'ils ne rendraient les bagages que contre le paiement des sommes dues, en capital et intérêts. Furieuse, la duchesse serait venue aussitôt en Anjou pour se plaindre à son époux, et, sur les instances du roi René, l'expédition aurait été décidée [1].

Cette anecdote a tous les caractères d'une fable. Il est établi qu'Isabelle n'était pas alors en Lorraine [2], car elle ne quitta l'Anjou qu'à la fin de l'année ; le fait, en le tenant pour exact, n'a donc pu se passer en 1444. Quoi qu'il en soit, le roi René avait de sérieux griefs contre Metz, et c'est sur son initiative que la campagne fut entreprise [3].

Avant d'entamer le récit de cette double expédition, il faut nous arrêter un instant aux arrangements pris avec les Anglais, au lendemain du traité du 28 mai.

---

1. *Histoire de Metz*, par les Bénédictins, t. II, p. 612 ; *Histoire de Lorraine*, par D. Calmet, nouv. édit., t. V, p. 486-87.

2. Les comptes du trésorier du roi René établissent qu'Isabelle était encore en Anjou au mois d'octobre 1444, époque où elle reçut un message de son mari (Extraits du 10e compte d'Étienne Bernard, dans le ms. 685 du Cabinet des titres, f. 80). Au mois d'août, Guillaume l'Auvergnac, huissier d'armes du Roi, était envoyé à Angers vers la reine de Sicile, porteur de lettres closes de Charles VII (Sixième compte de Xaincoins, *Id.*, f. 85).

3. Voir Thomas Basin, t. I, p. 163. — Voici comment Jean Chartier raconte les choses (t. II, p. 43) ; on remarquera qu'il ne souffle mot de l'incident de la duchesse : « Lesdictes tresves données..., supplia au Roy de France le Roy de Secille qu'il lui

Une ambassade, composée de Pierre de Brezé et de Jean Havart, partit pour Rouen, où se trouvait encore le comte de Suffolk[1]. Une convention fut signée pour régler la façon dont seraient établis les impôts destinés à remplacer les *appatis* ou contributions de guerre[2]; on échangea les lettres de ratification du traité de Tours[3]; on prit des mesures pour assurer la stricte observation de la trêve[4]; enfin on s'occupa de la libération du comte d'Angoulême, que le duc d'Orléans poursuivait en ce moment même auprès de Suffolk[5].

Tout enfant — il avait alors douze à treize ans — Jean d'Orléans, comte d'Angoulême, avait été, en vertu du honteux traité de Buzançais (14 novembre 1412), remis comme otage aux mains des Anglais[6]. Depuis ce temps il était demeuré prisonnier en Angleterre. Doué d'une force d'âme et d'une piété peu communes, il avait attendu patiemment l'heure de la délivrance, livré à l'étude des saintes Écritures et à des travaux littéraires[7].

pleust donner confort, secours et aide à conquerer la ville de Metz en Lorraine et autres certaines places adjacentes estans oudit pays, lesquelles lui estoient rebelles et desobeissans, combien qu'elles soient de son propre domaine, comme il disoit. »

1. Nous voyons dans le Sixième compte de Jean de Xaincoins que Pierre de Brezé fit plusieurs « menus voyages » en juillet 1444. Il reçut à ce moment 500 l. t. « pour soustenir ses despens. » Cabinet des titres, 685, f. 80 v° et 82.

2. Il est fait allusion à cette convention, dont nous n'avons pas le texte, dans les instructions du duc de Bourgogne à ses ambassadeurs en date du 4 mars 1445. — Des lettres de Charles VII, en date du 15 juillet 1444, portent réglementation sur la matière (Archives du Nord, B 1538). Le 28 juillet suivant, le Roi nomma un receveur général des deniers levés à ce propos (*Idem*). — Un voyage de Jean Havart, de Sens à Vernon et à Rouen, « pour le fait des ordonnances des apatis, » est mentionné dans le compte cité ci-dessus (f. 81 v°).

3. Les lettres de ratification de Henri VI sont datées du 27 juin 1444. Rymer, t. V, part. I, p. 139.

4. Le duc d'Orléans, le comte de Vendôme, Pierre de Brezé et Bertrand de Beauvau, seigneur de Précigny, signataires du traité, agirent d'abord comme conservateurs de la trêve (Voir acte du 8 juillet 1444, dans Doat, 9, f. 303). Peu après Dunois fut nommé conservateur général de la trêve.

5. Le 5 juillet, le duc d'Orléans faisait payer au comte de Dunois 50 écus d'or par lui avancés à Cognac, poursuivant d'armées du comte d'Angoulême, pour être allé de Tours, le lendemain de la Pentecôte (1er juin), à Rouen, en la compagnie du comte de Suffolk, et de là vers le comte d'Angoulême à Cherbourg, pour l'affaire de la délivrance de ce prince. British Museum, *Additional Charters*, n°s 476 et 3980; cf. n° 3982.

6. Voir tome I, p. 253. — Le comte d'Angoulême était né, non le 26 juin 1404, comme l'ont dit tous les historiens, mais entre le 1er mai 1399 et le 1er mai 1400, ainsi qu'il résulte des recherches d'un élève de l'École des Chartes, M. G. Dupont-Ferrier, qui prépare une thèse sur le comte d'Angoulême.

7. Voir la *Vie du très illustre et vertueux prince Jean comte d'Angoulême*, par Jean du Port (1589), réimprimée en 1842 par M. Eusèbe Castaigne (in-8 de xxxii-112 p.).

Au moment où s'ouvrirent les négociations de 1444, le comte d'Angoulême fut amené à Cherbourg. Aussitôt arrivé, il s'empressa d'écrire à son frère pour le supplier de s'employer activement à sa libération [1]. Le comte se trouvait être le prisonnier du duc de Somerset; or Suffolk avait une grande influence sur ce prince. Le duc d'Orléans et Dunois ne tardèrent point à tomber d'accord avec le comte de Suffolk : le 12 mai fut signé à Tours un acte par lequel, moyennant le paiement immédiat au duc de Somerset d'une somme de douze mille saluts d'or et l'engagement de verser une somme de soixante mille saluts (engagement souscrit par les ducs d'Alençon et de Bourbon, le comte de la Marche, le comte de Dunois et le sire de Lohéac), le comte d'Angoulême devait être mis en liberté [2].

Sur ces entrefaites, le duc de Somerset vint à mourir (17 mai). De là des difficultés nouvelles, qui préoccupaient à juste titre le comte d'Angoulême : il écrivit (11 juin) d'une façon très pressante au duc d'Orléans et à Dunois pour leur tracer la marche à suivre [3]; il adressait en même temps au premier des conseils et des observations qui méritent d'attirer notre attention.

« Monseigneur mon frère, disait-il, comme celui qui plus doit aimer votre bien et honneur, je vous écris mon avis qui est tel : il est de nécessité, pour le bien de la paix que vous avez commencée et dont vous avez l'honneur, que vous vous

---

[1]. Lettre entièrement autographe, datée de Cherbourg le 9 avril. Archives, K 64, n° 37¹⁷. C'est à tort que M. Vallet, qui mentionne cette lettre dans son édition de la *Chronique de Cousinot* (p. 90, note 1), lui donne la date de 1445.

[2]. Ce document, qui se trouve en copie contemporaine dans le ms. fr. 2811, n° 19, a été publié dans la *Revue des documents historiques*, t. IV, p. 21.

[3]. « Très chier et très amé frère bastard, écrivait le comte à Dunois, veuilliés savoir que ay sceu... l'appointement qui, par vostre bon moyen, a esté prins avecques mon cousin de Southfolz touchant mon fait. L'appointement est très bon, ce ne fust l'inconvenient de la mort du duc de Somerset, mon maistre..., et ne rompera point, se la faute ne vient de nostre costé... Et pour que, par Coingnac, je ay sceu plusieurs choses, et que principalement par vostre moyen ma delivrance ce treuve, et ce elle sortit effet à ceste fois je congnois que vous en estes cause, sy vous prie, et tant affectueusement que plus puis, que à ce ne vueilliés rien espargner, et prendre en vous entièrement toute la conduite de la chose, laquelle je vous balle comme à celuy à qui j'ay et doy avoir plus parfaite confiance. » — Texte copié par M. Rathery sur l'original et publié dans la *Revue des documents historiques*, t. IV, p. 22, note. — Voir la procuration donnée le 9 juin par le comte. Archives, K 68, n° 6.

teniez près du Roi, et que, pour nulle occupation, vous ne vous en absentiez ; car en cet article gît l'avancement de la paix, votre honneur et profit, et ma délivrance. Pour acquérir l'amour du royaume et pour tirer le Roi des mains où il est, faites que, par votre moyen, l'ameniez à Paris. Que toute diligence soit faite que le mariage du roi d'Angleterre soit consommé, et pour cause. Faites que, pour l'évacuation des gens d'armes de notre parti, vous soyez secondé et qu'on vous prête assistance pour avoir votre héritage de Lombardie. Plaise vous moi aider à cette fois, car onques n'en eûtes tel marché ; si mes amis me manquent à cette fois pour si peu, je me tiens pour abandonné.... Faites que le Roi me fasse quelque don sur Tournai ou sur autre place pour m'acquitter par deçà, car je sais que, quand il me verra, il m'aidera[1]. »

Le 28 juin, le comte d'Angoulême écrivait encore à Dunois relativement aux scellés des princes et aux douze mille saluts qu'il avait à payer ; il ajoutait en *post-scriptum :* « Je voudrais que vous vous tinssiez à la cour du Roi plus que ne faites, car à mon avis ce serait votre profit et notre grand bien[2]. »

Ces lettres jettent un jour nouveau sur les intrigues qui s'agitaient alors à la Cour ; elles révèlent le mécontentement qu'excitait, chez certains princes du sang, l'ascendant pris par Pierre de Brezé et par d'autres personnages. Gruel nous apprend que, pendant le séjour de Charles VII à Saumur, dans l'automne de 1443, l'amiral de Coëtivy fut éloigné de la Cour, et que Pierre de Brezé « entra au gouvernement, » en compagnie de Jamet de Tillay et de Jean de Maupas, seigneur du Mesnil-Simon, dit le *Petit-Mesnil*[3]. C'est évidemment à cette

---

1. Original autographe, réintégré aux Archives nationales (K 64, n° 37²⁰), par les soins de M. Léopold Delisle, qui a publié, en 1881, le texte de cette curieuse lettre dans la *Bibliothèque de l'École des chartes,* t. XLV, p. 103. Voir tirage à part : *Deux lettres de Bertrand du Guesclin et de Jean le Bon, comte d'Angoulême* (Paris, Champion, 1881, in-4 de 7 p. avec fac-similé). — Nous avertissons, une fois pour toutes, que souvent les textes donnés dans ces pages sont un peu rajeunis, afin d'en faciliter la lecture ; ce n'est que dans les notes que nous reproduisons scrupuleusement l'original.
2. Texte publié dans la *Revue des documents historiques,* t. IV, p. 23, d'après l'original, faisant partie de la collection de M. Eugène Minoret.
3. Gruel, p. 395.

révolution de palais, et peut-être aussi à la récente faveur d'Agnès Sorel, que le comte d'Angoulême fait allusion. Ce qui n'est pas douteux, c'est que les influences que ce prince redoutait ne tardèrent point à prévaloir : sa délivrance se trouva retardée de plusieurs mois, et les projets d'intervention en Lombardie, mis en avant par le duc d'Orléans, furent écartés [1]. Pourtant Charles VII ne se refusa point à seconder par les voies diplomatiques les desseins de son cousin d'Orléans : Gaucourt, envoyé à Nuremberg vers le roi des Romains, fut chargé de défendre les intérêts du duc d'Orléans et de faire des ouvertures relativement au mariage du comte d'Angoulême avec une princesse de la maison d'Autriche [2].

Dans les premiers jours de juin, le Dauphin partit pour se mettre à la tête de l'armée qu'il devait conduire contre les Suisses. Depuis quelques mois on n'avait cessé de diriger des

---

1. Il est fait allusion en ces termes aux projets agités alors, dans les Réponses du Dauphin aux remontrances du roi des Romains durant la campagne de Suisse et d'Alsace : « Item devroit considérer le roi des Romains que monseigneur le Dauphin, à la puissance de ses gens d'armes, peut donner secours et ayde au Roy de Sicile son oncle contre ses ennemis qui sont prochains du royaume, et aussy recouvrer plusieurs lieux et seigneuries du royaume qui sont tenus et occupez par aucuns princes; lesquelles choses avoit et a bien à cuer ledit monseigneur le Dauphin. » Tuetey, t. II, p. 132. — Dans un autre document, émané de la chancellerie royale, il est dit : « Le Roy n'avoit que faire d'envoyer mon dit seigneur et ses gens audit païs d'Alemaigne..., car assez avoit à les employer, s'il eust voulu, sur ses ennemis et adversaires et de son royaume, et aussi pour le Roy de Sicile, son frère, au recouvrement de son royaume. » Tuetey, t. II, p. 147.

2. Voir les instructions données par le duc d'Orléans à Gaucourt, au mois de juillet 1444. — Ces instructions, qui se trouvent en original, aux Archives, K 58, n° 2, parmi les pièces du règne de Charles VI, ont été récemment publiées par le comte Albert de Circourt dans les *Documents luxembourgeois concernant le gouvernement du duc Louis d'Orléans* (T. XL des *Publications de la section historique de l'Institut royal grand ducal de Luxembourg*; tirage à part : Luxembourg, imprimerie de la Cour, 1886, gr. in-8, p. 93-95). On voit dans ce document que le comte d'Angoulême, qualifié de « quarte personne de la couronne de France, » devait être élargi le 1er novembre suivant. Gaucourt était également chargé de se plaindre au roi des Romains du tort fait au duc d'Orléans relativement au duché de Luxembourg et au comté de Chiny, sur lesquels il avait un gage de 56,937 fr. d'or; que le duc Louis, son père, avait payés comptant jadis au marquis de Moravie, en priant Frédéric de l'aider à faire valoir son droit, « et luy estre bon seigneur et parent quand il le requerra; » enfin Gaucourt devait rappeler que le duc Louis avait prêté à l'empereur Wenceslas une somme de 30,000 fr. d'or, quand celui-ci était venu en France, et que cette somme n'avait jamais été remboursée.

gens de guerre et de l'artillerie vers l'est de la France[1]. Avant son départ, le jeune prince reçut, soit pour lui, soit pour le paiement de ses troupes, des sommes importantes[2]. Le 2 juillet, il était à Mehun-sur-Yèvre[3]; le 6, à la Charité[4]; le 20, il faisait son entrée dans la ville de Langres, assignée comme lieu de rendez-vous à son armée[5]. Là il reçut une ambassade du margrave Guillaume de Hochberg et des seigneurs autrichiens, chargée d'exposer la situation critique de Zurich et de demander une prompte assistance[6]. Il en reçut une autre du comte Palatin du Rhin, venant le prier de ne rien entreprendre contre

---

[1]. Nous avons la trace de voyages faits par ordre du Roi pour faire venir les troupes qui se trouvaient en Saintonge, en Limousin et en Périgord (Sixième compte de Xaincoins, *l. c.*, f. 81 et 85 v°). Les gens de guerre qui avaient fait la campagne contre le comte d'Armagnac furent dirigés vers l'est. Cela résulte de lettres de rémission où sont racontés les désordres commis par eux et les attaques dont ils furent l'objet (Archives, JJ 177, n°s 61 et 202). Le Roi fit distribuer, au mois de juin, 2,082 l. 10 s. aux troupes venant de Gascogne « ès marches de France, » pour « garder que icelles n'entrassent ne feissent leur passage » par le Limousin (Ms. fr. 21405, f. 37). Le 18 mai, on menait de Dieppe à Saint-Quentin de l'artillerie destinée au Dauphin (*Catalogue Joursanvault*, n° 149).

[2]. « Monseigneur le Dauphin, 2,000 l. t. pour don et 4,000 l. t. pour conduire les gens d'armes hors des pays obeissans au Roy en autres pays pour vivre durant la trève prise avec les Anglois. » — « Monseigneur le Dauphin, 2,000 l. t. pour son voyage qu'il faisoit en Allemagne. » Sixième compte de Xaincoins, *l. c.*, f. 81 v° et 83. — Le Dauphin fit donner quittance de 8,000 l. par Jean de la Borderie, maître de sa chambre aux deniers, les 8 et 31 mai. « A Anthoine Raguier, huit mille livres pour le payement des gens d'armes qui alloient lors en la compagnie de monseigneur le Dauphin au voiage qu'il faisoit en aucunes parties d'Allemagne. » Extraits de comptes dans Le Grand, vol. 6, f. 224, publiés par M. Charavay dans le t. I des *Lettres de Louis XI*, p. 189.

[3]. Compte de Jean de la Borderie, maître de la chambre aux deniers du Dauphin, dans Le Grand, vol. 6, f. 278 v°. — Il résulte de lettres patentes du Dauphin conservées aux archives de l'Isère et utilisées par M. l'abbé U. Chevalier pour son *Itinéraire de Louis XI dauphin*, que le jeune prince se rendit en Bourbonnais au mois de juin. On a la trace de son passage à Saint-Pourçain du 15 au 22 juin.

[4]. Lettre missive datée de cette ville. (*Lettres de Louis XI*, t. I, p. 16.) Le 8 juillet le maréchal de Bourgogne envoyait une ambassade au Dauphin « sur les marches de la rivière de Loire. » (Collection de Bourgogne, 51, f. 208.) Le 9 on passait à Semur la montre de la compagnie du maréchal, « pour resister aux escorcheurs estant à la Charité et à l'entour. » (Canat, *l. c.*, p. 411.)

[5]. C'est la date que donne M. Tuetey dans son savant ouvrage *les Écorcheurs sous Charles VII* (t. I, p. 168), d'après une lettre du 26 juillet adressée par un bourgeois de Montbéliard au magistrat de Strasbourg et tirée des archives de cette ville. Il y a aux mêmes archives (AA 185) une lettre de Jean d'Esch, en date du 24 juillet, annonçant que le Dauphin est à Langres à la tête de cinquante mille chevaux. Cf. Janssen, *Frankfurts Reichscorrespondenz*, t. II, p. 60.

[6]. Cette ambassade se composait de Jacques, comte de Lützelstein, Pierre de Mörsperg, Sivery de Feningen, Martin de Halmestadt, etc. Tuetey, t. I, p. 172; t. II, p. 100; Instructions du 21 janvier 1447, dans le Portefeuille 96 de Godefroy, à la Bibliothèque

ce prince et les siens[1] ; une autre du conseil du duc de Bourgogne à Dijon, ayant mission de faire « plusieurs remontrances, » et de présenter douze queues du meilleur vin de Bourgogne[2]. Enfin arriva un envoyé des comtes Louis et Ulrich de Wurtemberg, avec l'offre d'une forte somme d'argent pour prévenir l'occupation du comté de Montbéliard[3].

A la date du 28 juillet, la concentration de l'armée était opérée : elle comptait au moins trente mille hommes[4] ; mais, dans ce nombre, s'il faut en croire un auteur contemporain, il n'y avait guère plus de six à sept mille combattants « de bonne estoffe et conduite[5]. » Le reste se composait d'un ramassis d'aventuriers de tous pays, attirés par l'espoir du gain, de valets et de pages; on y voyait même des femmes : un témoin oculaire affirme qu'il y en avait plus de deux mille[6]. Un matériel considérable d'artillerie, qu'on avait fait venir à grands frais, devait permettre d'entreprendre au besoin le siège des places. Autour du Dauphin se trouvaient réunis les principaux capitaines qui avaient figuré dans la lutte contre les Anglais : Jean, seigneur de Bueil, lieutenant et capitaine général du jeune prince; Philippe de Culant, seigneur de Jalognes, maré-

de l'Institut. Cf. Remontrances des ambassadeurs français envoyés à Boppart, dans Tuetey, t. II, p. 139. — M. Tuetey nous reproche (t. II, p. 161 note) d'avoir cité, dans notre édition de Mathieu d'Escouchy (voir t. I, p. 16 et 19), les instructions du 21 janvier au lieu des lettres de créance du 1er mars. Il nous permettra, à notre tour, de lui signaler l'omission, dans son livre, de *quatre paragraphes* des instructions du 21 janvier contenant les passages visés par nous (ces paragraphes auraient dû prendre place au tome II à la suite de la p. 151). Les deux documents sont d'ailleurs identiques, sauf quelques variantes, lesquelles ne portent point, comme le pense M. Tuetey (t. I, p. 270), sur les prétendues additions relatives à la bataille de Saint-Jacques et aux premières ambassades allemandes, qui ne sont autres que le texte des quatre paragraphes omis par lui.

1. Il est fait mention de cette ambassade dans une relation allemande en date du 18 septembre. L'ambassade revint le 23 août à Spire. *Urkunden und Schriften betreffend den Zug der Armagnaken*, publié par Wülcker dans les *Mittheilungen aus dem Frankfurter Stadt-Archive* (1873, in-4), p. 37 et 28.
2. Collection de Bourgogne, 21, f. 83 v°; et 51, f. 208.
3. Tuetey, t. I, p. 172 et 199.
4. Voir l'excellent exposé de M. Camille Favre dans son *Introduction historique* placée en tête de l'édition du *Jouvencel*, t. I, p. xcvii.
5. Mathieu d'Escouchy, t. I, p. 11.
6. Dans une lettre de Hans Druck, en date du 8 août, on lit qu'il y en avait bien six mille. Une lettre de Jean d'Esch, secrétaire de la ville de Metz, en date du 9 août, mentionne, d'après un trompette envoyé à Langres, la présence de deux mille femmes. Tuetey, t. I, p. 151.

chal de France ; Charles, seigneur de Culant; Amanieu d'Albret, seigneur d'Orval; Robert de Sarrebruck, seigneur de Commercy; Antoine, vicomte de Clermont; Antoine de Chabannes, Jean Sanglier, Robinet d'Estouteville, Gilles de Saint-Simon, Robert de Brezé, et les routiers les plus fameux : les deux Brusac, Blanchefort, Salazar, Lestrac, L'Espinasse, La Hire le jeune, le Roucin, Jean de Ravenel, Pierre Aubert, Dimanche de Court, etc., etc. Le Dauphin avait à ses côtés Pierre de Bourbon, seigneur de Beaujeu. Sa maison était là presque tout entière : Amaury d'Estissac, premier chambellan; Gabriel de Bernes, Aymar de Poisieu dit Capdoral, et Rogerin Blosset, maîtres d'hôtel; Joachim Rouault, premier écuyer; Jean de Daillon, seigneur de Fontaines; Jean, seigneur de Montejean, Louis de Bueil, Guy de Chaourses, seigneur de Malicorne, chambellans[1]. Comme gardes du corps, le Dauphin avait quatre cents Espagnols, sous les ordres de Chausse de Sanac[2]. Des Bretons, des Écossais et un contingent important d'Anglais, sous les ordres du célèbre Mathew Gough[3], figuraient parmi ses troupes.

L'armée s'ébranla dans les premiers jours d'août[4]. Ces hordes indisciplinées s'avancèrent par la Franche-Comté, dévastant tout sur leur passage, commettant les plus effroyables excès. Le Dauphin était le 6 août à Jonvelle, où il reçut une nouvelle ambassade du margrave Guillaume, le pressant au nom du roi des Romains de se hâter et mettant toutes les places à

1. Voir l'énumération faite par M. Tuetey, t. I, p. 157-161. C'est par erreur qu'il nomme (p. 160) Jean de Bourbon, comte de Clermont, qui était près de Charles VII et contresigna les lettres données à Épinal le 11 septembre. Ce n'est pas ce prince que le commandeur d'Issenheim désigne (t. II, p. 517) sous le nom de *Dominus de Claromonte, baro*, mais Antoine, seigneur et vicomte de Clermont, auquel le Dauphin donna, par lettres du 21 juillet, une somme de 300 florins (Clairambault, 152, p. 3835). Sur d'autres gratifications faites par le Dauphin, voir Tuetey, t. I, p. 179.
2. Voir un document publié dans les *Preuves de la Chronique de Mathieu d'Escouchy*, p. 93.
3. Mathew Gough n'arriva qu'après le 15 septembre; mais, dès le mois de juillet, il y avait, sous les ordres de trois capitaines, un corps qui ne comptait pas moins de six mille hommes. Janssen, *Frankfurts Reichscorrespondenz*, t. II, p. 69; Relation du commandeur, dans Tuetey, t. II, p. 518.
4. Le 2 août, le margrave de Bade écrivait à la ville de Strasbourg que le Dauphin s'avançait à la tête de quarante mille chevaux, avec quatorze cents voitures portant l'artillerie et les échelles. Archives de Strasbourg, AA 187.

sa disposition[1] ; vers le 10, il était à Luxeuil, et le 12 à Lure. Sur ces entrefaites eut lieu (15 août), à Altkirch, une conférence entre ses représentants, d'une part, le lieutenant du margrave et les seigneurs autrichiens, de l'autre, afin d'arrêter définitivement les stipulations relatives à la campagne : il fut convenu que le logement et les vivres seraient fournis pour vingt-cinq mille chevaux ; on consigna dans une cédule l'indication des villes et forteresses où les troupes seraient logées[2]. Malgré l'opposition de certains de ses conseillers, le Dauphin voulut occuper Montbéliard, qui lui offrait une place de retraite pour ses gens ; le 17, à Dampierre-sur-le-Doubs, fut signée une convention réglant les conditions auxquelles la ville serait remise entre ses mains pendant une durée de dix-huit mois[3]. Il y fit son entrée le 19, et y donna audience à une troisième ambassade du margrave[4], venant exposer les dangers de la situation : Zurich était à la veille de se rendre ; le 12 août, les Suisses avaient mis le siège devant Farnsburg, château situé sur le versant nord du Farnsberg, à dix kilomètres de Leistal ; il fallait à tout prix hâter la marche de l'armée. Un conseil de guerre fut tenu le 20, pour délibérer sur le plan de campagne. Attaquerait-on Bâle tout d'abord ? Se porterait-on directement sur Zurich ? Il fut décidé qu'une partie de l'armée serait détachée pour faire lever le siège de Farnsburg ; Jean de Bueil en prit le commandement, et partit aussitôt[5].

Le dimanche 23 août, le Dauphin, à son tour, quitta Montbéliard, y laissant une garnison de trois cents hommes. Tandis

---

1. Elle se composait de Pierre de Mörsberg, Sivery de Feningen, et Martin de Halmestadt. (Tuetey, t. I, p. 174 ; t. II, p. 160. Cf. Instructions du 24 janvier 1447, passage omis par M. Tuetey.) — On lit dans une lettre d'Henri de la Tour à Jean d'Esch : « Embassadeurs bien notables ly estoient venus du duc d'Otheriche qui le hastoient, car ilz lui avoient apporté lettres de par lui et lui offre toutes ses places pour obéir à lui comme à lui meismes. » (Tuetey, t. II, p. 507.)

2. Ce point important est nettement établi par les documents. Voir Tuetey, t. I, p. 185 ; t. II, p. 120 et 140 ; cf. p. 507.

3. M. Tuetey donne (t. I, p. 204) la traduction de cet acte d'après le texte allemand conservé aux archives du Bas-Rhin. — Le 16 août, le Dauphin était aux Granges (canton de Villersexel). Collection de Lorraine, 8, n° 65.

4. Instructions du 24 janvier (passage omis par M. Tuetey), dans le Portef. 96 de Godefroy à la Bibliothèque de l'Institut ; cf. Tuetey, t. II, p. 161.

5. Voir le récit de M. Camille Favre, l. c., p. ci-cii. Cf. Tuetey, t. I, p. 115-10.

que son armée traversait la haute Alsace pour aller rejoindre l'ennemi, il s'arrêta au château de Wallighoffen.

Chacun, en Alsace et dans les pays environnants, se demandait avec anxiété quels étaient ses desseins. Le terrible passage des écorcheurs en 1439 avait laissé de sinistres souvenirs. La terreur était universelle. Depuis quelque temps les bruits les plus alarmants ne cessaient de circuler[1]. En présence d'un péril qui chaque jour devenait plus menaçant, chacun ne songeait qu'à se mettre en mesure de repousser l'agression[2]. Les plus clairvoyants avaient, plusieurs mois à l'avance, poussé le cri d'alarme, et désigné l'Allemagne comme le but qu'on voulait atteindre[3]. D'une ville à l'autre on se communiquait les nouvelles, on grossissait à plaisir le nombre des envahisseurs, on les voyait déjà se portant sur le Rhin[4]. La

---

1. Chose curieuse, dans les deux années qui précédèrent la campagne du Dauphin, de vagues rumeurs s'étaient répandues en Alsace. De tous côtés on s'attendait à l'invasion d' « un peuple étranger » (ein frömde Volck). Voir, entre autres documents, une lettre de la ville de Colmar à l'évêque de Strasbourg, en date du 28 septembre 1442, dans le *Cartulaire de Mulhouse*, publié par M. X. Mossmann, t. II, p. 105. Cf. *Matériaux pour servir à l'histoire de l'invasion des Armagnacs*, tirés des archives de Colmar, par le même, dans la *Revue d'Alsace*, nouvelle série, t. IV (1875), p. 155 et suiv. — Dès le 14 juin 1443, le margrave de Bade signalait aux magistrats de Strasbourg un rassemblement des Armagnacs (Armen Yecken) du côté de Metz, et leur promettait son assistance. Archives de Strasbourg, AA 187. Cf. Tuetey, t. I, p. 144.

2. Au mois de juin 1444, à Strasbourg, on s'occupait à mettre les forteresses en état de défense (lettres du 11 juin : Archives de Strasbourg, AA 188). — Au mois de juillet, deux diètes furent convoquées à Molsheim, l'une par l'évêque de Strasbourg, l'autre par le comte Palatin du Rhin, afin de résister aux écorcheurs (Mossmann, dans la *Revue d'Alsace*, l. c.).

3. Dès le 7 février 1444, le comte de Fribourg, gouverneur du duché de Bourgogne, écrivait au margrave Guillaume de Hochberg : « Sachez, cher frère, que les écorcheurs se sont rassemblés et que leur projet est d'envahir le pays allemand, comme vous l'apprendrez par la copie (que je vous envoie présentement) d'un ordre que le roi de France a envoyé à ses capitaines, lequel ne m'a été communiqué qu'aujourd'hui. Par cela vous comprendrez bien qu'ils ont l'intention d'entrer dans le pays d'Allemagne... » (Texte allemand, aux Archives de Strasbourg, AA 183.) — Le 2 juillet, le margrave de Bade écrivait à l'ammeister et au sénat de Strasbourg : « Nous avons reçu un message de la reine de Sicile, par lequel nous comprenons à n'en pouvoir douter que l'intention du Dauphin est de se porter en Allemagne avec un grand corps d'armée. » (*Id., ibid.*, AA 187.)

4. Le 5 juin 1444, Jean d'Esch, secrétaire de la ville de Metz, annonçait à l'ammeister de Strasbourg qu'un rassemblement de troupes se formait en Lorraine (*Id.*, AA 183). — Le 11 juin, l'ammeister enregistrait les nouvelles suivantes : Les « troupes étrangères » étaient au moins trois fois plus fortes qu'à leur première invasion ; elles étaient à trois ou quatre journées de marche au delà de Nancy, et leur nombre augmentait journellement ; le bruit courait qu'elles voulaient entrer en Alsace pour se porter sur le Rhin

croyance générale était que le Dauphin voulait s'emparer de Strasbourg[1]. On lui prêtait l'intention de détruire Bâle, d'exterminer ensuite les Suisses, enfin d'étendre sa domination sur toute la région[2]. A Bâle, on s'attendait à soutenir un siège : à la première nouvelle des ravages commis par les écorcheurs, les magistrats s'empressèrent d'écrire au Dauphin (22 août) pour se plaindre de tels excès et manifester leur étonnement d'être traités en ennemis[3]. A Spire, où l'on croyait toute la haute Alsace déjà au pouvoir des écorcheurs, on faisait provision d'armes et de munitions[4].

La marche en avant du Dauphin justifiait toutes ces craintes. Loin de tenir compte du message des Bâlois, il vint faire une reconnaissance sous les murs de leur ville (25 août), « en habit dissimulé, » et avec une faible escorte. Il fut accueilli, paraît-il, par des coups d'arquebuses, tirés des remparts, qui blessèrent plusieurs personnes autour de lui[5].

Cependant l'avant-garde de l'armée française, guidée par

---

soit par en haut, soit du côté de Lutzelbourg (*Id.*, AA 188). Le 14 juin, Jean d'Esch écrivait à l'ammeister de Strasbourg : « Il y en a qui nous ont écrit qu'ils croient que ces troupes, ou la plus grande partie d'entre elles, ont l'intention d'envahir l'Alsace, et il y en a qui croient qu'elles veulent aider à combattre les Suisses. » (*Id.*, AA, 185.)

1. Dans une lettre du 21 juillet, Jean d'Esch disait qu'on prêtait au Dauphin le dessein d'assiéger Strasbourg, pour réunir à la France cette ville qui, d'après les anciennes chroniques, lui avait appartenu. (*Id.*, AA 185.) — Le 21, il écrivait : « Les uns lui supposent l'intention d'envahir le territoire de Metz ; les autres pensent qu'il se jettera sur l'Allemagne. » (*Id., ibid.*; cf. autre lettre de même date, dans Janssen, *Frankfurts Reichscorrespondenz*, t. II, p. 60.)

2. A la date du 19 août, le commandeur d'Issenheim écrit : « Volui a nobis meis et amicis perscribere quid iste dominus intendat facere ; nihil aliud sentio, nisi quod velit primo Basileam destruere et deinde Suitenses totaliter confundere et demum in Alamania regnare. » (Tuetey, t. II, p. 509.) — On lit dans la chronique de Mutius (ap. Pistorius, *Rerum germanicarum Scriptores*, 3e édit., t. II, p. 910 : « Circa haec tempora Delphinus, magnis copiis per Gallias et Brittaniam contractis, ingressus est Germaniam, praecedebant de ejus proposito varii et diversi rumores. Ferebant quidam venisse contra confederatos Helvetiorum, imperiumque totum quoque arma sumpturum, quam primum Delphinus aggrederetur eos. Erat etiam fama propterea primum coactos, ut disturbarent concilium Basiliense, Eugenium papam magnam summam pecuniae in eam rem expendisse. Nec deerant qui dicebant ipsum venire ut reciperet omnia quae ad Galliam pertinebant usque ad Rhenum, obsessurumque Argentinam et alias civitates in ea Rheni ripa. Et hoc probabile erat et propterea muniebant se urbes, militesque ad se accipiebant. »

3. Voir le texte de la lettre dans Tuetey, t. I, p. 214 note ; cf. lettre du magistrat de Bâle à la ville de Strasbourg du 24 août. Archives de Strasbourg, AA 191.

4. Lettres du bourgmestre de Spire en date du 23 août, dans Wülcker, *l. c.*, p. 28.

5. Tuetey, t. I, p. 234 (avec la date du 24 ; cf. t. II, p. 512) ; Favre, *l. c.*, p. cxi-cxv.

Burckardt Mönch de Landscrono et par d'autres seigneurs autrichiens, après avoir passé le 23 devant Bâle, s'avançait dans la direction de Liestal. Dans la nuit du 25 au 26 août, les Suisses qui, quelques jours auparavant, avaient renforcé le corps de troupes occupé devant Farnsburg, se décidèrent à marcher au devant de l'ennemi[1]. Les Français, sous les ordres d'Antoine de Chabannes et de Salazar, avaient franchi la Birse et étaient déjà parvenus jusqu'à Muttenz et Pratteln, à quatre heures de marche de Farnsburg. Au petit jour, ils furent attaqués par environ trois mille fantassins. Les avant-postes durent se replier sur Muttenz. Là s'engagea une première action, où nos soldats furent défaits et contraints de repasser la Birse. Enivrés par leur victoire, les Suisses, sans tenir compte ni des instructions reçues au départ de Farnsburg ni des ordres réitérés des chefs, franchirent à leur tour la Birse. Jean de Bueil, avec sa cavalerie et le gros de l'armée, occupait une très forte position sur un plateau situé à moins d'un kilomètre de la rivière. Voyant l'ennemi monter à l'assaut, il lança en avant une partie de ses hommes d'armes. Après une lutte acharnée, qui se prolongea jusqu'au soir, et dont le théâtre principal fut la maladrerie de Saint-Jacques, les Suisses, accablés par le nombre, exterminés par l'artillerie, succombèrent pour la plupart[2].

La bataille de Saint-Jacques eut pour résultat immédiat la levée des sièges de Farnsburg et de Zurich. Les troupes de Bueil, lancées aussitôt en avant, s'arrêtèrent à la nouvelle de la double retraite opérée par les assiégeants[3]. Bâle, qui avait fait de formidables préparatifs, n'avait pas osé, malgré l'ardeur guerrière d'une partie de la population, se porter au secours des confédérés. Les habitants, retranchés derrière

---

1. Nous suivons le récit de M. Camille Favre, qui résume tous les témoignages.
2. Sur la bataille de Saint-Jacques, voir Mathieu d'Escouchy, t. I, p. 19-21 ; Jean Chartier, t. II, p. 45; Th. Basin, t. I, p. 182; Tuetey, les Écorcheurs sous Charles VII, t. I, p. 217-235 ; Müller, Histoire de la Confédération suisse, t. VI, p. 91-111 ; et surtout Camille Favre, Introduction historique de l'édition du Jouvencel, chap. VII.
3. Cela résulte des instructions du 13 avril 1445. Voir le texte dans Tuetey, t. II, p. 128; cf. p. 141. Un document cité par M. Tuetey (t. I, p. 237) montre que l'on s'était avancé jusqu'à Balsthol et Waldenbourg.

leurs murailles, laissèrent passer un corps d'environ six mille chevaux qui, se détachant de l'armée, se répandit sur les deux rives du Rhin, dans la direction du Brisgau, où plusieurs villes furent occupées[1]. Les paysans d'outre-Rhin, tout d'abord, avaient accueilli les Français comme des libérateurs, comme des « envoyés de Dieu » venant les délivrer du joug des Bâlois[2]; ils ne tardèrent pas à être cruellement désabusés : à la modération dont, paraît-il, les écorcheurs avaient fait preuve au début, succédèrent les excès trop habituels à ces gens avides de sang et de pillage. Aussi furent-ils fort maltraités, et bien vite obligés de rétrograder[3].

Le Dauphin était resté étranger à l'action engagée sur la Birse. De Wallighoffen, où il se trouvait pendant la bataille, il se rendit à Altkirch, où les blessés avaient été transportés. C'est là que, le 31 août, il reçut une députation des Pères de Bâle et des bourgeois, où figuraient les cardinaux d'Arles et de Saint-Calixte[4], l'évêque de Bâle, plusieurs prélats, le bourgmestre de la ville et de notables bourgeois. Le cardinal d'Arles prit la parole et exprima l'étonnement que causait la venue du fils aîné du Roi, de l'héritier du trône, dans le dessein d'envahir une ville où le saint concile avait combattu pour la foi, ville paisible, remplie de toute justice et vertu. Le succès d'une telle entreprise ne manquerait pas d'amener la

---

1. Ces troupes, commandées par le damoiseau de Commercy et Jean de Montgomery, s'emparèrent, d'un côté, de Rheinfelden et Laufenburg; de l'autre, de Säckingen et Waldshut. Lettre de Jean Kunig, en date du 30 août, aux archives de Strasbourg, AA 190; Lettre du bourgmestre de Bâle en date du 10 septembre, et autres lettres des 14, 18 et 20 septembre, dans Wülcker, *l. c.*; p. 34-39; Relation du commandeur d'Issenheim, dans Tuetey, t. II, p. 513. Cf. Janssen, *Frankfurts Reichscorrespondenz*, t. II, p. 68.
2. « Elles (ces troupes) se comportèrent si modestement pendant huit jours que les habitants, tout réjouis, croyaient déjà avoir mis à leurs pieds la ville de Bâle. Les populations de ces villes voulurent aller au devant d'elles avec le Saint-Sacrement, disant que c'étaient des envoyés de Dieu. » Beinheim, dans Ochs, *Gesch. von Basel*, cité par M. Ch. Monnard dans l'édit. franç. de Müller, t. VI, p. 116, note 22.
3. Voir à ce sujet la relation du commandeur d'Issenheim, dans Tuetey, t. II, p. 513; Müller, t. IV, p. 116-17, et les documents publiés par Wülcker, *l. c.*
4. Il n'est pas admissible, comme le dit M. Tuetey (t. I, p. 240), qu'un de ces cardinaux ait été « Jean de Torquemada, cardinal de Sainte-Calixte (*sic*), théologien du pape Eugène IV. » Comment un cardinal attaché à la personne du Pontife romain aurait-il pu être à Bâle à ce moment? Il s'agit évidemment de Jean de Ségovie, créé par Félix V cardinal du titre de Saint-Calixte. C'est le *Johannes de Bogonia* (?) dont parle Chmel, *Geschichte K. Friedrich IV*, t. II, p. 233 note.

destruction complète de la foi chrétienne et de l'Église catholique ; ce serait le déshonneur perpétuel de la maison de France [1].

Sans même consulter son Conseil, le Dauphin répondit sur-le-champ : « Je suis venu, non pour jeter le trouble dans l'Église, que, à l'exemple de mes ancêtres, je veux défendre jusqu'au sang, mais pour réduire les adversaires de mon frère et allié le duc d'Autriche, qui jadis a été uni à ma sœur. Si la ville de Bâle est l'adversaire du duc d'Autriche et l'alliée de ses ennemis, je l'attaquerai de tout mon pouvoir, et je la soumettrai à l'autorité du duc d'Autriche. Que la ville de Bâle renonce à son alliance avec les Suisses, qu'elle me fasse obéissance et me donne satisfaction pour mes dommages et dépens ; enfin qu'elle promette de ne rien faire à l'avenir contre la maison d'Autriche ; je la laisserai en paix [2]. » La députation repartit le lendemain, après avoir conclu une trêve de huit jours, pendant laquelle les négociations devaient se poursuivre.

Le 6 septembre, Jean de Bueil et Gabriel de Bernes se rendirent à Bâle pour conférer avec les représentants de la cité, auxquels se joignirent les Pères du Concile, l'évêque de Bâle et les envoyés de Berne et de Soleure : « Quel est votre
« seigneur et maître ? demandèrent aux Bâlois les envoyés du
« Dauphin. Car vous devez avoir un seigneur, comme nous-
« mêmes nous en avons un. » Gabriel de Bernes fit un long exposé des griefs du Dauphin : il se plaignit d'abord de la façon dont ce prince avait été reçu quand il avait paru sous les murs de Bâle : on avait tiré sur lui et tué plusieurs de ses gens ; grave insulte qui ne pouvait rester impunie. Il déclara ensuite que, de toute antiquité, la ville de Bâle était sous la protection du royaume de France, comme cela ressortait clairement de

---

1. Relation du commandeur d'Issenheim, dans Tuetey, t. II, p. 513-14 ; cf. t. I, p. 211-12 ; Lettre du magistrat de Bâle dans Müller, *Reichstag Theatrum*, p. 232, et Relation anonyme dans Wülcker, *l. c.*, p. 37 et suiv. — L'évêque qui prit la parole après le cardinal d'Arles était, non l'évêque de *Montréal*, comme le dit M. Tuetey (p. 211), mais l'évêque de *Mondovi*.

2. Relation contemporaine allemande publiée dans *Amtliche Sammlung der ältern Eidgenössischen Abschiede*, t. II, n° 279. Je suis l'analyse donnée par M. Tuetey, *l. c.*, t. I, p. 213.

plusieurs actes et instruments. « Les circonstances difficiles où
« le Roi s'est trouvé placé dans ces derniers temps lui ont
« fait négliger l'exercice de son droit, mais son dessein est de
« faire revivre ces anciennes traditions. J'ai donc mission de
« demander que la ville de Bâle prête serment et fasse hom-
« mage à Monseigneur le Dauphin, lequel ensuite confirmera
« les libertés et privilèges de la ville et lui en accordera
« d'autres[1]. »

Les délégués du Conseil de ville répondirent à l'ambassadeur. L'irruption dans le pays d'une armée qui ne cachait pas
ses projets sur la ville de Bâle justifiait à elle seule et excusait
pleinement les actes d'hostilité dont le Dauphin se plaignait.
Quant au lien avec la Couronne qu'il prétendait leur imposer,
ils le repoussaient avec indignation, déclarant qu'ils ne reconnaissaient aucunement ce prétendu droit, qu'ils n'avaient
jamais eu à l'égard de la France la moindre relation de dépendance, et qu'ils ne devaient point en avoir[2].

La conférence dura huit jours. Quand les négociations furent
assez avancées, une nouvelle ambassade se rendit près du
Dauphin, à Ensisheim, où il avait établi sa résidence. Là fut
conclue, à la date du 13 septembre, une trêve de vingt jours
avec les communes confédérées de Bâle, Berne et Soleure[3].
Cette suspension d'armes fut notifiée le 20 septembre par
Gabriel de Bernes, muni des pleins pouvoirs du margrave
Guillaume, à tous les capitaines de l'armée du Dauphin et aux
seigneurs qui avaient envoyé des lettres de défi aux villes de
Bâle, Berne et Soleure. En même temps le Dauphin donna des
lettres de protection à l'évêque de Bâle et à deux seigneurs du
pays. La ville de Zurich ne voulut point être comprise dans la
trêve[4].

---

1. *Amtliche Sammlung*, t. II, p. 180 ; lettre de Hans Rote, bourgmestre de Bâle, en date du 11 septembre, dans Wülcker, p. 31.
2. Dans sa lettre du 11 septembre, adressée aux députés réunis à Nuremberg, Hans Rote déclarait que les Bâlois résisteraient, avec l'aide de Dieu, à de telles prétentions ; exprimait l'espoir que le roi des Romains et la diète de Nuremberg interviendraient pour empêcher ce dessein d'aboutir et pour qu'on ne les enlevât pas à l'empire. Wülcker, *l. c.*
3. *Amtliche Sammlung*, t. II, p. 180 et suiv. ; Tuetey, t. I, p. 212 et suiv.
4. Tuetey, t. I, p. 216-17.

Les arrangements faits à Ensisheim devaient être le prélude d'une prompte pacification. Le duc de Savoie prit le rôle de médiateur entre le Dauphin et les cantons suisses. Deux puissants seigneurs, Jean, comte de Fribourg, seigneur de Neufchâtel — longtemps gouverneur de Bourgogne pour Philippe le Bon — et Jean d'Arberg, comte de Valengin, intervinrent en personne. Les conférences eurent lieu dans la petite ville de Zofingen, située sur les confins de l'Argovie et du canton de Soleure, en présence des ambassadeurs du duc de Savoie. Ceux-ci, après avoir conclu un traité particulier entre le duc et le Dauphin (17 octobre), posèrent, à la date du 21 octobre, les bases d'un accord entre le Dauphin et la Ligue helvétique[1]. Le jeune Louis y donna son approbation le 28, à Ensisheim[2]. Voici quelles en étaient les stipulations.

Le Dauphin s'engage à entretenir bonne intelligence et ferme amitié avec les villes et communes de Bâle, Berne, Lucerne, Soleure, Uri, Schwytz, Unterwalden, Zoug et Glaris, ainsi qu'avec leurs alliés, en particulier le duc de Savoie, le comte de Fribourg et le comte de Valengin, les villes de Bienne et de la Neuveville. Il promet de faire en sorte que les communes suisses ne subissent à l'avenir aucun dommage et que les relations commerciales ou autres avec la France soient libres et sans danger. Par l'entremise du Dauphin, les nobles qui ont déclaré la guerre à Bâle et aux autres communes de la Suisse seront mis en demeure d'accéder à la paix ; s'ils refusent, ils y seront contraints par la force des armes. Le Dauphin veillera également à ce qu'aucun acte d'hostilité ne soit commis dans les places qu'il occupe sur les deux rives du Rhin, et il empêchera que ses gens — sauf les ambassadeurs et marchands des deux nations — ne traversent le territoire des communes suisses. En ce qui concerne la paix entre la maison d'Autriche et la ville de Zurich, d'une part, et les confédérés, d'autre part,

---

1. M. Tuetey a mis le fait en pleine lumière. L'acte passé à Zofingen est celui qui se trouve à notre Bibliothèque nationale dans le Portefeuille Fontanieu 119-120.
2. Acte conservé en original dans les archives de Bâle, et publié en 1863 dans le recueil des actes de la Confédération suisse : *Amtliche Sammlung der ältern Eidgenossischen Abschiede*, t. II, p. 807 et suiv. Cf. Tuetey, t. I, p. 251.

le Dauphin n'interviendra qu'avec l'agrément des deux parties; le traité ne souffrira d'ailleurs aucune atteinte, dans le cas où ces négociations n'aboutiraient pas. Les Pères du Concile de Bâle obtiendront du Dauphin des lettres de sauvegarde en bonne et due forme. Tous les capitaines actuellement au service du Dauphin, et ceux qui y entreront plus tard, jureront sur les saints Évangiles de respecter le traité[1].

Tel fut le premier résultat, assez inattendu, à coup sûr, de l'expédition du Dauphin. A peine entamée, la guerre contre la Suisse se terminait par la conclusion d'un traité d'alliance avec les Confédérés; et le Dauphin se chargeait de mettre à la raison ces mêmes nobles qui lui avaient servi de guides, au cas où ils se refuseraient à observer le traité; enfin il se posait comme médiateur entre les Confédérés d'une part, la Maison d'Autriche et la ville de Zurich, de l'autre. Les rôles étaient ainsi singulièrement intervertis : Frédéric III et ses représentants allaient se trouver placés en face de cette étrange alternative, ou d'accepter les conventions faites par le Dauphin, ou d'en appeler aux armes.

Quelle avait été, pendant ce temps, l'attitude du roi des Romains ? Arrivé le 1er août à Nuremberg, où depuis longtemps une diète avait été convoquée[2], il fut assailli de plaintes au sujet de l'invasion des écorcheurs. Les députés de Strasbourg, en particulier, insistèrent vivement pour qu'il empêchât à tout prix l'occupation de l'Alsace[3]. Frédéric parut sensible au danger qu'on lui signalait; il promit d'envoyer une ambassade au Dauphin, et déclara que lui-même et les princes de l'empire se porteraient, s'il le fallait, au secours des provinces mena-

---

1. J'ai suivi l'analyse donnée par M. Tuetey, t. II, p. 252-53. — Voir sur les difficultés faites par la ville de Bâle pour l'exécution du traité, et sur l'intervention de Berne, le mémoire de M. Bernard de Mandrot : *Relations de Charles VII et de Louis XI avec les cantons suisses* (Zurich, 1881, in-8), p. 9-10.

2. C'est par erreur que M. Tuetey dit (t. I, p. 145 et 206) que l'assemblée de Nuremberg fut réunie pour prendre des mesures, d'abord contre les Suisses, puis contre les écorcheurs; la diète de Nuremberg avait été convoquée longtemps auparavant pour s'occuper des affaires de l'Église.

3. Voir lettre des députés de Strasbourg, en date du 10 août, dans Schilter, édition de la *Chronique de Königshoven*, p. 981.

cées[1]. Mais grand devait être son embarras : n'était-ce pas lui qui avait appelé ces bandes, objet de terreur pour la contrée ? comment les arrêter, alors que, à titre d'auxiliaires, elles marchaient contre les Suisses ? Pourtant Frédéric désigna des ambassadeurs pour se rendre près du Dauphin, avec mission de l'exhorter à éloigner ses troupes, et de lui rappeler que le Saint-Empire et la couronne de France étaient unis par des traités d'alliance[2]. Cette ambassade fut-elle envoyée ? Il est probable que son départ fut différé, car, le 25 août, veille de la bataille de Saint-Jacques, nous trouvons les ambassadeurs sur la route de Brisach à Ensisheim, allant joindre le Dauphin[3].

A la nouvelle de la bataille, le roi des Romains prit des mesures indiquant à la fois l'intention de poursuivre vigoureusement la guerre contre les Suisses et d'empêcher l'armée du Dauphin de prendre ses cantonnements en Alsace. Le duc Albert d'Autriche, frère de Frédéric, fut placé à la tête de l'armée destinée à opérer en Suisse (30 août) ; déjà il était gouverneur des possessions autrichiennes en Souabe, en Alsace et dans les pays environnants : le roi des Romains prolongea jusqu'en 1448 la durée de ses pouvoirs (29 août)[4]. En outre Albert reçut le gouvernement du Tyrol, ce qui indiquait nettement le dessein de continuer à exclure le titulaire, le jeune duc Sigismond[5]. En même temps Frédéric s'assura le concours du margrave de Brandebourg et du jeune Louis de Bavière[6].

L'ambassade du roi des Romains arriva le 29 août[7] à Alt-

---

1. Lettre du 10 août, citée plus haut.
2. Lettre du roi des Romains à l'archevêque de Mayence (13 août), dans Gudenus, *Codex diplomaticus*, t. IV, p. 288 ; Lettre des députés de Francfort (16 août), dans Janssen, *Frankfurts Reichscorrespondenz*, t. II, p. 62.
3. Lettre de Jean Kunig, en date du 30 août. Archives de Strasbourg, AA 190. M. Tuetey (t. I, p. 145-46) se trompe en disant que cette ambassade avait pour objet d'accélérer la marche du Dauphin ; elle venait, comme il le reconnaît plus loin (p. 212 et 256), non pour solliciter, mais pour se plaindre.
4. Chmel, *Materialien*, t. I, part. II, p. 140-142 ; Chmel, *Geschichte K. Fried. IV*, t. II, p. 280 et 298 ; Jäger, *Der Streit der Tiroler Landschaft*, etc., p. 115.
5. Jäger, *l. c.*, p. 115.
6. Ce prince retenait depuis plusieurs années en captivité son vieux père le duc Louis le Barbu, oncle de Charles VII (il était frère d'Isabeau de Bavière), et le Roi avait en vain réclamé contre cette inique détention. Voir Chmel, *Geschichte K. Fried. IV*, t. II, p. 300-301 ; Jäger, *l. c.*, p. 118.
7. La date est fixée par la lettre de Jean Kunig du 30 août, déjà citée.

kirch, auprès du Dauphin. Elle se composait de Pierre de Schomberg, évêque d'Augsbourg; du docteur Jean d'Aich, du comte de Starhemberg, de Thierry de Halvill, etc. Elle exprima au jeune prince le profond étonnement qu'avait éprouvé le roi des Romains, uni au Roi et à la couronne de France par une si étroite amitié, quand il l'avait vu, à la tête d'une « immense horde de barbares[1], » entrer sur le territoire de l'empire, occuper les villes impériales et dévaster toute la contrée, sans que rien légitimât une telle invasion. A cette ouverture le jeune Louis répondit qu'il était venu en allié et non en ennemi, ajoutant fièrement que son intention était de recouvrer certaines terres anciennement soumises au royaume de France, et qui s'étaient volontairement et frauduleusement soustraites à son obéissance[2]; il se réservait d'ailleurs d'envoyer des ambassadeurs au roi des Romains, afin de l'instruire plus à fond de ses volontés[3].

Ces ambassadeurs partirent le 3 septembre pour se rendre à Nuremberg[4]. A son tour, Louis portait plainte au sujet du

---

[1]. « Cum tam multo et magno barbarorum exercitu. » Relation du commandeur d'Issenheim, dans Tuetey, t. II, p. 514.

[2]. C'est ici qu'apparaissent pour la première fois les intentions menaçantes de la France à l'égard de l'Empire. Æneas Sylvius, dans sa célèbre épître LXXXVII, datée de Nuremberg, et qui paraît avoir été écrite le 22 septembre, dit à ce sujet : « Postquam Delphinus Belligardi potitus est, famam undique sui adventus publicavit, sed non uno modo apud omnes. Apud aliquos namque se in auxilium nobilitatis venisse praedicabat, tanquam in Germania per communitates esset oppressa. Apud alios vero vocatum se dicebat per Romanorum regem contra Suitenses. Nonnullis autem se velle vindicare jura domus Franciae asseverabat, quae usque ad Rhenum protendi dicebat. Ex hac causa urbem Argentinam obsessurum se affirmabat. Dicebat enim etiam et propter ducem Sigismundum se venisse. Et has rumores ubique publicari statebat, non quod ita esset, sed quod favorem ob eam causam sese putabat habiturum. » — Ce passage de la lettre d'Æneas Sylvius se retrouve presque textuellement chez un moine contemporain (*Vitt, prioris Ebersperyensi, ord. S. Ben., Cronica Bavariorum*, dans *Rerum Boicarum scriptores*, t. II, p. 725), et aussi dans la chronique strasbourgeoise de Materno Berler (*Code historique et diplomatique de la ville de Strasbourg*, t. II, p. 61). Dès le 24 juillet précédent, tandis que le Dauphin était encore à Langres, un correspondant de la ville de Francfort écrivait que l'on projetait d'occuper toute la rive gauche du Rhin : « Die andern meynen sie wollent den ganzen Rinstram in nemmen. » (Janssen, *Frankfurts Reichscorrespondenz*, t. II, p. 61.)

[3]. Ces détails sont donnés par le commandeur d'Issenheim dans sa relation en date du 5 septembre. Tuetey, t. II, p. 515. Cf. Relation anonyme dans Wülcker, p. 37 et suiv.

[4]. L'ambassade se composait d'Amaury d'Estissac, de Jean de Finstingen, d'Aymar de Poisieu, dit Capdorat, de Raoulin Regnault et de Jacquemin de Bussières. Instructions de Charles VII en date du 24 janvier 1447, dans Tuetey, t. II, p. 152. Sur cette ambassade, voir l'épître LXXXVII d'Æneas Sylvius.

défaut d'exécution des conventions relatives au logement et à la nourriture de ses troupes. En insistant sur les services rendus par la couronne de France à la Maison d'Autriche et sur ceux qu'il était disposé à lui rendre encore, les ambassadeurs devaient réclamer une solution immédiate : il fallait, pour épargner à la contrée et aux pays voisins des désordres sans cela inévitables, que l'armée pût prendre ses quartiers d'hiver. Les ambassadeurs devaient en outre rappeler au roi des Romains la promesse faite par lui de mettre en liberté son pupille le duc Sigismond, que, depuis plusieurs années, il retenait arbitrairement, et solliciter le prompt accomplissement du mariage de ce prince avec Radegonde de France[1].

Justement offensé du changement d'attitude du roi des Romains et du mauvais procédé dont ce prince usait à son égard, le Dauphin voulait à toute force ouvrir les hostilités; il commença même des préparatifs pour assiéger Mulhouse. On eut beaucoup de peine à lui faire comprendre qu'au lendemain de l'envoi d'une ambassade il ne pouvait se permettre une telle agression. Louis ne s'arrêta que devant les pressantes supplications des seigneurs du pays[2]. Mais il plaça des garnisons dans les forteresses voisines de Mulhouse, et fit occuper plusieurs places de la haute Alsace. Une convention, passée avec Conrad de Bussnang, évêque démissionnaire de Strasbourg, le rendit maître de Rouffach et d'Eguisheim[3].

Quittant Altkirch, le Dauphin ne tarda pas à s'établir à Ensisheim, au centre de la haute Alsace[4]. Déjà le bruit courait qu'il allait marcher sur Strasbourg, et l'on ne doutait pas qu'il ne voulût forcer cette ville à reconnaître son autorité[5]. N'avait-

1. Voir les documents publiés par Tuetey, t. II, p. 129-30, 141-42, 152. — Les ambassadeurs du Dauphin devaient dire aussi que, « pour le grand désir, amour et affinité qu'il a à monseigneur le duc Sigismond et de voir sa personne, » il plût au roi des Romains de l'envoyer et laisser aller vers lui, « car en ce monde ne luy peult faire plus grand plaisir. »
2. « Nobiles patriæ affectuosissime supplicarunt domino Dalphino propter Deum quod hoc non fieret. » Relation du commandeur d'Issenheim, l. c., p. 515.
3. Tuetey, t. I, p. 275.
4. Il y était le 6 septembre, et peut-être dès le 5.
5. Voir la relation du commandeur d'Issenheim, dans Tuetey, t. I, p. 273-74, et t. II, p. 516. Le 2 septembre, la ville de Rothenbourg sur le Neckar envoyait à Strasbourg, pour s'employer à la défense, Louis Zimmermann, expert dans l'art de la guerre (Ar-

il pas fait choix d'ambassadeurs pour entrer en pourparlers avec les habitants et sondé le commandeur d'Issenheim pour savoir si celui-ci consentirait à leur servir d'introducteur¹? Il ne tarda pas, en effet, à envoyer par un de ses hérauts une sommation à la ville de Strasbourg².

Cependant, la horde d'aventuriers affamés et déguenillés dont se composait en majeure partie l'armée du Dauphin³ marchait résolument en avant. Évitant les villes fortifiées, elle occupait les places de moindre importance, et nombre de châteaux lui ouvraient leurs portes. Les écorcheurs ne tardèrent pas à déborder de la haute Alsace dans la basse Alsace. Le 9 septembre, un corps de douze mille chevaux vint s'établir autour de Schlestadt, et de là rayonna dans la contrée. Sur ces entrefaites, Strasbourg vit arriver des bandes non moins nombreuses qui pillèrent tous les villages environnants. Dans le courant de septembre, six mille chevaux se répandirent entre Strasbourg et Haguenau. Du 9 au 16, Ebersheim, Bleinschwiller, Erstein, Plobsheim, Geispoltzheim, Eschau furent occupés. Si l'on observe que les deux dernières places sont l'une à treize, l'autre à onze kilomètres de Strasbourg, on peut se rendre compte de l'effroi qui régnait dans cette ville. D'autres places, telles que Barr, Epfig, Stotzheim, tombèrent également au pouvoir des écorcheurs, qui firent une double tentative sur Saint-Hippolyte et Dambach, et livrèrent deux assauts successifs à Rhinau⁴. Au même moment, quatre mille Anglais, sous

---

chives de Strasbourg, AA 189). Ulm fit partir un corps d'arquebusiers qui séjourna plusieurs semaines à Strasbourg (*idem*). On lit dans les *Commentaires* de Pie II (p. 161) : « In Argentinos duxit et late populatus agros divitem abegit prædam. »

1. Relation du commandeur, *l. c.*

2. Ce fait est établi par une lettre des délégués de la ville de Strasbourg à Nuremberg en date du 18 septembre, en réponse à une lettre du magistrat de Strasbourg leur annonçant que le Dauphin demandait la soumission de Strasbourg (AA 192), et par une relation allemande de même date, mentionnant la venue du héraut (Wülcker, *l. c.*, p. 39).

3. « Le quart d'entre eux avait à peine une cuirasse ; pour un homme bien équipé, trois ou quatre ne l'étaient point du tout ; ils étaient sans aucune arme, sans souliers, ni culottes, ni chapeaux, en méchants et sales vêtements ; comme d'autres bandits, ils n'avaient que ce qu'ils gagnaient par le meurtre et par le pillage. » Relation allemande contemporaine, dans Schilter, p. 931, citée par Müller, t. VI, p. 117, note.

4. Relations allemandes dans Schilter, p. 918 et 1003, et dans *Code historique et diplomatique de la ville de Strasbourg*, t. I, deuxième partie, p. 102-103 ; lettres des bourgmestres de Bâle et de Strasbourg, et autres documents dans Wülcker, p. 34, 36, 39, 41 et 28.

les ordres de Mathew Gough, pénétraient en Alsace par la montée de Weinbourg, près de Saverne[1] : on eût dit qu'un mouvement convergent s'opérait vers Strasbourg et que cette ville allait subir une vigoureuse attaque.

Le jour même où apparaissait, d'une façon si menaçante, cette nouvelle troupe, un messager se présentait aux portes de Strasbourg, porteur d'une lettre de Pierre de Brezé : il venait demander, au nom du Roi, qu'on lui fît ouverture de la ville et qu'on pourvût à l'entretien de son armée; il avait mission de réclamer des Strasbourgeois l'engagement de ne s'allier avec aucune autre ville; s'ils voulaient envoyer une députation au Roi, elle serait conduite auprès de lui en toute sécurité. Un refus péremptoire fut la seule réponse à cette communication[2]. Le lendemain 19, une grosse troupe s'avança jusque sous les murs de Strasbourg[3].

Chose digne de remarque : au moment où Charles VII faisait sonder les habitants de Strasbourg pour savoir s'ils seraient disposés à lui ouvrir leurs portes, le roi René proposait aux habitants de Colmar de renouveler le traité de protection passé jadis avec leur ville[4], s'engageant à le faire confirmer par le Roi et par le Dauphin. Pareille démarche fut faite auprès des habitants de Schlestadt, de Kayserberg, et sans doute d'autres villes encore[5]. A Colmar, on venait justement de porter plainte

---

1. Lettre de l'évêque de Strasbourg du 21 septembre, citée par Tuetey, t. I, p. 278-79 (Archives de Strasbourg, AA 182); Relation du 18 septembre dans Wülcker, p. 39. — On voit par le sixième compte de Xaincoins (l. c., f. 82 v°) que, au départ, Charles VII avait fait compter à Mathew Gough une somme de 2,750 l. — Des lettres de Henri VI, en date du 31 août 1445 (Ms. fr. 26071, n° 5299), montrent que les gens de guerre anglais étaient « ou service tant de nostre oncle en France comme de nostre cousin le Daulphin son filz. »

2. Ces détails sont empruntés à deux documents publiés par Wülcker, l. c., p. 35 et 39. — Le messager se nommait Jean de Ivenheim; on le disait originaire de Cologne.

3. Lettre du 20 septembre, dans Wülcker, l. c., p. 39.

4. Réponse de la ville de Colmar, en date du 21 septembre. Voir Mossmann, Cartulaire de Mulhouse, t. II, p. 130 et suiv., et l'Invasion des Armagnacs en Alsace, dans Revue d'Alsace, t. IV, p. 166; cf. p. 170-76.

5. Cela résulte des documents recueillis par M. Mossmann. — Schilter donne (p. 909) le texte d'une circulaire du roi René, en date du 19 novembre, dans laquelle ce prince faisait savoir qu'ayant reçu la demande de protection et garde qui lui avait été adressée, il en avait référé au Dauphin, et qu'il envoyait Jean de Fenestrange (Finstlingen) pour conclure définitivement l'affaire.

auprès du Dauphin contre les excès de ses gens de guerre[1] : comment aurait-on pu accueillir une telle demande ?

Rien ne pouvait mettre la population à l'abri de ceux qu'on appelait les « Armagnacs » (*armen jecken*). Trop fidèles à leurs habitudes invétérées, ils pillaient, rançonnaient, mettaient tout à feu et à sang, abusaient des femmes, faisaient subir d'affreux supplices aux malheureux paysans. C'était, de toutes parts, le même cri d'horreur au sujet de ces crimes et de ces déprédations[2].

Tandis que l'invasion s'étendait de la sorte à toute l'Alsace, les ambassadeurs du Dauphin étaient à Nuremberg, attendant la réponse du roi des Romains[3]. Elle ne fut point de nature à leur donner satisfaction. Relativement au logement des troupes, Frédéric se bornait à dire que son frère le duc Albert allait se rendre en Alsace, muni de pleins pouvoirs, et qu'une fois sur les lieux il donnerait la provision demandée; en ce qui concernait le duc Sigismond, Albert était chargé de tout arranger à la satisfaction du Roi et du Dauphin[4].

Les envoyés du Dauphin avaient à peine quitté Nuremberg que deux ambassadeurs du Roi y arrivèrent: c'étaient le sire de Gaucourt et Jean Franberger, déjà mêlés autrefois aux négocia-

---

1. Voir la lettre des habitants de Colmar au Dauphin, en date du 15 septembre 1444. Mossmann, *Cartulaire de Mulhouse*, t. II, p. 126; Charavay, *Lettres de Louis XI*, t. I, p. 101. Cf. Mossmann, p. 127 et 137.

2. Dès le 19 août, le commandeur d'Issenheim écrivait (Tuetey, t. II, p. 509) : « Audivi atque vidi ita nephanda et crudelia facta, sicut umquam audita sunt aut visa a quocumque, non posset homo excogitare genera tormentorumque ipsi preparant pauperibus hominibus quos in suis tenent manibus, contremesco certe quociens horum memoriam habeo. » — On lit dans une lettre allemande du 17 septembre (Wülcker, *l. c.*, p. 41) : « Ils commettent partout des atrocités, coupent la gorge aux malheureux qui n'ont rien à leur donner, attachent les femmes et les filles sur les vans pour les violer, lient ensemble plusieurs prisonniers par les pieds et les mettent à genoux dans des granges à battre le blé et l'avoine pour eux; ils s'emparent du bétail, puis offrent à qui veut trois vaches pour un florin et deux chevaux de labour pour un florin, et ainsi des veaux et des poulains. »

3. Les ambassadeurs du Dauphin étaient arrivés à Nuremberg le 11 septembre, en compagnie de l'évêque d'Augsbourg; ils y étaient encore le 22 septembre, comme nous le montre l'épître LXXXVII d'Æneas Sylvius. Voir le mémoire de Voigt, dans *Archiv für Kunde Œsterreichischer Geschichts-Quellen*, t. XVI, p. 358. — Sur la perplexité où l'on était à Nuremberg, voir une lettre du 19 septembre dans Palacky, *Archiv Cesky*, t. II, p. 430.

4. Documents publiés par Tuetey, t. II, p. 111-112 et 152.

tions entre la Couronne et la maison d'Autriche [1]. Dès le mois d'avril 1444, Charles VII avait reçu une ambassade des États du Tyrol, sollicitant son concours pour obtenir la mise en liberté de leur seigneur le duc Sigismond. Il avait répondu à cette ouverture par la promesse d'une prompte intervention ; et aussitôt il avait écrit au duc de Milan et au doge de Venise pour leur demander de joindre leurs efforts aux siens [2]. C'est en accomplissement de cette promesse que Charles VII envoyait des ambassadeurs à Nuremberg [3], et le principal objet de leur mission était l'affaire du duc Sigismond. Cette fois Frédéric dut se montrer plus explicite : il déclara qu'avant la « fête de l'apparition Notre Seigneur » (6 janvier) il laisserait à son neveu toute liberté de se rendre dans ses États, et qu'il autorisait à le dire en son nom au Roi [4].

A Nuremberg, les membres de la diète étaient fort émus de la situation de l'Alsace, et se demandaient jusqu'où irait l'audace de cette multitude qu'on avait eu l'imprudence d'attirer sur le territoire de l'empire. Le premier mouvement fut de prendre les armes contre ces alliés de la veille devenus les ennemis du lendemain. Au moment même où le duc Albert partait pour l'Alsace, le comte Palatin Louis de Bavière fut investi du commandement, et rendez-vous fut donné à Strasbourg, pour le 10 octobre, aux contingents des villes impériales [5]. Mais comment Frédéric III, qui n'avait pas su triompher de la résistance des Suisses, aurait-il pu se mesurer avec une armée comptant dans ses rangs les capitaines les plus expérimentés de l'époque ?

Ces menaces n'émurent pas le Dauphin et ses conseillers. A la fin de septembre, Louis se porta vers Marckolsheim, place

---

1. Documents publiés par Tuetey, t. II, p. 142-43.
2. Lettre de Charles VII en date du 9 avril 1444, publiée par Jäger, *Der Streit der Tirolerlandschaft mit Kaiser Friedrich III*, p. 176.
3. Chmel, *Der Œsterreichische Geschichtsforscher*, t. II, p. 455. — On trouve mentionné dans le sixième compte de Xaincoins un paiement de 400 l. à Gaucourt, « pour un voyage devers l'empereur. » Cabinet des titres, 685, f. 81.
4. Document dans Tuetey, t. II, p. 143.
5. *Frankfurts Reichscorrespondenz*, t. II, p. 71 ; Wölcker, l. c., p. 10 ; Tuetey, t. I, p. 207-08.

située dans la basse Alsace, sur les bords du Rhin. Cette ville appartenait à l'évêque de Strasbourg, Robert de Bavière, cousin de l'électeur Palatin[1]. L'évêque vint trouver le Dauphin, et cette entrevue donna lieu à des commentaires peu bienveillants pour le prélat[2]. La marche en avant du jeune prince redoubla les craintes des Strasbourgeois. On prêtait toujours au roi de France l'intention de revendiquer la possession de tout le territoire situé en deçà du Rhin[3]. De Marckolsheim, le Dauphin envoya une sommation à Rhinau, place située à vingt-sept kilomètres de Strasbourg; secourus par les Strasbourgeois, les habitants firent bonne contenance et repoussèrent l'attaque, infligeant aux envahisseurs des pertes sensibles. On fut plus heureux à Saint-Hippolyte, qui, après deux assauts successifs, consentit à traiter. Poursuivant sa route, le jeune Louis s'avança sur Chatenois, au nord-ouest de Schlestadt, tandis que le maréchal de Jalognes s'emparait de Rosheim et de Niedernai. Il semblait qu'il ne restât plus au maréchal qu'à opérer sa jonction avec les Anglais de Mathew Gough, qui déjà avaient dépassé Wasselonne, et, à ce moment même (30 septembre), après un vigoureux assaut, occupèrent la petite place de Wangen. De Chatenois, le Dauphin se porta sur Lambach, dont il fit le siège. Mais là il reçut une blessure qui nécessita un repos de quelques jours, et le fit rétrograder jusqu'à Chatenois[4].

Ce fut le signal d'un temps d'arrêt dans la marche offensive de l'armée française. Vivement ému à la nouvelle que son fils avait été blessé, Charles VII lui envoya messages sur messages pour le presser de revenir sans délai auprès de lui[5]. Peut-être, trouvant qu'on allait trop loin, voulut-il empêcher que la guerre

---

1. Et non son frère, comme le dit M. Tuetey (t. I, p. 282, 315 et 326).
2. On disait qu'il voulait livrer ses places au Dauphin. Voir Tuetey, t. I, p. 282.
3. « Le roi de France se propose de reprendre tout le pays qui autrefois a appartenu à la France, en énumérant les villes et territoires situés de l'autre côté du Rhin, » écrivait, le 1er octobre, de Nuremberg, Walter de Schwartzenberg à la ville de Francfort. Janssen, l. c., p. 77.
4. Voir, sur ces faits, Tuetey, t. I, p. 277, 283-287. Une flèche atteignit le jeune prince au genou et cloua pour ainsi dire sa jambe à la selle de son cheval (Zantfliet, dans *Amplissima Collectio*, t. V, col. 251).
5. Relation du commandeur d'Issenheim, l. c., p. 519.

ne prit le caractère d'une lutte ouverte contre l'empire[1]. Toujours est-il que, dès qu'il fut en état de monter à cheval, le Dauphin abandonna la basse Alsace : il revint s'installer à Ensisheim, où il se trouvait le 17. C'est là qu'il reçut une communication du frère du roi des Romains.

Le duc Albert venait d'arriver en Alsace. Accompagné des margraves de Bade et de Brandebourg, du comte Ulric de Wurtemberg et de Guillaume de Hochberg, il s'avança jusqu'à Brisach pour se rencontrer avec le jeune prince[2]. L'entrevue eut lieu vers le 20 octobre, près de Brisach[3]; elle aboutit à la conclusion d'une trêve de trois semaines, durant laquelle les troupes devaient s'abstenir de toute agression[4]. On espérait pendant ce temps arriver à un accord. Il fut convenu qu'une nouvelle conférence aurait lieu à Rosheim[5].

Les négociations se poursuivirent d'abord à Ensisheim[6], entre les ambassadeurs du duc Albert et les conseillers du Dauphin, sans aboutir à aucun résultat. Les ambassadeurs ne craignirent pas de soutenir que la demande de secours faite jadis au Roi par le roi des Romains était conditionnelle ; que ce prince n'avait pas compté sur l'envoi d'un aussi grand nombre de gens de guerre ; qu'il avait été question seulement d'un secours de cinq mille hommes; enfin que le marquis de Rothelin et les seigneurs autrichiens n'avaient aucunement reçu le pouvoir d'introduire le Dauphin, avec une telle armée, dans

---

1. Berry dit formellement (p. 426) que ce fut sur l'ordre du Roi que le Dauphin quitta l'Alsace.

2. Voir à ce sujet la seconde relation du commandeur d'Issenheim, dans Tuetey, t. II, p. 522, et une lettre du 19 octobre, dans Wülcker, p. 49.

3. Le 19, le commandeur rencontra plusieurs des princes à moitié route entre Brisach et Ensisheim ; dans une lettre du Dauphin au duc Albert, en date du 23 novembre (*Lettres de Louis XI*, t. I, p. 18), il est fait allusion à cette entrevue : « Requisivimus vos ante villam de Brisaca. »

4. C'est ce qui résulte d'une lettre du duc Albert au Dauphin, en date du 9 novembre (Chmel, *Materialien*, t. I, part. II, p. 151), et d'une lettre du Conseil de ville de Francfort, en date du 5 novembre (Wülcker, p. 49).

5. Le 2 novembre, le comte Palatin du Rhin écrivait de Spire au magistrat de Strasbourg, que le roi des Romains avait député plusieurs princes de l'empire au Dauphin, pour négocier la paix ; il lui donnait l'ordre de tenir son contingent prêt à marcher pour le cas où les négociations n'aboutiraient pas. Archives de Strasbourg, AA 181 (*Inventaire*, t. I, p. 65).

6. C'est à ce moment, et non au commencement de 1445, que doivent, selon nous, se rapporter les négociations visées dans le document publié par M. Tuetey, t. II, p. 127-33.

les possessions de la maison d'Autriche, de lui faire ouverture de places, ni de traiter avec lui de la subsistance des troupes. Les ambassadeurs se plaignirent enfin des désordres commis par les troupes du Dauphin, et de ce que ce prince avait, à ce qu'on disait, demandé à Bâle et à Épinal, ville de l'évêché de Metz et de l'empire, de lui ouvrir leurs portes [1].

Le Dauphin fit répondre qu'il n'aurait jamais pensé que, en reconnaissance des « grands services, amitiés et plaisirs » qu'il avait faits au roi des Romains en venant à son secours avec « si noble et grande puissance, » on pût lui opposer de telles chicanes ; ce n'était point chose honorable de « quérir fuite et prendre escusacion par telles sublivitez. » Le Dauphin avait agi comme il devait le faire ; il avait tout abandonné pour répondre à la requête du roi des Romains. C'était chose notoire que le gouverneur et les seigneurs du pays d'Autriche avaient incessamment sollicité la venue du Dauphin, et fait avec lui certaines conventions ; en tout cela ils n'avaient pu agir sans le sçu et le consentement du roi des Romains, lequel avait lui-même, par ses premières lettres, requis l'assistance du Roi. Le Dauphin persistait donc à demander au roi des Romains que, conformément aux conventions passées avec lui, des vivres fussent assurés à l'armée jusqu'à la Saint-Jean et qu'elle reçût assignation de places pour vingt-cinq mille hommes. Moyennant cela, le Dauphin veillerait sur ses gens et leur donnerait l'ordre de ne se livrer à aucun dommage ; sinon il ne répondait de rien, car les excès qui pourraient être commis « au pays d'Autriche » seraient le résultat de la non-exécution des promesses faites [2].

Le Dauphin ne paraissait pas disposé à quitter Ensisheim avant d'avoir obtenu la satisfaction demandée. Tout en arrêtant la marche de son armée, il la maintint dans les positions conquises.

---

1. « Response du Roy des Romains, » dans Tuetey, t. II, p. 130-131.
2. « Replicque de Monseigneur le Dauphin. » Id., ibid., p. 131-133. — Il n'est pas probable que l'ambassade chargée par le Dauphin de porter cette réponse ait pu remplir sa mission ; le roi des Romains avait quitté Nuremberg au milieu du mois d'octobre. Le 11 il était à Ratisbonne ; il alla le mois suivant s'établir à Neustadt, près de Vienne.

Le bruit de son expédition s'était répandu au loin : dans le courant de novembre, des ambassades du Pape, de la seigneurie de Gênes, du duc de Milan, arrivèrent à Ensisheim. Une ambassade du duc Albert, à la tête de laquelle était l'évêque d'Augsbourg, vint tenter un dernier effort pour obtenir l'évacuation immédiate de l'Alsace[1]. Au jour convenu, le duc Albert s'était rendu à Rosheim : au lieu du Dauphin, il n'y avait trouvé que le maréchal de Jalognes, qui avait établi là son quartier général[2]; c'est alors qu'une nouvelle ambassade avait été dirigée sur Ensisheim.

Dans cette conférence, le ton des ambassadeurs se radoucit singulièrement. On venait d'apprendre qu'un traité avait été conclu entre le Dauphin et les Suisses ; en outre, l'évêque d'Augsbourg arrivait de Nancy, où il avait été trouver Charles VII. Le Roi l'avait reçu très froidement ; à sa demande d'évacuation de l'Alsace, il avait répondu par ces paroles : « Ce que mon fils a entrepris dans ce pays, il n'a qu'à le continuer[3]. » L'évêque commença par remercier le Dauphin, au nom du roi des Romains, chef de la maison d'Autriche, du secours qu'il avait prêté à ce prince contre les Suisses, anciens ennemis de sa maison. Grâce à l'intervention du Dauphin, la paix était maintenant en voie de conclusion : la cause ayant cessé, l'effet devait également prendre fin. En conséquence, les ambassadeurs avaient mission de solliciter le Dauphin de se retirer ; car, d'une part, la maison d'Autriche ne l'avait point requis de venir en personne, et, d'autre part, elle n'avait jamais pensé qu'il se ferait accompagner d'une telle multitude,

---

1. Dans cet exposé des négociations de la maison d'Autriche, je me sépare de M. Tuetey, qui place l'ambassade de l'évêque d'Augsbourg avant l'entrevue du Dauphin avec le duc Albert. 1° Il est constant que l'entrevue eut lieu le 19 ou le 20 octobre, au moment même où le Dauphin revenait à Ensisheim, et il ne peut être question d'une ambassade à Ensisheim avant cette époque ; 2° La relation attribuée au commandeur d'Issenheim, qui est la seule source pour l'ambassade de l'évêque d'Augsbourg, est évidemment de la fin de novembre ; or, on lit dans cette relation, au sujet de l'ambassade : « Novissime, videlicet a x diebus proxime preteritis citra, » etc.
2. Lettre de Conrad Bork, magistrat de Strasbourg, au magistrat de Spire, en date du 24 novembre 1444, dans Wülcker, p. 53.
3. Lettre du 24 novembre.

composée de gens qui devaient ruiner le pays et y causer tous les maux imaginables [1].

A cette requête, le Dauphin fit répondre en ces termes : il avait été heureux de pouvoir venir en aide à la maison d'Autriche ; il apprenait avec plaisir que, grâce à ce secours, l'accord avait pu s'établir entre elle et ses ennemis. En entrant en Allemagne, son but principal avait toujours été de confondre les ennemis de la maison d'Autriche ; ce qu'il eût fait si les promesses du comte de Lutzelstein et de Pierre de Mörsperg, venus vers lui au nom de cette maison, avaient été tenues; mais il n'avait rien obtenu à cet égard. Il s'était donc vu dans la nécessité d'entretenir ses troupes à grands frais et de s'assurer par la force des armes la possession de places de sûreté pour s'y retirer lui et les siens, et s'y mettre, durant l'hiver, à l'abri du froid et des attaques de l'ennemi; il n'y était parvenu qu'au prix de l'effusion de son propre sang et de la perte d'un grand nombre de ses meilleurs hommes d'armes, les uns tués, les autres blessés. Aussi lui semblait-il impossible, dans l'état où lui et les siens se trouvaient, exténués, blessés et mal vêtus, d'abandonner un bon pays et des lieux bien fortifiés pour affronter les rigueurs de l'hiver dans des contrées inconnues. Si toutefois il plaisait à la maison d'Autriche, l'hiver écoulé, de l'indemniser de ses dépenses, il offrait d'évacuer, au mois de mars prochain, le pays et les places qu'il occupait, à moins qu'on ne préférât remplir les engagements contractés au début à son égard [2].

Après cet échange d'explications, les ambassadeurs se retirèrent : les uns retournèrent près du duc Albert ; les autres se rendirent près du Roi à Nancy pour le presser de nouveau d'engager le Dauphin à évacuer l'Alsace.

Les choses en étaient là quand, dans les derniers jours de novembre, le Dauphin, quittant Ensisheim, se retira à Montbéliard pour aller ensuite rejoindre son père à Nancy. Il ne

---

1. Relation latine attribuée au commandeur d'Issenheim, dans Tuetey, t. I, p. 260-61, et t. II, p. 521-522 ; même relation (en allemand), dans Witcker, l. c., p. 51-52.
2. Mêmes sources.

partit pas sans avoir assigné à son armée des cantonnements pendant l'hiver : toute la contrée était couverte de troupes, depuis Altkirch, au sud de la haute Alsace, jusqu'à Molsheim et Marlenheim, non loin de Strasbourg [1].

Attaquer une armée aussi formidable pour la contraindre à la retraite était une entreprise au-dessus des forces de la maison d'Autriche. En dépit des appels aux armes, des rendez-vous militaires [2], des ordres réitérés de marche contre l'ennemi [3], le duc Albert et le comte Palatin restèrent sur la défensive. Livrées à elles-mêmes, les villes d'Alsace résistèrent comme elles purent aux envahisseurs [4]. On dut se résigner à attendre du temps ce qu'on ne pouvait obtenir par la voie des armes.

Il nous faut maintenant revenir en arrière pour assister aux opérations de la seconde armée, commandée par le Roi en personne ; nous verrons ensuite quelle fut l'issue des négociations relatives à l'évacuation de l'Alsace.

1. Voir l'état dressé avec beaucoup de soin par M. Tuetey, t. I, p. 291-295.
2. Le 4 novembre, à Spire. Tuetey, t. I, p. 301-302.
3. Lettres de l'électeur Palatin à la ville de Francfort et à la ville de Strasbourg, Tuetey, t. I, p. 302-304.
4. Voir la lettre pleine de menaces adressée le 1er novembre, par deux capitaines, à la ville de Strasbourg, dans Tuetey, t. I, p. 311-312.

CHAPITRE II

LES EXPÉDITIONS DE SUISSE ET DE LORRAINE.
CAMPAGNE DU ROI

1444-1445

Le Roi s'avance vers la Lorraine ; négociations avec Épinal, qui lui ouvre ses portes ; sommations à Verdun et à Toul. — L'armée devant Metz ; les Messins sont requis d'envoyer une députation au Roi ; conférences à Nancy avec les députés ; poursuite des hostilités ; énergique résistance des Messins. — Nouvelles négociations ; elles aboutissent à la conclusion d'un traité. — Verdun et Toul finissent par accepter le protectorat royal. — Plaintes du roi des Romains au sujet de ces démonstrations contre des villes impériales ; réponse de Charles VII. — Frédéric III demande l'évacuation de l'Alsace ; l'archevêque de Trèves se porte médiateur ; par son entremise l'évacuation est obtenue. — Résultats diplomatiques de la double expédition dans l'est ; traités avec les princes allemands ; importance de ces traités. — Suite des négociations avec le roi des Romains ; instructions aux ambassadeurs français qui devaient se rendre à Mayence ; conférence de Boppart avec les électeurs. — Incident de Sainte-Croix-aux-Mines ; capture de l'artillerie du Dauphin ; négociations à ce sujet avec le margrave de Bade. — Diète de Francfort ; Charles VII y envoie des ambassadeurs ; ses lettres aux princes-électeurs ; Frédéric III oppose une fin de non-recevoir à toutes les réclamations ; il se décide pourtant à mettre en liberté son pupille le duc Sigismond.

Charles VII quitta Montils-les-Tours vers le 10 juillet[1] pour son expédition dans l'est. Il avait en sa compagnie ses beaux-frères le roi René et le comte du Maine, le comte de Vendôme, le connétable de Richemont, et deux jeunes princes du sang qui débutaient dans la carrière des armes : Jean d'Anjou, duc de Calabre, et Jean de Bourbon, comte de Clermont[2]. Parmi les principaux personnages qui figuraient à ses

1. Le Roi était le 15 juillet à Meung-sur-Loire.
2. Jean Chartier et les chroniques messines nomment le comte de Dunois parmi les seigneurs qui accompagnèrent le Roi en Lorraine. Mais son nom ne se rencontre pas une seule fois parmi les signataires des ordonnances depuis le mois de juillet 1444 jusqu'au mois d'août 1445. En outre, plusieurs documents nous fournissent, directement ou indirectement, la preuve que Dunois resta dans le centre de la France. Voir un acte du

côtés, il faut nommer Pierre de Brezé, seigneur de la Varenne, qui remplissait les fonctions de lieutenant du Roi[1]; le sire de la Fayette, maréchal de France; André de Laval, seigneur de Lohéac, maréchal de France[2]; l'amiral Prégent de Coëtivy; Jean Bureau, trésorier de France; Guillaume d'Harcourt, comte de Tancarville; Bertrand de Beauvau, seigneur de Précigny; Jean d'Estouteville, seigneur de Blainville; Jamet de Tillay; Jean du Mesnil-Simon, seigneur de Maupas[3]; Poton de Saintrailles[4]; Guillaume Jouvenel, seigneur de Traynel, chancelier de France; enfin des capitaines comme Robert de Floques dit Floquet[5], Pierre de Louvain, Geoffroy de Saint-Belin, Christophe de Coëtivy, Jacques de Clermont, Regnault de Dresnay, Geoffroy de Couvran, Olivier de Broon, Adam de la Rivière, etc[6].

18 septembre 1444, dans Stevenson, t. II, p. 468; une quittance de Dunois en date du 16 décembre 1444, dans Clairambault, 82, p. 6157; une quittance de Thomas Hoo donnée à Paris le 18 mars 1445, dans Stevenson, t. II, p. 360, et des lettres du duc d'Orléans, datées de Soissons, 1 mai, et Paris, 22 juin 1445 : *Pièces originales*, 250 : BEAURAIN, n° 12, et *Louis et Charles d'Orléans*, 2ᵉ partie, p. 349.

1. Nous trouvons dans le sixième compte de Jean de Xaincoins (Cabinet des titres, 685, f. 85) les deux mentions suivantes : « Le sire de la Varenne, capitaine de Louviers, dix mille l. t. pour les gens d'armes et de frontière estans en la frontière de Louviers et d'Evreux. » — « Item à lui et à Robert de Floques, dit Floquet, dix mille l. pour un quartier de ses dictes gens. »

2. « Mgr de Lohéac, mareschal de France, mille l. pour ses despens au voyage de Champagne avec le Roy. » Sixième compte de Xaincoins, l. c., f. 82.

3. « Messire Bertrand de Beauvau, chevalier, conseiller du Roy, pour ses despens auprès du Roy, 900 l. t. » — « Les seigneurs de Precigny, de la Varenne, Jamet de Tillay, Jehan Bureau et Jehan du Mesnil-Simon, 2,200 l. pour don. » Même compte, f. 81 v°.

4. « Poton de Saintrailles, 300 l. sur 500 pour soustenir son estat, et 200 restant. » — « Poton de Xaintrailles, 300 l. pour le paiement de ses gens. » Même compte, f. 83 et 85.

5. Floquet avait traversé la Picardie pour venir joindre le Roi : ce fut l'occasion d'un conflit avec le comte d'Étampes, lieutenant du duc de Bourgogne; nous parlerons plus loin de cet épisode. On lit dans le sixième compte de Xaincoins (f. 85) : « Jehan d'Olon, escuyer d'escurie du Roy, cent l. pour un voyage à Montargis devers Floquet, bailly d'Évreux et autres capitaines estans ès pays de France. » Le Roi était à Montargis les 24 et 26 juillet. Robert de Haranvilliers alla de Montargis à Paris vers Floquet, Friquet et Jacques de Clermont leur porter des lettres du Roi (Id., f. 85 v°). Floquet et Clermont reçurent mille l. t. pour distribuer à leurs gens. (Id., f. 84 v°). Sur les excès commis par les routiers de Floquet autour de Paris, voir *Journal d'un bourgeois de Paris*, p. 374.

6. Voir *Relation du siège de Metz en 1444 par Charles VII et René d'Anjou*, par MM. de Sauley et Huguenin, passim; Mathieu d'Escouchy, t. I, p. 28 et 29; Gruel, p. 308; Sixième compte de Xaincoins, l. c., f. 81-84 v°; lettres du 11 septembre 1444, citées plus loin, et mon *Catalogue des actes*.

Le Roi s'avança par Orléans, Troyes, Montargis, Bar-sur-Aube, Chaumont et Langres[1]. Il traversa pour la seconde fois le pays de Jeanne d'Arc : on a la trace de son passage à Greux[2], village dont dépendait le hameau de Domremy, et qu'il avait exempté d'impôts à la requête de la Pucelle. Pierre de Brezé, devançant le Roi, réduisit plusieurs places[3], et entama, dans les derniers jours d'août, des pourparlers avec la ville d'Épinal[4]. De Darney, près Mirecourt, dont il entreprit le siège, voulant en déloger le bâtard de Vergy qui, de là, ravageait la contrée[5], Brezé fit sommer les habitants d'avoir, dans un délai de trois jours, à reconnaître le Roi pour souverain ; à ce prix ils obtiendraient la protection royale et le maintien de leurs franchises et libertés ; en cas de refus, ils devaient s'attendre à être traités en ennemis[6]. Les gouverneurs d'Épinal trouvèrent « moult estrange » qu'on voulût ainsi les contraindre à « estre soubgez comme la cité de Paris. » En l'absence de leur seigneur, l'évêque de Metz, alors à la diète de Nuremberg, ils écrivirent au conseil de l'évêque pour exposer l'embarras où ils se trouvaient et solliciter un secours[7].

La réponse qui leur fut faite, dès le lendemain, n'était point

---

1. Itinéraire : Orléans, 21 juillet ; Montargis, 24, 25 juillet ; Troyes, 2, 6 août ; Bar-sur-Aube, 12 août ; Chaumont, ... août ; Langres, 20 août.
2. *Ancien Itinéraire*, aux Archives nationales, K 69, n° 43. Voir Vallet, t. III, p. 81, note.
3. « Messire Pierre de Brezé, chevalier, seigneur de la Varanne, quatre vingt seize l. cinq s. pour son voyage en Champagne devant plusieurs places pour les mettre en la main du Roy. » — « Messire Pierre de Brezé ..., 200 l. t. pour avoir esté en compagnie de gens d'armes devant les places de Vignory et la Fauche, appartenant au seigneur de Vergy, les mectre en la main et obéissance du Roy, et celle de Bernay. » Sixième compte de Xaincoins, f. 81 v°. — On voit par le même compte que Jamet de Tillay avait occupé Saint-Dizier. — Sur la soumission du bâtard de Vergy, qui dut payer comptant quatre mille florins d'or, voir lettres de rémission de juillet 1446, dans Tuetey, t. II, p. 413.
4. Lettre de Pierre de Brezé en date du 27 août, et autres documents publiés par M. Duhamel, *Négociations de Charles VII et de Louis XI avec les évêques de Metz pour la châtellenie d'Épinal* (1867), p. 93-94. — « Espinal, ville située sur les marches de la Lorraine et d'Alemagne, dit Berry (p. 426), laquelle se tenoit et gouvernoit sans recognoistre aucun seigneur, ains se tenoit par manière de Communauté. » Pourtant Godefroy constate, en marge de ce passage, que l'évêque de Metz était seigneur en partie d'Épinal. Cf. Duhamel, p. 42.
5. Voir à ce propos Berry, p. 425.
6. Demandes de Pierre de Brezé à la ville d'Épinal, en date du 30 août. Duhamel, l. c., p. 93.
7. Lettre du 31 août. Duhamel, p. 94.

encourageante. « Votre ville, disait-on, n'est pas une ville qui doive être si facilement conquise, et vous ne devez point être ébahis au point de l'abandonner si vite ni si légèrement. Si vous voulez avoir dès à présent les compagnons et gens d'armes de Monseigneur étant en ses garnisons, récrivez-nous le hâtivement; nous vous en enverrons jusqu'au nombre de cent ou deux cents chevaux, pour vous aider, garder et défendre[1]. » En même temps on avisait l'évêque du danger que courait la ville d'Épinal, afin qu'il y fît porter remède par le roi des Romains, et qu'il revînt en toute hâte, s'il n'était déjà en route[2].

Mais les gouverneurs d'Épinal, s'ils avaient eu quelque velléité de résistance, y renoncèrent bien vite. Depuis longtemps ils avaient à se plaindre de l'administration de l'évêque de Metz, qui les laissait en butte aux entreprises de ses gens de guerre; la ville et les villages environnants étaient sans cesse ravagés et pillés; leur commerce était anéanti, leur trésor vide : ils se voyaient poursuivis et traqués « comme des brebis sans pasteur[3]. » Par un acte en date du 4 septembre, les gens d'église, gouverneurs, bourgeois et toute la communauté d'Épinal déclarèrent, devant l'autel de l'église Saint-Goëry, en présence de Pierre de Brezé, qu'ils seraient, à tout jamais, « bons et loyaux et vrais obéissants et sujets au Roi, comme ses propres hommes et ses bonnes villes, » et prêtèrent aussitôt serment de fidélité entre les mains du représentant de l'autorité royale[4].

Le 11 septembre, au matin, Charles VII se présenta devant Épinal. Les quatre gouverneurs, suivis des bourgeois et des notables habitants, vinrent au-devant de lui, et le reçurent dans leurs murs. Un acte fut aussitôt dressé, par lequel ils

---

1. Lettre du 1er septembre, Duhamel, l. c., p. 95-96.
2. « Et l'y envoyons copie de ce que avez escript et envoyé par deçà pour y mettre remède par le roi des Romains, et de soy tirer par deçà le plus à haste qu'il pourra, se ainsy est qu'il ne soit jà sur chemin d'y venir, comme nous tenons par ce qu'il nous ait escript qu'il y est. »
3. Acte du 11 septembre 1444, cité plus loin.
4. Acte notarié du 4 septembre 1444. Archives nat., J 583, n° 11 ; cf. Fontanieu, portef. 110-120; publié par Duhamel; l. c., p. 97-98.

reconnaissaient le roi de France pour leur vrai et naturel seigneur, et remettaient entre ses mains, pour être réunis à la Couronne, les ville, château et châtellenie d'Épinal et de Rualménil, jurant de demeurer à jamais ses hommes liges et fidèles sujets, et de le servir envers et contre tous [1]. Le même jour, Charles VII, en considération de la soumission volontaire des bourgeois, déclarait leur ville unie à la Couronne et leur accordait qu'à l'avenir elle serait Chambre royale; il les confirmait en même temps dans la possession de tous leurs droits, coutumes, usages, privilèges, franchises et libertés, les assurant de sa protection contre tous ceux qui voudraient les attaquer, et réglait l'administration de la justice et les attributions des gouverneurs, du bailli royal et des magistrats de la ville [2]. Par d'autres lettres, le Roi désigna le titulaire de la charge de bailli [3], défendit au bailli et aux gouverneurs de laisser pénétrer qui que ce fût dans la ville, sauf lui-même et son fils [4], et manda aux baillis de Sens, Troyes, Vitry et Chaumont, de garder, défendre et porter secours à sa nouvelle ville [5]. En outre il confirma les privilèges du chapitre de Saint-Goëry [6].

Le but que poursuivait Charles VII, en occupant Épinal, est très nettement énoncé dans ses lettres du 11 septembre. Il déclarait s'être transporté sur les frontières des duchés de Bar et de Lorraine, « pour aucunes grandes affaires touchant nous et nostre Seigneurie, et mesmement pour donner provision et remède à plusieurs usurpations et entreprises faites sur les

---

1. Acte notarié du 11 septembre. Expéditions originales, Archives, J 361, n° 13, et J 983ᴬ, publié par Duhamel, l. c., p. 98-102. — On lit dans le Sixième compte de Xaincoins : « Johan le Piat, notaire apostolique, viii l..., s. t., tant pour luy que pour autres, pour leurs peines d'avoir escript en double plusieurs lettres et instrumens du don et obeissance fait par ceux de la ville d'Espinal au Roy de leurs corps et biens, lesquels depuis six cens ans, en ça n'avoient eu aucuns seigneurs fors eux-mesmes. » Cabinet des titres, 685, f. 86. — Cf. lettres des quatre maîtres gouverneurs, universités et communautés (en français), dans Du Puy 683, f. 83, et aux Archives nationales, P 2208, p. 1317.
2. Lettres patentes du 11 septembre. Archives, JJ 177, n° 6; copie moderne, ms. fr. 18881, f. 95; Ordonnances, t. XIII, p. 408; Duhamel, l. c., p. 102.
3. Il se nommait Georges Deslye. Ms. fr. 18881, f. 99; publié par Duhamel, l. c., p. 108.
4. Lettres du 14 septembre. Ms. fr. 18881; publiées par Duhamel, l. c., p. 109.
5. Lettres du 24 septembre 1444, visées par Duhamel, l. c., p. 10 et 112.
6. Lettres du mois de septembre 1444, publiées par Duhamel, p. 105, d'après l'original aux archives des Vosges.

droits de nos royaume et couronne de France en plusieurs pays, seigneuries, citez et villes, estans deçà la rivière du Rhin, qui d'ancienneté souloient (avaient coutume) estre et appartenir à nos predecesseurs Roys de France, et icelles remettre et reduire à nostre seigneurie et bonne obeissance[1]. »

Ce que le Roi avait réussi à faire à l'égard des habitants d'Épinal, qui, « comme ils le devaient, » l'avaient reconnu pour leur « naturel souverain seigneur, » il voulut l'obtenir d'autres villes de la contrée. Après avoir séjourné jusqu'au 14 septembre à Épinal, et s'être arrêté à Saint-Nicolas du Port, célèbre lieu de pèlerinage où Jeanne d'Arc avait été prier avant de partir pour Chinon[2], il arriva le 20 septembre à Nancy. Aussitôt il envoya un de ses hérauts sommer les habitants de Verdun de reconnaître son autorité, leur donnant un délai de douze jours pour lui faire obéissance[3]. Pareille sommation fut faite à la ville de Toul[4]. Mais Verdun n'ouvrit pas ses portes, et Toul envoya une députation au roi des Romains pour implorer sa protection[5]. Nous verrons plus loin comment Charles VII sut triompher de ces résistances.

Cependant le gros de l'armée royale, qui ne comptait pas moins de trente mille hommes, avait poursuivi sa marche vers Metz, sous le commandement du connétable de Richemont et

---

1. Lettres du 11 septembre 1444, *l. c.*
2. « Nous, pour les singuliers devotion et affection que avons au benoist corps saint de saint Nicolas et à l'eglise et saint lieu où il est deprié et adouré en la ville ou bourg du Port en ce pays de Lorraine, nous soyons, pour icelluy deprier et adourer audit lieu en nostre devocion, transportez en icellui, y ayons sejourné par aucuns jours et visité sadite eglise et les sains reliquaires d'icelle... » Lettres de sauvegarde en faveur des habitants, données à Nancy au mois de septembre 1444. Archives, JJ 177, n° 7 ; éditées (avec fautes de lecture) *Ordonnances*, t. XIII, p. 410.
3. Lettres du 23 septembre, citées dans celles du 21 novembre. Roussel, *Histoire de Verdun*, Preuves, p. 33, et nouvelle édition, t. II, Preuves, p. xl.
4. Le P. Benoît, dans son *Histoire ecclésiastique et politique de la ville et du diocèse de Toul*, mentionne, (p. 538), d'après les archives de l'hôtel de ville, une lettre de Brezé aux habitants de Toul leur demandant d'envoyer des députés à Épinal « pour y attendre les ordres de Sa Majesté, qui prétendait que les trois évêchés lui donnassent des secours à l'exemple des autres villes du royaume. » — On lit dans une lettre du bourgmestre de Bâle en date du 11 septembre : « Item une ville appelée Tolle en Lorraine a écrit au Roi (des Romains) que les étrangers demandent qu'elle leur soit livrée ; elle réclame un chef militaire et des secours. » Witeker, *l. c.*, p. 85.
5. Lettre de Charles VII à Frédéric III, en date du 14 octobre, citée plus loin ; lettre du bourgmestre de Bâle du 11 septembre.

du comte du Maine. Depuis plusieurs mois, on était, à Metz, dans de continuelles alarmes, et l'on avait pris des mesures pour se protéger contre l'invasion[1]. L'événement tant redouté se produisit enfin : le 10 septembre, le territoire messin était envahi. Trois colonnes attaquèrent à la fois Mardigny, Ancy et Ars-sur-Moselle. Du 12 au 18, Vaux et Jussy, à l'ouest de Metz ; Corny et Saint-Blaise, sur la rive droite de la Moselle ; Borny, à l'est de Metz, et nombre d'autres forteresses, furent occupés[2]. Conformément au plan adopté par les Messins, tous les villages entre la Moselle et la Seille avaient été abandonnés par les habitants, qui s'étaient réfugiés à Metz. Le 21 septembre l'armée parut sous les murs de cette ville. Le 22, un héraut vint requérir les magistrats d'envoyer une députation à Nancy, vers Charles VII et le roi René[3]. Les treize du Conseil de ville[4] désignèrent cinq députés qui partirent le 27[5], sous la conduite du héraut.

1. Les habitants de Metz, fort inquiets, faisaient surveiller avec soin les mouvements des troupes. Dès le 11 juin, Jean d'Esch écrivait à l'ammeister de Strasbourg (texte allemand aux Archives de Strasbourg, A A 185) : « Il y a actuellement mille chevaux entre Vitry et Châlons, à peu près à vingt-deux mille de Metz, et cinq mille du côté de Verdun, sur les bords d'une rivière appelée la Meuse, qui causent au pays un énorme dommage. Le grand corps d'armée se trouve auprès des susdits princes (le roi de Sicile, le roi d'Écosse et le Dauphin de France) autour de la ville de Troyes, et se compose, tout compris, de plus de quarante mille chevaux... Partout on fait devant elles et l'on évacue les églises, les petits châteaux qui ne sont pas très forts, le plat pays ; on en retire les provisions qui s'y trouvent pour se réfugier dans les villes et les châteaux forts. Nous avons également donné à notre population du pays Messin l'ordre de fuir, fait enlever des moulins tous les freins, et les avons fait conduire en ville. Tous les couvents qui se trouvent devant et autour de la ville de Metz ont amené en ville leurs blés, leurs provisions, leurs choses sacrées et leurs bijoux. Nous avons muni notre ville et nos châteaux d'hommes et d'artillerie, et avec l'aide de Dieu nous pourrons tranquillement regarder ce que ces troupes feront et ce qu'elles veulent faire. » — On voit par une autre lettre, en date du 5 juillet (Id., ibid.), que les craintes avaient un moment fait place à la confiance ; les fugitifs étaient rentrés dans leurs villages ; on s'était mis à couper les foins et les blés ; on avait rétabli les freins dans les moulins ; on espérait qu'un conflit avec les gens de guerre du duc de Bourgogne empêcherait les écorcheurs de se porter du côté de Metz.
2. Relation du siège de Metz, par MM. de Saulcy et Huguenin (à la suite de laquelle se trouvent reproduits des extraits des chroniques messines), pages 84-89, 105-290, 225-227.
3. Idem, ibid., pages 92-95, 100-08, 229-30.
4. Voyez sur l'organisation municipale de Metz l'ouvrage de MM. de Saulcy et Huguenin, p. 20 et suiv.
5. C'étaient Nicole Louve et Geoffroy Dex, chevaliers ; Poinsignon Baudoche, Thiébaut Louve et Jacob de Bannestroff, écuyers ; ils étaient accompagnés de Jean de Luxembourg, secrétaire des Sept de la guerre.

Les députés furent admis aussitôt à l'audience royale. Nicole Louve, prenant la parole en leur nom, exposa qu'ils s'étaient rendus volontiers au mandement du Roi, mais que la ville de Metz avait été fort surprise de se voir ainsi traitée en ennemie. Déjà, sans qu'on en pût découvrir le motif, car ils n'étaient point du royaume ni de la seigneurie du Roi, ils avaient vu leur pays envahi et détruit. Jamais, pourtant, ils n'avaient rien fait de préjudiciable à la Couronne; bien au contraire, dans les guerres que le Roi avait eues, soit avec le duc de Bourgogne, soit avec d'autres seigneurs, ils lui avaient prêté main-forte. En se plaignant de l'injuste agression dont ils étaient victimes, ils offraient humblement leurs services pour tout ce qui serait en leur pouvoir.

Jean Rabateau, président au Parlement, répondit à Nicole Louve. « Le Roi, dit-il, prouvera suffisamment, si besoin est, par les chroniques et par l'histoire, que les Messins ont été, de tout temps, sujets du Roi, de ses prédécesseurs, et du royaume. S'ils s'en veulent défendre, c'est au préjudice de la Couronne et au mépris de la majesté royale. Durant les grandes guerres, divisions et tribulations dont le Roi et ses prédécesseurs ont eu depuis longtemps à souffrir par fortune de guerre, les Messins n'ont jamais agi que par fraude et ont donné des marques de leur duplicité. Le Roi est dûment informé qu'ils n'ont cessé d'être dans ces dispositions et de faire preuve de semblables « cautelles et cavillations; » car, quand l'empereur d'Allemagne est venu parfois, à la tête de toute sa puissance, pour les contraindre à lui obéir, ils ont déclaré être nûment du royaume de France et relever de la Couronne; et quand les rois de France, prédécesseurs du Roi, les ont requis de leur faire obéissance, ils ont prétendu qu'ils étaient de l'empire et sujets de l'empereur. Le Roi ne peut souffrir ni passer sous dissimulation de telles fraudes et déceptions; il doit les contraindre, avec une entière rigueur et par puissance d'armes, à lui obéir et à reconnaître l'autorité de sa Couronne. S'ils ne se soumettent point, ils seront punis criminellement et civilement, et frappés dans leurs corps et dans leurs biens. »

Nicole Louve répondit avec chaleur, protestant contre de

telles prétentions, et déclarant que, si le Roi se présentait, comme allié et confédéré du Saint-Empire, à la tête d'un petit nombre de gens, les Messins étaient prêts à le recevoir et à lui rendre les honneurs qui lui étaient dus ; mais leur cité était ville impériale et non sujette au royaume. « Nous vous « faisons savoir pour et au nom de la cité, dit-il en terminant, « que nous aimerions mieux tous mourir plutôt qu'il nous fût « reproché d'avoir une fois renié la grande aigle, c'est-à-dire « l'empereur[1]. »

Jean Rabateau somma alors les députés de faire obéissance au Roi et de lui rendre la ville de Metz, ainsi qu'ils y étaient tenus. Faute de ce faire, le Roi y pourvoirait en telle manière que cela servirait d'exemple à eux et à leurs successeurs au temps à venir. Les Messins devaient avoir égard aux innumérables maux, pertes et dommages que le pauvre peuple avait eu à supporter pendant longtemps et dont il souffrait encore, et à la destruction totale qui menaçait leur pays. Si de tels malheurs survenaient par leur faute, ils en seraient responsables devant Dieu.

Les députés messins demandèrent un délai pour en référer au Conseil de ville, affirmant qu'ils feraient tout au monde pour qu'un bon traité de paix fût conclu. Cela donnerait le temps d'apaiser le courroux du Roi ; ils ne doutaient pas que finalement ce prince ne fût content d'eux[2].

Fidèle à ses habitudes de courtoisie et voulant témoigner de l'estime en laquelle il tenait la ville de Metz, Charles VII festoya les députés ; il leur fit servir, pour leur souper, les mets de sa propre table, et donna ordre, sous peine d'encourir son châtiment, de les traiter avec les plus grands ménagements ; enfin il les combla de présents, et les fit reconduire jusqu'à la limite du territoire messin[3].

Cependant, les opérations militaires avaient été activement

---

1. *Chronique de Philippe de Vigneulles*, dans *Relation du siège*, p. 198.
2. Tous ces détails sont empruntés au récit très circonstancié de Mathieu d'Escouchy, t. I, p. 30-33, que nous avons complété par les chroniques messines dont les extraits se trouvent dans les preuves de la *Relation du siège de Metz*, p. 198 et 233-31.
3. *Relation*, p. 198 et 234.

poursuivies. Non qu'on prétendît faire subir à la ville de Metz un siège en règle : soit qu'une telle entreprise fût jugée impraticable avec les moyens dont on disposait, soit qu'on voulût simplement intimider les habitants afin de les amener à composition[1], on se bornait à une guerre d'attaques partielles, de sorties, de courses et de rapines. C'étaient de perpétuelles escarmouches, où les troupes royales, sans conquérir de sérieux avantages, subissaient des pertes assez considérables. Les sept de la guerre, qui présidaient aux soins de la défense, avaient pu réunir des forces imposantes. Outre les soldoyeurs à cheval, au nombre de trois cent douze, composés d'aventuriers de tous pays, enrôlés volontairement, ils avaient à leur disposition les corps de métiers préposés à la garde de chacune des tours de l'enceinte, les soldats fournis par les membres des paraiges, enfin les soldoyeurs à pied ou arbalétriers[2]. Dès le début du siège, les Messins avaient écrit au roi des Romains pour solliciter son secours[3]. Mais ils comptaient avant tout sur eux-mêmes. Résolus à opposer la plus énergique résistance, ils ne reculaient devant aucun sacrifice ; les villages et métairies situés autour de la ville furent livrés aux flammes ; il en fut de même des moulins, dont l'ennemi aurait pu se servir pour l'alimentation des troupes[4]. La lutte se prolongea ainsi pendant près de quatre mois, sans que l'indomptable vaillance des Messins se démentît un seul instant.

Pourtant, à deux reprises, il fut question d'entrer en pourparlers avec le Roi. Nous pouvons constater que, le 11 octobre et le 12 décembre, des sauf-conduits furent délivrés aux députés de Metz par ordre de Charles VII[5]. Mais les Messins ne paraissent pas en avoir fait usage. Ce n'est qu'au commencement de janvier que des négociations s'ouvrirent à Pont-à-Mousson[6]. Le 14 janvier, Nicole Louve et d'autres représen-

---

1. Thomas Basin constate l'impossibilité où l'on était d'entreprendre un siège en règle. Voir t. I, p. 164.
2. Voir, sur l'organisation de la défense, la *Relation du siège*, p. 31, 64-67.
3. Lettre du 5 octobre 1444, mentionnée dans la *Relation du siège*, p. 187 ; cf. p. 281.
4. *Relation du siège*, p. 111-12 et 140.
5. Voir les textes : *Relation du siège*, p. 300 et 301.
6. Sauf-conduit donné le 5 janvier. Voir *Relation du siège*, p. 212-14, 266 et 303.

tants de la cité se rendirent dans cette ville. Des propositions furent faites de part et d'autre. Le 5 février, Brezé reçut du Roi pleins pouvoirs pour conclure un traité[1]. Le 16 février, une nouvelle conférence fut tenue à Ars-sur-Moselle. Le 22, les représentants de Metz se rendirent à Nancy, d'où ils revinrent le 27[2]. Le même jour, Pierre de Brezé et d'autres membres du Conseil royal allèrent joindre le connétable à Pont-à-Mousson, où furent définitivement arrêtées les conditions de la paix[3]. Le 28, par lettres données à Nancy, le Roi promulgua le traité[4]. L'acte était muet sur les satisfactions réclamées relativement aux « justes et raisonables causes, poursuites et querelles » qui avaient motivé l'agression ; il ne mentionnait point non plus les avantages financiers accordés au Roi. On se bornait à dire, en termes généraux, que « bonne paix, traité et accord régneroient dorénavant entre le Roi et son royaume, d'une part, et les maître échevin, treize jurés, manants, habitants et communauté de Metz, d'autre part; » toutes les choses accomplies durant la guerre, et toutes les « querelles, causes et poursuites » que le Roi pouvait avoir auparavant à l'égard de Metz étaient réputées abolies et de nul effet; les prisonniers devaient être rendus et toutes les places restituées.

Par un autre traité, conclu le 3 mars, il fut décidé que les arrérages des rentes dues par le roi René et ses sujets à la ville de Metz seraient annulés pour toutes les créances rachetées avant la fête de la Pentecôte; que les obligations contractées depuis plus de trente ans par les ducs de Lorraine et de Bar seraient mises à néant; qu'il en serait de même relativement à celles contractées par le roi René durant les trente dernières années, et pour lesquelles la ville de Metz n'avait ni gage, ni contrat, ni hypothèque[5].

1. Texte dans la *Relation du siège*, p. 305.
2. *Relation du siège*, p. 164, 168, 275, 278. — Je suis la version des chroniques messines; mais le sauf-conduit du Roi (publié p. 306) porte la date du 25 février.
3. *Relation du siège*, p. 168-69 et 278-79.
4. Original aux archives de l'hôtel de ville de Metz; *Relation du siège*, p. 307-309. Le même jour, le Roi déclara par lettres patentes (texte, p. 309) que, pendant dix ans, il ne ferait ni ne laisserait faire aucune guerre aux habitants de Metz. — Le Dauphin donna le 2 mars ses lettres de ratification du traité (p. 310).
5. Traité publié sur le texte original, aux archives de Metz. *Relation du siège*, p. 311-14.

Dans tout cela, on le voit, nulle allusion aux prétentions de souveraineté sur la ville de Metz, manifestées soit par Charles VII, soit par René. Tout se dénouait par des satisfactions purement pécuniaires.

Le 5 mars, les députés de Metz rentraient dans leur ville, porteurs des traités passés à Nancy. Ils étaient accompagnés de Pierre de Brezé, de Geoffroy de Saint-Belin, bailli de Chaumont, et du héraut Touraine. Des obligations, s'élevant à la somme de quatre-vingt-quatre mille florins, furent remises au secrétaire de Brezé. Cette formalité remplie, les députés se rendirent à la cathédrale, où la paix fut aussitôt proclamée[1].

Mais la discipline n'était point assez établie dans l'armée pour que tout rentrât aussitôt dans l'ordre. L'évacuation des places fortes occupées par les gens de guerre avait été fixée au 15 mars. Plusieurs capitaines refusèrent de les rendre sans indemnité. Plainte fut portée devant le Roi, au nom des Messins. Charles VII se borna à répondre : « Allez, et faites-en à votre plaisir[2] ! » C'était l'application sommaire de la formule de ses ordonnances autorisant à faire soi-même justice de ceux qui n'obéissaient pas aux injonctions royales.

En prenant congé du Roi, les députés de Metz reçurent des marques de sa libéralité ; en outre de magnifiques harnais de guerre furent donnés à chacun d'eux, et Nicole Louve, chef de la députation, fut nommé conseiller et chambellan du Roi[3].

Ainsi se termina l'expédition de Metz. On a dit que l'or messin ne fut point étranger à ce dénouement : sachant que certains conseillers du trône n'étaient pas insensibles à une telle séduction, les habitants n'auraient rien épargné pour se les rendre favorables ; mais cette accusation ne paraît pas appuyée de preuves suffisantes[4].

---

1. *Relation du siège*, p. 173-75 et 280 ; obligations de la ville de Metz, datées du 5 mars, pour le paiement de 74,000 florins. *Ibid.*, p. 315-16.
2. *Relation*, p. 177.
3. *Chronique dite de Praillon*, dans *Relation*, p. 291 ; Cf. p. 179-80.
4. Voir à ce sujet une note complémentaire, à la fin du volume.

Épinal était devenue ville française; Metz avait acheté son indépendance à prix d'or; restaient les villes impériales de Verdun et de Toul.

Dès le temps de saint Louis, Verdun avait été placée en la sauvegarde royale[1]; des lettres de Philippe V et de Charles IV avaient consacré cette situation, qui, en assurant certains privilèges aux habitants, les obligeait à payer à la Couronne une redevance annuelle, et à lui fournir, dans des conditions déterminées, un contingent de gens de guerre[2]. Charles VII lui-même, au début de son règne, avait, moyennant le paiement annuel de cinq cents livres pour le Roi et de deux cents livres pour son lieutenant, donné des lettres de protection à la ville de Verdun[3]. Mais, depuis longtemps, la rente avait cessé d'être payée, et les arrérages se montaient à une somme considérable[4]. Les habitants de Verdun, voyant poindre l'orage, n'avaient rien eu de plus pressé que de se mettre sous la sauvegarde du duc de Bourgogne[5]. Sommés par Charles VII, dès son entrée en Lorraine, de lui faire obéissance, ils n'avaient eu garde de s'exécuter et avaient entamé des pourparlers qui se prolongèrent durant plusieurs mois. Ils reconnaissaient bien que, depuis longtemps, ils avaient été « bienveillants, amis et serviteurs de la Couronne de France; » ils voulaient encore le demeurer; mais ils invoquaient différents prétextes pour se dispenser des obligations contractées dans le passé. Finalement ils consentirent à se mettre de nouveau sous la sauvegarde royale, et à payer une redevance annuelle de cinq cents livres à la Couronne et de deux cents livres au bailli de Vitry, à titre de gardien; en outre ils devaient servir le Roi contre tous, sauf l'empereur et l'évêque de Verdun, avec vingt hommes d'armes et vingt hommes de trait, et lui payer une somme de trois mille florins d'or pour demeurer quittes de tous arrérages. C'est sur ces bases

---

1. Voir *Ordonnances*, t. XI, p. 495.
2. Voir *Ordonnances*, t. XIII, p. 431, note.
3. Lettres du 10 janvier 1423, publiées par Clouet, *Histoire de Verdun*, t. III, p. 590.
4. « Dix mille écus ou plus, » disent les lettres de Charles VII du 23 juin 1445, citées plus loin.
5. Lettres du 5 mai 1441. *Publications de l'Institut royal grand-ducal de Luxembourg*, t. XXIX, p. 35.

que l'accord fut conclu. Par lettres du 23 juin 1445, moyennant la somme de trois mille cinq cents florins, payable avant le 15 juillet suivant, et aux conditions sus-énoncées, Charles VII prit la ville de Verdun sous sa sauvegarde et confirma ses franchises et privilèges [1].

La ville de Toul, mise en demeure d'ouvrir ses portes au Roi, comme étant du royaume et tenue de lui faire obéissance, avait rejeté bien loin cette prétention et en avait appelé au roi des Romains. Mais Frédéric, tout en protestant auprès de Charles VII contre les entreprises dirigées sur les villes impériales de Toul, Metz et Verdun [2], était dans l'impuissance de leur venir efficacement en aide. Livrés à eux-mêmes, les habitants de Toul firent l'impossible pour se soustraire aux exigences royales. Ils alléguèrent que, de tout temps, car il n'était mémoire du contraire, leur ville avait relevé de l'empire, et qu'elle était située au-delà du royaume, à trois lieues ou environ de ses frontières. Aux déclarations contraires de la chancellerie royale, appuyées sur des titres extraits du Trésor des chartes, ils opposèrent énergiquement des fins de non-recevoir. Aussitôt après la conclusion du traité avec les Messins, Charles VII fit déclarer aux habitants de Toul qu'à l'exemple des rois ses prédécesseurs, il les prendrait en sa sauvegarde, moyennant le versement immédiat de vingt mille francs et d'une somme annuelle de deux mille francs. Les habitants, comprenant que tôt ou tard il leur faudrait céder, députèrent à Nancy leur maître échevin, Jean de Collignon, avec charge d'obtenir des conditions moins rigoureuses. Le Roi fut inflexible. Il donna ordre à Brezé de marcher sur Toul à la tête de six mille hommes. En présence d'un tel déploiement de forces, voyant déjà leurs faubourgs incendiés et craignant d'avoir un siège à soutenir, les habitants ouvrirent leurs portes, et consentirent à recevoir le Roi comme protecteur. En quittant Nancy, Charles VII se rendit à Toul, et passa trois

---

1. Lettres du 23 juin 1445. *Ordonnances*, t. XIII, p. 433.
2. Lettres de Frédéric III à Charles VII, en date du 22 décembre 1444, dans Schoepflinus, *Alsatia diplomatica*, t. II, p. 376.

jours dans l'hôtel de l'évêque, Louis de Haraucourt. Celui-ci avait pris une part active aux négociations avec les Messins, et Charles VII l'avait retenu de son grand conseil. Les choses semblaient arrangées ; mais, à peine le Roi eut-il quitté Toul que les habitants, sous prétexte que le traité leur avait été arraché par la violence, se refusèrent à en remplir les stipulations. Fort mécontent, le Roi ordonna à Brezé d'aller leur imposer sa loi. L'évêque intervint alors : il se rendit près du Roi, qui était sur la route de Châlons, et le joignit à Louppy-le-Château[1]. Par l'entremise de ce prélat, un accord fut conclu. Moyennant le paiement d'une somme de cinq mille cinq cents florins, le Roi renonça à ses revendications à l'égard de Toul ; de leur côté les habitants consentirent à se placer sous la sauvegarde royale, sous réserve des droits de l'empereur et de l'évêque de Toul, et à payer annuellement une somme de quatre cents florins. Des lettres du Roi consacrèrent cet arrangement et déclarèrent que la ville de Toul, « assise en l'empire hors du royaume, » et non sujette du Roi, serait désormais en sa protection et sauvegarde. Robert de Sarrebruck, seigneur de Commercy, fut désigné comme gardien[2].

Deux autres villes lorraines, Saint-Nicolas-du-Port et Rembercourt-aux-Pots, obtinrent confirmation de leurs privilèges et furent placées sous la sauvegarde royale[3].

Ainsi, par l'ascendant de sa puissance, par son prestige personnel, Charles VII avait forcé les villes impériales de Verdun et de Toul à subir sa loi ; si elles n'étaient point devenues françaises comme Épinal, elles avaient du moins accepté son

1. Tous ces faits sont racontés uniquement par les historiens locaux et demanderaient à être contrôlés. Voir Benoît, *Histoire ecclésiastique et politique de la ville et du diocèse de Toul*, p. 537-38.
2. Lettres du 27 mai et de mai 1445. *Ordonnances*, t. XIII, p. 423 et 425.
3. Lettres des mois de septembre 1444 et janvier 1445. *Ordonnances*, t. XIII, p. 410 et 413. — On lit à ce propos dans Mathieu d'Escouchy (t. I, p. 28) : « Et lui estant dedens ladicte ville de Nancy, se mirent en son obeissance plusieurs places, villes et forteresses tant sur les marches de Bourgoingne comme de Lorraine et d'environ, entre lesquelles en furent la cité d'Orville, Verdun, Espinach, Chalences (Selongey?) et aucunes autres, dont la plus grant partie allèrent se offrir et donner à luy de leur propre volenté, sans à ce estre contrainctes ; et ce faisoient soubz esperance d'estre gardez, conduiz et gouvernez soubz sa main plus seurement et paisiblement qu'ils n'avoient acoustumé. »

protectorat; désormais elles étaient tributaires de la Couronne.

Le Dauphin, après un séjour d'un mois à Montbéliard, était venu rejoindre le Roi à Nancy. C'est dans cette ville qu'allaient se poursuivre les négociations relatives à l'évacuation de l'Alsace.

Inquiet déjà de l'immense déploiement de forces qui avait abouti à l'occupation d'une grande partie de ce pays, Frédéric III avait été fort ému en voyant le Roi s'établir en Lorraine, occuper Épinal et menacer Metz, Toul et Verdun. A sa cour, et dans toute la région, on disait ouvertement que Charles VII avait l'intention de revendiquer les anciens droits de la couronne de France sur la limite du Rhin; et il faut reconnaître que l'attitude du Roi et son langage même [1] — aussi bien que l'attitude et le langage du Dauphin [2] — étaient de nature à accréditer une telle supposition.

Nous avons vu que, dès le début, les habitants de Metz et de Toul avaient fait appel au roi des Romains pour les protéger contre l'invasion française. Frédéric n'était pas plus en état de leur venir en aide qu'il ne l'avait été de défendre Zurich contre les cantons suisses et d'empêcher les écorcheurs de s'installer en Alsace; il se contenta d'écrire à Charles VII en termes très vifs, lui reprochant de violer l'alliance qui existait entre l'empire et le royaume de France, et se plaignant des entreprises qu'il faisait contre des villes impériales; il lui demandait avec hauteur de ne point souffrir qu'on molestât ainsi ses sujets, et réclamait la remise d'Épinal entre ses mains [3].

Charles VII répondit au roi des Romains à la date du 14 octobre. Il exprimait son étonnement de n'avoir trouvé dans la lettre de ce prince aucune trace de la courtoisie dont les chefs du Saint-Empire avaient coutume d'user à l'égard de la Couronne. « Tout le monde, disait-il, sait que, depuis que nous sommes entrés dans ces contrées, nous n'avons fait tort à per-

---

1. Voir plus haut, p. 51-52.
2. Voir chapitre I, p. 3.
3. On n'a pas le texte de cette lettre, qui ne nous est connue que par la réponse de Charles VII.

sonne et que nous avons montré autant de douceur que
de modération. Nous n'avons point pour habitude de livrer au
pillage les lieux par où nous passons, et nous ne saurions
assez nous étonner de la plainte que les échevins de Toul ont
injustement portée contre nous. Mais ce qui nous étonne plus
encore, c'est de vous voir ajouter foi si facilement à ce qu'ils
vous ont écrit. Pour répondre d'une manière péremptoire à
vos lettres, nous vous déclarons que nous croyons n'avoir ni
attenté ni laissé attenter, en quoi que ce soit, au droit et à la
justice. Nous avons usé de notre droit, sans porter préjudice à
vous ni à personne. Les habitants d'Épinal qui, de temps immé-
morial, ont la faculté de choisir leur seigneur, se voyant dans
un état misérable, privés d'aide et de secours, et comme dans
la gueule du loup, ont imploré notre assistance ; nous n'avons
pas cru pouvoir la leur refuser. Lancés dans une mer orageuse,
sur un navire prêt à sombrer, ils sont venus à nous, et nous
les avons reçus bénignement. Est-ce là ce que vous appelez
molester les gens et leur faire injure ? Peut-on adresser de tels
reproches à nous et aux nôtres ? Loin de là. Il est du devoir
des rois de protéger les malheureux, de soulager les opprimés.
C'est en agissant de la sorte que nous accroîtrons notre renommée et que nous rendrons notre nom glorieux[1]. »

Dans les premiers jours de novembre, une ambassade du
roi des Romains se rendit à Nancy[2]. Elle avait pour mission
de demander raison des attaques dirigées par les troupes
royales contre Metz, Toul, Verdun et Épinal, et en même
temps de réclamer l'évacuation de l'Alsace ; Pierre de Schomberg, évêque d'Augsbourg, en était le chef. Le Roi lui fit donner, sur tous les points, des réponses péremptoires[3]. En congédiant l'évêque d'Augsbourg, Charles VII lui remit une lettre
pour le roi des Romains : il le priait de députer vers lui quel-

---

1. Minute à la Bibliothèque nationale : *Charles originales*, Metz, 267.
2. Il est question de cette ambassade dans un document émané de la chancellerie française (Tuetey, t. II, p. 135), dans une lettre du 24 novembre (Wulcker, *l. c.*, p. 53), et
dans la seconde relation du commandeur d'Issenheim (Tuetey, t. II, p. 522).
3. « Furent faictes certaines instructions contenans à un chascun des articles les
responses honnestes et convenables. » Instructions du 24 février 1445, dans Tuetey,
t. II, p. 135.

ques-uns des princes électeurs pour régler les difficultés pendantes, à moins que Frédéric ne préférât convoquer, dans une ville rhénane, une assemblée où se rendraient des commissaires royaux, munis de pleins pouvoirs[1].

Frédéric était parti de Nuremberg au milieu du mois d'octobre, après avoir convoqué les princes à Strasbourg, à la date du 15 novembre, pour y tenir conseil sous la présidence de son frère Albert. Là se trouvèrent réunis l'électeur Palatin, le comte Palatin Othon de Bavière, le margrave de Bade et le comte Ulric de Wurtemberg. On décida d'entamer avec le Dauphin de nouvelles négociations, sous les auspices des archevêques de Trèves et de Cologne. Le jeune prince ayant quitté l'Alsace à ce moment, il n'y avait plus rien à faire de son côté : c'est à Nancy que l'affaire devait être portée. L'archevêque de Trèves s'y rendit[2], et offrit sa médiation pour trancher le différend soulevé par l'occupation de l'Alsace. Cette offre ayant été agréée par Charles VII, il fut décidé qu'une conférence se tiendrait à Trèves, à la date du 21 décembre, avec les archevêques de Trèves et de Cologne. Dans l'intervalle, le comte Palatin devait s'abstenir de toute hostilité. Deux ambassadeurs français se rendirent à la conférence, où l'on jeta les bases d'un arrangement, et où l'on prit de nouveau rendez-vous pour le 10 février. Dans cette réunion, on devait en même temps s'occuper d'autres affaires, et en particulier de l'importante question de la pacification de l'Église[3]. Le Roi envoya à Trèves son principal conseiller, Pierre de Brezé, et l'antipape y députa le chancelier de Savoie, Guillaume Bolomier. Par un acte passé avec le comte Palatin du Rhin et Robert de Bavière, archevêque de Strasbourg, en date du 13 février, on régla les conditions de

---

1. Voir lettre de Frédéric au bourgmestre et aux magistrats de Strasbourg, et lettres de la ville de Haguenau à la ville de Strasbourg, dans Schilter, p. 946, 994, et 959.

2. Voir lettre de la ville de Haguenau en date du 15 décembre, dans Schilter, l. c., et dans Wülcker, l. c., p. 22.

3. Lettre de l'archevêque de Trèves, en date du 21 janvier 1445, aux archives de Dresde, Wittenberger Archiv, *Französische Sachen*, f. 3; Lettre de la ville de Haguenau à la ville de Strasbourg, déjà citée ; Lettre du comte Palatin, en date du 9 janvier 1445, dans Schilter, p. 958-60.

l'évacuation de l'Alsace[1]. Ces deux princes lancèrent aussitôt une circulaire pour faire part de cet arrangement[2].

Charles VII et le Dauphin s'engageaient respectivement à retirer, avant le 20 mars suivant, les troupes qui occupaient l'Alsace, et en particulier à évacuer entièrement les domaines de Louis, comte Palatin du Rhin, et de Robert de Bavière, évêque de Strasbourg. Il était stipulé que les gens de guerre s'abstiendraient de tous ravages, exactions ou rapines; qu'ils ne mettraient le feu à aucune ville et n'extorqueraient point de sommes d'argent sous menace d'incendie[3].

Le traité de Trèves fut ratifié le 23 février par le Roi et par le Dauphin[4].

Ce traité mit-il fin aux maux dont les populations de l'Alsace avaient à souffrir? Nous devons constater que son exécution fut loin d'être satisfaisante. Les capitaines installés dans leurs cantonnements continuèrent à agir avec le même sans-façon que par le passé; on vit même le maréchal de Jalognes donner l'exemple de la violation du traité en exigeant de plusieurs villes des contributions de guerre, avec menace d'être livrées aux flammes si elles ne s'exécutaient pas[5]. Aussi la retraite des écorcheurs fut-elle accompagnée de sanglantes

---

1. Ces négociations rendirent inutile la tenue de la conférence projetée entre les envoyés du Roi et ceux du roi des Romains, dont celui-ci, en réponse à une communication du Roi, avait fixé la réunion à Mayence, au dimanche de *Reminiscere* (14 février). Lettre du roi des Romains à Charles VII, datée de Neustadt le 22 décembre, dans Schoepflinus, *l. c.*, et dans Schilter, p. 992 et 1011. — A la date du 1er janvier 1445, le roi des Romains invitait la ville de Strasbourg à se faire représenter à cette assemblée (Archives de Strasbourg, AA 183).
2. Archives de Strasbourg, AA 181 (*Inventaire*, t. I, p. 65).
3. Convention passée à Trèves pour l'évacuation de l'Alsace. Archives de Strasbourg, AA 192 (*Inventaire*, t. I, p. 73). Le texte (allemand) des lettres données en date du 13 février 1445, par Louis, comte Palatin du Rhin, et par Robert, évêque de Strasbourg, se trouve dans Schilter, *l. c.*, p. 1016; Müller, *Reichstag-Theatrum*, t. I, p. 273; Lünig, *Deutches Reichsarchiv*, Part. spér., Cont. II, Abth. I, p. 31.
4. Les lettres du Roi et du Dauphin se trouvent dans Schoepflinus, *Alsatia diplomatica*, t. II, p. 374 et 375. Le texte des lettres du Roi se trouve en allemand et sans date dans Müller, *l. c.*, p. 273, et dans Du Mont, t. III, part I, p. 143. — Par d'autres lettres données à Nancy le 20 février, Charles VII et le Dauphin s'engagèrent à faire respecter par leurs troupes les possessions du comte Palatin et de l'évêque de Strasbourg et les villes et seigneuries d'Alsace. Archives de Strasbourg, AA 1852. (*Inventaire*, t. III, p. 179).
5. Voir Tuetey, t. I, p. 327-329.

représailles : le 18 mars, au Val-de-Lièvre, l'armée française fut victime d'une surprise et taillée en pièces. Ce désastre causa parmi les gens de guerre une véritable panique et entraîna des pertes immenses [1], sans parler du butin abandonné sur le champ de bataille [2].

Si la double démonstration de Charles VII dans les contrées de l'Est n'eut d'autre résultat, au point de vue militaire, que de débarrasser le royaume de la présence des bandes indisciplinées qui le dévastaient, il n'en fut pas de même au point de vue diplomatique ; elle devait marquer le point de départ d'une ère nouvelle dans les relations de la France avec l'Allemagne.

Par les campagnes de Suisse et de Lorraine, Charles VII avait révélé sa puissance aux nations étrangères. En même temps il avait laissé entrevoir des desseins qui, pour n'avoir reçu qu'une réalisation imparfaite, ne laissèrent pas d'exciter une vive émotion dans tout l'empire.

A l'heure même où les relations de Charles VII et du roi des Romains s'envenimaient au point qu'un conflit put être à craindre, la politique royale réussit à nouer avec les princes électeurs des rapports qui aboutirent à la conclusion de traités d'alliance.

Nous avons vu qu'au mois de décembre 1444 Jacques de Sierck, archevêque de Trèves, était venu trouver le Roi à Nancy. Ce prince du Saint-Empire ne pouvait oublier qu'il avait été longtemps le chancelier et le conseiller intime du roi René. Diplomate habile, il avait su, depuis son élévation au siège de Trèves, ménager à la fois le pape Eugène IV, dont tout d'abord il se montra partisan, le roi des Romains, qui le tenait en haute estime, et le duc de Bourgogne, qui accepta sa médiation dans l'affaire du Luxembourg ; enfin il jouissait d'une

---

1. Voir Tuetey, t. I, p. 331-32. Les Français perdirent trois cents hommes, dont plusieurs seigneurs et capitaines, un bon nombre de prisonniers, plus de quatre cents chevaux, vingt équipements complets d'hommes de guerre, neuf pièces de canon, trois tonneaux de poudre, et un convoi de voitures chargées de matériel.
2. Une immense quantité de vaisselle précieuse et 60,000 florins d'argent monnayé.

grande influence parmi les électeurs ses collègues, dont il ne tarda pas à adopter les tendances opposées au Pontife romain pour se faire le champion de l'antipape Félix V. On se défiait de lui à la cour du duc Philippe, où il était regardé comme un homme intrigant et astucieux[1]. Personne plus que lui n'avait contribué au mariage du jeune comte Palatin avec Marguerite de Savoie, veuve du roi de Sicile Louis III (28 octobre 1444).

Presque en même temps que Jacques de Sierck, parut à Nancy un jeune seigneur, apparenté à la fois à l'archevêque de Cologne et à l'évêque de Liège : Gérard de Loss, comte de Blanckenhelm ; il avait été désigné par l'évêque de Liège comme l'un des préposés au gouvernement de sa principauté pendant son pèlerinage à Jérusalem. L'archevêque et le comte ne tardèrent pas à être conquis à l'alliance de la France. Blanckenhelm fut nommé chambellan du Roi et reçut une pension de cinq mille florins, sa vie durant. Il revint à Nancy à plusieurs reprises et eut avec Charles VII de longs entretiens[2]. Quant à Jacques de Sierck, il consentit à servir d'intermédiaire auprès de ses co-électeurs[3]. Tout fut combiné à l'avance, soit avec le Roi, soit avec Brezé, qui vint prendre à Trèves les derniers arrangements. Pour faciliter un résultat d'une si haute importance, Charles VII fit au négociateur un avantage exceptionnel : par lettres données à Nancy le 3 février 1445, en considération de l'alliance qu'il se proposait de conclure avec l'archevêque de Trèves et plusieurs princes alle-

---

1. Voici comment un des plus notables conseillers du duc de Bourgogne, Jean Jouffroy, s'exprime sur son compte : « Erat nempe Jacobus veterator astutus ac ingenio magno magis quam bono, cui in bello quies, in pace turbae ita placebant, ut ad res novas totas animi vires semper extenderet. » *Oratio ad Pium Papam*, dans la *Collection des chroniques belges*, p. 167. — Plus loin (p. 184) il l'appelle : « Architector fallaciarum. » — On lit dans les *Gesta Jacobi Syrck archiepiscopi Trevirensis* (*Gesta Trevirensium archiepiscoporum*, dans *Amplissima collectio*, t. IV, col. 450) : « Hic fuit multum astutus in negotiis, quod nullus potuit eum intelligere neque de ipso confidere, quia semper in parabolis loquebatur cum nobilibus suis, et nunquam cordialiter neque confidenter. »
2. Berry, p. 420 ; *Chronique dite de Pratillon* dans *Relation*, p. 220 ; *Chronique de Stavelot*, dans la *Collection des chroniques belges*, p. 518-19. Cf. Zantfliet, dans *Amplissima collectio*, t. V, p. 449.
3. Stavelot (p. 518) attribue l'honneur de ce résultat au comte de Blanckenhelm.

mands, il déclara exempter l'archevêque de l'obligation (stipulée dans les traités) de lui fournir un contingent armé [1].

C'est à Trèves que furent passés les actes par lesquels le concours de quatre d'entre les princes électeurs [2] était assuré à la France.

Le 13 février, — date de la conclusion du traité pour l'évacuation de l'Alsace, — l'archevêque de Trèves se déclarait l'allié de Charles VII [3].

Le 13 février également, Louis de Bavière, comte Palatin du Rhin et archichancelier de l'empire, celui-là même que le roi des Romains avait désigné pour prendre le commandement des forces réunies contre les écorcheurs, signait, lui aussi, un traité d'alliance avec Charles VII [4].

Un traité d'alliance était passé le même jour avec Théodore de Meurs, archevêque de Cologne, duc de Westphalie et électeur de l'empire [5].

Le 23 février, à Nancy, Charles VII déclarait s'allier avec Frédéric, duc de Saxe, archimaréchal et électeur de l'empire, et Guillaume, duc de Saxe et landgrave de Thuringe [6].

---

1. Texte dans Hontheim, *Historia Trevirensis diplomatica et pragmatica*, t. II, p. 307.

2. Il ne restait que l'archevêque de Mayence, le marquis de Brandebourg et le roi de Bohême-Hongrie, lequel n'était alors qu'un enfant.

3. Hontheim, *l. c.*, p. 308.

4. Texte latin. *Vidimus* original du 28 janvier 1446, dans Fontanieu, 119-120; copie collationnée du 20 septembre 1446, dans Du Puy, 760, f. 113; copies modernes dans le ms. fr. 9803, f. 185, et dans le ms. latin 5456.

5. Le texte original se trouve dans les *Mélanges de Colbert*, vol. 413, n° 10; copie du temps, avec la date du jour en blanc, dans *Pièces originales*, 1233 : FRANCE, n° 38. Charles VII donna ses lettres de ratification le 23 février. Lacomblet, *Urkunde Buch für die Geschichte der Niederrhein*, t. IV, p. 307.

6. Lettres de Charles VII données à Nancy le 23 février 1446. Original, ms. fr. 20587, n° 40. Publié par d'Achery, *Spicilegium*, éd. in-4, t. IV, p. 318; éd. in-fol., t. III, p. 765; Leibniz, *Codex juris gentium*, p. 370; Du Mont, *Corps diplomatique*, t. III, part. 1, p. 127. — Frédéric, duc de Saxe, donna ses lettres de ratification à Liebitz le 18 mars suivant. Original, ms. fr. 20587, n° 41; copie de 1446, sur papier, dans Fontanieu, 119-120. Les lettres du duc Frédéric contiennent la réserve suivante : « Item subditos dicti domini Regis qui nobis minime subjiciuntur, preter Philippum ducem Burgundie modernum et ejus heredes illisque in nostrum prejudicium quomodo libet adherentes, assistentes et faventes, quos hic expresse excipimus pro amicis. » — Dareste, dans son *Histoire de France* (t. III, p. 157), dit que Charles VII fit aussi des traités avec le marquis de Misnie et les burgraves d'Oldenbourg et de Magdebourg; il doit avoir confondu les alliés du Roi avec les seigneurs et autres personnages exceptés dans les traités par certains des princes contractants.

Enfin, le 2 avril suivant, Gérard, duc de Juliers et comte de Ravensberg, et Gérard de Loss, comte de Blanckenheim, se déclaraient les alliés de la France[1].

Tous ces traités, inspirés par une pensée commune, sont conçus dans des termes identiques. Ils portent le même préambule, rappelant les antiques alliances entre la Couronne et les électeurs de l'empire; ils contiennent les mêmes stipulations, sauf les variantes commandées par la situation respective des parties contractantes. Toutes les fois que ces princes en seront requis par le Roi ou par son fils, ils les assisteront dans les guerres, et réputeront leurs sujets pour amis; ils n'entreront jamais à main armée sur leurs terres sans en avoir été requis; les troupes qu'ils mettront à la disposition du Roi et de son fils seront payées aux dépens de ces princes, suivant la coutume de France et l'usage observé dans les guerres, au taux de quinze francs par homme d'armes et de sept francs cinquante sous par archer, pour un demi-mois; les relations commerciales ne seront point interrompues de part et d'autre, et pourront s'exercer librement, même avec les ennemis, sauf en ce qui concerne le commerce des armes, sans que le traité puisse être considéré comme violé; sont expressément exceptés le souverain Pontife et le roi des Romains, contre lesquels les princes ne pourront jamais être contraints de prendre les armes, et qui sont considérés comme amis de chacune des parties; les rois d'Espagne, de Sicile, d'Écosse, et le duc Sigismond d'Autriche sont également déclarés alliés des parties contractantes; il en est de même du roi d'Angleterre, en raison des espérances d'une paix prochaine entre la France et l'Angleterre.

Quelle est la signification de ce faisceau d'alliances, si habilement et si puissamment combiné? Pour en avoir l'intelligence, il ne faut pas seulement considérer l'état des relations entre Frédéric III et Charles VII, mais aussi la situation politique des princes avec lesquels la France traitait. L'archevêque de

---

[1]. Original, Bibl. nat. Moreau, 1425, f. 119; copie moderne, ms. latin 5456; fragment dans Le Grand, vol. VI, f. 225; texte édité par Tuetey, les Écorcheurs, etc., t. II, p. 107-110. — Charles VII donna ses lettres de ratification le 22 mai suivant. Texte dans Lacomblet, t. IV, p. 321.

Cologne, l'ancien allié des Anglais, était alors en lutte avec le duc de Clèves, le propre beau-frère du duc de Bourgogne. Le jeune comte Palatin, fils d'une Lancastre, venait de s'allier à Philippe le Bon par un traité en date du 11 octobre 1444 : l'influence de l'archevêque de Trèves le rapprochait de la France. La maison de Saxe maintenait ses droits sur le Luxembourg : malgré le traité conclu à la date du 11 décembre 1443[1], de nouvelles difficultés avaient surgi, et les hostilités avec le duc de Bourgogne pouvaient reprendre d'un moment à l'autre; les ducs Frédéric et Guillaume étaient donc intéressés à une alliance qui pouvait leur permettre de s'opposer efficacement aux vues ambitieuses de Philippe. On s'étonne qu'ils n'aient pas montré plus d'empressement à répondre aux ouvertures de l'archevêque de Trèves : leur envoyé, Henri Engelhard, dut prendre sur lui de traiter, sans attendre des pouvoirs qu'il sollicita vainement[2]. Notons enfin la coïncidence entre la conclusion des traités du 13 février et les négociations entamées avec la ville de Metz, lesquelles aboutirent peu après à un arrangement[3].

En dehors des questions politiques, il y avait la question religieuse : Charles VII et Jacques de Sierck se proposaient de travailler d'un commun accord à la pacification de l'Église; évidemment, l'archevêque se flattait du secret espoir de rattacher le roi de France à la cause de l'antipape Félix V, devenu le beau-père du comte Palatin, et soutenu par la majorité des électeurs de l'empire.

Nous aurons l'occasion de revenir sur les conséquences de ces traités, en nous occupant des relations de Charles VII avec

---

1. Voir notre t. III, p. 310.
2. C'est ce qui résulte de curieuses lettres de l'envoyé Saxon, en date des 14, 15, 23 février et 4 mars 1445, dont nous avons fait prendre copie aux archives de Dresde (Wittenberg Archiv, *Französische Sachen*, f. 8 et suiv.). — On voit pourtant, d'après les actes cités plus haut, que le traité d'alliance avec l'électeur de Saxe fut ratifié le 13 mars suivant.
3. On lit à ce propos dans la lettre d'Engelhard du 14 février : « Item in disser sunne und eynung haben die obgenannten Fursten die Stadt Mecz nicht mügen brengen; die steht yetz in teydingen, und man versicht sich genczlich sie werde sich mit der Cronen von Frangkrich umbe eyn gross summa Geldes vertragen und ydoch bey dem Reich bliben. »

Philippe le Bon et de la grave affaire de la pacification de l'Église. Il faut ici nous borner à ce qui concerne l'Allemagne. C'est appuyé sur ces nouveaux alliés que Charles VII allait poursuivre ses négociations avec l'empire, afin de mettre un terme aux difficultés qu'avait fait surgir l'expédition du Dauphin.

Dans une conférence tenue à Lunéville avec les représentants du roi des Romains, il avait été convenu qu'une nouvelle réunion aurait lieu à Mayence, le dimanche de *Reminiscere* (21 février), et que le Roi y enverrait ses ambassadeurs. Au lendemain du jour où Charles VII ratifiait les traités passés avec les princes allemands, il signait (24 février 1445) des instructions pour Jean de Grolée, prévôt de Montjou ; Jean, seigneur de Fenestrange, et Jacquemin de Bussières, chargés de le représenter à Mayence. Ces ambassadeurs devaient, en ce qui concernait les plaintes dont la démonstration contre Metz et d'autres villes impériales avait été l'objet, reproduire les réponses déjà faites au nom du Roi ; ils devaient, en ce qui avait trait à l'expédition contre les Suisses, rappeler les instances faites, à diverses reprises, par Guillaume de Hochberg, marquis de Rothelin et les autres seigneurs autrichiens, les résultats obtenus par le Dauphin, la fâcheuse situation faite à ses troupes par le défaut d'exécution des conventions passées, au nom du roi des Romains, pour leur logement et leur solde. C'était « par droite nécessité » que les gens d'armes avaient « dû faire plusieurs choses, par œuvre de fait, contre leur vouloir, » et causer des dommages au comte Palatin Louis de Bavière et à son cousin l'évêque de Strasbourg [1], « pour éviter plus grand inconvénient ; » ces gens d'armes avaient souffert, pendant ce temps, d'irréparables dommages : les uns avaient été tués, les autres faits prisonniers et dépouillés de tout ce qu'ils avaient. Un accord avait été passé avec le comte Palatin

---

[1]. Le document dit « le *conte Pallatin* et son frère. » Il s'agit bien ici du comte Palatin Louis, et non de son cousin germain Louis le Noir, comte de Deux-Ponts, qui avait pour frère Robert, évêque de Strasbourg. Comme l'a supposé M. Tuetey (t. II, p. 130), la confusion résulte du mot *frère*, employé dans le document.

et l'archevêque de Strasbourg; toutefois les ambassadeurs devaient s'efforcer d'obtenir du roi des Romains réparation pour ces dommages; ils avaient charge, au surplus, de s'en rapporter, relativement à l'indemnité à fixer, aux princes électeurs, et spécialement à ceux qui récemment s'étaient alliés au Roi. Les ambassadeurs devaient déclarer que le Roi était prêt à conclure avec la maison d'Autriche semblable alliance et confédération que celles qu'il avait passées avec les princes électeurs, à la condition toutefois, en ce qui concernait le Dauphin, que les Suisses en seraient exceptés, et que le Dauphin ne serait point tenu de leur faire la guerre. Ils devaient rappeler la promesse faite par le roi des Romains de mettre en sa franchise et liberté le duc Sigismond, et en réclamer l'exécution. Enfin ils devaient demander la mise en liberté du duc de Bavière, oncle du Roi, que son fils tenait toujours en captivité [1].

Les ambassadeurs désignés par le Roi ne purent se rendre à Mayence : l'effervescence était telle dans la contrée, qu'on dépit de tout sauf-conduit, et au mépris de l'autorité du roi des Romains et des seigneurs du pays, tous ceux qui parlaient la langue française et qu'on pouvait saisir étaient impitoyablement mis à mort; on ne trouva pas un seul messager ou poursuivant pour aller demander que la « journée » fût contremandée [2].

Une autre réunion devait se tenir le dimanche 28 février, avec les princes électeurs, à Boppart sur le Rhin, près de

---

[1]. Instructions du 21 février 1445. Original à la Bibliothèque de l'Institut, Portefeuille 96 de Godefroy; éd. par Tuetey, t. II, p. 131. — Nous avons une lettre adressée peu après (12 mars) par Charles VII à son « très cher et très amé fils » Sigismond; elle est relative à un fait particulier et n'a aucune importance politique. Archives de Vienne, communication de M. d'Herbomez. Cette lettre a été publiée par Chmel, *Geschichte Friedrich IV*, t. II, p. 762, mais avec la date fautive de 1450.

[2]. Ces détails sont consignés dans la Réplique au roi des Romains (Tuetey, t. II, p. 149). Henri Engelhard, dans une lettre datée de Mayence, 21 février (Archives de Dresde, *l. c.*), dit que l'évêque d'Augsbourg et le margrave de Bade, ainsi que les députés des princes et des villes, attendirent vainement sans qu'aucun message fût venu de la part des Français; il attribue cette absence à la conclusion du traité signé le 13 février. Les envoyés du comte Palatin firent part des arrangements conclus, « du consentement de toute la noblesse, ainsi que des villes de Strasbourg, Spire, Hagtlenau, Schlestadt, etc., en considération du peu de secours qu'on leur avait prêté. »

Coblentz ; les ambassadeurs du roi de France s'y rendirent. Là ils trouvèrent les archevêques de Cologne et de Trèves, le comte Palatin du Rhin, des représentants du duc de Saxe et de l'archevêque de Mayence, enfin l'évêque d'Augsbourg, envoyé du roi des Romains, et des députés de la ville de Mayence[1]. On devait s'occuper en même temps des affaires ecclésiastiques, de concert avec le chancelier de Savoie. — Fenestrange et Bussières remirent aux princes électeurs les lettres de ratification des traités du 13 février. Puis, le 3 mars, les ambassadeurs présentèrent aux princes électeurs les « remontrances » du Roi. C'était un exposé de tout ce qui s'était passé depuis les premières démarches faites par le roi des Romains. La conclusion de cet exposé portait sur les trois points suivants : 1° le roi des Romains désintéressera les seigneurs et autres du pays d'Alsace des dommages qu'ils ont subis par suite du manque de logis et de vivres pour les troupes, de façon à ce que le Roi et le Dauphin ne soient point inquiétés à ce sujet ; 2° il tiendra compte au Roi et au Dauphin des pertes, coûts et dommages qu'ils ont eus à supporter en venant à son aide ; 3° il laissera pleine liberté au duc Sigismond de se rendre, sans plus de délai, dans ses seigneuries, conformément aux lettres et scellés donnés par lui et aux promesses faites aux ambassadeurs du Roi à Nuremberg[2].

Les princes électeurs présents à Boppart consentirent, sur la requête des ambassadeurs, à se faire les interprètes des réclamations du Roi ; ils demandèrent seulement que le texte leur en fût remis. On en fit aussitôt une traduction allemande qui fut déposée entre leurs mains[3].

Pendant que s'engageaient de la sorte ces nouvelles négociations, auxquelles la diplomatie royale avait eu l'habileté d'intéresser les quatre principaux électeurs de l'empire, survint un incident qui fournit à Charles VII un grief de plus à invoquer.

1. Lettre de Henri Engelhard, datée de Boppart le 4 mars. Archives de Dresde.
2. Remontrances présentées à Boppart ; rapport des ambassadeurs. Du Puy, 760, f. 106 ; Le Grand, 6, f. 210, et 7, f. 110. Éd. par Tuetey, t. II, p 198.
3. Ces détails nous sont fournis par les documents ci-dessus et par les instructions de Charles VII à ses envoyés à la diète de Nuremberg, en date du 24 janvier 1447, publiées partiellement par Tuetey, t. II, p. 150 et suiv.

Dès le début de son installation en Alsace, le Dauphin avait placé son artillerie sous la garde de Charles, fils du margrave de Bade, que le Roi tenait pour « son parent et espécial ami[1]. » Le bailli du margrave avait donné l'assurance qu'elle serait aussi en sûreté dans la forteresse de Sainte-Croix que si elle était à Nancy. Or, après la déroute de l'armée française au Val-de-Lièvre, les vainqueurs se portèrent sur Sainte-Croix-aux-Mines, et, avec la connivence des habitants, réussirent à en enlever une partie. A la nouvelle de ce fait, Charles VII, qui était encore à Nancy, écrivit au margrave Charles de Bade pour se plaindre de ce que, par la faute du bailli, ses gens avaient été détroussés et son artillerie enlevée ; il le somma d'avoir à restituer l'artillerie dans l'état où elle était lors de la livraison, à faire réparation pour les injures, outrages, pertes et dommages subis par les gens du Roi dans la détrousse dont ils avaient été victimes sur ses terres, et à tirer punition de ceux de ses sujets qui s'étaient rendus coupables de tels excès[2].

Le jeune margrave s'empressa de décliner toute responsabilité au sujet des reproches qui lui étaient adressés ; il était « moult merveillé » et entièrement innocent du fait. Jamais, en aucun jour de sa vie, il n'avait, soit par lui-même, soit par nul de ses serviteurs ou de ses sujets, dit, fait ou autorisé quoique ce fût qui dût déplaire à Sa Majesté ; il demandait un sauf-conduit pour son bailli et d'autres de son hôtel, afin qu'ils pussent se rendre près du Roi et lui exposer la vérité du fait ; le margrave devait être tenu pour excusé[3].

Le Roi s'aperçut bien vite qu'il fallait faire remonter plus haut la responsabilité des faits qui s'étaient accomplis sur le

---

[1]. « Instruction pour ceulx qui iront devers le joesne marquis de Baude, etc. » Original, Le Grand, vol. IV, f. 6. Ce document a été publié par M. Tuetey, t. II, p. 119 et suiv. Mais M. Tuetey a lu : Le Joque, marquis de Baude, et partout il a substitué le mot Joque au mot Joesne ; cela lui fait commettre une fausse attribution. Il ne s'agit pas ici de Jacques, margrave de Bade, mais de son fils Charles, et ainsi s'explique le passage de la lettre du Roi : « A nostre très cher et amez cousin Charles, jeune marquis de Baude, » où l'éditeur a cru trouver (p. 120 note) une faute de lecture.
[2]. Lettre de Charles VII au margrave Charles, en date du 4 avril ; instructions à Henri Bayer et à Jacquemin de Bussieres, envoyés au jeune margrave, Le Grand, vol. IV f. 6, et vol. VI, f. 227. Cf. Tuetey, t. II, p. 120 et 119.
[3]. Lettre du 29 avril. Le Grand, vol. VI, f. 227 ; Tuetey, t. II, p. 122.

territoire du margrave de Bade. Une diète avait été convoquée pour le 24 juin à Francfort : c'est à cette diète qu'il résolut de porter ses réclamations, soit sur ce point, soit sur ceux qu'il avait déjà mis en avant.

Sur ces entrefaites, le Dauphin reçut une lettre du magistrat et des consuls de Berne[1]. Le bruit avait couru, quand il avait envahi l'Allemagne, qu'il cédait aux instances du roi des Romains et de la maison d'Autriche, qu'il avait reçu d'eux la promesse d'importants subsides, et que les seigneurs du pays s'étaient engagés à loger ses troupes. Mais, depuis que le Dauphin avait quitté le pays, ces mêmes princes et seigneurs niaient qu'il fût venu à leur requête, ce qui faisait grand tort à sa réputation. Très affligés de ce qu'on disait contre lui, et voulant venger son honneur, les représentants de la ville de Berne priaient le Dauphin de leur envoyer une copie fidèle des lettres qui lui avaient été adressées par le roi des Romains, les princes de la maison d'Autriche et les autres seigneurs, afin que, connaissant exactement la vérité, ils pussent avec plus d'autorité défendre son honneur.

Justement offensé de la conduite du roi des Romains et des procédés dont il usait à son égard, Charles VII voulut tout faire pour obtenir à Francfort une réparation décisive. Il s'adressa aux princes électeurs qui étaient de son alliance, pour leur recommander les ambassadeurs qu'il envoyait à la diète[2]; il écrivit à Frédéric pour accréditer auprès de lui deux de ses ambassadeurs et le mettre en demeure, d'une part, d'accomplir la promesse de rendre sa liberté et ses états au jeune duc Sigismond; de l'autre, de faire cesser l'injuste détention du vieux duc de Bavière et de le remettre en possession de son

---

1. Lettre du 19 avril 1445. Le Grand, vol. VI, f. 228.
2. Nous avons toute une série de lettres sans date, dans le ms latin 5114*, qui se rapportent à cette ambassade à la diète de Francfort. L'une d'elles porte cette mention : *Datum Cayurne*. La lettre à Frédéric III, citée plus bas, porte : *Datum Cayrone*. Il faut évidemment écarter *Chinon*, d'où Charles VII partit au mois d'août 1443 pour n'y revenir qu'au 20 novembre 1445. Ne serait-ce pas de *Keures*, actuellement *Kœur* (canton de Pierrefitte, Meuse) que ces lettres sont datées? L'itinéraire de Charles VII nous montre qu'il était le 13 mai à Keures-les-Saint-Mihiel, et le 23 mai à Saint-Mihiel. Quoi qu'il en soit, nous avons ici une lettre au duc de Saxe (f. 77 v°), une au comte... (Palatin?) (f. 75 v°), une à l'archevêque de Cologne (f. 76 v°).

duché¹ ; enfin il s'adressa au jeune roi de Bohême, Ladislas, pour lui faire des ouvertures et l'intéresser au succès de ses affaires². Un long mémoire fut remis aux envoyés du Roi³. On y réfutait à l'avance toutes les objections qui pourraient être présentées au nom du roi des Romains⁴ ; les ambassadeurs devaient demander réparation pour tous les préjudices causés à la Couronne.

Saisi par les princes électeurs des réclamations présentées à Boppart et à Francfort, le roi des Romains déclina toute explication, disant que, quand le roi de France s'adresserait directement à lui, il lui donnerait réponse⁵. Pourtant une satisfaction partielle était offerte à Charles VII : au mois d'avril 1446, Frédéric se détermina enfin à affranchir son cousin Sigismond de la rude tutelle que, depuis plusieurs années, il faisait peser sur lui : le 28 avril le jeune duc fit son entrée à Innsbruck, aux acclamations de ses sujets⁶. Mais ce dénoûment perdait de son importance en raison d'un douloureux événement qui venait de se produire en France : la fiancée du duc Sigismond, Radegonde, était morte à Tours le 19 mars. Avec elle disparaissaient les espérances qui reposaient sur l'union d'une fille de France et d'un prince de la maison d'Autriche.

1. Ms. latin 5114⁴, f. 72 v° ; éd. *Spicilegium*, t. VII, p. 261, et Leibniz, l. c., p. 360. — Les ambassadeurs accrédités près de Frédéric étaient le seigneur de Fenestrange et Henri Bayer, les mêmes qui venaient d'être envoyés au jeune margrave de Bade.
2. Ms. latin 5114⁴, f. 72 v°. — Mention des mêmes ambassadeurs. Il faut remarquer que c'était plutôt aux conseillers du prince que le Roi s'adressait, car le jeune Ladislas, fils posthume du roi des Romains Albert, était né en 1440.
3. Ces envoyés étaient Guillaume Huerin, archidiacre de Metz ; Jean, seigneur de Fenestrange, et Werner de Fléville.
4. Copie du temps, ms. fr. 5042, f. 41 ; éd. par Tuetey, t. II, p. 141-149.
5. Réponse de l'électeur de Trèves au Roi, en date du mois de mars 1447, dans Tuetey, t. II, p. 169.
6. Voir Jäger, *Der Streit der Tiroler Landschaft mit K. Friedrich III*, p. 128 et suiv.

CHAPITRE III

LA COUR A NANCY ET A CHALONS

1444-1445

Les *fêtes du Roi* et la Cour; le roi René reçoit Charles VII à Nancy avec grande pompe. — Portrait de Charles VII. — La reine Marie d'Anjou; la dauphine Marguerite d'Écosse. — Grande affluence de princes et de seigneurs à Nancy; ambassade du marquis de Suffolk; mariage de Marguerite d'Anjou; fêtes et divertissements; joutes; départ de la reine d'Angleterre. — On apprend la mort de Radegonde de France; la Cour quitte Nancy. — La duchesse de Bourgogne à Châlons; ses relations avec la Reine et la Dauphine. — Nouvelles fêtes; pas d'armes de Jacques de Lalain; arrivée du comte d'Angoulême. — Mariage du connétable de Richemont, en troisièmes noces, avec Catherine de Luxembourg; rivalités et divisions dans l'entourage royal; grands seigneurs éloignés de la Cour. — Affaire du comte d'Armagnac; le Roi instruit la cause; abolition donnée sous condition. — Maladie de la Dauphine; sa mort; départ de Châlons.

Nous avons vu que Charles VII s'installa à Nancy, au mois de septembre 1444, pendant les opérations du siège de Metz. La capitale du duché de Lorraine vit alors un spectacle inusité. Il y eut là comme une première apparition de ce que, dans notre langage moderne, en faisant dévier le mot de son sens primitif, on a appelé *la Cour*.

La Royauté française était demeurée étrangère à ces pompes, à ces cérémonies, à ces représentations si en honneur dans les monarchies orientales. La simplicité régnait autour du trône et l'étiquette en était bannie. À des intervalles déterminés — cette coutume remontait à la monarchie carolingienne et même plus haut — le Roi tenait ce qu'on nommait ses *fêtes*. Pâques, la Pentecôte, la Toussaint, Noël, telles étaient les principales époques de l'année où le Roi appelait autour de sa personne les princes du sang et tenait *Cour plénière*[1]. Afin que chacun pût y paraître conformément à son rang et avec la pompe qui convenait à la circonstance, le Roi donnait des robes aux princes, aux grands officiers, aux gens de son hôtel; et cet usage constitua bientôt une sorte de droit pour tous ceux qui portaient la livrée royale. A chaque fête il y avait une distribution de robes[2]. Le Roi lui-même se faisait faire à cette occasion une robe neuve : jusque dans les temps de détresse, Charles VII resta fidèle à cet usage. A *sa fête*, le Roi était revêtu des ornements royaux. Pendant la messe solennelle, célébrée tout d'abord, un évêque plaçait la couronne sur sa tête; il présidait ensuite un grand festin, auquel seuls prenaient part les princes du sang et les pairs du royaume, et où il était servi par les grands officiers de la Couronne, par ses maîtres d'hôtel, échansons et pannetiers, chacun suivant les fonctions de sa charge. Les rois d'armes et les hérauts, tenant à la main de grands hanaps remplis de monnaie d'argent, criaient, de temps à autre, à trois reprises : *Largesse! Largesse! Largesse!* en jetant des pièces de monnaie au peuple admis dans la salle. Des lectures étaient faites à haute voix par le grand chambellan. Après le repas, les ménétriers exécutaient des airs variés sur de multiples instruments; les jongleurs divertissaient l'assistance par leurs tours, leurs facéties, et la représentation de scènes et de mystères. La journée s'achevait au milieu de pantomimes et de danses, et chacun se retirait emportant de beaux présents, dus à la libéralité royale[3].

Il résulte de ce que nous venons de dire que personne ne venait à la Cour sans être mandé par le Roi. En temps ordinaire, il n'y avait autour de lui que les gens de son hôtel, et

---

1. Il y avait aussi l'anniversaire du sacre du Roi, de son mariage, la réception comme chevaliers des frères et des fils du Roi, les mariages.

2. Voir la dissertation V de Du Cange : *Des cours et des fêtes solennelles des rois de France*, et les *Recherches historiques sur le nom de Cour plénière*, données par Gautier de Sibert dans les *Mémoires de l'Académie des Inscriptions et belles-lettres*. — Ces deux mémoires sont reproduits dans les *Dissertations* de Leber, t. VIII, p. 30 et 50.

3. Mêmes sources.

les personnes attachées au service de la Reine et des enfants royaux.

René d'Anjou, duc de Lorraine et roi de Sicile, se retrouvait, après une longue absence, dans la capitale de son duché. Il n'avait point eu jusque-là l'occasion de satisfaire son penchant pour le faste, le plaisir et les délassements chevaleresques. La présence à Nancy du Roi, du Dauphin, de la Reine, de la Dauphine, de la reine de Sicile et de sa fille, qu'on appelait déjà la *reine d'Angleterre*, l'affluence d'un grand nombre de princes et de seigneurs, l'arrivée du marquis de Suffolk avec une suite brillante, tout se réunissait pour lui permettre d'inaugurer avec éclat cette Cour destinée à devenir célèbre. Aussi, pour faire honneur à une telle compagnie, le roi René s'évertua, en mille manières, à trouver chaque jour « de nouveaux jeux et esbattements[1]. » C'était d'ailleurs le temps où, selon la remarque d'Olivier de la Marche, « les dames avoient bruit en France et loy d'elles monstrer[2]. »

Pour la première fois, Charles VII va apparaître à nos regards dans les splendeurs d'une résidence royale, entouré de la majesté et du prestige qui s'attachaient au plus grand trône du monde. Le moment est venu de le présenter au lecteur et de tracer son portrait.

D'une taille moyenne, avec des membres grêles et mal proportionnés, Charles VII ne manquait point de noblesse et d'élégance quand il était revêtu de ces longues robes qu'il affectionnait; mais, en dehors des cérémonies de la Cour, la huque ou tunique serrée à la taille, les chausses vertes[3], avec des houseaux, qu'il portait habituellement, faisaient ressortir ses défauts physiques et laissaient voir des jambes courtes et des genoux cagneux[4]. En combinant les données que nous

---

1. Mathieu d'Escouchy, t. I, p. 42.
2. Olivier de la Marche, t. II, p. 60.
3. Le vert était, pour Charles VII, une couleur de prédilection.
4. « Cum togatus esset, satis eleganti specie apparebat; sed cum curta veste induerotur, quod faciebat frequentius, panno viridis utens coloris, cum exilitas cruris et tibiarum, cum utriusque poplitis tumore et versus se invicem quadam velut inflexione, deformem utcumque ostentabant. » Thomas Basin, t. I, p. 312. — « N'estoit des plus especiaux de son œuvre, car moult estoit ligne (grêle) et de corpulance maigre; avoit

offrent les portraits du temps, le buste de Saint-Denis[1] et les auteurs contemporains, nous pouvons reconstituer sa physionomie.

La tête est forte; le visage imberbe, d'une teinte mate, en dépit d'une complexion sanguine[2]; le front est large, saillant; une arcade sourcillière prononcée recouvre des yeux petits, d'un gris vert, un peu troubles, mais qui n'en sont pas moins pénétrants : on comprend que sous l'action de ce regard personne ne se crût assuré[3]. Le nez est long; la mâchoire assez forte; la bouche petite; la lèvre épaisse et sensuelle. Pas un cheveu n'apparaît sous le chapeau de feutre bleu à bords relevés. L'ensemble exprime l'aménité, la bonté, une fermeté tempérée mais inflexible. Il y a dans la physionomie, avec un charme indéfinissable, quelque chose de triste, d'inquiet et de défiant. Ces traits accusés, ce visage amaigri portent l'empreinte de la souffrance. Et en effet, sauf de rares lueurs de bonheur, cette existence que l'on prétend s'être écoulée dans la frivolité, l'insouciance et les plaisirs, fut le plus souvent troublée, précaire, mêlée d'épreuves et de luttes. Avec l'âge, l'amaigrissement ira en augmentant; le visage se colorera; les yeux seront moins vifs; tout le masque s'imprégnera d'un cachet de sensualité en rapport avec les habitudes morales.

Dans le célèbre portrait du Louvre, Charles VII paraît être arrivé à cette dernière période de sa vie. Il est représenté vêtu

---

foible fondacion et estrange marche sans porcion. » Chastellain, t. II, p. 178. — Henri Baude dit pourtant (Portrait historique, dans Nouvelles recherches sur Henri Baude, par Vallet de Viriville, p. 6) : « Estoit homme de belle forme, estature et bon regime. »

[1]. « Ce buste, que le citoyen Beauvallet a restauré avec beaucoup d'art et de soins, est posé sur une colonne de marbre ornée d'un chapiteau arabesque que j'ai retiré des démolitions du château de Gaillon, » lit-on dans le Musée des monuments français de Lenoir, t. II, p. 120. — La statue, placée sur le tombeau de Saint-Denis, avait été exécutée en 1463, très vraisemblablement. Elle fut en partie détruite par le vandalisme révolutionnaire. Voir Guilhermy, Description des tombeaux de Saint-Denis, p. 200.

[2]. « De complexion sanguine. » (Henri Baude.)

[3]. « L'estat autour de luy devint à estre si dangereux que nul, tant fust grant, pouvoit cognoistre à peine là où il en estoit. » Chastellain, t. II, p. 181. — « Chacun craignait pour soi; chacun, sous ce regard inquiet, rapide, auquel rien n'échappait, se croyait regardé. Il semblait qu'il connût tout le monde, qu'il sût le royaume homme par homme. » Michelet, Histoire de France, t. VI, p. 75. Ce que dit ici M. Michelet de Louis XI peut aussi bien s'appliquer à Charles VII.

d'une robe de velours rouge, garnie de fourrures au col et aux poignets, plissée sur le devant et serrée à la taille ; les mains disparaissent presque entièrement sous la fourrure des manches. Le Roi est à mi-corps, les mains jointes et appuyées sur un coussin de brocart, la tête couverte d'un feutre bleu orné de ganses d'or. L'ensemble du portrait, les courtines qu'on aperçoit de chaque côté donnent lieu de penser que Charles VII a été représenté dans son oratoire. Ce tableau fut placé, dès l'origine, dans la Sainte-Chapelle de Bourges, où il était encore au siècle dernier ; il porte la légende suivante : LE TRES VICTORIEUX ROY DE FRANCE CHARLES, SEPTIESME DE CE NOM [1].

Un autre portrait, plus connu par la reproduction qui en a été faite dans la grande édition de Mezeray et dans les *Monuments de la monarchie française* de Montfaucon, a passé successivement, au dernier siècle, de la galerie de Gaignières dans celles de Moreau de Mautour et de Clément, greffier de la ville de Paris ; il faisait partie, il y a peu d'années, d'une collection particulière [2]. Il nous montre le Roi en buste ; mais ici les mains ne sont point apparentes. Le costume ne diffère pas d'une manière essentielle du portrait du Louvre. On lit au haut du cadre : CHARLES VII, ROY DE FRANCE.

La première Chambre de la Cour d'appel possède un admirable *Calvaire* de la première moitié du quinzième siècle, attribué à Jean Van Eyck, et placé autrefois dans la Grand'Chambre du

---

1. Il est inscrit au Louvre sous le n° 059. Louis XV, ayant supprimé la Sainte-Chapelle de Bourges, réserva ce portrait pour sa galerie ; sorti de la galerie royale pendant la Révolution, il est entré au Louvre en 1838, par voie d'acquisition, pour le prix modique de 150 fr. Voir *Notice des tableaux exposés dans les galeries du Musée national du Louvre*, par Fréd. Villot, 3e partie, école française, 4e édit., 1872, p. 420. — Une reproduction chromolithographique de ce portrait a été faite dans le *Moyen âge et la Renaissance*, t. V (1851). M. Vallet de Viriville l'a décrit dans une *Note sur un ancien portrait de Charles VII*, conservé au Musée du Louvre, lue à la Société des antiquaires de France le 16 avril 1862, et insérée au t. XXVII des *Mémoires*, p. 60-72. Plus récemment ce portrait a été donné en photogravure dans l'édition illustrée de la *Jeanne d'Arc* de M. Wallon (1876) ; cf. volume III des *Chroniqueurs de l'histoire de France*, par Mme de Witt, née Guizot (1885).

2. Celle de M. Duclos. Je l'ai vu à la fin de 1872, chez M. Chauveau, 29, rue Saint-Louis, qui en était alors possesseur. Ce portrait avait été vendu en 1870 à la ville de Paris, moyennant mille francs ; heureusement, la livraison ne fut pas faite, car il eût disparu dans l'incendie de l'Hôtel de Ville.

Parlement. Le peintre a représenté Charles VII sous les traits de saint Louis, qui est, avec saint Jean-Baptiste, à la droite du Christ. La ressemblance est frappante, et cette figure, d'une importance iconographique considérable, est non moins précieuse que les deux portraits dont nous venons de parler; elle nous offre une image plus jeune et d'une finesse d'exécution remarquable [1].

Il existe à Francfort, dans la collection de M. Brentano, plusieurs séries de miniatures de Jean Foucquet, d'une merveilleuse exécution. L'une d'elles représente l'*Adoration des Mages*. Aux pieds de la sainte Vierge un personnage est agenouillé : c'est Charles VII que l'artiste a voulu peindre sous les traits du premier des Rois mages. L'identité est incontestable, et, malgré l'exiguité de la figure, on peut constater sa ressemblance avec les portraits ci-dessus mentionnés. Le Roi a déposé sa couronne, figurée sur un chapeau blanc de forme ronde; il a la face imberbe et les cheveux coupés court en sébille; il est vêtu d'un pourpoint vert, bordé de fourrures; son haut-de-chausse est rose; ses jambes sont enfermées dans de longs houseaux noirs, montant au-dessus du genou, et surmontés d'un large revers [2].

Il y a enfin à Stuttgart une curieuse miniature représentant Charles VII. Le Roi est coiffé d'un bonnet noir et d'un chaperon ponceau, dont le pan retombe, par le côté, jusqu'au talon.

---

[1]. Voir sur ce tableau, qui a été sauvé à trois reprises différentes de la rage insensée des révolutionnaires, la *Notice sur un tableau attribué à Jean Van Eyck, dit Jean de Bruges, qui se voit dans la principale salle de la Cour royale de Paris*, par M. Taillandier, dans les *Mémoires de la Société des antiquaires de France*, t. XVII (1844), p. 160-99. M. de Guilhermy, dans son excellente *Description archéologique des monuments de Paris* (2ᵉ édition, 1856, in-12, p. 305), a très bien reconnu la ressemblance de Charles VII donnée à saint Louis. Je ne sais pourquoi M. Vallet, en parlant de ce tableau, dit que Charles VII y est peint en *Charlemagne* (t. III, p. 75, note). M. Lagrange a publié dans la *Gazette des beaux-arts* (t. XXI, 1866, p. 502) des observations intéressantes sur ce *Calvaire*.

[2]. Nous empruntons cette description à la notice donnée par M. Brentano lui-même. Guignières, dans son recueil de portraits des Rois de France, donne, à la planche 4 du volume consacré à Charles VII, une mauvaise reproduction de ce portrait, où le Roi apparaît plus jeune, debout et coiffé, et il met au bas : « Qui est au commencement d'une paire d'heures faite pour Étienne Chevalier, trésorier général de France. » Le dessin de Guignières est reproduit par Montfaucon (t. III, p. 228). Voir *Œuvre de Jehan Foucquet*, t. II, p. 80, et la reproduction originale qui se trouve au t. I, p. 37.

Le visage est complètement ras; les chausses et le gippon sont verts; la robe est courte, de couleur brune, avec des *maheutres*, ou épaules postiches. L'amaigrissement du corps, l'accentuation des traits, les rides qui apparaissent sur le visage sont les signes d'une vieillesse prématurée. Ce portrait a été exécuté d'après un croquis rapporté par Georges d'Ehingen, chevalier allemand, qui, de 1453 à 1457, visita tous les souverains d'Europe et fit reproduire leur effigie. Évidemment le portrait de Stuttgart a perdu de sa ressemblance en passant du croquis dans la miniature; il n'en est pas moins fort précieux [1].

Plusieurs autres portraits contemporains ont malheureusement disparu, sans laisser d'autre trace qu'un vague souvenir [2].

Du personnage physique, passons au personnage moral.

---

[1]. Voir *Notice d'un manuscrit souabe de la Bibliothèque royale de Stuttgart, contenant la relation des voyages faits de 1453 à 1457 par Georges d'Ehingen*, par A. Vallet de Viriville (Paris, Didron, 1855, in-4 de 18 p., extr. du t. XV des *Annales archéologiques*), p. 10. Nous avons suivi la description de M. Vallet, qui a vu la miniature et en donne une reproduction au trait. Le portrait de Charles VII se trouve également (mais fort altéré) dans l'édition du voyage d'Ehingen donnée en 1610 par Fugger, et en couleur dans *Costumes du moyen âge chrétien*, par Jean de Hefner (1818, t. II, pl. LXXV). La Bibliothèque Sainte-Geneviève possédait un feuillet de manuscrit qui est maintenant à la Bibliothèque nationale (Cabinet des estampes, Na, 23 b.). Il est de la même dimension que le manuscrit de Stuttgart et offre deux miniatures reproduisant les portraits de Charles VII et de Ladislas, roi de Hongrie. M. Vallet (l. c., p. 15) estime que ce fragment est une copie des miniatures de Stuttgart.

[2]. Un portrait de Charles VII, peint vers 1440 par Jean Fouquet, fut reproduit à Rome par Bramantino, avec d'autres portraits de personnages du temps, dans les chambres du Vatican. Vasari dit à ce sujet : « Aveva fatto, secondo che ho sentito ragionare, alcune teste di naturale, si belle e si ben condotte che la sol parola mancava a dar loro la vita. » (*Vita di Piero della Francesca*, dans les *Vite dei più eccellenti pittori*, etc.; éd. de Bottari, t. I, p. 395.) Mais, ni l'original, ni la reproduction de cette image ne nous ont été conservés. Raphaël, après avoir fait copier les portraits de Bramantino — « Raffaello da Urbino le fece ritrare per avere l'effigie di coloro, » dit Vasari, — peignit, dans la chambre même du Vatican où ils se trouvaient, la *Captivité de saint Pierre* et le *Miracle de Bolsène*. (*Œuvre de Jehan Fouquet*, t. II, p. 24 et 24-25.)

Un autre portrait se trouvait à Saint-Martin de Tours, dans la chapelle Royale, dite des *Vicaires*. Peint sur bois, il avait été donné par le Roi à la célèbre basilique après l'expulsion des Anglais. Au dessous, on lisait cette inscription : C'EST LE PORTRAIGE AU VRAY DU TRES CHRESTIEN ET TRES VICTORIEUX PRINCE CHARLES ROY DE FRANCE, SEPTIESME DE CE NOM, SURNOMMÉ LE CONQUÉRANT, QUI CHASSA DU ROYAUME LES ANGLOIS, BOURGUIGNONS ET NAVARROIS, ET LE RESTITUA EN TOUTE SPLENDEUR D'ARMES ET DE JUSTICE. — *La collégiale de Saint-Martin de Tours*, par M. Nobilleau (1869, in-8), p. 51; communication particulière de M. Nobilleau (Juin 1871).

Il y avait encore un portrait de Charles VII à Bourges, dans la chapelle de l'hôtel de Jacques Cœur : « Sonvi dipinti in una tavola l'Argentiere al naturale et in una altra lo re di Francia passato et lo re Renato et molti altri signori del reame. » *Viaggo a Pa-*

« Solitaire estoit, » dit un de ceux qui nous le font mieux connaître[1]. Il n'aimait ni les grandes villes, ni les lieux fréquentés et populeux. Entouré de quelques familiers, au nombre desquels figurait toujours son médecin, de savants et de lettrés, il prenait plaisir à s'entretenir « de joyeusetés ou d'histoires anciennes[2]. » De bonne heure il avait eu le goût des lettres : il devint « historien grand et bon latiniste[3]. » L'évêque Jouvenel lui disait un jour : « En cette manière (avec des maîtres instruits), avez, mon souverain seigneur, été nourri; et sais que avez vu autant d'histoires, tant de la Bible que d'autres, que Roi fit onques[4]. » Ce n'était pas seulement dans la connaissance de l'histoire que Charles VII excellait, mais aussi dans les sciences sacrées : c'est ce qu'affirme un prélat contemporain écrivant au concile de Bâle[5]. Il avait, en outre, le goût des arts : dès les premiers temps de son règne, il entretenait à sa cour un peintre, Henri Mellein[6]; son peintre ordinaire était

---

rigi degli ambasciatori fiorentini nel 1461, dans *l'Archivio storico italiano*, 3ᵉ série, vol. I (1861).

La notion de l'effigie de Charles VII s'était perdue si rapidement qu'au milieu du XVIᵉ siècle on ne connaissait plus de véritable portrait de Charles VII : en 1560, Gilles Corrozet, dans sa *Protestation sur la Pragmatique*, donne un portrait de fantaisie.

1. *Portrait historique du roi Charles VII*, par Henri Baude, publié par M. Vallet de Viriville, dans ses *Nouvelles recherches sur Henri Baude*, p. 7.

2. Henri Baude, p. 8. — On lit dans Martial d'Auvergne, *Vigilles de Charles VII*, t. II, p. 22 (cf. ms. fr. 5054, f. 148 v°) :

> Aymoit les clercs, gens lettrez en science,
> Et si prenoit à les avoir plaisance...
> Car il avoit tousjours en compaignie
> Gens fors prudens et plains de preudomye,
> Et s'il scavoit ung homme d'excellence,
> Expert, lettré en clergie et science
> Le retenoit et faisoit conseiller.

3. Georges Chastellain, t. II, p. 184. — Le témoignage de Chastellain est fort considérable, car il resta au service de Pierre de Brezé jusqu'en 1465 (voir *Œuvres*, t. I, p. xiv), et il revint souvent à la Cour comme envoyé du duc de Bourgogne.

4. *Épître sur la réformation du royaume*. Ms fr. 2701, f. 88 v°. — « Je scay que avez leu plusieurs hystoires et croniques, » dit Jouvenel dans son *Épître* de 1440. *Ibid.*, f. 11.

5. « Rex noster christianissimus princeps profecto doctissimus in scripturis canonicis veteris et novi testamenti, in catholicis denique gestis apostolicis pariter et exemplis... » Lettre de Philippe de Coetquis, archevêque de Tours, au concile de Bâle, dans Martène, *Thesaurus novus anecdotorum*, t. IV, col. 908.

6. Voir une ordonnance du 9 janvier 1431, rendue en faveur des peintres-vitriers à la sollicitation de Henri Mellein, demeurant à Bourges : « Attendu la bonne volonté et entencion qu'il a de soy toujours loyalement emploier en nostre service audit fait de

Conrad de Vulcop[1], et il en eut d'autres, parmi lesquels figura le célèbre Jean Foucquet. Il se plaisait à faire jouer devant lui de la harpe et d'autres instruments[2].

Dans ces entretiens intimes auxquels il aimait à se livrer, Charles VII tenait la première place : il avait, dit Chastellain, « merveilleuse industrie, vive et fraîche mémoire, » et était « beau raconteur[3]. » C'était un charme que de l'entendre, car sa parole, quoique d'un timbre peu élevé[4], était « belle et bien agréable et subtile. » Il avait, selon un autre auteur, « gravité honnête, familiarité atrempée et diligence efficacieuse[5]. » Son serment habituel était : *Saint Jehan! saint Jehan!*[6] Sa fidélité à sa parole était inviolable[7]. Il voulait être entouré de « sages et de vaillants, » et faisait élever en sa maison les enfants des princes et des grands. Ses chambellans étaient choisis parmi les personnages les plus renommés. Très attentif à n'avoir dans sa domesticité que des gens sûrs et en qui il pût avoir pleine confiance, il était au courant des mœurs et des habitudes de chacun, et tenait un rôle de ses officiers subalternes, afin de les pourvoir, suivant leur ancienneté et leur capacité, d'emplois plus lucratifs[8]. Si quelqu'un de ses conseillers ou de ses serviteurs s'était mis dans son tort, il pardonnait volontiers l'infidélité ou l'offense; mais la disgrâce était certaine et irrévocable, et il ne voulait plus revoir celui qu'il avait congédié[9].

---

son dit art..., et en faveur des bons et agréables services qu'il nous a faiz et fait de jour en jour de sondit art, et esperons que encores fasse à l'avenir. » *Ordonnances*, t. XIII, p. 101.

1. « Conrart de Vulcoup, paintre du Roy, à LX l. t. de pension. » Huitième compte de Xaincoins (1445-46). Cabinet des titres, f. 98 v°. — « Conrart de Wilcop, escuier, peintre du Roy, LX l. pour don. » Neuvième compte, f. 111 v°.
2. « Guillaume l'Auvergnat, huissier d'armes, XXVII l. X s. t., pour avoir une bonne harpe pour jouer devant le Roy. » Sixième compte, f. 83 v°.
3. Chastellain, t. II, p. 181.
4. *Id., ibid.*, p. 178. Cf. *Regrets et complaintes de la mort du Roy Charles VII*, à la suite du *Portrait* de Henri Baude, p. 18, vers 225.
5. Henri Baude, p. 8.
6. *Id., ibid.* Cf. Chastellain, t. III, p. 18, et *Chronique martinienne*, f. 276. Dans le *Jouvencel*, on lit : « Par Saint Jacques! dit le Roy. »
7. Thomas Basin, t. I, p. 101, 324; t. III, p. 192.
8. Henri Baude, p. 8. Cf. Chastellain, t. II, p. 188.
9. Comparer avec ce que Tacite dit de Germanicus : « Etiam si impetus offensionis languerat, memoria valebat. » *Annal.*, l. IV, c. XXI.

Il était d'ailleurs changeant : bien des intrigues s'agitèrent pour profiter de cette disposition, qui eut au moins pour résultat d'entretenir autour de lui une vive émulation et une crainte salutaire [1]. Il était affable [2], accessible à tous [3]; tous ceux qui l'approchaient se retiraient charmés de sa grâce et de sa bonté [4]. Sa douceur, son humanité étaient proverbiales [5] : on pouvait dire de lui ce que Tacite dit de Germanicus : « Comitas in socios, mansuetudo in hostes [6]. »

Charles VII affectionnait l'exercice du cheval, et c'est pour cela qu'il portait habituellement ces vêtements courts qui faisaient ressortir les désavantages physiques de sa personne; il ne montait jamais ni mule ni haquenée, mais, selon Henri Baude, « un bas cheval trotier d'entre deux selles. » Il aimait aussi le tir à l'arbalète, le jeu de paume et le jeu d'échecs [7]. Le jeu de dés était un des passe-temps de sa Cour; le Roi y prenait part, et l'on jouait gros jeu .[8] La chasse l'occupa quelquefois, mais il ne paraît pas s'être livré avec passion à cet exercice [9]. Il se levait matin, entendait chaque jour trois messes,

---

1. Henri Baude, p. 8; Chastellain, t. II, p. 182 et 184; Th. Basin, t. I, p. 321.
2. Jean Chartier parle (t. III, p. 18) du « doulx aqueuil qu'il avoit coustume de faire à ses gens. » Cf. *Vigilles*, t. I, p. 48 et 66.
3. « Mettoit jours et heures de besongner à toutes conditions d'hommes, lesquelles il vouloit infailliblement estre observées, et besongnoit de personne distinctement à chascun. » (Chastellain, t. II, p. 184.) — « Vous savez, disait en 1446 le Dauphin à Chabannes, que chascun a loy d'enter à Razillé qui veult. » (Duclos, *Preuves*, p. 64.)
4. Voir Thomas Basin; t. I, p. xxiv; t. II, p. 184, et Chastellain, t. III, p. 18-19. — Il faut citer ce passage des *Vigilles de Charles VII* :

Se une dame, bourgeoise ou damoiselle,
S'agenouilloit pour bailler sa requeste,
Il la prenoit par douceur naturelle,
Mettant la main au bonnet ou la teste,
En respondant une parolle honneste,
Dont ung chascun si se partoit joyeulx ;
Et n'estoit nul à qui il ne fist feste,
Sans estre aux gens ireux ne desdaigneux.

5. Chartier l'appelle (t. II, p. 17) « le doulx Roy et benign prince. » — Martial d'Auvergne répète souvent qu'il était « piteulx à merveille » (t. I, p. 64; cf. p. 21, 39, 157, et t. II, p. 39). — « Ipse qui semper humanitatem atque mansuetudinem crudelitati preferebat, » dit Thomas Basin, t. I, p. 232. — « Mansuete procedens in omnibus, » dit Zantfliet (*Amplissima Collectio*, t. V, col. 452).
6. *Annal.*, lib. II, c. LXXII.
7. Henri Baude, p. 8.
8. Voir ms. fr. 23259, f. 4, 11, 21; *Preuves de Mathieu d'Escouchy*, p. 257.
9. Le 22 avril 1437, le Roi fait acheter un cheval pour aller à la chasse.—Le 20 mai 1449, le Roi va, de Poitiers, « à la chace en mollere. » (Compte de Jean de Rosnivinen,

une grand'messe chantée et deux messes basses, et ne manquait point à dire ses heures. Il faisait deux repas par jour, mangeait seul, buvait peu, et gardait toujours une grande sobriété[1]. Généreux et secourable à tous, il répandait autour de lui d'abondantes aumônes[2]. Aux jours de fête, il invitait à sa table un évêque ou un abbé et un prince de sang. « Quand la table étoit couverte, dit un auteur du temps, il n'y étoit si grand qui ne vidât hors de la chambre, et étoit la chose si bien ordonnée que nul ne présumoit y demeurer[3]. » Il avait certaines répugnances invincibles, dues aux souvenirs de sa jeunesse et aux incidents qui l'avaient marquée : ainsi il ne pouvait loger au-dessus d'un plancher, ni passer à cheval sur un pont de bois[4]. L'accident de La Rochelle, le tragique événement de Montereau, les scènes violentes de sa petite Cour lui avaient laissé une impression de terreur et de défiance dont il n'était point toujours maître. « N'étoit nulle part sûr et nulle part fort, » dit Georges Chastellain, qui ajoute que le Roi ne pouvait supporter le regard d'un inconnu quand il était à table : « Car de celui-là, dit-il, jamais ne se bougeoient ses yeux, et en perdoit contenance et manger[5]. »

Charles VII aimait le commerce des femmes. Son panégyriste nous dit qu'il « aimoit les dames en toute honnêteté et portoit

qui se trouvait à la Bibliothèque du Louvre.) — En 1411, on paye la dépense de quatre valets et vingt-deux chiens tenus de l'ordonnance du Roy « pour sa plaisance et aller au gibier. » (Sixième compte de Xaincoins, l. c., f. 80 v°.) — En 1415-16, le Roi va chasser à Saint-Laurent des Eaux et aux Roches-Tranchelion. (Huitième compte de Xaincoins, l. c., f. 100.) — En 1416-17, Berthault de Lesglantier, veneur de la vénerie du Roi, a 30 l. par mois, « pour ses gages, nourriture et despens de vingt-quatre chiens qu'il tient pour le fait de la chace. » (Neuvième compte, f. 109 v°.) — Notons que Martial d'Auvergne dit dans ses *Vigilles* (t. II, p. 30) que le Roi « chassoit peu. »

1. Henri Baude, p. 8 ; Th. Basin, t. I, p. 312, et t. III, p. 102 ; Chastellain, t. III, p. 185.

2. « Grand aumosnier estoit et avoit tousjours où qu'il allast cousturiers et cordoanniers qui, par l'ordonnance de son aumosnier, bailloient vestemens et chaussures à tous povres. » Henri Baude, p. 8. Cf. *Regrets et Complaintes*, à la suite, p. 18, vers 169-172 et 223 ; *Vigilles*, t. II, p. 30.

3. Henri Baude, p. 8.

4. « Ne s'osoit logier sur un plancher ny passer ung pont de bois à cheval, tant fust bon. » Chastellain, t. II, p. 185.

5. Chastellain dit ailleurs : « Non asseuré entre cent mille, se fust espovanté d'un homme seul non cognu. » *Id.*, p. 181.

honneur à toutes femmes¹. » Sans accepter au pied de la lettre cet éloge, il faut constater que, malgré les torts publics que le Roi se donna dans la dernière partie de sa carrière, il observa toujours les convenances les plus strictes, que le meilleur ton régnait à sa Cour, et que jamais parole grossière ou triviale ne sortit de sa bouche².

Condamné le plus souvent par la nécessité des temps à une existence nomade³, Charles VII ne résidait qu'à de rares intervalles auprès de la Reine. Jusqu'en 1438, de très fréquentes grossesses avaient obligé Marie d'Anjou à mener une vie sédentaire. Tours et Amboise étaient ses demeures habituelles. En 1439, elle fit construire près de Tours une maison de plaisance⁴ qui devint le château de Montils-les-Tours, et fut plus tard le séjour préféré du Roi. D'une santé chancelante, épuisée par les fatigues de la maternité, Marie d'Anjou, à l'époque où nous sommes parvenus, avait atteint l'âge de quarante ans⁵. Sans beauté, dépourvue de qualités brillantes, elle vivait dans la retraite, tout entière à ses devoirs de mère, trompant la solitude par la lecture, soit de romans de chevalerie, soit de romans moralisés ou de ce qu'on appelait alors romans *de dévotion*, sorte de livres de piété écrits en langue vulgaire⁶. Ses rares déplacements avaient pour but la visite de quelque lieu de pèlerinage. La tristesse de son existence, durant les premières années, semble avoir jeté un voile sur toute sa vie, et les nombreux deuils qu'elle eut à supporter — elle perdit son frère en 1434, sa mère en 1443, son fils Jacques et trois enfants en bas âge entre 1436 et 1438 — vinrent encore augmenter ce penchant à la mélancolie. Aussi était-elle toujours habillée de noir : le seul portrait qui nous

---

1. Henri Baude, p. 8.
2. Th. Basin, t. III, p. 192; *Vigilles*, t. II, p. 30.
3. L'itinéraire de Charles VII est curieux à étudier, sous ce rapport, durant les années 1437 à 1444. On peut dire que le Roi ne se donna pas un moment de repos : tout notre troisième volume est là, d'ailleurs, pour l'attester.
4. Grandmaison, *Documents inédits*, etc., dans le tome XX des *Mémoires de la Société archéologique de la Touraine*, p. 125.
5. Elle était née, on l'a vu, le 18 octobre 1404.
6. Vallet, *Nouvelle biographie générale*, article Marie d'Anjou.

ait été conservé d'elle la représente ainsi [1]. Mais la Reine avait un autre motif de tristesse, que les années ne firent que rendre plus poignant et plus irrémédiable. Après vingt ans d'union conjugale, alors même qu'elle venait de donner à son époux un nouveau gage de sa tendresse [2], elle se vit délaissée pour une maîtresse parée de toutes les séductions de la jeunesse et de la beauté, et dont la faveur, bien vite déclarée, allait devenir triomphante. Agnès Sorel était en 1444 demoiselle d'honneur de la reine de Sicile Isabelle, et ce fut pendant le séjour de la Cour à Nancy qu'elle passa dans la maison de la Reine.

Dans l'essaim de jeunes princesses et de nobles dames ou demoiselles qui formait à Marie d'Anjou un riche et séduisant cortège, brillait au premier rang l'épouse du Dauphin, Marguerite d'Écosse [3].

Marguerite n'avait que douze ans quand, en 1436, elle était arrivée à la Cour; elle avait grandi sous les yeux de la Reine, entourée de soins et d'affection [4], et était devenue une princesse « belle et bien formée, pourvue et ornée de toutes bonnes conditions que noble et haute dame pouvoit avoir [5]. » Une seule

---

1. Voir Montfaucon, *Monuments de la monarchie française*, t. III, p. 46.
2. Madeleine de France naquit le 1er septembre 1443.
3. Voici, d'après les documents contemporains, quelles étaient alors les dames et demoiselles figurant dans la maison de la Reine et dans celle de la Dauphine :
La Reine. — *Première dame d'honneur* : Perrette de la Rivière, dame de la Rocheguyon. — *Dames et filles d'honneur* : Blanche de Gamaches, dame de Chastillon ; Jeanne de Bournan, femme de Jean du Cigne ; Marie de Belleville, dame de Soubise ; Catherine de Melun, femme de Charles de Maillé ; Marie de l'Espine, femme de Rogerin Blosset ; Jeanne de Roux-Malart ; Isabeau de Hestray ; Jeanne de Montheron, mariée le 23 mars 1445 à François de Clermont, seigneur de Dampierre ; Prégente de Melun, mariée en 1446 à Jacques de Courcelles, seigneur de Saint-Liébaud ; Jeanne de Courcillon ; Jeanne de Guise ; Jeanne Rochelle ; Blanche de Compains ; Alix de Tournay.
La Dauphine. — *Dame d'honneur* : Jeanne de Turé, dame de Saint-Michel (quarante-quatre ans). — *Filles d'honneur* : Marguerite de Vaux (trente-neuf ans) ; Marguerite de Salignac ; Jeanne Filleul ; Marguerite de Hacqueville (vingt-quatre ans) ; Jacqueline de Hacqueville (même âge) ; Annette de Guise (dix-neuf ans) ; Marguerite de Villequier (dix-sept ans) ; Yolande de la Barre.
4. Le 1er janvier 1437, le Roi lui donnait, pour ses étrennes, un miroir d'or à pied, garni de perles. (Treizième compte de Guillaume Charrier, dans Le Grand, vol. VI, f. 23.) — En 1444 elle reçut trois cents livres « pour ses plaisirs et menues affaires. » (Sixième compte de Xaincoins, *l. c.*, f. 82 v°.)
5. Mathieu d'Escouchy, t. I, p. 67. La *Chronique Antonine* (ms. fr. 1371, f. 271), rédigée en 1506, dit qu'elle était « excellemment belle et prudente dame. »

chose lui manquait : l'amour de son époux. Non seulement le Dauphin ne lui témoignait point les égards qui lui étaient dus ; mais il avait pour elle une véritable aversion : de là une mélancolie qui paraît avoir fini par dégénérer en phthisie[1]. La Dauphine avait le culte de la poésie ; pour se distraire, elle s'y livrait avec passion : souvent elle passait des nuits entières à composer des rondeaux[2]. Le poète Alain Chartier, alors secrétaire du Roi, qui avait été un des ambassadeurs chargés de négocier son mariage, fut pour elle comme un initiateur. On connaît la légende du baiser, et la réponse de Marguerite : « Je « n'ai pas baisé l'homme, mais la précieuse bouche de laquelle « sont issus et sortis tant de beaux mots et vertueuses pa- « roles[3]. » Elle était entourée de filles d'honneur qui partageaient ses goûts : plusieurs d'entre elles composaient des rondeaux[4].

La Reine et la Dauphine rejoignirent le Roi à Nancy vers la fin de l'année. Elles le trouvèrent entouré de la Cour la plus brillante. A côté de René d'Anjou et de son fils le duc de Calabre, du comte du Maine, du connétable de Richemont, du jeune comte de Clermont, et des seigneurs de l'entourage royal, on voyait : Louis de Luxembourg, comte de Saint-Pol, jeune et brillant chevalier, « moult sage et bien adressé[5], » qui, devenu

---

1. On lit dans les *Commentaires* de Pie II (p. 163) : « Illud constat Delphinum postea uxorem odio habuisse, illamque morbum tisicum incidisse ; ex quo decessit. » Un chroniqueur anglais du XVIe siècle, Richard Grafton, émet une assertion qu'il est impossible de contrôler : « The lady Margaret, maryed to the Dolphin, was of such nasty complexion and evill savored breath, that he abhorred her company as a cleane creature doth a caryon : wherevpon she conceyved such an inwarde griefe, that within short time after she ended her dayes. » *Chronicle at large and meere history of the affayres of Englande*, etc. (London, 1809), t. I, p. 612.) — Ce qui n'est pas douteux, c'est l'aversion du Dauphin pour sa femme. Commynes constate le fait en ces termes (t. II, p 274) : « Il fut marié à une fille d'Escosse à son desplaisir, et autant qu'elle vesquit il y eut regret. »
2. Dépositions dans les *Preuves de l'histoire de Louis XI*, par Duclos, p. 43, 44, 52, 54.
3. L'anecdote est rapportée par Jacques Bouchet, dans ses *Annales d'Aquitaine* (édition de 1644), p. 252.
4. En particulier Jeanne Filleul (Voir ms. fr. 9223, f. 46, et Duclos, *Preuves*, p. 52), et Marguerite de Salignac. Une des demoiselles de la Reine, Prégente de Melun, s'occupait aussi de travaux littéraires.
5. Olivier de la Marche, t. II, p. 60.

le beau-frère du comte du Maine, puis du comte de Richemont, s'attacha au Roi, sans quitter pour cela l'hôtel du duc de Bourgogne, dans l'espoir d'ajouter encore à la grandeur et à la puissance de sa race[1]; le jeune comte de Foix, dont la valeur avait été remarquée par le Roi, lors de l'expédition de 1442 en Guyenne, et qui, par ses agréments personnels, par ses brillantes qualités, avait conquis une faveur qui allait croissant[2]; enfin deux jeunes princes de la maison de Lorraine, Ferry, fils aîné du comte de Vaudemont, et Jean, son frère, qui devait se distinguer sous la bannière royale lors de l'expulsion des Anglais. Ferry était depuis longtemps fiancé à Yolande, fille aînée du roi René; la célébration du mariage eut lieu à Nancy, pendant le séjour de la famille royale dans la capitale de la Lorraine[3].

La reine de Sicile ne tarda pas à arriver[4]. Enfin la reine d'Angleterre vint à son tour, conduite par Bertrand de Beauvau et par d'autres conseillers du roi René[5]. On attendait l'ambassade qui devait venir la chercher et procéder à la cérémonie du mariage par procuration. La jeune princesse, qui n'avait point encore accompli sa seizième année[6], devait être un jour, suivant l'expression d'un contemporain, « un des beaux person-

---

1. « Par vertu de laquelle alliance moult entendoit à estre grandy et fortifié. » Chastellain, t. II, p. 171.
2. « Là où tousjours, l'un jour après l'autre, parce que belle et aggreable personne estoit et accompagné grandement, son fait, sa renommée et son autorité alloient montant et multipliant de plus en mieux tous les jours. » (*Id., ibid.*, p. 170.) Gaston, comte de Foix, était né le 26 février 1423. Chastellain dit ailleurs (t. VII, p. 47) que ce « gentil prince chevalereux » avait pris son vol à la Cour sous l'autorité de Brezé. Miquel del Verms, à la fin de sa *Chronique béarnaise*, publiée par Buchon (*Panthéon littéraire*, p. 597-98), fait de lui le plus bel éloge.
3. Lecoy de la Marche, t. I, p. 238.
4. Il résulte du dixième compte d'Étienne Bernard qu'Isabelle et sa fille partirent de Saumur le 3 novembre 1444; mais on voit qu'elles ne tardèrent pas à se séparer : le compte mentionne deux voyages, l'un, celui de la reine de Sicile, en novembre et décembre 1444; l'autre, celui de la reine d'Angleterre, en janvier et février 1445. Voir extraits de ce compte, Cabinet des titres, 685, f. 87 à 88 v°.
5. Outre le seigneur de Précigny, il y avait Guy de Laval, seigneur de Loué, Alain le Quen, archidiacre d'Angers, et Étienne Bernard, dit Moreau, trésorier du roi de Sicile. Le voyage s'effectua pendant le mois de janvier et les premiers jours de février. Dixième compte d'Étienne Bernard, l. c., f. 88 v°. Cf. Déposition de Robert Baudinais, dans D. Calmet, *Histoire de Lorraine*, preuves du t. VI, p. CLXX.
6. Elle était née le 23 ou le 25 mars 1429. — Marguerite, depuis ses fiançailles, avait résidé au château d'Angers.

nages du monde représentant dame¹. » Le marquis de Suffolk, envoyé du roi d'Angleterre, parut, entouré d'un brillant cortège de seigneurs et de dames². On y remarquait un évêque, l'évêque de Coutances ; trois barons : le comte de Salisbury, le comte de Shrewsbury (Talbot) et Robert d'Harcourt, baron de Bosworth ; deux baronnes : Alice Chaucer, marquise de Suffolk, et Marguerite Beauchamp, comtesse de Shrewsbury ; treize chevaliers, parmi lesquels on peut nommer le comte d'Ormond, Lord Greystock, Sir William Bonville, Lord Willoughby, Robert Roos, le chancelier Thomas Hoo, Hue Cokeseye, Edward Hull, et James d'Ormond ; deux dames et six demoiselles : Marguerite Hull, Marguerite Chamberlain, Alice Montagu, fille du comte de Salisbury, Agnès Parr, etc. ; quatre chambellans, quatre chapelains et clercs des offices, cinquante écuyers, chapelains, clercs et sergents d'armes, et cent quatre-vingt valets³.

On s'occupa tout d'abord des derniers arrangements relatifs au mariage de Marguerite. La cérémonie eut lieu peu après. Louis de Haraucourt, évêque de Toul, y présida ; elle fut suivie de divertissements qui se prolongèrent pendant huit jours : festins, danses, joutes, rien ne fut épargné pour donner à ces fêtes un grand éclat⁴. Les principaux tenants de la joute furent le jeune duc de Calabre, le comte de Saint-Pol, Pierre de Brezé, le seigneur de Beauvau, Thierry et Philippe de Lenoncourt et Jean Cossa. Elle dura quatre jours. On vit entrer dans la lice, pour se mesurer avec ces seigneurs, le roi René, le comte de Linange, le seigneur de Fenestrange, le sire de Bassompierre, le seigneur de Flavigny, Werner de Flé-

---

1. Chastellain, t. IV, p. 291.
2. Des difficultés financières semblent avoir retardé l'envoi de l'ambassade. Par lettres des 19 juillet et 17 août, Henri VI sollicitait de l'abbé de Saint-Edmund's Bury une somme de cent marcs, des chevaux et des palefrois, des chariots, etc. Voir *Original letters* published by Sir Henry Ellis., Third series, t. I, p. 78 et suiv. Cf. lettre du 27 août, dans Stevenson, t. II, p. 467. Le pouvoir donné par Henri VI à ses ambassadeurs porte la date du 28 octobre 1444. Rymer, t. V, part. 1, p. 138.
3. Voir *Brekenoke and Everdone's compotus*, dans Stevenson, t. I, p. 160 et suiv.; Mathieu d'Escouchy, t. I, p. 86-87. — Talbot est nommé par le chroniqueur. Vint-il à Nancy? Nous n'en avons pas la preuve formelle.
4. Berry, p. 420; Mathieu d'Escouchy, t. I, p. 10; Martial d'Auvergne, t. I, p. 218.

ville, Jacques d'Haraucourt et Geoffroy de Saint-Belin. Chacun devait fournir huit courses; le prix consistait en un diamant de mille écus, avec un chanfrein dont le timbre devait porter les armes du vainqueur[1]. Le Roi lui-même parut dans la lice, revêtu d'une riche armure[2]. Le comte du Maine, le comte de Foix, Ferry de Lorraine, le maréchal de Lohéac et nombre d'autres prirent également part à la joute. On vit arriver deux seigneurs de l'hôtel du duc de Bourgogne, attirés par l'éclat de ces fêtes : le seigneur de Genlis et Jacques de Lalain. Bertrand de la Tour vint sur les rangs, précédé du maréchal de Lohéac et suivi de Coëtivy et de Saintrailles. Il était monté sur un magnifique coursier, couvert d'une housse de drap d'or ornée de petites clochettes d'or, avec une manteline de drap d'or, et accompagné de dix gentilshommes vêtus de satin blanc; il fournit douze courses : trois contre le comte de Saint-Pol, trois contre Pierre de Brezé et six contre Jacques de Lalain[3].

Enfin sonna, pour la reine d'Angleterre, l'heure du départ. Marguerite se mit en route[4], accompagnée par le Roi, qui l'escorta jusqu'à deux lieues de Nancy. Il semble que la pauvre enfant ait eu comme un pressentiment de la triste destinée qui l'attendait : quand Charles VII l'embrassa pour la dernière fois,

---

1. Ces détails nous sont fournis par l'extrait d'un manuscrit du temps, conservé jadis dans la collection de M. Noel, notaire à Nancy, donné dans les notes de l'*Histoire de René d'Anjou*, par le vicomte de Villeneuve Bargemont, t. I, p. 455; cf. Mathieu d'Escouchy, t. I, p. 40 et 42. On lit dans le manuscrit Noel : « Et commencèrent les susdites joustes le dimanche des... et durèrent trois jours ensuivants. » Peut-être faut-il lire : le dimanche des *brandons*, 1er dimanche de carême, qui tombait cette année-là le 14 février.

2. Berry dit (p. 420) que le Roi prit part à la joute, et Martial d'Auvergne mentionne le fait dans ses *Vigilles* (t. I, p. 218) :

    Et y jouxta le feu bon Roy,
    Armé gentement à merveilles,
    En très bel et plaisant arroy.

Ce que dit Mathieu d'Escouchy (t. I, p. 41) paraît se rapporter à la joute qui eut lieu plus tard à Châlons. Voir note complémentaire, à la fin du volume.

3. Berry, p. 420; Mathieu d'Escouchy, t. I, p. 42; ms. cité par Villeneuve Bargemont, *l. c.*, p. 455-56. — On peut s'étonner que le Dauphin n'ait pas figuré dans la joute; il tomba malade à Nancy : c'est ce que nous apprend un document publié dans les *Preuves de la chronique de Mathieu d'Escouchy*, p. 392.

4. On lit dans une lettre d'Henri Engelhard, le secrétaire du duc de Saxe, datée de Boppart, le 4 mars : « *Item*, am dinstag nach *Oculi* (2 mars) ist den Engelischen zu Nanczey die Königin von Sicilien geantwert worden. » Archives de Dresde.

en la recommandant à Dieu, elle éclata en sanglots ; ce ne fut pas sans une vive émotion que le Roi se sépara d'elle [1]. René suivit sa fille jusqu'à Bar-le-Duc, et elle continua sa route, accompagnée par son frère le duc de Calabre et par le duc d'Alençon, auxquels se joignirent le duc et la duchesse d'Orléans [2]. Arrivée à Paris le 15 mars, elle en repartit le surlendemain pour Poissy, où elle fut remise au duc d'York. La jeune Reine fit son entrée triomphale à Rouen le 22 mars et s'embarqua pour l'Angleterre, où elle parvint après une affreuse traversée. Le 22 avril suivant eut lieu la cérémonie du mariage. Enfin Marguerite fut couronnée le 30 mai dans l'église de Westminster [3].

Sur ces entrefaites, une triste nouvelle parvint à Nancy. La fille aînée du Roi, Radegonde de France, âgée de dix-neuf ans, et depuis longtemps fiancée à Sigismond, duc d'Autriche, venait de mourir à Tours (19 mars 1445). La jeune princesse était contrefaite ; elle paraît avoir eu une santé très chétive [4].

La Cour quitta Nancy à la fin d'avril. La Reine, suivie du Dauphin et de la Dauphine et du duc de Calabre, prit le chemin de Châlons, où elle arriva le 4 mai [5]. Quant au Roi, avant de se rendre dans cette ville, il s'arrêta à Toul, à Commercy, à Kœur, à Saint-Mihiel, à Louppy-le-Château, et ne rejoignit la Reine

---

1. « Et la convoya le Roy, le Roy de Sicile son père, et autres en leur compagnie ; et environ deux lieues de Nancy, le Roy recommanda à Dieu ladicte Reyne d'Angleterre sa nièce, laquelle en prenant congé de lui pleura fort, tellement qu'à grande peine pouvoit-elle parler. » Berry, p. 426. Cf. Martial d'Auvergne, t. I, p. 218.
2. *Journal parisien du prieur Maupoint*, dans les *Mémoires de la Société de l'histoire de Paris*, t. IV, p. 32.
3. Voir Mathieu d'Escouchy, t. I, p. 85 et suiv., et autres sources citées.
4. Zantfliet, dans *Amplissima collectio*, t. V, col. 431. Voir quittance du médecin Jacques Perchel, publiée par Depping, *Mémoires de la Société des antiquaires de France*, t. XVIII, p. 481, et relation des ambassadeurs milanais dans Osio, *Documenti diplomatici*, t. III, p. 369. — On lit dans le Huitième compte de Xaincoins (Cabinet des titres, 685, f. 98) : « Pour deniers payez tant pour la despense faicte en l'obsèque de feu madame Radegonde de France, trespassée à Tours l'année passée, ensepulturée en l'église cathédrale de monseigneur Saint-Gatien de Tours, que pour la despense par elle faicte durant sa maladie, et aussy pour don fait à aucun de ses serviteurs et officiers qui l'avoient longuement servie, v. l. l. » Cf. Sixième compte, f. 80.
5. *Registres du conseil de ville de Châlons*, fragments publiés dans *Lettres de Louis XI*, t. I, p. 199. On y voit que la Reine arriva « la sepmaine devant l'Ascension » (qui tomba en cette année le 6 mai). — Le 3 mai on délibérait sur les mesures à prendre pour l'entrée de la Reine.

que le 29 mai. Il s'installa à Sarry, près de Châlons, dans l'hôtel de l'évêque. D'importantes affaires devaient se traiter dans cette résidence, où fut accomplie définitivement la réforme des gens de guerre, où de nombreux ambassadeurs étrangers vinrent trouver le Roi, et où parut la duchesse de Bourgogne, chargée par son mari d'une mission diplomatique.

La duchesse de Bourgogne s'était rendue d'abord à Reims, où les négociations avaient été entamées ; elle n'attendait que l'arrivée de la Reine pour faire son entrée à Châlons. Elle vint accompagnée de son neveu, Adolphe de Clèves, second fils du duc de Clèves, de ses nièces la comtesse d'Étampes (Jeanne d'Ailly) et Marie de Gueldres, et d'une nombreuse suite de seigneurs et de dames, parmi lesquels on peut citer Pierre de Bauffremont, seigneur de Charny, le seigneur de Créquy, le seigneur de Humières et Guillaume le Jeune, seigneur de Contay. Elle arriva, avec toute son escorte, jusque dans la cour de l'hôtel où résidait la Reine. Son chevalier d'honneur, le seigneur de Créquy, s'avança pour demander s'il plaisait à la Reine de la recevoir. Sur la réponse affirmative qui fut transmise, la duchesse Isabelle descendit de sa haquenée et s'avança, précédée des gentilshommes de sa maison. Elle était escortée par son neveu, le jeune comte de Clermont, et sa queue était portée par sa première demoiselle d'honneur. Arrivée à la porte de la chambre de la Reine, la duchesse, conformément à l'étiquette, prit en main la queue de sa robe, et, la laissant traîner, s'inclina une première fois jusqu'à terre ; se relevant ensuite, elle pénétra jusqu'au milieu de la pièce, et salua de nouveau. Marie d'Anjou se tenait debout au chevet de son lit. Quand la duchesse s'approcha, et qu'elle se fut inclinée pour la troisième fois, la Reine fit deux ou trois pas en avant, mit la main sur l'épaule de la duchesse, qu'elle embrassa, en la faisant se relever [1].

La duchesse de Bourgogne devait faire à Châlons un séjour

---

1. Le cérémonial de cette réception nous a été conservé, dans les *Honneurs de la Cour* par Aliénor de Poitiers, qui tenait ces détails de sa mère, la comtesse de Namur. *Mémoires sur l'ancienne chevalerie*, t. II, p. 154-56.

de deux mois. Olivier de la Marche nous apprend que la Reine l'accueillit avec empressement, et lui fit « moult grand honneur et privauté[1]. » Les deux princesses étaient l'une et l'autre d'un certain âge[2], et déjà « hors de bruit. » — « Et crois bien, ajoute le chroniqueur bourguignon, qu'elles avoient une même douleur et maladie qu'on appelle jalousie, et que maintes fois elles se devisoient de leurs passions secrètement, qui étoit cause de leurs privautés[3]. » Olivier de la Marche dit ici que le Roi avait récemment « élevé » une *pauvre demoiselle*, et l'avait placée d'emblée « en tel triomphe et tel pouvoir que son état étoit à comparer aux grandes princesses du royaume[4] » (le chroniqueur anticipe un peu sur les faits). Quant au duc de Bourgogne, il s'était depuis longtemps rendu fameux par ses galanteries : son jeune page le signale comme le prince le plus dameret et le plus galant de son époque, et ne craint pas d'avouer qu'il avait « une moult belle compagnie de bâtards et de bâtardes[5]. » La Reine et la duchesse profitèrent, paraît-il, de l'occasion pour se « douloir et complaindre l'une à l'autre de leur crève cœur[6]. »

La duchesse de Bourgogne ne fut point admise une seule fois à la table du Roi et de la Reine ; ce n'était pas l'usage de la Cour[7] ; mais elle dîna souvent en compagnie de la Dauphine, avec laquelle elle entretint de fréquentes relations. La duchesse avait autant de sympathie pour cette princesse que d'éloignement pour son mari : elle eut alors une vive altercation avec le Dauphin[8]. Marguerite venait passer des jour-

---

1. *Mémoires*, t. II, p. 154. — « Et disoit Madame de la Roche Guion, qui estoit première dame de la Royne, raconte Aliénor de Poitiers (p. 158), qu'elle n'avoit veu venir personne du royaume devers la Royne à qui elle fit tant d'honneur qu'à Madame la duchesse. »
2. La duchesse avait alors quarante-six ans, et la Reine quarante.
3. Olivier de la Marche, t. II, p. 54-55.
4. *Id., ibid.,* p. 55.
5. Même source.
6. Même source.
7. « Oncques elle ne disna ne soupa avecq aucun des deux. » Aliénor de Poitiers, *l. c.*, p. 164.
8. « *Item* parlera ledit Philippe à mondit seigneur du fait de mondit seigneur le Dauphin et des paroles que lui et madicte dame ont eues ensemble. » Relation envoyée au duc de Bourgogne. Archives de la Côte-d'Or, B 11906 ; éd. par Tuetey, t. II, p. 185-87.

nées entières auprès de la duchesse[1], qui la traitait avec autant de déférence que la Reine, allant jusqu'à s'agenouiller profondément quand elle se levait de table[2].

Le long séjour de la duchesse de Bourgogne à Châlons ; la présence d'ambassadeurs venus au nom du duc de Milan, du duc de Savoie, du roi de Castille, des électeurs de l'Empire, du duc d'York, de l'empereur et du patriarche de Constantinople[3], furent l'occasion de fêtes pompeuses, auxquelles se mêlèrent de joyeux divertissements.

Charles d'Anjou, comte du Maine, était alors dans tout l'épanouissement de la plus brillante jeunesse ; par sa largesse et ses prodigalités, il excitait l'étonnement et l'admiration. La faveur de Charles VII l'avait élevé, depuis douze ans, au sommet de la fortune ; il volait, nous dit-on, de la plus haute aile auprès de son maître ; il gouvernait et régentait tout[4]. Fort adonné d'abord à la galanterie, il venait de prendre femme dans la maison de Luxembourg[5]. Son beau-frère, le comte de Saint-Pol, n'était pas moins brillant : Chastellain le dépeint comme un « moult bel chevalier, raide de corps et fort à douter, souverainement en bataille particulière, comme seroient armes en champ clos[6]. » Ces deux princes imaginèrent de donner à la Cour un spectacle inusité et qui rappelait des temps plus heureux. Laissons ici la parole à un chroniqueur qui raconte en termes gracieux cet épisode[7].

« Si advint qu'un jour, après souper, les Rois de France et de Sicile s'en allèrent jouer aux champs et ès prairies sur l'herbe

---

1. « Madame la Dauphine venoit bien vers madame la duchesse, et là estoient elles aucunes fois deux ou trois jours sans se partir. » Aliénor de Poitiers, *l. c.*, p. 161.
2. *Id., ibid.*
3. *Registres du Conseil de ville de Châlons*, vol. III, fol. 1 v°, dans *Lettres de Louis XI*, t. I, p. 200 ; cf. Mathieu d'Escouchy, t. I, p. 42-43, 50, 65-66.
4. Chastellain, t. II, p. 162.
5. On se rappelle que le comte du Maine avait épousé l'année précédente Isabelle de Luxembourg. Chose digne de remarque : une des sœurs d'Isabelle était veuve du duc de Bedford, qui avait contracté en 1433, après la mort d'Anne de Bourgogne, une alliance avec Jacqueline de Luxembourg.
6. Chastellain, t. II, p. 171-72.
7. *Le livre des faits du bon chevalier messire Jacques de Lalaing* (faussement attribué à Georges Chastellain), dans les *Œuvres de Georges Chastellain*, publiées par M. Kervyn de Lettenhove, t. VIII, p. 40-41.

verte, cueillant herbes et fleurs, eux devisant de plusieurs gracieuses devises, durant lesquelles survinrent monseigneur Charles d'Anjou, comte du Maine et du Perche, et le comte de Saint-Pol, accompagnés de grande foison de chevaliers et d'écuyers, si se prirent à deviser avec les dames et raconter de leurs nouvelles ; entre autres choses commencèrent à deviser de la cour et grand état que pour lors tenoit le duc Philippe de Bourgogne, des joutes, tournois et ébatements qui chaque jour s'y faisoient ; et disoient : « Certes, de « pareil prince comme est le duc de Bourgogne ne se trouve « en France, ni plus courtois, débonnaire, sage et large sur « tous autres. » Durant ces devises, le comte du Maine et le comte de Saint-Pol se tirèrent à part, et dirent l'un à l'autre : « Il convient que faisions aucune chose dont on sache à « parler. Vous avez oui raconter devant les dames comment « chaque jour toutes fêtes, joutes, tournois, danses et carolles « se font en la cour du duc de Bourgogne, et vous voyez que « nous, qui sommes en grand nombre en la cour du Roi, ne « faisons que dormir, boire et manger, sans nous exercer au « métier d'armes, qui n'est pas bien séant à nous tous « d'ainsi passer notre temps en oisiveté. » Alors le comte de Saint-Pol, désirant mettre sus aucune emprise d'armes, appela à part le comte du Maine et lui dit : « Monseigneur du Maine, « faisons vous et moi publier tantôt, en présence du Roi et « des dames, une joute à tous venants ; et seront vous et moi, « ou aucun chevalier ou écuyer notable pour vous, qui « tiendrons le pas huit jours durant, à commencer d'aujour- « d'hui en quinze jours. » Le comte du Maine, entendant son beau-frère le comte de Saint-Pol, commença à sourire, et dit qu'il étoit bien content qu'il en fut fait ainsi. »

Parmi la suite de la duchesse de Bourgogne, on distinguait un jeune écuyer du Hainaut, Jacques de Lalain, fils de Guillaume, seigneur de Lalain, et de Jeanne de Créquy ; il était de l'hôtel du damoiseau de Clèves, frère de la duchesse d'Orléans. Choyé à la cour de Bourgogne, Jacquet, c'est ainsi qu'on l'appelait, était un type accompli d'honneur et de bravoure. « Débonnaire et courtois en faits et en paroles, dévot envers Dieu, » il était d'une conversation « tant plaisante que chacun désiroit avoir avec lui accointance[1]. » Jamais il ne se trouvait sur les rangs qu'on ne le reconnût à la vigueur de ses coups et à l'irrésistible puissance de son bras ; aussi ne manquait-il guère de remporter le prix du tournoi. « Et quant est d'être entre dames et demoiselles, dit son biographe, il y savoit son être plus que homme de son âge[2]. »

Jacques de Lalain obtint des comtes du Maine et de Saint-Pol que l' « emprise » serait faite en son nom : on ne songeait à la Cour qu'à tenir tête au vaillant écuyer, et à lui montrer « comment Français se savent aider de leurs lances. » — « Ce « nous seroit à tous grande honte, disait-on, si un écuyer du « Hainaut, venant de l'hôtel du duc de Bourgogne, emportoit « l'honneur et le bruit avant tous ceux de la cour du Roi ! »

Tout était prêt, et il ne s'agissait plus que de fixer un jour. Jacques de Lalain vint trouver les comtes du Maine et de Saint-Pol, qui le conduisirent près du Roi. Celui-ci était dans la chambre des dames, où se trouvaient la Reine, la reine de Sicile, la Dauphine, les duchesses d'Orléans et de Calabre, et un grand nombre d'autres « duchesses, comtesses, baronnesses, dames et demoiselles. » Charles VII avait pris Jacquet en amitié[3]. La demande fut agréée et le jour du tournoi fixé.

Je ne raconterai point les prouesses du brillant écuyer de vingt-deux ans, les grands « horions » qui se donnèrent, la déconfiture de tous les adversaires de Jacques de Lalain. A lui appartint l'honneur de la première journée. Le soir, au banquet royal, c'était à qui le féliciterait. Vêtu d'une riche robe vermeille, chargée d'orfèvrerie, descendant jusqu'aux pieds, « il étoit haut, le visage frais et coloré comme une rose. » Il vint saluer le Roi, les reines, les princesses et les dames. « Et en cette nuit même, raconte son biographe, le bon Roi Charles le tint longtemps en devises, parlant de plusieurs choses, auxquelles il répondit si modérément que le

---

1. *Le livre des faits*, l. c., p. 18.
2. *Id., ibid.*, p. 32.
3. « Souventes fois le Roy prenoit ses devises à luy, et l'avoit bien en sa grace. » *Le livre des faits*, l. c., p. 50.

Roi fut très content et lui plut moult fort à l'avoir ouï parler[1]. » Après le banquet, on se mit à danser et à chanter ; puis la fête fut criée pour le lendemain, et l'on se retira après la distribution du vin et des épices.

Le lendemain, chacun alla entendre la messe ; de là on se rendit à la Cour pour assister à la messe du Roi. Tout à coup on apprit que Jean d'Orléans, comte d'Angoulême, venait d'arriver et devait dîner avec le Roi[2]. Les seigneurs, chevaliers et écuyers de l'hôtel allèrent au devant de lui et l'amenèrent au logis royal. Charles VII le reçut joyeusement et lui fit grande fête : « Beau cousin, » lui dit-il en l'embrassant, « soyez le bien « venu, comme celui que désirions voir. » — « Monseigneur, » répondit le comte, « je loue Notre Seigneur de vous voir en « bonne prospérité de votre personne[3]. » Après le dîner, le Roi prit le comte d'Angoulême par la main et causa longuement avec lui. Les joutes recommencèrent ensuite, et Jacquet remporta le prix pour la seconde fois.

Plusieurs seigneurs tinrent à honneur de prendre part à la joute. Nous citerons le comte de Foix, le comte de Clermont, Pierre de Brezé, Poton de Saintrailles, Louis de Bueil, le seigneur de Bauffremont. Le comte de Saint-Pol se distingua particulièrement et obtint plus d'une fois le prix des dames[4]. Mais, de l'aveu de tous, la palme appartint à Jacques de Lalain, qui « emporta le bruit et la renommée comme le mieux faisant[5]. »

---

1. *Le livre des faits*, p. 63.
2. Le comte d'Angoulême avait enfin été mis en liberté le 31 mars 1445. Voir l'acte passé à Rouen, à cette date, entre lui et Suffolk : *Rançon de Jean le Bon d'Orléans, comte d'Angoulême*, par C. Durier, archiviste des Hautes-Pyrénées (Tarbes, 1884, in-8 de 16 p. Extrait du *Souvenir de la Bigorre*), p. 2 et suiv. — Cf. lettre et attestation du comte en date des 31 mars et 1er avril. En quittant Rouen, il avait adressé des remerciements à Suffolk pour « la grand peine et diligence qu'il avait eue et prinse » à sa délivrance, et Suffolk lui avait répondu, dit le comte dans son attestation, « que tout ce qu'il avait fait, tant à la délivrance de nostre très cher seigneur et frère monseigneur le duc d'Orléans que à la nostre, il l'avoit fait de très bon cuer, non pas seulement pour amour de mondit seigneur et de nous, mais singulièrement et principalement il l'avoit fait pour l'amour de nostre très cher et bien amé frère le bastart d'Orléans, conte de Dunois, duquel il avoit esté prisonnier, et pour le plaisir qu'il lui avoit fait, lui estant en ses mains. » *Revue des documents historiques*, t. IV, p. 24-25.
3. *Le livre des faits*, p. 65 ; Mathieu d'Escouchy, t. I, p. 86.
4. Mathieu d'Escouchy, t. I, p. 50 ; Olivier de la Marche, t. II, p. 60.
5. *Le livre des faits*, p. 69.

Un jour on vit entrer dans la lice deux seigneurs richement vêtus, dont l'un portait les armes de Lusignan ; ils arrivèrent sur les rangs, faisant grand bruit, et avec « si grande fraincte de trompettes qu'il sembloit que terre et ciel dussent combattre ensemble. » Ces seigneurs n'étaient autres que Charles VII et Pierre de Brezé ; ils ne venaient point tenir tête à Jacques de Lalain ; mais, « par une joyeuseté qui les mut à ce faire, » ils fournirent l'un contre l'autre quatre courses et rompirent chacun deux lances. Puis ils s'allèrent désarmer, et reparurent sur les hourts, auprès des dames, comme s'ils n'eussent point été reconnus [1].

Le soir, c'étaient chaque fois nouveau banquet, nouvelles danses : trompettes et ménétriers ne cessaient de corner jusqu'au point du jour. Le comte d'Angoulême, tout heureux de se trouver en liberté et au milieu d'une cour aussi brillante, s'empressa de jouer son rôle dans les divertissements. On a conservé le programme d'un ballet, tracé de sa main sur le feuillet de garde d'un manuscrit ; ce ballet, intitulé *Basse danse de Bourgogne*, fut dansé par la reine de Sicile, la duchesse de Calabre, la Dauphine et le jeune comte de Clermont.

Le 2 juillet fut célébré un mariage qui donna lieu à de nouvelles fêtes. Artur de Bretagne, comte de Richemont, épousait en troisièmes noces Catherine de Luxembourg [2]. La double alliance de la maison de Luxembourg avec le comte du Maine et avec le connétable causa quelque ombrage à Pierre de Brezé. Le sénéchal de Poitou, qui venait d'être créé comte d'Évreux, et dont l'influence grandissait en proportion de la faveur de la *belle Agnès*, se persuada qu'une nouvelle Praguerie se formait entre certains princes du sang, le roi René, le comte du Maine, et le connétable, avec le concours de Louis de Luxembourg, comte de Saint-Pol [3]. Il y eut alors un « brouil-

---

1. *Le livre des faits*, p. 67 ; Mathieu d'Escouchy, t. I, p. 40.
2. Le connétable de Richemont, veuf de Marguerite de Bourgogne, duchesse de Guyenne, morte le 2 février 1441, avait épousé, le 29 avril 1442, Jeanne d'Albret, qui mourut à la fin de septembre 1444. Quoiqu'il en ait eu « bien grand deuil, » il contractait, moins d'un an après, une troisième union.
3. Gruel, p. 306. Il est vrai que Gruel ajoute : « Et fut mal trouvé, car ils n'y pensoient point. »

lis¹ » qui excita à la Cour une vive émotion. On vit se produire une de ces révolutions de palais si fréquentes sous ce règne. Déjà l'amiral de Coëtivy avait subi une sorte de disgrâce², sans toutefois perdre ses charges, et cet incident avait coïncidé avec la faveur de Brezé. Les dissentiments qui régnaient dans l'entourage royal se traduisirent en querelles très vives. Nous avons un tableau de la situation, tracé à ce moment par des ambassadeurs milanais venus à Nancy au nom du duc Philippe-Marie; à la date du 26 mai, ils racontent en ces termes leurs impressions dans un rapport adressé à leur maître : « Quant à l'état des choses de par deçà, nous informons Votre Seigneurie que, d'après ce que nous avons pu apprendre, il y a, au sein de la maison de France, de grandes envies et d'ardentes divisions. Il n'en pourrait être de plus violentes que celles qui règnent entre l'illustre seigneur Dauphin et le roi René. Cela provient de ce que le roi René est celui par qui tout est mené dans le royaume. C'est lui qui a fait faire cette ordonnance pour la réduction des gens d'armes dont nous envoyons une copie à Votre Seigneurie. Outre cela, il n'y a pas non plus trop bonne intelligence entre le duc d'Orléans et le roi René, toujours par jalousie au sujet du gouvernement. Quant à la réconciliation entre le roi René et le duc de Bourgogne, on s'attend plutôt à une solution négative³. »

1. « Y eut un brouillis que le grand seneschal de Poictou mit sus. » Gruel, p. 221. — « Nous avons eu tous ces seigneurs embrouillez, » disait Jamet de Tillay au Roi. Déposition dans Duclos, *Preuves*, p. 53.

2. Le 22 avril 1443, Coëtivy obtenait du Roi les biens confisqués sur le maréchal de Rais; le 28 août, il recevait les châteaux, châtellenies et seigneuries de Chantocé et d'Ingrande, confisqués sur Gilles de Bretagne. Est-ce par suite d'une disgrâce que, peu de temps après, lui qui avait alors, ainsi que le constatait le Roi dans ses lettres du 22 avril, « la principale charge et conduite de nos grandes besognes et affaires, » se retirait ainsi à l'écart? Nous inclinons à penser que cette retraite, coïncidant avec des dons importants, se rattache à une mission dont fut investi l'amiral à cette époque. Nous savons par des lettres du 28 octobre 1458, constituant une dot à Marie, fille aînée d'Agnès Sorel, et par d'autres lettres de novembre 1458, lui attribuant le nom de *Valois*, que l'amiral, par l'ordre du Roi, « prit ladicte Marie estant enfant et la mena au chastel de Taillebourg, ouquel, tant durant la vie dudit feu Pregent de Coëttivy que depuis, elle a esté nourrie et alimentée. » L'amiral, en quittant la Cour, chargé de biens et d'honneurs, se serait donc retiré à Taillebourg pour veiller sur la première des filles d'Agnès Sorel et se consacrer à la mission que le Roi lui donnait.

3. « Fra questa casa di Franza e grande garra et divisione prima essa non poteria essere maiore quanto è fra lo illustrissimo signore Delphin e il re Raynero, e questo per

Évidemment, le rôle politique du roi René est ici très exagéré ; il n'était point exact de dire que ce prince dirigeait tout. Les ambassadeurs milanais s'en fient aux apparences : ils ne connaissent pas les dessous de cartes ; ils sont muets sur le comte du Maine, dont l'influence avait été pendant si longtemps prépondérante ; ils ne parlent pas de l'ascendant conquis par Brezé. Quoi qu'il en soit, les dissentiments prirent un caractère encore plus aigu pendant le séjour de la Cour à Châlons. Charles VII fit une sorte de coup d'état : il chassa plusieurs grands seigneurs, en leur disant de sa propre bouche de ne revenir que lorsqu'ils seraient mandés par lui[1]. Nous voyons alors la maison d'Anjou tout entière disparaître de la scène : le roi René se retire en Anjou, où il passe dix-huit mois avant d'aller se fixer en Provence[2] ; le duc de Calabre va prendre le gouvernement de la Lorraine, que son père vient de lui confier[3] ; le comte du Maine lui-même cesse de siéger dans le Conseil[4]. Seul entre les princes du sang, le comte de Vendôme y demeure ; les autres princes sont tenus à l'écart. Les personnages influents sont des seigneurs de moins haut parage, comme le comte de Foix, le comte de Tancarville (un d'Harcourt), le sire de Blainville (un d'Estouteville), et des bourgeois comme Guillaume Jouvenel, appelé le 16 juin à remplir la charge de chancelier de France, et son frère l'archevêque de Reims ; Jean Bureau, Jacques Cœur, Étienne Chevalier et Guillaume Cousinot[5].

che esso ro Raynero è quelo che governa tutto questo reame... » Relation de Jean Galeas, dans Osio, *Documenti diplomatici*, t. III, p. 367.

1. « Auquel temps aucuns grans seigneurs furent congediez de la court du Roy par le moien d'aucunes tribulacions qui se esmeurent layens ; et leur fut dit, par la bouche du Roy meisme, qu'ils ne tournassent jusques a tant qu'on les manderoit. » Mathieu d'Escouchy, t. I, p. 68.

2. Le roi de Sicile ne figure plus dans le Conseil postérieurement au mois de septembre 1445, sauf un instant, en mai 1446. Chastellain (t. II, p. 162) constate son éloignement des affaires ; il le représente à ce moment « vivant patient en son déchas, curieux de moult de singuliers cas touchant édiffices, pompeusités, festes et tournoyemens. »

3. Par lettres du 1er juillet 1445, René l'avait nommé son lieutenant général dans les duchés de Bar et de Lorraine.

4. Le comte du Maine disparaît du Conseil entre le mois de décembre 1445 et le mois d'octobre 1447.

5. *Catalogue des actes* ; — *Charles VII et ses conseillers*, par Vallet de Viriville ; *Conseillers de 1417 à 1461*, par le même, à la Bibl. nat., Ms. fr. nouv. acq. 1481, auquel on vient de donner, dans le même fonds, la cote 5081.

Parmi les anciens serviteurs qui ne subirent aucune variation de fortune, on peut nommer Bertrand de Beauvau, seigneur de Précigny ; Robert de Rouvres, évêque de Maguelonne ; Thibaut de Lucé, évêque de Maillezais ; le confesseur du Roi, Gérard Machet, évêque de Castres[1] ; enfin, chose significative, le premier chambellan du Roi, Dunois, qui s'était tenu à l'écart pendant la campagne de Metz et le séjour à Nancy et à Châlons[2], reparaît dans le Conseil, où son influence va aller grandissant.

Durant sa résidence à Châlons, Charles VII eut à traiter une affaire importante, qui causait une certaine émotion parmi les princes du sang et jusqu'au delà des frontières du royaume. Nous voulons parler de la captivité dans laquelle était retenu le comte d'Armagnac. Par son arrogance, son infidélité, ses excès, ses crimes même, Jean V, comte d'Armagnac, avait lassé la patience royale ; il avait mérité un châtiment sévère, mais justifié. Beau-frère du duc de Bretagne et du duc d'Orléans, allié à la maison de Savoie et au roi de Castille, le comte n'épargna rien pour fléchir la colère du Roi : tous les princes du sang sollicitèrent en sa faveur ; le comte de Foix vint plaider sa cause ; le roi de Castille fit implorer le pardon royal. Des ambassadeurs de ce prince et du duc de Savoie, des envoyés du comte d'Armagnac arrivèrent à Châlons pour tenter un dernier effort. Charles VII consentit à examiner lui-même l'affaire. Dans une assemblée où il siégea en personne, entouré des princes du sang et des membres de son Conseil, les représentants du comte et de son fils, assistés du comte de Foix et des ambassadeurs de Castille et de Savoie, exposèrent leur requête avec de longs développements. Dans une seconde audience, l'avocat criminel Jean Barbin prit la parole. Il fit connaître les motifs qui avaient déterminé le Roi à procéder

---

1. Mêmes sources.
2. Peut-être Dunois, mécontent de ce que le roi René l'avait emporté sur le duc d'Orléans, et de ce que l'on n'avait pas entrepris la campagne de Lombardie, s'était-il abstenu de suivre le Roi (voir ci-dessus, p. 47, note 2). Peut-être était-il resté pour présider à l'expédition des affaires et veiller comme conservateur de la trêve à l'exécution du traité de Tours.

rigoureusement contre le comte, et conclut à la confiscation de ses biens dans tout le royaume et à une punition corporelle. Une troisième audience fut accordée aux défenseurs du comte d'Armagnac. Là, se jetant aux pieds du Roi, ils le supplièrent, « en toute humilité, » de ne point traiter le comte selon sa justice, qu'ils avaient jusque-là sollicitée pour lui, mais selon sa miséricorde : ils demandèrent qu'il daignât, « de sa haute majesté et puissance royale, » lui faire grâce et le recevoir en sa merci, protestant qu'il était prêt à faire entière obéissance et à se soumettre à tout ce qui serait exigé de lui.

Touché de cette démonstration, Charles VII répondit qu'il avait la requête pour agréable et qu'il ferait tant en faveur de ceux qui la lui présentaient qu'ils n'auraient pas lieu de se plaindre[1]. Bientôt, en effet, moyennant la caution de tous les princes et seigneurs qui avaient sollicité la grâce du comte, le Roi lui accorda des lettres d'abolition[2]. Mais ces lettres étaient conditionnelles : pour qu'elles pussent avoir force de loi, il fallait que le comte d'Armagnac consentît à subir les conditions qui lui étaient imposées[3].

Cependant les grandes affaires qui avaient occupé le Roi depuis son arrivée à Châlons avaient reçu leur solution. La réforme des gens de guerre, commencée à Nancy, était opérée; la duchesse de Bourgogne avait repris le chemin de la Flandre ; les ambassades venues de divers points avaient été expédiées ; on songeait au départ. Déjà la Reine, alors souffrante — on la croyait enceinte — se demandait, dans l'isolement où elle était laissée, comment s'opérerait son voyage[4], quand survint

---

1. Sur l'affaire du comte d'Armagnac, voir Mathieu d'Escouchy, t. I, p. 61 et suiv., et les documents publiés dans les *Preuves*, p. 112 et suiv. Cf. Instructions du roi de Castille à ses ambassadeurs, ms. latin 5956ᵃ, f. 188.

2. Voir ces lettres dans les *Preuves de Mathieu d'Escouchy*, p. 125 et suiv.

3. Voir les instructions en date du 26 août, *Id.*, p. 110 et suiv. — Nous reviendrons sur cette affaire en parlant de l'attitude de la Royauté à l'égard des princes, durant cette période.

4. Le passage suivant de la déposition de la Reine, dans l'enquête sur la mort de la Dauphine, montre le degré de soumission (ou d'indifférence ?) auquel, soit par vertu, soit par habitude, elle était arrivée :

« Dit et depose que ung jour de sabmedy, comme luy semble, comme on disoit communement que le mercredy ensuivant le Roy devoit partir dudit lieu (de Sarry-les-Châlons), autrement du temps n'est recors, ledit Jamet (de Tillay) vint devers elle audit

un événement qui mit la Cour en deuil et jeta un trouble profond dans tous les esprits.

Le 7 août, le Roi s'était rendu en pèlerinage à Notre-Dame de l'Épine, à peu de distance de Châlons, et la Dauphine l'avait accompagné[1]. Charles VII avait pour sa belle-fille une grande affection ; tout récemment, il lui avait fait délivrer comptant, pour des draps de soie et des fourrures destinés à sa parure, une somme de deux mille francs[2]. La santé de Marguerite était très chancelante. Prise d'un refroidissement, elle tomba malade au retour de ce pèlerinage : une fluxion de poitrine se déclara[3], et le mal fit de rapides progrès. On passa tout à coup

lieu de Sarry et lui dist que le Roy avoit intention de tirer ung grant chemin, autrement ne le scet nommer, et qu'il feroit dix ou douze lieues par jour, et que ce seroit bien fait, attendu qu'elle estoit grosse, ainsi que pour l'heure on disoit qu'elle estoit, qu'elle print ung autre chemin à part, et soy en aller trois ou quatre lieues par jour.

« Et lors elle luy demanda se le Roy partiroit pas le mercredy ensuivant ; et il luy dist que non, et qu'il pensoit qu'il ne partiroit jusques à ce que elle fust partie ; et adoncques elle luy va demander se elle s'en iroit seule ou se madame la Daulphine s'en viendroit avec elle, lequel luy respondit que madicte dame auroit grande compaignie et qu'elles ne pourroient pas bien loger ensemble, et qu'il pensoit qu'elle ne s'en iroit pas avec elle. Lors elle qui parle va dire, puisque c'estoit le plaisir du Roy qu'elle s'en allast devant, qu'elle en estoit contente et qu'elle le feroit voulentiers. Et il luy dist que ce seroit bien fait, et qu'aussi on s'en passeroit bien, et qu'il luy conseilloit qu'elle demandast son congié.

« Et tantost après que ledit Jamet fust parti, elle qui parle envoya querir Jean de la Haye, son maistre d'hostel, auquel elle va dire que ledit Jamet luy avoit dit que le plaisir du Roy estoit qu'elle s'en allast devant et non pas avec lui, et que madicte dame la Daulphine demoureroit derrière et ne s'en yroit pas avec elle, et pour ce qu'il advisast... Lequel Jean de la Haye va adoncques dire qu'il ne croyoit pas que ce que ledit Jamet lui avoit dist fust verité, ne que le Roy le fist jamais. Et ne demoura guières après que Nicole Chambre vint devers elle, auquel elle dist toutes les paroles dessus dictes que ledit Jamet lui avoit dictes touchant le fait de son partement ; lequel Nicole luy dist qu'il n'en estoit riens et que jamais le Roy ne le feroit. » *Preuves* de Duclos, p. 48-50, et Du Puy, 761, f. 17. Cf. Déposition de Jamet de Tillay, dans Duclos, p. 56-57.

1. On a des lettres du 10 août 1445, données par Charles VII en faveur de l'église de Notre-Dame de l'Épine, « laquelle, dit-il, avons visitée en nostre personne et y avons esté en pelerinage. » Archives, JJ 178, n° 44.

2. Quittance du 20 juillet 1445. Cette quittance était conservée, en original signé, à la Bibliothèque nationale, parmi des titres inclassés que M. Vallet de Viriville eut sous les yeux en 1860 ; elle porte aujourd'hui la cote suivante : Ms fr. 20422, f. 2, et se trouve en copie dans le recueil de Le Grand, vol. VI, f. 270 et 311 v° ; elle a été publiée par M. Pierre Clément : *Jacques Cœur et Charles VII*, t. II, p. 31-32, et par M. Charavay, *Lettres de Louis XI*, t. I, p. 201 (avec la date fautive du 2 juillet).

3. Déposition de Guillaume Leotier, dans Du Puy, 762, f. 51 v°. « Pour ce qu'il faisoit grant chault, toute suant se despouilla, comme dient les femmes de son hostel, et en sa cotte se tint en une chambre basse bien froide ; tellement que le lendemain, elle se trouva très mal, bien airumée et entoussée. » — Il faut lire, sur la maladie de Marguerite, la *consultation* du médecin du Dauphin, grave praticien du nom de Guillaume Leotier,

des joies les plus bruyantes à de cruelles alarmes. Le son des cloches cessa dans toutes les églises[1]. On se demandait avec effroi si la Dauphine ne succombait pas à un autre mal que celui dont elle semblait atteinte. On disait que, délaissée par son époux, Marguerite avait été en butte aux plus noires calomnies, et qu'elle mourait de chagrin. Un soir d'hiver, à Nancy, Jamet de Tillay, l'un des conseillers du Roi, pour lequel elle éprouvait une vive aversion[2], était entré dans sa chambre; il l'avait trouvée étendue sur son lit, entourée de ses dames, causant avec le seigneur de Blainville et un autre seigneur. La pièce n'était éclairée que par la lueur de l'âtre, et Jamet s'était récrié sur l'inconvenance d'une telle situation[3]. Depuis, il n'avait cessé de tenir sur la Dauphine les propos les plus compromettants, parlant de ses amours, de ses manières plus dignes d'une *paillarde* que d'une grande dame[4]. On racontait qu'à Châlons, ayant remarqué un simple écuyer qui s'était distingué dans une joute, elle lui avait fait remettre aussitôt une

---

alors âgé de 51 ans; elle se trouve dans la déposition qu'il fit le 25 août 1446 (Du Puy, vol. 762, f. 50-51 v°). Le morceau ne serait pas déplacé dans Molière : « Il luy semble que ladicte maladie principalement luy est venue pour ce que ladicte dame vieilloit trop, parquoy se corrompoit son sang et les humeurs de son corps; son cervel s'en affoiblissoit, et nature envoye toujours au plus foible du corps et iceluy qu'elle trouve plus brecié les superfluitez ou humeurs corrompues. Dont en son cervel s'est engendré un rume, lequel a esté cause de engendrer un appostume en son dit cervel. Et peult estre que de son dit cervel peult estre tombé par manière de une gouture partye de ces humeurs corrompues sur les parties de son poulmon, qui a esté cause de ulcerer son dit poulmon, comme a esté trouvé par effet. »

1. *Registres du Conseil de ville*, vol. III, f. 1 v°, dans Barbat, *Histoire de la ville de Châlons-sur-Marne*, p. 352, et dans *Lettres de Louis XI*, t. I, p. 201.

2. « Deux ans a ou environ, elle qui parle a par plusieurs fois ouï dire à madicte dame la Dauphine, ainsi qu'on parloit aucune fois de malveillance, qu'elle n'estoit point tenue à Jamet de Tillay et qu'elle le hayoit plus que tous les hommes du monde. » — Déposition de Marguerite de Villequier, dans les *Preuves* de Duclos, p. 32; cf. p. 27 et 34-34.

3. Dépositions dans Duclos, p. 42 et 57; cf. Du Puy, vol. 752, f. 49.

4. Dépositions dans Duclos, p. 29-33, 34, 36, 47, 55, 60. Il y avait eu des luttes d'influences autour de la princesse. On voit par la déposition de Jamet de Tillay que la Reine, la Dauphine et Agnès Sorel auraient voulu mettre Marguerite de Villequier hors de l'hôtel et la remplacer par Prégente de Melun (Déposition dans Duclos, p. 47). Prégente était ou paraissait être à la discrétion de Brezé. On lit ce qui suit dans la déposition d'Annette de Guise (Du Puy, f. 51): « Interrogée s'elle a point oy dire audit messire Regnault que Prégente eust trahy Mgr le seneschal, dit que non, mais le jour d'huy a bien ouy dire à sa sœur que ledit messire Regnault de Dresnay lui avoit dit qu'il diroit à Mgr le seneschal que Prégente lui estoit bien traistresse, et qu'il se fioit en elle. »

somme de six cents écus d'or[1]. Deux ou trois jours après qu'elle fut tombée malade, comme la Dauphine paraissait en proie au plus violent désespoir, sa dame d'honneur, Jeanne de Tucé, dame de Saint-Michel, lui demanda « pourquoi elle ne faisoit meilleure chère, » en lui disant « qu'elle ne se devoit pas ainsi merencolier. » La Dauphine répondit « qu'elle se devoit bien merencolier et donner mal pour les paroles qu'on avoit dit d'elle, qui étoient à tort et sans cause; » et elle ajouta que, sur la damnation de son âme, elle n'avait jamais fait ce dont on l'accusait et n'y avait même pas songé[2].

Le Roi était fort inquiet de l'état de sa belle-fille. Un jour, avant la messe, après avoir fait sortir tout le monde, sauf Jamet de Tillay, il interrogea son médecin, Robert Poitevin, et Regnault de Dresnay, maître d'hôtel de la Dauphine. Poitevin rassura le Roi; la nature agissait, il y avait bon espoir de guérison[3]. Le soir, après souper, Charles VII s'étant rendu à

---

1. Le fait est rapporté par Le Grand, dans son *Histoire manuscrite de Louis XI*, t. I, p. 85. Il paraît avoir sa source dans les dépositions suivantes faites par Annette et Jeanne de Guise lors de l'enquête prescrite par Charles VII (Du Puy, vol. 763, f. 52 et 54) : Déposition d'Annette de Guise : « Dit que ou temps que les joustes se firent à Chalons dernièrement, madicte dame ordonna à elle qui parle qu'elle demandast à Marguerite de Hacqueville la somme de quatre cens escus, et aussi qu'elle prist d'un nommé Gervaise, son valet de chambre, deux cens escus. Pourquoy elle qui parle alla devers ladicte Marguerite luy demander ladicte somme, laquelle luy bailla quatre cens escus, onze ou douze moins, et par avant ledit Gervaise lui bailla à Sarry lesdiz deux cens escus... » La Dauphine, mandée à Châlons par le Dauphin, remit les 600 écus à Prégente en lui disant : « Vous semble il point que ce soit assés beau don pour donner à un homme de bien? » Regnault de Dresnay ayant demandé à Annette si elle savait à qui cette somme avait été donnée, celle-ci répondit que non ; et Regnault reprit : « Je me doubte que ce n'ait esté pour luy. » — Déposition de Jeanne de Guise : « Ledit messire Regnault luy demanda tout bas : « Par vostre foy, pensez-vous point qu'il est (l'argent)? » Et elle lui respondi : « Je le me pense bien. » — « Aussi fois-je, » dit ledit messire Regnault. Et elle dit : « Or le dictes doncques. » Et il luy dist : « Mais vous! » et il luy nomma tout bas Charles Moullon. — « Je le me pensoye bien. »

2. Déposition dans Duclos, p. 20.

3. Voir Duclos, *Preuves*, p. 53. — D'après un compilateur messin qui a laissé la chronique dite *de Praillon*, la Dauphine serait intervenue pour l'accord entre Charles VII et la ville de Metz. Le fait est-il exact? — Voici ce que le même chroniqueur dit des dispositions du Dauphin le jour de la mort de sa femme : « Fut dit et recorder à Metz par le mehistre de la Trenitoit de Vitry en Partois, qui estoit à Chaslons le jour que icelle dame Daulphine mourut, où il vit et oyt ledict Daulphin qui pleuroit et durement se lamentoit en disant : « Hé Dieu! quelx destinée m'a Dieu donneir! Oneques en jour de ma vie je n'eu bien ; par le conseil que j'ai creu j'ai estez en la malluivellance de monseigneur mon peire ; après, par nultres conseils, me suis despartis de France, accompaignié de plusieurs nobles géns, et suis allez ou pays d'Allemaingne, et puis venus

sa promenade habituelle dans la prairie du Jars, Tillay entama
conversation avec lui : « C'est grand malheur, lui dit-il ; en
« peu de temps, il est venu en ce pays plus de merancolie
« qu'en pays où je fus onques. » — « C'est vrai ! » répondit le
Roi. Et Jamet continuant : « Nous avons eu tous ces seigneurs
« embrouillés, et maintenant perdre cette dame, ce seroit la
« plus grande perte qui nous pût advenir. » — « Est-elle impe-
« dumée (enceinte) ? » demanda le Roi. — « Les médecins disent
« que non. » — « D'où procède donc cette maladie ? » Jamet
répondit que cela venait « de faute de repos, comme disoient
les médecins, et que Madame veilloit tant, aucune fois plus,
aucune fois moins, que parfois il étoit presque soleil levant
avant qu'elle s'allât coucher, et que aucune fois Monseigneur
le Dauphin avoit dormi un somme ou deux avant qu'elle s'allât
coucher, et aucune fois s'occupoit à faire rondeaux, tellement
qu'elle en faisoit douze pour un jour, qui lui étoit chose bien
contraire. » — « Cela fait donc mal à la tête ? » dit le Roi. Jean
Bureau, qui était présent, répondit : « Oui, qui s'y abuse trop ;
« mais ce sont choses de plaisance [1]. »

Tillay sentait que « son fait branlait [2]. » Depuis quelque temps
il avait fait des ouvertures aux dames de l'entourage de la
Dauphine, pour être excusé auprès d'elle relativement aux
propos qu'on lui attribuait [3]. Mais les plaintes de Marguerite
devinrent bientôt publiques. Tous ceux qui l'approchaient
l'entendaient s'écrier, sur la couche où elle se tordait : « Ah !
« Jamet, Jamet ! vous êtes venu à votre intention. Si je meurs,
« c'est pour vous et vos bonnes paroles que vous avez dites
« de moi, sans cause ne sans raison [4] ! » Et elle ajoutait, en le-

---

devant Mets... Et maintenant, Dieu me oste la chose au monde que plus je amoye ! »
(*Relation du siège de Metz*, p. 291-92.) — Il nous est difficile de croire, sinon à la
véracité de ce récit, du moins à la sincérité des regrets de Louis. Notons que le jour
même où mourait sa femme, il signait tranquillement un règlement pour l'administration
de la justice et des finances en Dauphiné (Le Grand, vol. VI, f. 357).

1. Déposition de Jamet de Tillay, dans Duclos, p. 53-54.
2. « Venez çà, dame de Saint-Michel, » avait dit un jour, avant sa maladie, la Dauphine :
« vous ne sçavez pas de ce vaillant homme Jamet ? Il sent bien que son fait branle. »
Déposition dans Duclos, p. 28.
3. Dépositions dans Duclos, p. 32, 45.
4. Déposition de Jeanne de Tucé, dame de Saint-Michel, dans Duclos, p. 29-30 ; cf.
p. 34 et 36.

vant les bras et se frappant la poitrine : « Je prends sur Dieu et « sur mon ame, et sur le baptême que j'apportai des fonts, où « que je puisse mourir, que je ne l'ai desservi onques, et n'ai « fait tort à Monseigneur ! » Pierre de Brezé, qui était présent, sortit de la chambre, « bien marry et dolent, » en disant : « C'est grand pitié de la douleur et courroux que souffre cette « dame ! » Le jour de sa mort, la Dauphine répéta encore : « Je prends sur mon ame, où que je puisse mourir, que je ne « fis onques tort à Monseigneur.[1] »

Il fallut lui faire les plus vives instances pour qu'elle pardonnât à Jamet ; elle y consentit enfin[2]. Peu d'heures avant de rendre le dernier soupir, on l'entendit murmurer : « N'étoit ma foi, je me repentirois volontiers d'être venue en France[3]. » Elle mourut le 16 août, à dix heures du soir ; ses dernières paroles furent : « Fi de la vie de ce monde ! ne m'en parlez plus[4] ! »

L'émotion fut très vive à la Cour et la désolation universelle.

---

1. Déposition de Jeanne de Tucé, dans Duclos, p. 80 ; cf. Du Puy, 762, . 40 v°.
2. « Il se advisa que encores l'admonesteroit de sa conscience, et luy dist ces paroles : « Madame, vous souvient-il bien de Dieu ? » Et respondit : « Oy, maistre Robert ! » Et il luy dist : « Madame, ne l'oubliez pas. » Et elle respondit : « Nenni, je ne l'oublieray pas. » Et après il luy demanda : « Madame, avez-vous pas pardonné à tout le monde ? » A quoi elle ne respondit riens. » Déposition de Robert Poitevin, dans Du Puy, 762, f. 48 v°. — « Et dit icelle Marguerite (de Salignac) tout haut : « On dust faire que madame pardonnast à Jamet. » Et lors maistre Robert Poitevin, lequel avoit confessé madicte dame, dit qu'elle l'avoit déjà fait et qu'elle avoit pardonné à tout le monde. Et adonc madicte dame respondit que non avoit ; et ledit maistre Robert lui dict : « Sauve vostre grace, madame, vous l'avez pardonné ; aussi le devez-vous faire. » Et par trois fois madicte dame réitéra que non avoit, et jusques à ce qu'elle qui parle dit à madicte dame qu'il falloit qu'elle pardonnast à tout le monde ainsi qu'elle vouloit que Dieu lui pardonnast, et falloit qu'elle le fist de bon cœur (Regnault de Dresnay et plusieurs de ses dames insistèrent aussi). Et adonc madicte dame dit : « Je le pardonne donc et de bon cœur. » Déposition de Jeanne de Tucé, dame de Saint-Michel, dans Duclos, p. 91 ; cf. p. 85 et 87.
3. Déposition de Marguerite d'Hacqueville, p. 85.
4. Déposition de Jean Boulet, apothicaire et valet de chambre du Dauphin, dans Du Puy, f. 50. — M. Vallet de Viriville a publié, en 1857, dans la *Revue des Sociétés savantes*, t. III, p. 713-715, une chanson sur la mort de la Dauphine, qu'il attribue à sa sœur Isabelle, duchesse de Bretagne. La jeune princesse exhale ses plaintes ; elle adresse tous ses adieux, et termine par cette allusion aux divisions qui régnaient dans la maison royale :

    Adieu, duchesse de Bourgogne,
    La mienne sœur o cueur jolis ;
    Si vous povez par nulle voye
    Mettez paix en la fleur de lis.

La santé de la Reine en reçut une sérieuse atteinte[1]. Le Roi quitta brusquement Châlons : le 17, il partit « soudainement, comme dolent, courroucé et troublé » du trépas de la Dauphine[2]. Peu après, il donna l'ordre de procéder à une information sur les derniers moments de la Dauphine et sur les propos tenus par Jamet de Tillay.

1. Déposition de la Reine, p. 50 : « Au regard de la maladie que elle avoit eue audit lieu de Chaalons, il lui advint pour la desplaisance et travail que elle eust à cause de la maladie et mort de madicte dame la Daulphine, et à cette occasion elle eut le flux de ventre et se vida très fort. »
2. Registres du Conseil de ville de Châlons, l. c., dans Lettres de Louis XI, t. I, p. 200.

CHAPITRE IV

LES CONFÉRENCES DE CHALONS

1445

Attitude de Philippe le Bon depuis le traité d'Arras; il ne s'inspire que de vues personnelles; il conclut un traité séparé avec l'Angleterre. — Menaces d'un conflit entre le Roi et le duc; entreprises des écorcheurs sur les pays du duc; incident du passage de Floquet et de Mathew Gough en Picardie; le duc rassemble une armée; inquiétudes qu'il conçoit de l'expédition du Dauphin; ravages commis par les écorcheurs en Franche-Comté; la guerre existe de fait. — Moyens employés par le Roi pour prévenir une rupture : ambassade de Pierre de Brezé; conférence de Bruxelles. — On décide la réunion d'une nouvelle conférence; mémoires remis par la chancellerie bourguignonne; préliminaires de la conférence de Reims. — Nouvelles menaces de conflit durant la retraite des écorcheurs après l'expédition du Dauphin; mesures prises par le Roi et le Dauphin pour prévenir toute agression. — Instructions du duc à ses ambassadeurs; ouverture des conférences à Reims; arrivée de la duchesse de Bourgogne et des ambassadeurs de son mari; exposé des griefs et des réclamations du duc. — Les conférences se poursuivent à Châlons; mémoire présenté par la duchesse de Bourgogne; points mis en discussion. — Arrangements pris avec la duchesse. — Nouvelles difficultés qui surgissent aussitôt : passage du sire d'Orval à travers la Bourgogne; prise d'armes d'Évrard de la Mark. — Le duc tient l'assemblée solennelle de la Toison d'or; affront qu'il reçoit en pleine réunion des chevaliers de son ordre.

La double démonstration de Charles VII dans l'est de la France avait causé de vives inquiétudes à la cour de Bourgogne. Elle faillit être l'étincelle venant allumer un grand incendie. Pour se rendre compte de cette émotion, il faut revenir un peu en arrière et examiner quelle avait été l'attitude du duc Philippe depuis le traité d'Arras.

Au lendemain du traité, on avait pu se demander si Philippe allait profiter des avantages dont le pacte de réconciliation le mettait en possession, pour jouer un rôle prépondérant dans les affaires du royaume. Les diplomates les plus éclairés de sa Cour lui donnaient, à cet égard, des conseils pleins de sagesse[1]. Devenir l'arbitre de la situation en se montrant généreux envers le beau-frère du Roi, René d'Anjou, que les hasards de la guerre avaient fait son prisonnier; en opérant la pacification entre la France et l'Angleterre, fût-ce au prix de l'abandon, libéralement consenti, des villes de la Somme; en prenant auprès des Anglais l'initiative de démarches pour obtenir la délivrance du duc d'Orléans : tel était le noble rôle assigné au duc Philippe. Si, avec le sentiment de ses devoirs de prince du sang, ce prince eût possédé une réelle élévation dans les vues, un noble désintéressement dans la conduite, il n'eût pas manqué de suivre la voie si bien tracée par Hugues de Lannoy.

Mais Philippe le Bon était souverain indépendant en même temps que prince du sang. Possesseur d'importants territoires hors du royaume, il n'avait d'autre préoccupation que de les accroître. Pour lui, le traité d'Arras n'était point seulement une revanche prise sur d'anciens adversaires, un triomphe sur la Couronne, humiliée et contrainte de subir sa loi; c'était aussi un moyen de satisfaire d'ambitieuses visées, et surtout de favoriser les intérêts privés de sa maison.

L'attaque de Calais en 1436, la libération de René d'Anjou en 1437, la tentative de pacification entre la France et l'Angleterre en 1439, la délivrance du duc d'Orléans en 1440, autant de faits qui révèlent, chez le duc Philippe, une pensée personnelle. Au lieu de joindre ses troupes à celles du Roi pour hâter l'expulsion des Anglais, il agit isolément, sans concerter son action avec Charles VII[2]. Loin d'aboutir à la réconciliation des deux couronnes, ni même à la conclusion d'une trêve (chose, à coup sûr, aussi praticable alors que cinq ans plus tard), il se

---

1. Voir t. III, p. 82.
2. C'est ce que Charles VII rappelait plus tard, avec autant de raison que de force, quand, à la date du 11 mars 1459, il répondait en ces termes au duc de Bourgogne, se vantant de l'assistance armée qu'il avait alors donnée contre les Anglais : « Le Roi est bien souvenant de l'armée que mondit seigneur de Bourgogne fist pour le temps de lors, et s'il eust communiqué au Roy son intention de ce qu'il vouloit faire, le Roy l'eust adverty de bon cueur de ce qu'il lui eust semblé plus utile et prouffitable en ladicte matière, et de sa part se y fust tellement employé, tant de gens comme de sa personne, se besoing en eust esté, qu'il en eust peu ensuir grant bien ou Royaume. » *Chronique de Mathieu d'Escouchy*, t. II, p. 390.

borne à conclure des traités particuliers, dans le but de sauvegarder les intérêts commerciaux de ses propres sujets, et de mettre son territoire à l'abri d'incursions hostiles : par là, le premier, il porte atteinte au traité d'Arras, qui interdisait à chacune des parties de traiter séparément avec les Anglais[1]. Enfin, loin de se contenter des immenses avantages que lui procurait le pacte de 1435, le duc, dès le début, se montre exigeant, querelleur, soulevant sans cesse de nouvelles difficultés, assiégeant Charles VII de réclamations aussi minutieuses que puériles. Il va même plus loin. Quand il a réussi, par son action personnelle et privée, à tirer le duc d'Orléans de sa prison d'Angleterre, il forme une coalition entre les princes du sang, afin de forcer la Couronne à subir sa loi. Si cette tentative demeure infructueuse, c'est uniquement parce qu'il rencontre chez le Roi une fermeté de résolution qu'il n'avait point encore appris à connaître. Contraint de renoncer pour un temps à poursuivre ses revendications, il ne désarme point. Tous ses efforts tendent à se mettre à l'abri du côté de l'Angleterre, avec laquelle, au mépris du traité d'Arras, il conclut (avril 1443) une trêve particulière[2].

Étranger aux négociations entamées avec l'Angleterre à la fin de 1443, Philippe vit avec dépit ces négociations aboutir au traité du 28 mai, signé en présence de ses ambassadeurs, obligés de se résigner au rôle de simples spectateurs. Il conçut surtout un vif déplaisir du mariage de Henri VI avec Marguerite d'Anjou[3], cette même princesse dont Charles VII avait empêché l'union avec le comte de Nevers. Le duc ne se dissimulait pas les conséquences d'un si grave événement. Il les exagéra même, car il se persuada que la réconciliation entre la France et l'Angleterre allait se faire à ses dépens : il crut que l'occupation de la Hollande et de la Zélande par Henri VI seraient le gage de l'abandon de la Normandie, et que le Roi voulait faire revenir à la Couronne toutes

1. Ce point ne fut pas oublié dans les reproches adressés ultérieurement au duc, relativement à son attitude depuis le traité d'Arras. Voir le document de 1459, *l. c.*, p. 409.
2. Voir tome III, p. 262.
3. « Matrimonium hoc seculae sunt induciae belli, » dit l'un des plus intimes confidents du duc Philippe. — Jouffroy, *Oratio ad Pium papam*, p. 185.

les terres tenues en fief par lui et ses prédécesseurs, dont la conquête s'opérerait d'un commun accord entre Charles VII et Henri VI. Tel est, du moins, le prétexte que la chancellerie bourguignonne fit valoir, plus tard, pour justifier le duc d'avoir traité séparément avec les Anglais [1].

Au printemps de 1444, la situation était devenue tellement tendue qu'on pouvait se demander si le traité d'Arras resterait longtemps en vigueur, et si, à la pacification accomplie en 1435, n'allait point succéder une hostilité déclarée.

Nous n'avons aucun renseignement sur l'attitude prise par les ambassadeurs bourguignons aux conférences de Tours; mais il y a un fait indubitable : c'est que, dès ce moment, Philippe traitait séparément avec les Anglais. Nous savons en outre qu'il était en relations assidues, soit avec la Cour de Westminster, près de laquelle il entretenait des ambassadeurs, soit avec le duc d'York, lieutenant du roi d'Angleterre en France : la duchesse de Bourgogne envoyait alors à ce prince messages sur messages [2]. Il n'est pas douteux que la diplomatie bourguignonne s'efforçait de combattre les influences prédominant dans le Conseil privé, et qui avaient fait décider le mariage de Henri VI avec une princesse française.

---

1. Le fait est énoncé dans les réponses de la chancellerie française aux plaintes du duc, en date du 11 mars 1450. *Chronique de Mathieu d'Escouchy*, t. II, p. 400. — S'il en faut croire un document cité par D. Salazar (*Histoire de Bourgogne*, t. IV, p. 258), et que nous n'avons pas retrouvé, la duchesse de Bourgogne, au mois de mars 1444, poursuivait la conclusion d'un traité d'alliance avec les Anglais; on disait ouvertement dans les pays du duc que six à huit mille Anglais allaient débarquer à Calais.

2. Voir t. III, p. 271, notes 4 et 6. — Au commencement de janvier 1444, le héraut Luxembourg est envoyé en Angleterre, « pour aucunes choses et matières secrètes. » (Archives du Nord, B 1078, f. 137.) Le 22 mars, Chastelbelin le héraut porte des lettres closes de la duchesse de Bourgogne au duc d'York, « pour certaines matières touchant abstinence de guerre. » (B 1078, f. 146 v°.) Le 24 mai, Talent, poursuivant d'armes, partait avec des lettres closes de la duchesse adressées au duc d'York pour demander la mise en liberté des capitaines et gens de guerre de la garnison de Rue, « et aussi pour *la surséance de guerre faicte entre mon dit seigneur d'une part et lesdits Anglois d'autre* » (B 1982, f. 63 v°.) Le 6 juin, Gaultier de la Mandre, doyen de Saint-Pierre de Cassel, partait « pour certain voyage par lui fait par le commandement et ordonnance de mondit seigneur devers le Roy et le cardinal d'Angleterre et autres seigneurs du conseil dudit Roy. » Il fut employé à ce voyage jusqu'au 28 septembre (B 1982, f. 61 et 1983, n° 31). Le 15 juin un messager part de Bruges pour porter à cet ambassadeur des lettres closes du duc et de la duchesse (B 1982, f. 88 v°). Le 3 juillet, Talent allait remettre des lettres closes de la duchesse au duc d'York et au comte de Suffolk (*Id.*, f. 95).

Aussitôt qu'il eut connaissance des arrangements pris à Tours, Philippe fit partir un ambassadeur pour la Cour de France [1]. Il en députa un autre au Dauphin [2], avec lequel, depuis le voyage de Dieppe et l'expédition contre le comte d'Armagnac, il n'avait cessé d'être en relations, se plaignant amèrement des désordres commis par les troupes royales, soit en Picardie, soit sur les frontières de Bourgogne. De leur côté Charles VII et son fils envoyèrent une ambassade qui, après avoir été reçue par le duc à Bruxelles, se rendit à Lille pour conférer avec ses conseillers [3].

Une grande froideur continuait à régner entre le duc de Bourgogne et le roi René. Celui-ci ne cessait de porter plainte près du Roi, du Dauphin, de tous les seigneurs du Conseil, contre la rigueur dont Philippe avait usé à son égard, lors des arrangements pris à Lille en janvier 1437, et de solliciter que réparation lui fût donnée. Le roi René poussait, disait-on, à une rupture entre Charles VII et le duc de Bourgogne, et il avait à la Cour des amis qui agissaient dans ce sens [4].

Les continuelles agressions des gens de guerre contre les possessions du duc pouvaient à elles seules entraîner un conflit. Au printemps de 1444, une bande faisant partie de l'armée qui, sous les ordres du Dauphin, avait opéré contre le comte d'Armagnac, s'était ruée sur la Bourgogne et avait occupé le village d'Epoisses. Le maréchal de Bourgogne avait dû prendre les armes; il avait taillé en pièces les routiers [5]. A cette nouvelle le Dauphin, furieux, avait déclaré, en proférant

---

1. Pierre de Bauffremont, seigneur de Charny, partit le 12 juin de Bruges, et rejoignit le duc à Lille le 27 juillet. Archives du Nord, B 1982, f. 60 v°; 1988, f. 65; 1989, n° 1.

2. Philippe, seigneur de Ternant, partit le 12 juin et revint le 27 juillet. Archives du Nord, B 1982, f. 60 v°.

3. Guillebert de Lannoy fut mandé par le duc pour être auprès de lui au retour des ambassadeurs qui avaient assisté aux conférences de Tours; il partit de l'Écluse le 28 juin, se trouva à Lille avec les ambassadeurs du Roi, et rentra à l'Écluse le 19 juillet. Archives du Nord, B 1982, f. 64 v°; 1983, n° 32. — Nous voyons par le Sixième compte de Jean de Xaincoins que Rogerin Blosset, écuyer d'écurie du Roi, fut envoyé, de Tours, vers le duc de Bourgogne. Cabinet des titres, 685, f. 81.

4. Voir Mathieu d'Escouchy, t. I, p. 45.

5. Monstrelet, t. VI, p. 95-96.

« un grand serment, » qu'il irait en personne tirer vengeance de la détrousse de ses gens ; et le duc, ayant eu connaissance du fait, dit très haut que lui aussi se porterait de sa personne dans son duché pour le défendre. Pour apaiser le différend, il fallut, de part et d'autre, l'intervention de « notables et sages personnes [1]. »

Ce n'était pas seulement en Bourgogne que de tels faits se produisaient. Le 26 avril 1444, le duc écrivait, de Bruges, au Roi et au Dauphin et chargeait ses ambassadeurs, alors à la Cour, de porter plainte relativement à l'apparition des écorcheurs dans le duché de Luxembourg [2]. Il était question du passage de gens de guerre à travers la Picardie, avec de l'artillerie [3]. Le 6 mai, le maréchal de Bourgogne convoquait des troupes pour résister aux écorcheurs qui venaient de s'emparer de Clamecy et se répandaient dans le Mâconnais et le Charolais, où ils commettaient de grands ravages [4]. Le Dauphin venait pourtant d'envoyer aux capitaines qui étaient en Nivernais l'ordre de ne point inquiéter les pays du duc [5], et le maréchal de Jalognes s'était hâté de faire évacuer Clamecy, qui fut remis aux mains du comte de Nevers, moyennant l'engagement pris par ce prince, sous peine d'avoir dix mille écus à payer au maréchal et à ses capitaines, de ne jamais les inquiéter relativement à cette prise [6].

L'entrée des écorcheurs dans le duché de Luxembourg et l'entreprise sur Clamecy n'étaient point des faits isolés. La présence simultanée de gens de guerre en Picardie, en Hainaut et sur les frontières de la Bourgogne pouvait faire craindre une invasion en règle [7]. On voyait même des capitaines anglais marcher de concert avec les capitaines de l'ar-

---

1. Monstrelet, l. c.
2. Archives du Nord, B 1982, f. 78 v°.
3. Catalogue Joursanvault, n° 149.
4. Voir Inventaire des titres de Nevers, col. 594 ; Canat, l. c., p. 113 ; Tuetey, les Écorcheurs sous Charles VII, t. I, p. 57-58.
5. Archives du Nord, B 1982, f. 78 v° ; Canat, l. c., p. 112.
6. Voir ce document dans Tuetey, l. c., p. 38, note.
7. Voir Tuetey, l. c., p. 59-60. Cf. Archives du Nord, B 1982, f. 92, 92 v°, 94 v°.

mée royale : Mathew Gough s'avançait à travers la Picardie en compagnie de Floquet, comme s'ils eussent été frères d'armes, comme si les Français et les Anglais fussent soudain devenus alliés[1]. Chaque jour parvenaient au duc de Bourgogne des rapports où l'on montrait les capitaines des deux nations s'assemblant pour détruire ses pays de Picardie et de Bourgogne, où l'on prétendait que c'était sous les ordres du Dauphin lui-même que les écorcheurs devaient opérer en Bourgogne[2]. A ces nouvelles, le duc donna (premiers jours de juin) l'ordre d'assembler des gens d'armes en Picardie, en Hainaut et en Bourgogne[3], et fit partir le seigneur de Ternant et Toison d'or pour aller trouver le Dauphin, qu'on disait être déjà sur les rives de la Loire, tout près du Charolais[4]. L'armée de Picardie devait se réunir à Saint-Quentin le 30 juin ; mais sa convocation fut renvoyée au 15 juillet[5]. Le comte d'Étampes, capitaine général au nom du duc, s'avança de Saint-Quentin jusqu'à Lihons-en-Santerre, prêt à repousser Floquet et Mathew Gough s'ils tentaient de forcer le passage[6]. Ce prince conclut un arrangement

---

[1]. « Et se logerrent ces deux cappitainnes journellement assez prez l'ung de l'autre, et se tenoient pour ce voiage comme frères d'armes. » Mathieu d'Escouchy, t. I, p. 11. — « Militum quoque Franciae et Angliae sub unis castris admiratione rei tam novae successit stupenda certe adfoederatio, » etc. Jouffroy, l. c., p. 185.

[2]. Mathieu d'Escouchy, p. 13 ; Canat, p. 413.

[3]. Archives du Nord, B 1082, f. 92, 92 v°, 94, 86, 86 v°, 87, 97 v°, 98. — L'armée de Picardie fut convoquée par le duc à Saint-Quentin pour le 30 juin, « pour resister à l'encontre des escorcheurs qui veulent entrer en ses pays et seigneuries pour les rober, pillier et destruire, comme l'en dit. »

[4]. Archives du Nord, B 1082, f. 60 v°. C'est l'ambassade du 12 juin, mentionnée ci-dessus. André de la Croix se rendit également près du Dauphin (Premier compte de Martin Cornille, cité par Canat, p. 413). — Le 19 juin, le duc envoya « hastivement, jour et nuit, » porter des lettres closes à Charny, son ambassadeur près du Roi, et à Ternant, son ambassadeur près du Dauphin (Archives du Nord, B 1082, f. 90). Vers le 29 juin, le héraut Amiens partit à son tour avec des lettres closes pour Toison d'or, employé dans l'ambassade au Dauphin (Id., B 1082, f. 91 v°).

[5]. Lettres patentes du duc en date du 28 juin, envoyées au sénéchal de Ponthieu, au bailli de Hainaut, au gouverneur d'Arras, au bailli d'Amiens, au gouverneur de Péronne, au sénéchal de Boulonais, aux baillis d'Ypres, d'Audenarde, de Courtrai, de Bruges, etc., avec ordre de les faire publier. Archives du Nord, B 1082, f. 93. — Le 27 juillet, le comte d'Étampes était à Saint-Quentin, entretenant son armée « sur les champs. » Id., f. 99 v° et suiv.

[6]. Mathieu d'Escouchy, t. I, p. 11. — Du 1er au 9 août le clerc du receveur général fut employé à Lihons-en-Santerre au paiement de 1536 paies d'hommes d'armes et gens de trait « estant sous monseigneur d'Estampes pour resister à l'encontre de Floquet, Malago et plusieurs routiers qui estoient lors oudit pays de Santerre à grant puissance. » Archives du Nord, B 1082, f. 101 v°.

avec les deux chefs : moyennant l'engagement de passer « en haste et le plus courtoisement que faire pourroient, » ils furent autorisés à traverser la Picardie [1].

Bientôt le duc de Bourgogne fut informé que le Dauphin allait prendre le commandement d'une formidable armée. Il put croire que le « voyage d'Allemagne » n'était qu'un prétexte, et que cette expédition était dirigée contre ses propres pays [2]. On disait même que le Dauphin voulait se rendre maître du comté de Mâcon et des autres territoires cédés au duc en vertu du traité d'Arras [3]. De Lille, le 12 juillet, un héraut fut envoyé au Dauphin et au maréchal de Bourgogne, « touchant la venue de monseigneur le Daulphin, à tout son estat, ès pays de Bourgogne, sans compaignie de gens d'armes, et autres choses et matieres secrètes [4]. » En même temps le duc donna l'ordre de tenir son armée de Picardie prête à entrer en campagne [5], et de presser l'achat de l'artillerie nécessaire pour cette armée [6]. Sur la sollicitation de son conseil à Dijon, il fit partir le seigneur de Montagu, avec cinq cents archers, pour prêter main-forte à ses gens en Bourgogne [7].

1. Mathieu d'Escouchy, t. I, p. 15-16 ; Jean Jouffroy, *Oratio ad Pium Papam*, p. 185-86. — Le 25 août le duc faisait porter « hastivement, jour et nuit, » des lettres closes au comte d'Étampes à Péronne, « touchant l'approuchement et venue des escorcheurs ou pays de Picardie. » Archives du Nord, B 1982, f. 108.
2. Jean Jouffroy dit en propres termes (*Oratio ad Pium Papam*, p. 185) : « Hos certis indiciis Philippus compertum habens in se venire, composuit et ipse agmen fero sine ullis impedimentis et nulli rei magis apertum quam praelio. »
3. On lit dans un billet attaché à une lettre (en allemand) adressée par le margrave de Bade à l'ammeister de Strasbourg, à la date du 18 juin 1444 (Archives de Strasbourg, AA 187) : « Le seigneur de Blamont, maréchal de Bourgogne, a écrit à son oncle, le comte Jean de Fribourg, qu'on tient pour certain, dans son pays, que le Dauphin a l'intention d'entrer avec ses troupes en Allemagne pour venir en aide au duc d'Autriche, et qu'il pense, pendant cette expédition, reconquérir le comté de Mâcon et d'autres seigneuries que le duc de Bourgogne détient entre ses mains. »
4. Archives du Nord, B 1982, f. 96.
5. Lettres du 14 juillet, par lesquelles le duc mandait que, « toutes excusacions cessans, à tout le plus grant nombre de gens d'armes et de trait, montez, armez et habillez, » on vint le servir et accompagner en l'armée qu'il faisait présentement « mettre sus. » Archives du Nord, B 1982, f. 96 et 96 v°.
6. Archives du Nord, B 1982, f. 96 v°. — Vers le 22 juillet, le duc fit partir un de ses échansons, Pierre de Vaudrey, avec une mission secrète : il devait aller « en certains lieux pour matieres secretes touchans ses affaires, dont mon dit seigneur ne veult autre declaracion estre faicte. » *Id.*, f. 98 v°.
7. Le 20 juin, le duc envoya au comte d'Étampes l'ordre de faire partir ces cinq cents archers. Archives du Nord, B 1982, f. 91. Cf. Mathieu d'Escouchy, t. I, p. 17.

Nous avons vu que le Dauphin arriva le 20 juillet à Langres, où rendez-vous avait été donné à son armée. Ce même jour les États de Bourgogne se réunissaient et votaient une aide de six mille francs destinée au paiement de six cents hommes d'armes, « pour employer au reboutement et resistance, se mestier est, des gens du Roy et de monseigneur le Daulphin, nommez escorcheurs, estans presentement en grant nombre et puissance en la ville de Langres et sur le pays d'environ, afin qu'ils ne se boutent ou entrent ez païs de Bourgoigne[1]. » Dès le 7 juillet le Conseil de Dijon, apprenant que le Dauphin devait venir à Troyes et de là à Langres, avait tenu une importante réunion des seigneurs du duché et de la comté, pour examiner ce qu'on devait faire[2]. Le 14, les officiers du duc à Auxerre envoyaient à la hâte vers leur maître pour savoir quelle attitude ils devaient prendre à l'égard du Dauphin, dont la venue leur était annoncée[3]. A Dijon, le Conseil décida aussitôt l'envoi d'une ambassade pour faire des représentations au jeune prince et lui offrir quinze queues de vin[4]. Quant au duc, il renvoya au Dauphin, à la date du 3 août, le seigneur de Ternant et Toison d'or[5]. Ces ambassadeurs n'avaient pas seulement mission d'agir pour que l'armée respectât les possessions bourguignonnes ; ils devaient entrer en pourparlers en vue d'un résultat auquel Philippe attachait beaucoup d'importance : il s'agissait d'obtenir du jeune prince la ratification du traité d'Arras[6]. Tout d'abord, le duc fit remettre au Dauphin une somme de dix mille saluts d'or, dont Louis donna quittance le 20 août, à Montbéliard ; en même temps il fit distribuer à Jean de Bueil et à d'autres seigneurs diverses sommes s'élevant à trois mille cinq cents saluts d'or[7].

Toutes les démarches du Conseil de Dijon et du duc furent

---

1. Canat, *l. c.*, p. 411-15.
2. Compte de Louis de Visen, dans Collection de Bourgogne, 65, f. 105.
3. Collection de Bourgogne, 21, f. 82 v°.
4. Collection de Bourgogne, 51, f. 208 v°, et 21, f. 83 v°.
5. Archives du Nord, B 1982, f. 70, 76 et 102 v°, et 1983, n° 13.
6. Collection de Bourgogne, 21, f. 83 v°.
7. Compte de Jean de Visen, Archives de la Côte-d'or, B 1699 et 1700 ; extraits dans La Barre, t. II, p. 186, note 6, et Collection de Bourgogne, 65, f. 105 v°. Voir la quittance du Dauphin, publiée par Tuetey, t. II, p. 12-14.

impuissantes à protéger la Franche-Comté. Cette province était sur le chemin que le Dauphin devait suivre pour se rendre de Langres à Montbéliard; elle fut cruellement ravagée; Luxeuil et d'autres places furent occupées; les plus horribles traitements furent infligés aux malheureux habitants de cette contrée[1]. Certains capitaines ne cachaient point leur hostilité à l'égard de Philippe, et leurs gens étaient animés d'une véritable fureur. Partout où ils rencontraient les bannières du duc de Bourgogne, ils les abattaient, les foulaient aux pieds ou les brûlaient, avec les propos les plus méprisants. « Traîtres « chiens de Bourguignons, » disaient-ils en apostrophant les gens du duc, « voici, en dépit de votre duc de Bourgogne ! » Tantôt ils injuriaient en ces termes les défenseurs des places : « Traîtres chiens de Bourguignons, où est-il votre duc de Bour- « gogne ? Il dort ! Vous cuidiez donc qu'il n'y eût plus per- « sonne en France ! » Tantôt ils accablaient de coups les infortunés paysans, avec ces paroles : « Traître chien de Bour- « guignon, mâtin ! va quérir ton duc de Bourgogne, qu'il te « vienne revengier[2] ! »

En apprenant ces faits, le duc Philippe entra dans une violente colère. Il fit partir (18 août) le seigneur de Charny, qui joignit le Roi à Langres[3] et s'employa par tous les moyens à rendre favorable à son maître les conseillers du trône[4]; il donna ordre d'emprunter immédiatement une somme de seize mille saluts d'or pour le paiement de l'armée du maréchal de

1. Voir sur ces excès des écorcheurs, les détails rassemblés par M. Tuetey, t. , p. 177-197, et les enquêtes dont il a publié le texte, t. II, p. 301-380.
2. Enquêtes dans Tuetey, t. II, p. 322, 316, 351, 353, 373.
3. Archives du Nord, B 1982, f. 107. Charny était le 8 septembre à Langres, d'où il envoya un message au duc pour lui rendre compte de sa mission. Archives du Nord, B 1982, f. 107 ; Compte de Jean de Visen, cité par Tuetey, t. II, p. 50. — Le 23 août, un chevaucheur de l'armée partit d'Arras avec des lettres pour le seigneur de Croy à Namur, le Roi et le seigneur de Charny, étant près de celui-ci, touchant certaines entreprises du Dauphin et de ses gens sur les terres du duc. Archives du Nord, B 1982, f. 108.
4. Charny emportait une somme de 1,700 livres en monnaie de Flandre, qu'un changeur d'Arras avait été convertir à Tournai en écus d'or, « pour les baillier à monseigneur de Charny et les porter par le commandement et ordonnance de mon dit seigneur devers le Roy en certains lieux et pour matières secrètes dont mon dit seigneur ne veult autre ne plus expresse declaracion estre faicte. » Archives du Nord, B 1982, f. 108 v°-109.

Bourgogne, destinée à combattre les écorcheurs, et de réunir les États du duché et de la comté pour leur faire voter les sommes nécessaires aux besoins de la défense[1] ; déjà, à vrai dire, on était sur le pied de guerre : au commencement d'octobre, un sergent royal du bailliage de Sens portait plainte au sujet d'une détrousse dont lui et d'autres officiers du Roi avaient été victimes, près de Lure, de la part de gens d'armes bourguignons[2].

Il fallait à tout prix parer à un danger aussi imminent et éviter une conflagration générale. C'est ce que comprit Charles VII. Assailli de réclamations par le duc de Bourgogne[3], non seulement il fit tout ce qui était en son pouvoir pour prévenir le conflit[4], mais il rappela Pierre de Brezé, qui était, on l'a vu, un des chefs de l'armée opérant devant Metz, et le fit partir aussitôt pour aller trouver le duc. L'ambassade dont Brezé était le chef se composait de notables conseillers du trône, parmi lesquels on peut nommer Jean Rabateau, président au Parlement, ainsi que d'un représentant du roi René[5] ; elle arriva à Bruxelles au commencement d'octobre. Averti de la venue des ambassadeurs[6], Philippe, en l'absence de la duchesse, qui se trouvait alors en Hollande, avait appelé auprès de lui les principaux membres de son Conseil[7]. En même temps

---

1. Compte de Jean de Visen. Extraits dans Tuetey, t. II, p. 50-51 ; Canat, p. 410. Archives du Nord, B 1982, f. 121 v°.
2. Compte de Jean de Visen, dans Tuetey, t. II, p. 53.
3. Le 7 septembre, un chevaucheur de l'écurie partait d'Arras, porteur de lettres closes du duc pour le Roi, étant à Langres, pour le maréchal de Bourgogne, étant en armes aux environs de Montbéliard, et pour les gens du Conseil à Dijon (Archives du Nord, B 1982, f. 111 v°). Le 20 septembre, le duc envoyait des lettres closes au maréchal et aux gens du Conseil à Dijon, et de là au seigneur de Charny, alors auprès du Roi (Id., f. 115). Le héraut Luxembourg vint aussi trouver le Roi, et repartit en compagnie de l'ambassade dont il va être parlé (Id., f. 133).
4. Voir l'enquête du 8 janvier 1445, dans Tuetey, t. II, p. 306-307.
5. C'était Charles de Castillon, seigneur d'Alboigne. Dixième compte d'Étienne Bernard, dit Moreau, dans le ms. 685 du Cabinet des titres, f. 88 v°. — Georges Chastellain, le futur chroniqueur, alors au service de Brezé, accompagna son maître à Bruxelles. Œuvres de Georges Chastellain, t. I, p. XIV, note 2.
6. Le 26 septembre, le duc faisait provision de vaisselle d'argent pour les présents à leur offrir (Archives du Nord, B 1982, f. 120 v°). — Sur cette ambassade, voir Archives du Nord, B 1988, f. 63 ; 1983, n° 10 ; Enquête du 8 janvier 1445, dans Tuetey, t. II, p. 307 ; Documents cités par Potvin, Œuvres de Ghillebert de Lannoy, p. 211.
7. Guillebert de Lannoy, Jean, bâtard de Saint-Pol, Simon de Lalain, Jean de Thoisy, archidiacre de Tournai, Philippe Maugart, le seigneur d'Antoing, le seigneur de

il avait donné ordre de licencier les capitaines rassemblés pour combattre les écorcheurs[1].

Au moment où s'ouvrit la conférence avec les ambassadeurs du Roi, le duc Philippe prenait ses mesures dans l'éventualité d'une rupture. Non content de seconder sous main les habitants de Metz dans leur lutte contre l'armée royale[2], il contracta des alliances avec les princes allemands : le 11 octobre, à Heidelberg, Louis, comte Palatin du Rhin, se déclarait l'allié du duc et prenait l'engagement de lui prêter son appui contre tous ceux qui lui porteraient dommage[3] ; le 23 octobre, une ambassade partit pour se rendre près du duc Albert d'Autriche et entamer avec ce prince des négociations qui devaient se prolonger pendant plusieurs années.

La conférence de Bruxelles ne dura pas moins de trois semaines[4]. Outre la grave question des gens de guerre, qui occasionnait un si grand émoi, on agita d'autres questions dont la chancellerie bourguignonne se préoccupait depuis longtemps, et qui avaient donné lieu à d'incessants pourparlers : c'est ainsi qu'au mois de mai précédent une réunion avait été tenue à Langres pour s'occuper du différend relatif aux limites de la Franche-Comté[5]. Les ambassadeurs du Roi demandèrent aussi qu'une solution fût donnée aux difficultés pendantes entre le roi de Sicile et le duc de Bourgogne, et réclamèrent l'exécution de sentences rendues par le Parlement contre les habitants de Bruges et les Flamands[6].

Il n'était point possible de régler tous les points, si multiples

Roubais, etc. Archives du Nord, B 1982, f. 61 v°, 116 v° et 117 ; 1983, n°s 10, 18 et 32 ; 1988, f. 63.

1. Lettres closes à Jean de Croy, au bâtard de Saint-Pol, au seigneur de Humières, etc. Archives du Nord, B 1982, f. 116 v°. Cf. f. 120 et 123 v°.
2. Voir *Relation du siège de Metz*, par MM. de Saulcy et Huguenin, p. 128-129.
3. Voir le texte de ce traité, *Histoire de Bourgogne*, t. IV, *Preuves*, p. CLXXII.
4. Elle durait encore le 23 octobre, jour où le duc envoya à Douai et à Lille chercher « aucunes lettres touchans le traitié de la paix nagaires faite à Arras. » (Archives du Nord, B 1982, f. 120.) — Le 1er novembre, le duc envoyait un chevaucheur de son écurie porter des lettres closes en Hollande à la duchesse (*Id., ibid.*, f. 121 v°).
5. 23 janvier 1444 : Commission du duc pour régler l'affaire des limites ; premiers jours de mai : Assemblée tenue à Langres, relativement aux terres enclavées. Compte de Jean de Visen, dans la Collection de Bourgogne, 23, f. 6 ; Canat, p. 113.
6. Ces renseignements nous sont fournis par le document en date du 21 novembre, cité ci-dessous.

et si embrouillés, qui étaient l'objet d'un litige entre le Roi et le duc. Un mémoire, rédigé par la chancellerie bourguignonne, fut remis à Pierre de Brezé, et il fut convenu qu'après le retour du Roi de son expédition de Lorraine, une nouvelle conférence serait tenue. La date en fut fixée au 15 janvier suivant. D'ici là, et jusqu'au 1er mars, toutes choses devaient demeurer en suspens; en outre, le Roi devait faire évacuer les places du Luxembourg occupées par ses gens de guerre.

Dès le 21 novembre, en présence des ambassadeurs français, qui, après un séjour à Tournai, étaient venus le rejoindre à Valenciennes[1], le duc Philippe fit dresser, en trente-deux articles, l'interminable énumération de ses doléances[2]. D'autre part, il fit rédiger à Dijon par son Conseil un mémoire précisant les points sur lesquels des informations devaient être prises avant la réunion de la conférence[3]. Enfin il donna ordre de procéder à de minutieuses enquêtes sur les désordres commis en Franche-Comté par les gens de l'armée du Dauphin[4].

De son côté, la chancellerie royale ne resta point inactive. Au mois de décembre, une ambassade alla porter à Lille l'expression de ses griefs et de ses plaintes[5]. A ce moment, le duc de Bourgogne fit partir, pour aller trouver le Roi, le seigneur de Charny et Guillaume Fillastre, évêque de Verdun[6]; lui-même se rendit à Bruges, où une « journée » avait été fixée au 15 décembre pour l'examen des questions en litige au sujet du ressort du pays de Flandre[7].

[1]. Le 16 novembre, le duc envoyait des lettres closes aux ambassadeurs du Roi, alors à Tournai, par lesquelles il les requérait de venir vers lui « pour l'expédition de ladicte ambassade. » Archives du Nord, B 1982, f. 123.
[2]. Archives de la Côte-d'or, B 11908. — Les ambassadeurs partirent le 22 novembre et furent accompagnés par le héraut Luxembourg. Archives du Nord, B 1982, f. 123, v° 124. Brezé reçut en présent une coupe d'or. Id., f. 126.
[3]. 5 décembre 1444. Archives de la Côte d'or, B 11906; Histoire de Bourgogne, l. c., p. CLXXIII.
[4]. Enquêtes judiciaires faites du 4 novembre au 22 décembre 1444. Archives de la Côte-d'or, B 11881; extraits dans Tuetey, t. II, p. 304-380.
[5]. Cette ambassade est mentionnée dans un inventaire cité par Tuetey, t. II, p. 71, note, et qui se trouve aux Archives du Nord, B 1539-10.
[6]. Ambassade de Pierre de Bauffremont, seigneur de Charny, du 16 décembre 1444 au 4 mars 1445; Ambassade de l'évêque de Verdun, en janvier. Archives du Nord, B 1982 f. 121 v°, et 1983, n° 11; B 1982, f. 137 v° et 142.
[7]. Archives du Nord, B 1982, f. 101 v° et 133 v°; 1983, n° 11, et 1988, f. 75.

Cependant le Dauphin, en quittant l'Alsace, était venu s'établir à Montbéliard, et ses troupes commençaient à opérer leur mouvement de retraite. Le Conseil de Dijon vit avec terreur s'avancer de nouveau ces hordes indisciplinées, et s'empressa d'envoyer vers le Dauphin pour lui demander de faire respecter cette fois les possessions du duc de Bourgogne[1]. Louis s'empressa de lui donner satisfaction : il fit rédiger des lettres patentes portant défense aux gens du bâtard d'Armagnac, non seulement de commettre aucun dommage sur les terres du duc, mais même d'y pénétrer[2]. Le hérant Salins partit aussitôt pour aller trouver le bâtard d'Armagnac et arrêter la marche de ses gens; ceux-ci ne tinrent aucun compte de l'ordre du Dauphin. En outre, la garnison laissée à Montbéliard ne tarda pas à se répandre dans les pays du duc de Bourgogne. Le 23 janvier un nouveau message fut envoyé à Nancy pour porter plainte à ce sujet[3] : le Roi donna (4 février) des lettres patentes faisant défense aux troupes de passer par la Bourgogne. Le même jour le Roi et le Dauphin écrivirent au Conseil de Dijon : le Roi témoignait de sa ferme intention de faire respecter les possessions bourguignonnes ; quant au Dauphin, il se plaignait de ce que, dans son trajet de Montbéliard à Nancy, les habitants de Granges et de Lure lui avaient refusé le passage[4].

Le Conseil de Dijon, agissant en vertu des ordres du duc, continuait à poursuivre auprès du Dauphin la ratification du traité d'Arras : le 22 janvier un écuyer d'écurie du duc, Antoine de Lornay, partait chargé de cette mission[5]. De son côté, le duc envoya au Dauphin son roi d'armes Toison d'or[6]. Le seigneur de Charny était toujours à Nancy près du Roi : sans cesse de nouvelles réclamations sur les incursions des

---

1. Collection de Bourgogne, 21, f. 83 v°, et 51, f. 208 v°.
2. Compte de Jean de Visen, dans Tuetey, t. II, p. 70; Collection de Bourgogne, 21, f. 81.
3. Compte de Jean de Visen, dans Tuetey, t. II, p. 72 et 78.
4. Voir le texte de ces deux lettres dans Tuetey, t. II, p. 31 et 29.
5. Compte de Jean de Visen de 1444-45. Extraits dans la Collection de Bourgogne, 65, f. 105 v°.
6. Toison d'or fut employé à cette mission du 5 février au 16 mai. Archives du Nord, B 1988, f. 62.

gens de guerre lui étaient transmises par le Conseil de Dijon[1]. Guillaume de Courcillon, bailli du Dauphiné, avait demandé au bailli de Charolles d'autoriser le passage à travers les pays du Duc des troupes allant joindre la garnison de Montbéliard. L'affaire fut portée à Dijon, et de là à Nancy. Le Roi donna aussitôt l'ordre d'interdire le passage de ces troupes[2]. Au mois de mars, de nouvelles bandes, venant d'Alsace, s'avancèrent vers la Franche-Comté. Muni des lettres du Roi et du Dauphin qui enjoignaient de ne point traverser les pays du duc, le héraut Salins se présenta devant les capitaines pour leur notifier cette interdiction ; mais il ne réussit pas à les arrêter. Le sire de Bueil s'emporta et fit entendre contre le maréchal de Bourgogne des paroles menaçantes[3]. Voyant les ordres du Roi méconnus, le Conseil de Dijon envoya un nouveau message à Nancy[4]. Charles VII s'empressa de lui donner satisfaction à la date du 18 mars, le maréchal et le Conseil, agissant conformément aux lettres du Roi et du Dauphin, faisaient défense formelle aux capitaines de traverser les pays du duc[5].

Tandis que le Conseil du duc à Dijon, justement alarmé du voisinage des écorcheurs, poursuivait ses réclamations et que le maréchal de Bourgogne se mettait en armes pour repousser toute agression, le duc de Bourgogne, à son insu peut-être, était menacé d'un autre côté.

Nous avons vu plus haut que le comte de Blanckenheim s'était rendu à Nancy en même temps que l'archevêque de Trèves. Blanckenheim était Luxembourgeois et très dévoué aux ducs de Saxe : il fit tout au monde pour engager le Roi, d'une part, les deux ducs, de l'autre, à prendre résolument en main l'affaire du Luxembourg. Il avait trouvé Charles VII tout disposé à soutenir les deux ducs dans l'affirmation de leurs droits ; on lui avait même laissé entendre, à la Cour de France, que, si

---

1. Compte de Jean de Visen. Tuetey, t. II, p. 74-75.
2. Voir les lettres publiées par M. Tuetey, t. II, p. 82 et suiv., et le Compte de Jean de Visen, t. II, p. 75.
3. Même compte, l. c., p. 79.
4. Même compte, l. c., p. 81-82.
5. Le Roi avait lui-même écrit aux gens du Conseil pour leur dire de ne point livrer passage aux troupes. Lettre du 9 avril 1445. Collection de Bourgogne, 21, f. 84.

ces princes le voulaient, le Roi, en faisant évacuer l'Alsace par ses troupes, saurait bien où les conduire, c'est-à-dire dans le Luxembourg, et qu'avant deux mois elles seraient maîtresses de toute la contrée. Blanckenheim, revenu à Trèves au moment de la conclusion du traité d'évacuation (13 février), fut mis en relation par l'archevêque de Cologne avec le représentant des ducs de Saxe, Henri Engelhard, qui s'empressa de leur faire part de ces ouvertures. D'autres projets hostiles au duc de Bourgogne étaient formés : on devait proposer à Boppart un arrangement par lequel, en retour de l'évacuation de l'Alsace, une alliance serait conclue entre la France et le jeune Ladislas, roi de Hongrie, lequel, moyennant une somme d'argent, abandonnerait au Roi ses droits sur le Brabant, la Hollande et la Zélande ; le Roi se faisait fort de s'en rendre maître, et promettait en outre aux ducs de Saxe de les aider à s'emparer du Luxembourg. Le bruit courait à Nancy qu'en quittant l'Alsace, le 20 mars, conformément à la convention passée, les troupes royales seraient dirigées sur le Luxembourg. On ne cessait d'agir auprès du Roi en faveur des ducs de Saxe. D'un autre côté, ceux-ci recevaient de leur envoyé les nouvelles les plus favorables sur les bonnes dispositions des habitants et leur hostilité de plus en plus marquée à l'égard du duc de Bourgogne : « Une troupe de cinq cents hommes au moins, » écrivait Engelhard à la date du 23 février, « s'est formée en secret dans le pays, bien décidée, si vous renoncez à occuper le duché, à s'opposer au duc de Bourgogne et à garder le duché pour le vrai héritier, c'est-à-dire pour le roi Ladislas. » Il ajoutait que, devant une démonstration armée, la ville de Luxembourg n'hésiterait pas à ouvrir ses portes. Toutes les instances d'Engelhard furent vaines : les ducs de Saxe ne bougèrent pas ; ils n'envoyèrent personne à l'assemblée de Boppart ; ils ne répondirent même pas à leur ambassadeur.

Le 4 mars, celui-ci, dans une nouvelle lettre, exposait ce qui s'était passé à Boppart et communiquait les renseignements apportés de Nancy par le chancelier de Savoie, Guillaume Bolomier, qui était retourné près du Roi. Le chancelier avait parlé du Luxembourg. Le Roi avait dit « qu'il voudrait que ce pays lui échût, mais à titre définitif et sans clause de rachat ; autrement non ; que si les ducs de Saxe songeaient de nouveau à se mettre sur les rangs, il les aiderait volontiers en leur prêtant des troupes, et cela pour rendre la pareille au duc de Bourgogne, lequel, bien qu'il ne fût pas encore en guerre avec lui, avait envoyé des auxiliaires aux Messins [1]. » Charles VII avait ajouté qu'une conférence allait s'ouvrir à Reims avec le duc de Bourgogne, et qu'il n'avait guère d'espoir d'arriver à une entente ; dans cette éventualité, il pourrait être d'autant plus utile aux ducs de Saxe ; si, au contraire, la réconciliation s'opérait, il n'oublierait pas pour cela ses nouveaux alliés, et ne traiterait avec le duc qu'à la condition qu'il respecterait les droits des ducs de Saxe. « J'ai demandé au chancelier, écrivait Engelhard, dans quelle direction les troupes allaient se porter, et je ne puis douter que ce ne soit contre le duc de Bourgogne ; cela plairait beaucoup aux Anglais... Enfin, on répète partout, sur le Rhin et sur la Moselle, que les troupes songent à se diriger vers le Luxembourg [2]. »

En quittant Trèves, après la signature des traités du 13 février, le comte de Blanckenheim s'était rendu à Liège. On se rappelle qu'il était alors, en l'absence de l'évêque, un des gouverneurs de la principauté. Blanckenheim fit voir les présents qu'il avait reçus du Roi : un drap d'or et deux belles cuirasses ; il annonça que Charles VII lui avait promis quatre mille hommes d'armes pour soutenir sa lutte contre le duc de Gueldre [3]. Puis il repartit aussitôt pour Nancy, d'où il revint à Liège, porteur de propositions en vue de la conclusion d'une alliance entre le Roi et les Liégeois [4].

Telle était la situation au moment où allait s'ouvrir la con-

---

[1]. « Von wegen des landes Luczemburg hat der Kemmerling mit dem Konige personlich als er sagt geredt, der hab ym geantwort mochte das ewiglich an yn Romen ane beheltenis der ablosung, so wolte er des ingehn, sust nicht ; wolten aber uwere gnaden wider darezu gedencken wolte er uch gerne behulflich sin, syne volk zulihn, das er wol wider den von Burgundien, wiewol er mit ym in fehden noch nicht were tun mochte, so als der von Burgundien den von Mecz uber yn volk gelegen hett, doch das das volk durch uwer gnaden wurde gewilligt... » Archives de Dresde, l. c.
[2]. Même lettre.
[3]. *Chronique de Jean de Stavelot*, p. 519.
[4]. *Id.*, p. 551.

férence de Reims. La chancellerie bourguignonne déployait une grande activité pour réunir toutes les pièces qui pouvaient servir de base aux revendications du duc. A la date du 18 février, fut dressé un état des « lettres, titres et autres renseignements » que devaient emporter les ambassadeurs bourguignons. Les représentants de Charles VII ne tardèrent pas à arriver à Reims; ils y reçurent une lettre du duc, leur signifiant la venue de ses envoyés et s'excusant en même temps de ce qu'ils ne pouvaient arriver au jour fixé[1]. Le 4 mars, le duc remit à ses ambassadeurs de longues instructions. Elles portaient : 1° sur ce qu'ils auraient à répondre aux demandes présentées par les ambassadeurs du Roi, et dont ceux-ci lui avaient laissé la teneur; 2° sur ce qu'ils devraient dire à l'appui des plaintes formulées par le duc et remises par écrit aux ambassadeurs du Roi.

Les principales questions à traiter étaient les suivantes : appatis levés sur les sujets du duc depuis la trêve avec les Anglais; occupation de places du duché de Luxembourg par les gens du Roi; courses de la garnison de Darney en Franche-Comté; ravages commis par les garnisons des places frontières occupées par les gens du Roi et du Dauphin; punition des meurtriers du duc Jean sans Peur, conformément au traité d'Arras; fondations à faire à Montereau; dette de trente-cinq mille écus non acquittée par le Roi; dette de six mille écus à l'égard de la veuve d'Antoine de Vergy; délivrance de Gien-sur-Loire aux comtes de Nevers et d'Étampes; paiement aux mêmes de trente-deux mille écus à eux dus; jouissance des terres du comté de Mâcon abandonnées au duc par le traité d'Arras; enclaves de l'élection de Langres; entreprises des gens du Roi en Franche-Comté; empêchements mis par les officiers royaux à la jouissance des greniers à sel, aides et tailles de Bar-sur-Seine; affaire de l'évêque de Langres; prétentions du bailli de Sens et du prévôt de Villeneuve-le-Roi à la connaissance des délits commis dans le duché de Bourgogne; entreprises des officiers royaux dans le même duché; préten-

---

[1]. Lettre du 24 février. Archives du Nord, B 1982, f. 100 v° et 142.

tions des gens du Roi au sujet de la monnaie de Dijon; empêchements mis à la jouissance du profit des monnaies de Mâcon, Auxerre, Amiens et Saint-Quentin; nomination faite par le Roi d'un bailli d'Amiens au préjudice des droits du duc; empêchements mis à la jouissance des bénéfices vacants en régale dans l'évêché de Thérouanne [1].

Le 5 mars, le duc de Bourgogne fit délivrer leurs pouvoirs à ses ambassadeurs [2]. C'étaient Pierre de Bauffremont, seigneur de Charny; Étienne Armenier, président du Conseil de Dijon; André, seigneur de Humières; Philippe de Courcelles, bailli de Dijon; Philippe Maugart, maître des requêtes de l'hôtel du duc, et Louis Domessent, l'un de ses secrétaires. La duchesse de Bourgogne devait se rendre en personne à Reims pour représenter son mari et diriger les débats. Le seigneur de Humières se rendit d'abord à Nancy, près du Roi, en compagnie de Jean Tronson, archidiacre de Bruxelles, conseiller et maître des requêtes de l'hôtel [3].

Le président Armenier et Philippe de Courcelles arrivèrent à Reims dans les premiers jours de mars; ils furent aussitôt rejoints par l'évêque de Verdun, Maugart et Domessent. La duchesse Isabelle ne partit de Bruxelles que le 13, accompagnée du seigneur de Charny [4]. Le maréchal de Bourgogne et le Conseil du duc à Dijon étaient en correspondance suivie, soit avec la duchesse, soit avec les ambassadeurs, pour les tenir au courant des empiétements des officiers royaux ou des menaces des écorcheurs [5]. Nous avons une lettre du maréchal de Bourgogne, en date du 9 avril, adressée à la duchesse de Bourgogne, dans laquelle il déclarait savoir que le Roi et le Dau-

---

1. Archives de la Côte-d'or, B 11906; *Histoire de Bourgogne*, t. IV, *Preuves*, p. CLXXV.
2. D. Villevieille, *Trésor généalogique*, vol IV, f. 47.
3. Archives du Nord, B 1988, f. 71 v°-72. — Le 4 mars, le duc fit partir un chevaucheur de l'écurie pour porter des lettres closes au Dauphin à Nancy, et de là au maréchal de Bourgogne et aux gens du Conseil à Dijon. *Id.*, B 1982, f. 149 v°.
4. Archives du Nord, B 1988, f. 69 v°-70 v°; Le Grand, vol. VI, f. 229 v°; Compte de Jean de Visen, dans Tuetey, t. II, p. 75.
5. Lettre des gens du Conseil du 8 avril; lettre du maréchal du 9; lettre des gens du Conseil du 10; lettres des mêmes du 11 et du 17. Le Grand, VI, f. 250 v° et 240, et *Histoire de Bourgogne*, t. IV, *Preuves*, p. CLXXX-LXXXII.

phin avaient mandé secrètement aux capitaines de vivre sur la Bourgogne jusqu'à la réunion de la conférence de Reims, et de se donner carrière de telle sorte qu'on eût à se plaindre de leur conduite[1]. Pourtant, à la date du 7 mai, le maréchal constatait que les pays du duc étaient évacués[2].

Les conférences ne tardèrent point à s'ouvrir. Le Roi était représenté par le comte de Vendôme, Jacques Jouvenel des Ursins, archevêque de Reims; Jean Rabateau, président au Parlement; Yves de Scepeaux, président du conseil Delphinal, et Regnier de Bouligny. On mit aussitôt en délibération les points litigieux, en écartant certaines questions que la duchesse se réservait de traiter quand le Roi serait présent, savoir : l'affaire du roi René, l'affaire des appels de Flandre, la ratification du traité d'Arras par le Dauphin et par les princes du sang, enfin l'évacuation de Montbéliard.

Le Roi était encore retenu dans l'est; mais la Reine, le Dauphin et la Dauphine arrivèrent à Châlons dans les premiers jours de mai. La duchesse de Bourgogne s'y rendit également, et les conférences entamées à Reims se poursuivirent dans cette ville.

A la date du 11 mai, les ambassadeurs bourguignons remirent aux représentants du Roi un mémoire sur les points suivants : le différend survenu entre la ville de Dieppe et les pays de Flandre, Hollande et Zélande, différend qui menaçait de dégénérer en guerre ouverte ; la prétention des officiers royaux de faire participer la ville de Bar-sur-Seine aux frais de nourriture et de logement des gens de guerre établis dans l'élection de Langres ; les appatis que les gens du Roi voulaient faire lever dans le comté de Ponthieu ; la jouissance des bénéfices vacants en régale à Saint-Quentin ; le fait des *Committimus*, et les privilèges du duché de Bourgogne[3].

Le 12 mai fut présenté un nouveau mémoire, contenant d'autres revendications. Elles portaient sur la ratification du

---
1. Le Grand, VI, f. 246 v°; *Histoire de Bourgogne*, l. c., p. CLXXX.
2. Lettre aux ambassadeurs, *Histoire de Bourgogne*, l. c., p. CLXXXII.
3. Collection de Bourgogne, 99, p. 460; *Preuves de Mathieu d'Escouchy*, p. 99-105.

traité d'Arras que; conformément au texte de ce traité, devaient donner le Dauphin, le roi de Sicile, le duc de Calabre, le comte du Maine et le comte d'Angoulême ; sur le paiement d'une somme de cinq cent mille francs, due par le Roi pour d'anciennes dettes contractées par la Couronne à l'égard des ducs Philippe et Jean, aïeul et père du duc actuel ; sur une autre dette de trois cent quarante sept mille cinq cent quatre-vingt-onze livres tournois, contractée par Charles VI à la date du 20 avril 1407 ; sur d'autres dettes s'élevant d'une part à cent mille écus d'or et de l'autre à quatre-vingt-seize mille francs, dues au duc comme comte de Hainaut ; sur cinq mille livres parisis de terres d'une valeur de dix mille florins donnés jadis par Philippe de Valois à Henri, fils aîné de Jean duc de Brabant, avec les arrérages ; sur cinq mille livres parisis de terres venant d'un don fait par le même Roi à Godefroy, fils cadet du duc Jean, avec les arrérages ; sur soixante mille écus d'or dus depuis 1411 à Antoine, duc de Brabant, oncle du duc ; sur les arrérages de la rente que le duc avait le droit de prendre sur les revenus de la ville de Paris à cause de son hôtel de Plaisance ; sur les deniers des aides et gabelles du comté de Ponthieu depuis le décès du Dauphin Jean, lesquels avaient été donnés au duc par lettres de Charles VI en date du mois de septembre 1418 ; sur la jouissance des libertés et franchises accordées en 1347 par Philippe de Valois aux habitants du Brabant ; sur la jouissance de l'hôtel du Porc-Épic, à Paris, et de ses dépendances, appartenant au duc comme héritier d'Antoine, duc de Brabant ; sur la réparation due pour les excès commis par les gens de guerre sur les terres du duc en Bourgogne, Charolais et Maconnais, et qui étaient estimés à plus de six cent mille écus d'or ; sur la réparation des excès commis en Artois et en Picardie, et dans une partie du Hainaut, s'élevant à plus de huit cent mille écus d'or ; sur la réparation des excès commis par les gens du Dauphin lors du voyage de Dieppe, s'élevant à plus de deux cent mille écus d'or[1].

1. Archives de la Côte-d'or, B 11000 ; *Preuves de Mathieu d'Escouchy*, p. 105-112.

De telles réclamations suffisent à montrer combien la situation était tendue et quelles craintes les meilleurs esprits pouvaient concevoir de voir la guerre se rallumer[1]. L'animosité contre le duc était grande au sein du grand Conseil et chez certains princes du sang[2]. D'autres membres du Conseil s'efforçaient de combattre ces dispositions hostiles, et, par dessus tous, le Roi se montrait disposé à faire taire les ressentiments et à empêcher tout conflit[3].

Tel était l'état des choses quand Charles VII arriva à Châlons, le 29 mai 1445. La discussion s'ouvrit aussitôt sur les points jusque-là réservés.

Le plus important était la révision des traités passés avec le roi René, au mois de janvier 1437. Le Roi, se faisant l'interprète des réclamations de son beau-frère, demandait que le duc de Bourgogne le tînt quitte des sommes que René s'était engagé à verser, lesquelles montaient à quatre cent vingt mille six cents écus d'or, et qu'il lui fît remise des places de Neufchâteau et de Clermont-en-Argonne. Le second point était l'affaire du ressort de la Flandre au Parlement de Paris; le troisième, la ratification du traité d'Arras par le Dauphin et par d'autres princes du sang; le quatrième, l'évacuation de Montbéliard par les troupes royales.

Aussitôt saisie de la demande présentée en faveur du roi René, la duchesse de Bourgogne, qui était en correspondance suivie avec son mari[4], produisit les offres qu'elle était chargée

---

1. Mathieu d'Escouchy dit (t. I, p. 43) que les « besoingnes advenues depuis la paix d'Arras » entre les gens et les pays du Roi et du duc donnaient lieu à de telles difficultés que « on doubtoit que rigueurs et dissenssions s'esmoussent d'ung costé ou d'autre ou prejudice des dessus dis Roy de France et duc de Bourgoingne et de leurs pays et subgez. » — Le prieur Maupoint, dans son *Journal* (*Mémoires de la Société de l'histoire de Paris*, t. IV, p. 36), dit que « plusieurs doubtèrent très fort de nouvelle guerre entre le Roy nostre sire et monseigneur le duc de Bourgongne. » Cf. la note 2 de la p. 119.

2. « Et comme il estoit lors assez commune renommée, ledit Roy de Secille et aultres seigneurs de sa partie estoient assez enclins et desirans que on recommençast derechief la guerre contre icellui duc de Bourgoingne. » Mathieu d'Escouchy, t. I, p. 45.

3. « Et cellui qui plus le excusoit (le duc), en tous rapports qui s'en faisoient, c'estoit mesme la personne du Roy de France; et ne voloit nullement que on procedast rigoureusement contre luy, mais estoit contant que en toutes ses affaires se conduisissent le plus courtoysement que faire le porroient. » Mathieu d'Escouchy, l. c.

4. Les 22, 26 et 30 mai, des lettres closes du duc furent portées à la duchesse par des chevaucheurs de l'écurie. Archives du Nord, B 1988, f. 114 v°, 132 v° et 103 v°.

de faire au nom de celui-ci. Le Roi les ayant jugées insuffisantes, Isabelle, qui voulait de tout son pouvoir s'employer « à l'entretennement de la bonne amour et union qui doit estre entre le Roy et ses parents et subgez, » envoya « hastivement » demander au duc de nouvelles instructions, afin de pouvoir « besoigner plus avant [1]. »

A la date du 24 juin, la duchesse fit remettre au Roi un mémoire contenant l'énoncé des concessions qu'elle était autorisée à faire. Moyennant l'accomplissement des stipulations suivantes [2], le roi René serait tenu quitte des sommes qu'il devait au duc.

I. D'abord et en toutes choses, le traité d'Arras sera « entièrement juré et promis à tenir et garder à tousjours » par le Dauphin, le roi de Sicile, le duc de Calabre, son fils, le comte du Maine, le comte d'Angoulême, le comte de Foix, et par d'autres seigneurs tant du sang royal que autres du royaume ; chacun de ces princes et seigneurs donnera à cet égard des lettres patentes scellées de son sceau.

II. Le roi de Sicile confirmera, approuvera et ratifiera expressément toutes et chacune des choses conclues et promises par lui lors du traité passé pour sa délivrance ; lesquelles choses seront et demeureront valables à toujours, sans que jamais on puisse dire, alléguer ou poursuivre rien de contraire. Il s'engagera en outre à ce que jamais aucunes requêtes ou poursuites ne soient faites contre le traité, soit par voie amiable, soit par voie de rigueur ou autrement, en quelque manière ni par quelque personne que ce soit [3]. Le roi de Sicile donnera à cet égard ses lettres et scellés, en due forme, la

---

1. Réponse de la duchesse, en date du 24 juin. *Histoire de Bourgogne*, t. IV, *Preuves*, p. CLXXXIII. — Le 10 juin, Perrenet Denis, huissier d'armes du duc, partait de Gand pour aller, « jour et nuit, » trouver la duchesse ; le 13, Chasteaubelin le héraut partait avec des lettres closes du duc pour la duchesse. Archives du Nord, B 1988, f. 112 v° et 108 v°. — Brezé agissait de son côté auprès du duc : Georges Chastellain, qui alors était encore à son service, fut envoyé à Gand à deux reprises. *Œuvres de Georges Chastellain*, t. I, p. XIV, note 2; Archives du Nord, B 1988, f. 196.

2. Il y a une première version de ce texte, présentant quelques différences qui seront relevées quand elles en vaudront la peine. Dans cette première version, le Dauphin n'était nommé qu'après le roi de Sicile, et le nom du comte d'Angoulême était omis. Les deux textes sont dans les *Preuves de l'Histoire de Bourgogne*, t. IV, p. CLXXXII et CLXXXIV.

3. Cette clause ne se trouve que dans la première version.

meilleure et la plus sûre qu'on saura aviser ; il fera confirmer et approuver ces lettres par le Roi, le Dauphin, le duc de Calabre, le comte du Maine et autres, « de manière à ce que la chose soit et demeure en perpétuelle sûreté. »

III. Avant la délivrance de ses deux places, le roi de Sicile rendra ou fera rendre au duc de Bourgogne le scellé remis par celui-ci à l'archevêque de Troyes, scellé par lequel il s'était engagé à ne point mettre hors de ses mains la ville de Neufchâteau jusqu'à ce que le roi de Sicile lui eût payé la somme de dix mille écus que le duc avait avancés pour lui comme pleige pour la délivrance du seigneur de Rodemach ; il paiera en outre ce qui pourra être dû, jusqu'au jour de la délivrance des deux places, sur les gages des capitaines qui les ont tenues en garde [1].

IV [2]. La place de Montbéliard sera remise et délivrée réellement et de fait aux mains du seigneur ou des seigneurs de Wurtemberg, comtes de Montbéliard. Ni le Roi ni le Dauphin ne la pourront reprendre sans le consentement et la volonté expresse du duc de Bourgogne. S'il arrive que cette place soit remise aux mains du duc, celui-ci ne l'abandonnera pas avant d'avoir recouvré le scellé remis par le Dauphin aux comtes de Montbéliard et la quittance desdits comtes. En attendant que Montbéliard soit remis au duc ou aux comtes, on fera évacuer la place par les gens de guerre qui l'occupent et on n'y laissera aucune garnison. La duchesse de Bourgogne fera mener l'artillerie royale étant dans la place, soit à Langres, soit à Châlons, à la volonté du Roi. Les places de Neufchâteau et de Clermont, et les scellés du roi de Sicile, demeureront aux mains du duc jusqu'à ce que la remise de Montbéliard ait été effectuée.

V [3]. En ce qui touche au fait de Flandre, le duc de Bourgogne, ainsi qu'il l'a déjà dit, n'entend aucunement empêcher que les causes de celles des parties qui demeurent dans le royaume soient portées, en appel de la chambre du Conseil à Gand, devant le Parlement ; mais il ne saurait en être de même pour les sentences et jugements rendus par les Lois du pays de Flandre. Il est inadmissible que le Parlement connaisse des appels qui seraient faits de cette juridiction : les lois ne sont pas les mêmes en Flandre et dans le

---

1. Cette clause ne se trouve que dans la première version.
2. Tout ce paragraphe manque dans la deuxième version.
3. Ce paragraphe ne se trouve que dans la deuxième version, dont il termine le texte. Dans la première on lit : « *Item*, et moyennant ce, le fait de Flandres sera appointié en la manière qui s'ensuit, etc. »

royaume ; les usages et les traditions s'y opposent ; enfin les formes de procédure sont absolument différentes.

VI [1]. En ce qui concerne les appatis, la duchesse fera connaître à son mari ce qui a été dit et fait à ce sujet et, dans le délai d'un mois, le duc fera donner réponse. En attendant, rien ne sera levé sur ses sujets.

D'autres points avaient été longuement débattus dans les conférences, tels que les fondations pour le meurtre de Montereau, l'affaire des enclaves, etc. Ils ne reçurent point de solution [2].

En ce qui concernait les fondations, le Roi avait affirmé que, lors de la conclusion du mariage de sa fille avec le comte de Charolais (septembre 1438), le duc de Bourbon et le comte de Vendôme, qui avaient pris part à la négociation, lui avaient fait savoir que le duc de Bourgogne ne présenterait ultérieurement aucune réclamation à ce sujet, et qu'ils avaient sur ce point « ordonnances » du duc. La chose ayant été vivement contestée, le Roi dit qu'il s'en rapportait aux deux princes sus-nommés, ajoutant que, si le duc de Bourgogne ne les voulait avouer, il ferait faire les fondations, conformément au traité. La duchesse, tout en déclarant qu'à sa connaissance le duc son mari n'avait fait aucun abandon à cet égard, se chargea de lui transmettre cette réponse.

Quant aux enclaves, après de longues et stériles discussions, le Roi avait proposé que quatre commissaires, dont deux à sa nomination et deux à la nomination du duc, fussent chargés de procéder à une enquête, et que le résultat de cette enquête

---

1. On lit ici dans la première version : « *Item*, et semblablement le fait des appatis que l'on veult lever durant les trèves de France et d'Angleterre, sera appointié en la manière qui s'ensuit, etc. » — Pour trouver le texte de l'arrangement pris à cet égard, il faut recourir à un autre document, que nous avons publié parmi les *Preuves de la chronique de Mathieu d'Escouchy*, p. 103.

2. Dans la première version on lit, relativement à ces points : « *Item* et que toutes les autres choses et articles qui sont esté pourparlez et debatus avec les gens du Conseil du Roy par les ambassadeurs de mondit seigneur estans avec madicte dame, seront expediez et depeschez ainsy qu'ils ont esté conclus et avisez, et le tout sans prejudicier au traicté de la paix d'Arras, lequel en tout et pour tout sera et demourra en sa force et vigueur, sans y rien changer ou innover. » — Nous empruntons ces stipulations au document visé dans la note précédente, *l. c.*, p. 103-105.

fût porté devant le Parlement, qui déciderait en dernier ressort. La duchesse se chargea de communiquer cette proposition à son mari, lequel devait donner réponse dans le délai d'un mois. Jusque-là les choses devaient rester en suspens.

Une foule de points secondaires n'ayant pu être abordés ou résolus, il fut décidé, sur la motion de membres du Conseil royal, que deux « journées » seraient tenues entre les commissaires de chacune des parties, l'une à Langres, relativement aux villes de Franche-Comté, l'autre à Tournai, relativement à celles du Hainaut et des environs. On devait également traiter à Langres la question des privilèges du duché de Bourgogne.

C'est le 6 juillet que les stipulations faites, d'un commun accord, entre les parties, reçurent leur forme définitive. Le roi René et la duchesse Isabelle mirent leurs signatures au bas d'un acte contenant toutes les dispositions relatives à l'abandon des sommes réclamées par le duc de Bourgogne, à la remise des places de Neufchâteau et de Clermont, à la restitution des scellés [1]. Le Roi et la duchesse Isabelle signèrent un acte réglant les conditions de l'évacuation de Montbéliard [2].

Le duc de Bourgogne était à Namur pendant que sa femme terminait de la sorte les négociations avec la Couronne. A son retour il prit connaissance des arrangements conclus, et, bien qu'il estimât qu'ils fussent pour la plupart à son préjudice [3], il ne laissa pas de les ratifier [4]. Mais de nouvelles difficultés ne tardèrent point à surgir. Amanieu d'Albret, seigneur d'Orval, au mépris des ordres du Roi, avait traversé la

---

1. *Histoire de Bourgogne*, t. IV, *Preuves*, p. CLXXXV.
2. *Id., ibid.*, p. CLXXXVI; et plus correctement, Tuetey, *l. c.*, t. II, p. 201. — Le 10 juillet suivant, conformément au traité, Charles VII nommait le comte de Saint-Pol à la garde de Montbéliard (lettres patentes publiées par Tuetey, t. II, p. 207). Voir sur les suites de l'affaire de la remise de Montbéliard et l'accomplissement du traité avec le roi René, les détails circonstanciés donnés par M. Tuetey, t. I, p. 362 et suiv.
3. Mathieu d'Escouchy, t. I, p. 51.
4. Les lettres de ratification du traité passé avec le Roi furent remises à Charles VII le 31 juillet par le seigneur de Charny (Instructions du 21 janvier 1446). La confirmation du traité avec le roi René ne fut donnée par le duc de Bourgogne que le 28 octobre suivant, à Middelbourg. *Histoire de Bourgogne*, l. c., p. CXC.

Bourgogne à la tête de ses troupes et ravagé le Maconnais et le Charolais. A cette nouvelle, Philippe fit partir en toute hâte le seigneur de Charny pour se plaindre de ces excès et en demander réparation. L'ambassadeur portait en même temps la ratification des conventions faites à Châlons entre Charles VII et la duchesse Isabelle. Il fut reçu par le Roi le 31 juillet, et demanda un récépissé des lettres du duc; mais, au lieu d'un récépissé en règle, il n'obtint qu'une simple cédule, signée par un secrétaire, constatant la remise des lettres. En outre, dans une séance du grand Conseil, à laquelle assistait le seigneur de Charny, Jean Dauvet, procureur général du Roi, protesta contre le titre : *Par la grâce de Dieu*, que prenait Philippe; il déclara que le duc de Bourgogne ne devait pas s'attribuer ce titre, et que, en conséquence, ses lettres n'étaient reçues que sous toutes réserves des droits du Roi[1]. En ce qui touchait au passage du sire d'Orval à travers la Bourgogne, satisfaction fut donnée au duc : le Roi déclara qu'il allait faire faire une enquête à ce sujet; il envoya un des maîtres des requêtes de son hôtel à Mâcon pour procéder à cette opération[2].

Une nouvelle cause de conflit surgit sur ces entrefaites. Au mois de juin 1445, le duc de Bourgogne avait reçu des lettres de défi du damoiseau de la Mark[3]. Évrard de la Mark, seigneur d'Aremberg, était en démêlés avec certains seigneurs du pays des Ardennes, et le différend avait été porté devant le duc de Bourgogne et devant l'évêque de Liège. N'ayant pu obtenir satisfaction, La Mark, bien qu'il fût, comme il le disait, « jeune homme de âge, de sens et pauvre d'argent, » n'avait pas craint de prendre à partie son puissant suzerain relativement à l'assistance qu'il donnait à ses adversaires, et de lui déclarer la guerre. On

---

1. Ces détails nous sont fournis par les Instructions du duc de Bourgogne en date du 21 janvier 1446, citées plus loin.
2. Blanc Barbin, qui était le 12 septembre à Mâcon. Tuetey, *l. c.*, t. I, p. 818, et t. II, p. 91; Canat, *Documents inédits*, p. 417.
3. Lettres en date du 6 juin, insérées dans la *Chronique de Mathieu d'Escouchy*, t. I, p. 72-74. — Dès le 21 mai, le duc écrivait à Jean de Croy, grand bailli du Hainaut, de surveiller les agissements d'Évrard, de Floquet et d'autres écorcheurs. Archives du Nord, B 1988, f. 102.

s'était moqué tout d'abord, à la cour de Bourgogne, de cet audacieux défi; mais quand on vit le damoiseau garnir de gens de guerre ses places d'Harginmont et de Rochefort, et recevoir des renforts amenés par des capitaines de l'armée royale qui prirent le commandement des deux places, on se mit en mesure de repousser par la force cette agression. Antoine, seigneur de Croy, gouverneur du comté de Namur, et Jean de Croy, grand bailli de Hainaut, furent chargés de lever des troupes, et l'évêque de Liège, duquel relevait Évrard, fut mis en demeure de prêter main-forte au duc[1].

Le Roi était intervenu auprès de l'évêque, et lui avait offert ses lettres de protection et de sauvegarde s'il voulait soutenir La Mark. La commune de Liège était disposée à entrer dans les vues du Roi; mais l'influence du chapitre prévalut: au lieu de soutenir son « allié naturel, » l'évêque obéit aux injonctions du duc de Bourgogne et joignit ses troupes aux siennes. Évrard eut bientôt sur les bras une armée de près de vingt mille combattants et fut écrasé par le nombre. Daudonnet, le capitaine français qui occupait Rochefort, se vit dans la nécessité de traiter pour l'évacuation de cette place, et Pierre Regnault, frère de La Hire, qui commandait à Harginmont, ne tarda pas à suivre son exemple[2]. Évrard de la Mark fut privé de toutes ses possessions; malgré les secours pécuniaires qu'il reçut du Roi[3], il mourut misérablement quelques années plus tard[4].

La fin de l'année 1445 fut employée à assurer l'exécution des stipulations relatives à l'évacuation de Montbéliard. Joachim Rouault, qui commandait dans cette place au nom du Roi, devait l'abandonner à la fin de juillet. La remise n'eut lieu qu'à la fin d'octobre. Le héraut bourguignon Salins fut désigné pour conduire les troupes royales à travers

---

1. Mathieu d'Escouchy, t. I, p. 74 et suiv.; Jean de Stavelot, p. 652 et suiv.
2. Mêmes sources; Adrien de Vieux-Bois, dans *Amplissima collectio*, t. IV, col. 1211-1215.
3. Les comptes de Jean de Xaincoins contiennent la mention de plusieurs dons faits à Évrard, qui vint à la Cour soutenir un procès qu'il avait contre Saintrailles (Cabinet des titres, 685, f. 103 v°, 111 v° et 113 v°). Ces largesses attirèrent l'attention du duc de Bourgogne, qui, plus tard, s'en fit un grief contre le Roi.
4. Mathieu d'Escouchy, *l. c.*

la Bourgogne et veiller à ce qu'elles ne commissent aucun dégât[1].

Le 11 décembre 1445, Philippe le Bon tint son assemblée solennelle de la Toison d'or, qui n'avait pas eu lieu depuis cinq ans. Le duc d'Orléans s'y rendit en personne. Le duc de Bourgogne était entouré de toute sa cour : son fils, le comte de Charolais, le vieil Hugues de Lannoy, les deux Croy, Bauffremont, Ternant, Créquy, le bâtard de Saint-Pol, revêtus de leurs riches manteaux brodés d'or, portant au cou le collier de la Toison d'or. Devant le duc marchaient deux sergents d'armes portant des masses, avec les armoiries de France et de Bourgogne, comme il appartenait au premier et doyen des pairs du royaume. La fête dura trois jours entiers. Dans le conclave furent élus chevaliers de la Toison d'or le roi d'Aragon, François de Borselle, Henri de Borselle, seigneur de la Vère, amiral de Zélande, le ber d'Auxy et le seigneur de Humières[2].

Au milieu de cette pompe et de ces réjouissances apparut soudain, dans la salle du banquet, parmi ces chevaliers parés de leurs plus riches vêtements, revêtus de leurs manteaux, dans « la gloire et solennité de leur estat, » en face de ce prince qu'on eût pris plutôt pour un empereur que pour un simple duc[3], un homme qui s'était glissé inaperçu. Quel était cet homme ? Un huissier du Parlement de Paris. Que venait-il faire ? Il était porteur d'un exploit au nom d'un certain Dimanche de Court, personnage inconnu et peu estimable, paraît-il. Cet huissier, « tout délibéré, et avec l'intention d'esvergonder la compagnie, » présenta au duc de Bourgogne, à son neveu le comte d'Étampes et à un certain nombre de seigneurs picards, un ajournement pour comparaître en personne devant le Parlement. Se jetant à genoux, son exploit à la main, il remplit sans sourciller son office; comme si, dit le chroniqueur bourguignon, il était venu dire au tout-puissant *duc d'Occident :* « Voici le fléau de cette fière exaltation que avez prise qui vous vient corriger droit ici

---

1. Tuetey, *l. c.*, t. I, p. 340-50.
2. Olivier de la Marche, t. II, p. 83 et suiv.
3. « En salle non d'un duc, par semblant, mais d'un empereur. » Chastellain, *l. c.*

et pincer, et vous montrer ce que vous êtes¹. » Une telle humiliation, reçue en un pareil moment, ne pouvait passer inaperçue et appelait une vengeance. Quelque temps après, le duc chargea un de ses pannetiers, qui n'était autre que son futur historiographe Georges Chastellain, d'aller se plaindre au roi de France de ce que, au mépris du traité d'Arras, un de ses sujets s'était permis de venir ainsi l'ajourner en personne².

Malgré tous les efforts de la duchesse de Bourgogne et les conventions passées à Châlons, l'harmonie était loin d'être rétablie entre le Roi et son ambitieux vassal. Le problème restait en suspens, et les causes de conflit subsistaient comme une menace pour l'avenir.

---

1. Voyez Georges Chastellain, qui raconte tout au long cette scène dans son *Exposition sur vérité mal prise* (dans les *Œuvres*, t. VI, p. 289). — « Ne scai de qui instigué ou non, » dit le chroniqueur, qui ajoute dans son style figuré : « Dame ymagination, le semble-t-il que ceci procedast de bon fonds, ne qu'en tel cas se puist entendre autre chose, fors que hautaine envie et venin de cœur ? Nenny certes. »

2. « George le Chastellain, escuier, panetier de monseigneur, la somme de cviii francs demy, pour un voiage par lui fait, par le commandement et ordonnance de mondit seigneur, devers le Roy, pour certaines choses touchans le fait de la terre de Cousy et conté de Tonnoire, et aussy le ajournement d'aucuns ses vassaulx et feaux de Picardie, qui avoient esté adjournez en personne en la cour de Parlement à Paris contre ung appellé Dimanche de Court, auquel voiage il vacqua depuis le xxvii° jour de septembre l'an mil cccc xlvi, jusques au xv° jour du mois de novembre ensuivant. » Archives du Nord, B 1961, f. 77 v°, cité par M. Kervyn de Lettenhove, *Œuvres de Georges Chastellain*, t. I, p. xvii, note 2.

CHAPITRE V

NÉGOCIATIONS AVEC L'ANGLETERRE.
LA GRANDE AMBASSADE DE 1445

Négociations matrimoniales avec le duc d'York ; elles échouent. — Envoi d'une grande ambassade en Angleterre ; son entrée à Londres. — Portraits de Henri VI et de Suffolk. — Vote du Parlement en faveur de Suffolk. — Henri VI donne audience aux ambassadeurs ; exposé de leur créance ; gracieux accueil du jeune roi. — Nouvelle audience le lendemain ; protestations amicales de Suffolk ; discours de l'archevêque de Reims ; désignation de commissaires. — Ouverture des conférences ; propositions faites par l'archevêque, au nom de ses collègues ; discussions sur l'étendue des cessions territoriales. — Nouvelles réunions ; concessions faites par les ambassadeurs de France ; projet d'une convention entre les deux rois. — Nouvelle audience donnée par Henri VI à trois des ambassadeurs ; l'archevêque de Reims sollicite l'approbation du roi pour le projet de convention personnelle ; réponse du chancelier d'Angleterre ; le projet soumis au Conseil. — Avis favorable du Conseil ; pouvoirs donnés pour le renouvellement de la trêve ; traité de Londres. — Ambassades d'André Moleyns en France et de Cousinot et Havart en Angleterre ; ces deux ambassadeurs réclament l'abandon du comté du Maine. — Nouvelle prorogation de la trêve ; lettres de Henri VI à Charles VII relativement à la paix et à la cession du Maine.

Nous avons vu que la conclusion du traité de Tours, en date du 28 mai 1444, et la cérémonie des fiançailles de Marguerite d'Anjou et de Henri VI furent bientôt suivies de la célébration du mariage par procureur[1]. Pendant le séjour du marquis de Suffolk à Nancy, un autre projet d'alliance fut mis en avant : il s'agissait du mariage du fils aîné du duc d'York, lieutenant général en France, avec une fille de Charles VII. Le 19 février, répondant à une ouverture que Suffolk avait faite à ce sujet,

---

[1]. C'est ainsi que le duc d'York n'hésitait point à qualifier Charles VII ; la lettre portait cette souscription : « A très hault, très excellent et très puissant prince et très redoubté seigneur le Roy. »

Charles VII informait le duc d'York qu'il agréait la proposition et recevrait volontiers les ambassadeurs que le gouverneur anglais enverrait pour traiter cette affaire. A la date du 18 avril, le duc d'York écrivit au Roi : il avait appris avec joie ses bonnes dispositions au sujet de l'union projetée ; il témoignait de son « singulier et vrai désir » d'acquérir l' « amitié et l'accointance du Roi. » La venue de la reine d'Angleterre, que le duc avait accompagnée jusqu'à son embarquement, l'avait empêché de donner suite à la négociation ; mais il envoyait deux ambassadeurs chargés de s'informer du lieu où le Roi se trouverait le 15 mai, date à laquelle il se proposait d'envoyer une ambassade pour conclure le mariage[1].

En réponse à ce message, Charles VII fit connaître au duc l'intention où il était d'accorder à son fils la main de Madeleine de France[2]. Le duc d'York écrivit aussitôt pour faire observer que madame Madeleine était bien jeune, qu'il désirait que son fils eût une compagne pouvant lui assurer une prompte lignée, et que madame Jeanne serait d'un âge plus convenable ; il demandait donc que cette princesse fût désignée. La lettre du duc est du 10 juin[3] ; elle fut portée au Roi à Châlons par une ambassade où figuraient Zanon de Castiglione, évêque de Bayeux, Richard Merbury, et Thomas Basin, docteur en droit canon et civil. Mais le Roi maintint la désignation qu'il avait faite et se refusa à substituer Jeanne à Madeleine. Malgré les protestations réitérées du duc d'York en faveur d'une « bonne et effectuelle conclusion[4], » la négociation ne tarda pas à être abandonnée[5].

Pendant son séjour à Nancy, le marquis de Suffolk avait

---

1. Lettre originale signée, en date du 18 avril 1445. Ms. fr. 4054, n° 85. Éd. Stevenson, t. I, p. 79.

2. Lettre datée de Keurres-les-St-Mihiel (Keur), le 14 mai, visée dans celle du duc du 10 juin.

3. Lettre originale signée. Le Grand, vol. IV, n° 2.

4. Lettres du duc d'York au Roi, en date des 21 septembre et 21 décembre 1445. Originaux signés, Ms. fr. 4054, n°s 84 et 85. Éd. Stevenson, t. I, p. 100 et 108.

5. Un auteur du temps a mentionné ce fait : « En ce temps, de par le duc d'York d'Angleterre estoit audit lieu de Chaalons grant ambassade devers le Roy, nostre dit sire, afin de demander une des filles de France pour ledit duc d'York, laquelle luy fut refusée. » *Journal du prieur Maupoint*, l. c., p. 86.

fait avec Charles VII un nouvel arrangement au sujet des *appatis* ou contributions de guerre à lever sur les frontières des pays occupés par les Anglais[1]. A Rouen, à la date du 3 avril, Suffolk remit à Jean Havart et à un autre commissaire, agissant comme délégués du comte de Dunois, conservateur général de la trêve, un mémoire à ce sujet ; il y était question aussi de points litigieux qui n'avaient pu être réglés à Nancy et qui attendaient une solution : savoir la jouissance des droits royaux dans certaines places, telles que Beaumont-le-Roger, Pontorson, Saint-James-de-Beuvron, Sainte-Suzanne, etc. Ce mémoire devait être transmis au Roi[2].

Mais des négociations d'une importance bien plus considérable étaient à la veille d'être engagées.

Le 21 août 1444, Henri VI, en écrivant à son « très cher oncle de France, » au retour de l'ambassade qui avait signé la trêve et conclu son mariage avec Marguerite d'Anjou, le remerciait des « gracieuses lettres » que ses ambassadeurs lui avaient apportées, et témoignait de son désir d'arriver à « finale conclusion de paix perpétuelle et amoureuse entre les deux royaumes. » En outre, il déclarait que la nouvelle donnée par Charles VII du prochain envoi d'une notable ambassade, pour prendre avec lui « final appointement » et lui rendre visite, était accueillie avec autant de joie que de gratitude, et

---

1. Nous n'avons pas rencontré le texte de ce traité, qui est visé dans divers documents émanés de la chancellerie anglaise. Voir Archives nationales, K 68, n° 12 et 12⁷, et Beaurepaire, *les États de Normandie*, p. 86. Voici d'après des lettres de Charles VII en date du 15 juillet 1444 (Archives du Nord, B 1638), quelles avaient été les stipulations précédemment faites : « Ès lieux et paroisses de nostre obeissance qui, durant la guerre, ont esté appatichées tant aux Anglois que aux gens de nostre party, doresenavant lesdictes treves, seront prins et levez, par maniere de taille, par nostre receveur general sur le fait des appatis ou ses commis, semblables taux ausquelx ils ont esté imposez et qu'ilz paioient à iceulx du party des Anglois, et aussi par tels et semblables taux que on a levé pour les gens de nostre party par forme de taille depuis le premier jour de janvier derrain passé, ou lieu des appatis qui par avant ledit jour estoient prins et levez ès aultres lieux et paroisses de nostre obeissance esquelx lesdiz Anglois ne percevoient aucuns appatis, et qui, depuis ledit premier jour de janvier, ont paié taille aux gens de nostre parti ou lieu des appatis que paioient par avant ledit jour, pareilz taux qu'ilz ont paié par fourme de taille, comme dit est. » -- A Nancy, il fut décidé que les Anglais paieraient annuellement une somme de 22,500 l., plus une somme de 2,150 l. par semestre à la garnison de Bellême.
2. Voir l'original signé par Suffolk. *Pièces originales*, 1494 : HAVART, n° 16.

qu'il désirait de tout son cœur la venue des ambassadeurs[1].

Le dessein de Charles VII, retardé par les événements, allait recevoir son accomplissement. A peine arrivé à Sarry-les-Châlons, le 9 juin 1445, il donna des lettres patentes portant pouvoir au comte de Vendôme, à Jean Jouvenel, archevêque de Reims, au comte de Laval, aux sires de Gaucourt et de Précigny, à Guillaume Cousinot et à Étienne Chevalier de se rendre en Angleterre, pour conclure avec Henri VI une paix perpétuelle et prendre des arrangements au sujet d'une convention personnelle à tenir entre lui et le roi d'Angleterre[2]. Les ambassadeurs partirent à la fin de juin[3]; ils étaient à Calais le 2 juillet, en compagnie d'Alphonse de Breciano, ambassadeur du roi de Castille, et de représentants du duc de Bretagne[4], et s'embarquèrent le lendemain. Ils trouvèrent à Douvres les envoyés du duc d'Alençon, et à Canterbury ceux du roi de Sicile[5]. L'ambassade était au complet le 9 juillet à Rochester, où deux conseillers du roi d'Angleterre, Robert Roos et Thomas Hoo, chancelier en France, vinrent les joindre. Henri VI ne les attendait pas aussi promptement; il s'empressa de délivrer des sauf-conduits pour les ambassadeurs[6], et leur fit dire par le marquis de Suffolk qu'il les recevrait à Londres

[1]. « Et mesmement de ce que nous avez escript par vos dictes lettres que, pour plus amplement nous declarer vostre entencion et traictier final appointement avecques nous sur le fait de ladicte paix, et aussi pour nous visiter et savoir la certaineté de nostre bonne prosperité, avez deliberé de briefment envoyer par devers nous de voz gens notables, sommes très joyeux, et vous en remercions si effectueusement et de cueur comme plus povons; desquelles gens desirons la venue et les verrons joyeusement, voulentiers et de cuer. » Original, ms. fr. 4054, n° 21; éd. Stevenson, l. c., t. II, p. 356-60.

[2]. Ms. fr. 4054, f. 39; Rymer, t. V, part 1, p. 143. — Plusieurs paiements relatifs à cette ambassade sont mentionnés dans les comptes. Le comte de Vendôme reçut 1,500 l. t.; le comte de Laval, 2,000 l.; le sire de Précigny, 600 l.; Cousinot, 300 l.; Cousinot et Chevalier reçurent ensemble 400 l. Huitième et neuvième comptes de Jean de Xaincoins, Cabinet des titres, 685, f. 100, 104 v°, 105 et 110 v°.

[3]. Ils passèrent par Paris le 26 juin, Journal du prieur Maupoint, l. c., p. 36.

[4]. C'étaient Guillaume de Malestroit, évêque de Nantes; le seigneur de Guémené, chancelier du duc, et Henri de la Villeblanche.

[5]. C'étaient, pour le duc d'Alençon, Jean Gillain et le héraut Alençon, et, pour le roi René, Baudoin de Champagne, seigneur de Tucé, trésorier d'Anjou, conseiller et chambellan, et Guillaume Gauquelin, dit Sablé, secrétaire.

[6]. A la date du 5 juillet. Voir Carte, Catalogue de rôles gascons, t. II, p. 314. — Le même jour, un sauf-conduit fut délivré pour les ambassadeurs que le duc de Bourgogne devait envoyer à Londres (Rymer, t. V, part 1, p. 143).

le jeudi suivant, 16 juillet. Suffolk écrivait que les choses étaient en bonne voie, et que, s'ils voulaient s'y prêter, ils seraient expédiés sans retard ; « mais, disait-il, pour cela il faut que « vous n'ayez pas la bouche aussi close que de coutume [1]. »

L'entrée de l'ambassade à Londres s'effectua le 14 juillet. L'ordre du cortège avait été ainsi réglé : les ambassadeurs du Roi marchaient en tête, suivis de l'envoyé du roi de Castille, des représentants du roi de Sicile, du duc de Bretagne et du duc d'Alençon ; ils avaient une suite de trois cent cinquante chevaux. A une lieue de Londres, on rencontra le marquis de Suffolk, les comtes de Dorset, de Salisbury et de Shrewsbury, avec plusieurs évêques et un grand nombre de chevaliers et d'écuyers. Aux approches de la ville parut un autre groupe de princes et de conseillers de la Couronne : le duc d'Exeter, les comtes de Warwick et d'Huntingdon, les évêques de Norwich et d'Ely, le garde du sceau privé Moleyns, etc. Sur le pont de Londres se tenaient le lord-maire et les bourgeois, revêtus de leurs plus riches costumes. « Et y avoit, dit la relation des ambassadeurs, moult grant peuple à les veoir entrer, qui sembloit en avoir joye. »

L'alliance française n'était donc point aussi impopulaire qu'on l'a prétendu [2], puisque les ambassadeurs de Charles VII recevaient un tel accueil. C'est que la paix était partout ardemment souhaitée ; on était las de cette guerre qui, depuis longtemps, n'imposait que des sacrifices sans profit et sans gloire.

L'entrée solennelle d'une ambassade française à Londres était un spectacle qu'on n'avait pas vu depuis la grande am-

---

1. « ... Que les choses estoient en bons termes et seroient brief expediez mais qu'il ne teinst à eulx, et qu'ils n'eussent pas la bouche si close comme avoient acoustumé. » Relation, p. 66. — La curieuse relation de cette ambassade, à laquelle nous empruntons les détails qui vont suivre, se trouve en minute à la Bibliothèque nationale dans le ms. 4054 ; elle a été donnée in extenso par M. Stevenson dans son précieux recueil de documents. Jusque-là, on ne la connaissait que par l'analyse qu'en avait faite Gaillard, d'après une copie moderne (anc. f. 8118, nunc. Fr. 3384) dans les Notices et extraits des manuscrits de la Bibliothèque du Roi, t. IV, p. 25-30.

2. C'est ce qu'a très justement reconnu M. James Gairdner, dans la remarquable préface des Paston Letters (p. xxxiv) : « The people at large rejoiced in the marriage of their King ; the bride, if poor, was beautiful and attractive ; the negociator received the thanks of Parliament, and there was not a man in all the kingdom — at least in all the legislature — durst wag his tongue in censure. »

bassade de juin 1415. À cette époque, l'Angleterre était fière, ardente, prête à entreprendre la conquête de la France, sous l'impulsion d'un roi plein de fougue et de bravoure. Trente années s'étaient écoulées, et les rôles se trouvaient singulièrement intervertis : il semblait que l'Angleterre eût notre Charles VI à sa tête [1], et que son Henri V fût sur le trône de France.

« Conçu dans la haine, enfanté dans les larmes, peut-être à sa naissance regardé de travers par sa mère, le triste enfant de Henri V et de Catherine de France vint au monde sous de fâcheux auspices et pauvrement doué [2]. » Élevé par Warwick, le capitaine fameux qui eut le triste honneur de présider au supplice de Jeanne d'Arc, il fut tellement morigéné, tellement *châtié* [3], qu'il ne resta plus rien : « rien de l'homme, encore moins du Roi, une ombre à peine, quelque chose de passif et quelque chose d'inoffensif, une âme prête pour l'autre monde [4]. » Henri VI a déjà vingt-quatre ans ; mais c'est presque encore un enfant ; ses qualités sont purement négatives, et il ne se distingue guère que par sa piété. On peut juger de l'ascendant que dut prendre sur lui une jeune fille belle, séduisante, d'un esprit supérieur, ayant tous les charmes et aussi tous les caprices de la femme. Longtemps dominé par son oncle, le cardinal de Winchester, élevé dans des sentiments d'aversion pour son autre oncle, le duc de Glocester, seul survivant des frères de Henri V, le jeune roi était, depuis que le vieux cardinal avait quitté la scène, tout à la discrétion de Suffolk, l'heureux et habile négociateur de son mariage. Ne lui fallait-il pas un gouverneur ? Certes il n'était pas de taille à se conduire lui-même [5],

---

1. « La sagesse anglaise s'était jouée elle-même ; elle s'était chargée de rendre la France sage et c'est elle qui devint folle. Par la victoire, la conquête et le mariage forcé, l'Angleterre réussit à se donner un Charles VI. » Michelet, *Histoire de France*, t. V, p. 182.
2. Michelet, *l. c.*
3. Nous avons choisi le comte de Warwick, disait Henri VI dans son ordonnance du 1er juillet 1428, « ad nos erudiendum.... in et de bonis moribus, litteratura, idiomate vario, nutritura et facetia. » La première chose que Warwick stipula en prenant la charge de gouverneur, fut le droit de *châtier*. Voir Michelet, t. V, p. 113, note 1.
4. Michelet, t. V, p. 183.
5. « Le Roy Henry n'estoit mie de bien vif ne aigu entendement pour savoir gouverner de lui meisme son Royalme, mais lui convenoit avoir des gouverneurs qui pour lui entendissent à ses besoingnes. » Mathieu d'Escouchy, t. I, p. 115.

Suffolk n'appartenait point à une vieille race : son aïeul, William de la Pole, simple marchand à Kingston, avait été anobli par Édouard III. Il n'en était pas moins un des types les plus accomplis de la chevalerie anglaise au quinzième siècle. On se rappelle cet épisode du siège de Jargeau. L'un des derniers, Suffolk est resté sur le pont à soutenir le choc de l'armée française. Un jeune écuyer, Guillaume Regnault, lui porte des coups redoublés : « Es-tu gentilhomme ? » demande le capitaine anglais — « Oui, » répond-il. — « Es-tu chevalier ? » — « Non. » — « Eh bien ! sois-le de ma main ! » Et, après l'avoir armé chevalier, il lui remet son épée[1]. Par l'élévation des sentiments encore plus que par la bravoure, Suffolk se distingue entre tous ses contemporains : on ne saurait lire sans émotion les admirables conseils que, cinq ans plus tard, banni de l'Angleterre, à la veille de trouver la mort dans un odieux guet-apens, il écrivit pour son fils[2]. Membre du conseil privé et grand-maître de l'hôtel de son souverain depuis 1438[3], il n'avait pas tardé à devenir comme un « second roi, » menant tout à sa guise[4]. Un seul homme se dressait en face de lui; c'était un prince du sang, renommé pour sa prudence et ses brillantes facultés[5] : Glocester, dont l'ambition n'avait cessé de convoiter le pouvoir; Glocester, que la rumeur publique accusait de viser au trône; Glocester, que chaque jour on dénonçait au jeune roi comme voulant régner à sa place et conspirant même contre sa vie[6].

Au mois de septembre 1444, Suffolk avait reçu, avec le titre

---

1. *Chronique de Cousinot*, p. 302.
2. « Wreten of myn hand, the day of my departyng fro this land. » Voir ce curieux document dans *the Paston letters*, éd. de M. J. Gairdner, t. I, p. 121.
3. Dans l'acte d'accusation dressé contre lui en 1450, on lit que depuis douze ans il avait été « the next and pryvyest of your counselll and steward of your honorable houshold. » *Rotuli Parliamentorum*, t. V, p. 170.
4. « Monté jadis au trone anglois comme un second Roy, menant François et Anglois à deux mains en comple. » Chastellain, t. VII, p. 88.
5. « Prudens vir et in litteris satis competenter institutus erat. » Thomas Basin, t. I, p. 189.
6. Ils donnaient à entendre au Roy, secretement, que sondit oncle de Clocestre ne desiroit autre chose qu'à le faire mourir et le debouter de son Royalme... Et de ce les croyoit le Roy assez legierement ; car de luy mesme estoit assez enclin à oyr telz rapports ou samblables. » Mathieu d'Escouchy, t. I, p. 116.

de marquis, un témoignage public de la satisfaction de son souverain pour la manière dont il avait conduit les négociations avec la France. Le 25 février, dans une session du Parlement tenue en l'absence de Suffolk, John Stafford, archevêque de Canterbury et lord chancelier d'Angleterre, prononça un grand discours. Prenant pour thème un verset du psaume 84 : *Justicia et pax osculatæ sunt*, il exposa ce que Suffolk et les autres ambassadeurs avaient fait, soit relativement au mariage, soit au sujet d'une suspension d'armes. Le chancelier termina en annonçant que Suffolk était alors en France pour ramener la jeune princesse, et qu'il espérait qu'avec la grâce de Dieu la justice et la paix règneraient dans le royaume mieux que par le passé[1].

Dans une session suivante, tenue le 2 juin, le marquis de Suffolk présenta l'exposé des négociations poursuivies en France, déclarant qu'il s'était conformé en toutes choses aux instructions royales[2]. Le 3, il présenta une requête tendant à ce que le Parlement approuvât sa conduite et délivrât à ce sujet un acte qui serait enregistré. Le 4 juin, le *speaker* de la Chambre des communes, William Burley, en son nom et au nom de ses collègues, fit une motion : il demanda que les éminents services rendus par Suffolk en procurant la conclusion d'une trêve entre les deux royaumes et du mariage du roi, et en amenant, à ses dépens, la nouvelle reine en Angleterre, reçussent l'approbation du souverain et du Parlement. Après le discours du *speaker*, on vit le duc de Glocester et un grand nombre de lords se lever, quitter leurs sièges, et se presser autour du jeune roi, en le suppliant d'accéder à la motion. Le lord chancelier répondit au nom de son maître : c'était avec un singulier plaisir que Sa Majesté déclarait tenir mylord de Suffolk en sa bonne et bénigne grâce, et lui donner pleine décharge à son perpétuel honneur et à celui de ses descendants. Un acte authentique de ce vote, rendu par acclamation, et de la déclara-

---

1. *Rotuli Parliamentorum*, t. V, p. 66; cf. Lingard, *History of England* (5ᵉ édit. Paris, 1826), t. V, p. 133, et Gairdner, *the Houses of Lancaster and York* (3ᵉ édit. London, 1870), p. 142.

2. *Rotuli parliamentorum*, t. V, p. 71.

tion royale, fut consigné dans les registres du Parlement[1].

Telle était la situation en Angleterre au moment où l'ambassade de Charles VII faisait son entrée solennelle dans la ville de Londres.

Le 15 juillet, à neuf heures du matin, le duc de Buckingham, le duc d'Exeter, le marquis de Suffolk, les comtes de Dorset et de Shrewsbury, et plusieurs autres grands seigneurs, vinrent chercher les ambassadeurs au domicile du comte de Vendôme, où ils se trouvaient réunis, pour les conduire au palais de Westminster. Le jeune roi était assis sur un haut siège, vêtu d'une riche robe longue de drap d'or vermeil, fourrée de martres zibelines. A l'approche des ambassadeurs, il se leva, souleva à trois reprises son chaperon, et, « bien humblement, » tendit la main aux envoyés de son oncle de France. L'archevêque de Reims prit la parole, et s'exprima en français, ainsi que cela avait été convenu entre lui et ses collègues et que l'avait conseillé Suffolk, avec lequel le cérémonial avait été réglé.

« Très haut et très puissant prince et très noble Roi, dit-il,
« le très chrétien Roi de France votre oncle, notre souverain
« seigneur, envoie présentement noble et puissant prince
« monseigneur Louis de Bourbon, comte de Vendôme et de
« Chartres, souverain maître d'hôtel de France, son parent et
« de son sang et lignage, monseigneur le comte de Laval,
« seigneur de Vitré et de Gavre, son cousin et beau-neveu en
« affinité et votre cousin germain en affinité, monseigneur
« de Précigny, son conseiller et chambellan..., et, désirant
« de tout son cœur savoir de votre bon état et prospérité, et
« en tout cordial désir de l'accroissement d'icelui en tout bien
« et honneur, il vous envoie ces lettres qu'il nous a chargés de
« vous bailler. »

Le comte de Vendôme tenait entre ses mains la missive royale, et la remit au roi d'Angleterre, qui la reçut « bénignement et joyeusement. » John Stafford, archevêque de Canterbury, chancelier d'Angleterre, prit alors la parole en latin. Il déclara que le roi son maître était fort joyeux de savoir des

---

1. *Rotuli parliamentorum*, t. V, p. 73-74.

nouvelles de très haut et très noble prince son oncle de France, et qu'il demandait des nouvelles de sa santé. L'archevêque de Reims répondit en français qu'il remerciait le roi d'Angleterre, et qu'au départ de l'ambassade le Roi son oncle était « en très bon point. » Le jeune roi fit répondre que Dieu en fût loué et qu'il en était fort content. Il prit alors ses conseillers à part; le chancelier ouvrit la missive royale et en donna lecture. Puis le chancelier dit aux ambassadeurs que le roi était très joyeux des bonnes nouvelles qu'elle contenait, qu'il voyait clairement la bonne affection que le seigneur son oncle témoignait à son égard et l'inclination qu'il avait à la paix.

L'archevêque et les autres ambassadeurs s'agenouillèrent alors pour faire l'exposé de leur créance. Le Roi avait su par la relation de monseigneur de Suffolk l'amour et bonne affection que le roi son neveu lui portait; il en avait été et il en était fort joyeux, et il l'en remerciait très affectueusement; de son côté, il avait pareillement pour lui un cordial amour et une entière dilection, et singulièrement entre tous les autres seigneurs de son sang après son fils le Dauphin; le roi son neveu était d'ailleurs des plus proches parmi ses parents. Le Roi avait su ses dispositions favorables à la paix ; il en était très satisfait et en remerciait Dieu; il désirait avant toutes choses, pour l'honneur de Dieu, afin d'éviter l'effusion du sang humain, et aussi à cause de la proximité de lignage et de l'affection qu'il lui portait, qu'il y eût entre eux bonne et raisonnable paix. Dans ce but, il avait envoyé ses parents et féables conseillers à cette double fin : 1° pour le visiter et s'informer de son bon état, de sa prospérité et de sa santé, car il prenait un singulier plaisir à en entendre dire du bien ; 2° pour entamer les négociations en vue de la paix; ses ambassadeurs avaient certaine créance qu'ils exposeraient au moment qu'il plairait au roi d'indiquer.

En écoutant ces paroles, le jeune roi parut satisfait et fort joyeux. Tandis que le représentant du Roi exprimait les sentiments dont celui-ci était animé à son égard, il semblait, dit la relation, « que le cœur lui rît ; » tantôt il regardait le duc de Glocester, placé à sa gauche, tantôt le chancelier, le marquis de Suffolk et le cardinal d'York, placés à sa droite, en souriant; « et sembloit bien qu'il fist quelque signe. » Les ambassadeurs apprirent, à l'issue de l'audience, qu'il avait dit en anglais à son chancelier, en lui prenant la main : « Je suis très joyeux de ce « que certains, qui sont ici, entendent ces paroles ; ils ne sont « pas à leur aise. »

L'archevêque de Canterbury prit la parole après l'archevêque de Reims, remerciant Dieu et le Roi de la « bonne amour et inclination » que le Roi avait en faveur de la paix, et déclarant que son maître ferait savoir le moment où il entendrait l'exposé des ambassadeurs. Tandis qu'il parlait, le jeune roi s'avança et lui dit quelques mots en anglais. C'était pour reprocher à son chancelier de ne point dire des « paroles de plus grande amitié. » Et de fait Henri VI s'approcha des ambassadeurs, et, portant la main à son chaperon, en le soulevant de sa tête, il leur dit à deux ou trois reprises : « Saint Jehan, grand merci! » Et, dit la relation, « les toucha arrière chacun, faisant plusieurs très joyeuses manières. » En outre, il leur fit dire par le marquis de Suffolk qu'il ne les tenait point pour étrangers, qu'ils pouvaient agir en sa maison comme en celle du Roi son oncle, et y aller et venir à toute heure.

L'archevêque de Reims, s'agenouillant de nouveau, dit au jeune roi que plusieurs ambassadeurs étaient venus assister ceux du Roi et s'employer avec eux au bien de la matière, selon qu'il en serait besoin ; il lui présenta les envoyés du roi de Castille, du roi de Sicile, du duc de Bretagne et du duc d'Alençon ; il annonça la venue d'ambassadeurs d'autres princes du sang, qui n'étaient point encore arrivés ; il ajouta que les ambassadeurs présents étaient porteurs de lettres qu'ils remettraient au roi quand il le voudrait. Les ambassadeurs des princes s'agenouillèrent tour à tour et remirent leurs lettres. Le jeune roi leur donna la main. Puis tous prirent congé et retournèrent à leur hôtel, reconduits par les seigneurs du Conseil.

Le lendemain vendredi, les ambassadeurs eurent audience à trois heures. Tandis qu'ils attendaient dans la chambre du roi, avant d'être admis dans sa chambre de retrait, le marquis de Suffolk leur rapporta plusieurs paroles de son maître. Suffolk ajouta à haute voix, de façon à être entendu par tout le monde (il y avait là plusieurs princes et seigneurs anglais), qu'il voulait que chacun sût qu'il était le serviteur du roi de France, et que, sauf la personne du roi d'Angleterre son maître, il le servirait contre tous de corps et de biens. « Je dis, continua-t-il, sauf la personne de mon maître; je ne parle point des seigneurs, et je n'excepte ni Dauphin, ni Glocester ou autres, fors sa personne. » Et comme l'archevêque de Reims et les comtes de Vendôme et de Laval le remerciaient de ses bonnes paroles, il les répéta avec force à trois ou quatre reprises, disant qu'il savait bien que son maître voulait qu'il en fût ainsi, que le Roi était la personne que son maître aimait le mieux après sa femme, et qu'il savait bien que son maître lui saurait bon gré de parler ainsi. « J'ai tant vu chez le roi de France, ajouta-t-il, de grand honneur et bien, que je veux que chacun sache que je le servirai envers et contre tous, sauf la personne de mon maître. »

Tous les ambassadeurs étant réunis, on les introduisit près du roi d'Angleterre. Il faisait fort obscur dans la pièce où il se trouvait. Le jeune roi était adossé à un dressoir ; il était vêtu d'une robe de velours noir, traînant jusqu'à terre. Après les salutations, l'archevêque de Reims exposa sa créance, et, tout en entrant dans les développements convenables, évita, suivant la recommandation de Suffolk, de lui donner une forme trop solennelle. Il insista sur l'affection que son maître portait au jeune roi; il fit remarquer que, même pendant la durée de la guerre, le Roi n'avait cessé de faire traiter honorablement les Anglais, quelque part qu'il les trouvât, fût-ce lors des prises de villes, et que, lorsqu'ils étaient prisonniers, il les laissait approcher de sa personne. Depuis la venue du marquis de Suffolk, l'amour du Roi pour son neveu s'est encore accru. Le Roi a parlé au marquis familièrement, et dans l'intimité. Ayant su l'amour que son neveu lui témoignait, il s'est employé aux négociations, nonobstant la maladie dont il souffrait alors ; il s'est occupé de l'affaire du mariage, il a fait examiner en Conseil la matière de la paix; bien que son armée fût toute prête, et que les seigneurs de son sang fussent à sa disposition pour le servir, il a consenti à la conclusion d'une trêve, espérant qu'elle conduirait à la paix ; il a fait opérer le plus promptement possible la remise de la reine d'Angleterre aux mains de ceux qui étaient venus la chercher ; si cela n'a pas été fait plus tôt, la cause en est dans les occupations qu'ont eues lui et le roi de Sicile. Il a appris avec joie l'arrivée de la jeune reine auprès de son époux, car il désire leur bon état et prospérité, l'accroissement de leur honneur en bonne lignée et génération, au bien de l'amitié perpétuelle des deux rois et de leurs royaumes. Le Roi est très désireux de savoir des nouvelles du bon état du roi et de la reine, et de leur prospérité. C'est une des causes pour lesquelles il a envoyé son ambassade, qui a charge de lui en faire un rapport auquel il prendra très grand intérêt et plaisir.

L'archevêque aborda alors la question diplomatique. « Quoi« que, dit-il, on ait coutume, en pareille matière, d'user de
« langage solennel, de *magnifier* de part et d'autre son fait et
« son droit, et de garder plusieurs autres étranges manières,
« le Roi veut se conduire présentement d'une façon toute
« différente ; il veut procéder pleinement et ouvertement, sans
« craindre de faire connaître ses intentions ; il veut et désire
« bonne paix bien plutôt que guerre ; il vous fera dire et re« montrer ce qui le meut à cela et ce qui doit vous y mou« voir, savoir l'honneur et révérence de Dieu, qui a ordonné à
« Moïse et à ses apôtres d'éviter l'effusion du sang ; la proxi« mité de lignage, plus grande actuellement entre vos deux
« maisons qu'elle ne fut jamais ; l'amitié personnelle qui vous
« unit. Nous sommes donc venus pour besogner, suivant votre
« bon plaisir, avec ceux qu'il vous plaira de désigner. »

A ces paroles, le jeune roi manifesta une vive satisfaction. Prenant à part les princes de son sang et le garde du sceau privé, il s'entretint un instant avec eux. Puis le marquis de Suffolk, s'approchant des ambassadeurs, leur dit que le roi avait grande joie d'entendre des nouvelles du Roi son oncle, et qu'il avait à son égard plus d'amour qu'envers quelque personne qui fût au monde après la reine sa femme ; tout son désir était de s'employer à la paix ; il allait désigner plusieurs de ses conseillers pour communiquer avec les ambassadeurs du Roi.

Le comte de Vendôme, prenant à son tour la parole, dit que monseigneur de Suffolk avait fait au Roi si bon rapport du roi son neveu qu'il avait gagné son cœur. « Puisque ces deux « princes sont en telle amitié, ajouta-t-il, maudit soit celui « qui leur conseillerait d'avoir guerre ensemble ! » — *Amen ! Amen !* dirent les assistants.

Le jeune roi appela alors à lui les ambassadeurs, et la conversation s'engagea sur le ton le plus familier. « Le Roi et « vous, » dirent les ambassadeurs, « pouvez mieux que nuls « autres princes conclure la paix, car chacun d'entre vous a « ses sujets bien unis sous ses ordres. » Suffolk dit tout haut que, durant son séjour en France, on avait fait courir le bruit que monseigneur de Glocester « faisait empêchement au roi, » et que le jeune prince s'était offert à venir en personne en France pour seconder son envoyé; mais que lui, Suffolk, avait déclaré qu'il n'en croyait rien ; que monseigneur de Glocester ne voudrait faire telle chose, et que, d'ailleurs, il n'en avait pas le pouvoir. Et il répéta que la seconde personne du monde que le roi d'Angleterre aimait le mieux, c'était le Roi son oncle. Henri VI s'empressa de souligner ces paroles, en répétant, en français ou en anglais, à plusieurs reprises : « Saint Jehan, oui ! » Et comme les ambassadeurs manifestaient l'intention de prendre congé, il les retint en disant : « Nenni, nenni ! »

Finalement il fut convenu que le cardinal d'York, le marquis de Suffolk et Raoul le Bouteiller, seigneur de Sudley, grand trésorier d'Angleterre, entreraient en pourparlers avec les ambassadeurs pour traiter de la paix. Ces trois personnages reçurent les pouvoirs nécessaires à la date du 20 juillet[1].

Sur ces entrefaites, arrivèrent de France des lettres du Roi, et aussi du chancelier et du comte d'Évreux (Brezé), faisant part des arrangements conclus à Châlons avec la duchesse de Bourgogne; elles étaient accompagnées du texte des conventions. Après en avoir pris connaissance chez le comte de Vendôme, les ambassadeurs résolurent de n'en pas faire « grand

---

1. Rymer, t. V, part. I, p. 146.

bruit ni grand semblant. » Le sire de Précigny recommanda au chevaucheur qui avait apporté les nouvelles de garder le secret.

Ceci se passait le 15 juillet. Le même jour arriva un autre chevaucheur, porteur de lettres du duc de Bourgogne pour les ambassadeurs. Philippe s'excusait de n'avoir point encore fait partir ses envoyés, alléguant, comme motif de ce retard, qu'il n'avait pas reçu le sauf-conduit demandé en Angleterre. Ce sauf-conduit avait pourtant été donné par lettres patentes du 5 juillet[1]. Le duc chargeait son messager de réclamer le sauf-conduit et priait les ambassadeurs de France de s'employer à le faire promptement délivrer; il déclarait n'attendre que sa réception pour envoyer incontinent ses ambassadeurs. En même temps il demandait que rien ne fût conclu avant leur arrivée, conformément au traité d'Arras et aux déclarations qui lui avaient été faites au nom du Roi. Les ambassadeurs résolurent de faire une ouverture au marquis de Suffolk relativement au sauf-conduit attendu par le duc de Bourgogne.

Le même jour, et sans attendre la production des lettres de pouvoir des commissaires de Henri VI, qui ne furent scellées que le lendemain, les conférences s'ouvrirent, à huit heures du matin, dans l'hôtel des Jacobins.

Après un échange d'observations sur la question de savoir qui entamerait les négociations, Suffolk prit la parole. Quand il s'était rendu près du Roi à Tours, le Roi lui avait fait la faveur de l'autoriser à communiquer avec lui « bien privément, » et il lui avait nettement exposé sa charge : elle consistait à réclamer la possession de la Guyenne et de la Normandie, sans obligation d'hommage, et des autres terres auxquelles les rois d'Angleterre avaient droit avant que la question de la Couronne fût posée ; cette concession faite, le roi d'Angleterre déclarerait renoncer à toute prétention à la Couronne. Suffolk ajouta qu'il n'avait point alors d'autres pouvoirs; que, puisque le Roi envoyait ses ambassadeurs pour besogner sur la matière, et qu'ils étaient venus dans ce but, il convenait qu'ils exposassent leurs vues.

---

1. Il est, comme nous l'avons dit, dans Rymer, t. V, part. 1, p. 143.

Le comte de Vendôme et le sire de Précigny demandèrent à l'archevêque de Reims de prendre la parole. Jean Jouvenel s'exprima en ces termes :

« Messeigneurs, comme vous le savez et comme tous nous
« le pouvons apercevoir, l'intention du Roi notre souverain
« seigneur, et celle du roi son neveu, est de besogner pleine-
« ment et privément, et non par grandes solennités ni étran-
« getés, ainsi qu'on avait coutume de faire autrefois ; d'où
« venaient de grandes longueurs et de l'obscurité dans les ma-
« tières. Les deux Rois sont si proches, et, par la grâce de
« Dieu, de si bonne amour et affection l'un envers l'autre,
« qu'on ne doit point faire les difficultés de procéder sommai-
« rement et de plein qu'on aurait pu faire au temps passé. Et
« pour cela je vous dirai, pour commencement de ces matières,
« l'état d'icelles où il semble qu'il les faut reprendre, sans ré-
« citer tout au long les sérieuses et solennelles protestations
« accoutumées en de telles matières, les tenant pour faites et
« répétées.

« Et premièrement, Messeigneurs, — la grâce de Dieu re-
« quise à notre commencement, lequel nous la veuille octroyer
« et nous donner bonne issue et grâce de faire chose qui soit
« à l'honneur et bien de nos deux princes, des deux royaumes
« et seigneuries, et de nous tous, — il semble qu'il faut pré-
« supposer en bref le domené de ces matières à Tours, où par
« vous, monseigneur de Suffolk, furent faites certaines de-
« mandes et ouvertures, sur lesquelles le Roi, par l'avis et le
« conseil de tous les seigneurs de son sang se trouvant là en
« personne, excepté monseigneur de Bourgogne, représenté
« par une notable ambassade, fit faire certaines offres sur les-
« quelles rien ne fut conclu. Mais on procéda au mariage et
« puis à la trêve, en espérance de besogner pendant sa durée.
« Ces offres sont : Guyenne, Quercy, Périgord, Calais et Guines,
« sous les protestations et conditions alors faites. »

Suffolk répondit aussitôt qu'à Tours il avait fait connaître au Roi tout ce dont il avait charge, qui était de demander les terres auxquelles son maître avait droit, en dehors de la question de la Couronne, savoir Guyenne, Normandie, etc. Quant aux offres produites alors, il n'en avait rien dit, parce qu'elles n'étaient pas sérieuses et qu'il les considérait comme de nulle valeur [1].

L'archevêque reprit en disant que c'était pourtant chose de grande conséquence, puisqu'il s'agissait de la paix, et qu'il en serait encore de même si la paix était au bout. De telles offres méritaient bien d'être prises en considération, car, avant qu'il fût question de la Couronne, les Anglais n'avaient aucune prétention sur la Normandie et réclamaient seulement l'ancien duché de Guyenne et le Ponthieu.

Le cardinal d'York interrompit, affirmant qu'on demandait le Poitou. — « Non, » répliquèrent les ambassadeurs, « car
« aussi, au temps de saint Louis, le roi Henri avait renoncé à
« tout, moyennant l'abandon de la Guyenne. »

« Puisque, » reprit le cardinal, « le roi se contente des terres
« appartenant à ses prédécesseurs avant qu'il fût question de
« la Couronne et au temps où le royaume était dans sa plus
« grande splendeur, ce serait là une paix raisonnable. »

La discussion se poursuivit sur ce terrain. Le marquis de Suffolk y coupa court : « Laissons ces débats, dit-il. Nous
« avons toujours dit que nous voulions procéder pleinement.
« Je vous en prie, dites-nous présentement le dernier mot de
« votre charge, et, à notre tour, nous vous dirons privément le
« dernier mot de notre volonté. Si nous nous accordons, Dieu
« en soit loué ! Sinon, nous aviserons après à ce qu'il y aura
« à faire. Ne nous tenons point dans ces lenteurs, allant
« d'offre en offre. »

Les ambassadeurs répondirent qu'ils restaient dans la limite de leurs instructions, et que leurs offres étaient grandes et raisonnables.

« Si vous ne pouvez aller au-delà, » reprit Suffolk, « il n'en
« faut plus parler ; mais, au fait, il est tard ; allons dîner, et
« pensons à abréger. »

Le cardinal d'York invita les ambassadeurs de France à

---

[1]. « Et que de ces autres euffres lors n'y respondit riens, pour ce qu'elles n'ont quelque apparence et que tout ce qui y est ne voult riens. » Relation, dans Stevenson, p. 133.

dîner pour le lendemain. Dans l'après-midi, on ne fit rien de plus ; on se borna à convoquer chez le comte de Vendôme les ambassadeurs des princes, pour les mettre au courant de la situation. Ils ne montrèrent pas beaucoup d'empressement : seuls les ambassadeurs bretons répondirent à l'appel.

Le 20 juillet, après le repas offert par le cardinal, les ambassadeurs et les commissaires anglais se rassemblèrent dans une petite chambre. Là le marquis de Suffolk insista de nouveau pour que les ambassadeurs fissent connaître pleinement leur dernier mot; on en ferait autant du côté des Anglais; car, si l'on voulait aller d'offre en offre, on n'en finirait jamais.

Après s'être concertés, les ambassadeurs déclarèrent que, puisqu'ils étaient sollicités d'exposer pleinement toute leur charge, ils allaient revoir le texte des instructions reçues par eux et s'expliqueraient le lendemain; ils demandèrent en même temps que, de leur côté, les commissaires anglais parlassent clairement et ouvertement, disant leur dernier mot. Ceux-ci promirent de le faire.

Le 21 juillet, une nouvelle conférence fut tenue au couvent des Jacobins. Les ambassadeurs ajoutèrent à leurs offres précédentes le Limousin, « sous les protestations et conditions accoutumées. »

Le cardinal d'York prit la parole. Il déclara qu'après les bonnes paroles dites par le Roi au marquis de Suffolk, après celles que le Roi avait fait transmettre au roi son neveu, à la suite de la conclusion du mariage, il ne pouvait croire que le Roi n'eût donné d'autre charge à ses ambassadeurs; il supplia donc ceux-ci de s'expliquer pleinement, sans différer plus longtemps. — « Pour Dieu, » ajouta le marquis de Suffolk, « dites « tout pleinement, et nous parlerons à notre tour ! »

Les ambassadeurs conférèrent entre eux, et se décidèrent à faire l'abandon de la Saintonge et de tout le reste[1]. Le sire de Précigny n'avait-il pas laissé entendre à Suffolk jusqu'où l'on devait aller dans la voie des concessions ? Puisqu'on les requérait « aussi doucement » de se déclarer ouvertement, en leur

1. « Et là conclurrent de dire tout Xaintonge et tout. » Relation citée.

remontrant que le Roi voulait sincèrement la paix et qu'il l'avait bien prouvé, ils n'avaient plus à persévérer dans leur réserve ; ils mettraient ensuite en avant le projet d'une convention à tenir entre les deux Rois.

L'archevêque de Reims prit donc la parole, et, rappelant tout ce que le Roi avait fait pour témoigner de son désir de la paix, il fit les dernières ouvertures ; il sollicita en même temps la partie adverse d'en faire autant, exprimant son étonnement de ce que, jusque-là, elle ne se fût pas expliquée plus franchement.

Après s'être entendu avec ses collègues, le cardinal d'York répondit que les commissaires de Henri VI n'avaient point fait d'ouvertures plus amples pour deux motifs : le premier, parce que les offres des ambassadeurs étaient les moindres qui eussent jamais été produites, et cependant les Anglais occupaient une plus grande étendue de territoire que dans le temps où l'on se montrait plus généreux ; le second, parce que leur maître était à portée, et qu'il fallait auparavant prendre son avis.

« Plût à Dieu, » s'écria alors le sire de Précigny, « que les « deux rois fussent ensemble et qu'ils pussent se voir ! Sans « nul doute, ils feraient la paix. » — *Amen! amen!* dirent tous les assistants.

On aborda aussitôt la question de la convention entre les deux rois. Chacun s'accorda à regarder cette solution comme la meilleure. Finalement, les ambassadeurs demandèrent aux commissaires anglais de voir leur maître sans retard et de l'entretenir de ce projet. Suffolk promit d'aller après dîner trouver le roi à Windsor.

Trois jours s'écoulèrent dans l'attente. Enfin, le vendredi 30 juillet, le roi d'Angleterre donna audience au comte de Vendôme, à l'archevêque de Reims et au sire de Précigny. Les trois ambassadeurs se rendirent à Fulham, manoir de l'évêque de Londres, situé à quatre milles de Westminster. Ils furent introduits dans la chambre de retrait. Henri VI était en compagnie de son chancelier, de Suffolk et du grand trésorier. L'archevêque porta la parole. Il exposa l'état des négociations. Les matières étaient grandes et touchaient les deux rois plus que chose au monde. Comme leurs serviteurs redoutaient d'y mettre la main, il avait semblé que, s'il pouvait se faire que les deux rois s'assemblassent et communicassent entre eux, la chose prendrait meilleure et plus brève conclusion. A la vérité, ils savaient que le Roi avait très grand désir de voir le roi son neveu et qu'une telle entrevue lui serait très agréable. L'archevêque insista sur le bienfait de la paix, les maux de la guerre, la proximité du lignage, l'amitié qui existait déjà entre les deux princes; il supplia le jeune roi de prendre la chose en main; chacun était persuadé que, au plaisir de Dieu, les deux Rois ne se sépareraient pas sans conclure une bonne paix. Si donc il plaisait au jeune roi de consentir à ce que, durant la saison nouvelle, une convention fût tenue, on pourrait se borner à prolonger jusqu'à la Toussaint la trêve qui expirait le 1ᵉʳ avril suivant. Les pouvoirs des ambassadeurs les y autorisaient, car le Roi, désirant voir son neveu et estimant le délai suffisant, leur avait donné charge de consentir à cette stipulation. Et si le jeune roi voulait envoyer, en leur compagnie, certains de ses gens vers le Roi, ils s'emploieraient de tout leur pouvoir à faire aboutir ce projet, persuadés que si l'on demandait au Roi du temps ou toute autre chose raisonnable, il y donnerait son assentiment, car il était disposé à tout faire pour le bien de la matière et pour complaire au roi son neveu.

Le jeune roi parut prendre ces paroles très en gré : sa contenance témoignait de la satisfaction qu'il éprouvait. Chaque fois que le nom du Roi était prononcé, et que l'archevêque insistait sur l'affection que ce prince lui portait et sur le désir qu'il avait de le voir, le jeune roi soulevait son chapeau, en disant « de très bon cœur » ces paroles : « Saint Jehan, grand merci ! »

Quand l'archevêque eut terminé, le cardinal fit retirer à l'écart les trois ambassadeurs, et les conseillers du trône s'entretinrent un instant avec leur maître. Puis le cardinal, s'exprimant dans un latin « bien orné, » déclara que le roi avait entendu ce qui avait été dit et avait pris connaissance de la requête faite par les ambassadeurs relativement à la convention entre les deux Rois; le roi savait le grand bien résultant de la paix et les maux et inconvénients qu'entraînerait une guerre nouvelle, et emploierait volontiers à la conclusion de la paix une grande partie de l'héritage qu'il avait en France; il aurait grand plaisir à voir le Roi son oncle; si les offres faites par les ambassadeurs n'étaient pas de nature à le satisfaire, néanmoins, afin qu'on sût bien qu'il ne voulait épargner aucun labeur pour parvenir à la paix, il n'hésiterait pas à se transporter en France pour se réunir au Roi son oncle. Toutefois, comme une telle convention était affaire d'importance; le roi ne pouvait l'entreprendre sans mûre délibération, grande mise et grand fondement, et aussi sans une prolongation de la trêve; il fallait donc avant toutes choses que la question fût soumise à son Conseil [1].

Les premiers jours d'août furent employés à cet examen. Le Conseil privé ayant émis un avis favorable, des lettres patentes furent données, le 11 août, portant pouvoir à Adam Moleyns, garde du sceau privé, de traiter avec les ambassadeurs de France du renouvellement de la trêve [2]. Deux jours après un acte fut passé à Londres, par lequel les ambassadeurs de France, en vue de faciliter la tenue d'une convention entre les deux Rois, ce qui avait paru le meilleur moyen d'aplanir les difficultés pendantes, et pour donner aux deux parties le temps de préparer cette entrevue, déclaraient proroger la trêve jusqu'au 1ᵉʳ novembre 1446 [3].

Les ambassadeurs quittèrent l'Angleterre après la conclusion du traité. Ils furent accompagnés par Adam Moleyns, personnage considérable, promu dès lors à l'évêché de Chichester, et qui devait jouer un rôle important dans les négociations subséquentes [4]. Le 18 septembre, à Tours, le Roi donnait son approbation au traité de Londres [5]. Adam Moleyns ne fit point

---

1. Relation citée. — Le récit qui s'y trouve prend fin ici.
2. Brequigny, 82, f. 297.
3. Rymer, t. V, part. 1, p. 147.
4. Il était l'ami d'Æneas Sylvius, qui le mentionne avec éloge dans son *Europæ status* (chap. XLI).
5. Copie du temps (sans date), dans le Ms. fr. 4054, f. 43 ; Rymer, t. V, part. 1, p. 149.

un long séjour à la Cour, et repartit aussitôt avec une lettre de Charles VII pour le roi son neveu[1].

La diplomatie royale n'avait jusqu'ici obtenu que de bonnes paroles ; elle voulait autre chose : il lui fallait un gage. L'envoi d'une nouvelle ambassade fut décidé ; les envoyés choisis furent Guillaume Cousinot et Jean Havart.

Dans les lettres de pouvoir données le 17 octobre à ses ambassadeurs, le Roi disait qu'une ambassade ayant été envoyée en Angleterre en vue de la paix, on n'avait pu aboutir à aucun résultat, mais qu'on avait adopté un projet de convention personnelle entre lui et son neveu ; en même temps on avait prolongé la trêve. Depuis ces arrangements, le roi d'Angleterre lui avait envoyé le garde de son sceau privé, pour l'entretenir de plusieurs matières agitées à Londres avec les ambassadeurs de France. Adam Moleyns avait fait observer que le terme assigné à la prolongation de la trêve n'était point suffisant, et avait demandé une prolongation nouvelle, afin de faciliter le passage outre mer de son maître. Mais certaines difficultés n'avaient point permis d'arriver à un accord sur ce point. Le Roi avait donc décidé de renvoyer une ambassade en Angleterre pour s'occuper des questions en litige ; il désignait Cousinot et Havart, et les investissait de la mission de prolonger la trêve et de promettre en son nom qu'il se rendrait, dans le lieu et au temps convenus entre ses ambassadeurs et les conseillers du roi d'Angleterre, à la convention qui devait se tenir avec ce prince[2].

Ce n'était pas là l'objet principal de la mission des deux ambassadeurs.

Le jour même où Charles VII donnait à Montils-les-Tours les lettres que nous venons d'analyser, le roi René en donnait d'autres, au château d'Angers, portant procuration à Cousinot et à Havart. René exposait que récemment, « par le bon plaisir et vouloir de monseigneur le Roi, » le mariage de sa fille Mar-

---

[1]. Lettre mentionnée dans celle de Henri VI, en date du 22 décembre suivant. *Preuves de Mathieu d'Escouchy*, p. 151.
[2]. Rymer, t. V, part. 1, p. 149.

guerite et de Henri, roi d'Angleterre, avait été accompli, dans l'espoir que, « pour l'affinité et l'amour qui raisonnablement, à cause dudit mariage, se devaient ensuivre » entre son « très cher fils » et lui, on pût résoudre plus facilement « aucunes différences étant encore à appointer sur le traité de paix finale » entre le Roi et le roi d'Angleterre. « Et mesmement, » ajoutait René, « que esperons fermement que, par le moyen dessusdit, la delivrance de la comté du Maine, ou de ce que nostre dit très cher fils y tient, nous sera faicte, ainsi que de ce l'avons requis. » En même temps René avait proposé la conclusion d'une alliance à vie et d'une trève de vingt ans entre lui et son « très cher fils, » pourvu qu'il plût au Roi de lui en donner congé et licence. Le Roi y ayant consenti, et lui ayant fait remettre à cet égard ses lettres patentes, René, « espérant que par le moyen desdites alliances et trèves, et autres choses dessusdites, quelque bonne voie se pourrait trouver, » et qu'on parviendrait plus facilement à la conclusion de la paix, donnait pouvoir à Cousinot et à Havart de traiter en son nom avec le roi d'Angleterre de « bonne et vraie alliance, ligue et confédération à vie ou à temps[1]. »

Une lettre de créance pour le roi d'Angleterre, portant la même date, fut remise par René aux deux ambassadeurs[2], qui partirent avec des lettres de Charles VII pour le roi d'Angleterre et la reine Marguerite[3].

---

1. Copie certifiée par Jacques Jouvenel, archevêque de Reims, Pierre de Brezé et Charles d'Haraucourt, aux Archives nationales, P 1334¹⁸, n° 105 ; édité par Lecoy de la Marche, *le Roi René*, t. II, p. 258. — Une autre procuration fut donnée, à la même date et dans le même but, à Auvergnas Chaperon et Charles de Castillon, seigneur d'Alboigne, conseillers du roi de Sicile (P 1334¹⁸, n° 106) ; mais celle-ci était conditionnelle, et Haraucourt a ajouté de sa main sur le document : « Il y a ung aultre povoir en meilleur forme, duquel il se fauldra ayder, et non pas de celuy-ci, sinon en cas de necessité et pour eviter la rompture de la delivrance du Maine. » Voir Lecoy, t. I, p. 250, note.
2. Copie certifiée par Charles d'Haraucourt. Archives, P 1334¹⁸, n° 117 ; édité par Lecoy, *l. c.*, t. II, p. 259.
3. Lettres visées dans la lettre de Henri VI du 22 décembre et dans celle de Marguerite du 17 décembre (Stevenson, t. I, p. 161). — On voit par le Huitième compte de Jean de Xaincoins qu'une somme de 687 l. 10 s. fut versée aux ambassadeurs, « pour partie de leur voyage qu'ils avoient fait en Angleterre. » Jean Havart reçut en outre 400 l. Cabinet des titres, 685, f. 101 v°.

Que se passa-t-il entre les conseillers de Henri VI et les ambassadeurs français? Les documents sont muets à cet égard. Tout ce que nous savons, c'est que, le 12 novembre, Henri VI donnait des pouvoirs au marquis et comte de Suffolk, à Adam Moleyns, à Jean, vicomte de Beaumont, et à Ralph Butler, lord Sudeley, pour traiter avec les ambassadeurs de Charles VII[1]. Le 19 décembre suivant, plusieurs actes étaient passés. Par le premier, la trêve entre la France et l'Angleterre était prolongée jusqu'au 1er avril 1447[2]; par le second, les commissaires du roi d'Angleterre promettaient en son nom qu'il passerait la mer avant le 1er novembre 1446 pour se trouver à la convention qu'il devait tenir avec Charles VII[3]; par le troisième, les ambassadeurs de France promettaient au nom de leur maître qu'il se rendrait, avant le jour fixé, à Paris ou à Chartres, pour l'entrevue qu'il devait avoir avec le roi d'Angleterre[4].

Cousinot et Havart reprirent aussitôt le chemin de la France; ils étaient porteurs d'une lettre de la reine Marguerite et de deux lettres de Henri VI.

La lettre de Marguerite était datée du manoir de Sheen, le 17 décembre. La jeune reine se félicitait de la « bonne amour » et du « vouloir entier » que le Roi son oncle témoignait au roi son seigneur et à elle, et de la « fructueuse disposition et libérale inclination » qu'il avait en faveur de la paix; elle l'en remerciait « de bon cœur et si chèrement » qu'elle pouvait, car, disait-elle, « greigneur plaisir ne pourrions en ce monde avoir que de voir appointement de paix finale entre Monseigneur et vous, tant pour la prouchaineté de lignage en quoy attenez l'un l'autre, comme pour le rellevement et repos du peuple chrestien, qui tant longuement par guerre a esté perturbé. » Quant à la délivrance du comté du Maine, désirée par le Roi, et aux autres choses contenues dans ses lettres, elle savait que le roi son seigneur lui écrivait à ce sujet. « Neantmoins, »

---

1. Rymer, t. V, part II, p. 150.
2. Rymer, l. c., p. 151 et 155.
3. Rymer, l. c., p. 153 (avec la date du 10, évidemment fautive). — Henri VI ratifia ces deux actes le 2 janvier suivant.
4. Rymer, l. c., p. 156.

disait-elle, « en ce ferons pour vostre plaisir au mieulx que faire pourrons, ainsi que tousjours avons fait[1]. »

Les deux lettres du roi d'Angleterre portaient la date du 22 décembre. Dans la première, il assurait le Roi qu'il était entièrement disposé à conclure la paix moyennant des conditions honorables pour les deux Couronnes. « Ne revoquez point en double, » disait-il, « que nous avons envers vous vraye amour et entière dilection, et nous seroit bien grant soulaz et entier reconfort de vous povoir veoir et familièrement communiquer avec vous, comme avec celui à qui nature nous incline à toute bonne amour et que sur tous les autres plus desirons de veoir[2]. » — Dans la seconde, il prenait en ces termes l'engagement de faire l'abandon du comté du Maine :

« Très hault et puissant prince, nostre très chier oncle, pour ce que savons que seriez très joyeux que fissions la delivrance de la cité, ville et chastel du Mans, et de tout ce que avons et tenons en la comté du Maine, à très hault et puissant prince et nos très chiers père et oncle le Roy de Secille et Charles d'Anjou, son frère, ainsi que par vos gens et ambassadeurs, presentement envoyez devers nous, nous a esté plus à plain dit et exposé, et lesquels bien affectueusement de par vous nous en ont requis, et en outre dit qu'il vous sembloit que c'estoit un des meilleurs et convenables moyens pour parvenir au bien de paix entre nous et vous, voulans moustrer par effect le grant voloir et affection que avons de entendre oudit bien de paix et de querir tous moyens convenables pour y parvenir, pour l'amour et affection que avons à vostre très noble personne, à laquelle, en tout ce qui nous seroit honnorablement possible et licite, voudrions complaire de très bon cuer ; en faveur aussi de nostre très chière et très amée compaigne la Royne, qui de ce par plusieurs foiz nous a requis, et pour contemplacion de nos diz père et oncle, pour lesquels bien raisonnable chose est que fissions plus que pour autres qui ne sont pas si prouchains de nous, et que nous esperons avec ce que la matière de paix principale s'en conduira mieux et prendra plus brève et meilleure conclusion, ainsi que avons entendu par vos diz gens et ambassadeurs, vous

---

1. Original, Ms. fr. 4054, f. 97 ; édité par M. Stevenson, t. I, p. 101.
2. Original, Ms. fr. 4054, f. 96 ; édité dans les *Preuves de Mathieu d'Escouchy*, p. 151.

signiflons, promettons en bonne foy et en parole de Roy, de baillier et délivrer realment et de fait, en faveur et contemplacion de vous principalement, à nos diz père et oncle le Roy de Secille et Charles d'Anjou son frère, ou à leurs commis et depputez en ceste partie, cessans et non obstant toutes excusacions et empeschemens, lesdictes cité, ville et chastel du Mans, ensemble toutes les villes, chasteaux et forteresses, et tout ce que avons et tenons et qui est en nostre obéissance en la comté du Maine, dedans le dernier jour d'avril prouchainement venant, et d'envoyer de nos gens et officiers par devers vous avec povoir suffisant pour faire ladicte delivrance, ainsi que dessus est dit, et tout sans fraude et deception quelzconques, en nous baillant les lettres originales de congé de par vous donné à nos diz père et oncle le roy de Secille et Charles d'Anjou, son frère, de prendre aliances à leurs vies et faire trèves avec nous pour le pays d'Anjou et du Maine durant vingt ans, en la forme et manière dont par vos diz ambassadeurs nous a esté baillée la copie sous leurs sceaux et seings manuels.

« Et en oultre, pour plus grant seurté des choses dessus dictes, et pour vous complaire, et ad ce que y ajoustiez plus grant foy, nous avons voulu ces presentes signer de nostre main et à icelles faire mettre et poser nostre seel de secret.

« HENRY[1]. »

Ce document, qui devait servir de base aux revendications de Charles VII pour la délivrance du Maine, est d'une si haute importance, qu'il convenait de le transcrire *in extenso*. Il permet d'apprécier dans quelles circonstances et à quelles conditions fut pris l'engagement de Henri VI. En même temps il fait justice des accusations et des erreurs accumulées à ce sujet par les historiens[2].

---

1. Cette curieuse lettre, extraite des *Worcester's Collections*, a été publiée par M. Stevenson, t. II, p. [639-642].
2. Tous les historiens anglais (et en France on les a fidèlement suivis) prétendent que, dès le mois de mai 1444, lors de la conclusion de la trêve, Suffolk avait pris l'engagement de céder à Charles VII l'Anjou et le Maine. Sans parler des actes d'accusation dressés en 1449 et 1450 contre Suffolk, le passage suivant de Berry (p. 430) semblait les autoriser à émettre cette assertion : « Le Roy d'Angleterre, par le traité de son mariage fait entre luy et la fille du Roy de Sicile, avoit promis, incontinent après ledit mariage, rendre ladite ville du Mans et les autres places qu'il tenoit en la comté du Maine. » M. James Gairdner lui-même, le plus récent et le mieux informé des historiens qui se sont occupés de cette époque, donne le fait comme acquis (*The Houses of Lancaster and York*, 3ᵉ édit., 1879, p. 112). Et pourtant, dans la préface placée

Quelques jours après, le héraut Garter partit pour la France, porteur d'une nouvelle lettre en date du 2 janvier 1446, dans laquelle le roi d'Angleterre renouvelait l'assurance de ses dispositions favorables à la paix et à la convention projetée¹.

Tout semblait donc indiquer qu'on tendait à un prochain accord et à une complète pacification.

---

par lui, en 1872, en tête des *Paston letters*, le même écrivain disait, à propos du rôle de Suffolk lors de la conclusion du mariage (p. XXXIV) : « If he had really commited any mistakes, they were as yet unknown, or at all events uncritised. Even the cession of Maine and Anjou at this time does not seem to have been speaken of. »

1. Original signé, Ms. fr. 4054, f. 38. Éd. par Stevenson, t. II, p. 308.

CHAPITRE VI

LA COUR A RAZILLY. — FAVEUR D'AGNÈS SOREL. INTRIGUES DU DAUPHIN

1445-1446

Le Roi s'installe au château de Razilly près Chinon. — Faveur d'Agnès Sorel ; nature de son influence. — Les mignons du Roi : Villequier, Gouffier, Clermont, Aubusson. — La garde du Roi : éléments dont elle se compose. — Les princesses d'Écosse à la Cour. — Enquête sur la conduite de Jamet de Tillay à l'égard de la Dauphine. — Le duc de Bretagne à Chinon ; cérémonie de l'hommage ; joutes à Chinon. — Affaire de Gilles de Bretagne ; son arrestation. — Attitude du Dauphin ; ses intrigues. — Complot dans lequel il veut entraîner Antoine de Chabannes ; desseins du Dauphin ; découverte du complot ; interrogatoire de Chabannes. — Grandes affaires qui occupent le Roi ; mariage de Jeanne de France avec le comte de Clermont ; mort du comte de Vendôme ; naissance de Charles de France. — Le Dauphin quitte la Cour, et se retire en Dauphiné.

On se rappelle dans quelles circonstances la Cour avait quitté Châlons. Charles VII rentra aussitôt à Montils-les-Tours ; il ne fit qu'y passer, et vint, au mois de novembre, prendre sa résidence au château de Razilly, à deux lieues de Chinon. C'était un manoir construit par un de ses chambellans, le seigneur de Razilly[1]. Sauf de fréquentes apparitions à Chinon,

1. Le 17 décembre 1439, Charles VII avait autorisé Jean, seigneur de Razilly, à faire fortifier son château (Lettres patentes conservées dans les archives de la famille : voir lettre du marquis de Razilly, adressée en 1866 à M. Vallet de Viriville, dans Ms. fr. nouv. acq. 5088, à Razilly). — On lit dans le Neuvième compte de Xaincoins (l. c., f. 114) : « Messire Jehan de Razillé, chevalier, seigneur dudit lieu, près Chinon, u. l., en faveur de ce que le Roy y a logé l'année passée pendant huit mois. » — Le château de Razilly est situé dans la commune de Beaumont-en-Veron. M. G. de Cougny, qui prépare une *Histoire de Chinon*, et qui a si profondément étudié tout ce qui concerne la Touraine, a bien voulu (lettre du 28 septembre 1887) nous envoyer la description suivante de ce qui subsiste de ce manoir : « Des fortifications élevées par Jehan de Razilly, il ne reste que quelques pans

Charles VII devait y séjourner jusqu'à l'automne suivant. Non qu'il fût, comme on s'est plu à le répéter, systématiquement confiné, loin de tout regard, et inaccessible à son peuple : il se plaisait au contraire à laisser sa porte ouverte pour tous ceux qui avaient quelque requête à présenter[1].

La Reine établit sa résidence à Chinon ; elle venait parfois à Razilly[2]. A ce moment, elle eut une nouvelle grossesse, qui devait être la dernière : le 28 décembre 1446, elle accoucha d'un fils, qui fut l'enfant de prédilection de Charles VII. A cette occasion, le Roi fit à sa femme de beaux présents[3].

Mais, à cette époque, la véritable Reine, ce n'est plus Marie d'Anjou ; c'est Agnès Sorel.

Mademoiselle de Beauté, comme on appelait Agnès, du nom d'une seigneurie qu'elle avait reçue du Roi[4], pouvait à double titre être désignée de la sorte, car, au témoignage de tous les contemporains, elle était d'une merveilleuse beauté[5].

de muraille ébréchés, découronnés de leurs parapets et de leurs machicoulis, dont on aperçoit encore quelques rares encorbellements. L'hôtel principal qui, au quinzième siècle, devait présenter de vastes développements, puisque le Roi et sa Cour pouvaient y trouver gîte, est réduit aujourd'hui à un étroit corps de logis en partie dérasé, et dont les deux tiers au moins ont été repris en sous-œuvre et remaniés au seizième siècle. Une porte bâtarde, en tiers-point, et qui paraît être murée depuis longtemps, s'ouvrait à la base de la portion ancienne. La chapelle, disposée au sud de ce corps de logis, dont elle est séparée par un espace de quelques mètres, offre un chevet rectangulaire, percé de trois fenêtres en plein cintre et surmonté d'un pignon aigu, surélevé au quinzième siècle, tandis que la partie inférieure semble appartenir à la fin du douzième. En même temps qu'on exhaussait le grand gable, une seconde travée était construite dans la direction de l'ouest, en vue sans doute du séjour éventuel du Roi et de sa Cour. »

1. Nous avons déjà cité ce mot du Dauphin à Chabannes : « Vous savez que chacun a loy d'entrer à Razilly qui veut. » Duclos, *Preuves*, p. 64.

2. On a d'elle une lettre datée de Razilly, en date du 12 août 1446. D. Grenier, 63, f. 398.

3. Dans les premiers mois de 1446, le Roi donna à la Reine trois mille livres, « pour convertir en vaisselle d'argent pour son hostel. » (Huitième compte de Xaincoins, Cabinet des titres, 685, f. 102 v°.) — « A la Royne la somme de II^m livres, que ledit seigneur lui a donnée pour avoir robes pour elle en sa relevailles de monseigneur Charles. » Rôle de dépenses du 26 mai 1447, *Preuves de Math. d'Escouchy*, p. 261. — Le 4 août suivant, Marie d'Anjou donnait quittance de cette somme. Original signé, Ms. fr. 20118, fol. 10.

4. *Recherches historiques sur Agnès Sorel,* par Vallet de Viriville, dans la *Bibliothèque de l'École des chartes*, t. XI, p. 312-13.

5. « Entre les belles c'estoit la plus jeune et la plus belle du monde. » (Jean Chartier, t. II, p. 183.) — « La plus belle femme jeune qui feust en icelui temps possible de veoir. » (*Chronique Martinienne*, f. 302.) — « Une des plus belles femmes que je vis onques. » (Olivier de la Marche, t. I, p. 55.)

Dans le langage familier de la Cour, on la nommait *la belle Agnès*[1]. Ses traits étaient d'une telle pureté que le peintre Jean Foucquet les emprunta, dit-on, pour représenter la sainte Vierge dans son célèbre dyptique de Notre-Dame de Melun[2]. Elle avait des yeux bleus et pleins de douceur, une opulente chevelure blonde, le teint d'une admirable fraîcheur, un ensemble de jeunesse, de grâce, d'enjouement offrant un charme incomparable[3].

Agnès Sorel était née vers 1422, vraisemblablement à Froidmantel en Picardie[4], de Jean Soreau, seigneur de Coudun, mort en 1446, et de Catherine de Maignelais[5]. Nous avons

1. « Une damoiselle nommée *la belle Agnez*. » (Jean Chartier, t. II, p. 181.) — « Unam præcipuam satis formosam mulierculam, quam vulgo *Pulchram Agnetem* appellabant. » (Thomas Basin, t. I, p. 313.)

2. « Dans le chœur, à côté de la sacristie, se montrent par rareté deux tableaux de moyenne grandeur, peints sur bois et se fermant l'un dans l'autre, dans l'un desquels est représentée une vierge Marie portant un voile blanc sur sa teste et une couronne perlée à hauts fleurons au dessus, la mamelle gauche découverte et ayant la vue baissée sur un petit enfant qui est debout à ses pieds. Aucuns veulent dire que cette image est peinte sous la figure d'Agnès Sorel, amie de Charles VII. » Denys Godefroy, *Recueil des historiens de Charles VII*, p. 885-86. Qu'est devenu l'original du volet de Melun, dont Henri IV, dit-on, avait offert dix mille livres? On ne sait. Mais la Vierge de Melun était célèbre et on en fit de nombreuses copies. Une d'entre elles se trouve au musée d'Anvers, sous le n° 100; une autre est au musée de Versailles, sous le n° 1751 (ici la vierge est seule, sans enfant). Voir la *Notice sur Jean Foucquet*, qui se trouve en tête de l'ouvrage : *Œuvre de Jehan Foucquet*, publié par L. Curmer (1867); M. de Laborde, *Renaissance des arts à la cour de France*, t. I, p. 691 et suiv.; *Recherches sur les sépultures récemment découvertes en l'église Notre-Dame de Melun*, par Eug. Grésy (Melun, 1815, in-8), p. 4 et suiv. et planche; enfin l'article de M. Jules Receveur : *Sur un tableau du musée d'Anvers représentant la Vierge sous les traits d'Agnès Sorel, peint par Jean Foucquet*, dans le *Journal des Beaux-Arts* d'Anvers du 31 août 1859. La photographie de ce portrait se trouve au Cabinet des estampes : *Le Musée d'Anvers*, N° 21°, et il est reproduit dans *le Moyen âge et la Renaissance*, t. VI.

3. Nous ne possédons pas de portrait qui soit en rapport avec la réputation du modèle. On n'a d'Agnès Sorel, outre le tableau dont nous venons de parler, qu'un crayon exécuté seulement vers 1515, publié par M. Niel, *Portraits de personnages illustres*, t. II; voir le crayon original au Cabinet des Estampes et la reproduction faite par M. Howard (*François I°r chez M°e de Boisy*, Paris, 1863 in-4), d'après un ms. d'Aix, et la statue mutilée qui se trouvait à Loches sur son tombeau. Ni l'une ni l'autre de ces effigies ne peut donner une idée exacte de l'original. — Il faut consulter aussi le procès-verbal d'exhumation, en date du 5 mars 1777, publié par Delort (*Essai critique sur l'histoire de Charles VII, d'Agnès Sorelle et de Jeanne d'Arc*, p. 266 et suiv.

4. Voir les deux écrits de Vallet de Viriville : *Agnès Sorel* (Revue de Paris des 1er et 15 octobre 1855), p. 43 et 250; *Nouvelles recherches sur Agnès Sorel* (Paris, 1856, in-8 de 80 p.), p. 10; extrait du *Compte rendu de l'Académie des sciences morales et politiques*); et la brochure de M. Peigné Delacourt : *Agnès Sorel était-elle Tourangelle ou Picarde?* (in-8 de 16 p.) p. 10 et suiv.

5. Le P. Anselme, *Histoire généalogique*, t. VII, p. 701.

raconté plus haut les origines de sa faveur. Elle accompagna sans nul doute le Roi à Nancy et à Châlons[1]. De bonne heure elle eut son logement dans l'hôtel royal, mieux ordonné et plus brillant que celui de la Reine. Le chroniqueur bourguignon Georges Chastellain dit que, « pour paix obtenir et avoir son état tout plus sûr et entier, » Marie d'Anjou avait dû souffrir qu'une fille pauvre et de naissance médiocre demeurât et conversât journellement avec elle, tînt « état et rang de princesse, » eût une compagnie plus nombreuse et plus brillante que la sienne, attirât enfin les hommages de toute la Cour et du Roi lui-même. Agnès avait, en effet, « tous états et services royaux, » à l'égal de la Reine ; elle avait même « plus beaux parements de lit, meilleure tapisserie, meilleur linge et couvertures, meilleure vaisselle, meilleurs bagues et joyaux, meilleure cuisine et meilleur tout[2]. » Marie d'Anjou avait dû se résigner à la faire asseoir à sa table et même à lui faire fête[3], car le Roi était « durement assotté » de cette femme[4], et Agnès prit sur lui un tel empire qu'il en vint à ne plus pouvoir se séparer d'elle[5]. « Dans toute la chrétienté, » dit encore Chastellain, « n'y avoit princesse si hautement parée et qui pût se vanter de tenir un tel état : dont cent mille murmures s'élevaient contre elle et non moins contre le Roi[6]. » Agnès portait des queues plus longues que celles d'aucune grande dame du royaume ; ses atours étaient plus brillants, ses robes plus coûteuses. « De tout ce qui à ribaudise et dissolution pouvoit traire en fait d'habillement, dit encore le chroniqueur en son rude langage, de cela fut-elle produiseresse et inventeresse ; » elle se

---

1. On a la preuve de sa présence à Châlons : voir la déposition de Jamet de Tillay dans Duclos, *Preuves*, p. 47.
2. Georges Chastellain, t. IV, p. 365.
3. « Luy convenir souffrir de la seoir à sa table et en faire feste. » (Chastellain, *l. c.*, — « Dont la Royne avoit moult de douleur à son cueur ; mais à souffrir luy convenoit pour lors. » (*Journal d'un bourgeois de Paris*, p. 387.)
4. « De ceste femme nommée Agnès, et laquelle je vis et cognus, fut le Roy durement assotté. » Chastellain, *l. c.*
5. « In mensâ, in cubiculo, in concilio, lateri ejus semper adhaesit, » a dit, avec quelque exagération du reste, Æneas Sylvius (*Commentarii*, p. 163).
6. Chastellain, *l. c.*, p. 366. Olivier de la Marche dit aussi (t. II, p. 55) : « Son estat estoit à comparer aux grandes princesses du royaume. »

découvroit les épaules et la gorge de la façon la plus inconvenante ; elle donnoit cours, parmi les hommes comme parmi les femmes, au dévergondage le plus éhonté ; « jour et nuit elle n'étudioit qu'en vanité pour dévoyer gens et pour faire et donner exemple aux preudes femmes de perdition d'honneur et vergogne et de bonnes mœurs. » Nulle ne s'y entendait mieux. Un tel exemple devait porter de tristes fruits : tout le « souverain sexe » en ressentit la corruption ; la jeune noblesse ne subit point impunément ce contact, et s'abandonna au plaisir, à la vanité, à tous les désordres [1].

Alors même que ce tableau serait un peu chargé — car Georges Chastellain montre ici une indignation assez déplacée sous la plume du chroniqueur officiel de Philippe le Bon, le prince aux vingt-quatre maîtresses et aux innombrables bâtards, — il faut reconnaître que le scandale était grand. Et ce qu'il y avait de plus grave que cette licence et ce luxe effréné, c'était la situation publique officiellement donnée pour la première fois à une favorite[2] ; c'était le faste et les honneurs dont était entourée une autre femme que l'épouse légitime.

Agnès Sorel vivait, au témoignage du chroniqueur officiel, parmi « toutes sortes de plaisances mondaines, » au milieu des « passe-temps et joies du monde[3]. » On pouvait dire qu'elle avait « tous ses plaisirs et désirs. » Comblée de faveurs par Charles VII, elle reçut, après la seigneurie de Beauté-sur-Marne, les châtellenies de La Roquecezière en Rouergue et d'Issoudun en Berry, et la seigneurie de Bois-Trousseau. Outre une pension de trois mille livres, elle eut des dons d'argent, et plus tard le Roi lui fit présent des seigneuries de Vernon et d'Anneville[4]. Elle avait le goût des bijoux[5], et l'on rapporte

---

1. Chastellain, l. c.
2. M. Vallet de Viriville qui, certes, n'est point suspect, dit en propres termes (t. III, p. 20) : « Par une nouveauté inouïe dans les annales monarchiques, on vit en elle, pour la première fois, une favorite en titre. »
3. Jean Chartier, t. II, p. 181.
4. Voir *Bibliothèque de l'École des chartes*, t. XI, p. 311-15, et Vallet, *Histoire de Charles VII*, t. III, p. 177-78.
5. Charles VII racheta ses « joyaux et bagues » après sa mort, pour la somme énorme de 20,600 écus. *Bibliothèque de l'École des chartes*, t. XI, p. 307.

qu'elle fut la première à porter des diamants taillés. Elle aimait les « grands et excessifs atours; » ses robes étaient de riches étoffes et garnies de fourrures[1]. Si l'on ne peut admettre — au moins dans le sens où les historiens l'ont prétendu — qu'elle ait eu un rôle politique, on doit reconnaître l'influence considérable qu'elle exerça sur le luxe, sur les arts, sur les mœurs, sur les habitudes de la Cour, et c'est ici que l'on peut constater la nature de cette influence dont on a tant parlé, mais en termes peu conformes à la vérité historique.

La véritable influence d'Agnès trouva sa source, indépendemment du prestige de sa beauté, dans cette bonté compatissante, dans cette facilité à obliger qui formaient un des traits de son caractère. Olivier de la Marche dit qu'elle « fit en sa qualité beaucoup de bien au royaume de France, car elle avançoit devers le Roi jeunes gens d'armes et gentils compagnons dont depuis le Roi fut bien servi[2]. » On a la preuve de cette action, où le sentiment eut évidemment sa part — nous voulons croire que ce fut en tout bien et tout honneur[3], — et l'on pourrait citer les noms des parents et amis qui furent ainsi « avancés » et pourvus de charges ou d'honneurs[4]. Il faut convenir, d'ailleurs, qu'Agnès fit un noble emploi des dons prodigués si généreusement par le Roi : l'histoire a conservé la trace de ses aumônes et de ses fondations[5].

---

1. « Tenue jolie de robes, fourrures, colliers d'or et de pierreries. » Chartier, p. 181. Sur les fourrures d'Agnès, voir *Bibliothèque de l'École des chartes*, l. c., p. 300-11.
2. Olivier de la Marche, t. II, p. 55.
3. On a insinué qu'elle ne fut pas toujours fidèle à Charles VII. Thomas Basin dit (t. I, p. 319) : « Nec eam quippe solam, nec ipsa cum solum. »
4. Geoffroy Soreau, oncle d'Agnès, devint en 1447 administrateur de l'abbaye de Saint-Crépin de Soissons, et évêque de Nîmes en 1450; Charles et Jean, frères d'Agnès, étaient en 1446 de l'hôtel du Roi, et deux autres de ses frères, André et Louis, hommes d'armes de la garde du Roi. Parmi les « jeunes gens d'armes et gentils compagnons, » il faut citer en première ligne Guillaume Gouffier, qui parvint si avant dans la faveur royale.
5. « Ladite Agnès avoit tousjours esté de vie bien charitable, large et liberale en aumosnes, et distribuoit du sien largement aux povres églises et aux mendiens. » J. Chartier, t. II, p. 183. Voir sur les fondations d'Agnès, *Bibliothèque de l'École des chartes*, l. c., p. 325. — On a cité (P. Clément, *Jacques Cœur et Charles VII*, t. II, p. 126 et suiv., et Vallet de Viriville, *Revue de Paris* du 15 octobre 1855, p. 250 et suiv.) des lettres autographes d'Agnès Sorel : ces lettres sont apocryphes. Voir à ce sujet une note complémentaire à la fin du volume.

Que ces faits ne nous fassent point perdre de vue l'influence fatale qu'elle eut sur Charles VII, qu'elle entraîna dans de coupables déréglements[1], sur les mœurs du temps, et même sur les affaires publiques. Que d'abus, que d'exemples funestes, que de scandales[2] ! La passion est mauvaise conseillière : quand

[1]. Chastellain dit en propres termes (t. IV, p. 367) que Charles VII fut « perdu par elle. »

[2]. L'évêque Jouvenel s'est fait, en ces termes énergiques, le censeur des abus de son temps : « Item, que on advisast aux estas, et que le Roy en son hostel mesme il mist remesde tant en ouvertures de par devant par lesquelles on voit les tetins, tetles et seing des femmes, et les grans queues fourrées, chesnes et aultres choses, car elles sont trop desplaisans à Dieu et au monde, et non sans cause ; et que en son hostel et en celluy de la Royne et de ses enffans ne souffrist hommes ou femmes diffamez de puterye et ribaudie et de tous aultres peschez, car par les souffrir on a veu trop de inconveniens advenir et de punicions divines. J'ay veu des robes de l'ayeule du Roy qui ne traynoient point derrière ung plet. » *Discours sur la charge de chancelier*, Ms. fr. 2701, f. 65 v°.

Dans son *Épître sur la reformation du royaume*, s'adressant au Roi, il dit encore : « Je ne veulx pas dire que vous ne doiez estre large et liberal, et que ne puissiez donner du vostre ainsi que bon vous semble ; mais de appliquer ce que vous exigez pour la guerre en aultre usage, je double que ce ne soit charge et en conscience et en honneur. Et peut estre que pour ce que le Roy Jehan le souffrit faire que luy et le royaume en eurent dommage irreparable. Or regardons se le peuple a point congnoissance que, aprez les trèves que vous avez eues avecques vos ennemis, les joustes qui furent en divers temps, qui estoient choses bien superflues et de mal proffit, les estas des dames et des damoiselles, en robes, joyaulx et mises que il y faloit faire, lesquelles choses ne povoient estre à l'utilité de la chose publique, mais au profit d'aucuns marchans qui vendoient ce qui ne leur coustoit que ung escu ou deux, six escus, tant en draps de soye que de martres ou aultres pennes ; quelles pompes y a il en queues et cornes, en chesnes d'or, pierres et aultres habillemens, qui sont desplaisans à Dieu et au monde ! Et ne cesse point, mais croit de jour en jour ; et ne sçay que vous, qui avez sens et entendement, ne doubtez que Dieu ne se courrouce à vous de souffrir telles superfluitez ; et tellement qu'il n'y a damoiselle ou bourgoise qui ne se mecongnoisse et qui ne veuille avoir grans estas ; et par ce moyen se vuide une grande partie de l'or et argent de ce Royaume ; car tous les habillemens, exceptez draps de leine, viennent hors du Royaume.

« Et so il vous plaisoit sur ceste matière veoir les ordonnances anciennes faietes par vos predecesseurs, sur le fait des estas, c'est assavoir quelz draps et pennes chascun devoit porter et de quel pris, vous les trouverez en vostre Chambre des comptes. Que pleust à Dieu que vostre plaisir feust d'en faire de pareilles ! Et toutes lesdictes pompes sont aux despens du povre peuple. Et double que ce ne soit de l'argent des aides, qui seroit grand peschié et mal fait.

« On dit aussi que vous ordonnés estas pour ceulx de vostre sang et aultres nobles, et dames et damoiselles, qui par moys ou par an ont proufis de vous grans et excessis. So il est ainsi vous le devés savoir ; faictes visiter les comptes anciens en vostre Chambre des comptes, savoir se vos predecesseurs le faisoient et ordonnoient ainsi des finances levéez pour le fait de la guerre. Et ce que vous leur baillez ou faictes delivrer, c'est leur grant dommage, car se ilz n'avoient que leurs demaines ilz penseroient de les faire valoir, soustendroient leurs maisons comme font les povres gentilzhommes et gens d'esglises et laboureurs. Et au regard des dames et damoiselles, ce ne leur est que toute oysiveté, mère de tous vices, et mettent à leur mettre à point et à toutes vanités le jour et la nuyt. Et celles et aussi ceulx auxquelz ne faictes aucun bien, qui sont de haulx

Agnès était en jeu, Charles VII n'écoutait plus rien. Aussi, plus d'une intrigue, plus d'une division au sein de la maison royale eurent leur origine dans cette faveur scandaleuse. Lorsqu'un courtisan voulait perdre un homme dans l'esprit du Roi, il lui suffisait de l'accuser d'avoir mal parlé d'Agnès [1]. Les âmes honnêtes ne pouvaient voir sans indignation cet adultère public et triomphant. C'était pitié, disait-on, qu'un tel exemple fût donné sur les marches du trône, et les fruits ne pouvaient qu'en être funestes. Quels que fussent alors, d'une part la légèreté des mœurs, de l'autre le respect de la royauté, de sourds murmures s'élevaient contre la favorite et contre le Roi ; plusieurs contemporains se sont fait l'écho des justes protestations de la conscience publique [2].

lieux et lignages, veulent faire pareillement. Et fauldra pour entretenir leurs estas qu'ilz vendent leurs heritages ou rentes sur iceulx, qui est en la fin leur destruction...

« Vostre peuple, qui voit que faictes les choses dessus dictes, peut juger que vous en deveriez faire grant conscience et que il doit doubter que les prières que on fait pour vous ne sortissent pas effect. Et en verité, quant vous cesserez à faire lesdictes pensions, les seigneurs seront plus contens qu'ilz ne sont de present ; car ce sont toutes envies qui engendrent haynes couvertes, et cuide chascun avoir desservy de avoir plus l'ung que l'autre.

« Et quant de celles qui ont ces horribles et detestables estas, elles en sont plus gentes et habilles que d'avoir si grans heaulmes ne queues pesantes que il fault porter, trayner ou faire porter, qui chet en ung grant abhominacion de desplaisance au peuple. Et se elles le consideroient, elles en seroient aussi plus belles, car tant à une femme plus humble abit tant plus est plaisante. Il semble de beaucoup que ce soient vieilles mulles ou meschans chevaulx enfrenés de grans paremens pour estre mieulx vendables ; et puis moustrent leur seing ou tetins : il est grant besoin de donner appetit aux compaignons. Enquerez quel estat portoit madame vostre ayeule et les aultres precedens.

« Dieu aucunes foys se courrousse de telz ordures et broullis, c'est assavoir de la forme d'aler des femmes, de la manière de regarder de leurs paremens ; et dit Dieu par la bouche du Propheste que il les fera cesser de mittres, qui sont leurs grans cornes, et pour abresger toutes leurs superfluités ; et sera qu'elles auront pour odeur puneste, sainture de corde et vestir de meschans draps. Helas ! mais ce n'est pas tout ; et que dit à vous mesme le propheste pour ce que souffrez les dictes choses ? *Pulcherrimi quoque viri tui cadent gladio, et fortes tui in prœlio; et mœrebunt atque lugebunt et desolata terra sedebit*. Et est bien à craindre et doubter que en vostre personne ou en vostre peuple, à cause de ce que permettez ainsi deshonnestement faire, Dieu ne face grande punicion. » Ms. fr. 2701, f. 98 v°-99.

1. « Sed et cum aliquid bono et honesto homini aliquis caninum palatinorum invidiam conflare vellet, atque in eum regiam indignationem excitare, illud sibi pro crimine velut capitali impingebatur, quod de pulchra Agnete locutus fuisset. » Thomas Basin, t. I, p. 313-14.

2. Voir Chastellain, t. IV, p. 365-66 ; *Chronique abrégée*, dans Godefroy, p. 349, et *Journal d'un bourgeois de Paris*, p. 388. — L'évêque Jouvenel, dans ses *Remontrances sur la réformation du Royaume*, écrites vers 1452, fait allusion en ces termes aux désordres de mœurs du Roi : « Pensez doncques, à vous-mesmes, dit-il, qui avez

En même temps qu'Agnès Sorel devient maîtresse déclarée, nous voyons apparaître tout un groupe de jeunes et brillants gentilshommes qu'on nomme les *mignons du Roi*[1]. La plupart doivent être appelés à jouer un rôle important; il convient donc de les faire connaître au lecteur.

Au premier rang figure André de Villequier. Il appartenait à une vieille race dont les rejetons vinrent au dix-septième siècle se fondre dans la maison d'Aumont. Chastellain le désigne ainsi : « Le seigneur de Villequier, normand, celui qui soloit estre (avait coutume d'être) mignon du Roy, et, tout jeune, tant monta haut en la roue de fortune que nul son pareil en son temps[2]. » André était fils de Robert, seigneur de Villequier, et de Marie de Gamaches; il avait deux sœurs : Marguerite, demoiselle de corps de la Dauphine, née vers 1427, et Antoinette[3]. Toutes deux étaient en grande faveur à la Cour[4]. Dès le commencement de 1444, André de Villequier est l'objet des libéralités royales[5]; au mois de juillet 1445 il se qualifie de chambellan du Roi[6]. Bientôt il devient un person-

---

sens et entendement, que ne les emploiés pas à choses volontaires ou voluptueuses, car vous estes mortel et mourrez, et ne savez quant. » Plus loin, prenant texte d'un passage du Deutéronome, il dit que « un Roy ne doit point avoir trop grant foison chevaulx ne femmes qui amolient son courage. » Ailleurs il insiste davantage en ces termes : « Je croy que Dieu vous a donné le conseil et la voulenté de l'exécucion de la conqueste que vous avez faicte; vous devez aussi demander conseil à vous-mesme, et en ce vous dovés fort adviser que en ce faisant ostiez tous courroulx, voluptés, mondaines plaisances et haslivetés. » Ms. fr. 2701, f. 88 v°, 89 et 104.

1. « Nous le contenterons bien (le Roi) au regard de ses *mignons*, » disait le Dauphin à Chabannes en 1446. Duclos, *Preuves*, p. 66.

2. Chastellain, t. III, p. 17-18.

3. Elles ne sont pas nommées par les généalogistes (généalogie des Villequier, dans La Roque, *Histoire de la maison d'Harcourt*, t. II, p. 1803 et 1805, et t. IV, p. 2061; Cabinet des titres, *dossiers bleus* : VILLEQUIER); mais il est constant qu'elles étaient sœurs d'André (voir quittance du 4 mai 1447 : Clairambault, 207, p. 8091).

4. En décembre 1446, le Roi donnait à Marguerite 137 l. 10 s. t., et à André une autre somme de 150 l. 15 s. « pour faire robes à ses deux sœurs » Marguerite et Thoinine. Clairambault, 207, p. 8089 et 8091.

5. « André de Villequier, escuyer, 41 l. 5 s. pour entretenir son estat, et 68 l. 15 s. en janvier 1443 (1444) pour avoir un cheval, et 68 l. 15 s. en avril 1444 pour maintenir son estat, et pareille somme en may, et 65 l. en aoust 1444 pour avoir un cheval, et 10 l. 10 s. pour un harnois, et 110 l. en septembre 1444 pour son estat. » Sixième compte de Xaincoins, *l. c.*, f. 83.

6. Lettres de Charles VII, données à Sarry-lez-Chalons, le..... jour de juillet 1445. Collection de D. Fonteneau, vol. 21, p. 505 (Ms. lat. 18390). Déclaration de paiement en date du 27 juillet, signée VILLEQUIER. Du Puy, vol. 12, f. 388, et Archives

nage : on l'appelle « monseigneur de Villequier ; » il est constamment auprès de Charles VII, qui le comble de ses dons, et lui facilite l'acquisition de la terre de Montmorillon, appartenant à la veuve de La Hire[1].

Un autre « mignon du Roi » était Guillaume Gouffier, jeune écuyer « bel, net et de bonne taille[2]. » D'abord attaché à la personne du comte du Maine[3], il entra au service de Charles VII, en qualité de valet de chambre, en même temps qu'André de Villequier ; comme celui-ci, il fut, à partir de 1444, gratifié de nombreux dons[4].

Il faut nommer encore François de Clermont et Antoine d'Aubusson.

François de Clermont, seigneur de Dampierre, appartenait à une maison du Dauphiné récemment alliée aux d'Amboise et aux Levis. Son frère aîné, Antoine, était chambellan du Roi. Marié le 23 mars 1446 à Jeanne de Montberon, l'une des demoiselles de la Reine, il fut, ainsi que sa femme, l'objet des

---

P 2208, p. 1357. — On a dit qu'André de Villequier prit part en 1433 à l'enlèvement de La Trémoille ; mais, en présence du silence des auteurs contemporains, nous croyons que M. Vallet a eu tort de se faire l'écho de cette assertion, qui ne repose que sur la faible autorité d'un auteur du XVIIe siècle (Maichin, *Histoire de Saintonge*, etc., p. 141).

1. « Le seigneur de Villequier, escuyer, chambellan du Roy, VIc l. pour soustenir son estat. » — « Mgr de Villequier, pour luy ayder à payer certaines grandes sommes pour recouvrer la place de Montmorillon de la femme de feu La Hire, Vc l. livres. » — « André, seigneur de Villequier, escuyer, pour ses despens en la compagnie du Roy où il a esté continuellement occupé, IXc IIIIxx X livres. » Huitième compte de Xaincoins (1445-46), *l. c.*, f. 100 v°, 103, 103 v°.

2. Chastellain, t. III, p. 295.

3. En 1430, il était sous la tutelle de son oncle Guillaume, et passa l'année suivante sous celle d'un autre oncle, Jean, seigneur de Bonnivet (le P. Anselme, t. V, p. 607). Il figure, entre 1442 et 1445, dans un état des officiers du comte du Maine dressé d'après les comptes du temps, avec cette mention : « Hors en 1445. » (Fr. 7855, f. 705).

4. « Guillaume Gazeau, Guillaume Gouffier, escuyers, 110 l. pour leurs despens à Angers en décembre et janvier (1443-1444) ; eux et Robinet de Boutot et Guillaume Clarel, 247 l. 10 s. en avril pour entretenir leur estat ; eux et André de Villequier, 178 l. 10 s. pour leurs despens en la ville de Tours ; Guillaume Gazeau et Guillaume Gouffier, 65 l. en septembre pour entretenir leur estat. » — « Guillaume Gouffier, escuyer, varlet de chambre du Roy, 55 l. pour entretenir son estat, et 82 l. 10 s. pour semblable cause, et 41 l. 5 s. pour sa despense à Troyes. » — « Guillaume Gouffier et Anthoine de Beauvau, escuyers, LXVIII l. XV s. pour leurs despens en la ville de Tours. » — « Guillaume Gouffier, escuyer, pour luy ayder à avoir une robe le jour de Noel, XXXIII l. VII s. V d., et VIxx l. outre ses gages. » — « Guillaume Gouffier, escuyer, IIIIxx l. XVI l. V s. pour ses despens en certaines joustes que le Roy a fait faire à Razillé-les-Chinon. » Sixième et huitième comptes de Xaincoins, *l. c.*, f. 83 et 83 v°, 100, 103 v°, 104 ; archives de Niort : communication de M. J. Berthelé, archiviste.

libéralités de Charles VII. En outre, Marie d'Anjou donna aux nouveaux époux une somme de mille écus[1].

Antoine d'Aubusson, seigneur du Monteil, né vers 1413, fut d'abord écuyer d'échansonnerie du duc de Bourbon et châtelain de Bellegarde en Auvergne (1441). Devenu peu après chambellan du Roi, il s'installa à la Cour, où il était désigné sous le nom de *petit Treignac*[2]; il ne tarda pas à épouser Marguerite de Villequier, demoiselle de la Dauphine, qui passa ensuite dans la maison de la Reine.

Les comptes du temps nous révèlent encore le nom de jeunes gentilshommes, attachés à la personne du Roi, qui sont qualifiés d'« écuyers de l'hôtel, » ou d'« écuyers d'honneur. » C'étaient Jean et Charles Soreau, frères d'Agnès; Guillaume Gazeau, Claude de Châteauneuf, Charles de la Fayette, Antoine de Beauvau, Pierre de Courcelles, Jacquet d'Erquinvilliers, Pierre de Montalembert, Poncet de Rivière, Guillaume de Sully[3].

Un des éléments importants de l'entourage du Roi, c'était sa garde. Au milieu des intrigues qui s'agitèrent à la Cour, des complots qui se nouèrent, ce corps d'élite exerça une action salutaire; Charles VII lui dut peut-être son salut[4]. La garde écossaise, constituée dès les premières années du règne, sous le commandement de Cristy Chambre, venu en France en compagnie du comte de Buchan[5], se composait de vingt-six archers, y compris le capitaine[6]; on l'appelait la « grande garde[7]. » A côté d'elle, il y avait une compagnie d'hommes

---

1. Courcelles, *Histoire des pairs de France*, t. VII, p. 76 et s. — Don de 467 l. 10 s. fait par le Roi à Jeanne de Montberon, « pour avoir robes et autres habillements à ses noces. » Voir *Preuves de Mathieu d'Escouchy*, p. 257. Sur le don de mille écus, D. Villevieille, *Titres originaux*, vol. IX, n° 170.
2. *Histoire ms. de Gaston, comte de Foix*, Armoires de Baluze, vol. 60, f. 120.
3. Huitième, neuvième et dixième comptes de Xaincoins, *l. c.*, f. 98 v°, 99, 100, 101, 102, 102 v°, 103, 103 v°, 104, 106 v°, 109, 109 v°, 114, 115, 117 v°, 124 et s., 129.
4. Chabannes disait en 1410 au Dauphin : « N'eust esté la garde, on eust entrepris beaucoup de choses qu'on n'a pas fait. » Déposition de Chabannes, dans Duclos, p. 62.
5. Archives, X²ᵃ 18, au 20 juin et au 9 décembre 1427; Clairambault, 28, p. 2015; Cabinet des titres, 684, f. 366 v°, 370 v° et suiv.
6. Ms. fr. 26065 (*Quittances*), n°ˢ 3802, 3737, 3769; *Pièces originales*, 659 : Chambre, n°ˢ 3 et s.; Huitième compte de Xaincoins, *l. c.*, f. 98 v°.
7. Elle est ainsi désignée dans le sixième compte de Xaincoins, f. 82, 83 v° et 84 v°.

d'armes, archers et craneequiniers de la garde du corps, sous le commandement de Nicole Chambre, écuyer d'écurie du Roi, fils de Cristy : elle comptait vingt-cinq hommes d'armes, y compris le capitaine, et quarante-huit archers[1]. Ce corps ne se composait pas uniquement d'Écossais ; parmi les archers, il y avait des Allemands[2]. Nous trouvons encore une compagnie de gardes du corps composée de jeunes gentilshommes de la maison du Roi ; au nombre de ceux qui y figurent, en octobre 1445, on remarque : Jean de Ravenel, Pierre de Corguilleray, le Galois de Youssemain, Pierre de Chambes, Pierre Paviot, Hélion de Vernage, Guillaume Gazeau, Guillaume Gouffier et Guillaume Clerel[3] ; parmi les écuyers de la garde royale, il y avait aussi un Allemand[4]. Enfin Pierre de Martigny, prévôt de l'hôtel, avait sous ses ordres quinze archers et cinq craneequiniers employés à la garde du corps du Roi[5].

Nous avons dit que Nicole Chambre était écuyer d'écurie de Charles VII ; il paraît avoir été fort en faveur auprès de son maître, qui, au mois de janvier 1444, lui donnait une seigneurie[6], et, à Châlons, l'admettait dans son intimité[7]. Nicole était aussi bien vu de la Reine ; on se rappelle que cette princesse conversait familièrement avec lui[8].

Pour achever de nous rendre compte des éléments dont se composait la Cour, à Razilly et à Chinon, il faut signaler la présence auprès de la Reine de deux princesses d'Écosse, sœurs de la Dauphine. Marguerite avait obtenu qu'elles vins-

---

1. Sixième et huitième comptes de Xaincoins, f. 82 v°.
2. Sixième compte de Xaincoins, f. 80 v° et 82 v°.
3. Sixième et huitième comptes de Xaincoins, f. 85 v° et 98 v°. — Dès 1428, Geoffroy, seigneur de Rocherbaurt, avait sous ses ordres dix hommes d'armes, « pour la garde et sûreté de la personne du Roy. » Fr. 20684, f. 604-65.) Cette compagnie passa ensuite sous le commandement de Christophe d'Harcourt. (La Roque, *Histoire de la maison d'Harcourt*, t. I, p. 903 ; t. IV, p. 1720.) On trouve cette mention dans le huitième compte de Xaincoins (f. 100 v°) : « Jacques, seigneur de Montmirail, m° x l. XIII s. VII d. pour bons services à la garde du corps du Roy. »
4. Un compte de Xaincoins mentionne « Jehan de Messenen, escuyer des pays d'Allemagne. » Huitième compte de Xaincoins, f. 98 v°.
5. *Id., ibid.*; cf. f. 103.
6. Lettres du 12 janvier 1444. Archives, P 1405, n° 9200.
7. Voir les dépositions dans l'enquête sur la mort de la Dauphine. Duclos, *Preuves*, p. 41 et 52.
8. Même source, p. 50. Cf. ci-dessus, p. 105, note 1.

sent résider auprès d'elle ; c'était là, sans doute, un de ses vœux les plus chers : elle n'en put voir la réalisation. Jeanne et Éléonore d'Écosse débarquaient sur les côtes de Flandre au moment où l'infortunée princesse expirait à Châlons : elles apprirent en même temps la mort de leur sœur et celle de leur mère, enlevée peu après qu'elles eurent quitté l'Écosse. Le 19 août, une ambassade partit pour se rendre au-devant d'elles à Tournai, où elles s'étaient arrêtées, et les amena le 9 septembre à Tours[1]. Charles VII leur donna bientôt une maison : Jeanne de Tucé, dame de Saint-Michel, fut désignée pour être leur gouvernante, et les personnes attachées à la Dauphine passèrent au service de ses deux sœurs[2]. On songea, paraît-il, à donner Éléonore pour épouse au Dauphin, mais ce projet fut vite abandonné.

Le premier soin du Roi, à son retour de Châlons, fut de prescrire une enquête sur la conduite de Jamet de Tillay à l'égard de sa belle-fille : Gérard le Boursier, maître des requêtes, et Guillaume Bigot, conseiller au Parlement, furent commis pour y procéder. La dame de Saint-Michel fit sa déposition le 11 octobre; le 12 et les jours suivants on entendit plusieurs des demoiselles de la Dauphine, puis Louis de Laval, seigneur de Châtillon, et Jamet de Tillay. L'information ne fut reprise que sept mois plus tard, par Jean Tudert et Robert Thiboust, en vertu de lettres données à Razilly le 27 mai 1446[3]. Jamet de Tillay fut entendu le 1ᵉʳ juin; à la requête du Dauphin, la Reine fit sa déposition, le 10 juillet, devant le chancelier Jouvenel et Guillaume Cousinot. Tillay subit un second interrogatoire le 23 août; il fut confronté le 26 avec Nicole Chambre et Regnault de Dresnay, maître d'hôtel de la Dauphine. On entendit encore Robert Poitevin, médecin du Roi; Guillaume Leotier, médecin du Dauphin; Jean Boutet, son apothicaire; enfin Annette et Jeanne de Guise, demoiselles de la Dauphine

---

1. Compte de Robert Parcault, maître de la chambre aux deniers de la Dauphine. Le Grand, XI, f. 230; fragment reproduit dans *Lettres de Louis XI*, t. I, p. 202.
2. Même compte.
3. L'original est à la Biblioth. nationale, Moreau, 1047, n° 52; Cf. Duclos, *Preuves*, p. 10.

et de la Reine[1]. L'enquête fut portée au Roi pour l'examiner en son Conseil : nous ne savons quelle suite y fut donnée. Ce qui est certain, c'est que Tillay conserva ses fonctions et ne cessa d'être en la bonne grâce du Roi.

La Cour était à peine installée à Chinon et à Razilly, que le Roi reçut plusieurs ambassades : Jarretière, roi d'armes d'Angleterre, apporta des lettres de son maître; le duc de Bourgogne, le duc de Savoie envoyèrent des ambassadeurs. Le duc de Bretagne, qui venait de recevoir à Nantes le comte d'Angoulême et un grand nombre de seigneurs, fit annoncer sa venue. Il arriva au commencement de mars et passa deux mois près du Roi, qui l'accueillit avec empressement. Le jeune duc fut comblé de faveurs[2], et reçut des lettres d'abolition au sujet des alliances conclues par son père avec les Anglais[3].

On vit alors, spectacle inusité, un duc de Bretagne rendre en personne hommage au roi de France, au grand scandale de ses barons[4]. La cérémonie se fit à Chinon, le 14 mars, avec une grande solennité. Le Roi, sortant de sa « chambre de retrait, » s'avança dans la « chambre à parer, » où l'attendaient le duc, avec le connétable et les seigneurs bretons; il était accompagné du Dauphin, des comtes de Vendôme, de Foix, de Tancarville et de Laval, du chancelier, de l'archevêque de Vienne, de l'évêque de Maguelonne, du maréchal de Jalognes, des seigneurs de Culant, de Précigny, de Blainville,

---

1. Voir ces dépositions dans Duclos, *Preuves*, p. 41 et suiv. Les autres se trouvent dans Dupuy, 762, f. 45-57.

2. Lettres du 1er avril 1446, cassant un ajournement devant le Parlement de Paris donné à la requête du comte de Penthièvre (D. Morice, t. II, col. 1373); lettres du 20 mai, donnant au duc l'hôtel de Nesle à Paris (Original, Archives de la Loire-Inférieure, E 105; D. Felibien, *Histoire de Paris*, t. III, p. 561, avec la date fautive du 21 mai).

3. Lettres du 16 mars 1446 (Original, Archives de la Loire-Inférieure, E 94; D. Morice, t. II, col. 1400). Les termes de ces lettres étaient aussi modérés que possible : « ... Soubs umbre de certaines confederations et pactions que feu nostre frère le duc de Bretaigne derrainement trespassé, son père, lui estant en bas aage, et autres leurs subgiez et parens, pour preserver leur pays, terres et seigneuries des maulx et inconveniens qui par chascun jour advenoient à cause des guerres et divisions qui long temps ont esté en nostre royaume, firent avec nos ennemis, en nous desadvouant et à eulx adherans, ainsy que on dit. » — Le connétable de Richemont, le comte d'Étampes et Pierre de Bretagne étaient compris dans l'abolition.

4. Chastellain, t. II, p. 159.

de Montgascon, de Maupas, de Châtillon, etc., etc., et enfin d'un personnage qui, avant de descendre dans la tombe (il devait mourir le 6 mai suivant), reparaissait une dernière fois à la Cour, qu'il n'avait pas revue depuis son expulsion violente de 1433 : nous avons nommé le sire de la Trémoille[1]. Le Roi mit beaucoup de bonne grâce dans l'accomplissement de la formalité de l'hommage. Le chancelier ayant voulu faire ôter au duc son épée, Charles VII l'en empêcha en disant : « Non point, laissez-le ; il est comme il doit ; » et il ajouta avec un sourire qu'il souhaiterait d'en avoir beaucoup comme lui. Ce à quoi le comte de Vendôme fit observer qu'il aurait une *grande queue* et serait bien accompagné[2].

Il l'était déjà fort brillamment, car il y eut alors à Chinon la plus belle assemblée de princes qu'on eût vue depuis longtemps[3]. Outre ceux que nous venons de nommer, on peut citer le roi René, le comte d'Eu, le comte de Nevers, le duc d'Alençon, le comte du Maine, le comte de Clermont, le comte d'Angoulême. A côté d'eux, on remarquait avec étonnement un prince de la maison de Bourgogne : Charles de Bourgogne, comte de Nevers, cousin germain du duc, devait, selon l'expression d'un chroniqueur, « se dessevrer de son nourrisseur, » et demeurer au service du Roi[4]. Pendant son séjour à Chinon, une question de logement amena, entre lui et le connétable, une altercation qui nécessita l'intervention du Roi[5].

C'est pour fêter la venue de tous ces princes que fut tenu, au

---

1. La Trémoille fut fort bien traité avec le Roi, qui fit délivrer au mois d'avril 1446 des lettres de rémission à son neveu Jacques de Pons et à son fils bâtard. Archives, JJ 177, n° 238, et K 68, n° 46 ; JJ 177, n° 186.
2. On a conservé l'acte d'hommage du duc de Bretagne. Il a été publié par les historiens de Bretagne et en particulier par Dom Lobineau, dans son *Histoire de Bretagne*, t. II, col. 1081.
3. Gruel, p. 397.
4. Chastellain, t. II, p. 166. — Le comte de Nevers reçut alors du Roi une somme de deux mille livres (Huitième compte de Xaincoins, f. 100). Peu après, il lui fut attribué une pension annuelle de huit mille livres (*Id.*, f. 109 v°.)
5. Voir Gruel, p. 39. « En la fin fallut que monseigneur de Nevers s'en allast assez tost ; et despuis en furent grandes paroles devant le Roy, et s'y rendit toute la seigneurie... Et furent monseigneur de Bourbon (le comte de Clermont) et monseigneur d'Eu pour accompagner monseigneur de Nevers ; et Monseigneur n'y mena que luy et ses gens... »

mois de juin 1446 [1], entre Razilly et Chinon, le *pas du rocher périlleux*, appelé aussi *l'emprise de la gueule du dragon*. Quatre seigneurs avaient entrepris de garder ce pas « à force d'armes, » et il avait été stipulé « qu'aucune dame ni demoiselle ne passeroit par le carrefour où le pas avoit été dressé, qu'elle ne fût accompagnée de quelque vaillant chevalier ou écuyer qui seroit tenu de rompre deux lances pour l'amour d'elle. » On avait fait planter une colonne sur laquelle était représenté un dragon furieux qui gardait les écus armoriés des quatre chevaliers entreprenants. Le pas fut tenu par le comte de Foix, le comte de Tancarville et d'autres seigneurs ; le Roi le présida, et il fut très brillant. On y vit le roi René qui, « pour ce qu'il étoit encore affligé de tant de pertes et de tant de malheurs, » parut revêtu d'une armure toute noire, portant au bras gauche son écu de sable semé de larmes, tenant une lance noire à la main, et ayant un cheval houssé et caparaçonné de noir. Ce fut lui qui remporta le prix du tournoi, dans lequel figurèrent, entre autres seigneurs de la Cour, Pierre de Brezé et Antoine d'Aubusson [2].

De Chinon, les seigneurs se transportèrent à Saumur, où le roi René les convia à un nouveau pas, tenu dans la plaine de Launay. Ferry de Lorraine y fut proclamé vainqueur [3].

Au milieu de ces divertissements, une affaire importante fut traitée entre Charles VII et le duc de Bretagne : celle de l'arrestation du plus jeune frère du duc. — Gilles de Bretagne avait, tout enfant, été confié par le duc Jean V à sa mère Jeanne de Navarre, devenue l'épouse du roi d'Angleterre Henri IV. Élevé

---

1. La date est fixée par le passage suivant, extrait du Huitième compte de Xaincoins, l. c., f. 107 v° : « Guillaume du Bois, dit Willequin, xx l. xii s. vi d., pour avoir assisté aux joustes qui se sont faites, puis la Pentecoste, tant devers le Roy, à Razilly, près Chinon, que devant le Roy de Secille à Saumur, et durant icelles fait plusieurs esbatemens et dit plusieurs plaisantes paroles. »
2. *Histoire manuscrite de Gaston, comte de Foix*, par Guill. Le Sieur, dans les Armoires de Baluze, vol. 60, f. 129 ; Huitième compte de Xaincoins, l. c., f. 113 v° ; Math. d'Escouchy, t. I, p. 107 ; Vulson de la Colombière, *le Vray théâtre d'honneur et de chevalerie* (1647, in-fol.), t. I, p. 81.
3. Voir Lecoy de la Marche, *le Roi René*, t. I, p. 116. René fit exécuter un tableau représentant cette fête et en fit présent à Charles VII.

à la Cour de Westminster, en compagnie de Henri VI, il était plus Anglais que Français. De retour en Bretagne, il enleva une riche héritière, Françoise de Dinan, alors âgée de huit ans, dont il voulait faire sa femme ; par là il s'attira l'animosité de puissants seigneurs qui recherchaient la main de Françoise. Gilles touchait une pension de deux mille nobles sur le trésor anglais[1]. Il ne se gênait pas pour afficher ses sympathies en faveur des Anglais : « Je suis serviteur du roi d'Angleterre, disait-il, « et je n'entends pas être le sujet du roi de France. » Il ajoutait : « Quand j'aurai cinq à six mille Anglais en ma compagnie, je « pourrai aller jusqu'à Saint-Mahé de fine poterne, et qui a les « champs a l'avantage. » Charles VII n'ignorait point les dispositions où était le jeune prince : dès 1443, il avait confisqué ses seigneuries de Chantocé et d'Ingrandes comme étant aux mains d'un prince allié des Anglais, les « conseillant, favorisant et confortant ; » Prégent de Coëtivy en avait été gratifié.

Au mois de mars 1446, tout en réclamant le paiement de sa pension Gilles de Bretagne noua des intrigues avec Mathew Gough et d'autres représentants de Henri VI en France. Les instructions données à son envoyé tombèrent aux mains du duc de Bretagne, qui fit procéder à une instruction. Gilles avoua ses torts et sollicita le pardon de son frère. Le connétable insistait pour qu'on lui fît grâce : le duc céda, mais en imposant des conditions très dures. La paix semblait rétablie ; des imprudences de Gilles fournirent de nouvelles armes à ses adversaires. Il continua à entretenir des relations avec les Anglais ; il sollicita l'intervention de Henri VI en sa faveur ; bientôt il se retira au château du Guildo, situé sur le bord de la mer, à l'embouchure de l'Arguenon. Rompant l'arrangement passé avec le duc, il s'entendit avec les Anglais, et en particulier avec Mathew Gough, qui le pressait de passer en Angleterre, lui promettant qu'il obtiendrait d'importants avantages territoriaux[2].

1. Rymer, t. V, part. 1, p. 128.
2. Voir D. Lobineau, t. II, p. 10 et suiv. ; D. Taillandier, t. I, p. 624 et suiv. ; D. Morice, t. II, col. 1361, 1375, 1387-88, 1397-98, 1408 et suiv.

Tel était l'état des choses au moment où le duc de Bretagne parut à la Cour. Ce prince représenta vivement le danger qui pouvait résulter de la liaison de son frère avec les Anglais, et manifesta la crainte de le voir, un jour ou l'autre, introduire en Bretagne les ennemis du royaume. On ne tarda point à être informé que Gilles avait fait des ouvertures au capitaine d'Avranches et avait demandé vingt-cinq Anglais pour lui servir de garde; cette requête avait été agréée. Le duc de Bretagne, d'accord avec le Roi, résolut de faire procéder immédiatement à l'arrestation de son frère. Le 19 juin, à Razilly, en raison de « certaines rebellions et désobéissances » dont Gilles s'était rendu coupable, il donna ordre à Prégent de Coëtivy, « comme son loyal et obéissant sujet, » de se porter sur le château du Guildo, de procéder à l'arrestation de Gilles, et de l'amener devant lui en quelque lieu que ce fût[1].

Sur ces entrefaites, le duc de Bretagne avait envoyé à son frère deux de ses confidents, porteurs de lettres du duc et du connétable. Ces deux envoyés devaient engager Gilles à venir trouver le duc, en l'assurant du bon vouloir de celui-ci, et de l'intention où il était de lui donner satisfaction relativement à son apanage ; le connétable devait venir joindre Gilles au lieu qui serait désigné. Ces envoyés trouvèrent le jeune prince entouré d'Anglais. Toutes les instances qu'ils firent pour l'amener à se rendre à l'invitation de leur maître demeurèrent sans effet. Gilles s'emporta, déclara qu'il regardait son frère comme son ennemi mortel et qu'il lui ferait plus de mal que jamais les Penthièvre n'en avaient fait au feu duc. « Par ma « foi, ajouta-t-il, avant douze jours, je m'en irai en Norman- « die, et emmènerai ma femme, et ferai demander mon droit par « les gens du roi d'Angleterre. Avant un an et demi, mon « frère me verra dans la meilleure de ses villes, s'il y vient, et « je serai content de le voir face à face[2]. »

Ceci se passait le 21 juin. Le duc de Bretagne venait de

1. Lettres du duc de Bretagne, publiées par Marchegay, Cartulaire des sires de Rays, p. 92.
2. D. Morice, t. II, col. 1379 et 1408.

quitter le Roi pour retourner dans son duché; dès qu'il fut informé de l'accueil fait à ses gens, il en avisa Charles VII, qui lui répondit à la date du 29 : « Nous sommes bien déplaisant des paroles de votre frère Gilles, et nous aimerions mieux qu'il se gouvernât envers vous ainsi qu'il le devrait; il ne fait pas bien d'agir autrement. Quant à l'allée de beau cousin de Laval vers vous, ainsi que le requérez, nous l'eussions volontiers envoyé; mais, pour ce que nous ne savons si vous aurez à besogner plus largement de gens, nous l'avons encore retenu ici, en attendant d'avoir plus avant de vos nouvelles. Car, au cas où vous en auriez besoin, nous vous enverrions notre dit cousin avec tel nombre de gens qui vous serait nécessaire; et ne faites doute que, en ce que vous aurez à besogner, nous vous aiderons et secourrons, tant de gens que autrement, en tout ce qui nous sera possible [1]. »

Charles VII ne tarda pas à être informé que son assistance était inutile. Coëtivy, sous prétexte d'aller inspecter les gens de guerre, s'était rendu à Granville [2]. De là il avait envoyé Regnault de Dresnay, à la tête de quatre cents lances [3], devant le château du Guildo. Dresnay y arriva le 26 juin; il trouva Gilles jouant à la paume. Sans s'émouvoir, ce prince le fit entrer et lui demanda des nouvelles du Roi. Informé de la mission que Dresnay venait remplir, Gilles n'opposa aucune résistance : il se laissa conduire à Dinan, où il fut remis aux mains des officiers du duc [4].

Le bruit des fêtes de Chinon et de Saumur était à peine dissipé quand une triste nouvelle parvint à la Cour : Catherine de

1. D. Morice, t. II, col. 1401.
2. « Monseigneur l'amiral, IIc livres, pour un voyage à Granville visiter les gens de guerre. » Huitième compte de Xaincoins, l. c., f. 105.
3. « Et fut conclu que messire Regnault de Denesay iroit pour faire l'exécution et meneroit les cent lances de monseigneur le grand seneschal. » (Gruel, p. 397.) — On lit dans le huitième compte de Xaincoins (l. c.) : « Messire Regnault de Dresnesay, chevalier, bailli de Sens, c l. pour deffrayer aucuns gens de guerre, les mener en Anjou et en Bretagne. » — Berry dit (p. 429) : « Et furent à sa prinse quatre cents lances des gens du Roy, dont furent conducteurs messire Pregent de Coetivy, admiral de France, messire Regnault du Dresné, bailly de Sens, et messire Pierre de Brezé, seneschal de Poitou. » Mais Brezé ne fut pas employé dans cette mission : le 26 juin, le jour même où Gilles était arrêté, il contresignait des lettres de Charles VII données à Razilly.
4. Berry, p. 429; Gruel, p. 397.

France, comtesse de Charolais, malade depuis quelques mois, était morte à Bruxelles le 28 juillet. Ce deuil, venant s'ajouter à ceux de l'année précédente, dut assombrir l'âme de la pauvre Reine, qui n'avait que trop de sujets de tristesse. Quant au Roi, il allait rencontrer chez son propre fils une source d'amertumes qui ne devait tarir qu'avec sa vie.

Depuis sa révolte de 1440, le Dauphin avait cherché à faire oublier ses torts : il n'avait rien négligé pour dissiper le ressentiment de son père et pour se concilier la sympathie des principaux conseillers du trône. Tant que prédomina l'influence du comte du Maine, il se montra empressé à servir ses intérêts : en 1443, il s'employa de sa personne pour obtenir du Parlement l'entérinement des ordonnances qui conféraient au comte, au dépend du domaine royal, d'immenses avantages territoriaux [1]. On a dit que le Roi, en confiant à Louis le commandement de l'armée envoyée contre les Suisses, n'avait cherché qu'à se débarrasser de lui [2]; c'est une assertion dénuée de tout fondement. Charles VII avait, au contraire, une grande affection pour son fils : à la nouvelle de la blessure reçue par lui au siège de Saint-Hippolyte, il manifesta une vive émotion, craignant que la vie du jeune prince ne fût en danger, et lui envoya message sur message pour le rappeler auprès de lui [3]. De retour près du Roi, le Dauphin, entouré de ses fami-

---

1. Voir t. III, p. 418.
2. C'est ce que prétend un auteur bourguignon contemporain, Thierry Pauwels, doyen du chapitre de Saint-Martin à Gorcum, dans un écrit intitulé : *De rebus actis sub ducibus Burgundia* (Collection des *Chroniques belges*, p. 253) : « Karolus vero Rex, postquam vicerat Normanniam, misit Ludovicum delphinum filium suum cum grandi compagnia supra Rhenum contra Switenses et Henenses, eo quod tam grandia abhominabilia mala fecerat in Francia contra Deum et justiciam, sperans quod ibi trucidaretur cum suis : erat enim gibbosus et perverse naturæ, non timens Deum. » — Il faut dire que l'insinuation se retrouve dans la bouche des partisans du Dauphin : « Il envoya Monseigneur en Allemagne pour en délivrer le pays. » Voir plus loin, p. 195.
3. Cette particularité est consignée dans la relation du commandeur d'Issenheim, publiée par Tuetey, *les Écorcheurs sous Charles VII*, t. II, p. 519 : « Rex Francie pater ejus, audita vulneratione predicta, condoluit acerrime, et ex post, ut dicitur, non quievit, sed semper stetit in continua angustia, credens eumdem filium suum esse mortuum, et misit ad eum continuos nuncios cum litteris exhortando ut statim velit ad ipsum regem personaliter venire, si vitam ipsius patris diligat, quia numquam pater ipse letabitur donec filium suum facie ad faciem conspexerit. »

liers[1] se remit à exercer ce talent d'intrigues qu'il devait pousser si loin. Peu satisfait des libéralités dont le Roi l'avait gratifié à l'occasion de sa campagne de Suisse, il empruntait de l'argent, en demandait de tous côtés, s'adressant pour cela aux bonnes villes[2]. Mêlé aux affaires traitées à Nancy et à Châlons, il se montra l'ardent défenseur des prérogatives royales contre le duc de Bourgogne[3]. Fort mal avec le roi René[4], il était au contraire en bonne intelligence avec le duc d'Orléans[5]. Loin de se montrer, au début, jaloux du crédit de Brézé, il lui fit obtenir le comté de Maulevrier, en récompense de son concours dans les négociations entamées avec le duc de Savoie pour l'abandon des comtés de Valentinois et de Diois[6]. Après la mort de sa femme, dont il s'empressa, dit-on, de rassembler toutes les lettres et toutes les poésies pour les détruire[7], le Dauphin se brouilla avec Dunois, avec Louis de Bueil, et rompit avec plusieurs de ses familiers (18 octobre 1446)[8]; mais il continua à

1. Le Dauphin avait alors pour maîtres d'hôtel Aymar de Poisieu, dit Capdorat, Gabriel de Bernes et Rogerin Blossel; pour chambellans, Guy de Chaourses, dit Malicorne, et Jean de Daillon; pour écuyer tranchant, Guillaume Sanglier. Voir les extraits de comptes publiés dans les *Lettres de Louis XI*, t. I, p. 189-90.
2. Remboursement d'une somme de 5,500 l. empruntée à Jean de la Borderie, maître de sa chambre aux deniers (14 février 1445); lettres aux habitants de Châlons, de Senlis, etc. *Lettres de Louis XI*, t. I, p. 21, 197, 198.
3. Le Dauphin avait eu maille à partir avec ce prince, au sujet des ravages exercés par ses troupes sur les pays du duc. Voir plus haut, p. 116-117.
4. Voir la relation des ambassadeurs milanais citée plus haut, p. 102.
5. Voir une lettre autographe, sans date, au duc d'Orléans. Sachant que ce prince avait envie d'avoir un mulet, il lui envoyait le sien; « mais, disait-il, c'est en esperance que vous me donerés ung levryer; et sy vous le faytes et vous prenés playsir en autre chouze, soyt en mulle, mullet ou troton, je vous en recompanseré byen. » *Lettres de Louis XI*, t. I, p. 31.
6. Déposition de Guillaume Benoist. Ms. nouv. acq. fr. 1001, f. 37.
7. C'est du moins ce que dit l'abbé Le Grand dans son *Histoire manuscrite* (fol. 90) : « Il ramassa toutes les lettres et tous les vers de la Dauphine et les supprima. » Les dépositions des témoins dans l'enquête ordonnée par Charles VII ne semblent pas aussi affirmatives. On lit dans la déposition d'Annette de Guise (âgée de quinze ans) : « Et tantost après ladicte Marguerite de Salignac dit à elle qui parle que Mgr le Dauphin luy avoit chargé de sçavoir à toutes les femmes de la court si elles avoient nulles lettres de madicte dame..... Et depuis elle qui parle a sceu par messire Regnault que mondit seigneur le Dauphin n'avoit point chargé ladicte Marguerite de recouvrer lesdictes lettres. » Du Puy, 762, f. 53 v°-54. Cf. Déposition de Jeanne de Guise, f. 54 v°-55.
8. « Revocation des dons faits par le Dauphin, sçavoir de la seigneurie de Valbonnois au comte de Dunois, de Saint-Symphorien d'Ozon à Jean Sanglier, de Quirieu et la Balme à Louys de Bueil, de la Buissière à Eynard de Clermont, de Falavier, Puisiguié, Meysieu à Aimard de Poisieu, dit Capdorat, le 18 d'octobre 1446. » Extr. de la Chambre des comptes du Dauphiné, dans Le Grand, VII, f. 358.

être en bons termes avec Brezé, auquel il donnait, à Chinon, en janvier 1446, vingt-cinq queues de vin du Rhin [1]. Au mois de mai suivant, le Roi, en considération des dépenses que son fils avait eu à supporter pendant l'expédition contre le comte d'Armagnac, des diligences qu'il y avait faites et de la part qu'il avait eue à cette entreprise, lui fit don des quatre chatellenies du Rouergue [2], confisquées sur le comte. Loin de voir Agnès Sorel d'un mauvais œil, le Dauphin avait cherché à gagner ses bonnes grâces : il lui avait fait présent de riches tapisseries, rapportées par lui du midi [3]; mais il ne tarda point à changer de sentiments. Des altercations assez vives se produisirent entre le Dauphin et Agnès. Un auteur du temps prétend que Louis alla jusqu'à la menacer un jour l'épée à la main [4]; d'autres disent qu'il lui donna un soufflet [5]. Toujours est-il que l'ascendant pris par Agnès sur le Roi excita chez le Dauphin un vif mécontentement. S'y mêlait-il un sentiment de jalousie personnelle ? C'est une conjecture qui a été faite récemment [6]. Si Louis fut, comme on l'a insinué, le rival de son père,

---

1. Troisième compte de Nicolas Erlant, cité dans le Grand, VI, f. 378.
2. Archives, JJ 176, n° 437.
3. « Comme aultrefois, par le commandement et ordonnance de Monseigneur, nous eussions prins la place de l'Isle Jordain, appartenant à nostre feu cousin d'Armignac, et mesmement la personne de nostre dit cousin, en laquelle place avait lors, entre aultres choses, aucunes pièces de tapysseries, lesquelles ordonnasmes prendre à nostre amé et feal conseiller et chambellan Jean de Daillon, seigneur de Fontaines, pour icelles nous garder ; et despuis les feismes reprendre de lui et les donnasmes à feue damoiselle Agnès Seurelle. » (Lettres du 8 juillet 1452. Collection de D. Housseau, vol. IX, n° 3946; Bibliothèque de l'École des chartes, t. XI, p. 308.) — Louis, d'ailleurs, ne se piquait pas de fidélité conjugale : pendant son union avec Marguerite d'Écosse, il eut une fille naturelle. Voir Le Grand, Hist. ms., t. I, f. 214, et le P. Anselme, t. I, p. 122.
4. Ferunt Delphinum, his motum, unam ex illis nudo insectatum ense occidere voluisse, illamque necem haud alibi effugere quam in cubiculo regio potuisse... » Pii secundi Pontificis Maximi Commentarii, p. 160.
5. Jean Bouchet, écrivain du seizième siècle, dans ses Annales d'Aquitaine, p. 259. — M. Vallet dit, à propos des historiettes d'Æneas Sylvius et de Bouchet : « Ceux qui ont couché par écrit ces actes hypothétiques de grossièreté ou de violence ne paraissent point avoir vu de près les choses : ils n'avaient cure des us et traditions de la monarchie (Agnès Sorel, dans la Revue de Paris, p. 271). Il faut remarquer pourtant que c'était une tradition constante, à la fin du quinzième siècle, qu'Agnès avait été la cause principale de la rupture du Dauphin avec son père. Aliénor de Poitiers écrit dans les Honneurs de la Cour : « J'ai veu le Roy de France, père du Roy Charles à présent, estre deschassé du Roy Charles son père, pour aucun debat dont on dit que la belle Agnès estoit cause. » (Mémoires sur l'ancienne chevalerie, t. II, p. 105.)
6. M. Vallet pense qu'une scène allégorique de la salle des Angelots, dans la maison de Jacques Cœur, s'applique à Agnès et au Dauphin. Voir Histoire de Charles VII, t. III, p. 280-83.

on comprend le dépit qu'il dut ressentir, et l'on s'explique la scène que nous retrace le pinceau un peu fantaisiste d'Æneas Sylvius.

Personne, comme le disait plus tard Commynes, n'était plus imprudent dans ses discours et plus caché dans sa conduite. Honoré des bontés royales, investi de missions de confiance, placé à la tête des armées, Louis n'était point satisfait; il lui manquait quelque chose : il voulait être le maître. Depuis longtemps il nourrissait ce dessein. Son attitude lors de la Praguerie avait montré que ni les sages conseils, ni la voix de la raison n'avaient sur lui d'empire[1]. La faveur d'Agnès, le crédit de Brezé l'offusquaient. Avant de chasser la favorite, il résolut de se défaire du ministre, qu'il avait vainement cherché à gagner. Mais si son jeu resta caché, ses paroles finirent par le trahir.

Parmi les serviteurs du Roi se trouvait un hardi compagnon, alors âgé de trente-quatre ans, qui avait figuré un instant dans la Praguerie, et qui, rentré en grâce, était bientôt devenu conseiller et chambellan[2]. C'est sur ce serviteur, qui n'était autre qu'Antoine de Chabannes, que Louis jeta les yeux pour l'exécution de son dessein. Chabannes avait fait avec lui la campagne de Suisse, et se souvenait de son ancien métier d'écorcheur. Une fois il avait été « defferé » par le maréchal de Bourgogne; mais il avait pris sa revanche sur les Bourguignons et avait fait de « bons prisonniers » qui, pour sa seule part, lui valurent bien dix mille écus. « Comment, » lui avait dit le Dauphin, « le maréchal de Bourgogne vous a def-
« ferré! Par la foi de mon corps, ce maréchal fait au rebours
« des autres, car les autres maréchaux ferrent les chevaux, et

---

1. « Dès le temps de la Praguerie, là où ses mœurs commençoient à estre cognues en leur bourgeon, y perçut-on ce qu'on y trouva depuis, ja soit ce que longuement l'avoit bien sçu dissimuler : c'estoit de plus faire et user de propre teste que par conseil, et plus par volonté que par raison. » Chastellain, t. IV, p. 195-96.
2. Il est ainsi qualifié dans une quittance du 5 mai 1444, où il s'intitule comte de Dammartin et vicomte de Breteuil. Clairambault, 26, p. 1917. — Le 20 juillet suivant, il donnait quittance d'une somme de huit cents livres tournois, à lui octroyée « pour avoir des habillements et être plus honorablement au service du Roi. » Clairambault, 117, p. 3733.

« celui-ci les defferre. » — « Monseigneur, vous dites vray, » avait répondu Chabannes ; « mais, pour ferrer mes chevaux et « ceux de ma bande, j'ai eu dix mille écus des pays du maré- « chal, et je me suis bien chauffé en ses pays et bu de bons « vins [1]. »

Vers la fête de Pâques de l'année 1446 (17 avril), le Dauphin, étant en son « retrait, » au château de Chinon, fit venir Chabannes, et, le conduisant à une fenêtre qui donnait sur les champs : « Voilà, » lui dit-il en lui montrant un archer de la garde du Roi qui traversait la douve du fossé, « voilà ceux qui « tiennent le royaume de France en sujétion. — Qui sont-ils? « demanda Chabannes. — Ces Écossais ; mais, si on le voulait, « on les en garderoit bien et ce seroit aisé. — C'est pourtant « belle chose que cette garde, dit Chabannes, et, entre autres « choses, je la prise plus que chose que le Roi ait faite. Certes, « c'est une chose bien honorable à un prince comme le Roi « quand il chevauche par la ville ou aux champs, et aussi une « grande sûreté pour le fait de son corps : n'eût été sa garde, « on eût fait beaucoup de choses qu'on n'a pas osé entre- « prendre. » On passa à d'autres sujets. Il fut question du seigneur de Villars (Antoine de Levis). Chabannes raconta qu'un jour s'entretenant avec Villars, celui-ci lui avait dit que, pendant le séjour de Châlons, il avait cru que le Roi allait donner une plus grande autorité au Dauphin, qu'il semblait prendre confiance en lui et songer à lui confier des missions importantes. Le prince interrompit en disant qu'il n'avait tenu qu'à lui d'avoir ce qu'il eût voulu. — « Et comment? — Si « eusse bien, reprit textuellement le Dauphin, se j'eusse voulu « jouer aux plus savoir ; toutesfois j'ay esté desceu soubs « bonne foy, et ne me l'a l'en pas fait ce que je cuidoye [2]. »

Le Dauphin n'alla pas cette fois plus loin : il se contenta de donner à Chabannes une mission en Savoie, en lui promettant

1. *La Chronique martinienne*, f. 288.
2. Déposition de Chabannes, en date du 27 septembre 1446. J'ai revu ce curieux document, qui a été publié dans les *Preuves* de Duclos, sur la minute originale qui se trouve dans le manuscrit 15537, f. 8-12, et sur une copie du temps, dans la collection Gaignières, Fr. 20127, fol. 2. J'y ai relevé de nombreuses additions au texte imprimé.

mille livres de rente sur le comté de Valentinois s'il s'en acquittait bien.

Quelques mois plus tard, Chabannes était de retour. En revenant un jour de Razilly, où séjournait le Roi, Louis le fit venir à ses côtés, et, tout en chevauchant, le prit par le cou et lui dit : « Venez çà ! Il n'y a rien à faire que de mettre ces « gens dehors. — Et comment ? demanda Chabannes. — Bien ! « la chose est facile : j'ai quinze ou vingt arbalétriers et trente « archers, ou peut s'en faut; et vous, n'avez-vous pas des ar- « chers ? Il faut que m'en fassiez finance de cinq ou six. » Et les deux interlocuteurs désignèrent ceux qui pourraient être employés, entre autres un certain Richard, qui était au duc de Bourbon. Le Dauphin dit alors : « Envoyez-les quérir ! — « Mais monseigneur, fit observer Chabannes, la chose n'est « pas à faire si aisément, car le Roi a tous les gens d'armes à « son commandement, et ils sont ici autour. — J'ai assez de « gens, reprit le Dauphin. — Comment pensez-vous faire ceci ? « continua Chabannes. — Vous savez, dit le Dauphin, que « chacun a loi d'entrer à Razilly qui veut : nous y entrerons « les uns après les autres, de telle façon qu'on ne s'en aperce- « vra pas, et nous sommes assez de gens pour le faire. J'aurai « mes trente archers et quinze ou vingt arbalétriers, et les « gentilshommes de mon hôtel. Je gagnerai bien des gens de « l'hôtel du Roi. Mon oncle (le comte du Maine) m'a fait faire « le serment à monseigneur de Montgascon et m'a dit qu'il me « fera avoir Nicole[1] quand je voudrai ; et quant à ceux de « Laval, ils sont bien miens, et d'autres avec eux. Puisque « j'ai tous ceux que j'ai nommés, je ne puis faillir à me trouver « le plus fort : toutefois il y a deux petites tourelles où il « faudra aller tout droit ; mais ce n'est chose qui vaille. »

Chabannes écoutait pensif. « Monseigneur, dit-il, la chose « est bien plus forte à faire que ne cuidez : car, quand vous « auriez Razilly et tout ce que vous demanderiez, les gens « d'armes viendront incontinent devant, qui prendront tout le « monde dedans. — Quand je le voudrai, je ferai bien tant que

1. Nicole Chambre, capitaine de la garde du corps du Roi.

« j'aurai le Coudrin à mon commandement. Ne vous souciez, « d'ailleurs, car je vous ferai des biens plus que vous n'en « eûtes onques, et se fera bien la chose. » Le Dauphin ajouta: « Je veux y être en personne; car chacun craint la personne « du Roi quand on le voit; et si je n'y étais en personne, je « doute que le cœur ne faillît à mes gens quand ils le ver- « roient; mais en ma présence chacun fera ce que je voudrai, « et tout se fera bien : car je mettrai bonnes gens et sûrs au- « tour de lui; et au fait de la garde je l'y mettrai bonne et « sûre, car j'y mettrai trois ou quatre cents lances. » Le Dau- phin assura encore Chabannes qu'il lui donnerait des biens et de l'autorité : « Je suis content, dit-il encore, que vous cou- « chiez devant le Roi, et nous le contenterons bien au fait de « ses mignons (ici il nomma le seigneur de Clermont et un « autre)... Quant au sénéchal (Brezé), je sais que vous l'aimez « bien.— Si fais mon [1], interrompit Chabannes.— Aussi fais-je, « reprit le Dauphin, et suis content qu'il gouverne comme il a « accoutumé, mais ce sera sous moi [2]. »

La conversation en resta là. Peu de jours après, Louis s'informa si les archers étaient arrivés. « Envoyez-les quérir, « et ne vous souciez de rien, dit-il à Chabannes, car tout est « bien. » Le Dauphin avait noué des intrigues de tous côtés, et se croyait sûr d'arriver à ses fins. Le sire de Bueil, qui, quelque temps auparavant, était tombé en disgrâce et venait d'être mis hors de la maison du Dauphin, paraissait se rap- procher de Brezé, et devenait le centre de menées fort actives : c'étaient des voyages perpétuels entre Chinon et Razilly, séjour de la Cour, et Ussé, où Bueil était logé. Chaque jour Bueil paraissait plus ardent à la poursuite de ses desseins. Son frère Louis et Méry de Couhé le secondaient, et Jean de Daillon semblait être le principal agent de l'intrigue. Sans cesse il allait

---

1. Voir sur *mon*, particule affirmative : Molière, *Bourgeois gentilhomme*, acte III, scène III, et *Malade imaginaire*, acte I, scène II; — Corneille, *La Galerie du palais*, acte IV, scène XII; — Montaigne, *Essais*, livre II, chap. XXXVII; — *Lexique de la langue de Corneille*, par F. Godefroy, t. II, p. 55; — et édition de Molière de M. L. Moland, t. VI, p. 172, note 1.
2. Déposition de Chabannes, *l. c.*

du Dauphin au Roi et du Roi au Dauphin ; il était toujours en compagnie du sire de Bueil. Un jour Bueil et Daillon rencontrèrent Chabannes, et lui dirent d'un ton moitié plaisant, moitié sérieux, qu'il avait deux cordes à son arc. — « Je n'en ai « qu'une, reprit Chabannes, mais elle est si bonne que je compte « bien qu'elle ne se rompra pas[1]. » — Un des serviteurs de Bueil, Guillaume Benoist, frappé d'une prédiction faite sur son maître et qui le menaçait d'une fin violente s'il restait à la Cour, était accouru tout exprès pour le conjurer de sauver sa vie par une prompte retraite ; inquiet de tout ce qu'il voyait, il s'en ouvrit à Bueil : « On parle fort, lui dit-il, de cette entre- « prise de Daillon, et l'on vous en donne charge à cause que « vous semblez la soutenir. — Je ne crains, répondit Bueil, ni « sénéchal, ni sénéchalle, ni toutes leurs sénéchalleries pas « une fève. Je suis bien vu du Roi, qu'on le veuille ou non, et « mieux de Monseigneur que jamais[2]. »

Un autre serviteur de Bueil, nommé Galchault, traduisait en ces termes à Benoist le sentiment de son maître : « Ce gouver- « nement ne peut durer : pensez-vous que Monseigneur (le « Dauphin) et tous les seigneurs endurent plus de voir telles « choses ? Tous sont avec Monseigneur et de son serment : et « roi de Sicile, et monseigneur Charles, et tous, hors le duc « de Bretagne et Foix ; et croyez que bref y verrez autre gou- « vernement et grosse brigue, car ce sénéchal gâte tout, dé- « truit, prend argent de toutes parts : il a eu, à cause des « trêves, quatre cent mille écus ; il a eu du duc de Savoie, pour « l'hommage qu'il a fait lui quitter, le comté de Maulevrier, « d'autre argent largement ; il tient le Roi en ce gouvernement « de cette Agnès emprès la Reine ; il envoya Monseigneur en « Allemagne pour en délivrer le pays ; il le laisse sans provi- « sion, et lui ôte ses gens à tout bout de champ. Ce sont des « articles : tout lui sera bien remontré... Quant au Roi, il n'aime « point le sénéchal, et la cause principale est qu'il le reprend « trop devant les gens. En outre, monseigneur de Bueil et Vil-

---

1. Déposition de Chabannes, *l. c.*
2. Déposition de Guillaume Benoist, *l. c.*

« lequier c'est tout un, et ils ont d'autres alliés ; donc son fait
« est bon. »

Benoist fit observer que Brezé avait couché avec le Dauphin
à Bléré, où il lui avait fait « moult bonne chère et de grandes
offres, » et qu'il avait entendu Floquet parler de prendre quelqu'un ; ce devait être le sire de Bueil. Mais Gatchaud répondit : « De Monseigneur ne doutez : il sait bien que ce qui se fait
« est tout à sa fin, car croyez que jamais il ne l'aimera, et ne vou-
« drois pas être en son cas. » Finalement, les agents du Dauphin
se croyaient sûrs de leur affaire ; ils tenaient le sénéchal pour
« défait, » et « toute sa bande : bailli de Sens (Dresnay) Pré-
« cigny et tout. » Ils se flattaient même de ne pas rencontrer
une grande résistance chez le Roi. « Je connais le Roi mieux
« que homme qui vive, disait l'un d'eux. Quand il se veut dé-
« faire de quelqu'un qui le gouverne, il fait ses alliances petit
« à petit à l'un et à l'autre, un an ou six mois avant qu'il le
« mette hors [1]. »

De son côté, Chabannes, que les serviteurs de Bueil appelaient « ce faux comte de Dampmartin, » interrogeait un des
familiers du Dauphin, qui avait été autrefois au service de La
Trémoille ; ce familier, nommé Jupilles, lui disait que le
Dauphin se méfiait de lui parce qu'il avait deux ou trois fois
parlé au Roi. Chabannes, ayant reçu du Dauphin l'ordre de lui
remettre deux mille écus sur l'argent qu'il avait rapporté de
Savoie, était de plus en plus inquiet, d'autant qu'il voyait sans
cesse Jean de Daillon aller trouver le Roi et revenir ensuite vers
le Dauphin, avec lequel il s'entretenait pendant une heure ou
deux. Jupilles lui-même devenait suspect au Dauphin parce
qu'il fréquentait trop Chabannes. Daillon avait la promesse de
toucher quatre mille écus, dont deux mille comptant. On remarquait que Louis de Laval, seigneur de Châtillon, autrefois
brouillé avec Bueil, s'était rapproché de lui et qu'ils conversaient assez souvent ; que presque tous les jours Louis de Bueil
se rendait chez Châtillon, et qu'ils restaient fort longtemps
ensemble. Enfin Chabannes dit à Amaury d'Estissac, un des

---

[1] Déposition de Guillaume Benoist, l. c.

conseillers du Dauphin : « Il me semble que Monseigneur ne
« se conduit pas bien ; je lui vois tenir beaucoup de manières
« qui ne sont pas bonnes. Parlez-lui et remontrez-lui qu'il se
« conduise autrement, car je sais qu'il a fiance en vous et qu'il
« vous croira de ce que vous direz plus que homme qu'il ait
« avec lui… — Je suis très-courroucé, répondit d'Estissac, qu'il
« ne se veuille autrement conduire ; je suis plus courroucé de
« son gouvernement, qu'il ne l'a bon, que de chose qui lui
« puisse advenir. Il est le plus soupçonneux homme du monde,
« et il a grand soupçon sur vous et sur Jupilles. — Pourquoi ?
« — Parce qu'on a dit à Monseigneur que c'étoit grande folie
« de vous souffrir avec lui, et que vous n'étiez pas à lui. —
« Et à qui donc ? — On a dit à Monseigneur que vous n'étiez
« à l'hôtel que pour épier tout ce qui se faisoit et le rapporter
« à monseigneur le sénéchal, et que vous étiez à lui. »

Peu après Chabannes revint à la charge, et dit à d'Estissac
d'insister près du Dauphin sur ce que le Roi n'était pas content de lui, et « qu'il voyoit des choses en lui plus que jamais. »
D'Estissac se borna à répondre qu'il ne savait comment y porter
remède. Un autre jour, il s'en ouvrit à Jean Sanglier. « Je
« viens de devers le Roi, lui dit-il, et j'ai parlé à monseigneur
« le sénéchal. Je me doute que le Roi ne se contentera pas de
« beaucoup de façons que je vois que Monseigneur commence
« à tenir ; pour ce, parlez à lui, car je doute qu'il ne se conten-
« tera ni de vous, ni de monseigneur d'Estissac, ni d'autres qui
« sont autour de lui. » Et Sanglier répondit : « Je ne sais ce
« que c'est, mais je me doute qu'il n'y ait quelque chose de
« mal[1]. »

Charles VII s'inquiétait, en effet, et tellement qu'il résolut
de faire procéder à une enquête : en vertu d'une commission
royale, le chancelier, assisté d'un secrétaire du Roi, recueillit,
le 27 septembre 1446, la déposition d'Antoine de Chabannes[2] ;
le 18 octobre, un maître des requêtes de l'hôtel du Roi entendit
différents témoins « sur certaines injures dites et proférées

1. Déposition de Chabannes.
2. *Preuves* de Duclos, p. 61.

par aucuns sur certains grands seigneurs de son grand conseil[1]. » Le 27 octobre, Guillaume Benoist, serviteur du sire de Bueil, fit sa déposition[2]; un peu plus tard, on interrogea des archers de la garde écossaise et d'autres témoins[3].

De toute cette enquête, il ressortit que le Dauphin avait voulu gagner les capitaines de la garde écossaise, ou s'en défaire s'il ne les pouvait gagner, et que son but était de se débarrasser à tout prix de Brezé. Un déposant déclarait tenir de la bouche même de Jean de Daillon que « il y en avoit aucuns qui perdroient la vie en brief; » il n'avait pas douté qu'il ne s'agît du sénéchal, parce que « le commun langage étoit que le sénéchal seroit mis hors de gouvernement, » et que cela aurait lieu par l'influence du Dauphin[4]. Daillon et Louis de Bueil s'étaient hâtés de quitter la Cour; le premier avait, dans une hôtellerie, laissé échapper l'aveu qu'il s'enfuyait parce qu'on l'accusait, ainsi que son compagnon, d'avoir voulu tuer le sénéchal[5].

S'il en faut croire une chronique domestique de la maison de Chabannes[6], le comte de Dammartin aurait, lui-même, dès le début du complot, reçu dix mille écus pour faire le coup, et ce n'aurait été que sur les instances de son frère Jacques qu'il se serait décidé à dégager sa parole en rendant au Dauphin les dix mille écus. Quoi qu'il en soit, l'affaire était ébruitée; les révélations abondaient; la situation du Dauphin n'était plus tenable. Voici, d'après la même chronique, comment aurait eu lieu le dénouement.

Le Roi, une fois convaincu de la culpabilité du Dauphin, le manda en sa présence, et lui reprocha vivement sa conduite : « Louis, dit-il, je sais bien la mauvaise volonté que vous avez

---

1. « Information faicte par moy Blanc Barbin, conseiller et mestre des requestes de l'ostel du Roy nostre sire, commissaire ordonné..., » etc. Ms. nouv. acq. fr. 1001, f. 40, et Le Grand, vol. VII, fol. 50-53.
2. Le Grand, vol. VII, fol. 38-48 v°.
3. Déposition de Crespin Chambre (21 mars 1447). Ms fr. 15537, f. 8; — Déposition de Jean de Dresnay (30 avril 1447). Id. fol. 15.
4. Information de Blanc Barbin, l. c.
5. Idem.
6. Chronique Martinienne.

« contre le grand sénéchal, qui m'a bien et loyalement servy,
« et l'entreprise que vous avez faite contre lui pour lui faire pi-
« teusement finir ses jours. Mais je vous en garderai bien.
« — Monseigneur, répondit le Dauphin avec assurance, je ne
« fais chose en cette matière qui ne m'ait été conseillée par
« le comte de Dammartin. — Par saint Jehan! reprit le Roi,
« je ne vous en crois pas. » Et aussitôt il envoya chercher
Chabannes : « Comte de Dammartin, lui dit-il, avez-vous
« conseillé à mon fils le Dauphin de faire mourir le grand sé-
« néchal de Normandie[1]? » Chabannes répondit négativement,
et dit qu'il n'avait obéi qu'aux ordres du prince. « Sauf
« l'honneur de Monseigneur, s'écria le Dauphin, vous avez
« menti! — Monseigneur, reprit Chabannes, je vous répon-
« drois autrement que je ne puis faire, car je répondrois
« touchant cet article de ma personne à la vôtre si vous n'étiez
« fils de Roi, et j'en suis exempté par cette raison. Mais, Mon-
« seigneur, je vous offre, en la présence du Roi, mon souverain
« seigneur, que s'il y a gentilhomme en votre maison qui me
« veuille charger sur cette matière, que je lui ferai de ma
« personne dire le contraire. » — Le Roi intervint, et dit à
son fils : « Louis, je vous bannis pour quatre mois de mon
« royaume, et vous en allez en Dauphiné. » Le Dauphin sortit
alors, la tête nue, en disant : « Par cette tête qui n'a point de
« chapperon, je me vengerai de ceux qui m'ont jeté hors de
« ma maison[2]! »

Il y a beaucoup d'exagération dans ce récit. Le Dauphin ne
fut point chassé de la Cour : il partit pour le Dauphiné avec
une mission de son père, pour travailler à l'exécution de desseins politiques dont nous parlerons plus loin. Quoi qu'il en
soit, on peut dire que le Dauphin se mit lui-même *hors de sa
maison* en voulant s'y attribuer, au mépris de tous ses devoirs
et par un odieux complot, un rang qui ne lui appartenait pas.
A vingt-trois ans il était tel que nous l'avons vu à dix-sept,

---

[1]. La chronique place ici dans la bouche du Roi une appellation qui ne put être donnée
à Brezé que plus tard, après la conquête de la Normandie.

[2]. *Chronique Martinienne*, p. 289.

quand il voulait mettre son père en tutelle et prendre les rênes du gouvernement. On reste confondu devant tant d'audace, de sécheresse d'âme, de froid calcul, de cynisme : quand on a lu ces documents, qui le peignent sous de si saisissantes couleurs, il semble que le personnage moral soit jugé et irrémissiblement condamné.

Les intrigues du Dauphin n'empêchaient pas le Roi de donner son attention aux affaires du royaume. Deux envoyés du duc de Bourgogne, La Broquière et Charny, passèrent plusieurs mois à Chinon. Au mois d'août, Adam Moleyns et Dudley, ambassadeurs du roi d'Angleterre, vinrent trouver Charles VII à Saint-Martin de Candes. Au mois d'octobre Georges Chastellain arriva, chargé d'une mission du duc de Bourgogne. La pacification de l'Église, que le Roi prenait en main avec la ferme volonté d'aboutir à une solution; l'entreprise sur Gênes, qui devait servir de base à l'exécution de ses desseins en Italie; la conclusion d'une alliance avec le duc de Milan remplirent les derniers mois de 1446. Les questions d'administration intérieure n'étaient point négligées : le 28 octobre fut rendue une grande ordonnance sur la réforme judiciaire. Enfin le mariage d'une fille de Charles VII fut conclu : par contrat passé le 23 décembre à Tours, la main de Jeanne de France était donnée à Jean de Bourbon, comte de Clermont[1]. Ainsi se trouvait rapprochée de la maison royale une de ses principales branches, dont le chef avait autrefois causé à la Couronne de graves embarras. Un autre prince de la maison de Bourbon, le vieux comte de Vendôme, grand maître de la maison du Roi, mourut vers cette époque[2]. Charles VII, qui avait pour lui une vive affection, vint à son lit de mort et s'entretint longuement avec lui du passé, comme s'il eût voulu mettre une dernière fois à profit les trésors de sa longue expérience[3].

---

1. Voir le texte de ce contrat : Archives, P 1361, cote 1370; édité dans l'*Ancien Bourbonnais*, t. II, p. 152.
2. La date du 21 décembre 1446, donnée par le P. Anselme (t. I, p. 322), est douteuse; il est certain que le comte fit un codicille le 14; mais il paraît avoir survécu pendant quelques mois.
3. Chastellain, t. II, p. 175.

Nous avons dit plus haut qu'une nouvelle naissance signala la fin de cette année : Charles de France naquit à Tours le 28 décembre[1]. Il fut tenu sur les fonts baptismaux par le comte du Maine, le comte de Laval et le comte d'Évreux (Brezé) et par la dame de la Rocheguyon et la comtesse d'Évreux[2]. Cet événement donna lieu à de grandes réjouissances : « En la nativité duquel fut faicte moult grande joye en l'hostel du Roy et en plusieurs bonnes villes du royaulme, » dit un auteur du temps, « et par especial les Parisiens furent grandement rejoys, et firent feux et moult d'autres joyeuseteez dedens leur ville[3]. »

A ce moment le Dauphin était encore à la Cour : il ne partit pour le Dauphiné que vers le 1er janvier[4]. Le jeune prince devait y séjourner quelques mois, afin de recevoir l'hommage de ses sujets et de favoriser la réalisation des desseins du Roi en Italie[5] ; il y passa dix ans, et, quand il l'abandonna, ce fut pour se mettre en révolte ouverte contre son père,

---

1. On a des lettres missives du Roi à ses bonnes villes, leur annonçant la naissance de son fils. M. Merlet a publié celles qui furent adressées à la ville de Chartres, mais avec la date fautive du 8 septembre. Voir *Lettres des Rois, etc., aux évêques, etc..., de Chartres* (Chartres, 1855), p. 12.
2. Note sur la garde d'un ms. intitulé : *Priviléges de la Couronne de France* (Latin 9811) ; Chronique dans un ms. de Gaignières (Fr. 24976). Cf. Vallet de Viriville, dans l'*Athenæum*, 1856, p. 252.
3. Mathieu d'Escouchy, t. I, p. 111.
4. Le 7 janvier il était à Lyon. — Cette date est donnée par le quatrième compte de Nicolas Erlant, dans Le Grand, vol. VI, f. 378 v°.
5. On voit par les instructions secrètes données en février 1451 à l'évêque de Maillezais que le Roi donna congé à son fils de partir, espérant qu'il reviendrait bientôt ; il s'en alla en Dauphiné « pour faire épaule au fait de Gênes, pour prendre ses hommages et pour avoir quelque aide de son dit pays, et incontinent soy en retourner devers le Roy. » (Ms. fr. 15537, f. 62 et 63 v°.) — On voit dans un autre document, en date du 23 novembre 1456, que « quand mondit seigneur partit de lui (le Roi) il n'eut congé de demeurer que quatre mois ; et il a demouré près de dix ans, ajoute-t-on, au grant regret et desplaisir du Roy. » (Mathieu d'Escouchy, t. II, p. 339.) Enfin, dans une lettre du 27 septembre 1456, le Roi constatait que le Dauphin s'était éloigné « de sa seule volonté. » (Chastellain, t. III, p. 217.) Cf. Ms. fr. 15517, f. 2.

CHAPITRE VII

LE COMPLOT DE GUILLAUME MARIETTE

1447-1449

La Cour à Montils-les-Tours, à Mehun-sur-Yèvre, à Bois-Sir-Amé et à Bourges. — Sourdes menées du Dauphin ; arrivée de Guillaume Mariette à Bourges ; ses rapports avec Brezé ; Mariette dénonce le Dauphin au Roi. — Le comte du Maine reparaît à la Cour ; il se rapproche de Brezé. — Arrestation de Mariette ; il s'échappe et se réfugie en Dauphiné, où les officiers du Dauphin l'emprisonnent. — Procès instruit par ces officiers contre Mariette ; dénonciation contre Brezé faite par le Dauphin. — Mariette est transféré à Chinon et de là à Paris, dans la Bastille ; condamné par le Parlement, il est exécuté. — Brezé demande à être jugé et se constitue prisonnier ; son procès ; il obtient des lettres de rémission. — Voyage d'Agnès Sorel à Paris ; pèlerinage à Sainte-Geneviève. — Brezé reparaît à la Cour, plus en faveur que jamais ; la campagne de Normandie est décidée. — Agnès Sorel à Loches ; elle vient rejoindre le Roi à l'abbaye de Jumièges, où elle donne le jour à une fille ; elle tombe malade ; ses derniers moments ; sa mort.

Tandis que se préparaient les grandes entreprises dont on trouvera plus loin le récit, Charles VII se tenait au château de Montils-les-Tours, où d'importants travaux avaient été exécutés dans le courant de 1446[1], et qui devait être jusqu'à la fin de son règne une de ses résidences favorites. La veille des Rois la Cour s'y rassembla pour célébrer cette fête, où le Roi avait convié Éléonore d'Écosse avec sa suite[2]. Charles VII

---

1. Le prix de la chaux enchérit, à Tours, au mois d'août 1446, « tant à l'occasion de l'aoust et vendanges que on ne pouvoit finer de gens ne charroy, comme pour ce que les gens du Roy ont prins et prennent la chaux pour les ouvraiges que ledit seigneur faisoit faire ès chasteaulx du Montilz-les-Tours. » *Registres des Comptes*, vol. XXIX, f. 166.

2. « Comme lui avions mandé pour veoir la feste des Rois, que devions faire ainsi qu'il est accoustumé chascun an. » Lettres du 23 janvier 1447. Archives, JJ 178, n° 110. — On se réunit à huit heures du soir.

avait auprès de lui sa fille Jeanne, qui venait d'être fiancée au comte de Clermont, et à laquelle il avait donné de belles robes doublées de fourrures[1]. Peu après, sous les auspices de Charles VII et du comte de Foix, des joutes eurent lieu au marché de Tours, « pour passer temps plus joyeusement[2]. » Les seigneurs de la Cour se partagèrent en deux camps : d'un côté le Roi, et, sous ses ordres, le comte de Foix, le comte de Laval, les seigneurs de Beauvau, de Culant et de Vauvert, le maréchal de Jalognes, Brézé, Villequier, etc.; de l'autre, le comte d'Eu, et, à ses côtés, « tenant le parti du violet, » le comte de Nevers, les seigneurs de Montgascon, de Fleurigny, de Maupas, Louis de Bueil, Antoine de Beauvau, Jacques de Clermont, Nicole Chambre, etc.[3].

Le 5 février eut lieu entre les Montils et Tours, en présence du Roi, du seigneur de Dudley et du roi d'armes Garter, envoyés du roi d'Angleterre, un combat en champ clos entre Louis de Bueil et un écuyer anglais, nommé Jean Chalons, dont Bueil avait eu à se plaindre pendant qu'il était son prisonnier. Chalons avait demandé le jugement judiciaire, et Charles VII, entouré de la Reine, des princesses d'Écosse et de toute sa Cour, présida à ce duel, souvenir d'une législation barbare tombée en désuétude. Ce n'était qu'à regret qu'il s'était décidé à autoriser le combat. Six courses furent fournies. Louis de Bueil reçut à la cinquième une blessure à la main, et une pièce de son armure fut rompue. Saintrailles, comme juge du camp, vint trouver le Roi et lui demanda de faire cesser le combat pour cette journée. Le Roi répondit qu'il fallait voir les « chapitres, » afin d'examiner si c'était possible. Le seigneur de Précigny, qui les avait en garde, déclara qu'on pouvait poursuivre, et, sur les instances de Bueil, le Roi autorisa la continuation de la lutte. Elle fut fatale pour l'écuyer français, qui fut percé d'outre en

---

1. Voir le rôle du 26 mai 1447, dans les *Preuves de Mathieu d'Escouchy*, p. 253.
2. Mathieu d'Escouchy, t. I, p. 107.
3. *Histoire ms. du comte de Foix*, l. c., f. 129. — « André, seigneur de Villequier, escuyer, LXVIII l. XV. s. pour ses despens en janvier 46, et CX l. pour ses despenses à l'occasion de certaines joustes qui ont esté faites audit mois de janvier au marché de Tours. » — « André de Chasteauneuf, escuyer d'escurie du Roy, LV l. pour semblable cause. » Neuvième compte de Xaincoins, f. 112 v° et 117 v°.

outre au défaut de son armure, et ne tarda pas à succomber[1].

La Cour était alors très brillante. La présence des ambassadeurs d'Angleterre, du comte de Blanckenheim et de deux autres seigneurs allemands ajoutait à son éclat[2]. Plusieurs mariages furent l'occasion de réjouissances et de fêtes : celui d'une fille de Bertrand de Beauvau, seigneur de Précigny ; celui d'une fille de la dame de la Rocheguyon ; celui de Jeanne de Montberon, demoiselle d'honneur de la Reine, avec l'un des *mignons* du Roi, François de Clermont, seigneur de Dampierre[3]. Le Roi fit de beaux présents aux nouvelles mariées, et, à cette occasion, donna de riches habillements aux princesses d'Écosse et aux demoiselles de la Reine[4]. On vit aussi paraître au château des Montils un « chevalier aventureux, » Jean de Boniface, qui faisait partie de la maison du roi Alphonse V, et qui allait de Cour en Cour pour tenir des pas d'armes ; il arrivait d'Angleterre, où il avait été « pour l'honneur du Roi, » et fut traité très libéralement[5].

Le roi René vint à Montils-les-Tours en se rendant en Provence ; il avait reçu récemment à Angers les étrennes du Roi ; lors de son passage, il obtint un don de trois mille livres[6]. A ce moment le Roi préparait une campagne en Lombardie ; il

1. Relation contemporaine, publiée par M. Lambron de Lignim dans les *Mémoires de la Soc. arch. de Touraine*, t. XI, p. 288-93 ; Math. d'Escouchy, t. I, p. 107-110 ; *Bibl. de l'École des chartes*, t. XXIII, p. 149 et suiv. Le Roi fit des présents à l'écuyer Chalons et à Mathew Gough, qui l'avait accompagné (*Preuves de d'Escouchy*, p. 253-54).
2. Voir rôle du 26 mai 1447, dans *Preuves de Mathieu d'Escouchy*, p. 251.
3. Don de 112 l. 10 s. t. à Mme de la Rocheguyon, « pour luy ayder à avoir robes et autres habillemens pour les nosces de sa fille. » — Don de 313 l. 15 s. t. à Précigny pour le même objet. — Don de 487 l. 10 s. à Jeanne de Montberon pour le même objet. Même rôle, *l. c.*, p. 257-60.
4. Don de 275 l., en février, aux princesses d'Écosse, « pour convertir en robes et autres habillemens. » — Don de 75 l. 17 s. 6 d. t. à Prégente de Melun ; don de 600 l. t. à Marie de Belleville ; autre don de 68 l. 15 s. à la même ; don de 55 l. t. à Jeanne Rochelle ; don de 90 l. 15 s. à Jeanne de Coursillon. Même source, p. 257 et suiv.
5. « Mess. Jehan Boniface, chevalier aventureux du pays et royaume de Cecille, qui nagueres, pour l'honneur du Roi, estoit allé en Angleterre, où il avoit despendu le sien, avoit fait armes, combattu et obtenu, et estoit revenu devers le Roy, qu'il requeroit luy ayder ; et pour ce luy a donné m^e xii l. x s. » Neuvième compte de Xaincoins, f. 111 v°. Voir sur les exploits de Jean de Boniface, Olivier de la Marche, t. II, p. 91 et suiv. ; *Le livre des faits de Jacques de Lalain*, dans *Œuvres de Georges Chastellain*, t. VIII, p. 73 et suiv. ; Mathieu d'Escouchy, t. I, p. 81-82, et t. II, p. 469.
6. Neuvième compte de Xaincoins, *l. c.*, f. 113 et 117 v°.

résolut de se rendre à Lyon, et c'est sans doute en vue de ce voyage que Charles VII, à la fin de mars, quitta le château des Montils pour s'installer à Mehun-sur-Yèvre, près de Bourges. Mais l'échec de la tentative sur Gênes, dont il sera parlé plus loin, fit abandonner ce projet. Charles VII attendait d'ailleurs une ambassade du duc de Bourgogne : le 24 mai, dans l'audience royale, l'évêque de Chalon, chef de cette ambassade, prononça un long discours. Peu après, une grande assemblée, à laquelle prirent part l'archevêque de Trèves et deux représentants des princes électeurs, fut tenue pour régler la marche des négociations relatives à la pacification de l'Église.

A ce moment nous voyons le Roi se rendre dans une résidence nouvelle, où il avait installé Agnès Sorel. Nous voulons parler de Bois-Sir-Amé, château situé à cinq lieues de Bourges et appartenant à Artault Trousseau, vicomte de Bourges. Cette habitation venait d'être restaurée, aux frais du Roi, par les soins de Jacques Cœur[1]. La Reine n'avait pas suivi son époux en Berry : elle était restée à Tours, d'où elle se rendit en pèlerinage au Mont-Saint-Michel, accompagnée d'Éléonore d'Écosse, du comte de Nevers, du comte de Laval, du maréchal de Lohéac, etc.[2].

Pendant le séjour de Charles VII à Bois-Sir-Amé, on vit arriver un nouveau « chevalier aventureux. » Cette fois, ce n'était pas Jean de Boniface, mais le brillant jouteur de Nancy et de Châlons, Jacques de Lalain. Le jeune écuyer venait demander au Roi de laisser tenir dans son royaume un nouveau pas d'armes. Il fut accueilli avec bienveillance, mais ne put obtenir que son *emprise* fût publiée en France; lors du pas de Launay, tenu par le roi René, un des gentilshommes de ce prince avait été

---

1. Le Bois-Sir-Amé, commune de Vorly, canton de Levet (Cher). Ce lieu s'appelait d'ancienne date : *Boscus senioris Amati*, ou *Boscus domini Amelli*. On lit dans le Neuvième compte de Xaincoins (*l. c.*, f. 109) : « Estienne Pelourde, escuyer, eschançon du Roy, XLI l., X s., pour certaines réparations faites au Bois-Sir-Amé, où le Roy s'est tenu ; et XXXVIII l. X s. aussy pour semblable cause en 1417. » — Voir Raynal, *Histoire du Berry*, t. III, p. 26, 28 ; *Annuaire du Berry*, année 1843, p. 73-78 (avec une gravure représentant les ruines du château) ; et *Moniteur de l'Indre*, n° du 16 janvier 1868.

2. Chronique dans le ms. lat. 5696, f. 62 v° ; D. Lobineau, t. I, p. 629 ; D. Huynes, *Histoire du Mont-Saint-Michel*, t. II, p. 51.

tué ; d'autres avaient été blessés grièvement : on commençait à être las de ces périlleux exercices[1]. Quand Jacques eut fait sa requête, le Roi lui répondit : « Messire Jacques, soyez le « bien venu. Vos faits et œuvres ont beau commencement : « Dieu y veuille mettre le parfait, où vous ne pouvez faillir, « comme il nous semble ; car nous connaissons vos faits et « vos vertus, il y a déjà bon espace, dès que nous étions à « Nancy, où alors perçûmes et vîmes que faillir ne pouvez de « parvenir à la haute vertu de prouesse et bonne renommée ; « à laquelle faillir ne pouvez, si vous ensuivez ces premières « œuvres ou si fortune ne vous est contraire. » Jacques de Lalain, voyant le Roi lui faire si grand honneur, se mit à genoux très humblement et, le remerciant, lui dit : « Sire, Dieu veuille, par sa grâce, parfaire en moi ce qu'il y faut. » — Le Roi, que, selon le narrateur contemporain, « on tenait pour lors le plus sage prince de son royaume, » s'avança vers Lalain, le prit par la main, et le faisant se relever, lui adressa ces paroles : « Messire Jacques, nous vous retenons de notre hôtel, « et voulons, pour passer temps, que vous reposiez et festoyiez « avec nos gens[2]. »

Il y eut pourtant des joutes à Bourges, au mois de juin, car nous voyons, à cette occasion, le Roi faire présent d'un heaume à son valet de chambre Guillaume Gouffier[3] ; il y en eut encore au mois d'octobre[4] : ce fut sans doute en l'honneur du jeune écuyer de la cour de Bourgogne. Durant l'automne le Roi s'installa à Bourges, où nous le trouvons jusqu'à la fin de l'année, recevant des ambassadeurs de la ville de Metz, du roi d'Angleterre, du duc de Bourgogne et du prince de Navarre. Le comte du Maine reparut à la Cour au mois d'octobre ; le comte de Dunois et le comte de Laval s'y trouvèrent en même temps. Ce n'est donc pas sans fondement que le biographe de Jacques

---

1. Mathieu d'Escouchy, t. I, p. 108.
2. Le livre des faits, etc., l. c., p. 95-96.
3. « Guillaume Gouffier, escuyer, XIII l. XV s. en juin pour luy aydier à avoir un heaume pour la jouste. » Neuvième compte de Xaincoins, f. 117 v°.
4. « Alexandre du Cigne, huissier d'armes, XVII l. II s. pour avoir fait nettoyer la place à Bourges où se sont fait joustes au mois d'octobre 1447. » Dixième compte de Xaincoins, f. 123.

de Lalain nous montre le Roi entouré « d'un grand nombre de princes, chevaliers et nobles hommes¹. »

C'est à cette époque que fut ourdi un complot fort menaçant pour la sécurité du royaume et dont l'instigateur n'était autre que le Dauphin.

L'héritier du trône s'était installé en Dauphiné ; mais son gouvernement ne l'absorbait pas tellement qu'il ne s'occupât de ce qui se passait à la Cour : quoique absent, il conservait la prétention d'y exercer une action. Il avait ses amis dans le conseil, ses affidés et ses espions près du Roi² ; il ne négligeait rien pour se rendre les gens favorables³. Autour de lui les projets les plus extravagants étaient agités, les propos les plus séditieux tenus. Le Dauphin ne craignait pas de s'attaquer à la personne même de son père : « Le Roi se gouverne « aussi mal que possible, disait-il à ses familiers, mais j'ai in- « tention de mettre ordre à son fait. Quand je serai près de lui, « je chasserai Agnès, et je le mettrai hors de toutes ses folies ; « et les choses iront bien mieux qu'elles ne vont⁴. » On se vantait d'avoir conquis le chancelier, le seigneur de Précigny, Saintrailles et Cousinot⁵. On pressait le Dauphin de se déclarer ouvertement ; il n'était point un enfant, et le Roi n'avait pas à s'occuper de lui tant qu'il se conduirait bien⁶. On insistait sur

---

1. *Le livre des faits*, l. c., p. 95. — L'ambassadeur du duc de Saxe, Henri Engelhard, venu à la Cour avec l'archevêque de Trèves, disait dans une lettre à son maître, datée de Bourges, 15 juin : « Il se trouve à cette Cour un grand nombre de rois, de princes et d'ambassadeurs, ce qui cause de grands retards dans l'expédition des affaires. » Archives de Dresde, Wittenberg Archiv, *Religions-Sachen*, f. 297-99.

2. Au printemps de 1447, le Roi, au sortir de la messe, trouva sur son lit un « dicté » contenant, sous une forme obscure et voilée, une dénonciation contre ses conseillers. Voir Continuateur de Monstrelet, t. III, f. 3 (éd. de 1595).

3. Le 18 septembre 1447, le Dauphin fit un don de trois cents écus d'or à l'archevêque de Reims. Compte dans Le Grand, VII, f. 163.

4. Procès de Mariette, dans les *Preuves de Mathieu d'Escouchy*, p. 288.

5. Item se vantent les dessusdis que à vous deffaire (*vous*, Brezé) ne fauldront point, disant qu'ilz ont la pluspart du conseil pour eux, comme le chan., Pric., Saint., Conix., » etc. Procès, p. 282. — « Senty la ligne qui estoit contre ledit sr., et dont Stic. (Estissac) estoit, et maistre Re. (Regnier) avec les autres. » *Id.*, p. 290.

6. « Dit aussi qu'il a oy dire audit messire Jacques de Chabannes qu'il avoit oy dire à monseigneur de Chastillon et pareillement audit monseigneur d'Estissac et maistre Regnier que mondit seigneur le Dauphin n'estoit pas enfant et que en soy bien gouvernant le Roy n'avoit que voir sur lui. » Déposition de Jean de Dresnay, Ms. fr. 15537, f. 45.

le mauvais gouvernement du Roi qui, au lieu de songer à reconquérir la Normandie, s'amusait à reprendre Gênes et à s'assurer la possession d'Asti[1]. Brezé ne s'apercevra de rien, disait-on, car on l'a fait « emboucher » par la belle Agnès[2]. D'ailleurs, s'il ne veut pas s'exécuter, au dernier moment « une dague jusqu'au manche en fera la raison[3]. » Que le Dauphin prenne donc courage : après s'être défait du sénéchal (Brezé), qu'il se place résolument à la tête des affaires[4]. Le Roi ne se courroucera pas : il ratifiera ce qu'aura fait son fils, et finalement ne laissera pas d'être bien avec lui[5]. N'a-t-on pas l'appui moral et le concours financier du duc de Bourgogne, qui donnera, s'il le faut, cent mille écus et plus[6] ? Le duc n'a-t-il pas fait dire au Dauphin qu'il ne voulait point s'entendre avec le Roi, mais bien avec lui, que le royaume lui appartenait mieux qu'au Roi, et que la vraie place du Roi était dans un ermitage comme le duc de Savoie[7] ?

Les intrigues du Dauphin furent si bien conduites qu'il parvint à ébranler le crédit de Brezé[8]. Celui-ci se servait d'un

1. « Il a oy dire par plusieurs fois en soupant et dinant audit lieu de Romans à monseigneur d'Estissac et aussi à maistre Regnier que l'on pouvoit clerement congnoistre comment le Roy estoit gouverné en tant qu'il tendoit à avoir les villes et seigneuries de Jannes et d'Ast, et pour ce faire despendoit ung grant argent, et delaissoit à recouvrer le pays de Normendie que tiennent à présent les Anglois, et que mieulx eust esté despendu ledit argent au recouvrement dudit pays de Normendie, où le Roy a bonne querelle, que ailleurs. » Procès de Mariette, l. c., p. 290.
2. « Affin que ne vous apperceviez du tout qu'ils vous feront comme dit est, qu'ils vous ont fait emboucher de madame de Lagre. » Procès, p. 283.
3. Procès, p. 282.
4. « Il faut qu'il preigne couraige de rompre et abattre cela qui est premièrement de deffaire ledit sc. et se forrer le gouvernement du R. sans aucune dissimulation. » Procès, p. 285-86.
5. « Et a dit ledit Stie. ne a guières que mondit Mon. (le Dauphin) pourra envoyer audit Bourg. (le duc de Bourgogne) lesdictes lettres sans en fere bruyt, afin que le R. (Roi) ne le saiche jusques qu'il soit devers luy ou qu'il soit venus à ses atteintes, car lors sera tout content de vouloir ce qu'il vouldra et aura fait. » Procès, p. 290.
6. « Se aucune controverse lui advenoit en chemin, pourquoy eust affaire d'argent, qu'il se teust asseuré qu'il (le duc de Bourgogne) lui en aidera jusques à c^m escus, et plus largement se besoing est, et que sans aucune différence il lui plaise le tenir du tout sien. » Procès, p. 286.
7. « Et que, quant à lui, il ne se veult point entendre avec ledit R., ains seulement avec lui, pour tomber où il lui plaira, envers tous et contre tous, et qu'il vouldroit que ledit R. feust en ung hermitaige comme le Duc de Sa., et qu'il eust le Royaume; et que mieulx lui appartient que audit R. » Procès, p. 286.
8. Pourtant, à la date du 15 juin 1447, dans sa lettre au duc de Saxe, datée de Bourges, Henri Engelhard disait : « Le sénéchal, qui est le premier et plus intime conseiller du

agent du Dauphin, nommé Mariette, par lequel il voulait faire arriver au Roi certaines révélations propres à servir ses desseins. Or, ce Mariette jouait un double jeu : il recevait de toute main et appartenait au plus offrant. Brezé avait, paraît-il, fait rédiger par lui un rapport qui devait être communiqué au Roi. Le rapport était écrit comme s'il eût été adressé à Brezé. Le Roi est fort subtil, avait dit celui-ci, et Mariette ne connaissait pas ses manières ; aussi Brezé voulait-il que Mariette récitât ces choses comme parlant au Roi, afin d'être plus assuré et averti de répliquer sur ce qu'il pourrait lui dire[1]. Mariette devait être ferme en son propos, et prier le Roi de garder pour lui les ouvertures qu'il faisait ; il devait dire pis que pendre du sénéchal[2], mais se taire sur Agnès, car, avait dit Brezé, « il n'est ja besoin de parler de la Dagne[3]. »

Mariette hésita avant de se charger de cette mission. Ceci se passait à Bourges, à la fin de juin 1447. Un jour Brezé, qui avait dîné chez le chancelier, rencontra Mariette dans la galerie de l'hôtel de Guillaume Jouvenel, et lui demanda s'il avait parlé au Roi. Mariette répondit qu'il s'était présenté de bonne heure, mais que le Roi s'était déjà retiré, et qu'il n'avait pu l'entretenir ; et il ajouta : « Monseigneur, vous avez de l'autorité « et de la chevance beaucoup ; il me semble qu'il vaudroit « mieux dissimuler de ces choses dire au Roi ; car demain ou « après demain il le dira ou fera savoir à monseigneur le Dau« phin, et ainsi vous et moi serions gâtés. » — « Vous êtes « fou, répondit Brezé, n'en parlez plus ; car le Roi le sait déjà « bien, et quand vous le lui direz il en sera très content, vu

Roi, et par qui tout se fait... » Archives de Dresde, l. c. — Dans le neuvième compte de Xaincoins (octobre 1446-septembre 1447), nous trouvons (f. 111 v° et 113) des dons de 100 l. et de 500 l. faits par le Roi à Brezé.

1. Procès, p. 308 ; cf. p. 307.
2. « Icellui seneschal advisa ledit Mariette que, en parlant au Roy, il feust bien ferme en son propos, et qu'il priast bien au Roy que personne ne sceust riens desdictes choses ; et s'il véoit que le Roy, par aucune façon, voulsist que ledit seneschal, ou autre de ceulx de son hostel, sceust riens desdictes choses, que icellui Mariette s'enquist bien non voloir sur toutes lesdictes choses estre descouvertes ne communiquées audit seneschal ; et que hardiement il deist beaucoup de mal dudit seneschal au Roy, affin qu'il n'apperceust pas qu'il venist dudit seneschal. » Procès, p. 313.
3. Procès, p. 307.

« que vous êtes de l'hôtel de mondit seigneur (le Dauphin)...
« Dites le lui sûrement, car je vous assure qu'il n'en dira ja-
« mais rien ; et aussi le Roi est tout averti de non faire venir
« mondit seigneur devers lui, car il sait bien que, s'il y étoit,
« il y auroit brouillis[1]. »

Mariette alla donc trouver le Roi, et lui raconta les menées du Dauphin, les intelligences qu'il s'était ménagées, les moyens qu'il devait employer pour en venir à ses fins. Le Roi reçut assez froidement son ouverture. « Il n'est pas possible, dit-il, que le Dauphin vienne ainsi sans être mandé. » Mariette répondit que c'était son intention, qu'il voulait chasser de la Cour tous ceux qui ne lui convenaient pas et n'y laisser que ses créatures, qu'il comptait sur le chancelier, le comte du Maine, Laval, Précigny, le maréchal de Lohéac, etc.[2]. — En congédiant Mariette, le Roi lui recommanda « que de toutes ces choses il lui écrivît souvent de ce qu'il en sentiroit. » Mais, se ravisant, il dit de ne point adresser à lui-même les communications, mais à quelqu'un de son hôtel. Mariette ayant demandé à qui il devait écrire, le Roi lui dit : « Au sénéchal,
« hardiment. — Il n'est pas besoin que le sénéchal en sache
« rien, dit Mariette, car c'est le plus double homme du monde,
« et il parle volontiers. — Par saint Jehan ! reprit le Roi, je
« vous en crois ; or écrivez donc au comte » (il désignait ainsi le comte de Tancarville) ; et l'entretien se termina[3].

Nous avons vu que le comte du Maine était revenu à la Cour. Il retrouva, paraît-il, une partie de son ascendant. On lit dans une lettre à mots couverts, adressée par Mariette au duc de Bourgogne : « Ledit Martin (Brezé) a été en brouillis jusques à avoir congé, mais il a tant fait qu'il s'est replanqué, et pour le présent il est bien de Geffroy (le comte du Maine), de par lequel avoit été son ébranlement[4]. » — « Mais je ne pourrois croire, ajoutait Mariette, que cel échec qu'il a eu ne lui tombe en un mal ; car ledit François (le Dauphin) est toujours de pis

1. Procès, p. 310-311 ; cf. p. 310.
2. Procès, p. 313-314.
3. Procès, p. 313.
4. Procès, p. 327.

en pis mal content de lui, et aussi il lui fait assez le pourquoi devers ledit Jehan (le Roi)[1]. » Charles VII paraissait s'habituer à la pensée de congédier Brezé ; mais il hésitait à se priver du concours d'un serviteur qui n'était point facile à remplacer. Le seigneur de Blainville, qui était, à l'égard de Brezé, en hostilité déclarée, se réconcilia avec lui, et ménagea ensuite un rapprochement entre le sénéchal et le comte du Maine. De son côté, le chancelier Jouvenel insistait auprès du Roi sur les éminents services rendus par Brezé. Bref, la menace de disgrâce ne fut que passagère, et le ministre ne soupçonna pas sans doute à quel point son crédit avait été compromis.

Quant au Dauphin, il se montrait plus prudent et plus réservé que par le passé. « Ledit François, écrivait Mariette dans la lettre déjà citée, a pris depuis un peu un train de merveilleuse prudence, et il y en a beaucoup qui le prennent à craindre plus que jamais, et jugent, attendu son train, que tout est taillé de passer par lui quand il se trouvera ici ; dont n'est encore nouvelles qu'il y vienne. Ledit Martin (Brezé) a dit que, puisque il ne l'aime, aussi ne fait-il lui, et que, tant qu'il pourra il tiendra son cas, et en advienne ce qu'il en pourra advenir[2]. » Du reste, ajoutait Mariette en parlant de Brezé, « son fait n'est pas édifié de ciment. »

Sur ces entrefaites, au mois d'octobre, un notaire et secrétaire du Roi fut arrêté par la justice royale, sous l'inculpation d'avoir surchargé des lettres portant certaines commissions administratives et abusé de blancs-seings et de scellés qu'il s'était fait délivrer. Le prévenu, qui n'était autre que Guillaume Mariette, fut enfermé au château de Loches et traduit en justice. Transféré à Lyon, il s'évada le 6 février 1448, au moment où la procédure venait d'être entamée, et se mit en franchise chez un chanoine dans le cloître de la cathédrale. Repris, grâce à l'intervention de Jacques Cœur, qui se trouvait alors de passage à Lyon, il réussit encore à s'échapper, et se dirigea vers le Dauphiné. Mais là où il croyait trouver un refuge, il

---

1. Procès, p. 327.
2. Procès, p. 327.

rencontra une nouvelle captivité : les officiers du Dauphin se saisirent de lui à Eyrieu, et le transférèrent, par ordre de leur maître, dans les prisons de la Côte-Saint-André. Louis avait ses desseins sur Mariette, et sans doute il y eut autre chose qu'une simple coïncidence entre le procès instruit par la justice delphinale — avec accompagnement de barbares traitements et de soins médicaux tour à tour prodigués au prévenu — et la dénonciation faite à ce moment, devant le grand Conseil, contre le premier ministre.

Il fallait, en effet, obtenir de Mariette certains aveux, constater que s'il avait été — lui notaire et secrétaire du Roi, puis maître des requêtes de l'hôtel du Dauphin — coupable de plus d'une fraude et mêlé à de nombreuses intrigues, il avait eu en même temps l'oreille de Brezé, et que, à l'insu du Roi, Brezé avait reçu ses confidences et s'était servi de lui comme d'un instrument. Le 1er mars, les commissaires du Dauphin arrivèrent à la Côte-Saint-André; le 2, on leur communiqua les pièces restées à Lyon et le commencement de la procédure, et ils procédèrent à l'interrogatoire de Mariette; le soir même, on le mit à la torture ; les 4 et 5, on l'interrogeait de nouveau; le 8, le Dauphin, apprenant qu'il était « mal disposé de sa personne » et craignant qu'il n'allât « de vie à trépassement sans attendre la vérité des cas pour lesquels il étoit détenu, » envoya ses conseillers pour le faire s'expliquer, et les fit accompagner d'un médecin « pour lui donner ce qui seroit nécessaire à la santé de sa personne[1]. » Si les révélations qui ressortaient du procès étaient compromettantes pour Brezé, elles l'étaient bien davantage pour le Dauphin, et mettaient aussi en lumière les intrigues de la cour de Bruxelles. Mais peu importait au Dauphin : ne fallait-il pas à tout prix perdre Brezé ? Aussitôt après l'arrestation de Mariette, il avait écrit au Roi pour lui demander ses ordres ; et, en attendant une réponse, il avait accueilli avec empressement l'intervention de la justice royale[2].

Le 12 mars au soir, en effet, arrivèrent à la Côte-Saint-André

---

1. Procès, p. 312.
2. Procès, p. 320.

le lieutenant du sénéchal de Lyon, le procureur substitut du Roi à Lyon, et le greffier de la Cour. Le lendemain, on procéda à une sorte de récapitulation de la procédure et à un supplément d'interrogatoire. Enfin, le 6 avril, à Saint-Étienne en Dauphiné, Mariette comparut une dernière fois : on lui lut la procédure d'un bout à l'autre, et il protesta de nouveau de la sincérité de ses déclarations [1].

Cette longue procédure nous a été intégralement conservée [2]; mais nous ne possédons point la suite du procès ni le jugement qui le termina. Nous savons seulement que deux commissaires royaux furent envoyés à Lyon au mois d'avril. Peu après Mariette fut conduit au château de Chinon, et de là à Paris, où il fut enfermé à la Bastille. Après avoir été longuement interrogé, il fut, par arrêt du Parlement, condamné à la peine de mort, transféré à Tours, et là, « pour ses démérites, » décapité et écartelé [3]. Ce que nous savons aussi, c'est que, si le Dauphin avait sacrifié un agent dont, en ce qui le concernait, le seul tort était d'avoir suivi trop ponctuellement les instructions reçues, il n'oublia pas plus tard la famille de Mariette [4].

Cependant la situation de Brezé était devenue fort critique, et il vit bien qu'il était impossible de ne pas céder devant l'orage [5]. C'était le moment où le Roi était en démêlé avec l'Angleterre au sujet de l'occupation du Mans. Brezé prit une

1. Procès, p. 320.
2. Original, Ms. fr. 18110.
3. Dixième compte de Xaincoins, f. 127 v°-129 v°; Mathieu d'Escouchy, t. I, p. 137-38. Cf. Journal d'un bourgeois de Paris, p. 386.
4. « En 1463, Henri Mariette fut nommé par Louis XI lieutenant-criminel au Châtelet de Paris » (Ms. fr. 21388). On a la minute d'une lettre qui paraît avoir été écrite par Louis XI peu après son avènement, alors que, par son ordre, fut commencée une procédure contre Brezé (Ms. fr. 20490, f. 36). On lit dans cette lettre : « Grand seneschal, je receu l'autre jour voz lettres et ay veu la confession que le seneschal a faicte, et oye les deux subornacions, c'est assavoir de Mariette et de Vagan, en tant qu'il scait la oyr, mes il est si variable en ses deffences et les choses sont si cleres que mon procureur a concluz aux fins que lui doit être dire par force. Et pour ce que je vous dis que je ne le laisseroye point gehanner, je ne l'ay point voulu souffrir, jusques à tant que je vous en aye adverti, car le cas est tout cler, et il a bien prins remission du Roi, à qui Dieu pardoint, du fait de Mariette, contre verité et à ma charge, et par ainsi je ne le puis delivrer qu'il ne die et la praigne de moy en verité, à ma descharge et de Vagan pareillement. »
5. « Sy congnut assez qu'il avoit des adversaires largement et qui, durant son règne, lui avoient, par moult de fois, montré semblant d'avoir à lui grant amour. » Mathieu d'Escouchy, t. I, p. 136.

part active aux négociations et à la démonstration militaire qui força les Anglais à céder[1]. Aussitôt après, les intrigues recommencèrent de plus belle, et une dénonciation en règle fut portée par le Dauphin contre le premier ministre. Brezé s'exécuta noblement, demanda au Roi de lui donner des juges, et offrit de se constituer prisonnier en quelque lieu qu'il plairait à son maître. « Laquelle requeste, et la plus grant partie, » dit un chroniqueur, « lui fut par le Roy accordée; car, nonobstant qu'il fut ainsy accusé, comme dit est, sy estoit-il content de lui de sa personne; mais moult doubloit et doubla tout son vivant les envies de sa Cour. » — « Et bien y avoit raison, » ajoute le même auteur, « car, en son temps on avoit veu advenir de grans troubles et meffais entre ses propres serviteurs, et à sa grant desplaisance et prejudice[2]. »

Brezé fut éloigné momentanément, et son affaire fut instruite devant le Parlement. De même que pour Mariette, on ne rencontre aucune trace de la procédure dans les registres du temps[3]. On sait seulement que, malgré les « graves et criminelles accusations » dont il était l'objet, Brezé « se excusa et deschargea, à la longue traite, tellement et par sy vives raisons que le Roy fut assez content de lui[4]. » Dans l'hiver suivant, des lettres de rémission, dont le texte nous a été conservé[5], lui

---

1. Voir le chapitre X.
2. Mathieu d'Escouchy, t. I, p. 136.
3. On trouve dans des fragments d'anciens inventaires des mentions se rapportant à ces procédures :
« Et premièrement un coyer ouquel a plusieurs extraits du procès de feu maistre Gilles (Guillaume) Mariette et le double de la rémission de messire Pierre [de] Brezé. — Le double de la confession prise par les commissaires qui firent ledit procès de Mariette. — Le double de deux dépositions dont l'une est de Cousinot et l'autre de Mgr [de] Dunois. » — « Inventoire des lettres et actes que M⁰ Pierre Puy a baillié par mandement du Roy (Louis XI) à M⁰ Jehan Bourré. » Ms. fr. 20187, f. 14, et Le Grand, vol. VIII, f. 17.
« Item, l'an XLVIII fut mis en procès messire Pierre de Brezé et ordonné commissaires à Melun. » — « Advertissement de ce qui a esté fait, » etc. Ms. fr. 20191, f. 31.
« Item un sac auquel sont..... l'abholition de messire Pierre de Brezé, seigneur de la Varenne, et plusieurs autres informations et deposicions touchans plusieurs matières. » — « Inventoire des sacs et lettres du Roy, estans à Tours (fait sous Louis XI). » Ms. fr. 2899, fol. 81.
4. Mathieu d'Escouchy, t. I, p. 137.
5. Elles portent, dans le texte donné par Duclos, la date : « Donné l'an de grâce ci.... mil quatre cent quarante-huit et de notre règne le vingt-septième. » *Preuves*, p. 74-82.

furent octroyées. Tout en rappelant la noblesse d'extraction et les loyaux services de l'inculpé, on exposait les torts graves qu'il s'était donnés, et qui appelaient les rigueurs de la justice; mais le Roi, — prenant en considération les « grands et nobles services » rendus par Brezé et ceux qu'il pouvait rendre à l'avenir, la « très grande humilité » en laquelle il était venu devers lui, « en très grant desplaisance de l'avoir offensé; » — « n'ayant connu ni aperçu, » disaient les lettres, « par les paroles qu'il nous a dictes, que il ait voulu éloigner de nous nostre dit fils; attendu aussi que par le moyen desdictes choses n'est aucun ancien intentement en nostre personne, celle de nostre fils, d'aucuns de nostre sang et d'autres de nostre hostel, et que, par le moyen desdictes paroles à nous ainsi rapportées par ledit Mariette, lesquelles n'avons trouvé ne trouvons aucunement estre veritables, nous ne avions eu ne avons aucune mauvaise imagination à l'encontre de nostre dit filz, desdiz de nostre sang ne d'autres quelzconques de nostre hostel, ne aussi que ledit suppliant eust voulu faire aucune chose contre nous ne Nostre Majesté, » — le Roi accordait pleine et entière rémission à Brezé, le restituait entièrement « à sa bonne fame et renommée, » et le rétablissait en ses charges, états et offices [1].

Le procès de Brezé est du mois d'avril 1448, et l'affaire fut aussitôt instruite devant le Parlement. Or, dans la dernière semaine d'avril, on vit arriver à Paris une « damoiselle » que les Parisiens accueillirent assez mal, et qui y séjourna jusqu'au 10 mai [2]. Cette « damoiselle, » qui n'était autre qu'Agnès Sorel, se proposait de faire un pèlerinage à sainte Geneviève [3], et, accompagnée de Guillaume Gouffier et de Poncet de Rivière, elle voyageait en pompeux équipage. Quel pouvait être le motif de ce lointain pèlerinage ? On a conjecturé [4], et ce nous semble

1. Duclos, *Preuves*, p. 70-80.
2. *Journal d'un bourgeois de Paris*, p. 387-88.
3. « Guillaume Gouffier et Poncet de Rivière, escuyers, VIII[xx] II livres X sols pour leur despense en ung voyage qu'ilz firent de Tours à Paris, en la compaignie de mademoiselle de Beaulté, qui alloit en pellerinage à Saincte Genevieve. » Dixième compte de Xaincoins, l. c., f. 125 v°.
4. M. Vallet, *Histoire de Charles VII*, t. III, p. 112.

avec raison, que cette apparition d'Agnès dans la capitale, coïncidant avec l'ouverture du procès de Brezé, n'était point étrangère à cet événement : la favorite venait sans doute plaider la cause de son protecteur. Ce qui est certain, c'est que Brezé ne tarda pas à reparaître à la Cour, et qu'avant même d'avoir obtenu des lettres de rémission, il avait repris sa place au grand Conseil : on a des quittances du 14 mai et du 1er juin où il prend le titre de conseiller et chambellan du Roi[1], et son nom ne cesse guère de figurer au bas des ordonnances que du milieu de mai à la fin d'août[2].

Un motif impérieux portait, d'ailleurs, le Roi à écouter la voix de la clémence et à faire rentrer en grâce le vaillant sénéchal : la rupture avec l'Angleterre était imminente, et l'on préparait cette campagne de Normandie pour laquelle le concours de Brezé était indispensable. Nous ne savons si, dans cette scène du *Jouvencel*, souvent citée, l'auteur a voulu, comme on l'a prétendu[3], faire allusion à Agnès Sorel :

« Après dîner, que le Roy saillit de table, il se tira en sa chambre, et la Royne vint, et plusieurs dames et damoiselles en sa compagnie, et firent moult grant chière et beaucoup de beaulx esbatemens, ainsi comme il estoit de coustume.

« Entre les autres, une moult belle dame parla et dist au Roy :

---

1. Fut-il bien *destitué*, comme le prétend Mathieu d'Escouchy, et comme cela paraît ressortir des lettres de rémission ? Nous ne le croyons pas. Le Roi se borna, pensons-nous, à le charger de missions qui l'éloignaient de la Cour. Si son nom ne figure pas dans l'ordonnance du 28 avril, instituant les francs archers, nous le trouvons le 14 mai, prenant le titre de « conseiller, chambellan du Roy nostre sire et son seneschal de Poitou, » et donnant quittance d'une somme de 375 livres tournois à lui octroyée par les gens des trois états du bas pays d'Auvergne. (Archives des Deux-Sèvres, pièce copiée par M. Luce : *Notes biographiques*, par M. Vallet de Viriville, Nouv. acq., 5081, n° 201.) — Le 1er juin, dans une autre quittance, il prend les mêmes titres, et s'intitule en outre « l'un des commissaires ordonnez par ledit seigneur à mettre sus és hault et bas pays d'Auvergne la porcion de l'aide de ix mille frans mis sus par icelui seigneur en ses pays de Languedoil au mois d'octobre passé. » (*Pièces originales*, 509 : Brezé.) — Le 21 juin, il recevait, de concert avec « l'élu confermé de Paris » (Guillaume Chartier), des instructions pour se rendre en Bretagne, près du duc, relativement à l'affaire de Gilles de Bretagne. Dans ces instructions, il est qualifié de « chevalier, chambellan et seneschal de Poictou, conseiller du Roy nostre sire. » (D. Morice, t. II, col. 1412.)

2. C'est ce qui résulte de l'examen des signatures qui se trouvent au bas des lettres de Charles VII.

3. M. Vallet, t. III, p. 151.

« Sire, j'ai ouy dire que vous avez ouy bonnes nouvelles, Dieu
« mercy ! Menés-nous en la guerre, vous en serez plus vaillant et
« toute vostre compaignie. Nostre heur vous vauldra tant que vous
« ne sauriez penser. »

« Et le Roy respondit : « Se tout n'estoit gaigné, ce seroit bien
« fait de vous y mener, car je sçay bien que par vous et les autres
« belles dames qui estes icy, tout se conquerroit ; mais le Jouven-
« cel a tout conquis et gaigné ; nous n'y aurions jamais honneur. »

« Et la dame lui respondit : « Ne vous soussiez de riens : pensés-
« vous être ung Roy sans affaire ? Nenny, il n'en fut oncques point.
« Les grans Roys ont les grans affaires. Vous trouverés encore as-
« sés où exploicter vostre corps et les vertuz des belles dames quant
« vous vouldrez[1]. »

Ce qui est hors de doute, c'est que, à l'époque où nous sommes parvenus, Charles VII n'avait aucun besoin d'être stimulé pour remplir ses devoirs de Roi, et qu'il brûlait du désir de chasser les Anglais du territoire. Le 6 août 1449, il quittait Chinon pour se rendre en Normandie. Agnès Sorel restait à Loches, où elle résidait depuis quelque temps[2], toujours comblée de faveurs[3] ; mais, malgré une grossesse avancée, on la vit bientôt prendre le chemin de la Normandie : elle arriva à l'abbaye de Jumièges dans les premiers jours de janvier 1450.

On croit que, si elle était partie ainsi à l'improviste, bravant les rigueurs de l'hiver et les fatigues de la route, c'est qu'elle avait eu vent d'un nouveau complot tramé contre le Roi, et qu'elle venait l'en avertir. Était-ce encore quelque conspiration du Dauphin, dont on retrouve la main dans toutes les intrigues de ce temps ? Il est permis de le supposer. Quoi

---

1. *Le Jouvencel*, Ms. fr. 192, f. 200 v°-201 ; cf. édit. de MM. Lecestre et Favre, t. I, *Introduction*, p. CLIX (le t. II, où se trouve le passage en question, n'a pas encore paru).

2. « Guillaume Gouffier, valet de chambre du Roy, LXVII l. XV s. pour ses despenses en la ville de Loches en la compaignie de mademoiselle de Beaulté où le Roy l'avait ordonné. » Dixième compte de Xaincoins, f. 126 v°.

3. « Mademoiselle de Beaulté, III° l. pour sa despence de celle année. » — « Guillaume de Courcelles, escuyer, premier valet de chambre, XXVII l. X s. donnez au père d'une petite folle donnée à mademoiselle de Beaulté en avril 48. » (Même compte, f. 125 v° et 126.) — « A mademoiselle de Beaulté, pour lui aider à supporter la despence de son hostel, VIc l. » (Rôle du 27 mars 1450, dans le Ms. fr. 23.259, f. 23.)

qu'il en soit, le Roi ne fit que rire des alarmes d'Agnès. Laissant ses lieutenants poursuivre les opérations militaires, il passa avec elle à Jumièges tout le mois de janvier. Agnès était installée au manoir du Mesnil, maison de plaisance des abbés de Jumièges. C'est là qu'elle accoucha d'une fille, la quatrième qu'elle ait donnée au Roi ; c'est là aussi que, peu de jours après ses couches, le 9 février 1450, elle succomba à un mal soudain [1].

Si sa vie avait été loin d'être édifiante, sa fin fut chrétienne et marquée d'un sincère repentir. Elle eut, dit Jean Chartier, « moult belle contricion et repentance de ses pechez. » Elle reçut les sacrements, demanda ses heures pour dire les « vers de saint Bernard » (prières pour les agonisants) qui s'y trouvaient copiés de sa main, fit ses dernières dispositions et prescrivit de larges aumônes ; puis, sentant sa fin approcher, elle se tourna vers la sénéchale de Poitou (Jeanne Crespin, femme de Brezé), le comte de Tancarville, Guillaume Gouffier et ses demoiselles, qui entouraient son lit de mort, et dit que la vie était peu de chose, « et orde et fétide de notre fragilité. » — « Alors, continue le chroniqueur officiel, requist audit maistre Denis, son confesseur, qu'il la voulust absoudre de peine et de coulpe par vertu d'une absolution (indulgence), qui lors estoit à Loches, comme elle disoit. Ce que son dit confesseur fist, à sa relacion et sur sa parole [2]. Puis, après qu'elle

---

1. On croit qu'elle mourut d'une dysenterie, mais le soupçon d'un empoisonnement fut très accrédité, et nous en retrouvons la trace.
2. On a publié un bref de Nicolas V, en date du 3 des nones d'avril 1448, portant concession à Agnès Sorel, sur sa demande, d'un autel portatif : « Eximie devotionis sinceritas quam ad nos et Romanam geris Ecclesiam promeretur ut petitionibus tuis, illis presertim per quas conscientie parent et anime salutem Deo propitio consequi possis, favorabiliter annuamus. Hinc est quod nos tuis devotis supplicationibus inclinati, tibi ut confessor ydoneus, secularis vel regularis, quem duxeris eligendum, confessionibus tuis diligenter auditis, tibi pro commissis per te criminibus, peccatis et excessibus in singulis Sedi apostolice reservatis, necnon ab omnibus et singulis excommunicationis, suspensionis et interdicti aliisque sententiis, censuris et penis ecclesiasticis etiam a jure vel ab homine in te forsan latis semel duntaxat, in aliis vero, quotiens fuerit opportunum, vasibus debitam tibi absolutionem impendere et penitentiam salutarem injungere, necnon omnium peccatorum tuorum, de quibus corde contrita et ore confessa semel in vita et semel in mortis articulo plenam remissionem tibi in sinceritate fidei, unitate sancte Romane Ecclesie ac obedientia et devotione nostra vel successorum nostrorum Romanorum Pontificum canonice intrantium persistenti auctoritate apostolica concedere valeat... » Rapport de M. Étienne Charavay, dans les *Archives des missions scientifiques*, t. VII, p. 467 (Archives du Vatican, *Registres de Nicolas V*, vol. 385, f. 275).

eust fait un fort hault cry, reclamant et invoquant la benoiste Vierge Marie, se separa l'âme du corps[1]. »

Ainsi disparut de la scène la femme qui avait pris un souverain empire sur le cœur de Charles VII et conquis une place importante auprès du trône. Tout en se montrant justement sévère pour une mémoire qui n'a droit ni au respect ni à la reconnaissance de la postérité, l'histoire doit constater que, du vivant d'Agnès, Charles VII garda du moins dans ses amours une certaine mesure. Après la mort d'Agnès, au scandale d'un public adultère devaient s'ajouter des hontes sur lesquelles, pour l'honneur de son nom, on voudrait pouvoir jeter un voile.

---

1. Jean Chartier, t. II, p. 185-86. — Chartier dit qu'elle désigna comme exécuteurs testamentaires Jacques Cœur, Robert Poitevin, médecin de la Reine, et Étienne Chevalier. « De plus, elle ordonna que le Roy seul et pour le tout fust par dessus les trois susdits. » — « Désigné par elle-même comme le suprême exécuteur de ses dernières volontés, dit M. Vallet de Viriville, il lui éleva dans l'église de Jumièges une sépulture magnifique et dans celle de Loches un autre mausolée plus somptueux encore. Sur les deux statues qui reproduisaient son image, il voulut qu'elle fût représentée avec les insignes de duchesse... Là ne s'arrêtèrent pas les témoignages durables de sa passion et de ses regrets. Dans l'abbaye même de Jumièges, il voulut perpétuer par une fondation pieuse le souvenir de celle qui en était l'objet. » *Bibliothèque de l'École des chartes*, t. XI, p. 316.

CHAPITRE VIII

LA POLITIQUE ROYALE EN ITALIE ENTREPRISE SUR GÊNES ET SUR ASTI

1444-1447

Intérêts politiques de la France en Italie : le duc d'Orléans et le duché de Milan ; le roi René et le royaume de Naples ; la possession de Gênes ; lettres d'abolition données aux Génois. — Impression causée en Italie par la victoire de Saint-Jacques ; ouvertures faites au Dauphin par le duc de Milan et la république de Gênes ; le duc de Savoie conclut avec lui un traité. — Négociations avec le duc de Milan : mission de Gaucourt ; ambassade de l'évêque d'Albenga ; conditions de l'alliance projetée. — Nouvelle ambassade milanaise à Nancy et à Châlons : relation des ambassadeurs. — Négociations avec le duc de Savoie : projet d'occupation de Gênes et de conquête du Milanais ; traité secret passé à Genève. — Inquiétudes du duc de Milan ; battu par les Vénitiens, il se retourne vers la France : ambassade de Thomas Tibaldo ; instructions données à cet ambassadeur ; traité de Tours. — Difficultés faites par le duc de Milan ; nouvelle ambassade de Tibaldo. — Projet d'une entreprise sur Gênes ; Charles VII se met en relations avec les seigneurs génois et prend avec eux des arrangements ; envoi d'une ambassade à Marseille ; dispositions concertées par les ambassadeurs avec Janus de Campo Fregoso. — Campo Fregoso occupe Gênes ; une fois en possession du pouvoir, il chasse les Français qui l'avaient accompagné. — Étonnement des ambassadeurs restés à Nice ; ils comptent sur une prompte revanche ; rapports qu'ils adressent à la Cour et au Dauphin ; conseil tenu à Romans avec le Dauphin ; la marche sur Gênes est décidée. — Échec subi par les ambassadeurs, qui sont contraints de quitter Gênes sans coup férir. — Relations avec les puissances italiennes ; attitude de Philippe-Marie ; sa correspondance secrète avec Sforza ; conclusion définitive du traité avec la France. — Délais apportés par Philippe-Marie à la remise d'Asti ; il entame de nouvelles négociations ; sa mort. — Charles VII revendique les droits du duc d'Orléans sur le duché de Milan ; Dresnoy s'installe à Asti, entame des négociations avec Sforza, et se met en campagne ; il est battu devant Bosco. — Arrivée du duc d'Orléans à Asti ; impuissance de ce prince ; Charles VII abandonne la partie.

La trêve avec l'Angleterre était à peine signée que Charles VII tourna ses regards du côté de l'Italie.

L'intervention royale dans cette contrée était vivement souhaitée par le duc d'Orléans, qui avait conclu récemment avec le duc de Milan, pour la restitution de la seigneurie d'Asti, un traité dont il ne parvenait point à obtenir l'exécution. Charles d'Orléans entretenait le secret espoir de devenir lui-même un jour duc de Milan, du chef de sa mère Valentine[1]; nous avons vu plus haut le comte d'Angoulême faire allusion à la revendication des droits de son frère en Lombardie[2] : à coup sûr, celui-ci eût préféré qu'au lieu de diriger les gens de guerre sur la Suisse et la Lorraine, le Roi leur fît franchir les Alpes. Au moment où cette double expédition venait d'être décidée, le duc d'Orléans donna au sire de Gaucourt, envoyé vers Frédéric III, des instructions spéciales : il le chargeait de faire hommage en son nom au nouveau roi des Romains de la seigneurie d'Asti[3], et de le solliciter d'agir en sa faveur auprès du duc de Milan afin d'obtenir la délivrance de cette ville[4]. Au mois d'octobre suivant, Gaucourt partit pour Nuremberg ; mais le succès de son ambassade fut compromis par les difficultés survenues entre la cour de France et le roi des Romains au sujet de l'occupation de l'Alsace.

Un autre prince du sang était encore plus étroitement mêlé aux affaires italiennes : c'était René d'Anjou. Quelque vague que fût désormais pour lui l'espoir de recouvrer son royaume de Sicile, il n'en maintenait pas moins ses prétentions, se réservant de les faire valoir en des temps meilleurs. A la déclaration du pape en faveur de son rival Alphonse, aux actes par lesquels la succession au trône des Deux-Siciles était assurée à Ferdinand, fils bâtard du roi d'Aragon, René ne cessa d'opposer les revendications de la justice et du droit. Un ambassadeur vint en son nom à Rome : là, dans l'église de Saint-Pierre, agenouillé aux pieds du Pape, en présence des cardinaux de Térouane[5] et d'Estouteville, il fit entendre (8 juillet 1445) une

---

[1]. La succession de ce duché appartenait au duc d'Orléans, à défaut d'hoirs mâles, nés en légitime mariage, provenant de la lignée de Jean Galéas Visconti.

[2]. Voir ci-dessus, p. 20.

[3]. Il avait reçu l'investiture de cette seigneurie par lettres de l'empereur Sigismond en date du 18 septembre 1413.

[4]. Original, Archives nationales, K 58, n° 2. Ce document a été publié en 1886 par le comte de Circourt, dans le précieux opuscule intitulé : *Documents luxembourgeois à Paris concernant le gouvernement du duc Louis d'Orléans* (tirage à part du t. XL des *Publications de la Société historique de l'Institut royal grand-ducal de Luxembourg*), p. 93-95.

[5]. Jean Le Jeune.

solennelle protestation, demandant au Souverain Pontife de déclarer que les lettres par lesquelles il reconnaissait Alphonse comme roi de Sicile n'avaient point été données en pleine liberté, qu'il n'avait pas eu l'intention de porter préjudice aux droits de René et de ses héritiers, mais voulait au contraire les maintenir, et qu'il considérait toujours René comme son vassal. Eugène IV répondit que, pour éviter un plus grand mal et conjurer un péril imminent, il avait été obligé de céder aux exigences du roi d'Aragon, mais qu'il n'entendait pas préjudicier au droit de la maison d'Anjou [1].

Il y avait en Italie une puissance que le roi René avait toujours trouvée prête à le seconder : c'était la république de Gênes, où le souvenir de la domination française n'était point effacé. A la fin de 1435, les Génois avaient secoué le joug du duc de Milan et recouvré leur indépendance. Thomas de Campo Fregoso, retiré de la scène depuis 1421, avait reparu à main armée ; on l'avait aussitôt nommé doge. Thomas se montra l'allié fidèle du roi René pendant sa campagne de Naples [2]. Renversé par Jean-Antoine de Fiesco (décembre 1443), il fut remplacé par Raphael Adorno. Mais cette élection n'obtint pas l'assentiment de tous, et le pouvoir du nouveau doge resta incertain [3]. Au commencement de 1444, Charles VII reçut de Gênes une ambassade au sujet d'une plainte formulée en son nom : un navire portant la bannière royale avait été capturé par des Génois dans le port d'Aiguemortes. Durant le séjour des ambassadeurs [4], le roi donna des lettres (juillet 1444) portant abolition aux habitants de Gênes qui feraient obéissance à la Couronne. Dans ces lettres, où il prenait le titre de seigneur de Gênes (*Januæ dominus*), Charles VII rappelait le temps

---

1. Voir *le Roi René*, par Lecoy de la Marche, t. I, p. 267.
2. Lecoy de la Marche, *l. c.*
3. Voir Sismondi, *Histoire des républiques italiennes*, t. X, p. 53 et suiv.; Varese, *Storia della repubblica di Genova*, t. III, p. 276 et s.
4. « Charles de Chantepleure, escuier, XIII l. XV s., pour avoir conduit en certaines contrées Syfron Roy, sire du Soller, et Anthoine de la Vernace, du pays de Gênes, venus devers le Roy luy remonstrer certaines choses. » Sixième compte de Jean de Xaincoins (1er octobre 1443-30 septembre 1444), dans le ms. 685 du Cabinet des titres, f. 85 v°.

où son père avait possédé la seigneurie et y avait institué comme gouverneur le maréchal de Boucicaut ; il faisait allusion aux troubles survenus depuis que les Génois s'étaient soustraits à l'autorité royale ; il déclarait avoir reçu de plusieurs habitants, ses fidèles et bienveillants, des lettres attestant leurs regrets de s'être laissé aller à subir la domination des tyrans et en même temps leur désir d'obtenir une rémission générale des excès et délits commis contre la maison de France. Consentant à oublier le passé, le Roi pardonnait aux Génois le crime de lèse-majesté dont ils s'étaient rendus coupables ; il renonçait à toutes poursuites contre les habitants, et donnait ordre au gouverneur et aux officiers de sa ville de Gênes de faire observer ses lettres de rémission à l'égard de tous les Génois rentrant dans l'obéissance royale[1].

La nouvelle de la victoire remportée sur les Suisses par le Dauphin (26 août 1444), causa en Italie une vive impression. C'était le moment où Raphaël Adorno, que le roi d'Aragon avait su rattacher à sa cause, venait de conclure un traité avec Alphonse V et de déclarer Gênes tributaire de ce prince[2]. Tandis que le Pape se montrait plein de bienveillance pour le jeune Louis, nommé gonfalonier de l'Église, et que le duc de Milan lui proposait, dit-on, de le reconnaître pour héritier, Gênes lui fit aussi des ouvertures : une ambassade vint, au nom d'un groupe de nobles Génois, offrir au jeune prince de le mettre à la tête de la Seigneurie[3]. Le duc de Savoie, à son tour, s'empressa, on l'a vu, de traiter avec le Dauphin. Il conclut avec lui une alliance offensive et défensive, lui abandonna tous ses droits sur les comtés de Valentinois et de Diois, et passa en même temps un traité de commerce et d'extradition[4].

---

1. Léonard, *Recueil des traitez*, t. I, p. 461.
2. Extrait dans Osio, *Documenti diplomatici*, t. III, p. 357. Voir Barth. Facio, *Comment. de rebus gestis ab Alphonso I*, dans Straevius, t. IX, part. III, fol. 125 et suiv.
3. Voir la relation du commandeur d'Issenheim, dans Tuetey, *les Écorcheurs sous Charles VII*, t. II, p. 523.
4. Traité d'alliance et de confédération signé par le Dauphin le 17 octobre 1444 à Ensisheim, et par le duc de Savoie à Chambéry le 27 décembre suivant (Archives de Turin, *Trattati*, paquet 9, n° 2) ; arrangement au sujet des comtés de Valentinois et de Diois (mêmes dates : Archives de Grenoble, B 3030, et Fontanieu, 119-120) ; traité de commerce, en date du 27 novembre (ind. Le Grand, vol. VII, f. 1 v°).

Le temps n'était pas éloigné où la politique royale allait chercher à tirer parti de ces avantages. Aussitôt que le Dauphin fut revenu à Nancy près de son père, des négociations furent entamées avec le duc de Milan. Il ne s'agissait pas seulement de la restitution de la seigneurie d'Asti au duc d'Orléans, mais encore du passage de l'héritier du trône en Italie. Dans le courant de l'hiver — sans doute après avoir rempli à Nuremberg sa mission près du roi des Romains, — Gaucourt s'était rendu à la cour du duc de Milan. Il sollicita Philippe-Marie : 1° de s'employer auprès de Frédéric III pour procurer la délivrance du jeune duc Sigismond et sa réintégration dans ses états; 2° de restituer au duc d'Orléans la ville et le territoire d'Asti. Philippe-Marie répondit qu'il était disposé à agir en toutes choses suivant le bon plaisir du roi de France, et promit d'intervenir auprès du roi des Romains; il ajouta qu'il aurait fait partir incontinent une ambassade pour se rendre près de ce prince, n'était le bruit répandu à Milan et dans toute la Lombardie que le duc Sigismond venait d'être mis en liberté; il annonça le prochain envoi d'ambassadeurs au Roi pour lui porter ses offres de service et recevoir ses instructions. Quant à l'affaire d'Asti, il se réservait de communiquer ses intentions par ses ambassadeurs [1].

L'évêque d'Albenga, en compagnie d'un autre conseiller du duc de Milan [2], se rendit aussitôt près de Charles VII. Le duc faisait savoir au Roi qu'il se mettait entièrement à sa disposition pour intervenir dans l'affaire du duc Sigismond. En ce qui concernait la seigneurie d'Asti, il demandait un sursis : l'intention du duc n'avait jamais été de retenir ou aliéner Asti; mais certaines difficultés avaient retardé la délivrance aux mains du duc d'Orléans, et cette délivrance ne pouvait, à l'heure présente, être effectuée sans péril. Le duc donnait en outre mission à ses ambassadeurs de confirmer le traité d'alliance conclu jadis par son père avec Charles VI [3]. De plus, ils

1. Ces détails sont empruntés aux instructions données à l'évêque d'Albenga, citées ci-dessous.
2. Il est nommé dans le document : « Dominum Franciscum militem et doctorem. »
3. *Proposita coram Regia majestate christianissimi regis Francie*, etc. Copie du temps dans Fontanieu, 110-120 ; copie moderne, Le Grand, VII, f. 68 v° et suiv.

devaient s'entendre avec le Dauphin relativement à un projet d'expédition du jeune prince en Milanais : excellent moyen de tenir les gens de guerre éloignés du royaume et en même temps de favoriser les desseins du roi René dans le sud de l'Italie[1].

Il résulte d'un acte de la chancellerie du duc de Milan[2] que ce prince se montrait disposé à donner au Dauphin toute l'assistance possible[3], à la condition que celui-ci n'entreprît rien au détriment de sa personne et de ses états, ne prêtât assistance à aucun de ses adversaires, mais le favorisât au contraire par tous les moyens. Comme sûreté des conventions à intervenir, le duc demandait que le Roi et tous ceux de son lignage garantissent l'accomplissement du traité, offrant en retour, en ce qui le concernait, de faire donner pareille garantie par un prince italien au choix du Dauphin[4]. Enfin le duc se déclarait disposé à remettre la ville d'Asti aux mains d'une personne ayant à la fois la confiance du duc d'Orléans et la sienne; cette remise aurait lieu pendant un temps déterminé, après lequel la ville devrait être livrée au duc. Le duc voulait ainsi mettre son honneur à couvert au sujet de certaines paroles étranges et menaçantes qui auraient été proférées contre lui, et sur lesquelles il ne voulait pas insister[5].

Les choses ne marchèrent pas aussi vite que les premières ouvertures du duc de Milan auraient pu le faire espérer. Au mois d'avril 1445, une nouvelle ambassade milanaise vint trouver le Roi à Nancy. Guidés par Boniface de Valpergue, les

1. Voir un document en date du 26 décembre 1444, dans Osio, *Documenti diplomatici*, t. III, p. 354. C'est une lettre de Cosme de Médicis à Sforza (offrant malheureusement des lacunes causées par le mauvais état de l'original) où sont mentionnés ces projets. — Les Florentins étaient alors en pourparlers avec Alphonse. Dans des instructions données à ses ambassadeurs à Naples, Médicis recommandait que, dans les négociations en vue de la paix, on s'attachât à ménager les susceptibilités de la maison de France.
2. En date du 23 février 1445, dans Osio, *Documenti diplomatici*, t. III, p. 365.
3. « Ogni aiuto e favore a luy possibile. »
4. « E la secureza che pare ad esso nostro signore che se recheda a monsignore Dalfino per observatione de tale cossa si è chel re di Franza e tuta la Casa de Franza prometta e se obliga a questo, offerendose la excellentia d'esso nostro signore per la parte soa de fare che qualuncha signore de Italia che piacerà ad esso mons. Dalfino promettera per luy. » Osio, *Documenti diplomatici*, t. III, p. 365.
5. « E questo recheda esso signore per certe parole stranie e menaze che sono usate par alcuni dal canto de là, quale non vole dire per honestà soa e de quelli che hanno dicte simile parolle. » Osio, *Documenti Diplomatici*, t. III, p. 365.

15

ambassadeurs arrivèrent sans encombre dans cette ville, non sans avoir, depuis Dijon surtout, couru de grands périls. Le Roi leur fit un accueil affable et empressé[1]. Ils eurent ensuite une audience solennelle, pour exposer l'objet de leur mission, en présence du comte du Maine, du duc de Calabre, du comte de Clermont, du comte de Saint-Pol, etc. Charles VII exigea que les déclarations verbales des ambassadeurs fussent mises par écrit, afin de servir de base aux négociations.

Les envoyés milanais s'exécutèrent aussitôt; mais ils attendirent longtemps la réponse du Roi. Après douze jours passés à Nancy, ils suivirent la Cour à Châlons; le 26 mai, au moment où ils envoyaient leur rapport, ils n'étaient point encore expédiés. On était en négociations avec la duchesse de Bourgogne, et la réconciliation à ménager entre le roi René et le duc Philippe absorbait tous les esprits. La relation des ambassadeurs[2] nous fournit des renseignements intéressants sur les intrigues de la Cour[3]; elle en contient aussi sur les affaires politiques. Voici ce qu'on y lit à cet égard : « De la venue en Italie, il n'en est plus question; du moins on n'en parle pas. Les gens d'armes sont bien encore épars çà et là dans le royaume, mais tous débandés. Outre cela, nous avisons Votre Seigneurie que, par le seigneur Théodore (de Valpergue) lequel est du conseil du Roi, par l'archevêque de Lyon, et par deux autres conseillers, il a été tenu divers propos en manière de raillerie et avec jactance sur les affaires d'Asti et aussi sur le fait de Gênes. Tous sont résolus, coûte que coûte, à tenter, n'importe par quel moyen, le passage en Italie... Nous n'avons pu encore nous entretenir avec le roi René ni avec l'illustre seigneur Dauphin; et cela parce que le seigneur Dauphin n'est point dans cette ville, mais dehors à prendre son déduit. Le roi René est, paraît-il, en grand souci à propos de la flotte que,

---

1. « Con lettissima accoylenza. »
2. Cette relation est publiée par Osio, t. III, p. 366-69, d'après l'original aux Archives de Milan. Il faut noter que partout on a imprimé Samlere au lieu de Nanclere. Aussi l'annotateur a-t-il supposé bien à tort que le lieu désigné pouvait être Semur, dans le Jura.
3. Voir plus haut, chapitre III, p. 102.

dit-on, le roi d'Aragon et les Génois arment pour venir ravager la Provence. Et pour cela Sa Majesté se met en mesure d'envoyer des gens d'armes en Provence. »

Les négociations avec le duc de Milan n'aboutirent point à un résultat immédiat. Quant aux difficultés avec la république de Gênes, elles ne furent aplanies qu'après de longs pourparlers. Plusieurs ambassadeurs Génois vinrent trouver le Roi[1]. Enfin, le 22 novembre 1445, fut conclu en Provence, entre les commissaires de Charles VII et Napoléon Lomellini, député de Gênes, un arrangement au sujet du vol de la galère royale : la république prenait l'engagement de restituer la galère et de livrer les auteurs de l'attentat ; dans le cas où ils ne pourraient être saisis, ils seraient bannis du territoire de la république[2].

On a vu que le gouvernement royal méditait une intervention en Italie et voulait occuper Gênes. Avant d'entrer dans l'exposé des faits relatifs à cette entreprise, il faut examiner ce que fit Charles VII pour en assurer le succès.

Dès le mois d'octobre 1444, le Dauphin, on l'a vu, s'était allié au duc de Savoie. Dans le courant de 1445, la question de la pacification de l'Église amena entre la France et la Savoie un fréquent échange d'ambassades ; au mois de juin, des envoyés de Louis de Savoie étaient à Châlons, auprès du Roi, en même temps que les ambassadeurs milanais[3]. Peu après, deux ambassadeurs partirent pour la cour de Savoie, porteurs de lettres du Roi[4]. La nomination du Dauphin comme gonfalonier de l'Église le mit en relations avec les cours italiennes[5]. A la fin

---

1. Paiement de 68 livres 18 s. t., fait à Chinon à Alvaire de Grimault, fils de messire Philippe de Grimault, du pays de Gênes. Autre paiement de 154 livres à Siffon Roy, sire du Solier, Antoine de Vernace, du pays de Gênes, et Charles de Chantepleure, « pour leur voyage de Gennes à Tours. » Huitième compte de Xaincoins, l. c., fol. 101 et 100 v°.
2. Archives de Gênes, *Materie politiche*, mazzo n° 12. Rapport de M. Étienne Charavay, dans les *Archives des missions scientifiques*, t. VII, p. 439. Cf. La Faille, *Annales de la ville de Toulouse*, t. I, p. 213.
3. *Registres des délibérations de Châlons*, vol. III, f. 1 v°. Extrait publié par M. Étienne Charavay : *Lettres de Louis XI*, t. I, p. 200.
4. C'étaient Robert Ciboule et Jean d'Auxy. Huitième compte de Jean de Xaincoins, l. c., f. 104 v°; neuvième compte, f. 116.
5. Nous avons la réponse faite par la seigneurie de Venise, en date du 11 mars 1446 (?), à la notification du Dauphin, *Lettres de Louis XI*, t. I, p. 203.

de 1445, les pourparlers entre le Dauphin et le duc de Savoie furent repris. Il s'agissait de faire un pas de plus dans la voie où l'on s'était engagé. Le but poursuivi était de rentrer en possession de la seigneurie de Gênes; puis, ce résultat obtenu, de se tourner vers le Milanais, dont la conquête devait être entreprise de concert avec le duc de Savoie. Les négociations furent conduites par Jean de Grolée, prévôt de Montjou, qui, quoique sujet du duc, était en même temps conseiller du Roi[1]. Un traité secret fut passé à Genève au mois de février 1446. Voici quelles en étaient les clauses :

Le Dauphin, lors de son passage en Italie à la tête d'une armée pour opérer le recouvrement de Gênes, aura la faculté de traverser le territoire du duc de Savoie ; des vivres lui seront fournis à un taux modéré ; le passage s'effectuera par le col d'Argentière, le val Stura, puis par le Piémont, en traversant Bra ou Cherasco ; le duc de Savoie favorisera l'occupation de Lucques et de toute la seigneurie de Gênes, qui appartiendront en toute propriété au Roi, au Dauphin, et à leur successeurs ; après l'occupation de Lucques et de Gênes, on entreprendra la conquête du duché de Milan ; les villes, places fortes et territoires situés autour du Pô et à l'est du marquisat de Montferrat, savoir Parme, Plaisance, Tortone, etc., appartiendront au Dauphin, sauf Alexandrie et son territoire qui seront cédés au marquis de Montferrat, comme prix de l'appui qu'il aura donné aux princes alliés ; les villes, places fortes et territoires situés au nord du Pô, c'est-à-dire tout le pays compris entre le cours du Cervo (affluent de la Sezia), de l'Adda et du Pô, jusqu'aux Alpes, savoir Novare, Côme, Milan, Lodi, Pavie, etc., appartiendront au duc de Savoie ; quant aux pays situés au-delà de l'Adda dont on pourrait entreprendre la conquête, ils seront partagés entre le Dauphin et le duc de Savoie, dans la proportion de deux tiers au premier et un tiers au second : le duc aura pour sa part les terres voisines de la portion du Milanais déjà conquis à son profit. Pour parvenir à cette conquête, le

---

[1]. Nous le rencontrons, un peu auparavant, au nombre des ambassadeurs envoyés par Charles VII aux princes allemands. Voir instructions données à la date du 21 février 1445. Tuetey, t. II, p. 131.

Dauphin sera tenu de fournir au duc six mille hommes d'armes et de trait, dont la solde, à la charge du duc, sera de vingt florins par mois pour chaque lance fournie et dix florins pour chaque archer; pareille solde sera attribuée aux troupes qui seraient fournies au Dauphin par le duc. Toutes les clauses du traité devront être ratifiées par le Roi [1].

Ce pacte entre le Dauphin et le duc de Savoie resta-t-il à l'état de projet ? Fut-il sanctionné par le Roi ? Nous avons le texte d'un appointement fait à cette époque (30 mars 1446) par Charles VII avec le duc de Savoie [2]; mais il n'est question ici que d'arrangements relatifs à la pacification de l'Église. Nous avons aussi la formule de pouvoirs donnés, peu après, à des ambassadeurs envoyés à la Cour de Savoie et le texte des instructions qui leur furent remises [3]; mais ces documents ne parlent que de traités d'alliances à conclure soit avec le duc, soit avec les Suisses, et sont muets au sujet du traité secret. Tout porte à croire que la combinaison projetée par le Dauphin fut aussi vite abandonnée que conçue. La disgrâce, la condamnation et la mort du vice-chancelier Guillaume Bolomier, survenues dans le cours de l'année 1446, semblent n'avoir point été sans influence sur cet échec [4].

Une autre négociation, relative à l'affaire des comtés de Valentinois et Diois, entamée au même moment, reçut une meil-

---

1. Le traité en question se trouve en minute aux Archives de Turin (*Trattati*, paquet 9, n° 5) et en copie à la Bibliothèque nationale, dans le ms. lat. 17779, f. 53-56. Il a été publié par M. Bernard de Mandrot : *Un projet de partage du Milanais en 1446*, dans la *Bibliothèque de l'École des chartes* (1883), t. XLIV, p. 179 et suiv. (tirage à part, gr. in-8° de 13 p.). Dès 1817 il avait été signalé par Scarabelli, dans l'*Archivio storico italiano*, t. XIII : *Dichiarazione de documenti di storia piemontese raccolte dal marchese Felice Carone di San Tommaso*, p. 310-311.
2. Voir le chapitre suivant.
3. Ces documents, en minute, se trouvaient jadis au Cabinet des titres, parmi les pièces du dossier FRANCE ; ils sont actuellement dans le ms. latin 17779, f. 47 et suiv.
4. C'est ce qui résulte d'un document cité par M. de Mandrot. En 1463 Louis XI, au cours de ses négociations avec les Suisses, accusa Philippe de Savoie de lui avoir fait perdre « son serviteur » le vice-chancelier Bolomier, ce qui, ajouta-t-il, « m'a porté grand dommage, car il estoit en traictié de me faire avoir Gennes, qui a esté tout rompu par son trepas. » Bolomier avait été emprisonné au château de Chillon, le 1er juillet 1445 ; il fut noyé le 12 septembre 1446. Voir *Di Gugliemo Bolomier, vice-cancelliere di Savoia*, dans les *Memorie storiche* du comte Louis Cibrario (Turin, 1868, in-12), p. 93-112.

leure solution. Au mois de novembre 1444, le duc de Savoie avait fait au Dauphin l'abandon de ses prétentions sur ces deux comtés ; par un traité passé le 3 avril 1446, il fut décidé que, moyennant l'abandon de l'hommage de la baronnie de Faucigny, autrefois cédé par le comte Amé de Savoie au roi Jean, les comtés de Valentinois et de Diois seraient définitivement mis en la possession du Dauphin [1].

Malgré le secret apporté aux pourparlers entre le duc de Savoie et le Dauphin relativement à un projet de descente en Italie, il était difficile que la diplomatie milanaise, qui avait partout ses agents, n'en fût point instruite. Dans des instructions données par le duc de Milan, en date du 9 novembre 1445, à Otto de Marliano, son ambassadeur près le roi d'Aragon, Philippe-Marie se montrait préoccupé de la menace d'une intervention de la France [2]. Au milieu des inquiétudes que lui causaient les succès des Vénitiens, il se mit de nouveau en relations avec Charles VII. Un chevalier milanais alla trouver le Roi [3]; celui-ci, de son côté, fit partir de Chinon, au mois d'août 1446, deux ambassadeurs pour Milan [4]. C'est à ce moment qu'une brillante victoire, remportée à Casal Maggiore (28 septembre), par Michel Attendolo, général des troupes vénitiennes, vint

---

1. Lettres patentes de Louis Dauphin, constatant qu'il a conclu avec le duc de Savoie un traité contenant ces stipulations. Chinon, 3 avril 1446. — Lettres patentes du Dauphin, ordonnant à ses gens du Dauphiné de prendre possession en son nom desdits comtés. Chinon, 5 avril 1446. — Lettres patentes du Dauphin commettant Gabriel de Bernes pour recevoir la somme de 54,000 écus d'or due par le duc de Savoie. Chinon, 5 avril 1446. — Ratification du traité par Charles VII. Chinon, au mois d'avril 1446. — Confirmation du traité par le duc de Savoie. Genève, 1er mai 1446. Archives de Turin, *Traités avec la France*, paquet 9, nos 3, 4, 7 et 8; Bibl. nat., ms. Brienne, 80, f. 155. Cf. Charavay, *Lettres de Louis Dauphin* (t. I des *Lettres de Louis XI*), p. 201 et suiv., et Guichenon, *Preuves de l'histoire généalogique de la maison de Savoie*, p. 359.

2. « E facendose movemento alcuno per li Francesi, come se parla, et come se rendiamo certi seguira se non adesso in tempo. » Biblioth. nat., Ms. ital. 1583, f. 51.

3. « Messire Pierre de Brezé, chevalier et conseiller du Roy, seneschal de Poitou 501 l., pour bailler à un chevalier italien venu devers le Roy, et 81 l. pour bailler à un escuyer. » Huitième compte de Xaincoins, *l. c.*, f. 102.

4. « Messire Jehan le Silleur, chevalier, docteur ès lois, LXIII l. XV s., pour un voyage de Chinon à Milan, en l'ambaxade devers le duc, et IIIc XII l. X s. — Me Milles d'Illiers, conseiller au parlement, pour semblable cause, CXLI l. XV s. et IIc LXXV l. — Messire Jehan le Silleur, chevalier, IIIc XII l. V s., pour un voyage et ambaxade fait à Milan par devers le duc de Milan. — Me Milles d'Illiers, conseiller du Roy, pour semblable cause, IIc LXXV l. » Huitième compte de Xaincoins, *l. c.*, f. 102, 105, 105 v°.

mettre le duc de Milan à deux doigts de sa ruine[1]. A tout prix il fallait conjurer le danger : Philippe-Marie s'adressa à la fois à son gendre Sforza, au roi Alphonse et à Charles VII.

Le 17 octobre 1446, le duc donnait des instructions à Thomas Tibaldo de Bologne, grand maître de sa maison, envoyé vers le Roi et le Dauphin. Tibaldo devait s'entendre avec Théodore de Valpergue, lequel était au courant des intentions du duc, et suivre en tout ses conseils. Il s'agissait d'obtenir l'envoi en Italie de dix mille combattants, soit cinq mille chevaux et cinq mille archers. Moyennant ce secours, le duc s'engageait à opérer, avant Pâques, la remise aux mains du Roi et du Dauphin des villes de Gênes et d'Asti. Cette remise accomplie, le Roi et le Dauphin devaient l'aider à recouvrer tout ce que les Vénitiens lui avaient enlevé, savoir Bergame et le Bergamasque, Brescia, et toute la contrée environnante, avec cette stipulation qu'ils ne pourraient conclure avec les Vénitiens aucune paix, trêve ou confédération sans l'agrément du duc, lequel ne pourrait non plus traiter séparément. Une fois la conquête opérée, s'il plaisait au Roi et au Dauphin de faire quelque entreprise en Italie, ils en auraient pleine liberté, pourvu que ce ne fût pas contre le roi d'Aragon, avec lequel le duc était lié par un traité ; le duc leur donnerait, même à ses dépens, quatre mille cavaliers et mille fantassins ; il irait jusqu'à deux mille fantassins si on l'exigeait. Il serait entendu, d'ailleurs, que le duc ne pourrait conclure aucun traité de paix, de trêve ou d'alliance sans l'agrément et le consentement du Roi et du Dauphin.

Le duc ajoutait : « Nous te disons bien, Thomas, que, comme tu le sais, il n'a été rien tenu dans le passé des promesses faites par le roi d'Aragon, et nous estimons qu'il en sera de même dans l'avenir; c'est pourquoi, pouvant le faire, notre honneur sauf, nous te certifions, et nous voulons que de notre part tu le déclares au Roi et au Dauphin, que l'offre de les aider contre n'importe qui en Italie, nous la ferons de même quant au fait du royaume (de Naples), étant assuré que nous

---

[1]. Voir sur cet événement des lettres de Jacques-Antoine Marcello au doge de Venise (28 septembre), et d'Ange Simonetta à François Sforza (30 septembre). Ms. italien 1583, n°s 88 et suiv. Cf. 1612, mêmes numéros.

serons en mesure de leur donner ce secours tout en gardant notre honneur. »

La ligue entre la France et le duc de Milan devait avoir une durée d'au moins deux ans. Elle n'avait rien de commun avec l'alliance au sujet de laquelle étaient venus à Milan les ambassadeurs du Roi ; celle-ci était perpétuelle, et la ligue était à terme; elle devait donc être conclue séparément. Si le Roi ne se souciait point de la contracter, elle pourrait être faite avec le Dauphin seul, et réciproquement avec le Roi sans la participation du Dauphin; mais si l'on ne pouvait traiter qu'avec l'un de ces princes, mieux valait que ce fût avec le Dauphin qu'avec le Roi. En outre, l'envoyé du duc avait charge de faire trois ouvertures différentes relativement à la cession d'Asti, et de communiquer d'abord les deux premières au Roi et au Dauphin ; la troisième ne devait être produite qu'en cas de nécessité absolue et dans l'hypothèse de la conclusion de la ligue.

Par la première, le duc offrait de donner, sa vie durant, le gouvernement d'Asti au Dauphin, lequel pourrait ensuite, soit le restituer, soit le donner à qui bon lui semblerait ; la ville devrait être placée par le Dauphin aux mains de Théodore de Valpergue, ou du maréchal de la Fayette pour la gouverner en son nom. — Par la seconde, le duc abandonnerait Asti au Dauphin, lequel, si cette combinaison lui agréait, pourrait dédommager le duc d'Orléans par l'abandon de quelque place ou terre; en ce cas, le Dauphin placerait à Asti, comme gouverneur, qui bon lui semblerait. — Par la troisième, le duc, une fois la ligue conclue, restituerait Asti au duc d'Orléans, mais à la condition que le Roi, le Dauphin et le duc de Bourgogne promettraient que, tant qu'il vivrait, le duc ne recevrait aucun dommage ni offense, soit de ladite ville, soit du duc d'Orléans; le cas survenant, le Roi, le Dauphin et le duc se déclareraient contre le duc d'Orléans; enfin, la ville serait confiée aux mains d'un gouverneur, lequel serait, soit Théodore de Valpergue, soit le maréchal de la Fayette, et cela tant que le duc vivrait, ou tout au moins pendant dix années [1].

1. Copie du temps à la Bibl. nat., Ms. ital. 1583, f. 96. Édité par MM. Angelo Butti et Luigi Ferrario, dans leur édition de la *Storia di Milano* de Bern. Corio, t. II (1856), p. 759-61.

L'ambassade du duc de Milan arriva à Tours au mois de novembre 1446[1]. Les premiers pourparlers paraissent avoir été entamés avec le Dauphin. C'est seulement à la date du 18 décembre que Charles VII donna des pouvoirs à quatre de ses conseillers pour traiter avec Tibaldo; c'étaient Pierre de Brezé, le seigneur de Précigny, Baudoin de Tucé et Boniface de Valpergue[2]. Rédigés le 20 décembre[3], les articles du traité furent définitivement adoptés le 27, et le Roi y donna son approbation par lettres patentes du 29[4]. En voici la substance :

Le Roi s'unit au duc de Milan par un traité portant ligue et confédération; il promet de donner son appui à ce prince contre n'importe qui, sauf le pape Eugène. Sont également exceptés de part et d'autre : le roi de Sicile, le duc de Savoie, le marquis de Montferrat, et aussi, mais sous réserve[5], la république de Florence.

Le Roi s'engage à faire passer en Italie, dans le plus bref délai, et au plus tard avant la fin de mars, deux mille chevaux et deux mille fantassins, ces derniers soldés sur les revenus de la ville d'Asti. Une fois la ville de Gênes mise aux mains du Roi, que ce soit par l'intervention du duc de Milan ou d'une autre manière, le contingent des fantassins sera porté de mille à cinq mille hommes. Les troupes auxiliaires seront employées à procurer au duc le recouvrement des villes et provinces de Brescia et de Bergamo.

Le Roi promet, lorsqu'il aura conclu avec l'Angleterre, soit une bonne paix, soit une trêve de longue durée, de faire passer en Italie un contingent supplémentaire de trois mille chevaux. Toutes ces troupes seront soldées aux dépens du Roi jusqu'à la prise des villes susdites. Toutefois, s'il advenait que le Roi eût en Italie des forces s'élevant à cinq mille chevaux et cinq mille fantassins pour porter secours au duc, et que Brescia et Bergamo ne fussent point recou-

---

1. Elle s'était rendue d'abord à la cour de Savoie, où des ouvertures faites au duc par Philippe-Marie n'avaient point été agréées (lettre du 31 décembre 1446, citée plus loin). La date de novembre est donnée par un compte qui se trouve dans Le Grand, VI, f. 379.
2. Le texte est dans Du Puy, 760, f. 49.
3. C'est ce qui résulte du document cité plus loin, que M. Osio a publié dans ses *Documenti diplomatici*, t. III, p. 454-57.
4. Copie du dix-septième siècle, faite sur une copie collationnée du temps, dans Du Puy, 760, f. 49 et suiv.
5. Sauf le cas où les gens d'armes de la république feraient guerre ou porteraient dommage au duc de Milan.

vrés, le Roi ne serait tenu à laisser que pendant six mois au service du duc les troupes que celui-ci voudrait garder pour le servir aux dépens de la couronne.

En vertu de ladite ligue et confédération, le Roi promet d'envoyer des ambassadeurs à Florence pour engager les Florentins à cesser toute hostilité contre le duc; il en enverra de même à Venise, et ailleurs où besoin sera. En cela et en toutes choses il prêtera aide et faveur au duc, comme son bon ami, allié et parent.

Le Roi promet d'envoyer vers ses alliés les Suisses et vers ses autres amis d'au delà des Monts, pour les prier et requérir de donner leur appui au duc.

Le Roi sera content que, si le duc trouve un bon appointement avec les Vénitiens et ses autres ennemis, il le prenne, selon ce qui lui paraîtra le plus avantageux, mais seulement avec la participation du Roi ou de ses représentants, et à la condition d'avoir au préalable obtenu leur adhésion.

De son côté, le duc déclare conclure avec le Roi bonne ligue et confédération, et promet de remettre à Théodore de Valpergue, que le Roi enverra dans ce but, les ville et seigneurie d'Asti. Aussitôt l'arrivée de celui-ci en Milanais, le gouvernement d'Asti lui sera confié, pour toute la durée de la vie du duc[1].

Le duc promet également de délivrer et mettre aux mains du Roi, avant la fête de Pâques prochaine, la ville et la seigneurie de Gênes, et de remettre dès à présent, soit au Roi, soit à celui qu'il plaira au Roi de désigner, toutes les terres tenues par le duc dans ladite seigneurie, sauf le château de Novi et son territoire, qui ont toujours été possédés par lui. Le duc promet en outre tout son concours pour que la ville de Gênes soit mise dès à présent en la possession du Roi, et, en tout cas, au plus tard et sans nulle faute, avant Pâques.

Le duc promet enfin qu'une fois que Brescia et Bergame seront rentrés en sa possession, ou qu'une bonne paix aura été conclue avec ses ennemis, s'il plaît au Roi de faire une entreprise en Italie, il mettra à sa disposition trois mille chevaux et mille fantassins, soldés aux dépens du duc pour une durée de six mois, avec faculté de les employer contre n'importe quel prince d'Italie, sauf ceux désignés plus haut, et aussi sauf le roi d'Aragon, à moins que celui-ci ne manque à ses promesses envers le duc.

1. « Perché de luy esso, Duca ha più noticia che de nissuna persona de la parte de zà, o sempre serà bon mezo a tutto lo cosse che serano a fare tra il prefato Re et Duca di Milano. »

Le présent traité est fait pour toute la durée de la vie des deux princes. Pendant ce temps, aucun d'entre eux ne pourra conclure en Italie de paix ou de trêve sans le consentement de l'autre.

Dans un article final, Thomas Tibaldo déclarait que comme, dans les stipulations du traité, il avait sur plusieurs points outrepassé les pouvoirs donnés par son maître, le Roi, par condescendance et faveur[1], consentait à ce que le duc de Milan eût jusqu'à la fin de février pour donner ses lettres de ratification. Le traité ne serait valable qu'après cette formalité remplie, mais alors même que le duc n'en ratifierait pas tous les articles, il serait dans l'obligation de remettre, avant la fête de Pâques, la ville d'Asti aux mains du Roi ou de Théodore de Valpergue, son représentant. Il demeurerait en outre acquis que la ligue entre le Roi et le duc aurait une durée de vingt années; que le duc serait libéré de tout engagement pris par lui envers le duc d'Orléans ou les siens, relativement à la restitution d'Asti; que dans le cas où le Roi ne trouverait d'autre satisfaction à offrir au duc d'Orléans, il pourrait lui délivrer Asti, pourvu que ce fût avec la participation et l'agrément du duc de Milan. Enfin, alors même que le duc ne ratifierait point les autres articles susdits, il serait tenu, une fois le Roi en possession de la ville de Gênes, de mettre aux mains de celui-ci ou de ses officiers, réellement et sûrement, toutes les terres et forteresses qu'il occupait présentement dans la seigneurie, sauf le château de Novi. Il en serait de même des stipulations relatives à Asti, lesquelles conserveraient leur valeur[2].

Aussitôt après la signature du traité, Charles VII fit partir Théodore et Boniface de Valpergue pour la Cour de Milan, avec mission de prendre en son nom possession d'Asti[3]. De généreux dons furent faits à Thomas Tibaldo et aussi à Louis de San Severino, qui l'avait rejoint à Tours. Les deux

1. « Per sua humanità e gratia. »
2. Copie du temps, Bibl. nat., Ms. ital. 1583, f. 97. Édité par Osio, *Documenti diplomatici*, t. III, p. 451-57, d'après une copie aux Archives de Milan. J'ai comparé le texte italien avec les articles rédigés en français qui se trouvent dans Du Puy.
3. Neuvième compte de Xaincoins, *l. c.*, f. 116.

seigneurs milanais furent en outre défrayés de tous leurs dépens[1].

Dans les premiers jours de janvier, Philippe-Marie fit procéder à l'examen des conventions passées à Tours. Elles ne laissaient pas de soulever quelques objections. La principale portait sur le long délai fixé pour l'envoi des troupes et sur la durée de leur concours, limitée à six mois, ce qui ne donnait pas un temps suffisant pour le recouvrement de Brescia et de Bergame. Il fut décidé que Thomas Tibaldo retournerait en France. De nouvelles instructions lui furent remises à la date du 15 janvier[2]. Il devait s'efforcer d'obtenir les modifications suivantes : les cinq mille cavaliers et les cinq mille fantassins resteraient en Italie non pas seulement pendant une durée de six mois, mais jusqu'à la fin de la guerre ; le duc de Savoie et le marquis de Montferrat ne seraient point mentionnés parmi les princes exceptés du traité, mais figureraient comme adhérents et alliés du duc. Le duc autorisait d'ailleurs son envoyé à passer outre si ces satisfactions ne pouvaient être obtenues ; il se déclarait disposé à conclure la ligue aux conditions suivantes : le Roi ne serait point obligé de lui donner aide ou subside pour le recouvrement de Brescia et de Bergame ; de son côté le duc ne serait pas tenu de donner aide ou subside pour faciliter l'occupation de Gênes ou d'autres lieux, mais seulement d'abandonner les terres qu'il tenait dans les seigneuries, sauf Novi, dans le cas où le Roi se serait rendu maître de la ville de Gênes et y règnerait en souverain. Quant à Asti, il voulait bien l'abandonner, mais uniquement au Roi et au Dauphin, ou à leur représentant, et non à aucun Italien ou à quelqu'un étant sous la dépendance de quelque seigneur de France[3].

---

1. Neuvième compte de Xaincoins, *l. c.*, f. 108 v° et 112. Par lettres du mois de février suivant, données après la conclusion définitive du traité, Charles VII, qui avait nommé Tibaldo son conseiller et chambellan, érigea en comté les seigneuries de Bra et de Cherasco en faveur de l'ambassadeur milanais. Archives nat., JJ 178, n° 133.

2. « Responciones illustrissimi domini facte per Abraam (Abraham Ardizzi) ad capitula missa per Thomam Bonenfensem. » Minute aux Archives de Milan. Édité par Osio, *l. c.*, p. 464-66.

3. Copie du temps. Osio, *l. c.*, p. 466-67.

C'est pendant le cours de ces négociations que Charles VII résolut de faire de vive force la conquête de Gênes.

Nous avons vu que, lors de l'arrangement conclu avec la France, à la date du 22 novembre 1445, un certain Napoléon Lomellini avait été le représentant de Gênes. Or, c'est un Antoine Lainelun, noble citoyen de Gênes, qui est nommé dans des lettres de créance adressées par Charles VII, au mois d'août 1446, au duc Raphaël Adorno, à Bernabo Adorno, à Jean-Antoine de Fiesco, à Jean-Antoine de Spinola et à Théodore Doria[1]. Ce personnage fut chargé de sonder les principaux citoyens de la république ; il paraît avoir réussi surtout auprès de Jean-Antoine de Fiesco, amiral de Gênes, celui-là même qui, au mois de décembre 1442, avait renversé Thomas de Campo Fregoso.

Le Roi entretint une correspondance suivie avec Fiesco, le pressant de traduire en actes les protestations de dévouement qu'il ne cessait de faire, et combina avec lui les mesures à prendre[2]. En même temps des négociations furent entamées avec Janus de Campo Fregoso et d'autres citoyens de Gênes, lesquels, depuis la révolution qui avait fait parvenir Raphaël Adorno au trône ducal, s'étaient établis à Nice. Lazare de Castro, sénéchal du Roi dans le comté de Provence, conclut, à la date du 25 octobre, un traité portant trêve entre Janus et ses compagnons d'une part, et Jean de Spinola, d'autre part, qui étaient au moment d'en venir aux mains[3]. Bientôt arrivèrent à Marseille cinq gros navires, armés en guerre, montés par Janus de Campo Fregoso et Benoît Doria. De là ces deux personnages envoyèrent un message au Roi, lui faisant savoir que, si c'était son plaisir, ils avaient l'intention de le faire sei-

---

1. Lettres sans date. *Datum Candæ ; Datum Rasilliaci.* Ms. latin 5114, f. 72. — On voit par le huitième compte de Xaincoins (f. 103 v°) que le Roi était à Candes (canton de Chinon, Indre-et-Loire) au mois d'août 1446.
2. Lettre sans date (*Datum Candæ, m...*), à la réception des lettres apportées par Simon Blanco ; autre lettre sans date à la réception de nouvelles lettres apportées par Simon de Nones de Blanco. Ms. lat. 5114, f. 71 v° et 75.
3. Analyse dans Le Grand, vol. VII, f. 97. Spinola demandait qu'il lui fût permis d'attaquer Janus et ses compagnons au nom de la ville de Gênes, qui s'était mise sous la protection du roi de France.

gneur de Gênes et de toute la contrée[1]. Charles VII accueillit avec empressement cette ouverture et nomma Benoît Doria capitaine de la flotte qui devait opérer à Gênes. Dès le 7 novembre, Doria prenait ce titre dans une lettre adressée aux seigneurs protecteurs de Saint-Georges pour les engager à remettre Gênes aux mains de Charles VII, sans tenir compte de l'opposition de leur duc : c'était, disait-il, le meilleur moyen d'avoir la paix, d'éviter la colère du Roi, et de recouvrer les dépenses que ce prince avait promis de payer ; s'ils ne se soumettaient, le Roi était bien décidé à les traiter en rebelles[2].

Pour parvenir à l'exécution de son dessein, Charles VII résolut de faire partir une ambassade pour Marseille. L'archevêque de Reims venait de recevoir la mission de se rendre en Savoie pour traiter avec le duc et poursuivre la grande affaire de la pacification de l'Église. C'est sur lui que le Roi fixa son choix comme chef de l'ambassade ; il lui adjoignit Charles de Poitiers, seigneur de Saint-Vallier, Jacques Cœur, Jean de Chambes, Tanguy du Chastel, alors sénéchal de Beaucaire, Guillaume, bâtard de Poitiers, et Charles de Castillon[3]. Ces ambassadeurs avaient ordre de s'entendre définitivement avec les nobles génois et de s'occuper de l'équipement d'une flotte.

Le 21 décembre 1446, Guillaume, bâtard de Poitiers, conseiller et chambellan du Dauphin, agissant au nom du Roi, passait avec Jean-Louis de Fiesco, comte de Lavagna, et ses deux fils Antoine-Marie et Jean-Philippe, un traité par lequel ils s'engageaient à donner, comme fidèles sujets et vassaux, tout leur concours au Roi et au Dauphin dans leur tentative pour occuper la seigneurie de Gênes, et à leur faire restituer toutes les terres, châteaux et villes usurpés par le duc de Milan ou par d'autres ; pareil engagement était pris pour faire restituer au

---

1. Berry, p. 420.
2. *Spicileyium*, t. III, p. 766.
3. Idde du 20 mai 1447, dans les *Preuves de Mathieu d'Escouchy*, p. 252 et 261 ; Berry, p. 420. C'est à tort que Tanguy du Chastel est qualifié par le chroniqueur de sénéchal de Provence.

roi René ses possessions dans le royaume de Naples, usurpées par le roi d'Aragon ou par d'autres. Fiesco devait toucher une pension mensuelle de deux cents ducats jusqu'au moment où serait opéré le recouvrement des terres et places susdites ; d'autres avantages étaient assurés à lui et à ses fils [1].

Cependant l'anarchie la plus complète régnait à Gênes. Le parti français était soutenu par le Pape, qui poussait les Génois à se donner à Charles VII [2]. Raphaël Adorno s'étant démis du pouvoir (4 janvier 1447), le conseil confia la régence à douze citoyens désignés par lui. Mais la faction des Adorni, encouragée par le roi d'Aragon, parvint à faire arriver au pouvoir Bernabo Adorno, entièrement à la dévotion d'Alphonse, qui reçut de ce prince une garde de seize cents Catalans [3].

De Marseille, les ambassadeurs de Charles VII se transportèrent à Nice pour y prendre les derniers arrangements avec Janus de Campo Fregoso et les autres nobles génois [4]. Jacques Cœur paraît avoir joué le principal rôle dans les négociations ; c'est lui qui présida aux préparatifs de l'expédition. Nous avons une lettre du Roi, où il s'intitule *seigneur de Gênes*, adressée aux nobles génois pour leur annoncer l'envoi d'un de ses écuyers d'écurie, chargé de s'entretenir avec eux et avec son argentier [5]. Janus ne tarda pas à se mettre en campagne. Il s'empara d'abord, au nom du Roi, de plusieurs places du littoral [6], et se ménagea des intelligences dans Gênes, où il avait de nombreux amis. Des navires, armés en guerre par les ambassadeurs, se tenaient prêts à partir au premier signal [7].

---

1. L'original de ce curieux traité, avec les souscriptions autographes, se trouve dans Du Puy, vol. 760, f. 63-64.
2. Adrien de But dit dans sa *Chronique* (p. 281) : « Concilio Pontificis praefati, pars sanior elegit pro duce regem Franciae, qui multum gratanter dominium illud acceptavit. »
3. Voir Varese, *Storia della repubblica di Genova*, t. III, p. 306. Cf. Giustiniani, *Annali*, éd. Spotorno, t. II, p. 376.
4. Cela résulte d'un compte qui se trouve dans le recueil de Le Grand, et qui mentionne le voyage d'un poursuivant envoyé de Nice au Dauphin par l'archevêque de Reims. Le Grand, VII, f. 102 ; *Lettres de Louis XI*, t. I, p. 218.
5. Lettre sans date. Ms. fr. 6909, f. 217 v°.
6. Berry, *l. c.*
7. « Plusieurs grosses naves, gallées, galliotes et autres fustes qui par long temps ont esté tenues, soudoyées, armées et avitaillées pour ledit fait ès pors de Provence... ; une grant galloche et une galiote sur lesquelles mesdiz seigneurs ont esté de par ledit seigneur et ambaxade en sa dite ville de Jennes. » Rôle du 20 mai 1447, *l. c.*, p. 262.

Tout avait été si bien combiné que, soit à la Cour de France, soit à Florence où le Roi avait fait part de ses projets[1], soit à Milan où rien n'échappait à l'œil vigilant du duc Philippe-Marie, on regardait déjà l'occupation de Gênes comme un fait accompli[2].

Le 30 janvier[3], Janus de Campo Fregoso, qui avait en sa compagnie un représentant du Roi, Guillaume, bâtard de Poitiers, se présentait devant Gênes, monté sur une galère portant trois cents hommes. Il entra dans le port sans éprouver de résistance. Aussitôt le débarquement opéré, Janus prend en main la bannière de France, et, la déployant, s'avance à travers la ville, suivi d'un nombreux cortège d'amis en armes. Janus se porte sur le palais, dont il s'empare de vive force. Ce premier succès obtenu, il se fait aussitôt proclamer doge par ses partisans[4]. Bernabo Adorno, abandonné de tous, ne tente même pas de résister et prend la fuite[5]. A peine maître du pouvoir, Janus n'a rien de plus pressé que de chasser le bâtard de Poitiers et les autres Français qui l'avaient accompagné[6].

Grand fut l'étonnement des ambassadeurs restés à Nice, prêts à partir au premier signal, quand ils apprirent ce qui ve-

---

1. Dans une lettre de la république de Florence à son ambassadeur à Venise, en date du 9 février 1447, on parle d'une lettre du roi de France, « la quale conteneva lui avere animo alla recuperazione del suo dominio della città di Genova ; e questo era di consentimento della maggiore parte di quelli cittadini, e che sperava in brieve avere effetto li suoi voti e desiderii. » Desjardins, *Négociations diplomatiques avec la Toscane*, t. I, p. 59.

2. « Ve advisamo come li Francesi cercano cum ogni via de havere Zenoa. Et siamo quasi certe che stando le cose come le siamo la gli capitara un in le mane. » Lettre chiffrée du duc de Milan à Sforza, en date du 31 décembre 1446. Ms. Italien 1583, nos 158 et 159.

3. Cette date est donnée par Guistiniani, l. c.

4. Le 5 février 1447, Janus écrivait à Sforza qu'à son retour dans sa patrie, ses concitoyens l'avaient élu doge ; Il lui faisait en son nom et au nom de la république, des offres de services et l'assurait de son dévouement. *Archivio Sforzesco* : Ms. Ital. 1584, f. 24 et 26.

5. Berry, l. c.

6. Voici comment le fait est relaté dans la chronique abrégée qui se trouve dans le recueil de Godefroy (p. 317) : « Messire Janus de Champfrigor se saisit de la cité de Gennes, contre l'esperance et le gré du Roy de France, que les Genevois demandoient à seigneur. »

naît de se passer[1]. Leur premier mouvement fut de s'en retourner à Marseille : ils croyaient la partie perdue. Pourtant les renseignements apportés par le bâtard de Poitiers étaient plus rassurants. Comment se résigner à croire que Janus se fût rendu coupable d'une aussi noire trahison ? Les témoignages de sympathie prodigués au bâtard par les habitants de Gênes ne donnaient-ils pas lieu de compter sur une prochaine revanche ? D'ailleurs Jean-Antoine de Fiesco occupait une des portes de la ville et avait juré de demeurer fidèle au Roi ; Fiesco possédait de nombreux amis à Gênes et au dehors : avec son concours on pourrait se rendre maître de la situation. Le comte de Lavagna et ses fils avaient renouvelé leurs serments. En outre les Spinola et les Adorni avaient déclaré que, si Janus ne tenait parole, ils le renverseraient et proclameraient le Roi. Le bâtard annonçait enfin que, à son retour, il avait été rendre visite au marquis de Final, dont le concours était acquis à la cause royale[2].

Dans un rapport circonstancié adressé au Dauphin[3], le bâtard de Poitiers manifestait les mêmes espérances. Tout en le congédiant, Janus avait protesté qu'il tiendrait ce qu'il avait promis et l'avait engagé à faire venir à Gênes les ambassadeurs du Roi. Une fois ceux-ci arrivés, on verrait à prendre « bonne conclusion. » Le bâtard insistait pour que le Dauphin entrât personnellement en scène. Si ce prince consent à venir, rien n'est perdu ; sa présence sera un remède aux difficultés de la situation ; alors même que Janus et le duc de Milan manqueraient à leurs engagements, le Roi et le Dauphin atteindraient le but. Plût à Dieu qu'ils fussent informés de l'amour et de la

1. Les ambassadeurs étaient alors dispersés. L'archevêque de Reims était resté à Nice avec Chambes et Castillon, mais Tanguy du Chastel et Saint-Vallier étaient à Marseille ; Jacques Cœur s'était rendu à Montpellier, pour présider une réunion d'États. Un serviteur de Saint-Vallier fut dépêché en toute hâte au Roi, pour lui communiquer la nouvelle, et creva son cheval dans le voyage de Tours. Neuvième compte de Jean de Xaincoins, l. c., f. 113 v°.
2. Ces renseignements nous sont fournis par une relation de Thomas de Clion, serviteur du bâtard de Poitiers, envoyée au Dauphin. Ms. fr. 18112, f. 157.
3. Le Dauphin était sans cesse tenu au courant par son conseiller et chambellan : « Tout le demené de Jènes vous ay souvent escript. » Au mois de février, l'archevêque de Reims envoya de Nice un message au Dauphin. Lettres de Louis XI, t. I, p. 218.

sympathie qu'ont pour eux les Génois, qui désirent tant les avoir pour seigneurs ! « Toute l'Italie, ajouta-t-il, a l'œil à votre venue ; il est nécessaire d'avoir bon conduit et avis. Il semble à vos serviteurs et à moi que, si le duc de Milan vous remet Asti, vous devez aller jusque-là et faire passer trois mille chevaux. Monseigneur de Savoie devra vous accompagner et vous recevoir dans ses pays, conformément à ce qui lui a été dit par monseigneur de Tucé et Charles de Castillon. Messire Benedetto (Doria) est de plus en plus disposé à tenir ses promesses. Nous n'attendons plus que monseigneur l'argentier (Jacques Cœur) pour faire voile... J'ai pris l'hommage et les serments de plusieurs à Gênes, et j'ai leurs scellés. Ainsi, délibérez votre père et vous : Gênes est et sera vôtre, sauf la lâcheté de vos serviteurs[1]. »

De son côté Jacques Cœur, dans une lettre datée de Montpellier, le 17 février, et adressée à Brezé et Précigny, s'exprimait en ces termes : « Si le Roi veut approcher jusqu'à Lyon et qu'on fasse passer les gens d'armes par deçà, je ne fais nul doute que nous n'obtenions ce que nous demandons, à l'honneur du Roi, et plus sûrement que nous ne l'eussions eu d'une autre manière. Veuillez donc y tenir la main... Je vais expédier les États, et m'en vais jour et nuit devers messeigneurs (ses collègues) à Nice. Il est de nécessité que le Roi s'avance et que les gens d'armes passent promptement, car les nobles et la plupart des gens du pays n'attendent que d'être aidés ; ils se mettront sus contre les traîtres ; je vous promets qu'ils veulent la seigneurie du Roi. Et pour cela, s'il vous plaît, faites faire diligence que les gens d'armes viennent[2]. »

Le seigneur de Saint-Vallier et Jacques Cœur ne tardèrent pas à se rendre à Romans près du Dauphin. Là on tint conseil, en compagnie d'un noble génois, Andreas Squarza, parent de Benoît Doria. D'importantes résolutions furent prises. Prompte intervention à Gênes ; entrée immédiate du Dauphin en Italie,

---

1. Lettre datée de Marseille, le 10 février. Original, Fontanieu, 119-120.
2. Cette curieuse lettre porte cette signature : DE ♡ ; elle se trouve en original dans Fontanieu, portefeuille 119-120, et a été publiée par M. Vallet de Viriville, en 1856, dans le *Cabinet historique* (t. II, p. 1, p. 104), d'après une mauvaise copie du recueil de Le Grand, vol. VII, f. 70.

à la tête de dix mille chevaux et trois mille fantassins ; coopération de Benoît Doria, avec sa flotte, pour contraindre à la soumission ceux qui avaient usurpé le pouvoir, telles furent les mesures arrêtées. Il importait de les mettre sans retard à exécution. Andreas Squarza écrivit à Charles VII dans les termes les plus chaleureux, le pressant de prendre cette initiative, l'assurant qu'il pouvait compter sur l'attachement et l'entière fidélité des Génois[1]. Benoît Doria, qui croisait avec ses vaisseaux près des îles d'Hyères, protestait en même temps de son dévouement, et suppliait le Roi de marcher résolument en avant : « Que le Dauphin, disait-il, entre promptement en Lombardie ; qu'il occupe Asti, et tout ce que nous désirons s'accomplira[2]. »

Dans les premiers jours de mars, les ambassadeurs français s'embarquèrent à Villefranche, près de Nice, et firent voile vers Gênes[3]. Aussitôt arrivés, ils sommèrent Janus de Campo Fregoso de remplir ses engagements et de remettre aux mains du Roi la ville et la seigneurie. Mais Janus répondit qu'il en avait fait la conquête par l'épée, et qu'il les garderait par l'épée envers et contre tous. Les envoyés de Charles VII ne disposaient pas de forces suffisantes pour entreprendre une lutte à main armée et faire respecter le droit de leur maître ; ils durent reprendre le chemin de la Provence. Tant d'efforts et de sacrifices[4] avaient été faits en pure perte. La politique royale subissait un grave échec et son prestige en Italie se trouvait compromis. Le mécontentement fut grand à la Cour : « C'est merveille du déplaisir qu'on a eu du fait de Gênes, écrivait au Dauphin un de ses confidents ; et s'excusent ceux qui y ont été les uns sur les autres[5]. » Quant au jeune Louis, il

1. Lettre d'Andreas Squarza, février 1447. Original, Le Grand, vol. IV, f. 11.
2. Lettre du 9 mars 1447. Original, Ms. fr. 20238, f. 479.
3. L'archevêque de Reims reçut 275 livres, « pour luy ayder à avoir abillemens pour luy, pour plus honnorablement aller en l'embaxade de Gennes, » (Rôle du 26 mai 1447, dans les *Preuves de Mathieu d'Escouchy*, p. 261. — Le 8 juillet 1447 il donnait quittance de 500 livres à lui données pour l'aider à supporter les dépenses qu'il avait eues à faire au voyage de Gênes. Ms. fr. 20887, p. 69.
4. Une somme de 31,875 livres fut comptée à Jacques Cœur, par ordre du Roi, sans qu'il fût tenu d'en rendre compte. Même rôle, p. 252.
5. Extrait du procès de Mariette, dans les *Preuves de Mathieu d'Escouchy*, p. 323.

ne dissimula point sa joie¹; il avait dès lors sa politique personnelle, et se souciait peu de seconder les desseins de son père.

On se résigna pourtant; car, peu après, nous trouvons un des principaux conseillers du Roi en correspondance avec Janus de Campo Fregoso. Le doge de Gênes, répondant à Jacques Cœur, le remerciait des informations qu'il lui avait données sur l'état des affaires et sur les négociations avec l'Angleterre; il l'assurait de ses dispositions favorables à la France et de son désir d'agir d'une manière conforme aux intérêts et à la grandeur du royaume². Nous avons même une lettre du doge au Roi, apportée par des ambassadeurs du roi de Chypre venus à Gênes : Janus sollicitait Charles VII d'intervenir pour sauver le royaume de Chypre d'une ruine imminente, offrant de mettre sa flotte et ses ports à la disposition du Roi³.

On avait définitivement échoué à Gênes. Serait-on plus heureux du côté d'Asti? Le bruit courait qu'il se préparait en France une grande expédition dans le nord de l'Italie. Au commencement de février, un écuyer de Charles VII, traversant Florence en se rendant près du Pape, avait affirmé que deux mille chevaux avaient déjà franchi les Alpes, qu'Asti ne tarderait pas à être aux mains des Français, et qu'au printemps le Dauphin viendrait en personne, à la tête de cinq mille chevaux, pour porter secours au duc de Milan contre ses ennemis⁴. C'était d'ailleurs en Italie la croyance générale⁵.

---

1. « Dit qu'il avoit sceu que ledit sr. (Brezé) avoit dit au Roy que mondit seigneur (le Dauphin) fut fort joyeulx du fet de Geynes, et que le Roy se gouvernoit si mal qu'on ne pouvoit pis. » Procès de Mariette, l. c., p. 288.
2. Lettre de Janus à Jacques Cœur, en date du 25 septembre 1447. Ms. latin 5114 A, f. 78, publiée par M. P. Clément, Jacques Cœur et Charles VII, t. I, p. 301.
3. Lettre de Janus au Roi (mal datée de 1437). Ms. latin 5114 A, f. 75 v° ; Spicilegium, t. III, p. 769.
4. Lettre de la république de Florence à son ambassadeur à Venise, en date du 9 février 1447. Fabroni, Magni Cosmi Medici Vita, Preuves, p. 178, et Desjardins, Négociations diplomatiques avec la Toscane, t. I, p. 59.
5. On lit dans l'Oratio d'Æneas Sylvius (Mélanges de Baluze, publ. par Mansi, t. I, col. 342), écrite au printemps de 1447 : « Fama erat Delphinum in Italiam venturum opemque Philippo laturum. »

Charles VII était alors en relations non seulement avec le duc de Milan, mais avec les républiques de Florence et de Venise. Les Vénitiens lui avaient même envoyé un ambassadeur pour l'assurer de leurs bonnes dispositions [1]. En même temps que Théodore de Valpergue se rendait en Milanais pour prendre possession, au nom du Roi, de la ville et de la seigneurie d'Asti [2], Baudoin de Tucé partit pour l'Italie ; il était chargé d'une quadruple mission pour le duc de Milan et pour les seigneuries de Florence, de Gênes et de Venise [3]. Tucé était accompagné de Charles de Castillon [4]. C'était le moment où le Dauphin quittait la Cour pour se rendre en Dauphiné, et ce voyage n'était point étranger aux desseins de la politique royale. Le Roi lui-même songeait à se rendre en Lyonnais pour être à portée des événements et pouvoir parer plus facilement à toutes les éventualités [5]. Enfin le roi René s'apprêtait

---

1. C'était Scipion Carafa. — Voir la lettre du Roi au doge de Venise, remise à cet ambassadeur, annonçant l'envoi d'une ambassade (au château de Montils-les-Tours, sans date). Ms. latin 5114 A, f. 73 v°.

2. « Messire Théodore de Vaulpergue, chevalier, conseiller et chambellan du Roy, sénéchal de Lyon, VIIIᶜ l., pour son voyage en décembre 1446 devers le duc de Milan, pour prendre au nom du Roy possession de la ville et comté d'Ast, que ledit duc avoit promis par ses ambassadeurs mettre en la main du Roy. » — « Boniface de Vaulpergue, escuyer d'escurie du Roy, IIIIᶜ l., pour semblable. » Neuvième compte de Xaincoins, l. c., f. 116 et 116 v°. Cf. rôle du 26 mai 1447, dans Preuves de d'Escouchy, p. 258.

3. « Messire Baudoin, seigneur de Tucé, chevalier, conseiller et chambellan du Roy, VIIIᶜ l., pour son voyage devers le duc de Milan et les communautez des villes de Venise et de Gennes. » (Id., f. 116 v°.) — « A Mgr de Tussé, la somme de IIIᶜ l. l., laquelle le Roy lui a donnée pour avoir robes et autres habillemens pour luy, au moys de janvier derrenier passé, pour plus honnorablement aller en ambaxade à Florence où ledit seigneur l'a envoyé. » (Rôle du 26 mai 1447, dans Preuves de d'Escouchy, p. 258.) Nous avons retrouvé le texte d'une partie des instructions (sans date) qui lui furent données. Il devait, au cas où le duc de Milan l'engagerait à user de rigueur à l'égard, soit des Florentins, soit des Vénitiens, s'en garder ; tâcher au contraire de gagner la confiance de Cosme de Médicis et de Angelo Acciajuoli, et leur dire que le Roi désirait s'employer à réconcilier les Florentins avec le duc de Milan ; il devait dire à Médicis que le Roi était favorablement disposé à l'égard de Sforza, duquel il voulait « se aider et servir. » Tucé avait aussi mission d'aller vers les habitants de Bologne, et de leur remettre des lettres du Roi. (Minute, dans le ms. fr. 10238, f. 201.)

4. Cela résulte de la lettre de créance (sans date) donnée à Tucé et Castillon pour le doge de Venise. Ms. lat. 5114 A, f. 73 v°.

5. On lit dans le neuvième compte de Jean de Xaincoins (l. c., f. 111 : « Jehan de Levis, escuyer, seigneur de Vauvert, XL l. t., pour soy defrayer à Tours et s'entretenir en la compagnie du Roy, ou voyage qu'il avoit intention de faire de Touraine en Lyonnois. » — « Mᵉ Milles de Dregy, phisicien, XXVII l. X s., pour avoir un cheval et aller en la compagnie du Roy ou voyage de Lyonnois. »

à partir pour la Provence, où il ne tarda pas à fixer sa résidence. Tous les regards, on peut le dire, étaient tournés vers l'Italie.

Cependant le duc de Milan s'efforçait par tous les moyens de sortir de la situation critique où il se trouvait. Tout en poursuivant ses négociations avec la France, il conclut un arrangement avec son gendre : moyennant d'importantes concessions, Sforza passa au service du duc avec le titre de lieutenant et capitaine général[1]. En outre, Philippe-Marie obtint le concours du roi d'Aragon, qui s'engagea à lui payer, pendant deux ans, une somme de quatre-vingt-quatorze mille ducats[2].

Dans la correspondance secrète échangée entre le duc et Sforza, il est fait allusion aux négociations avec la France. Chose curieuse, le Dauphin seul est mentionné. Le 31 décembre 1446, Philippe-Marie fait part à son gendre de la démarche de Thomas Tibaldo auprès du Dauphin : il a trouvé ce prince disposé à prêter au duc aide bonne et forte[3] ; mais, pour obtenir ce secours, le duc est contraint d'abandonner Asti[4]. Sforza répond le 2 février : « M'est avis que le secours offert par le Dauphin est chose bonne; m'est avis aussi que son amitié est pour vous chose capitale. Je dis ceci parce que, si l'engagement relatif à Asti n'était pas tenu, le Dauphin en demeurerait mécontent. Mais en même temps j'ajoute que Votre Seigneurie doit se conduire de telle façon qu'il ne puisse y avoir dans son pays autre coq ni autre poule que Votre Seigneurie[5]. » — « Nous reconnaissons que vous dites vrai en ce qui concerne Asti, réplique le duc. Ne point la délivrer au Dauphin serait l'indisposer contre nous. Nous avons donc résolu de lui en faire délivrance ; mais nous aurons bien égard à vos sages représentations et conseils[6]. »

1. Voir le texte en copie moderne. Ms. ital. 1598, f. 8 et suiv.
2. Lettre chiffrée de Marcolino Barbavara à Sforza, en date du 3 mars. Ms. ital. 1584, nos 55 et 56.
3. « El trovo benissimo disposto de darne bono e grosso soccorso. »
4. Lettre chiffrée en original, avec traduction du temps. Ms. ital. 1583, nos 158 et 159.
5. « Ma pur jo fo questa conclusione che la S. V. faccia per modo che non gli habia ad essere ne posser essere altro gallo ne gallina nel paese vestro che la V. S. » Lettre du 2 février. Ms. ital. 1584, no 21.
6. Lettre chiffrée en original, avec traduction du temps. Ms. ital. 1584, nos 36 et 38.

Tout semblait prêt pour l'action. Le 11 mars, le duc de Milan écrivait à Sforza qu'il était entièrement d'accord avec le Dauphin et qu'il attendait le retour de son ambassadeur. Tibaldo avait dû conclure définitivement le traité par lequel le duc cédait Asti au Dauphin, à charge de lui fournir un nombre considérable de cavaliers et de fantassins[1]. En effet, les derniers arrangements avaient été pris à la date du 24 février, et le duc y donna son approbation le 16 avril[2]. Dans le courant de février, Charles VII avait fait partir ses gens de guerre pour Lyon, sous la conduite d'un de ses huissiers d'armes, Jean de Lizac[3]. A leur entrée en Italie, Regnault de Dresnay, bailli de Sens, devait en prendre le commandement. Un autre corps de troupes se trouvait en Provence, à la disposition du Dauphin et du roi de Sicile, et n'attendait qu'un signal pour franchir les Alpes[4].

Thomas Tibaldo ne tarda pas à rejoindre son maître. Nous le trouvons à Asti le 4 mai. Là, dans l'église de Saint-Second, en présence de Boniface de Valpergue et par-devant deux notaires, il jura solennellement, sur le livre des Évangiles et entre les mains de Regnault de Dresnay, représentant du Roi et du Dauphin, de délivrer, dans un délai de deux mois, les châteaux, forteresse, portes et citadelles d'Asti, à condition que les gages arriérés des officiers, capitaines, châtelains et connétable seraient payés par le nouveau gouverneur au nom du roi de France[5].

Ce nouveau délai, s'ajoutant à tant d'autres, n'était point

---

1. Lettre chiffrée du duc de Milan en date du 11 mars 1447. Original, Ms. ital. 1584, n° 83, avec déchiffrement du temps, n° 84.

2. Acte publié par Osio, t. III, p. 528-30. Il y a, aux Archives de Milan, deux autres lettres de ratification du duc, en date des 6 et 14 avril (Voir p. 529, note).

3. « Jehan de Lizac, huissier d'armes, LV l., pour son voyage en février à Tours avec les gens du bailly de Sens jusques à Lyon. » — « Jehan de Lizeac, huissier d'armes, XXVII l. X s., pour la parpaye d'un voyage fait en février 46 (v. st.) de Tours à Lyon, conduire les gens d'armes que le Roy envoyoit en Italie. » Neuvième compte de Xaincoins, f. c., f. 116 v° et 117.

4. « Raoulin Regnault, escuier, VIII×× v l. t., pour un voyage de Bourges assembler les gens d'armes en Provence devers monseigneur le Roy de Secille et monseigneur le Dauphin, et en Savoye. » Neuvième compte de Xaincoins, f. 117.

5. Procès verbal publié par M. Maurice Faucon, le Mariage de Louis d'Orléans et de Valentine Visconti, etc., p. 30-32.

fait pour satisfaire le représentant du Roi, qui, aux termes du traité, devait obtenir une livraison immédiate. Invoquant la teneur de son mandat et une lettre reçue de son maître Regnault de Dresnay menaça le duc de Milan, s'il n'obtenait satisfaction, de quitter aussitôt le Milanais pour retourner près du Roi. Philippe-Marie lui répondit par une lettre suppliante : il allait envoyer en France un de ses familiers, pour protester de son ferme vouloir de rester en bon accord avec le Roi et le Dauphin ; il écrirait à ces deux princes qu'il retenait leur envoyé, assumant toute la responsabilité du retard [1]. Évidemment le duc ne cherchait qu'à gagner du temps. Les instructions données à ses envoyés en France prouvent même qu'il voulait obtenir de nouvelles concessions [2] ; mais tous les efforts de sa diplomatie restèrent infructueux [3].

Tandis que les choses traînaient ainsi en longueur et que Dresnay attendait de jour en jour la livraison d'Asti, un grave événement vint modifier la situation. Depuis plusieurs mois la santé du duc de Milan inquiétait vivement son entourage ; au commencement d'août, il tomba malade ; le 13 août, il succombait à l'âge de cinquante-six ans.

En mourant, Philippe-Marie laissait un testament par lequel il instituait pour héritier le roi d'Aragon Alphonse V, l'ennemi juré de la France [4] ; mais de nombreux compétiteurs allaient se présenter : Charles d'Orléans, l'héritier légitime, du chef de sa mère Valentine Visconti [5] ; le duc de Savoie, dont la sœur

---

1. Lettre du 14 mai, dans Osio, *Documenti diplomatici*, t. III, p. 558.
2. Elles se trouvent en original dans le ms. ital. 1581, n° 151, et portent la date du 20 mai.
3. Voir instructions à Abraham Ardizzi, en date du 20 mai ; lettres à Ardizzi, en date des 18 et 26 juin. Ms. ital. 1581, n° 151 ; Osio, t. III, p. 571 ; Ms. ital. 1581, n° 192.
4. Le 14 août, Antonio Guidoboni écrivait à Sforza : « L'amicho e spazato cum alchuna ordinatione facta in modo de codecillo... E fece re d'Aragona crede del tuto, non facta mentione di M. B. (Madonna Blancha) ne de la mogliere, ne d'altri. » Lettre citée par M. D. Gampietro dans l'*Archivio storico lombardo*, t. III, p. 610.
5. Voici les termes du contrat de mariage de Valentine, en date du 17 janvier 1387 : « Item est actum et in pactum solemni stipulatione vallatum expresse deductum, quod, in casu quo prefatus dominus Johannes Galeas Vicecomes, comes Virtutum, dominus Mediolanensis, decedat sine filiis masculis de suo proprio corpore et legitimo matrimonio procreatis, dicta domina Valentina, nata sua, succedat et succedere debeat in solidum in toto dominio suo presenti et futuro quocumque, absque eo quod per viam testamenti, codicillorum, seu alicujus alteris ultime voluntatis aut donationis inter vivos, ipsa aliquid faciat seu facere paciat in contrarium quovis modo. » Archives nationales, J 409, n° 42.

était l'épouse de Philippe-Marie ; enfin François Sforza, à titre d'époux de Blanche-Marie, fille naturelle du feu duc.

Le premier acte de Charles VII, à la nouvelle de la mort du duc de Milan, fut d'écrire au duc de Savoie pour revendiquer hautement les droits de son cousin d'Orléans, et pour le prier de ne donner à ce prince « aucun destourbier ou empeschement[1]. » Ordre fut donné à Regnault de Dresnay d'occuper militairement Asti, et une armée fut dirigée sur la Lombardie. La république avait été proclamée à Milan, où quatre citoyens formaient un conseil suprême qui devait être renouvelé tous les deux mois. Charles VII députa un de ses écuyers vers la « Communauté de la ville de Milan, » et chargea Jean de Dresnay de porter à Regnault ses instructions[2].

Les événements marchaient vite en Italie. Dès le 15 septembre la république de Milan avait conclu une trêve avec la république de Venise et ouvert des négociations pour la paix. En même temps elle faisait appel à Sforza pour résister d'une part au duc de Savoie qui, secondé par le marquis de Montferrat, s'était avancé jusqu'à Novare à la tête de dix mille hommes, et d'autre part au Dauphin qui, disait-on, marchait en personne sur la Lombardie avec une puissante armée[3]. Regnault de Dresnay avait occupé Asti la veille même de la mort du duc[4], et disposait de cinq cents lances et d'un certain nombre d'archers[5]. Il ne tarda pas à entrer en négociation avec Sforza. D'un autre côté le duc de Bourgogne, qui s'était très nettement prononcé en faveur du duc d'Orléans et lui avait promis dix mille écus pour l'aider à conquérir le duché de Milan, intervint auprès de Sforza en faveur de son cousin[6].

---

1. Lettre extraite du ms. 151 des Archives du canton de Genève, et communiquée par M. Fréd. Borel; le texte a été donné assez incorrectement par Gaullieur, *Archiv für Schweizerische Geschichte*, t. VIII, p. 273.
2. Neuvième compte de Xaincoins, l. c., f. 116 v° et 117.
3. Lettres des capitaines et défenseurs de la liberté de Milan à Sforza, en date du 15 septembre, Ms. ital. 1584, n° 312.
4. Simoneta (dans Muratori, t. XXI, col. 112) dit que le fait s'était accompli la veille même de la mort du duc. Cf. Corio, t. III, p. 101.
5. Neuvième compte de Xaincoins, l. c., f. 117 v°.
6. Sickel, *Beiträge und Berichtigungen zur Geschichte der Erwerbung Mailands durch Franz Sforza*, dans *Archiv für Kunde oesterreichische Geschichts-Quellen*, t. XVIII, p. 193.

Le célèbre condottière semblait devoir être l'arbitre de la situation. Dès le 3 septembre, il avait franchi l'Adda et était entré sur le territoire de Lodi. Le 15, le château de Saint-Colomban tombait en son pouvoir. A ce moment, Pavie le reconnut pour seigneur, et il fit dans cette ville une entrée solennelle. Tortone ne tarda pas à suivre l'exemple de Pavie. De Pavie, Sforza marcha sur Plaisance, dont il entreprit le siège[1]. A la date du 2 octobre, sa femme, Blanche-Marie Visconti, lui écrivait en termes pressants pour l'engager à s'entendre avec la France[2].

Cependant Regnault de Dresnay, ayant reçu les renforts attendus, se mit en campagne. A la tête d'environ trois mille chevaux, il envahit le territoire d'Alexandrie et s'empara de plusieurs places. Cette attaque causa une vive alarme et amena dans la contrée un soulèvement général : en Italie comme en Alsace, les gens de guerre français semaient la terreur sur leur passage[3]. Les habitants d'Alexandrie se tournèrent vers Sforza, implorant son assistance ; celui-ci se borna à leur donner de bonnes paroles ; mais il envoya un message à Dresnay pour lui demander de respecter Pavie et Tortone. Le chef de l'armée royale répondit qu'il n'entendait rien faire qui pût rompre l'ancienne alliance de Sforza avec la Couronne ; il lui offrit même de la renouveler[4]. Sforza accueillit favorablement cette ouverture : nous avons le texte d'un sauf-conduit délivré, à la date du 15 octobre, à deux envoyés de Dresnay[5].

A ce moment, Dresnay faisait le siège de Bosco, situé non loin d'Alexandrie ; la reddition de ce château aurait mis la ville à la merci du vainqueur. Bosco était à la veille de capi-

---

1. Sismondi, *Histoire des républiques italiennes*, t. IX, p. 276 et suiv.
2. « El ben che cognosca non bis ognare a la S. V. Il mieij consigli, non dimeno me pareria che subito mandasti dal Re de Franza o dal Dalfino, overo da chi altri ve pareva meglio et più expediente, et con loro praticare de fare per modo che dicti Milanesi se habbiano ad pentire de sua prava oppinione. » Ms. ital. 1584, f. 312.
3. « Nam tanta erat apud vulgus Galliæ crudelitatis innata opinio, ut vix homines imperiti ac ex se pavidi et assiduo etiam mulierum comploratu impulsi contineri possint, quin plerique concilia inirent, et magistratuum suorum injussu ad sese gallis dedendum obviam progrederentur. » Simoneta, *l. c.*, col. 413.
4. Simoneta, *l. c.*
5. Faucon, *l. c.*, p. 23.

tuler quand un effort suprême des Milanais vint changer la face des choses. Bartolomeo Colleoni et Astorre Manfredi, à la tête de quinze cents hommes, furent envoyés au secours des assiégés. Giovanni Trotti partit d'Alexandrie avec une force presque égale. Le 17 octobre, Dresnay fut attaqué de deux côtés à la fois. Tout d'abord, les Français réussirent à tailler en pièces le corps de Trotti, dont ils firent un carnage effroyable. Mais, pendant ce temps, l'aile commandée par Dresnay était aux prises avec Colleoni et Manfredi ; elle fut mise en déroute et contrainte de déposer les armes. Fait prisonnier, avec la plupart des siens, Dresnay fut emmené à Alexandrie. Sur trois mille Français, trois cents à peine, paraît-il, parvinrent à s'échapper [1].

Fort de l'appui du Roi et du duc de Bourgogne, le duc d'Orléans s'était mis en route pour la Lombardie. À son arrivée, il apprit l'événement qui portait un coup si fatal à sa cause. Le duc poursuivit néanmoins sa marche et vint s'établir à Asti. Il fit son entrée dans cette ville le 26 octobre et reçut le 10 novembre le serment de fidélité des habitants [2]. Charles d'Orléans devait séjourner dans sa seigneurie d'Asti jusqu'au mois d'août de l'année suivante, sans parvenir à aucun résultat. Malgré ses efforts personnels, malgré l'intervention de la diplomatie royale, les chances favorables ne se produisirent plus. Charles VII ne tarda pas à se convaincre que, pour le moment, il n'y avait rien à faire ; il déclara qu'il ne voulait entendre parler du règlement de la succession au duché de Milan que lorsque la paix de l'Église serait assurée,

1. Voir sur cet événement le récit circonstancié de Simoneta, *l. c.*, col. 428-31 ; Marino Sanuto, dans Muratori, t. XXII, col. 1127 ; lettre de la république de Milan sur la victoire, dans *Urkunden und Regesten zur Geschichte des St-Gothardpasses*, von Herrn. von Liebenau : *Archiv. für Schweizerische Geschichte*, t. XVIII, p. 107-108 ; lettre de la république à Sforza, en date du 18 octobre, Ms. ital. 1584, f. 355. Il y a dans d'Argentré, *Histoire de Bretagne*, t. XII, ch. IV (p. 810-811), un récit de la bataille qui n'est point à négliger.
2. Voir le rapport de M. Maurice Faucon, p. 33.

CHAPITRE IX

LA PACIFICATION DE L'ÉGLISE

1444-1449

Situation de la Papauté; Eugène IV, après avoir consommé l'union avec l'Église grecque, s'efforce d'arrêter l'invasion musulmane. — Ses relations avec Frédéric III; le roi des Romains se décide à sortir de la neutralité et à reconnaître Eugène IV. — Les électeurs de l'Empire entrent en négociations avec Eugène IV, auquel ils prétendent imposer leurs conditions; le Pape renvoie la solution à la diète de Francfort, où rien n'est résolu. — — Intervention de Charles VII; pourparlers avec le duc de Savoie, en vue d'obtenir le désistement de l'antipape; convention du 30 mars 1446. — Le Roi décide l'envoi d'une ambassade à Lyon pour travailler à la pacification; instructions rédigées à cet effet; propositions formulées en Conseil au mois de novembre. — Mission donnée à l'archevêque d'Aix, nonce du Pape, et à Élie de Pompadour; ambassade envoyée à la diète de Nuremberg. — Mort d'Eugène IV, au moment où il venait d'être reconnu comme pape par les princes électeurs; nomination de Nicolas V; le nouveau pape notifie son élection à Charles VII. — Le Roi est investi par Nicolas V de la mission de travailler à la pacification de l'Église; il reçoit une lettre de l'antipape. — Succès de la démarche du roi auprès de l'archevêque de Trèves; l'archevêque promet de s'employer en personne à la pacification. — Assemblée de Bourges, à laquelle il prend part en son nom et au nom de trois des électeurs de l'Empire; déclaration fixant les bases des négociations. — Assemblée de Lyon; instructions données aux ambassadeurs du Roi. — Adhésion de l'Allemagne à Nicolas V. — Conférences de Genève; articles produits par les plénipotentiaires royaux; prétentions de l'antipape; convention du 1er décembre 1447. — Relations de Charles VII avec Nicolas V; attitude du Pape; il s'en rapporte au Roi. — Grande ambassade à Rome; accueil favorable qu'elle reçoit; lettre de Nicolas V au Roi. — Continuation des négociations avec l'antipape; efforts qu'il fait pour obtenir des concessions; déclaration du 4 avril 1449. — Renonciation de Félix V à la Papauté; Nicolas V ratifie tout ce qui a été fait; il adresse à Charles VII un bref de félicitations pour avoir accompli la grande œuvre de la pacification.

Une question capitale domine la période dont nous nous occupons et tient l'Europe attentive : la pacification de l'Église. Un nouveau schisme menace de troubler la chrétienté; la lutte est engagée entre Eugène IV, le pape légitime, et Félix V, l'élu du conciliabule de Bâle.

Si nous tournons nos regards vers Rome, un spectacle digne de remarque nous frappe. Tandis que les débris du Concile de Bâle s'agitent vainement autour de l'antipape, que le roi des Romains et les princes du Saint-Empire prétendent conserver à l'égard d'Eugène IV une neutralité qui n'est qu'une hostilité déguisée, que Charles VII, tout en demeurant fidèle à Eugène, ne veut point abandonner la Pragmatique sanction de 1438, nous voyons le trône pontifical retrouver peu à peu son autorité et son prestige.

Rentré à Rome à la fin de 1443, en compagnie des Pères du Concile de Florence, le Souverain Pontife achève l'œuvre si heureusement inaugurée. Dans la première session du Concile, tenue à Latran (30 septembre 1444), l'union avec l'Église grecque est solennellement conclue. L'archevêque de Rhodes, envoyé en Orient pour y porter la bonne nouvelle et triompher des résistances de quelques sectes, revient l'année suivante, suivi des délégués des Chaldéens et des Maronites, chargés de faire obéissance au Pape. Dans la deuxième session du Concile (7 août 1445), l'union est consommée par l'adhésion des derniers dissidents. Une bulle spéciale annonce au monde chrétien le grand événement qui vient de s'accomplir [1].

En même temps que l'union avec les Grecs, le Pape poursuit la lutte contre les Turcs : le meilleur moyen d'assurer le succès de son œuvre n'est-il point de protéger l'empire de Constantinople contre l'invasion musulmane? Aussi Eugène IV n'épargne aucun effort. Dès 1439, il demande des subsides à l'Europe chrétienne et annonce à l'empereur Jean Paléologue de prochains secours [2]. Dans la bulle même où il fait connaître le retour des Grecs à l'unité, il exhorte les princes d'Occident à prêter le secours de leurs armes à l'empire byzantin, enserré de tous côtés par les infidèles [3]. Au mois de janvier 1443, il fait à la chrétienté tout entière un solennel appel [4]. A

---

1. Hefelé, *Histoire des Conciles*, t. XI, p. 510-11.
2. Raynaldi, année 1439, § 10 ; cf. année 1442, § 13.
3. Hardouin, t. IX, col. 999-1002.
4. Encyclique *Postquam ad apicem*, datée des Calendes de janvier 1442 (1er janvier 1443), dans Raynaldi, année 1443, §§ 13 et suiv.

toute force, il veut assurer la délivrance de la Terre sainte[1].

Jamais le péril n'avait été plus pressant[2]. En reprenant la lutte séculaire du croissant contre la Croix, les Turcs comptaient sur le long sommeil du roi de France[3], toujours absorbé par la guerre avec les Anglais, sur les divisions qui régnaient dans l'Église, sur l'indifférence des princes chrétiens. La guerre civile allumée par la succession au trône de Hongrie, après la mort du roi des Romains Albert, leur offrait une trop belle occasion pour qu'ils la laissassent échapper. Dès 1439, Amurath avait mis le siège devant Belgrade; en 1442, la Hongrie avait de nouveau été envahie, et il avait fallu l'héroïque valeur de Jean Hunyade pour repousser les agresseurs; en 1443, les mémorables victoires remportées par Ladislas et Hunyade valurent au jeune roi de Hongrie les félicitations de tous les princes chrétiens, Charles VII en tête[4]. Mais aucun ne s'émut. Seul, le duc de Bourgogne répondit à l'appel du Souverain Pontife en envoyant ses chevaliers combattre dans l'île de Rhodes et sur les bords de la mer Noire[5]. Mais bientôt de graves revers et la mort de Ladislas, tué à la bataille de Varna (19 novembre 1444) mirent l'empire de Constantinople à la merci des Turcs. Par là un coup terrible était porté à l'union récemment conclue entre les Grecs et l'Église romaine[6].

On s'étonne qu'en présence d'un péril aussi redoutable pour la chrétienté, le roi des Romains et les princes électeurs n'aient point fait trêve à leurs mesquines intrigues pour se ranger autour du Pape et tourner toutes les forces du Saint-Empire contre l'ennemi commun. Loin de là. C'est le moment où

---

1. On lit dans une lettre de Cosme de Médicis à Sforza, en date du 26 décembre 1444 : « Il Papa vuole armare galee per aquistare la terra santa et spenderavi buona somma di danari o vero gitterà via sichè tanto mancho potrebbe di quà. » Osio, *Documenti diplomatici*, t. III, p. 351.
2. Voir la lettre de frère Barthélemy de Gênes, religieux de l'Ordre des Frères Mineurs, écrite de Constantinople le 3 février 1443, et publiée par Mlle Dupont dans son édition de Jean de Wavrin, t. II, p. 2 et suiv.
3. « Le Roy de France... dort pour le présent. » Voir ci-dessus, t. II, p. 350.
4. Dlugossi, *Historiæ Polonicæ Libri XII*, col. 780.
5. Voir Jean de Wavrin, t. II, pages 90 à 162, et la relation de Geoffroy de Thoisy, t. III, p. 151 et suiv.
6. Voir *le Cardinal Bessarion*, par M. Henri Vast (1878, in-8°), p. 129 et suiv.

Frédéric III semble se désintéresser des affaires religieuses. Il n'assiste même pas aux diètes tenues aux mois de février et de novembre 1443. Une nouvelle diète est fixée au jour de l'Ascension (1er mai 1444) : le roi des Romains n'arrive qu'au commencement d'août. Après de longues discussions, il formule des propositions d'accommodement qui ne sont point agréées par les électeurs et qui, portées à Bâle, y sont également repoussées. D'ailleurs, c'est par un motif purement politique qu'il tient à se rapprocher du Pape : inquiet des alliances contractées avec la France par quatre des princes électeurs ; craignant à la fois de voir son autorité s'amoindrir dans l'empire et l'influence de la France prédominer à Rome, il se décide (janvier 1445) à traiter directement avec Eugène IV, et lui envoie son secrétaire Æneas Sylvius. A son tour le pape députe Jean Carvajal près de Frédéric, avec le titre de nonce. Pour rendre plus facile l'accord avec Frédéric III, le pape dépose les archevêques de Cologne et de Trèves, qui faisaient à ce prince une vive opposition et en même temps soutenaient la cause de l'antipape Félix V : ils sont remplacés par un frère bâtard et un neveu du duc de Bourgogne, avec lequel le roi des Romains est dans les meilleurs termes. Au mois de février 1446, le nonce Carvajal réussit à opérer l'accord entre Frédéric et le Pape : moyennant d'importantes concessions et une forte somme d'argent, le roi des Romains se déclare nettement en faveur d'Eugène IV[1].

Mais la question n'est point pour cela résolue : les électeurs de l'empire se montrent très émus de la déposition des archevêques de Cologne et de Trèves ; ils refusent de répondre à la convocation que Frédéric leur avait faite de se rendre à Vienne, et se réunissent spontanément à Francfort le 21 mars 1446. Ils prennent deux importantes résolutions : l'une pour sauvegarder les droits des électeurs, l'autre pour imposer des conditions au Pape, en assignant un terme (1er septembre) à la réponse qui doit leur être donnée. Les ambassadeurs des princes

---

1. Chmel, *Geschichte K. Friedrichs IV*, t. II, p. 382-87 ; G. Voigt, *Ænea Sylvio*, t. I, p. 346 et suiv. ; Hefele, *Histoire des conciles*, t. XI, p. 537.

se rendent d'abord à Vienne pour s'assurer l'appui du roi des Romains. Frédéric déclare qu'il a blâmé la déposition des deux princes électeurs, mais il se refuse à approuver l'*ultimatum* qu'on veut présenter à Eugène IV. Pourtant il envoie de nouveau Æneas Sylvius à Rome, en compagnie des ambassadeurs. Le 6 juillet, les représentants du roi des Romains et des princes électeurs sont reçus par le Pape, qui manifeste des dispositions conciliantes. Eugène IV renvoie la solution à la diète de Francfort, dont la réunion a été fixée au 1ᵉʳ septembre.

Cette importante assemblée s'ouvre le 14 septembre 1446 et se prolonge jusqu'au 11 octobre. Le Pape s'y fait représenter par Thomas de Sarzano, évêque de Bologne, et par Æneas Sylvius, qu'il vient d'attacher à sa personne. Jean de Heinsberg, évêque de Liège, Jean Carvajal et Nicolas de Cusa sont désignés comme légats[1]. Le 22 septembre, une déclaration est faite en faveur d'Eugène IV par les représentants du roi des Romains, de concert avec l'archevêque de Mayence, le délégué de l'électeur de Brandebourg et deux évêques. Mais les concessions consenties par le Pape ne satisfont pas la majorité de l'assemblée. Malgré les efforts des envoyés du roi des Romains, la diète se sépare en déclarant qu'une nouvelle démarche sera faite auprès du Pape pour le mettre en demeure d'accepter les propositions des princes électeurs; le seul tempérament qu'on apporte à ces exigences, c'est que les résolutions à prendre seront rédigées sous forme d'articles et non plus sous forme de bulles.

Tel était l'état des relations entre Rome et l'empire à la fin de 1446.

C'est alors que Charles VII se résolut à prendre lui-même l'affaire en main. Bien décidé à faire reconnaître l'autorité d'Eugène IV[2], il n'avait cessé de suivre les négociations enta-

1. Leurs instructions écrites portent la date du 22 juillet. Raynaldi, année 1446, § 3.
2. Le Dauphin suivait en Dauphiné la même politique : par lettres du 5 décembre 1445, il fit défense aux habitants du Dauphiné de reconnaître pour pape Amédée, duc de Savoie, se faisant appeler Félix. Voir Le Grand, VI, f. 356, et VII, f. 2 v°. — On a une lettre du Pape au Dauphin, en date du 23 mai 1446, dans laquelle il se déclare satisfait d'une communication que lui avaient faite des ambassadeurs de ce prince. Le Grand, VII, f. 24.

mées en vue d'une pacification ; il avait envoyé ses ambassadeurs à Rome, à Bâle, en Allemagne, en Savoie[1] ; à diverses reprises il avait reçu des députés du duc de Savoie, venus pour le solliciter d'intervenir[2] : le duc avait d'abord fait savoir que, « dans certaine forme et manière qui seroit plus à plein déclarée par ses ambassadeurs, » il était disposé à s'employer auprès de son père pour qu'il s'en rapportât « au bon conseil et à la direction, ordonnance et disposition du Roi[3]. » Puis ses ambassadeurs, faisant un pas de plus, s'étaient portés garants que leur maître s'en remettrait, sans aucune condition, à la décision du Roi, et qu'il en prendrait l'engagement par lettres patentes[4]. A la date du 30 mars 1446, une convention fut signée à Chinon : il fut décidé qu'au retour du Languedoc, où il était alors en mission, et au plus tard le 1er juillet, l'archevêque de Reims se rendrait à Lyon, en compagnie d'un notable maître en théologie, et que, de là, il se transporterait à Genève, et ailleurs où il serait besoin, pour poursuivre les négociations[5].

D'amples instructions furent rédigées pour tracer aux envoyés du Roi la marche à suivre : ils devaient, soit à Lyon, soit ailleurs, se mettre en relation avec les représentants du duc de Savoie ou de son père, insister sur les « inconvénients qui par chacun jour adviennent à cause des débats et divisions qui de présent sont au fait de l'Église, » inconvénients qui iraient en s'aggravant si provision et remède n'y étaient

---

1. Ambassade de Robert Ciboule et de Jean d'Auxy en Savoie (juin 1445). Cabinet des titres, 685, f. 101 v° et 116. — « Pour ce envoya plusieurs ambaxadeurs par diverses foys à Basle, à Romme et en Savoye. » J. Chartier, t. II, p. 49. — Sur ces ambassades, voir les instructions à Jourdain du Perac (lisez Perier) dans D. Morice, t. II, col. 1409.

2. Voir sur les négociations avec le duc de Savoie, l'appointement passé le 30 mars 1446 entre le chancelier et les membres du conseil, d'une part, et Jean de Grolée, prévôt de Montjou, Thomas de Courcelles et Jacques de la Tour, ambassadeurs du duc de Savoie, d'autre part. Le texte est dans Fr. Sclopis, Considerazioni storiche intorno alle antiche assemblee del Piemonte e della Savoia (Turin, 1878, gr. in-8), p. 387-89 ; d'après l'original remis par les ambassadeurs de Savoie aux archives de Turin, Negoz. con Francia, Mazzo 1, n° 13. L'original signé par les ambassadeurs et laissé aux mains des conseillers du Roi est à notre Bibliothèque nationale dans le Ms. fr. 18983, f. 39.

3. « Au bon conseil et à la direction, ordonnance et disposicion du Roy touchant le fait du Papat et de ladicte matière de l'Église. » Sclopis, l. c.

4. Sclopis, l. c.

5. Sclopis, l. c. Cf. Instructions à l'archevêque de Reims, citées ci-dessous.

apportés ; sur le péril qui en résultait pour les âmes ; sur la déplorable situation de ceux qui étaient sous le coup des sentences d'excommunication. Tout bon chrétien devait être affligé d'un pareil état de choses. Quant au Roi, il en était « très déplaisant » pour deux motifs : l'un pour l'amour et l'affection que lui et ses prédécesseurs avaient toujours eu à l'égard des princes de Savoie ; l'autre pour la consanguinité et prochaine affinité existant entre lui et la maison de Savoie, à laquelle il avait donné une de ses filles. Si la maison de Savoie souffrait dans son honneur en une matière telle que le fait de l'Église, il ne pouvait se faire, au point où les choses étaient arrivées, qu'il n'en rejaillît quelque chose sur le Roi, au cas où il ne se serait pleinement acquitté de son devoir envers le duc. Par ces motifs le Roi était naturellement porté, et contraint en quelque sorte, à exhorter les princes de la maison de Savoie de se « désister et départir » de la voie où ils étaient touchant le fait de la Papauté et la matière de l'Église, et à chercher les voies et moyens convenables pour se mettre « en bonne et vraie obéissance envers Dieu et l'Église, » pour aviser au salut de leurs âmes et de celles de leurs sujets, pour éviter enfin tous les inconvénients auxquels ils s'exposeraient s'ils persistaient dans leur conduite et ne se décidaient point d'eux-mêmes à porter remède à cette situation. Avant toutes choses les ambassadeurs devaient exiger que la lettre de soumission qui serait donnée par le duc de Savoie leur fût baillée réellement et de fait et qu'ils en fussent saisis ; cette lettre devrait être rédigée de telle façon que le duc de Savoie ne pût jamais en contredire les termes. Si l'on pouvait amener le père du duc à donner son assentiment, soit par lettre, soit verbalement, la chose en vaudrait beaucoup mieux : les ambassadeurs devaient donc, au besoin, aller le trouver, si son consentement pouvait être obtenu au prix de cette démarche. Enfin l'on s'occupait des diverses éventualités qui étaient à prévoir, et l'on indiquait aux ambassadeurs ce qu'ils auraient à faire suivant les circonstances[1].

1. Ces curieuses instructions se trouvent dans le vol. 761 de Du Puy, f. 81. C'est par erreur qu'une note placée en tête les indique comme ayant été publiées dans le *Spicilegium* de D. Luc d'Achery. — A la suite (f. 85) on trouve des *Memoires et advertis-*

A Jacques Jouvenel des Ursins furent adjoints Jean d'Étampes, évêque de Carcassonne, Robert Ciboule, maître en théologie, et Jacques Cœur. Cette ambassade fut-elle envoyée dans le délai fixé? Remplit-elle sa mission? Nous manquons de renseignements à cet égard[1]. Mais nous savons que, le 25 juillet 1446, le duc de Savoie donnait à Charles VII l'assurance que son père et lui étaient prêts à accepter les décisions du Roi relativement aux affaires de l'Église[2]. Nous savons de plus que, dans l'automne de 1446, Eugène IV envoya en France, avec le titre de légat, Roger Damien, dit Robert, archevêque d'Aix[3]. Il est probable que l'on attendit, pour faire partir l'ambassade, que le Roi se fût concerté avec le légat du Pape.

Au mois de novembre suivant Charles VII réunit son Conseil et fit rédiger des propositions qui devaient être communiquées à la fois au Pape et à l'antipape. Le Roi demandait que tous procès, censures et sentences fussent, de part et d'autre, réputés pour non avenus; que chacun reconnût, comme avant les difficultés qui s'étaient produites, le pape Eugène IV pour vrai Pape; que Monseigneur Amé de Savoie, appelé, comme on dit, le pape Félix dans les pays de son obédience, conservât un état honorable dans l'Église; que ceux qui l'avaient soutenu et qui avaient figuré au concile de Bâle fussent maintenus en possession de leurs dignités ecclésiastiques; enfin que, tout conflit étant apaisé, on procédât d'un commun accord à la tenue d'un Concile général où l'on traiterait de tout ce qui serait utile au salut et au bien de l'Église universelle[4]. L'archevêque

semens sur le fait de l'Église qui furent remis à l'archevêque de Reims et aux autres ambassadeurs; il y était fait mention des négociations entamées entre le Roi et le duc de Savoie, des prétentions mises en avant de tenir un nouveau concile, et des conditions dans lesquelles devrait s'opérer la renonciation de l'antipape.

1. Nous avons déjà mentionné des projets de pouvoirs et d'instructions à l'archevêque de Reims pour traiter en même temps avec le duc de Savoie. L'évêque de Carcassonne et Jacques Cœur avaient été adjoints à l'archevêque, seul investi, au début, de cette mission diplomatique. Voir ms. latin 1779, f. 47 et suiv.

2. Lettre de Henri Engelhard, envoyé du duc de Saxe, datée de Bourges, le 15 juin 1447. Archives de Dresde, Wittenberg Archiv, *Religions-Sachen*, f. 297 et suiv.

3. Neuvième compte de Xaincoins, *l. c.*, f. 112.

4. J. Chartier, t. I, p. 50. — Il est fait mention de ces préliminaires de négociations dans une lettre de Frédéric III au duc de Savoie, publiée par d'Achery, *Spicilegium*, t. III, p. 773, et dans une lettre de Nicolas V au Roi, en date du 9 août 1448. *Id.*, p. 776.

d'Aix était depuis trois mois à Tours[1]; il fut envoyé au Pape, en compagnie de Blaise Gresle[2], et reçut des instructions spéciales. D'une part, il devait faire ressortir « le bon et grand vouloir » que Charles VII témoignait au « bien et tranquillité de l'Église, » et exposer en son nom la voie à suivre pour « préserver notre Saint Père des oppressions et rigueurs » dont il était l'objet et faire cesser le schisme ; d'autre part, remontrer au Pape la « grande foule et deshonneur faits au Roi et à sa Couronne en plusieurs manières. » — La façon dont on procédait à la nomination des archevêchés et évêchés, la désignation d'étrangers comme titulaires des offices de l'ordre de saint Jean de Jérusalem, les difficultés opposées au choix du nouvel évêque de Nevers, la nécessité de pourvoir les églises cathédrales de titulaires dont la fidélité au Roi ne pût être soupçonnée, l'obligation imposée aux gens d'église de concourir au paiement de l'aide imposée pour la solde des gens de guerre : tels étaient les points que le légat était chargé, en outre, de traiter en cour de Rome[3]. — Élie de Pompadour fut envoyé en Savoie et à Bâle pour communiquer les propositions du Roi à l'antipape et à ses partisans[4], et des ouvertures furent faites au roi d'Angleterre en vue d'obtenir sa coopération[5].

Au mois de février suivant, une notable ambassade[6] partit

1. Voir le bref, daté du V des Calendes de juillet, qui lui fut adressé par Eugène IV, Raynaldi, ann. 1446, § 7.
2. « Monseigneur l'arcevesque d'Aix en Provence, envoyé de par nostre Saint Père pour le fait et union de l'Église, ii^c l., pour soy deffrayer à Tours pendant trois mois. » Neuvième compte de Xaincoins, f. 112. — « Maistre Blaise Gresle, conseiller du Roi vi^{xx} xvii l. x s., pour son voyage en decembre 1446 à Rome, en la compagnie de monseigneur l'arcevesque d'Aux. » Id., f. 116. — L'archevêque reçut en outre cent livres à son départ. Rôle du 26 mai 1447, dans les Preuves de la chronique de Mathieu d'Escouchy, p. 262.
3. Instructions à l'archevêque d'Aix, en date du 19 décembre 1446. Minute dans le Portefeuille 231 de Godefroy à la Bibliothèque de l'Institut.
4. « Maistre Helie de Pompadour, doyen de Carcassonne, maistre des requestes de l'ostel, ii^c l. en novembre pour soy deffrayer tant en Touraine que pour son voyage en Savoye. » Neuvième compte de Xaincoins, f. 116. Cf. rôle du 26 mai 1447, l. c., p. 257. Sur cette ambassade, voir Jean Chartier, t. II, p. 50-51.
5. Voir les articles rédigés à Londres le 18 décembre 1446, dans Lettres des rois, etc., t. II, p. 471.
6. Elle était composée de Gérard de Loss, comte de Blanckenhehn, Miles d'Illiers, doyen de Chartres, Jean de Grolée, prévôt de Montjou, Werry de Fléville, et Jacquemin de Bussière, secrétaire du roi de Sicile. — La date de février se trouve dans le rôle du 26 mai 1447, l. c., p. 257-58.

pour Nuremberg, où devait se tenir une assemblée des princes électeurs afin de délibérer sur l'accord à conclure avec le Pape. Les instructions données aux ambassadeurs portent la date du 24 janvier ; ils avaient la double mission de travailler à la paix de l'Église et d'entretenir les princes électeurs des difficultés pendantes avec le roi des Romains au sujet de l'expédition du Dauphin en Alsace, lesquelles n'avaient point reçu de solution [1].

L'archevêque d'Aix n'était point encore arrivé à Rome quand un grave événement se produisit : le pape Eugène IV, dont la santé déclinait depuis quelques mois, expira le 23 février 1447. Avant sa mort, il put recevoir les ambassadeurs du roi des Romains et des princes électeurs. Pleine satisfaction leur fut donnée : par actes en date des 5 et 7 février, la paix fut conclue, et les députés allemands jurèrent obéissance au Souverain Pontife. « Je meurs content, dit Eugène IV, maintenant « que j'ai vu le triomphe de l'Église, les Allemands revenus à « l'obéissance due au Saint-Siège, et le schisme d'Amédée privé « par là de sa principale force [2]. »

A un Pape qui, par l'austérité et la sainteté de sa vie, par son invincible fermeté, en avait imposé à ses adversaires même, allait succéder un prélat tout récemment revêtu de la pourpre cardinalice. C'était Thomas Parentucelli, surnommé de Sarzano, du lieu de sa naissance, que le pape Eugène IV avait désigné récemment comme l'un de ses représentants à la diète de Francfort. Le nouveau pape fut élu le 6 mars [3], et prit le nom de Nicolas V. Nous avons la lettre par laquelle il notifia son élection à Charles VII, lui demandant de faire faire dans le royaume des prières publiques pour attirer sur sa personne les grâces d'en haut, afin qu'il pût gouverner dignement l'Église et

---

1. L'original de ces instructions (qui concernent exclusivement le second point) se trouve, comme nous l'avons dit, dans le Portefeuille 96 de Godefroy à la Bibliothèque de l'Institut (cf. Tuetey, t. II, p. 130 et suiv.). Il faut rapprocher de ce document la Réponse donnée au mois de mars par l'archevêque de Trèves et qui roule en entier sur les affaires ecclésiastiques (Tuetey, t. II, p. 169 et suiv.).
2. Voir Hefelé, *Histoire des Conciles*, t. XI, p. 555 et suiv.
3. On dit généralement que ce fut le 5 ; mais la date du 6 se trouve dans la lettre citée ci-dessous.

accomplir tout ce qui contribuerait au salut des fidèles, à l'extirpation des hérésies, à la paix du peuple chrétien, à la répression des infidèles[1]. Nicolas V montait sur le trône pontifical animé des dispositions les plus conciliantes. « Je prie « Dieu, disait-il, qu'il me fasse la grâce de pouvoir exécuter ce « que j'ai à cœur de faire, savoir de n'employer, pendant mon « pontificat, d'autres armes que la croix de Jésus-Christ[2]. » Un de ses premiers actes fut de ratifier les arrangements faits par son prédécesseur avec les députés allemands[3].

Charles VII s'empressa d'écrire au nouveau Pape pour le féliciter de son avènement. Il chargea en même temps l'archevêque d'Aix d'assurer Nicolas V de son dévouement et du zèle qu'il apporterait à poursuivre l'extinction du schisme. Le Pape remercia le Roi par une lettre en date du 26 avril. « Vos mérites, très cher fils, disait-il, nous laissent dans l'hésitation sur ce que nous avons à faire : devons-nous louer d'abord le dévouement et le zèle admirables dont, à l'exemple de vos prédécesseurs, vous faites preuve pour l'unité et la prospérité de la sainte Église de Dieu? ou devons-nous vous exhorter à poursuivre les travaux déjà entrepris spontanément par vous pour sa restauration et pour son bien? Rien, en effet, n'est plus honorable pour vous que d'avoir pris cette tâche si à cœur, et, soyez-en sûr, elle vous procurera, plus que toute autre, autant de gloire qu'elle apportera d'utilité à l'Église de Dieu. C'est là l'œuvre des Rois ; c'est ce à quoi se sont appliqués de toutes leurs forces vos prédécesseurs, ces hommes si illustres et si dignes de louange... Cela a toujours été le propre de l'illustre race des rois de France de supprimer les schismes et de travailler à la paix de l'Église... Marchez sur leurs traces, nous vous en supplions. Efforcez-vous d'achever et de mener à bonne fin la tâche sainte et glorieuse que vous avez commencée... Ne vous fatiguez pas de poursuivre cette entreprise, qui

---

1. Lettre du 21 mars 1447. *Spicilegium*, t. III, p. 767.
2. Vespasiano, *Commentario della vita di Papa Niccola*, dans Muratori, t. XXV, col. 279.
3. Bulle du 28 mars. Voir Hefelé, t. XI, p. 563.

vous méritera la vie éternelle, et sera pour vous et pour vos descendants une source perpétuelle de gloire¹. »

L'archevêque d'Aix fut chargé de remettre au Roi la lettre du Souverain Pontife ; il était muni de pleins pouvoirs pour confirmer et mettre à exécution les sentences prononcées contre Amédée et ses partisans. Le Pape lui avait même donné la faculté de confisquer leurs biens et d'en transférer la possession à Charles VII et à ses successeurs².

Fort de la confiance dont l'honorait le Souverain Pontife et assuré de l'appui du duc de Savoie³, Charles VII se mit résolument à l'œuvre. Au mois de mai, il convoqua une grande assemblée, à laquelle devaient prendre part les princes du sang et tous les prélats et gens d'église du Royaume. Le duc de Bretagne fut invité à s'y rendre en compagnie des prélats de son duché⁴.

Sur ces entrefaites, Charles VII reçut une longue épître de l'antipape. Amédée demandait que les prélats du royaume fussent autorisés à se rendre à Bâle, ou dans une autre ville à la convenance du Roi, en vue de la tenue d'un Concile universel. Là, en présence des représentants de toute l'Église, il ferait apparaître pleinement la justice de sa cause⁵. Ce n'était point sur ce terrain que Charles VII entendait se placer : son but était d'obtenir d'Amédée une renonciation pure et simple. Pour y parvenir, il comptait sur les assurances données par le duc Louis de Savoie : seul ce prince était à même de triompher

---

1. *Amplissima collectio*, t. VIII, col. 988, et (sans date) Raynaldi, année 1447, § 18.

2. Bref, sans date de mois, qui précède le bref au Roi, dans Raynaldi, *l. c.* — On lit dans l'*Oratio de morte Eugenii IV*, etc., d'Æneas Sylvius (Baluze, *Miscellanea historica*, ed. Mansi, t. I, col. 312) : « Aquensis archiepiscopus et orator regis Renati nihil se dubitare dicebant quin Rex Franciæ totaque Gallia modernum Pontificem sequerentur. »

3. Le Roi a fait communiquer sur ces matières avec le duc de Savoie et ses gens, « et l'a trouvé bien enclin et disposé de ensuivre son bon vouloir et entencion. » Instructions à Jourdain du Perier, citées ci-dessous. — Le duc envoya en ce moment une nouvelle ambassade au Roi ; mais il lui demandait instamment de ne point faire obéissance au nouveau pape avant la réunion d'un concile général (Chartier, t. II, p. 51).

4. Au mois de mai, Charles VII lui envoya Milès d'Illiers, doyen de Chartres et conseiller au Parlement. Instructions à Jourdain du Perac (lisez *Perier*), dans D. Morice, t. II, col. 1409.

5. *Amplissima Collectio*, t. VIII, col. 989-91.

de l'obstination que mettait son père à conserver la tiare. On a prétendu que le duc Louis se rendit à Bourges pour conférer avec le Roi[1]; il est certain qu'il se borna à envoyer des ambassadeurs.

On a vu qu'au mois de février 1447 Charles VII avait fait partir une ambassade pour le représenter à la diète de Nuremberg. L'ambassade se rendit d'abord à Trèves auprès de l'archevêque-électeur. Là, elle apprit la mort d'Eugène IV et ne poursuivit point sa route; mais la mission qu'elle devait remplir auprès de l'archevêque eut un plein succès. Après avoir soutenu le pape Eugène, Jacques de Sierck s'était fait le champion de l'antipape[2]. Déposé par Eugène IV, en même temps que l'archevêque de Cologne, il avait été à l'assemblée de Francfort (juillet 1446) un des plus ardents à combattre les propositions conciliantes de Frédéric III. Il ne fallut pas moins que le prestige de la Couronne et l'habileté de la diplomatie royale pour amener chez l'archevêque un complet revirement; mais, uni à la France par une étroite alliance, comment aurait-il pu, alors que Charles VII prenait l'initiative d'une négociation ayant pour base la reconnaissance du pontife romain, persister dans une opposition directe aux vues royales? « Si le « roi de France croit être en mesure de pacifier l'Église, » disait-il à l'envoyé du duc de Saxe, « les princes électeurs ne « peuvent se refuser à accéder à la demande de celui qui, « entre tous, est appelé le Roi *très chrétien*[3]. » L'archevêque de Trèves fit dire à Charles VII qu'il était prêt à lui complaire, et à le servir « comme son allié, bienveillant serviteur, et comme le sien en toutes choses que possible lui seroit. » Il déclara qu'il était très joyeux de ce que le Roi avait bon espoir « de faire union de la sainte Église; » il s'y emploierait volontiers, car il était « mieux enclin à soy entendre et aussi ensuir

---

1. Il est fait allusion à ce voyage du duc de Savoie dans l'ouvrage du P. Monod, *Amedeus pacificus*, etc. (Taurini, 1624, in-f), p. 186. Cf. Jean Chartier, t. II, p. 51.
2. « Jamque Jacobus Treverensis, qui olim Eugenianus fuerat, nescio qua indignatione motus, Basiliensibus atque ipsi Felici favebat. » Æneas Sylvius, *De rebus Basileæ gestis Commentarius*, dans Fea, *Pii II Pont. Max. a calumniis vindicatus*, etc., p. 84.
3. Lettre de Henri Engelhard au duc de Saxe, en date du 15 juin 1447. Archives de Dresde, *Wittenberg Archiv*, *Religions-Sachen*, f. 207 et s.

le très chrestien Roy de France, au fait de l'Église, que nul autre Roy ou prince vivant, nul excepté. » Il était lié, cependant, par des engagements avec les autres princes électeurs, et ne pouvait rien faire sans leur assentiment; il allait en conférer avec eux et tiendrait le Roi au courant; il prendrait ensuite son avis, car il n'avait d'autre désir que de lui complaire en tout ce qui serait possible. Il exprimait l'espoir que le Roi aurait égard au fait de son église et des siens, tellement que tout se ferait au bien, honneur et profit du Roi et de son royaume, et aussi de l'archevêque, de son église et des siens.

Le Roi avait fait solliciter l'archevêque de se rendre à l'assemblée qui devait se tenir à Lyon pour la pacification de l'Église, et il y avait consenti. Mais Jacques de Sierck demanda que, puisque le Pape Eugène venait de mourir, il plût au Roi de ne point faire obéissance au nouveau Pape avant d'avoir conféré avec lui; car, disait-il, « les choses pourront vraisemblablement être disposées de telle façon que le Roi aura pour lui les archevêques de Trèves et de Cologne, et leurs adhérents dans l'Empire; ce qui ne seroit pas petit honneur et profit au Roi et à eux. » Il en résulterait de grands biens, car peut-être pourrait-on conclure les choses très promptement à Lyon. En tout cas, il convenait de tenir l'affaire bien secrète jusqu'à ce que le Roi et l'archevêque eussent pu s'entretenir et prendre une conclusion [1].

L'archevêque de Trèves ne se contenta pas de répondre aux ambassadeurs; il voulut écrire au Roi. « J'ai obéi, disait-il, à tout ce qu'il vous a plu me mander et faire savoir... J'ai la ferme espérance que, de ma réponse et du parfait entier vouloir que j'ai à votre très excellente Majesté royale, en tout ce que possible me sera, complaire et servir, vous serez bien content. Si je puis être en votre ville de Lyon, devers vous, comme votre très excellente Majesté et moi tous deux le dési-

---

[1]. Réponse de l'archevêque de Trèves, dans Tuetey, *les Écorcheurs en France sous Charles VII*, t. II, p. 160 et suiv.

rons, plus particullèrement je vous répondrai et vous parlerai de tout[1]. »

C'était déjà un important résultat. Là où le roi des Romains avait échoué, le roi de France était au moment de réussir. L'antipape et ses partisans avaient placé leurs meilleures espérances chez les princes du saint empire ; la politique royale allait leur enlever cet appui[2].

Au commencement de juin, l'archevêque de Trèves arriva près du Roi, à Bourges, en compagnie du chancelier de l'archevêque de Cologne et d'un envoyé du duc de Saxe[3] ; il était en outre muni des pouvoirs de l'électeur Palatin. Les pourparlers furent aussitôt entamés, et l'on jeta les bases des négociations qui allaient s'ouvrir[4]. Un grand conseil fut tenu, en présence d'ambassadeurs du roi de Castille et de plusieurs princes du sang. A la date du 28 juin, une déclaration fut rédigée au nom du Roi et de l'archevêque de Trèves, se portant fort pour ses trois co-électeurs.

Le Roi et les princes électeurs manifestaient d'abord le désir de travailler efficacement à procurer la paix de l'Église et à mettre un terme aux divisions survenues. Pour cela ils s'efforceraient de procurer la réunion d'un Concile universel ; ils poursuivraient l'abolition des procédures, sentences, censures et autres peines portées de part et d'autre à l'occasion de ces

---

1. Lettre du 25 mars. Original dans Le Grand, vol. IV, f. 13 ; publiée par Tuetey, *l. c.*, p. 173-74. — L'archevêque demandait en même temps un sauf-conduit pour cent-vingt chevaux et s'informait du moment où le Roi serait à Lyon, afin qu'il pût combiner son voyage en conséquence.

2. Voici comment Æneas Sylvius s'exprime à ce sujet dans son *De Statu Europæ*, chap. xxxviii (dans Freher, t. II, p. 185) : « Fuit enim magna spes obtinendæ Germaniæ : cum sex principes Electores in eam sententiam fœdus inissent, ut nisi Eugenius postulatis eorum annueret (postulabant autem res prorsus neganda), in Amedeo, quem Felicem quintum appellaverunt, obedientiam transferrent. Sed cum illorum consilia Fridericus pervertisset et qui sub nomine Synodi Basileæ degebant, abire jussisset, desperato meliori successu, interveniente per legatos suos Carolo Franciæ rege, ecclesiæ pacem dedit. »

3. La lettre de créance donnée à Henri Engelhard par Frédéric, duc de Saxe, porte la date du 10 avril 1447 ; elle fut remise au Roi, à Bourges, le 1er juin. Original, ms. fr., 2058, p. 40.

4. Dès le 15 juin, ces bases étaient arrêtées d'un commun accord, entre le Roi et l'archevêque de Trèves. Lettre de Henri Engelhard en date de ce jour.

divisions, la réintégration dans leurs charges et dignités de ceux qui en avaient été privés, enfin la reconnaissance unanime du pape Nicolas, lequel, de son côté, mettrait en oubli tout ce qui avait été fait contre son autorité. Les Conciles de Bâle et de Latran se dissoudraient, afin qu'on pût tenir un Concile universel, réunissant toute la chrétienté dans la concorde et dans la paix. Ils déclaraient d'ailleurs ne vouloir nullement porter atteinte aux décrets du Concile de Bâle étant en vigueur soit dans l'empire, soit en France. Ils exprimaient l'espoir que « le père de monseigneur le duc de Savoie, » conformément aux promesses faites au Roi par le duc, se montrerait favorable au but poursuivi ; tout en renonçant, en vue d'un si grand bien que la paix de l'Église, à la dignité royale, il conserverait une situation honorable dans l'Église, et ses partisans seraient maintenus en possession de leurs titres et bénéfices. Les princes électeurs déclaraient abandonner leur projet de tenir le Concile en Allemagne et se rallier à la proposition du Roi pour sa tenue en France; ils s'efforceraient d'en assurer la réunion avant les calendes de septembre de l'année suivante. Le Roi s'engageait à demander au Pape Nicolas de recevoir le décret *Frequens* du Concile de Constance et les autres décrets rendus à Constance ; il réclamerait des bulles pour la célébration du futur Concile. Si le duc de Savoie, ou son père, ou quelqu'un de leurs adhérents refusaient leur adhésion à ces moyens de conciliation, et qu'il fût procédé par le Pape contre les récalcitrants, le Roi et les princes électeurs renonceraient à toute médiation et donneraient tout leur concours au Pape pour l'exécution des sentences portées par lui [1].

De Bourges, l'archevêque de Trèves devait se rendre à Lyon pour prendre part aux conférences. Charles VII désigna des ambassadeurs : c'étaient Jacques Jouvenel des Ursins, arche-

---

[1]. Ce document a été donné deux fois par D. Luc d'Achery dans l'édition in-4 de son *Spicilegium*, t. IV, p. 326, et t. XI, p. 798 (cf. l'édition in-folio, t. III, p. 770). Dans cette seconde version on trouve les signatures. L'acte fut souscrit par Jean Lux, agissant conformément aux ordres de l'archevêque de Trèves, par Jean de Huss (alias *de Liussi*) protonotaire, représentant l'archevêque de Cologne, par H. Sugellard (lisez Engelhard), secrétaire du duc de Saxe.

vêque de Reims; Jacques de Comborn, évêque de Clermont; le maréchal de la Fayette, Élie de Pompadour, archidiacre de Carcassonne, et Thomas de Courcelles, docteur en théologie [1]. L'archevêque de Trèves partit aussitôt, en compagnie des députés des électeurs de Cologne et de Saxe; mais le départ de l'ambassade française fut retardé par l'arrivée de l'archevêque d'Aix, légat du Pape, avec lequel le Roi conféra longuement des graves questions qu'il s'agissait de résoudre. L'archevêque avait remis au Roi une nouvelle lettre du Pape [2]. Charles VII y répondit, en faisant part à Nicolas V de ce qui avait été fait à Bourges, de concert avec l'archevêque de Trèves [3].

Les instructions remises par le Roi à ses ambassadeurs leur enjoignaient de s'entendre, pour la marche des négociations, avec l'archevêque de Trèves et les députés des princes électeurs; le Roi les autorisait à envoyer une députation au duc de Savoie ou à se rendre près de ce prince; mais ils devaient, autant que possible, s'abstenir de toute communication avec le « père de monseigneur de Savoie; » ils devaient également faire en sorte que le cardinal d'Arles ou d'autres envoyés de Bâle, s'ils venaient à Lyon, n'y parussent point avec les insignes cardinalices; ils avaient mission de remettre ou d'envoyer au duc de Savoie des lettres du Roi, et, en lui exposant leur créance, d'insister sur la nécessité qu'il y avait à ce que le père du duc renonçât à sa « prétendue dignité; » ils devaient donner l'assurance que le Roi s'emploierait à ce que la chose s'accomplît en la meilleure forme possible; s'ils trouvaient le duc de Savoie, son père, et ceux de Bâle en bonne disposition, ils le feraient en toute diligence savoir au Roi, afin d'avoir son avis sur la marche à suivre; ils useraient de telles exhortations, sommations et autres moyens qu'ils jugeraient convenables, sans cependant exécuter aucune menace, soit par voie de cen-

---

1. Jean Chartier, t. II, p. 52.
2. Elle portait la date du 5 mai.
3. Lettre sans date, ms. lat. 5414 A, f. 99 v°. — Jean Herbert fut envoyé à Rome pour porter cette lettre. Neuvième compte de Xaincoins, l. c., f. 117; lettre du Pape en date du 3 octobre, dans Spicilegium, t. III, (in-fol.) p. 771.

sure ecclésiastique, soit au nom de l'autorité royale, sans en référer au Roi, afin d'agir ensuite conformément à sa décision. Si le duc de Savoie se refusait à accepter les propositions formulées, les ambassadeurs l'en sommeraient en vertu de l'obligation contractée par lui, et en outre le requéreraient de remettre en leurs mains Madame Yolande (fille de Charles VII, fiancée au prince de Piémont) pour la ramener au Roi. Les ambassadeurs devaient donner souvent de leurs nouvelles au Roi et le tenir constamment au courant des négociations, afin qu'il fût à même de pourvoir à toutes les difficultés. Enfin, ils devaient s'entendre avec l'archevêque d'Aix, légat du Pape, et agir conformément à ses conseils [1].

Pendant que l'archevêque de Trèves et les plénipotentiaires français se dirigeaient vers Lyon, une nouvelle diète se tenait en Allemagne, à Aschaffenbourg, sur l'initiative du roi des Romains. D'importants résultats y furent obtenus. L'adhésion des comtes de Wurtemberg, bientôt suivie de celles des archevêques de Cologne et de Trèves et de l'électeur Palatin, entraîna l'Allemagne toute entière. Le 21 août suivant, à Vienne, Frédéric publiait un édit enjoignant à la nation allemande de reconnaître le vrai Pape. Poursuivant ses négociations avec le cardinal Carvajal, légat du Pape, il tomba d'accord avec lui sur tous les points, et, le 27 février 1448, fut signé un concordat entre le Saint-Siège et l'empire [2]. En outre, Frédéric III s'associa aux pressantes démarches faites par Charles VII auprès de l'antipape : on a de lui une lettre au duc de Savoie, dans laquelle il l'exhortait à poursuivre la renonciation d'Amédée à la Papauté [3].

Au milieu du mois de juillet 1447, les conférences s'ouvrirent à Lyon avec les représentants de l'antipape et du duc de Savoie, en présence d'ambassadeurs du Dauphin [4], du roi de

1. *Spicilegium*, t. IV, p. 331 ; éd. in-fol., t. III, p. 771.
2. Voir Hefelé, t. XI, p. 564-66 ; Chmel, *Gesch. K. Fried. IV*, t. II, p. 429 et suiv.; Chmel, *Materialien*, t. I, part. II, p. 215.
3. *Spicilegium*, t. III, p. 773.
4. Guy de Chaourses, seigneur de Malicorne, Jean Girard, archevêque d'Embrun, et d'autres conseillers du Dauphin, se rendirent à Lyon et de là à Genève ; ils vacquèrent à cette mission pendant trois mois et demi. Compte de Nicolas Erlant, dans Le Grand, vol. VII, f. 93 et 93 v°. Cf. Chartier, t. II, p. 53.

Sicile[1] et du roi de Castille. Après un examen approfondi de la situation, il parut opportun que les ambassadeurs du Roi se transportassent à Genève pour conférer avec l'antipape et le mettre en demeure de tenir les promesses faites en son nom. On en référa aussitôt à Charles VII, qui fit partir le comte de Dunois, avec mission de se joindre à ses autres représentants. Dunois quitta la Cour en compagnie des ambassadeurs que le roi d'Angleterre venait d'envoyer pour prendre part aux conférences[2]. Dès qu'il fut arrivé à Lyon (novembre), les ambassadeurs de France partirent pour Genève; ils emmenaient avec eux les envoyés du Dauphin et du roi de Sicile. Henri Engelhard, ambassadeur du duc de Saxe, demeuré le seul représentant des princes électeurs, les avait précédés à la cour de l'antipape[3].

Les conférences se poursuivirent à Genève. Les plénipotentiaires français produisirent certains articles précisant les conditions dans lesquelles la pacification devait s'opérer. Le *seigneur Félix* renoncerait à la papauté au sein du concile de Bâle et, après avoir reçu les lettres de garantie et les sûretés stipulées ci-après, il donnerait au sujet de cette renonciation des lettres en bonne et due forme. Toutes privations, suspensions, procédures, sentences et censures faites ou portées par les papes Eugène et Nicolas contre Félix, le Concile de Bâle

---

1. C'étaient Jean Cossa, Charles de Castillon et Nicolas de Brancas, évêque de Marseille. Lecoy de la Marche, *le Roi René*, t. I, p. 267. Cf. Jean Chartier, t. II, p. 53.

2. Le 12 juin, Charles VII avait écrit à Henri VI que l'archevêque de Trèves, les ambassadeurs de l'archevêque de Cologne, du duc de Saxe et de l'électeur Palatin, les ambassadeurs du roi de Castille et du duc de Savoie étaient près de lui, pour s'occuper de la « matière de l'Église, » et que tous voulaient « avoir intelligence » avec lui sur cette matière. Le 22 juillet, Henri VI lui avait répondu qu'il était très désireux de travailler, de concert avec lui, à la pacification de l'Église, et qu'il enverrait prochainement ses « solempnez ambassadeurs » pour « faire ce qui sera expédient et nécessaire au bien et honneur de nostre dicte mère saincte Église. » Il le priait de différer le départ des ambassadeurs français pour Lyon jusqu'à la venue de ses gens, que, en toute diligence, il se préparait à envoyer à Lyon. Lettre du 22 juillet, dans les *Preuves de Mathieu d'Escouchy*, p. 105-08. Cf. lettre du 28 juillet, remise à l'évêque de Norwich et reçue par le Roi le 25 septembre (p. 108-09).

3. Il avait été retenu à Lyon par les ambassadeurs du Roi et travaillait activement à atteindre le résultat désiré par le Roi. Lettre de H. Engelhard, datée de Genève, le 27 octobre. Archives de Dresde, *l. c.* — L'archevêque de Trèves, après avoir eu l'intention de passer par la Savoie (où il était fort mal vu, si bien que l'on voulait s'emparer de sa personne pour le conduire au duc de Bourgogne), se décida à revenir par la France, où il rendit compte à Charles VII de l'état des négociations.

et tous ceux qui avaient participé au Concile à un titre quelconque, seraient déclarées abolies, en vertu de lettres de Nicolas. D'autres lettres de Nicolas, données en meilleure forme, prononceraient la réintégration de tous ceux qui auraient été privés de leurs dignités, bénéfices, etc. Les cardinaux de l'une et de l'autre obédience seraient maintenus en possession de leurs honneurs et prérogatives; il en serait de même à l'égard des officiers résidant actuellement à la cour de Félix ou se trouvant encore à Bâle. Le Pape Nicolas donnerait des lettres par lesquelles il promettrait la convocation d'un Concile général, dont la réunion aurait lieu, dans une ville de France, le premier jour du septième mois après l'accomplissement des conditions que devaient observer Félix et les Pères de Bâle. Il s'engagerait également à lancer la bulle de convocation dans le délai de trois mois. Les dignitaires nommés par Félix et par le Concile seraient maintenus en possession de leurs charges et bénéfices, et Nicolas V donnerait à cet égard des lettres de confirmation. Celui-ci prendrait l'engagement d'approuver la décision rendue par le Concile de Bâle relativement à la situation faite au seigneur Félix. Enfin le Pape devrait apporter une grande célérité à la publication de sa bulle et s'engager par serment et par vœu à ne point empêcher ni différer la célébration du Concile.

De son côté, Félix annulerait toutes suspensions, privations, sentences et peines portées à l'occasion des divisions survenues. Une fois l'annulation desdites censures et peines opérée et la désignation d'un lieu pour la célébration du Concile général en France faite par les lettres susdites, Félix renoncerait actuellement et efficacement *(actualiter et efficaciter)* à la papauté dans une session du Concile de Bâle, et les Pères de Bâle, à leur tour, annuleraient toutes suspensions, procédures, censures, etc., par eux portées. Les Pères de Bâle reconnaîtraient ensuite Nicolas V comme Souverain Pontife et ordonneraient de lui faire pleine obéissance; après quoi ils prononceraient leur dissolution, conformément aux décrets. Avec les lettres du Pape devaient être données, du bon plaisir du Pape Nicolas, des lettres des rois de France et d'Angleterre et d'autres princes, promettant : 1° que le Pape Nicolas ne pourrait se soustraire à l'accomplissement d'aucune de ses promesses ni mettre aucun empêchement à la célébration du Concile ; 2° que les princes susdits se feraient représenter au Concile par leurs ambassadeurs et qu'ils lui obéiraient comme au vrai Concile. Si ces garanties ne paraissaient pas suffisantes aux Pères de Bâle, ils pourraient ne reconnaître Nicolas pour Souverain Pontife et ne se dissoudre qu'à partir du jour de la réunion du nouveau Concile universel. Dans le cas où Nicolas, soit directement, soit indirectement, s'opposerait à la célébration du futur Concile, la renonciation et toutes les stipulations ci-dessus seraient considérées comme non avenues [1].

A son tour, l'antipape remit aux plénipotentiaires français des propositions écrites, se déclarant prêt à traiter si elles étaient acceptées par le Pape. Dans une lettre adressée à Charles VII, en date du 20 août, Félix avait déclaré solennellement qu'il ne renoncerait à la papauté que si son compétiteur Nicolas en faisait autant de son côté ou venait à mourir, et qu'il se soumettrait ensuite à la décision du Concile universel [2]. On était loin des espérances que le duc de Savoie avait, l'année précédente, fait luire aux yeux du Roi. Cette fois, l'antipape demandait : 1° que sa renonciation fût faite dans un Concile convoqué de sa propre autorité ; 2° qu'avant cette renonciation il donnât trois bulles : la première pour rétablir dans leurs offices tous ceux de ses partisans qui en avaient été privés par Eugène et par Nicolas ; la seconde pour lever les excommunications et censures portées par lui contre les adhérents d'Eugène et de Nicolas ; la troisième pour confirmer tous les actes accomplis par lui durant le schisme ; 3° qu'il pût remettre librement la tiare aux mains du Concile, lequel procéderait aussitôt à l'élection

---

1. *Spicilegium*, t. III, p. 708.
2. Le texte est dans Mansi, t. XXXI, col. 188. Cf. bulle du même jour, *Id., ibid.*, col. 189. Voici la teneur de la déclaration de l'antipape : « ... Vovemus quod in sacro Basiliensi concilio acta sedente aut alio legitime congregando realiter et cum effectu cedemus papatui, Thoma de Calandrinis de Sarzana, a nonnullis Nicolao Quinto appellato, juri quod prætendit in papatu, similiter cedente, vel, eo decedente, ita quod electio casu decessus interveniente ad solum generale concilium spectare dinoscatur, quod idem ipso casu circa nos contingente volumus observari. »

de Nicolas et rétablirait par un décret tous ceux qui avaient suivi l'un ou l'autre parti ; 4° qu'il demeurerait légat du Saint-Siège par l'autorité du Concile, avec de grandes prérogatives, ce qui serait confirmé par Nicolas[1].

A la date du 1er décembre fut dressé un acte notarié par lequel les plénipotentiaires français et les représentants du Dauphin et du roi de Sicile déclaraient avoir eu communication des propositions du « père de monseigneur de Savoie, » contenues dans certaine cédule. Ils n'avaient pas cru devoir se refuser à accueillir ces ouvertures, en considération des graves inconvénients qu'entraînerait la rupture des négociations ; mais ils protestaient solennellement qu'en agissant ainsi, et en traitant, soit avec le « père de monseigneur de Savoie et ses représentants, » soit avec les représentants de « ceux de Bâle, » ils n'avaient rien entendu faire qui pût porter préjudice ou déroger à l'autorité, état et dignité ou à l'honneur de Notre Saint Père le Pape Nicolas V, ni à l'obédience à lui due par les rois et princes dont ils étaient les représentants. Ils n'avaient agi que pour le bien de l'Église universelle, en vue d'obtenir la soumission du seigneur Amédée et de ses adhérents, et sous réserve de l'approbation du Pape[2].

Par une lettre adressée à Charles VII, en date du 3 décembre, l'antipape porta à sa connaissance les conditions moyennant lesquelles il consentait à renoncer à la Papauté[3].

Cependant Charles VII était constamment en relations avec Nicolas V. Au mois d'août, il lui avait envoyé un de ses secrétaires, Jean Herbert[4]; au mois d'octobre, il fit partir pour Rome un de ses écuyers d'écurie, Raoulin Regnault[5]; le 28 octobre, il remettait à Jean Cossa, baron de Grimaldi, envoyé du roi de Sicile, des lettres de créance pour le Pape et pour les

---

1. Guichenon, *Histoire généalogique de la maison de Savoie*, t. I, p. 491.
2. Voir ce document dans le ms. fr. 20404, f. 5.
3. Bref du III des nones de décembre 1447, dans Guichenon, *Preuves*, p. 320.
4. Neuvième compte de Xaincoins, dans le ms. 685 du Cabinet des titres, f. 117. Il est fait mention de cette ambassade dans une lettre du Pape, en date du 3 octobre, adressée au chancelier Jouvenel (*Spicilegium*, t. III, p. 774).
5. Dixième compte de Xaincoins, l. c., f. 126 v°.

cardinaux[1] ; il avait reçu de Nicolas V divers messages, un en particulier au sujet de la situation de l'île de Chypre, menacée par les infidèles, et avait aussitôt autorisé la levée dans ses états d'un subside sous forme d'indulgences[2]. En décembre, nouveau message à Rome[3]. Charles VII était aussi en correspondance avec le roi des Romains et avec le cardinal de Saint-Ange, légat du Pape à Vienne[4].

Nicolas V ne tarda pas à être informé des prétentions mises en avant par l'antipape. A la date du 12 décembre, il publia une bulle fulminante, portant confiscation du duché de Savoie et de toutes les possessions d'Amédée qu'il déclarait transférer à Charles VII et à son fils, et exhortant les fidèles à s'enrôler dans une croisade contre Amédée et ses partisans[5]. Le même jour il donnait de pleins pouvoirs à l'archevêque d'Aix pour confirmer et mettre à exécution les sentences prononcées contre Amédée et ses partisans, confisquer leurs biens et en attribuer à perpétuité la jouissance à Charles VII et à ses successeurs. Mais, par un autre bref du 12 décembre[6], Nicolas déclarait s'en remettre au Roi pour régler les conditions d'un accommodement, s'engageant à ratifier tout ce qui serait conclu par lui, pourvu que ce fût conforme à l'honneur et à la dignité du siège apostolique[7]. L'archevêque d'Aix fut investi de la mission de recevoir la soumission d'Amédée et de ses parti-

1. Ms. latin 5414[4], f. 86 v° et 87. Voir, sur la mission de Jean Cossa, Lecoy, *le Roi René*, t. 1, p. 257. On voit par une lettre du Pape à Jean Dureau, en date du 28 février 1448, que Jean Cossa était à ce moment à Rome. Cette lettre est en copie dans le portefeuille 221 de Godefroy, à la Bibliothèque de l'Institut.
2. Lettre du 18 octobre. *Spicilegium*, t. III, p. 767.
3. Voyage de Guy le Barbut, conseiller du Roi. Dixième compte de Xaincoins, *l. c.*, f. 127.
4. Au mois d'août, le Roi envoya Eustache de Soyecourt en Allemagne et à Vienne, vers le cardinal de Saint-Ange. Neuvième et dixième comptes de Xaincoins, *l. c.*, f. 117 et 127 v°.
5. *Spicilegium*, t. III, p. 774.
6. Voir les deux brefs adressés, l'un à l'archevêque d'Aix, l'autre au Roi, dans Raynaldi, 1447, §§ 18 et 19. Ils ne portent point ici de date précise ; mais dans Martène, *Amplissima collectio*, t. VIII, p. 991, le second est daté : *Pridie Idus decembris* (12 décembre). Cf. Georgi, *Vita Nicolai V*, p. 30-31.
7. « ... Omnia et singula auctoritate nostra cum eis tractandi, practicandi, concludendi, efficiendi, et promittendi, quae circa reductionis hujusmodi necessaria seu opportuna cognoveris, et quae nostro ac sedis Apostolicae statui, honori et dignitati convenire videbuntur... » Lettre du Pape au Roi, *l. c.*

sans, avec faculté de relever ceux-ci des censures et excommunications qu'ils avaient encourues, et de les rétablir dans leurs offices[1]. Peu après, le Pape envoya en France, en qualité de nonce, Alphonse de Segura, doyen de Tolède[2].

Après avoir entendu le rapport de ses ambassadeurs et pris connaissance des propositions de l'antipape, Charles VII conféra longuement avec le doyen de Tolède et avec les membres de son Conseil. Il fut décidé qu'une nouvelle ambassade se rendrait auprès du Pape pour le mettre pleinement au courant de ce qui avait été fait en vue de la pacification, et obtenir de lui une solution. L'ambassade devait en même temps faire obédience solennelle au Souverain Pontife[3].

A la date du 31 mars, Charles VII écrivit au roi des Romains pour lui faire part de l'envoi de son ambassade et l'engager à envoyer, lui aussi, des ambassadeurs pour faciliter la conclusion[4].

Jacques Jouvenel des Ursins, archevêque de Reims; Élie de Pompadour, qui venait d'être nommé à l'évêché d'Alet; le maréchal de la Fayette, Tanguy du Chastel[5], Jacques Cœur, Guy Bernard, archidiacre de Tours, et Thomas de Courcelles furent désignés pour se rendre à Rome. Les ambassadeurs du Dauphin et du roi René se joignirent à ceux du Roi[6]. L'entrée solennelle de la grande ambassade dans la ville pontificale eut lieu le 10 juillet 1448, « en moult grant et honnourable appareil. » Le chroniqueur Jean Chartier dit « qu'il n'estoit homme qui onques eust vu entrer une ambassade avec une si grande

---

1. Voir le bref *Cum speremus*, dans Raynaldi, ann. 1447, § 19.
2. Voir lettre de Charles VII du 11 mars 1448. *Spicilegium*, t. III, p. 767. — Don de douze tasses d'argent au doyen de Tolède, en mai 1448. Dixième compte de Xaincoins, f. 120 v°.
3. Lettre du Roi au Pape, dans *Spicilegium*, t. III, p. 767.
4. Voir *Spicilegium*, t. III, p. 775.
5. Le comte de Dunois avait d'abord été désigné, et il est nommé dans la lettre du Roi; mais l'affaire du Mans ayant exigé sa présence, on décida de le remplacer par La Fayette, auquel fut substitué Tanguy du Chastel. (Voir appointement fait à Paris entre les ambassadeurs du Roi et ceux du duc de Bourgogne, dans Collection de Bourgogne, 95, p. 1038 et suiv.) Du Chastel est désigné ici sous le titre de *prévôt de Paris*, qui, malgré sa disgrâce de 1425, lui avait été conservé.
6. C'étaient, pour le Dauphin, Jean Girard, archevêque d'Embrun, et Guy de Chaourses, seigneur de Mallecorne; pour le roi René, Nicolas de Brancas, évêque de Marseille.

magnificence, ni qui eust ouy parler d'une pareille¹. » Déjà se trouvaient à Rome les ambassadeurs du roi d'Angleterre, qui avaient fait savoir au Pape ce qui s'était passé à Genève, et lui avaient fait part des exigences de l'antipape; Nicolas V avait déclaré que ces demandes étaient inacceptables et qu'elles ne méritaient aucune réponse.

Les ambassadeurs du Roi et des princes eurent audience le 12 juillet; ils remirent au Pape une lettre du Roi², et lui exposèrent l'objet de leur mission. L'archevêque de Reims prit la parole, « moult solempnellement. » Puis les envoyés du Roi et des princes firent obéissance au Souverain Pontife et relatèrent brièvement les négociations entreprises pour la pacification de l'Église. Nicolas V répondit par un long discours. Il témoigna une grande bienveillance aux ambassadeurs, les entretint à plusieurs reprises, discuta avec eux les propositions de l'antipape et leur fit connaître ses intentions. Rien ne fut mis par écrit, parce qu'on voulait que le secret le plus absolu fût gardé jusqu'à ce que le Roi eût donné son approbation. On chargea l'archevêque de Reims de présenter le rapport au Roi et de lui remettre une lettre du Pape. « Nous avons reçu les ambassadeurs de Votre Seigneurie, écrivait Nicolas V, non seulement comme de simples fils, mais comme des enfants bien-aimés; nous leur avons ouvert le fond de notre cœur, sans leur laisser rien ignorer, afin qu'ils puissent être auprès de vous nos meilleurs témoins; nous avons voulu prendre leur avis, persuadés qu'étant les envoyés d'un prince tel que vous, ils méritaient cette faveur... Notre intention a été aussi de faire voir à Votre Sérénité et à tous les rois et princes de la chrétienté quelle est la clémence et la mansuétude du Siège apostolique et de quel crédit vous jouissez auprès de notre personne : car il n'est rien, l'honneur de Dieu et de son Église étant saufs, que nous ne soyons disposé à vous accorder... Que Votre Sérénité persévère dans sa sainte entreprise

---

1. Jean Chartier, t. II, p. 55.
2. Le texte est (sans date) dans *Spicilegium*, t. III, p. 767. La lettre du Roi aux cardinaux, qui suit, porte la date du 11 mars.

jusqu'à ce qu'elle voie l'unité rétablie dans l'Église de Dieu... Continuez aussi à protéger et à défendre le Siège apostolique, que toujours, avant tous autres princes, vos ancêtres ont vénéré et soutenu, méritant par là à juste titre le surnom de rois très chrétiens [1]. »

Cependant, Frédéric III, ayant enfin reconnu l'autorité de Nicolas V, avait résolu de disperser les débris du concile de Bâle : après de longs efforts, il réussit à faire partir les derniers membres de l'assemblée qui se trouvaient encore à Bâle. Ceux-ci se rendirent à Lausanne, où résidait l'antipape. C'est dans cette ville que les ambassadeurs français se transportèrent après avoir rempli leur mission à Rome [2]. Ils firent connaître à Félix ce qu'ils avaient obtenu du Pape, en l'exhortant de nouveau à donner la paix à l'Église par sa renonciation à la Papauté. Félix demanda à délibérer à ce sujet avec son fils et avec les personnes notables de son conseil. Peu après, il fit savoir qu'il enverrait vers le Roi pour lui soumettre de nouvelles propositions et pria les ambassadeurs d'attendre à Genève le retour de ses envoyés. Les ambassadeurs voulurent bien condescendre à sa demande, et, sur les instances de l'antipape, ils firent venir à Genève le doyen de Tolède, envoyé du Pape et porteur des bulles pontificales, qui s'était installé à Lyon.

Le cardinal d'Arles, le maréchal de Savoie et Jean de Grolée, prévôt de Montjou, furent désignés pour aller trouver le Roi. Ils avaient charge de le solliciter de s'employer auprès du Pape en faveur de Félix : on voulait amener Nicolas V à donner son agrément à la convention du 1ᵉʳ décembre 1447. Après en avoir délibéré avec son Conseil, Charles VII fit partir le comte de Dunois et Jean le Boursier pour se rendre en Savoie et, de là, aller se joindre à l'archevêque de Reims et aux autres plénipotentiaires. Les instructions royales furent scrupuleusement suivies. Une nouvelle démarche fut faite auprès de l'antipape : on le supplia de consentir enfin à donner sa renoncia-

---

[1]. *Spicilegium*, t. III, p. 776.
[2]. Ils passèrent par Rimini le 20 août, avec une suite de cinquante chevaux. *Cronica Riminese*, dans Muratori, t. XV, col. 069.

tion, lui promettant que le pape Nicolas publierait aussitôt trois bulles : 1° pour annuler les procédures faites contre Amédée et ses partisans; 2° pour confirmer les actes passés par lui; 3° pour rétablir dans leurs dignités et bénéfices tous ceux qui en avaient été privés.

Le doyen de Tolède, nonce du Pape, produisit alors une bulle de Nicolas V, portant la date du 18 janvier 1449[1]. Le Pape y déclarait nulles et non avenues toutes confiscations, suspenses, excommunications et censures portées, soit par son prédécesseur, soit par lui-même, contre Amédée, les pères de Bâle et leurs adhérents[2]. Mais les représentants de l'antipape ne se déclarèrent point encore satisfaits. Enfin, à la date du 4 avril 1449, un acte fut passé à Lausanne, au nom d'Alphonse de Segura, doyen de Tolède, nonce du Pape; de Jacques Jouvenel des Ursins, patriarche d'Antioche et évêque de Poitiers[3]; d'Élie de Pompadour, évêque d'Alet; de Jean, comte de Dunois, grand chambellan de France; de Jacques Cœur, de Guy Bernard, de Jean le Boursier et de Thomas de Courcelles, ambassadeurs du roi de France. Il était déclaré qu'après de longues négociations avec les représentants du seigneur Amédée, nommé Félix dans les pays de son obédience, certains articles leur avaient été remis de la part du seigneur Amédée pour conclure l'union et la paix de l'Église, et qu'ils s'étaient engagés, par lettres scellées de leurs sceaux, à remettre aux mains du seigneur Amédée, ou du chapitre de Genève, avant le mois de juillet suivant, trois bulles plombées, expédiées dans la forme habituelle à la Cour romaine, l'une contenant l'annulation des procédures[4], l'autre la réinté-

---

1. Cette bulle est ainsi datée : « Anno incarnationis Dominicæ millesimo quadringentesimo octavo, quinto decimo Kalendas februarii, Pontificatus nostri anno secundo. » Quelques historiens l'ont placée en 1448, sans s'apercevoir que la seconde année du Pontificat de Nicolas V ne commençant que le 6 mars 1448, elle ne peut être de cette année, et qu'il faut prendre la date de 1448 selon le *vieux style*; cela a été une source de grande confusion dans leurs récits.
2. *Spicilegium*, t. III, p. 774.
3. Il venait d'échanger le siège archiépiscopal de Reims contre cette double dignité.
4. Elle devait être donnée en double : « ut una sit sub data ante diem renuntiationis fiendæ per ipsum dominum Amedeum, in suâ obedientiâ Felicem appellatum, alia sub data post dictam renunciationem. »

gration dans les offices, la troisième la confirmation des actes. Sachant qu'ils se conformaient au désir du pape Nicolas en faveur de la paix et union de l'Église et à ses intentions, les soussignés, considérant que les trois bulles présentées au nom du pape n'avaient pas été jugées suffisantes, et voulant, autant qu'il était en leur pouvoir, travailler à la pacification de l'Église, affirmaient par serment et promettaient que les trois bulles, conformes à la minute annexée à l'acte et dûment expédiées, seraient présentées et délivrées par eux ou par leurs représentants, sans dol ni fraude, dans les délais fixés[1]. Le même engagement fut pris dans un autre acte où les deux ambassadeurs du Dauphin figuraient à côté du doyen de Tolède[2].

L'entêtement de l'antipape triomphait des résistances qu'il avait rencontrées à Rome et que la diplomatie royale s'était efforcé de tempérer. Mais le point important, la renonciation à la papauté, était obtenu : le reste était secondaire. L'antipape put donc, conformément à la prétention mise en avant dès le début, donner ses trois bulles : 1° pour confirmer ses propres actes durant le schisme ; 2° pour abolir toutes censures contre les partisans d'Eugène et de Nicolas; 3° pour rétablir en leurs dignités et bénéfices ceux qui en avaient été privés. Ces bulles portent la date du 5 avril[3].

Deux jours après, dans une session du Concile de Lausanne, Félix fit sa renonciation à la Papauté[4]. Puis le pseudo-concile, sans souci du ridicule auquel il s'exposait, tint encore trois sessions : l'une, le 16 avril, pour rendre deux décrets abolissant les censures portées contre Eugène IV et Nicolas V et contre leurs partisans et confirmant les collations faites par ces deux papes; l'autre, le 19, pour procéder à l'élection de Nicolas V et ordonner de le reconnaître comme seul pape; la troisième, le 24, pour nommer Félix cardinal-évêque de Sainte-Sabine et légat perpétuel en Savoie et dans tous les pays de

---

1. Le texte est dans Guichenon, *Histoire généalogique de la maison de Savoie*, *Preuves*, p. 321, et dans d'Achery, *Spicilegium*, t. III, p. 777.
2. *Spicilegium*, p. 778.
3. Guichenon, *Preuves*, p. 322 et suiv.; *Spicilegium*, p. 782 et suiv.
4. Guichenon, *Preuves*, p. 328.

son ancienne obédience. Après quoi les Pères déclarèrent le Concile dissous [1].

Voici en quels termes le chef de l'ambassade, Jacques Jouvenel des Ursins, qui avait mérité les louanges du Souverain Pontife [2], raconte le dénouement de cette longue et épineuse affaire, dans une lettre datée de Lausanne, le 20 avril, et adressée aux membres de la Chambre des comptes dont il était président.

« Très chers seigneurs et frères, vous plaise savoir comme, après plusieurs longs labeurs, sollicitudes et diligences en la prosécution de la paix et union de notre mère Sainte Église, il a plu à Dieu notre créateur élargir sa grâce à son peuple longuement agité par le schisme et division qui a été, comme savez, depuis dix ans en la chrétienté ; et tellement que, moyennant icelle grace, par la prosécution et bonne conduite du Roi notre souverain seigneur, très excellent seigneur le père de monseigneur de Savoie, naguères en son obéissance appelé Pape Félix, et de présent monseigneur l'évêque de Sabine, premier cardinal de la Sainte Église de Rome et légat du Saint Siège apostolique, en grande humilité, libéralement et solennellement, a renoncé au droit, titre et possession qu'il prétendoit en la dignité ecclésiastique, laissé et déposé les enseignes et habits..., et tous unanimement ont fait obéissance à notre Saint Père le pape Nicolas V, en le reconnaissant vrai Pape unique et vicaire de Notre-Seigneur Jésus-Christ... Et, à tout considérer, les matières, les qualités des personnes, et la forme de faire, et les circonstances des choses, c'est tout évidemment œuvre divine, non pas humaine, et en laquelle le Roi notre souverain seigneur a acquis gloire et grand honneur et renommée par toute la chrétienté, et mémoire perpétuelle et immortelle [3]. »

Les choses étant ainsi arrivées à une solution favorable, il ne restait plus qu'à remplir les formalités convenues. Tandis

1. *Spicilegium*, t. III, p. 778-80 ; Raynaldi, année 1449, §§ 5 et 6 ; Guichenon, *Preuves*, p. 330 et suiv.
2. « Multa super iis cum præfatis oratoribus suis contulimus, sed maxime cum venerabili fratre nostro archiepiscopo Remensi, viro prudentissimo et gravissimo, cui præ ceteris expressius aperuimus mentem nostram... » Lettre du 9 août 1448. *Spicilegium*, t. III, p. 776.
3. Lettre de Jacques Jouvenel des Ursins aux membres de la Chambre des comptes. *Spicilegium*, t. III, p. 781.

que, dans tout le royaume, des processions solennelles étaient faites pour rendre grâces à Dieu de cet heureux dénouement et qu'il était célébré par des réjouissances publiques, une nouvelle ambassade partit pour Rome[1]. Le patriarche d'Antioche, l'évêque d'Alet et Jean le Boursier vinrent, en compagnie du doyen de Tolède et de représentants d'Amédée VIII[2], demander au Pape de confirmer tout ce qui avait été fait à Lausanne. Nicolas V accueillit les ambassadeurs avec grande joie. Le 18 juin 1449, il donna les trois bulles promises en son nom : par la première, il ratifiait tous les actes administratifs accomplis par Félix durant le schisme et cassait ce qui avait été fait contre lui ; par la seconde, il confirmait toutes les promotions et collations de bénéfices faites par les pères de Bâle et par Félix et levait toutes les censures portées par eux ; par la troisième, il confirmait l'antipape dans la dignité de cardinal et de légat perpétuel[3].

Jamais plus glorieux témoignage n'a été rendu à la France chrétienne que celui du Pape Nicolas V, dans son bref à Charles VII en date du 4 mai 1449.

« Par un insigne bienfait de la miséricorde divine, prince très chrétien, le Siège apostolique et toute l'Église catholique ont été remplis de joie, lorsque, grâce à votre conduite sainte et glorieuse, ce schisme si funeste a été détruit. Et, bien que cet acte ait été inspiré par la vertu de l'Esprit-Saint, nous ne doutons pas cependant qu'il n'ait été accompli par Votre Sérénité, dont déjà, du vivant de notre prédécesseur, les services avaient été si utiles. Une telle victoire était bien due à votre piété. Les très chrétiens rois de France avaient si souvent combattu contre les ennemis de la foi, résolus à mourir glorieusement pour le Christ ; ils avaient tant de fois détourné du Saint-Siège les coups de la rage et de la tyrannie qui le menaçaient, qu'il convenait qu'ils eussent un jour à endurer, pour l'unité et la paix de l'Église catholique, des fatigues, des dépenses et des veilles.

---

1. Ils passèrent par Pérouse le 6 juin. *Diario del Graziano*, dans *Archivio storico italiano*, t. XVI, p. 617.
2. *Spicilegium*, t. III, p. 770.
3. Guichenon, *Preuves*, p. 395 et suiv.; Harduin, t. VIII, p. 1307 ; Mansi, t. XXIX, p. 228.

« Œuvre bien digne, assurément, d'un prince chrétien! Travail dû par lui, avant tout autre, au Créateur de qui il tient son autorité et au Rédempteur qui a daigné mourir pour son salut éternel! Guerre illustre et combat glorieux que votre piété a livré au démon pour l'Église qui est le corps de Jésus-Christ! Triomphe digne de celui qu'ont obtenu les fidèles qui ont préféré souffrir mille tourments plutôt que de sacrifier aux idoles!... Nous nous réjouissons donc infiniment dans le Seigneur de ce que votre entreprise soit enfin couronnée du succès que nous souhaitions tant... C'est pourquoi nous rendons de toute notre âme des actions de grâce, si faibles et imparfaites qu'elles soient, à l'Auteur de ce grand acte, priant sa miséricorde de daigner recevoir, comme témoignage de notre gratitude, les désirs même de notre cœur.

« Mais que rendrons-nous à votre piété qui soit digne d'elle, en retour de tant de fatigues et de dépenses? Notre cœur, assurément, sent qu'il doit beaucoup plus qu'il ne peut rendre, et le seul aveu de notre reconnaissance sera la meilleure manière de remercier d'un bienfait dont la grandeur nous surpasse. Eh bien! nous le répétons, et nous le proclamons! Votre Altesse n'a point dégénéré des rois très chrétiens ses ancêtres; elle a comblé de bienfaits le Siège apostolique. Aussi nous n'hésitons pas à reconnaître combien nous sommes redevables à sa piété...

« Que le Dieu tout-puissant, qui semble avoir réservé Votre Majesté pour ces temps difficiles, daigne vous garder à votre royaume et à l'Église tout entière, et qu'il vous comble de bonheur et de gloire! »

Ainsi fut dissous, grâce à la persévérance infatigable et à la rare habileté de Charles VII [1], un schisme qui avait un moment

---

1. Les contemporains sont unanimes à attribuer à Charles VII l'honneur de cet important résultat. Le chroniqueur officiel Jean Chartier écrit (t. II, p. 60) : « Et ainsi fut sanée la grosse playe qui estoit en saincte Église, par l'union qui a esté mise en icelle par le moyen, pourchas et excessive diligence que le très chrestien Roy de France a fait en ceste partie. » — En 1481, les ambassadeurs de France envoyés au Pape étaient porteurs d'instructions où on lisait : « Toutes les fois qu'il y a eu seisme en l'Église, les Roys de France ont labouré à l'union; et mesmement au seisme qui fut du temps de pape Eugène et après de pape Nicolas, lequel seisme fut pacifié par la prudence, frais et labeur de feu le Roy Charles VII, de bonne mémoire. » (Steph. Baluzii *Miscellanea historica*, ed. Mansi, t. I, p. 363.) — Enfin le pape Pie II, si peu favorable à Charles VII, s'exprime ainsi dans ses *Commentaires* (p. 189) : « Postremo cum jam se omnibus contemptui esse cerneret, nec spes ulla esset obedientiae nanciscendae, mortuo jampridem Eugenio, ac Nicolao Quinto suffecto, interventu Caroli Francorum regis, pacem ecclesiae dare decrevit. Renuntiavit apostolatui..., » etc.

troublé la chrétienté et failli renouveler les compétitions et les désordres du grand schisme d'Occident. Désormais la pacification de l'Église était heureusement et définitivement accomplie.

CHAPITRE X

L'OCCUPATION DU MANS

1446-1448

Conférences d'Évreux, de Louviers et de Rouen; traité du 16 décembre 1445. — La situation en Angleterre; déclarations faites devant le Parlement; vote en faveur de Suffolk. — Relations entre Charles VII et Henri VI : ambassade de Moleyns et de Dudley; ambassade de Havart; traité passé à Londres le 18 décembre 1446. — Nouvelle ambassade de Moleyns et de Dudley; prorogation de la trêve. — Réunion du Parlement; arrestation et mort subite du duc de Glocester; bill d'indemnité décerné à Suffolk. — Arrivée à Londres du comte de Dunois à la tête d'une nouvelle ambassade; déclaration de Henri VI relativement à l'abandon du Maine; ordres donnés à ce sujet. — Résistance opposée à l'exécution de ces ordres; conférence du Mans; mauvaise foi des commissaires anglais. — Réclamations de Charles VII; convention passée à Tours; elle n'est point exécutée. — Brezé à Rouen; nouvelle convention faite avec Thomas Hoo; les commissaires royaux s'avancent à la tête d'une armée pour la mettre à exécution. — Charles VII à Lavardin; traités passés avec les ambassadeurs anglais venus vers le Roi; attaque et occupation du Mans.

Nous avons vu plus haut dans quelles circonstances et à quelles conditions avait été réglée la question de l'abandon du comté du Maine. Ce ne fut pas, comme on l'a prétendu, par une clause secrète ajoutée au traité signé à Tours le 28 mai 1444, mais postérieurement à ce traité, sur l'initiative du roi René, et en vue de faciliter un accord entre la France et l'Angleterre[1].

1. Un document sans date, qui se trouve comme égaré à la fin d'un manuscrit (Fr. 18442, f. 173), parmi des pièces concernant la Savoie, permet de préciser ce qui est relatif à la promesse d'abandon du Maine : c'est la minute d'*Advis et d'Instructions* donnés aux représentants du Roi au cours des négociations engagées à ce sujet. Il en résulte que, dès l'époque où fut signé le traité de Tours (28 mai 1444), certaines paroles « furent adoncques dites touchant la delivrance du Maine; » qu'Auvergnas Chaperon et Charles de Castillon furent envoyés, quelques mois plus tard, pour sonder le roi d'Angle-

L'année 1446 devait être marquée par deux événements d'une haute importance pour les relations des deux pays : la remise aux mains de Charles VII du comté du Maine, que le roi d'Angleterre avait pris l'engagement d'opérer avant le 30 avril ; la tenue d'une convention entre les deux rois, qui devait avoir lieu avant le 1er novembre. Par trois actes passés à la date du 20 février 1446, Charles VII déclara ratifier le second traité de Londres (19 décembre 1445), approuver l'engagement contracté en son nom au sujet de la convention, et donner des pouvoirs à l'archevêque de Reims et à Guillaume Cousinot pour se rendre en Angleterre, y porter ses lettres de ratification et recevoir celles de Henri VI [1]. Nous ne trouvons pas trace de l'envoi de cette ambassade [2]; mais nous savons que Cousinot, Havart, et d'autres conseillers du Roi furent désignés pour se rendre à Évreux le 1er avril, afin de traiter, de concert avec les représentants du roi d'Angleterre, plusieurs questions litigieuses, telles que la somme à déterminer pour les appatis à lever dans les différentes provinces occupées par l'ennemi, la possession de certains lieux, la réparation des attentats à la trève, etc.[3]. Cette conférence, tenue d'abord à Évreux, puis à Louviers, donna lieu à des arrangements pris d'un commun accord (27 mai)[4]. Dans le cours de cette année, les commissaires des deux parties se réunirent encore pour s'occuper des répara-

---

terre sur ce point ; que, durant la « grande ambassade, » une promesse fut faite, « de bouche, » au sire de Précigny, « touchant la delivrance dessus dicte dedans le premier jour d'octobre l'an mil cccc XLV ; » que, quand l'évêque de Chichester vint en ambassade au mois de septembre 1445, il avait « charge de faire ladicte delivrance dedans le terme susdit, » et qu'il n'en fit rien, mais engagea le Roi à envoyer une nouvelle ambassade, disant « qu'il n'y auroit point de faulte que la chose ne se feist ; » enfin que Cousinot et Havart obtinrent, comme il a été dit plus haut, que la délivrance du comté du Maine serait opérée à la date du 30 avril 1446.

1. Rymer, t. V, part. 1, p. 155, 156 et 157.
2. A moins que ce ne soit à cette ambassade, et non à celle de la fin de 1446, que se rapportent les paiements de 800 l. à Cousinot et de 400 à Havart, mentionnés dans le huitième compte de Jean de Xaincoins : Cabinet des titres, 685, f. 105 v°.
3. Instructions en date du 31 mars. Stevenson, t. I, p. 171. — Les autres commissaires royaux étaient Jean Fournier, Guillaume Courtin et Antoine Raguier. Beaurepaire, les États de Normandie, p. 92 ; Huitième compte de Jean de Xaincoins, l. c., f. 104 v°.
4. Rapport au Roi, présenté par Jean Havart. Ms. fr. 4054, f. 132. — Cousinot et Havart s'étaient d'abord rendus à Rouen : le 31 mars le chapitre de la cathédrale leur offrit quatre gallons de vin. Archives de la Seine-Inférieure, G 213.

tions à donner relativement à des infractions à la trêve : courses des gens de guerre anglais en Touraine et dans le Maine ; détrousses faites par les *faux-visages* ; excès commis en Bretagne, etc.[1]. Une conférence devait être tenue à Granville au mois d'août : les envoyés de Charles VII s'y trouvèrent seuls. A la date du 23 septembre, de nouveaux commissaires furent désignés pour se rendre à Rouen, à Évreux ou à Louviers, et s'y rencontrer avec les représentants de Henri VI[2]. Le 24 novembre, Charles VII donnait pouvoir au comte de Dunois, à Simon Charles et à deux autres de ses conseillers, de négocier avec les commissaires anglais[3] ; le pouvoir donné par Henri VI à Thomas Hoo et à ses autres représentants porte la date du 5 décembre. La conférence devait se tenir à Mantes ; elle aboutit à un traité signé le 15 décembre, au prieuré de Jusiers[4].

Tandis qu'on s'occupait en France à résoudre des points de détail, de plus hautes questions étaient agitées au sein du Parlement anglais. Dans une séance solennelle, tenue le 9 avril 1446, en présence de Henri VI, le lord chancelier fit savoir que son maître avait décidé de se rendre en France au mois d'octobre suivant, pour y tenir une convention personnelle avec son oncle de France ; il ajouta que, en cela, le roi avait agi de son propre mouvement, par l'inspiration d'en haut, sans y avoir été poussé par aucun des seigneurs ni par d'autres de ses sujets. Le chancelier demandait que le roi voulût bien faire cette déclaration devant les États de son royaume, en sa haute cour du Parlement, et décharger les membres de toute responsabilité à cet égard[5]. C'est, paraît-il, dans la même session que le Parlement révoqua la clause du traité de Troyes portant qu'aucun traité avec le dauphin Charles ne serait conclu sans le

---

1. Voir Mathieu d'Escouchy, t. I, p. 6-7, et *Preuves*, p. 150 ; Enquête sur les excès commis en Normandie, 26 avril 1446. Cahier de 83 ff., aux Archives, K 68, n° 19.
2. Instructions en date du 23 septembre 1446. Ms. fr. 4054, f. 65 ; *Preuves de Mathieu d'Escouchy*, p. 158 et suiv. Huitième compte de Xaincoins, l. c., f. 105 v°.
3. Archives, J 647, n° 2 ; Brienne, 30, f. 189.
4. Mêmes sources. Le traité est dans Léonard, *Recueil des traitez*, t. I, p. 41, et dans Du Mont, *Corps diplomatique*, t. III, part. I, p. 158.
5. *Rotuli Parliamentorum*, t. V, p. 102.

consentement des États de chacun des deux royaumes¹.

D'excellentes relations s'étaient établies entre les cours de France et d'Angleterre. A la date du 24 mars, au moment où le roi d'armes Gurter, alors en ambassade près de Charles VII, repartait pour l'Angleterre, le Roi lui remit une lettre pour sa nièce². Marguerite y répondit à la date du 20 mai. Elle assurait le Roi de l'espoir qu'elle avait de répondre à son désir en assistant à la convention projetée entre son seigneur et lui; elle comptait que, moyennant l'intervention du Saint-Esprit, elle verrait la conclusion de la paix générale que, sur toutes choses mondaines, elle souhaitait « de cordiale affection, » voir aboutir « à toute bonne perfection. » Elle promettait de s'y employer et d'y tenir la main de son mieux³. Le 2 juillet suivant, Henri VI fit partir Mathew Gough pour la cour de France, avec une lettre de créance conçue dans les termes les plus empressés⁴. Le 20 juillet, des instructions étaient données pour faire une levée de fonds, afin de subvenir aux frais des négociations avec la France et spécialement du voyage que le roi d'Angleterre devait entreprendre au mois d'octobre⁵.

1. *Rotuli Parliamentorum*, t. V, p. 102-103.
2. Lettre visée dans la réponse de Marguerite. — Le 7 mars 1446, un poursuivant d'armes de Henri VI donnait quittance de 25 l. t. reçues pour avoir porté des lettres de son maître au roi d'armes d'Angleterre, étant à Chinon. Fontanieu, 119-120.
3. Original, Ms. fr. 4054, f. 83 ; éd. Stevenson, t. I, p. 183. — Nous avons aussi une lettre, en date du 9 mai, écrite par Henri VI à Charles VII en faveur de Falstoff. Ms. fr. 4054, f. 59.
4. Original, Ms. fr. 4054 ; f. 60 ; éd. *Preuves de Mathieu d'Escouchy*, p. 156.
5. *Proceedings and ordinances*, t. VI, p. 46 et suiv. — Dès le mois de janvier 1446, dans une réunion des États de Normandie, tenue à Rouen, les représentants de Henri VI avaient annoncé l'intention qu'avait leur maître de passer prochainement en Normandie et sollicité une aide : les États accordèrent une somme de 130,000 l. t. (Beaurepaire, *les États de Normandie*, p. 90.) De son côté, Charles VII avait pris des mesures en vue de son entrevue avec le roi d'Angleterre : les comptes du temps mentionnent le paiement de 576 l. t. « pour les estoffes de quatre quottes d'armes faictes aux armes dudit seigneur pour servir à la Convention. » Rôle du 26 mai 1447, l. c., p. 257. — C'est à ce moment que le Roi donna, par lettres patentes, à Jean Jouvenel des Ursins, évêque de Laon, ordre de se transporter au Trésor des chartes pour y prendre et faire transcrire tous les documents « qui pourroient estre necessaires à la convencion. » Ce fut l'occasion d'un long mémoire rédigé par l'évêque; il porte sur les droits du Roi relativement aux provinces encore occupées par les Anglais ; sur les prétendus droits des rois d'Angleterre à la Couronne; sur la valeur du traité de Troyes, etc. Ce mémoire se trouve à la Bibliothèque nationale, dans Du Puy, 810; Ms. fr. 2701, f. 57 v°-85, et, en copie moderne, dans le Ms. nouv. acq. fr. 741.

Dans le même mois, une ambassade, composée d'Adam Moleyns, évêque de Chichester, et de Jean Sutton, baron de Dudley, vint trouver le Roi[1] et séjourna près de lui, soit à Saint-Martin de Candes, soit à Razilly, pendant les mois d'août et de septembre[2]. Moleyns et Dudley repartirent avec une lettre de Charles VII pour la reine d'Angleterre[3]. L'envoi d'une ambassade avait été décidée; au mois de septembre des instructions furent rédigées pour Cousinot et Havart, chargés de cette nouvelle mission auprès du roi d'Angleterre.

Charles VII avait su par l'évêque de Chichester et le baron de Dudley le « bon vouloir et l'entier désir » du roi d'Angleterre à l'égard de la paix; de son côté, il était « entièrement disposé d'entendre à tous bons et convenables moyens de paix et d'y vaquer par toutes voies licites et raisonnables. » L'une des plus grandes joies qu'il pût avoir était de ouïr souvent des nouvelles du roi d'Angleterre, « comme de l'une des personnes qui vive que plus il aime et a plus grande volonté de voir, et avec qui plus il désire avoir familière conversation. » Le Roi avait examiné la requête présentée par les ambassadeurs relativement à une prorogation du terme fixé pour la convention personnelle entre les deux rois et du passage outre mer du roi d'Angleterre, qui devait être opéré avant le 1er novembre suivant; il avait fait exposer les raisons qui militaient contre cette prorogation, « lesquelles, disait-il, sont si claires et si apparentes que chacun visiblement peut connaître que sans grand grief et dommage » le Roi n'y pouvait consentir. Voulant comme toujours procéder « plainement et franchement » avec le roi d'Angleterre son neveu, le Roi avait décidé l'envoi d'une nouvelle ambassade pour lui faire connaître les motifs de son refus et s'entendre avec lui sur ce qui serait à

---

1. Leurs pouvoirs sont du 20 juillet. Rymer, t. V, part. 1, p. 103. — Voir les minutes du Conseil, où l'on règle le montant de leurs gages et où l'on exprime l'avis que la Convention entre les deux rois devra se tenir entre Mantes et Meulan. *Proceedings*, t. VI, p. 51-53.

2. Le Roi fit présent à Adam Moleyns de douze grands hanaps d'argent verrés et émaillés, du prix de 600 l. t. L'ambassadeur fut defrayé de ses despens et reçut pour cela 202 l. 10 s. Huitième compte de Xaincoins, *l. c.*, f. 98 v° et 103 v°.

3. Lettre du 26 septembre, visée dans la réponse de Marguerite en date du 10 décembre suivant.

faire pour faciliter la conclusion de la paix. Le Roi est toujours prêt à y entendre et à s'y employer en tout ce qui serait raisonnable, licite et convenable; il n'est chose dite ou promise en son nom qui ne soit tenue; aussi voudrait-il bien qu'il en fût de même de la part du roi d'Angleterre, « comme raison est, et qu'il a parfaite fiance que son vouloir est de ainsi le faire. » Une fois les motifs et raisons du Roi exposés bien au long, s'il semble au roi d'Angleterre qu'il soit préférable de proroger son passage en France, les ambassadeurs demanderont que, tout d'abord, ce prince accomplisse réellement et de fait la promesse par lui faite touchant la délivrance du comté du Maine et des revenus des églises particulières, et que pour cela il envoie avec eux un fondé de pouvoirs, chargé d'opérer cette délivrance. La question de prorogation pourra ensuite être facilement résolue. Si l'on réclame à l'avance des lettres de sûreté relativement à cette prorogation, on pourra les donner, mais conditionnellement, et si secrètement que nul n'en soit informé sauf le roi d'Angleterre et monseigneur de Suffolk. Les ambassadeurs avaient en outre mission d'insister sur les attentats commis au mépris de la trêve et sur les mesures à prendre pour y porter remède [1].

L'ambassade ne partit pas aussitôt, car elle n'arriva en Angleterre que dans les premiers jours de décembre [2]. Pendant son séjour, Marguerite écrivit à deux reprises au Roi [3]. Le 18 décembre fut signé, entre les deux ambassadeurs de France, d'une part, et Suffolk, Moleyns et Dudley, de l'autre, un traité réglant certains points relatifs aux revenus des bénéfices, aux moyens à employer pour la pacification de l'Église et à des

---

1. « Instructions pour maistre Guillaume Cousinot, conseiller et maistre des requestes de l'ostel du Roy, et Jehan Havart, varlet tranchant dudit seigneur. » Copie du temps, avec la date du jour en blanc. Clairambault, 307, p. 57-61.
2. Les pouvoirs de Henri VI à Moleyns et Dudley, chargés de traiter avec les envoyés de Charles VII, portent la date du 14 décembre. Rymer, t. V, part. 1, p. 168. Cf. *Lettres de rois, reines*, etc., t. II, p. 468.
3. Lettre du 10 décembre 1446. Ms. fr., 4054, f. 94. — Lettre du 20 décembre. Id., f. 76.

faits de piraterie[1]. Il fut convenu que Moleyns et Dudley se rendraient en France, et Henri VI leur remit une lettre les accréditant auprès du Roi[2]. Leur mission avait principalement pour but de prolonger la trêve, qui expirait le 1er avril 1447[3].

Moleyns et Dudley arrivèrent à Tours dans le courant de février[4], en compagnie de Mathew Gough. A la date du 17, Charles VII désigna le comte de Dunois, Pierre de Brezé, le sire de Précigny, Cousinot et Havart pour traiter avec eux[5]. Le 22 février fut signée à Tours une convention portant prorogation de la trêve jusqu'au 1er janvier 1448[6]. Le 23, les ambassadeurs d'Angleterre prirent au nom de leur maître l'engagement qu'il se rendrait en France avant le 1er novembre pour y tenir la convention projetée[7]. Nous avons une lettre de Charles VII à son allié le roi d'Écosse, écrite évidemment à ce moment, et lui faisant part du renouvellement de la trêve[8].

En quittant la Cour, les ambassadeurs anglais emportaient une lettre du Roi annonçant à son neveu l'envoi d'une nouvelle ambassade. Il avait été convenu, en effet, que le comte de Dunois se rendrait en Angleterre avec plusieurs notables conseillers du trône[9]. Le Roi donna ses pouvoirs à la date du 14 avril[10]. Le 2 mai, il écrivait à la commune de Londres, lui

---

1. Original, signé par les commissaires anglais. Godefroy, portef. 97, à la Bibliothèque de l'Institut. Ce traité a été publié d'après Bréquigny, vol. 83, f. 283, dans *Lettres de rois, reines*, etc., t. II, p. 470.
2. Lettre datée de Windsor, 23 décembre. Ms. fr. 4054, f. 80.
3. Elle ne se bornait point à cela : le gouvernement anglais imposa une somme de 10,000 l. t. « pour convertir ou fait et execucion des charges et instructions baillés par le Roy nostre sire à monseigneur l'evesque de Chichestre et le seigneur Dondelay, ses ambassadeurs, affin de icelles executer en France. » Ms. fr. 20120, n° 140.
4. Ils furent défrayés par le Roi : l'évêque de Chichester reçut 687 l. ; Dudley, 412 l. 10 s. ; Mathew Gough, 200 l. Neuvième compte de Jean de Xaincoins, *l. c.*, f. 113 v°.
5. Rymer, t. V, part. I, p. 167.
6. Rymer, *l. c.*, p. 168 et 173. — L'original du second traité de Tours se trouve aux archives de la Loire-Inférieure, E 122.
7. Rymer, *l. c.*, p. 174. — Charles VII fit renouveler, à la date du 25, l'engagement pris en son nom relativement à cette convention. *Id.*, p. 170.
8. Ms. lat. 5414A, f. 77.
9. A la date du 22 mars, le chancelier anglais délivrait des sauf-conduits au sire de Culant, à l'archevêque de Reims, à Bertrand de Beauvau, au bâtard d'Orléans et à Guillaume Cousinot. Rymer, t. V, part. II, p. 8.
10. Ces pouvoirs sont dans Rymer, t. V, part. I, p. 172.

faisant part de l'envoi de ses ambassadeurs, et l'engageant à s'employer au succès de leur mission [1].

A l'époque où nous sommes parvenus, les divisions qui existaient en Angleterre, au sein du conseil privé, s'étaient notablement aggravées. Le duc de Glocester ne pouvait se résigner à l'effacement auquel l'avaient condamné Suffolk et ses partisans. Il les attaqua très vivement, ne dissimulant point sa volonté de profiter de l'insuffisance notoire du jeune roi pour prendre en main la direction du royaume. Henri VI, persuadé que, dans l'accomplissement de ce dessein, son oncle ne reculerait devant rien, et averti secrètement par Suffolk que sa vie même était en danger, s'en remit entièrement à son ministre et aux amis de celui-ci. D'ailleurs l'influence qu'exerçait Marguerite sur son mari le poussait irrésistiblement à placer en Suffolk toute sa confiance.

Sur ces entrefaites, le marquis de Suffolk fit décider la convocation du Parlement. L'assemblée fut tenue, non à Westminster, ni à Cambridge, où d'abord elle avait été convoquée, mais à Bury-Saint-Edmund's, le 10 février 1447; elle eut lieu au milieu d'un déploiement de force inusité. Le chancelier ouvrit la séance, comme il l'avait fait deux ans auparavant, par un discours en faveur de la paix; il prit pour thème ce texte: *Qui autem ineunt pacis concilia, sequitur illos gaudium* [2]. Il demanda le vote d'un subside pour pourvoir aux frais du voyage du roi en France. Sans soupçonner que sa sécurité pût être menacée, le duc de Glocester se rendit à Bury (18 février) pour prendre sa place parmi les pairs. A peine arrivé, il fut arrêté par le grand connétable, lord Beaumont, assisté du duc de Buckingham, du marquis de Dorset et de deux autres seigneurs. Trente-huit de ses serviteurs furent également emprisonnés. Le motif allégué était un crime de haute trahison : Glocester aurait formé un complot pour mettre le roi à mort, arracher sa femme Éléonore à

---

[1]. Lettre publiée par Delpit, *Collection générale des documents français qui se trouvent en Angleterre*, t. I, p. 263.
[2]. *Rotuli Parliamentorum*, t. V, p. 128.

la prison où elle était confinée¹, et se faire proclamer roi.

Le duc de Glocester n'était pas plutôt en état d'arrestation, que le bruit de sa mort se répandit : il avait, disait-on, été frappé soudain d'une attaque d'apoplexie, occasionnée par le « deuil et déplaisance » que lui avait fait éprouver son emprisonnement². Mais la rumeur populaire attribuait à sa mort une cause tragique : le duc aurait été étranglé dans sa prison. Plusieurs applaudirent à cette mort, comme devant être profitable au royaume ; la meilleure partie de la population déplora l'événement, estimant qu'il produirait de funestes conséquences³.

La poursuite dirigée contre les complices du duc ne tarda point à aboutir à une abolition générale : cinq seulement en furent exemptés ; l'intervention de Suffolk empêcha l'exécution au moment même où les condamnés allaient être attachés au gibet. Les murmures populaires n'en atteignirent pas moins le tout-puissant ministre : c'est lui qu'on rendait responsable de la mort du duc. Pourtant, malgré l'opinion généralement admise, il y a lieu de penser que Glocester mourut d'une mort naturelle⁴.

1. Éléonore Cobham, dont le duc avait fait sa maîtresse et qu'ensuite il avait épousée, avait été, en 1441, convaincue d'avoir eu recours à des sortilèges pour faire mourir le roi d'Angleterre. Condamnée à la peine capitale, elle avait vu cette sentence commuée en une prison perpétuelle ; récemment elle avait été transférée dans l'île de Man.
2. Six jours après, dit Fabian ; vingt-quatre jours après, d'après Stowe. Deux témoignages importants ont été produits par le Rév. J. Silv. Davies, dans un volume de la *Camden Society*, paru en 1856 : le premier est celui d'une chronique dont l'auteur écrivait entre 1461 et 1471 ; le second est celui de Richard Fox, moine de Saint-Alban, qui a laissé un récit de la session du Parlement (Voir *An english chronicle of the reign of Richard II*, etc., p. 62, 64, 116-17 et 191). L'auteur anonyme fixe la mort au 16 février ; Fox, plus précis, dit que le duc fut arrêté le 18 et mourut le 23 ; il ajoute même, avec des détails fort circonstanciés, que les obsèques eurent lieu les 25 mars et jours suivants.
3. Voir Mathieu d'Escouchy, t. I, p. 118-19.
4. C'est l'opinion du moine Wethamstede (dans Hearne, p. 365 ; cf. Lingard, t. V, p. 134) ; c'est aussi celle du moine Richard Fox, dont le témoignage a aussi une grande valeur : « These two monks of St. Alban's must be considered as high authorities, » dit le Rév. J. Silv. Davies (*Notes*, p. 191). L'auteur de la chronique anonyme dit (p. 63) : « And the III day after, he deide for sorow, as some men saide, because he myghte not come to his answer and excuse him of suche thyngis as were falsli put on him.... But the certaynte of his deth is not yit openly knowe, but ther is no thyng si prive, as the gospell saith, but atte laste it shal be openne. » Plus loin il accuse les évêques de Chichester et de Salisbury d'avoir été « assentyng and willyng to the deth of the duke of

Le marquis de Suffolk n'en était pas moins désormais seul maître, et il ne craignit pas de s'enrichir des dépouilles du défunt : la plus grande partie des possessions de Glocester fut distribuée au premier ministre, à ses parents et à ses partisans. Peu après il demanda à faire justice publiquement des accusations dirigées contre lui au sujet des négociations entamées avec la France pour l'abandon de l'Anjou et du Maine. Le Parlement fut convoqué. Suffolk fut entendu le 25 mai. Le 17 juin, par un acte royal revêtu de l'approbation du Parlement, il fut déchargé de toutes accusations relativement à la délibération portant cession de l'Anjou et du Maine[1].

L'ambassade à la tête de laquelle était le comte de Dunois ne tarda pas à arriver en Angleterre[2]. Le 1er juillet, Henri VI donnait des pouvoirs au duc de Buckingham, au marquis de Suffolk, à Adam Moleyns, à Jean, seigneur de Scrope, et au baron de Dudley pour traiter avec les envoyés de Charles VII[3]. Le moment était venu de remplir les engagements contractés. A la date du 27 juillet 1447, les ambassadeurs de France signèrent un nouveau traité, prorogeant jusqu'au 1er mai 1448 le délai fixé pour la tenue d'une convention entre les deux rois,

---

Gloucestre. » — Voir l'appréciation de Stubbs (*the Constitutional history of England*, t. III, 1878, p. 136-137) ; l'historien n'ose pas se prononcer : « It would be vain to attempt to account positively for Gloucester's death. » Pourtant il ajoute plus loin : « On the whole, the evidence both of direct statement and silence among contemporary writers tends to the belief that Gloucester's death was owing to natural causes, probably to a stroke of paralysis; his arrest to some design in which all the leading lords were partakers. »

1. *Rotuli Parliamentorum*, t. V, *appendix*, p. 447. — Pendant que ces faits se passaient, deux messages successifs furent envoyés par Charles VII en Angleterre : le 25 mars, à Bury, une gratification était donnée à un messager du Roi (*Proceedings and ordinances*, t. VI, p. 61) ; au mois d'avril, Raoulin Regnault se rendit de Mehun-sur-Yèvre auprès de Henri VI (Neuvième compte de Xaincoins, *l. c.*, f. 114 v°).

2. Dunois reçut 3,600 l. pour son voyage ; il était accompagné du sire de Précigny, qui reçut 2,500 l., de Guillaume Cousinot, qui reçut 1,200 l., de Jean Havart, qui reçut 500 l., et d'un notaire et secrétaire du Roi, Jean Jouguet, qui reçut 100 l. — Charles VII avait autorisé Jean Aubin, fils d'un de ses maîtres d'hôtel, et Pierre Paviot, un de ses écuyers d'écurie, à accompagner son ambassade, pour « voir le pays ; il fit payer diverses sommes pour la dépense des ambassadeurs. Neuvième compte de Xaincoins, *l. c.*, f. 114 v°, 116 v° ; Dixième compte, f. 123.

3. Rymer, t. V, part. I, p. 178. — Le 22 juillet, en réponse à une lettre du Roi datée du 12 juin et relative aux affaires de l'Église, Henri VI lui annonce l'envoi d'ambassadeurs qui se joindront aux siens pour prendre part aux conférences de Lyon. Original, armoires de Baluze, vol. XI, f. 25 ; *Preuves de Mathieu d'Escouchy*, p. 165 et s.

et passèrent un acte relatif à la jouissance des revenus des bénéfices ecclésiastiques[1]. Ce même jour, des lettres patentes de Henri VI prescrivirent, conformément à la promesse donnée par lui, d'opérer, avant le 1ᵉʳ novembre suivant, la cession de la ville du Mans et du comté du Maine entre les mains de Charles VII[2]. Le lendemain, 28, Henri VI donna d'autres lettres patentes portant commission à Mathew Gough et à Fouques Eyton de recevoir en son nom du marquis de Dorset les villes, châteaux et forteresses du comté du Maine, en contraignant au besoin ceux qui les occupaient à en opérer la remise[3]. En même temps il ordonna de délivrer ces places à Charles VII ou à ses représentants[4].

Nous avons une lettre adressée, à cette même date, par Henri VI au Roi. Après avoir exprimé sa satisfaction des bonnes nouvelles que les ambassadeurs lui avaient apportées de la santé du Roi et félicité ce prince de ce qu'il s'employait non seulement à la paix entre les deux royaumes, mais encore à l'union de l'Église universelle, il ajoutait : « Et quant à cette bonne amour et affection qu'il vous plaît avoir à notre personne, nous croyons fermement qu'il en est ainsi, et vous en remercions tant de bon cœur que plus pouvons, vous priant que en ce bon vouloir veuilliez toujours demeurer et persister envers nous. Aussi soyez sûr que, de notre part, nous avons envers vous singulière amour et parfaite dilection, et autant que neveu peut avoir à oncle. Combien que, ainsi qu'il nous a été rapporté, vous ne révoquiez point en doute qu'il en soit ainsi, afin que vous connaissiez effectuellement la chose être telle, en faveur et contemplation de vous principalement, nous avons été et sommes content que les cité, ville et château du Mans, et toutes les autres places villes et forteresses qui sont en notre obéissance au comté du Maine, soient baillées et délivrées réellement et de fait par vos mains à notre beau père le roi de Sicile et à notre oncle Charles d'Anjou, son frère, ainsi et

1. Rymer, *l. c.*, p. 180 et 181.
2. Stevenson, t. II, p. [638].
3. Stevenson, t. II, p. [700].
4. *Id., ibid*, p. [690].

par la forme et manière qui plus à plein est contenue en nos lettres patentes que nous vous enverrons touchant ladite matière. » Henri VI finissait en annonçant l'envoi d'une ambassade qui, après avoir rendu visite au Roi, se rendrait à Lyon pour assister à l'assemblée qui devait s'y tenir en vue de la pacification de l'Église[1].

Par une seconde lettre du même jour, Henri VI accréditait nominativement auprès du Roi l'évêque de Norwich[2]. De son côté, la reine Marguerite écrivit au Roi en faveur de Jean Cambray, frère de l'un de ses écuyers[3]. Enfin, dans une lettre missive à Mathew Gough, Henri VI annonçait l'envoi de deux lettres patentes adressées à Gough et à Eyton : ces lettres devaient être remises par son roi d'armes Garter, chargé de déclarer plus au long ses intentions ; il enjoignait derechef de se conformer à ses ordres « si diligemment et bien et duement » que lui et son oncle en dussent être contents[4].

Le 4 septembre suivant, par lettres patentes datées de Rouen, « à la relation du grand conseil, » conformément aux appointements faits pour la délivrance du Maine, commission fut donnée à Nicolas Molineux, maître de la Chambre des comptes, à Osbern Mundeford, bailli du Maine, et à Thomas Dirhill, vicomte d'Alençon, de régler avec les commissaires de Charles VII la question des provisions à donner aux sujets du roi d'Angleterre qui devraient abandonner les terres dont ils jouissaient dans le comté du Maine[5].

Se conformant aux ordres de leur maître, Mathew Gough et Fouques Eyton firent, au nom du roi d'Angleterre, comman-

---

1. Original, Du Puy, 760, f. 161 ; éd. Quicherat, *Histoire de Charles VII et de Louis XI*, par Thomas Basin, t. IV, p. 286.
2. Original, Ms. fr. 4054, f. 62 ; éd. *Preuves de Mathieu d'Escouchy*, p. 168. — Le pouvoir donné par Henri VI à l'évêque de Norwick est du 16 août ; il devait être accompagné du prieur de Saint-Jean de Jérusalem et du seigneur de Dudley. Rymer, t. V, part. 1, p. 183.
3. Lettre du 28 juillet. Original signé, Ms. fr. 4054, f. 76.
4. Stevenson, t. II, p. [698]. — On pourra remarquer certaines différences entre es renvois donnés ici et ceux qu'on peut lire dans les *Preuves* de notre édition de Mathieu d'Escouchy. Cela tient à ce que M. Stevenson avait bien voulu nous communiquer, avant l'impression de la deuxième partie de son tome II, des épreuves en pages qui subirent ensuite des remaniements dont nous n'avions pu alors avoir connaissance.
5. Stevenson, t. II, p. [666].

dement à Osbern Mundeford, capitaine du Mans et de Beaumont-le-Vicomte pour le marquis de Dorset, capitaine général et gouverneur des pays d'Anjou et du Maine, de remettre la ville du Mans entre leurs mains. Cette sommation fut faite à la date du 23 septembre. Mais Mundeford demanda communication d'un double des lettres du roi, « afin d'y donner réponse et humble obéissance, comme vrai homme lige et très humble sujet du roi son souverain seigneur. » Après avoir pris connaissance des lettres, il les déclara « bonnes, amples, et contenant noble puissance et belle charge, » et protesta qu'il n'entendait en aucune manière contrevenir aux ordres de son maître. Toutefois, il réclama décharge pour son seigneur le marquis de Dorset, auquel jadis le roi avait, par lettres patentes, donné le gouvernement et administration du comté du Maine et la garde de la ville du Mans, avec jouissance des places du comté, sa vie durant. Les deux commissaires se bornèrent à répondre qu'ils n'avaient reçu aucune lettre de décharge ni du roi, ni du marquis de Dorset. Là-dessus Mundeford déclara qu'il ne pouvait opérer la remise du Mans, et demanda un délai pour qu'on pût en référer au roi d'Angleterre[1].

Sur ces entrefaites, l'ambassade de Henri VI arriva à la cour de France[2]. A la date du 15 octobre, la trêve fut prolongée jusqu'au 1er janvier 1449, et le terme fixé pour la convention entre les deux rois renvoyé au 1er novembre 1448[3]. Le surlendemain Charles VII donna des lettres patentes portant pouvoir à Guillaume Cousinot et à Jean Havart de recevoir des mains des commissaires de son neveu la ville du Mans et les autres villes, châteaux et forteresses du comté du Maine[4]. Le même jour, 17 octobre, Charles VII écrivit au roi d'Angleterre une lettre qui lui fut portée par Garter[5].

1. Document dans Stevenson, t. II, p. [704].
2. L'ambassade, composée de l'évêque de Norwich, du grand prieur d'Angleterre et du baron de Dudley, venait principalement pour la grande affaire de la pacification de l'Église, que Charles VII avait prise en main ; les ambassadeurs anglais passèrent vingt-deux jours à Bourges, défrayés de leurs dépens. Dixième compte de Xaincoins, l. c., f. 123.
3. Rymer, l. c., p. 183. — Rymer ne donne pas le texte des lettres relatives aux trêves, qui sont visées dans celles des 1er et 11 décembre 1447.
4. Stevenson, t. II, p. [615].
5. Lettre visée dans la lettre de Henri VI du 11 décembre 1447.

Pour couper court à la difficulté soulevée par Osbern Mundeford, des lettres patentes furent rédigées à la date du 23 octobre[1]. Henri VI, s'adressant au marquis de Dorset, lui donnait l'ordre formel de faire délivrer à ses commissaires la ville du Mans et toutes les places du comté du Maine, et le déchargeait de la garde de ces places[2]. En outre, d'autres lettres patentes furent dressées, portant ordre à Richard Frogenhall, bailli d'Alençon, de faire remise desdites places aux commissaires royaux[3]. Par une lettre missive adressée à Mathew Gough et Fouques Eyton, Henri VI leur témoigna sa satisfaction des diligences qu'ils avaient faites pour assurer l'exécution de ses ordres, leur annonçant l'envoi des lettres de décharge, et leur enjoignant de ne rien épargner pour opérer à bref délai la remise des places, afin que son honneur fût sauf[4].

Le 31 octobre s'ouvrit au Mans une conférence[5] entre Guillaume Cousinot et Jean Havart, commissaires de Charles VII, assistés de trois conseillers du roi René, et les trois commissaires anglais, Nicolas Molineux, Osbern Mundeford et Thomas Dirhill. Dans la première réunion, Guillaume Cousinot exposa que, depuis quatre ans, dans l'intention de parvenir à la conclusion de la paix entre les deux royaumes, plusieurs ambassades avaient été envoyées de part et d'autre; que, dans une de ces ambassades, où figuraient lui Cousinot et Havart, avec le comte de Dunois et le sire de Précigny, des résolutions avaient été prises relativement à certaine promesse faite antérieurement par le roi d'Angleterre au Roi son oncle, relativement à la délivrance du comté du Maine. Cousinot présenta un instrument notarié contenant le texte de la lettre missive du roi d'Angleterre du 22 décembre 1445 et de ses lettres patentes du 27 juillet 1447, et requit, en son nom et au nom de

---

1. Ce doit être par erreur qu'elle porte : « xxviii jour d'octobre; » elle est datée en marge par l'éditeur du 23, et doit être de la même date que les autres documents cités plus loin.
2. Stevenson, t. II, p. [692].
3. Ms. fr. 4054, f. 73.
4. Lettre du 23 octobre. Stevenson, t. II, p. [702].
5. Voir le Procès-verbal notarié publié par Stevenson, t. II, p. [684]-[692], d'après les Worcster's Collections. Nous lui empruntons tous les détails qui suivent.

son collègue, l'accomplissement de la promesse du roi d'Angleterre, savoir la remise de la ville du Mans et des places du comté du Maine entre les mains du Roi ou de ses représentants, avant le 1er novembre 1447. Les deux commissaires royaux étaient venus pour en prendre possession au nom de leur maître, conformément aux lettres de commission données par Charles VII, en date du 17 octobre précédent, et dont ils produisaient le texte.

Les commissaires anglais demandèrent qu'un double de ces lettres leur fût remis, et s'engagèrent à donner réponse le soir même.

A cette seconde réunion, Nicolas Molineux souleva une nouvelle difficulté au sujet des lettres de commission, dont l'original, paraît-il, offrait des ratures. Cousinot répondit que cet original était à Sablé, où l'on pouvait aller le collationner avec la copie, et réclama la délivrance des places sans plus de délai. Les commissaires anglais requirent le renvoi au lendemain, jour de la Toussaint, où une troisième séance fut tenue à l'issue de la grand'messe.

Après la production des pouvoirs du roi d'Angleterre, Molineux exposa que, en vertu de la commission donnée par leur maître, lui et ses collègues s'étaient rendus au Mans dès le 1er octobre, espérant y trouver les commissaires de l'oncle du roi. En leur absence, et n'ayant d'eux aucune nouvelle, ils avaient envoyé un message à l'oncle du roi leur seigneur et aux gens de son conseil, et un autre message aux conseillers du roi de Sicile et de monseigneur Charles d'Anjou, faisant savoir leur venue et se déclarant prêts à procéder de façon à ce qu'il ne pût être dit que, de la part du roi leur seigneur, il y ait eu délai ou dissimulation. Depuis ce temps, on les avait laissés sans nouvelles, et c'est seulement par la production des lettres de pouvoir des deux envoyés du roi de France qu'ils avaient su que des commissaires avaient été désignés par celui-ci. Bien que ces commissaires n'eussent montré que des lettres de congé, d'alliances ou de trêves, ils se déclaraient disposés à procéder à l'exécution de la commission dont ils avaient charge, et requirent Cousinot et Havart d'en faire autant.

Cousinot répondit que, environ deux ans auparavant, le roi d'Angleterre avait envoyé au Roi son oncle des lettres missives, par lesquelles il avait promis, en parole de roi, de faire délivrance des château, ville, et cité du Mans, et de toutes les autres places du comté du Maine, « toutes excusations et empêchements cessant, » et que cette promesse n'avait point reçu d'exécution; que depuis le roi d'Angleterre s'était engagé à opérer ladite cession avant le 1er novembre 1447, c'est-à-dire au jour où l'on était arrivé; que le Roi n'avait apporté aucune négligence à l'envoi de ses commissaires, attendu qu'il avait eu à traiter et à conclure avec les ambassadeurs du roi d'Angleterre, venus vers lui; qu'aussitôt après leur départ il avait donné ses lettres de commission pour prendre possession des lieux susdits, ce que lui, Cousinot, et Havart étaient prêts à faire, et pour cela à prendre jour et heure. Il somma donc les commissaires du roi d'Angleterre de mettre entre ses mains la ville du Mans et toutes les places du comté du Maine.

Molineux, s'excusant de ne pouvoir « dire et proférer en parole françoise comme il le feroit selon la langue maternelle, » prit la parole à son tour. Le roi notre maître, dit-il en substance, a fait effectivement la promesse sus mentionnée; mais il a voulu en même temps régler le sort qui serait fait à ses sujets et obtenir pour eux une bonne provision. Il faut donc, avant d'opérer la remise des places, que cette question soit tranchée. Nous sommes prêts à besogner sur le fait de la provision. Mais si les commissaires royaux veulent soutenir que la provision ne doit être faite qu'après la délivrance, nous déclarons que telle n'est point notre interprétation. Dans ce cas, nous serons obligés d'envoyer vers le roi notre seigneur pour connaître sa volonté.

Cousinot répliqua que, bien que Molineux se fût excusé de ne pas parler « réthoriquement » la langue française, il avait assez de sens et de prudence pour s'expliquer, en français ou en latin, aussi bien que lui-même le pourrait faire [1]. Il était

---

1. « Combien qu'il se feust excusé par non rethoricquement parler selon langue françoyse, obstant sa langue maternelle, toutesfois avoit en luy sens et prudence, et le

clair, que le roi d'Angleterre avait pris, en parole de roi, l'engagement d'opérer la délivrance susdite au jour où l'on était arrivé. Quant à produire toutes les lettres d'alliance et de trêves, il était prêt à le faire, et à donner, si on le désirait, communication des originaux. Mais il ne pouvait admettre la prétention de s'occuper de la provision avant d'opérer la délivrance des places, et derechef il requit les commissaires anglais de procéder à cette délivrance.

Là-dessus Molineux se récria et manifesta son étonnement de ce que, en vertu de la seule commission à eux donnée, et sans avoir d'autres lettres, les commissaires royaux fissent pareilles requêtes et sommations. Les lettres qu'ils avaient produites ne leur donnaient point ce pouvoir. Quand on leur montrerait les lettres du roi leur maître, contenant décharge pour ceux qui avaient la garde des places, ils seraient prêts à obéir. Pour le moment, ils devaient se borner à traiter la question de la provision, car les deux choses ne pouvaient être séparées.

Après un nouvel échange d'observations entre Cousinot et Molineux, la conférence prit fin, et acte fut dressé de ce qui avait été dit de part et d'autre.

La mauvaise foi des commissaires anglais était flagrante. A la dernière heure ils démasquèrent leur batteries, en faisant intervenir une quinzaine de capitaines et de seigneurs qui requirent les commissaires de procéder au fait de la provision avant d'opérer la délivrance des places[1].

Aussitôt qu'il eut reçu le rapport de ses commissaires, Charles VII s'empressa de porter plainte à Mathew Gough, lequel ne tarda pas à se rendre près de lui pour traiter l'affaire verbalement. Le 30 décembre fut conclue entre Dunois, Brezé et Précigny d'une part, et Mathew Gough de l'autre, une convention réglant les difficultés soulevées par les commissaires de Henri VI. En voici les principales stipulations : les lettres du Roi donnant au roi de Sicile et au comte du Maine l'auto-

---

sauroit aussi bien rapporter en francoys ou en latin comme lui-mesme pourroit faire. » *Procès-verbal*, p. [682].

1. *Procès-verbal*, p. [687].

risation de faire alliance et trêves durant vingt ans seront remises dès à présent aux mains de Gough et d'Eyton ; on leur délivrera également des lettres patentes du Roi par lesquelles il s'engagera à faire régler le fait des provisions entre les commissaires de chaque partie conformément à l'appointement pris entre ses ambassadeurs et les représentants du roi d'Angleterre et aux lettres de celui-ci ; le Roi consent à accorder le délai de quinze jours demandé par Mathew Gough pour la délivrance des places, laquelle devra être opérée le 15 janvier ; de son côté, Gough promet de s'employer auprès de Fouques Eyton pour que, dans un délai de quatre jours, il envoie à Brezé l'engagement signé de délivrer, à la date du 15 janvier, le Mans et les autres places, et il prend le même engagement en ce qui le concerne ; la trêve se prolongera de part et d'autre jusqu'au 15 janvier ; une fois la délivrance du Mans opérée, la remise des autres places étant ainsi garantie, on publiera aussitôt le traité conclu récemment et portant, moyennant délivrance du comté du Maine, prolongation de la trêve pendant un an ; les sujets du roi d'Angleterre auront, d'ici au 15 janvier, pleine liberté d'emporter leurs biens où bon leur semblera ; les officiers du marquis de Dorset pourront dans le même délai continuer à percevoir les deniers qui leur sont dus actuellement ; toutes les lettres de promesses et d'obligation données par le roi d'Angleterre seront rendues aussitôt la délivrance accomplie. Enfin le Roi s'engagera par lettres patentes à faire ratifier par le roi de Sicile et le comte du Maine les clauses susdites [1].

Fouques Eyton devait envoyer son adhésion à la convention du 30 décembre dans un délai de quatre jours. Loin de se conformer à l'engagement pris en son nom par son collègue, le commissaire anglais demanda que la remise des places ne fût opérée qu'à la Chandeleur. Charles VII, faisant preuve de condescendance, consentit à accorder jusqu'au 20 janvier, et fit notifier cette concession par deux de ses conseillers, Havart et Menypeny. Sans répondre à la communication du Roi, les

---

[1]. Le texte est dans Stevenson, t. II, p. [710]-[717].

commissaires anglais envoyèrent deux messagers, porteurs d'une lettre pour les conseillers qui avaient signé la convention. Dans cette lettre, Mathew Gough et Fouques Eyton demandaient l'autorisation de surseoir à la remise du Mans et des autres places jusqu'à ce qu'ils eussent reçu une réponse de leur maître, près duquel ils avaient envoyé pour prendre ses ordres [1].

Dunois, Brezé et Précigny répondirent à la date du 14 janvier. Ils avaient communiqué au Roi la lettre des commissaires anglais. Le Roi et tous les membres de son Conseil s'étonnaient fort des termes qu'ils tenaient, connaissant les promesses faites par leur maître et sa volonté formelle au sujet de l'accomplissement de ces promesses [2]. Toutefois, « pour honneur et révérence de Dieu, principalement, et pour montrer par effet la bonne amour et l'affection que le Roi avoit toujours eu et avoit encore à la personne du prince son neveu; » voulant en outre faire droit à une requête des habitants du Mans qui espéraient qu'un nouveau délai faciliterait une solution amiable, le Roi consentait à accorder aux commissaires anglais jusqu'à la Chandeleur et à prolonger la trêve pendant ce temps. Les trois conseillers du trône demandaient une réponse immédiate, que le héraut Parthenay, porteur de leur lettre, devait rapporter; ils manifestaient l'espoir que cette réponse serait telle que le Roi en devrait être content [3].

Tandis qu'on attendait la réponse des commissaires anglais, Brezé reçut une lettre de Thomas Hoo, datée du 20 janvier. Le chancelier anglais avait appris que « le très excellent prince l'oncle du roi son seigneur » assemblait de jour en jour une grande armée, dans l'intention de faire guerre aux pays et aux sujets de son maître; il en exprimait son étonnement : « Car, disait-il, quelques paroles qui vous aient été dites ou données à entendre par Fouques Eyton ou par d'autres, ne faites aucune difficulté que les promesses relatives à la délivrance du Mans

1. Ces détails nous sont fournis par la lettre du 14 janvier, citée ci-dessous.
2. « Qui sont choses si estranges à tous ceulx qui en oyent parler qu'il n'est nul qui sur ce sceust ymaginer ne prendre aucun fondement. »
3. Ms. fr. 4054, f. 66; éd. Preuves de Mathieu d'Escouchy, p. 175.

seront entretenues et accomplies de point en point, quelque délai qui en ait été ou soit fait. » Thomas Hoo demandait à Brezé de veiller à ce que rien ne se produisît qui pût entraîner des hostilités ou tout autre inconvénient, car la chose ne serait point facile à apaiser, et elle amènerait la destruction et désolation du pauvre peuple. Il terminait ainsi : « Ne faites aucun doute, car la ville du Mans sera rendue et délivrée au Roi, et de bref, sans quelque délai ou difficulté, en quoi faisant je me mettrai en tout devoir[1]. »

La réponse des commissaires anglais n'ayant pas donné la satisfaction attendue, il fallut rouvrir les négociations. Brezé et d'autres conseillers du Roi se rendirent à Rouen[2], où un nouvel arrangement fut conclu avec Thomas Hoo. Il fut stipulé que, si la délivrance du Mans n'était point opérée le 8 février, ceux qui détenaient cette ville seraient réputés désobéissants et exclus du bénéfice de la trêve[3]. Sur la requête des commissaires anglais, un dernier délai leur fut donné jusqu'au 10 février.

Le 9 de ce mois, Charles VII fit partir le comte de Dunois, Pierre de Brezé et le sire de Précigny, accompagnés d'un certain nombre de gens de guerre, pour être en mesure de se présenter le lendemain devant le Mans. Aussitôt arrivés, les commissaires royaux firent notifier leur venue à Mathew Gough et à Fouques Eyton. En l'absence du premier, Eyton fit répondre qu'il ne savait rien de l'appointement passé avec les gens du Roi[4]. Les commissaires royaux eurent beau multiplier leurs démarches, ils n'obtinrent aucune satisfaction. Le Roi s'était

---

1. Original, Ms. fr. 4054, f. 67; éd. Stevenson, t. I, p. 198.
2. Le voyage de Brezé à Rouen nous est révélé par ce passage du neuvième compte de Xaincoins (f. 127) : « Messire Pierre de Brezé..., n° LXXV I. pour avoir esté de Tours à Rouen en janvier pour le fait de la prorogation des trêves et la delivrance du Mans. » Cf. lettre de Brezé et des autres commissaires royaux dans *Preuves de Mathieu d'Escouchy*, p. 183. Il résulte d'une lettre du chancelier anglais, en date du 5 février (Ms. fr. 4054, f. 141), que Brezé était accompagné de Cousinot, Havart et Menypeny, et que le 3 février ils étaient à Évreux.
3. Ce traité est mentionné dans le mémoire envoyé à Henri VI par Brezé et ses collègues. *Preuves de Mathieu d'Escouchy*, p. 183.
4. « A quoy nous fist responce ledit Heton, en l'absence dudit Mathieu Go, qu'il ne savoit que c'estoit dudit appointement. » Mémoire cité.

avancé jusqu'à Lavardin avec son armée, afin d'être prêt à tout événement. Il donna à Dunois l'ordre de marcher sur le Mans. Les trois commissaires royaux arrivèrent devant la ville le 13 février au matin, à la tête de six à sept mille hommes. Les Anglais voulurent s'opposer à l'occupation des faubourgs, mais Dunois réussit à l'opérer sans effusion de sang. Brézé fit alors demander à Gough et Eyton la faculté de s'entretenir avec eux en pleine sécurité. Eyton vint seul. L'entrevue n'aboutit à aucun résultat. Le même jour, après dîner, une nouvelle conférence eut lieu avec Gough, Eyton et Mundeford, qui se montrèrent fort arrogants[1]; ils finirent par déclarer qu'ils avaient entre les mains une lettre de leur maître, scellée de son sceau privé, par laquelle il leur ordonnait de ne faire aucune délivrance de places jusqu'à l'arrivée de ses ambassadeurs. De nouveaux pourparlers n'aboutirent qu'à la conclusion d'une trêve, successivement prolongée d'un jour à l'autre. On offrit aux commissaires anglais de leur accorder quatre ou cinq jours de délai, pendant lesquels Dunois et les autres commissaires royaux se rendraient près du Roi, avec des gens du roi d'Angleterre, pour aviser à ce qu'il y aurait à faire.

Le 14 février, à deux heures, une nouvelle conférence eut lieu au Mans, sur la place de l'église Saint-Nicolas, entre Dunois, l'amiral de Coëtivy, les commissaires royaux et quelques autres seigneurs, d'une part, et Gough et Eyton, de l'autre. Au moment où l'on venait de formuler la proposition de conclure une trêve de cinq jours, pendant laquelle on irait prendre les ordres du Roi, Osbern Mundeford, sortant du château, s'avança à la tête d'un certain nombre de gens d'armes, auxquels se joignirent les troupes qui gardaient la porte du Pont-Neuf. Les commissaires royaux virent arriver ce corps d'armée, qui ne comptait pas moins de cinq à six cents hommes, jusqu'au lieu où ils parlementaient; là, il se rangea en bataille. Grand fut l'étonnement causé par une telle agression. Eyton s'interposa et s'efforça d'obtenir de ses gens qu'ils battissent en re-

---

1. « Lesquels... nous usèrent de plusieurs langaiges bien estranges. » Même document, p. 186.

traite; il éprouva un refus. Un poursuivant français alla demander aux Anglais ce qu'ils voulaient faire. « Combattre, » telle fut la réponse. Les commissaires royaux, voyant que les Anglais rompaient la trêve et tendaient à s'emparer par surprise de leur personne, dirent à Mathew Gough de se retirer, et prirent aussitôt des mesures de défense[1].

Immédiatement une lettre fut rédigée pour porter à la connaissance de l'évêque de Chichester et de Robert Roos l'acte inqualifiable qui venait d'être commis, et pour demander réparation de cette violation de la trêve; c'était aux ambassadeurs d'empêcher, par une prompte intervention, que cet incident ne fît tort aux négociations entamées et n'amenât une rupture de la trêve générale existant entre les deux royaumes[2].

Le 21 février, Brezé reçut une lettre du chancelier Thomas Hoo, datée de Rouen, le 18 février. Le bruit court, disait-il, que l'armée française va assiéger Le Mans, et que déjà elle est en marche; la nouvelle est « très estrange et desplaisante, » d'autant que Garter, roi d'armes d'Angleterre, vient de se rendre près du « très excellent prince oncle » pour l'avertir que le roi d'Angleterre lui envoie une notable ambassade, composée de l'évêque de Chichester et de Robert Roos, lesquels ont débarqué à Honfleur le jeudi précédent (15 février). Ces ambassadeurs sont, paraît-il, munis de pouvoirs suffisants pour résoudre la difficulté de façon à ce que ledit « très excellent prince oncle » en soit content. Hoo concluait en demandant, « très affectueusement, » à Brezé de s'employer à obtenir que l'armée si subitement mise sur pied reçût contre-ordre jusqu'à l'arrivée des ambassadeurs auprès du « très excellent prince oncle[3]. »

Le gouvernement anglais avait, en effet, décidé l'envoi en France d'une nouvelle ambassade. Mais la lettre du roi d'Angleterre, apportée par Garter, dont parlait le chancelier an-

---

1. Ces détails sont empruntés au même document et à la lettre des commissaires royaux aux ambassadeurs anglais. *Preuves de Mathieu d'Escouchy*, p. 189 et suiv., et 195-96.

2. Ce document est publié dans les *Preuves de Mathieu d'Escouchy*, d'après une copie contemporaine qui se trouve dans le ms. 4054, f. 71.

3. Original signé, Ms. fr. 4054, f. 68; éd. Stevenson, t. I, p. 202.

glais, n'en faisait aucunement mention. Écrite à la date du 11 décembre 1447, en réponse à une lettre de Charles VII du 22 octobre, elle contenait uniquement l'annonce de la remise des lettres patentes confirmant la nouvelle prorogation de la trêve et du prochain envoi en France du marquis de Somerset, chargé de s'occuper de la réparation des attentats à la trêve[1]. C'est postérieurement, à la date du 30 janvier 1448, que des pouvoirs avaient été donnés à l'évêque de Chichester, à l'abbé de Glocester et à Robert Roos pour se rendre en France et poursuivre les négociations avec les commissaires de Charles VII[2], et c'est seulement le 1er février que, dans une lettre missive qui ne parvint au Roi que le 6 mars, Henri VI lui annonçait l'envoi de ses ambassadeurs, « pour aucunes matières touchant le bien et tranquillité commune de leurs pays, seigneuries et sujets[3]. »

En apprenant ce qui venait de se passer au Mans, Charles VII fit rédiger une longue lettre pour son neveu, contenant l'exposé des faits; il insistait sur la déloyauté des Anglais, sur leur désobéissance formelle aux ordres de leur maître, et sur la nécessité où il se trouvait de procéder à main armée[4]; il fit joindre à cette lettre un historique complet de l'affaire, rédigé par les commissaires qui avaient conduit en son nom toute la négociation[5]. Un de ses échansons, Raoulin Regnault, partit aussitôt pour remettre ces documents à Henri VI.

En quittant Tours, après avoir rempli sa mission près du Roi, le roi d'armes Garter se rendit au-devant des ambassadeurs anglais, qu'il joignit à Alençon ; il leur remit un sauf-conduit de Charles VII. Le 27 février, il écrivait à Brezé pour lui faire savoir la venue prochaine des ambassadeurs, et l'assurer de leurs dispositions favorables à la paix[6].

---

1. Cette lettre est publiée dans les *Preuves de Mathieu d'Escouchy*, p. 172, d'après l'original, Ms. fr. 4054, f. 63 ; elle fut remise à Charles VII le 11 février.
2. Rymer, t. V, part. 1, p. 186.
3. Original, Ms. fr. 4054, f. 78 ; éd. *Preuves de Mathieu d'Escouchy*, p. 170.
4. Voir cette très curieuse lettre dans Stevenson, t. II, p. 361 ; elle est publiée d'après une copie contemporaine, Ms. fr. 4054, f. 36.
5. Ms. fr. 4054, f. 74 ; éd. *Preuves de Mathieu d'Escouchy*, p. 181-92.
6. Ms. fr. 4054, f. 44 ; éd. *Preuves de Mathieu d'Escouchy*, p. 197.

Les ambassadeurs ne tardèrent pas à arriver à Lavardin, où le Roi se trouvait encore, et où vinrent le rejoindre Dunois, Brezé et les autres commissaires. Le 11 mars, Charles VII donnait des lettres portant pouvoir à Dunois, à Brezé, et aux sires de Précigny et de Maupas de traiter avec les ambassadeurs de Henri VI[1]. Le même jour trois actes furent passés : l'un prorogeant la trêve jusqu'au 1er avril 1450 ; l'autre contenant un règlement sur les appatis ; le troisième relatif à une conférence qui devait se tenir au mois de septembre entre les commissaires de chacune des parties[2]. Quatre jours après (15 mars), Adam Moleyns et Robert Roos apposaient leurs signatures à deux actes : par l'un ils déclaraient que les trêves générales conclues le 11 auraient cours du 15 mars au 1er avril, et devraient se prolonger pendant deux années finissant le 1er avril 1450, et s'engageaient au nom de leur maître à les garder et faire observer bien et loyalement[3] ; par l'autre, ils promettaient, par la foi et serment de leur corps, et sur leur honneur, de faire remettre les château et forteresse de Mayenne-la-Juhez à Brezé, Précigny et Pierre de Beauvau, ou à l'un d'entre eux, « pour l'oncle de France du roi leur seigneur, » le mercredi après Pâques, 27 du présent mois, « et tout sans fraude, barat ou mal engin[4]. »

Tandis que ces arrangements étaient pris à Lavardin, Mathew Gough et Fouques Eyton faisaient, ce même jour, dresser acte notarié de leur protestation au sujet de l'abandon du comté du Maine[5]. Le 12 juin suivant, des lettres patentes de Henri VI étaient données, portant approbation de leur conduite dans l'affaire de la cession du Mans[6].

La ville du Mans, bloquée par les troupes royales et me-

---

1. Rymer, t. V, part. 1, p. 186.
2. Rymer, t. I, p. 187-91. — Les lettres confirmatives du traité prorogeant la trêve furent données par Charles VII, à Montbason, le 30 avril suivant. Elles se trouvent en original au British Museum, *Additional Charters*, n° 8127, et dans Rymer, t. V, part. II, p. 3.
3. Original signé, Ms. fr. 4054, f. 82 ; éd. Stevenson, t. I, p. 207.
4. Stevenson, t. II, p. (717).
5. Rymer, t. V, part. 1, p. 189.
6. Rymer, t. V, part. II, p. 4.

nacée d'une attaque de vive force, ne fut pas moins, après un semblant de résistance, livrée aux commissaires royaux[1]. Il fut stipulé que les Anglais qui l'occupaient se retireraient librement, emportant avec eux tous leurs biens. Les capitaines eurent des sauf-conduits pour se retirer en Normandie et le Roi leur fit même remettre certaines sommes d'argent[2].

Ainsi, malgré la déloyauté des représentants du roi d'Angleterre[3], malgré leur résistance à des promesses et à des ordres formels, grâce à l'habileté et à la fermeté du Roi et de ses conseillers, la délivrance du Mans était un fait accompli.

1. « Messire Pierre de Brezé, chevalier, seneschal de Poitou, L l. xvii s. vi d. qu'il a distribué à certaines gens au siège devant le Mans, et iii^{xx} xii l. ii s. vi d. distribuez aussy durant ledit siège. » — « Sire Germain Braque, capitaine et gouverneur de LX archers et arbalestriers venus de Paris en mars 47 devers le Roy pour le servir au siège qu'il tenoit devant le Mans, xl. pour distribuer ausdits archers. » — « Jamet de Tillay, escuier, bailli de Vermandois, v^c l. pour ses despenses qu'il a faites au siège du Mans. » — « Mgr le conte de Dunois, grand chambellan, xii^c l. pour les grandes charges qu'il a soustenues au siège du Mans. » — « Pierre de Dinteville, escuier, pannetier du Roy, xx l. pour avoir esté en janvier de Tours en Nivernois, par devers Poton de Xaintrailles, bailly de Berry, pour aller au siège que le Roy faisoit mettre devant la ville du Mans. » — « Messire Charles de Maillé, chevalier, maître d'hostel de la Reine, x l. pour avoir esté en fevrier de Tours à Vendosme et ailleurs faire cryer que tous marchans menassent toutes sortes de vivres devant la ville du Mans, » etc., etc. Dixième compte de Xaincoins, A c., f. 120, 125 v°, 126, 128, 128 v°.

2. Voir Mathieu d'Escouchy, t. I, p. 130-31; Thomas Basin, t. I, 187-88; Berry, p. 430.

3. Leur conduite fut blâmée par les moins suspects : en particulier par François de Surienne, dit l'Arragonais. Voir les enquêtes publiées par M. Quicherat à la suite de son édition de Th. Basin, t. IV, p. 315.

CHAPITRE XI.

LA RUPTURE AVEC L'ANGLETERRE

1448-1449.

Arrivée en France du duc de Somerset ; Charles VII lui envoie une ambassade pour se plaindre de l'occupation de Saint-James de Beuvron et de Mortain ; réponse de Somerset. — Ambassade du héraut Valois en Angleterre ; instructions données par Charles VII à son envoyé. — Conférence de Louviers ; les commissaires royaux n'obtiennent aucune satisfaction. — Réponse de Henri VI aux remontrances présentées par le héraut Valois ; lettres du roi d'Angleterre à Somerset et à Charles VII. — Relations de Somerset avec la cour de France ; il envoie Garter en Angleterre pour avoir de nouvelles instructions. — Nouvelle conférence tenue aux environs de Louviers ; résolution prise. — Troisième conférence à Louviers. — Nouvelle ambassade du héraut Valois en Angleterre ; sommation faite à Somerset. — Plaintes adressées au Roi par Somerset ; envoi de Cousinot et de Fontenil à Rouen ; on n'aboutit à aucun résultat. — Occupation de Fougères par les Anglais ; caractère de cet attentat ; attitude du Roi ; démarches faites par le duc de Bretagne auprès de Somerset et du Roi. — Ambassade de Somerset au Roi ; Charles VII demande réparation de l'attentat ; démêlés avec les envoyés de Somerset. — Ambassade de Havart en Angleterre ; instructions qu'il reçoit. — Occupation de plusieurs places par des capitaines français agissant dans l'intérêt du duc de Bretagne ; Charles VII se prépare à la lutte ; traité passé avec le duc de Bretagne. — Conférence de Louviers ; déclaration des commissaires royaux. — Première assemblée des Roches-Tranchelion ; la guerre est décidée, mesures prises par le Roi. — Dernière ambassade de Somerset ; seconde assemblée des Roches-Tranchelion ; dernière délibération au sujet de la guerre ; réponse donnée en public aux envoyés de Somerset.

Les incidents qui avaient accompagné l'évacuation du Mans montraient clairement qu'une solution pacifique était désormais impossible. Tandis qu'en Angleterre Henri VI ne cessait de faire, en faveur de la paix, de belles protestations, non suivies d'effet, ses représentants en France, et surtout les capitaines placés à la tête des garnisons, repoussaient toute concession et ne songeaient qu'à reprendre les hostilités. D'ailleurs, les incessantes violations de la trêve, les prétentions qu'on faisait valoir, l'outrecuidance et la déloyauté dont chaque jour on donnait de nouvelles preuves, indiquaient suffisamment qu'une rupture était imminente.

Peu après l'occupation du Mans, un nouveau gouverneur débarqua en Normandie. C'était Edmond Beaufort, marquis de Dorset, devenu tout récemment duc de Somerset par la mort de son frère aîné [1]. Cet homme léger et présomptueux, dont la seule ambition était d'accroître les immenses richesses que lui laissait le feu duc [2], allait achever de compromettre une situation déjà bien précaire. Au mois d'avril 1448, deux ambassadeurs de Charles VII, Guillaume Cousinot et Pierre de Fontenil, se rendirent à Rouen près du nouveau gouverneur; ils venaient se plaindre des continuelles infractions à la trêve. Somerset, à la date du 22 avril, répondit en termes très brefs : il avait reçu les lettres du Roi et donné réponse à ses envoyés ; il annonçait la prochaine venue d'ambassadeurs du roi d'Angleterre qui venaient de débarquer en Normandie [3].

Peu après, Charles VII fit partir Havart pour l'Angleterre [4], et donna mission à Gaucourt et à Cousinot de se rendre à Rouen pour demander réparation des infractions à la trêve [5]. Le 12 juin suivant fut signé un traité réglant les difficultés survenues de part et d'autre et contenant certaines stipulations propres à assurer le respect de la trêve [6].

Les ambassadeurs français avaient été chargés de remettre à Somerset une nouvelle lettre de leur maître. Le Roi se plai-

1. Le duc de Somerset mourut le 31 mars 1448 ; sa mort est généralement attribuée à un suicide. Voir Turner, l. c., t. III, p. 59.
2. Voir Thomas Basin, t. I, p. 102-93 ; cf. Stevenson, t. II, p. [718] et suiv. L'évêque de Lisieux confond ici le gouverneur avec son frère, qui avait pour compétiteur le duc d'York. — Somerset était beau-frère de Talbot. Les instructions qui lui furent données, rédigées par Fastolf, ont été publiées par Stevenson, t. II, p. [502] et suiv.
3. Lettre « apportée par Me G. Cousinot le derrenier d'avril cccc xlviii. » C'est donc à tort que M. Stevenson, qui a publié (t. I, p. 211) cette lettre d'après l'original (ms. fr. 4054, f. 97), la place en 1449.
4. « Jehan Havart, escuyer, valet tranchant du Roy, n° lxxv l, pour son voyage en may de Tours en Angleterre. » Dixième compte de Xaincoins, l. c., f. 127 v°.
5. Pouvoir en date du 20 mai, dans D. Grenier, 100, p. 78 ; cf. Dixième compte de Xaincoins, l. c.
6. Voir le texte dans D. Grenier, l. c. — Les commissaires désignés en vertu d'un pouvoir d'Henri VI, donné à Rouen, le 5 juin, à la relation du duc de Somerset, étaient Guillaume Chambellan, Jean Stanlawe, Osbern Mundeford, Jean Lenfant et Louis Galet.

gnait de faits d'une haute gravité qui menaçaient de troubler les bonnes relations existant entre les deux Couronnes. Lors de l'évacuation du Mans, les gens de la garnison avaient été fort embarrassés pour trouver un logis : les capitaines, par crainte d'être supplantés, ne voulaient point les recevoir dans leurs places, et le gouvernement anglais, soit qu'il fût mécontent de l'insubordination dont ces gens avaient fait preuve [1], soit qu'il craignît de s'attirer de nouveaux embarras, ne se montrait point disposé à leur venir en aide. Se voyant « comme abandonnez, » les Anglais du Mans se décidèrent à prendre leur logement n'importe où, en attendant quelque bonne occasion de se mieux pourvoir, et sans doute avec le secret espoir d'une prochaine rupture de la trêve. Il y avait justement, sur les confins de la Normandie et de la Bretagne, deux places qui, presque détruites pendant la guerre, avaient été évacuées depuis peu : Saint-James de Beuvron et Mortain. C'est là qu'ils s'installèrent. Et aussitôt ils se mirent à réparer ces deux villes, à en relever les fortifications, à les pourvoir de vivres et de munitions [2].

Cet événement causa un grand émoi dans toute la contrée. Le duc de Bretagne vit avec un juste mécontentement son territoire menacé ; il s'empressa de prévenir le Roi, et écrivit au duc de Somerset pour exiger l'évacuation de Saint-James de Beuvron.

Aux plaintes que Charles VII chargeait Gaucourt et Cousinot de lui transmettre, Somerset répondit par une lettre écrite dans un style qui froissa vivement le Roi, car les formules habituelles de respect en étaient bannies [3]. Il était, disait-il, nouvellement arrivé, et n'avait point encore grande connaissance des choses, ni même des appointements et traités passés récemment ;

---

1. Ceci est douteux, si l'on observe que, le 12 juin, comme on l'a vu, des lettres patentes de Henri VI portaient approbation de la conduite de Mathew Gough et de Fouques Eyton dans l'affaire du Mans.
2. Mathieu d'Escouchy, t. I, p. 132-133. — Le chroniqueur dit Saint-James de Beuvron et Pontorson. Mais tous les documents sont muets au sujet de Pontorson, et, avec Saint-James, mentionnent Mortain. Voir Stevenson, t. I, p. 215 ; Preuves de Mathieu d'Escouchy, p. 213, 220, 227, 232, 236 ; D. Morice, t. II, col. 1434 et 1461.
3. Il faut dire qu'elles l'étaient également de la lettre précédente, en date du 22 avril, apportée le 30 par Cousinot. Voir Stevenson, t. I, p. 211.

il allait envoyer Osbern Mundeford vers l'évêque de Chichester et Robert Roos, conseillers et ambassadeurs du roi son souverain seigneur, alors à la cour de France, car ils avaient été participants aux traités et étaient mieux au courant des affaires que lui[1].

Lors des conventions faites à Lavardin (11 mars 1448), il avait été décidé qu'une conférence se tiendrait au mois de septembre entre les représentants de chacune des parties. A la date du 12 juin, Charles VII avait déclaré accepter la désignation de Pont-de-l'Arche faite par Henri VI comme lieu de résidence des commissaires anglais et choisir Louviers pour résidence des siens[2]. En Angleterre on se préparait à cette conférence : le 18 août Henri VI donnait des pouvoirs au duc de Somerset, à l'archevêque de Rouen, à Adam Moleyns, à Talbot et à plusieurs autres pour l'y représenter[3].

Avant la réunion de la conférence, Charles VII résolut d'envoyer un nouveau message à Henri VI : le héraut Valois fut chargé de le lui remettre.

Le Roi avait été heureux d'apprendre par Havart « le bon vouloir, propos et intencion » manifestés par le prince son neveu, relativement à la paix, ainsi que le désir témoigné par lui d'observer scrupuleusement les traités relatifs à la trêve et de faire réparation de tout ce qui pourrait y porter atteinte. Il avait, de son côté, pris des mesures pour assurer la stricte observation des traités, persuadé que le prince son neveu en ferait de même. Mais, bien que le Roi ait ainsi rempli son devoir à ce sujet, il semble que les représentants de son neveu n'aient point la volonté d'agir de même, « vu les termes qu'ils tiennent. » Depuis l'arrivée en France du duc de Somerset, plusieurs capitaines étant sous la charge et gouvernement du duc[4] sont venus occuper et « emparer » la forteresse de Saint-James de Beuvron, voisine de la Bretagne, du Mont-Saint-

---

1. Original, Ms. fr. 4054, f. 98; publiée dans les *Preuves de Mathieu d'Escouchy*, p. 201.
2. Rymer, t. V, part. II, p. 4.
3. Rymer, t. V, part. II, p. 7.
4. On les désigne ainsi dans le document : Ung nommé Christoffe a Beaulieu, Mundefort, le petit Treloy, Sendre Achatreton et plusieurs autres. »

Michel et de Granville, et « lieu contentieux, » considéré comme se trouvant en l'obéissance du Roi. A supposer même que la place ne soit point « lieu contentieux, » on ne doit établir aucune fortification en pays de frontière ; il y a donc là une violation des traités. Le Roi a envoyé des ambassadeurs au duc de Somerset pour le sommer de faire réparation de cet excès. D'un autre côté, les conservateurs de la trêve ont, au nom du Roi, fait sommation aux infracteurs d'avoir à faire réparation : jusqu'ici aucun résultat n'a pu être obtenu. Il y a plus : lorsque les ambassadeurs du Roi ont voulu adresser à cet égard une sommation au duc de Somerset, celui-ci leur a fait dire que s'ils le voulaient sommer, il entendait savoir, avant qu'ils quittassent le château de Rouen où ils se trouvaient, quel serait celui qui lui donnerait réparation au cas où il serait trouvé qu'il avait été indûment sommé ; ce qui équivalait à dire que, si les ambassadeurs du Roi lui adressaient une sommation, il les ferait arrêter. Les ambassadeurs n'ont pu obtenir d'autre réponse du duc, sinon qu'il enverrait Osbern Mundeford vers le Roi et vers les deux ambassadeurs de son maître, alors à la Cour, pour aviser à ce qu'il y aurait à faire touchant le fait de Saint-James de Beuvron. Le duc a voulu charger les ambassadeurs d'une lettre pour le Roi, mais ceux-ci n'ont point voulu la recevoir, « pour ce qu'elles estoient en un style desrogant à l'honneur du Roy, et autrement que par le duc d'York et autres seigneurs du sang du prince neveu n'avoit esté accoustumé estre fait le temps passé. » Malgré les observations présentées au duc de Somerset sur cette manière insolite de s'adresser au Roi et sur les conséquences fâcheuses qui pourraient en résulter, le duc a persisté : il a remis sa lettre à Mundeford. Le Roi n'a point voulu la recevoir, bien qu'il ait consenti à entendre tout ce que cet envoyé a voulu lui dire ; or il a demandé que la chose fût mise en délai, afin de permettre d'aviser à l'appointement qu'on pourrait trouver : ouverture bien dangereuse, et dont l'acceptation aurait pu porter grand préjudice au fait de la trêve. Le Roi s'y est refusé, « pour le bien des matières principales ; » il a fait dire à Mundeford que, s'il voulait aller trouver l'évêque de Chichester et Robert Roos, alors en Bretagne, il enverrait avec lui certains de ses gens pour conclure un arrangement au sujet de Saint-James de Beuvron et des autres points en litige. Mundeford a refusé, disant qu'il n'avait aucune charge d'aller vers les ambassadeurs, puisqu'ils n'étaient plus en la compagnie du Roi. Malgré le tort que s'est donné le duc de Somerset, en faisant preuve dans sa lettre, de « trop grande arrogance ou ignorance, » et en employant des formules inacceptables, le Roi s'est décidé à lui écrire de la façon dont il avait coutume d'user avec les autres parents et lieutenants de son neveu, comme il pourra apparoir par le double de ses lettres, porté par Valois ; et cela « pour l'honneur dudit prince neveu. » Il semble nécessaire, afin que les choses promises lors de la conclusion de la trêve soient exécutées, et pour éviter tout inconvénient, que provision soit donnée « plainement et absolument » par le prince neveu, ainsi que lui et son Conseil sauront bien aviser. De son côté, le Roi est tout prêt à faire ce qu'il appartiendra, conformément à la teneur des traités et aux promesses échangées, « sans aucune fiction ou dissimulation. »

Le héraut Valois était en outre chargé de réfuter les allégations des Anglais au sujet de réparations faites à certaines places, soit dans le pays de Caux, soit dans le Maine, et de plusieurs meurtres et larcins qui auraient été commis. Le Roi était, d'ailleurs, toujours disposé à livrer les coupables à la justice et à les punir ; il n'avait cessé d'agir de la sorte[1].

Tandis que le héraut Valois se rendait en Angleterre, les commissaires des deux parties se réunissaient à Louviers. Les représentants de Charles VII étaient Charles, sire de Culant ; Guillaume Cousinot, Jean Beson et Jean Herbert ; ceux de Henri VI, Adam Moleyns, évêque de Chichester ; Reynold, abbé de Glocester ; Guillaume Chambellan et Louis Galet. Brezé paraît s'être rendu en personne à Louviers pendant la durée de la conférence[2].

---

1. Le texte de ces curieuses instructions se trouve dans le ms. 4054, f. 92 ; il a été donné par M. Stevenson, t. I, p. 209-20.
2. « Messire Pierre de Brezé, chevalier, seigneur de la Varenne, sénéschal de Poitou, IIIc l. pour son voyage en aoust de Touraine à Louviers, pour converser avec les Anglais des attemptats faits durant la trêve. » Dixième compte de Xaincoins, f. 128.

Cousinot exposa d'abord les griefs du Roi et demanda réparation au nom de son maître[1]. L'évêque de Chichester répondit en termes généraux que le roi d'Angleterre voulait l'observation de la trêve et était prêt à donner satisfaction au sujet des infractions qui auraient été commises. Il ajouta que, dans le cas présent, il n'y avait eu aucune infraction. Saint-James de Beuvron avait toujours été de l'obéissance du roi d'Angleterre; si l'on accordait la démolition de la place, il faudrait que Charles VII fît démolir les fortifications élevées à Granville, à Beauchamps[2], à Ivry, à Louviers et dans d'autres lieux; d'ailleurs Saint-James était sur les marches de la Bretagne et non sur la frontière de France; le duc de Bretagne avait toujours été compris dans les trêves comme sujet du roi d'Angleterre; l'affaire devait donc être réglée avec Michel de Partenay, que le duc de Bretagne avait envoyé à Louviers.

Cousinot répliqua que la Bretagne était de l'obéissance du Roi, et que le duc de Bretagne avait été compris dans les trêves comme sujet de Charles VII. Le roi d'Angleterre avait accepté la trêve; son honneur ne lui permettait pas d'en repousser les stipulations; il n'avait point été défendu de réparer les places fortifiées, mais bien de fortifier celles qui ne l'étaient pas; d'ailleurs le Roi offrait de faire démolir les fortifications de Beauchamps et d'Ivry, si le roi d'Angleterre faisait détruire celles de Saint-James de Beuvron et de Mortain, nouvellement construites à ce qu'on disait. Par le traité passé à Londres, et signé par Suffolk, il avait été stipulé que tout ce qui concernait les attentats à la trêve serait réglé dans la prochaine réunion.

L'évêque de Chichester maintint que les places en question étaient du domaine du roi d'Angleterre; avant de passer outre les commissaires anglais devaient consulter le duc de Somerset, gouverneur de Normandie; on reviendrait le mardi suivant à Louviers avec de plus amples instructions.

---

1. Nous empruntons ce récit au protocole de la conférence qui se trouve dans D. Morice, t. II, col. 1430.
2. *Bemehen* dans le document; c'est Beauchamps, canton de la Haye-Pesnel (Manche).

Michel de Partenay, envoyé du duc de Bretagne, intervint alors, et déclara que le duc son maître était compris dans les trèves comme sujet, vassal et neveu du roi de France ; il n'avait voulu ni ne voulait y être compris comme sujet du roi d'Angleterre, et avait donné à son représentant l'ordre exprès d'agir de concert avec les ambassadeurs de France.

Cousinot déclara à son tour qu'il l'entendait de même. Le Roi prenait le duc de Bretagne, son duché et ses sujets sous sa protection ; il les avait compris dans la trêve avec l'Angleterre ; son intention était que les affaires concernant la Bretagne fussent traitées comme les siennes propres. Les ambassadeurs du Roi étaient résolus à ne point s'écarter des ordres reçus à cet égard.

Les choses en restèrent là pour le moment : la nouvelle réunion des commissaires des deux parties ne devait avoir lieu qu'au mois de novembre suivant. Durant cet intervalle que se passa-t-il en Angleterre ? Quel fut le résultat de la mission donnée au héraut Valois ?

Valois avait apporté au roi d'Angleterre une lettre de son maître[1], et lui avait fait l'exposé de sa créance, en lui remettant copie de ses instructions. Henri VI s'était montré « esmerveillé » et « desplaisant » de ce que Osbern Mundeford n'avait point été « tout d'une voie » rejoindre ses ambassadeurs, conformément à l'avis et au désir du Roi ; il avait témoigné l'espoir que ceux-ci étaient présentement réunis aux ambassadeurs du Roi, « pour pourvoir et finalement appointer sur la matière » en litige. Il avait promis d'écrire à son cousin le duc de Somerset, pour lui donner l'ordre de vaquer effectuellement à l'expédition des affaires de telle façon que raisonnablement on n'en pût donner charge ni à lui ni aux siens[2].

La lettre de Henri VI au duc de Somerset porte la date du 3 octobre. « Vous savez, lui disait-il, le parfait vouloir que avons à bonne paix avec notre très cher oncle de France, par

---

[1]. Lettre en date du 21 août, visée dans la réponse de Henri VI du 9 octobre courant.

[2]. Ces renseignements sont empruntés à la lettre du 9 octobre.

tous bons, raisonnables et honorables moyens, et comment c'est notre désir et volonté que les trêves et autres appointements faits et accordés entre nous et notre dit oncle, en espérance de plus légèrement parvenir au bien de paix, soient gardés et entretenus. Si, par aventure, aucune chose était faite ou attentée au contraire de part et d'autre, que due reparation en soit faite, ainsi que au cas appartiendra. » Le roi avait en lui, et en ses ambassadeurs étant en sa compagnie, parfaite confiance ; il comptait sur sa « prudence et bonne diligence ; » il lui ordonnait expressément de vacquer et entendre très effectivement aux choses demandées, si diligemment et si duement qu'on ne pût faire au roi et aux siens aucun reproche, et que son honneur y fût gardé. « Et ce faites, disait-il en terminant, en telle manière que notre dit oncle ou autres dorénavant n'aient cause d'envoyer pour ces matières par devers nous, car difficile chose serait à nous et à notre conseil étant par deçà de répondre et duement appointer des affaires de par delà, sans connaître les mérites, qualités et circonstances des cas [1]. »

Valois repartit, après avoir reçu, suivant la coutume, certaines gratifications [2] ; il était porteur d'une lettre missive du roi d'Angleterre, contenant les assurances les plus formelles en faveur de « bonne paix, amour, inséparable union et concorde, » avec la promesse que toutes choses seraient réglées à la satisfaction du Roi [3].

Pendant ce temps le duc de Somerset était en relations suivies, soit avec la cour de France [4], soit avec son maître [5]. A

---

1. Cette lettre, qui se trouve en copie du temps dans le Ms. fr. 4054, f. 61, est publiée dans les *Preuves de Mathieu d'Escouchy*, p. 201. Cf., p. 205, lettre du même jour à Ogerot de Saint-Pierre.
2. Stevenson, *l. c.*, t. II, p. 574 note ; Vallet de Viriville, *Extraits du British Museum*, dans la *Bibliothèque de l'École des chartes*, t. VIII, p. 135.
3. Lettre du 9 octobre 1448, reçue le 30 octobre suivant. Original, Ms. fr. 4054, f. 83 ; éd. *Preuves de Mathieu d'Escouchy*, p. 207 et suiv.
4. Guillaume Chambellan et Jean Lenfant vinrent de Rouen à Tours, vers la fin de mai (Dixième compte de Xaincoins, f. 125). En septembre Adam Moleyn et Louis Galet vinrent trouver le Roi à Meung-sur-Loire (Lettre de Somerset du 28 février 1449).
5. Le 17 octobre, Louis Galet partit pour l'Angleterre ; il était les 18 et 30 novembre à Vaudreuil, aux conférences dont il va être parlé ; il retourna en Angleterre et revint de Rouen le 16 janvier suivant. *Pièces originales*, 1267 : GALET, nos 6 et 7 ; Ms. fr. 4004, f. 103 v° et s.

la fin d'octobre, le roi d'armes Garter arrivait en Angleterre ; il était chargé par Somerset et les ambassadeurs anglais en France de poser certaines questions et d'en obtenir la solution. Il s'agissait : 1° de l'interprétation à donner aux instructions qui prescrivaient aux ambassadeurs d'agir selon qu'il leur semblerait plus expédient ; 2° de la conduite à tenir à l'égard des représentants du duc de Bretagne, au cas où ceux-ci ne voudraient prendre part aux négociations que conjointement avec les ambassadeurs de France ; 3° de la façon dont les ambassadeurs devaient entendre la clause qui leur prescrivait d'éviter toute rupture[1]. Réponse fut donnée à Garter à la date du 30 octobre. Sur le premier point, toute latitude était donnée aux ambassadeurs pour se conduire suivant qu'il leur semblerait utile au bien de la matière principale ; sur le second, les ambassadeurs devaient chercher à entamer une négociation séparée avec les représentants du duc de Bretagne, et, s'ils n'y pouvaient parvenir, faire toutes protestations et réserves sur le préjudice qui pourrait résulter pour le roi de leur présence aux négociations ; sur le troisième point, le Conseil renonçait à tracer une ligne de conduite aux ambassadeurs : ils pourraient cependant, pour éviter une rupture, proposer une prorogation de la conférence à longue échéance, durant laquelle les ambassadeurs de chaque partie en référeraient à leur cour respective, afin que de nouveaux ambassadeurs fussent désignés de part et d'autre pour tâcher d'aplanir les difficultés et prévenir la rupture[2].

La conférence qui allait se rouvrir aux environs de Louviers devait avoir une haute importance ; le choix des commissaires indiquait suffisamment l'intérêt qui s'attachait à ses déli-

---

[1]. La situation était dès lors fort tendue ; par lettres données à Rouen le 9 septembre 1448, à la relation du duc de Somerset, Henri VI ordonnait au bailli du Cotentin de confisquer dans son bailliage les bénéfices des gens d'église du parti de Charles VII, parce qu'il était venu à sa connaissance que son oncle de France avait « procédé à mettre empeschement et arrest, ès mettes de son party et obeissance appartenans à gens d'eglise nos eaulx et subgiez et demourans en nostre obeissance. » Luce, *Chronique du Mont-Saint-Michel*, t. II, p. 219.

[2]. « Here followen th'answers unto th'articles wich Garter, king of armes, declared by way of credence unto the king our soveraign lord and my lords of his counsail, » etc. *Proceedings and Ordinances*, t. VI, p. 62 et suiv.

bérations. D'un côté, c'étaient un prince du sang, Charles d'Artois, comte d'Eu ; Guillaume Chartier, évêque de Paris, et les conseillers du trône qui s'étaient rendus à Louviers au mois d'août ; de l'autre, Raoul Roussel, archevêque de Rouen ; Adam Moleyns, évêque de Chichester ; Guillaume, lord Falconbridge et Robert Roos, auxquels s'adjoignirent lord Talbot, l'abbé de Glocester, Louis Galet et Osbern Mundeford. Le duc de Bretagne était représenté par Michel de Partenay. Le duc de Bourgogne avait envoyé trois ambassadeurs : Pierre de Goux, Oudart Chuperel et Jean d'Auby.

La première réunion eut lieu le 2 novembre dans l'église de Saint-Ouen de Léry, non loin de Louviers ; mais c'est seulement le 11 novembre, après l'arrivée du comte d'Eu, de l'évêque de Paris et du sire de Culant, que les discussions furent entamées sérieusement. Le 15, l'évêque de Chichester déclara, en son nom et au nom de ses collègues, n'avoir pouvoir de traiter qu'avec les ambassadeurs du roi de France, et non point avec ceux du duc de Bretagne, lequel avait fait hommage et serment de fidélité au roi d'Angleterre. Les ambassadeurs de France répondirent que les ducs de Bretagne et de Bourgogne n'étaient liés à l'égard du roi d'Angleterre par aucun hommage ou serment ; le Roi les considérait comme ses bons parents, amis, vassaux et sujets ; leurs députés étaient venus en cette qualité prendre part à la conférence ; il voulait qu'ils y assistassent et qu'on leur communiquât ce qui avait été fait jusquelà. Les ambassadeurs des ducs de Bretagne et de Bourgogne firent des déclarations analogues [1]. Les conférences se prolongèrent jusqu'au 30 novembre. Une convention fut faite à la date du 25. Elle portait qu'avant le 15 mai 1449 une ambassade serait envoyée par Charles VII en Angleterre pour résoudre les questions restées en suspens [2].

Une conférence nouvelle fut tenue à Louviers, au mois de janvier 1449, entre Jean de Loucelles et Jean Beson, d'une

---

1. Protocoles des conférences, dans le Ms. fr. 4054, f. 101 à 106 ; Protocole de la séance du 15 novembre, dans D. Morice, t. II, col. 1439-41.
2. Rymer, t. V, part. II, p. 7. Henri VI donna son approbation à la convention le 1er février 1449.

part, et Osbern Mundeford et Louis Galet, de l'autre; il y fut décidé que toutes voies de fait cesseraient des deux côtés et que des ordres seraient donnés à cet effet [1].

Mais il était dit que la domination anglaise succomberait sous le poids de ses propres fautes; loin de se tenir en repos, comme le commandaient les règles les plus élémentaires de la prudence, les Anglais continuèrent leurs impudentes violations de la trêve. Et pourtant le duc de Somerset ne se faisait point illusion sur les éventualités d'une reprise des hostilités; son gouvernement avait été informé par lui de la fâcheuse situation des affaires en Normandie; la province était hors d'état de résister à une attaque; les places étaient démantelées et sans avitaillement; les ressources financières épuisées; en votant leurs derniers subsides, les États avaient déclaré que la pauvreté de la contrée était telle qu'il n'y avait plus rien à en tirer [2].

Au mois de février, Charles VII renvoya en Angleterre le héraut Valois, avec une lettre pour Henri VI; il lui faisait savoir que chaque jour des plaintes étaient formulées relativement à des attentats à la trêve, et que le duc de Somerset restait sourd à toutes ses réclamations : rien n'avait été fait, ni à Saint-James de Beuvron ni à Mortain, malgré les ordres réitérés donnés par le roi d'Angleterre [3]. En même temps, le héraut Salins fut envoyé à Somerset pour le sommer de donner réparation au sujet de l'infraction à la trêve commise à Saint-James de Beuvron, et de faire démolir les fortifications élevées récemment [4].

Cette dernière lettre se croisa avec un message du duc de Somerset. Le gouverneur anglais écrivait qu'il avait, depuis le mois d'avril précédent, formulé à diverses reprises des plaintes au sujet de « plusieurs grands attentats et délits » commis par les gens du Roi, près de Louviers et ailleurs, dont

---

1. Ces renseignements se trouvent dans une lettre de Somerset au Roi, en date du 28 février. Stevenson, t. I, p. 223.
2. « Credence by my Lord of Somerset, » etc., dans *Rotuli parliamentorum*, t. V, p. 447.
3. Lettre visée dans celle de Henri VI du 18 mars 1449.
4. Lettre visée dans celle de Somerset du 9 mars.

il donnait une longue énumération, sans avoir pu en obtenir réparation ; loin de là, ces excès se renouvelaient chaque jour avec plus de violence, principalement du côté du Mont-Saint-Michel et de Granville, et tout récemment près de Dieppe, comme s'il y eût eu guerre ouverte. Le duc demandait que bonne et brève provision fût donnée par le Roi, conformément aux traités, afin que Dieu et le monde pussent apercevoir par effet le bon vouloir qu'il avait à l'observation de la trêve [1].

Aussitôt après la réception de la lettre du Roi, Somerset fit partir Thomas de Loraille et Jean Cousin, avec charge de lui « signifier et déclarer bien au long » ce qu'il estimait qu'il y eût à faire relativement au contenu de sa lettre. Les deux envoyés étaient porteurs d'une lettre de créance de Somerset [2] ; ils arrivèrent à Tours le 19 mars.

Deux jours auparavant, Charles VII avait adressé de nouvelles lettres au roi d'Angleterre et au duc de Somerset. Le Roi répondait aux plaintes qui lui étaient faites au sujet de violations de la trêve dont ses gens se seraient rendus coupables [3]. Le 23 mars, il écrivit de nouveau à Henri VI [4].

Cousinot et Fontenil furent chargés de se rendre à Rouen pour s'entendre avec le duc de Somerset relativement à toutes les difficultés pendantes. Arrivés vers le 7 avril, ils firent le 16 aux commissaires anglais des ouvertures sur les points en litige : réparations ou constructions nouvelles de places fortes ; démêlés pour la possession de certains lieux ; prétention à la jouissance de droits en des lieux occupés par les Anglais ; attentats à la trêve commis soit sur terre, soit sur mer ; dédommagements pour ces attentats. Le 23 avril, Somerset écrivait au Roi qu'aucune conclusion n'avait encore été prise sur les questions mises en délibération, et qu'il avait donné ordre à Jean Lenfant, président en la Cour du conseil de Normandie, et à Jean Hanneford, chevalier, de se rendre auprès

---

1. Voir cette longue épître, en date du 28 février, dans Stevenson, t. I, p. 229-232 ; elle est reproduite d'après l'original (Ms. fr. 4054, f. 83).
2. Original, Ms. fr. 4054, f. 81 ; Stevenson, t. I, p. 233.
3. Lettres visées dans celles de Henri VI du 3 mai et de Somerset du 7 avril.
4. Lettre visée dans celle de Henri VI du 3 mai (Ms. fr. 4054, f. 77).

de lui, dans l'espérance que, sur ces matières et sur d'autres concernant l'observation des présentes trêves, un bon appointement pût être trouvé[1].

Sur ces entrefaites, Charles VII avait reçu[2] du roi d'Angleterre une réponse à la communication transmise par le héraut Valois. Après les protestations accoutumées, Henri VI lui faisait savoir, à la date du 18 mars, qu'avant le départ de l'ambassade qui devait se rendre en Angleterre le 15 mai suivant, il avait décidé que de notables ambassadeurs, bien instruits de ses volontés et porteurs d'amples pouvoirs pour traiter, soit de la réparation des attentats à la trêve, soit de la matière principale de la paix, seraient envoyés en France. Ces ambassadeurs se trouveraient à Pont-de-l'Arche le 15 mai[3].

Au milieu de cet échange de correspondances, un nouvel incident se produisit; il allait changer soudain la face des choses et précipiter la rupture.

Sur les confins de la Normandie et de la Bretagne, non loin de ces villes de Saint-James et de Mortain que les Anglais avaient récemment occupées, se trouvait une opulente cité industrielle, dépendant du duché de Bretagne. Elle parut de bonne prise à un capitaine célèbre, de tout temps enrôlé au service de l'Angleterre, décoré de l'ordre de la Jarretière, et auquel les hardis coups de main étaient habituels : le 24 mars 1449, Fougères tombait par surprise aux mains de François de Surienne, dit l'Arragonais. Main basse fut faite sur les biens des riches bourgeois et marchands qui peuplaient la ville; le butin s'éleva, dit-on, à la somme fabuleuse de deux millions en monnaie du temps[4].

---

1. Lettre de Somerset, publiée dans *Preuves de Mathieu d'Escouchy*, p. 217.
2. Le 18 avril 1449.
3. Original, ms. fr. 4054, f. 145; éd. *Preuves de Mathieu d'Escouchy*, p. 212 et suiv.
4. « Nam nonnulli hanc prædam tanti valoris fuisse asserunt rapta Fulgeris spolia vigenti centum millia vera æstimatione posse appretiari. » Robert Blondel, p. 6; cf. p. 35. Voir protocole des conférences de Louviers, dans D. Morice, t. II, col. 1467, 1484, 1501 et 1506. — Sur la prise de Fougères, consulter Mathieu d'Escouchy, t. I, p. 154; Rob. Blondel, *Assertio Normanniæ*, éd. par Stevenson, p. 4-6; Berry, *Recouvrement*, à la suite de Blondel, dans Stevenson, p. 239; Th. Basin, t. I, p. 104-97. Cf. instructions de Charles VII du 3 juin, *Preuves de Mathieu d'Escouchy*, p. 229; D. Morice, t. II, col. 1482 et s.; Réponse du 31 juillet 1449, dans Stevenson, t. I, p. 249, etc.

L'émotion fut grande à la cour du duc de Bretagne ; elle ne fut pas moindre à la cour de France, où un messager apporta la nouvelle, bientôt confirmée par une lettre de Cousinot, alors à Rouen auprès du duc de Somerset[1]. L'étonnement fit place à une vive indignation quand certains indices révélèrent la participation du gouvernement anglais à cette audacieuse et flagrante violation de la trêve. Ce n'était pas, en effet, de son chef que François de Surienne avait agi. L'entreprise avait été méditée de longue date : il y avait eu, à plusieurs reprises, des pourparlers entre ce capitaine et le duc de Suffolk[2]; au mois de septembre 1447, Surienne avait passé le détroit et était revenu comblé de faveurs[3]; il était retourné en Angleterre au mois de janvier 1448. Dès cette époque, il avait été convenu qu'une entreprise serait faite sur Fougères[4] : le gouvernement anglais ne pardonnait pas au duc de Bretagne d'être venu en personne faire hommage au roi de France, et avait considéré l'arrestation de Gilles de Bretagne comme une insulte personnelle. Toutes les mesures furent prises de concert entre le duc de Suffolk et Surienne; celui-ci, pour mettre sa responsabilité à couvert, obtint des lettres des membres du Conseil privé[5], ainsi que la promesse écrite d'être secouru en cas d'at-

---

1. Robert Blondel et Berry disent que Charles apprit la nouvelle en montant à cheval pour se rendre à Bourges, et que, changeant aussitôt son itinéraire, il se rendit à Chinon. Charles VII, en effet, quitta les Montils dans les derniers jours de mars ; il était à Montbason le 3 avril : là, il s'arrêta et, reprenant le chemin de Tours, il ne tarda pas à se rendre au château de Razilly-les-Chinon. — Cousinot dit, dans la première réponse faite aux commissaires anglais pendant les conférences de Louviers (29 juin), que, « quant au cas de Fougères, lui-même en a escript audit Roy de France, tantost après le cas advenu. » (D. Morice, t. II, col. 1484.)
2. Suffolk était duc depuis le 2 juin 1448.
3. Il avait été retenu conseiller du roi d'Angleterre à mille livres de gages, avait reçu l'ordre de la Jarretière et 300 nobles de rente en Angleterre, plus la terre de Porchester. Voir *The register of the most noble order of the Garter*, publ. par Antis, t. I, p. 75-76.
4. Voir : 1° l'enquête faite à Rouen, en octobre-décembre 1449, par le chancelier Jouvenel, dont l'original se trouve dans la collection Du Puy, vol. 774, f. 15 et suiv., et qui a été publiée *in extenso* par M. Quicherat, dans les pièces justificatives de son édition de Thomas Basin (t. IV, p. 290-347) ; 2° la curieuse lettre de François de Surienne à Henri VI, en date du 15 mars 1450, dont l'original et une copie contemporaine se trouvent dans le ms. fr. 4054, et qui a été publiée par M. Stevenson dans son précieux recueil, t. I, p. 278-298. Cf. Documents relatifs à Surienne dans le même recueil, t. I, p. 473, 476, 478, et t. II, p. 573-74, notes.
5. « Lequel Rousselet lui dist qu'il avoit apporté audit messire François lettres de créance du duc de Suffolk et que icellui duc de Suffolk lui avoit chargié expressement

taque[1]. Des hommes d'élite, triés dans la plupart des places, vinrent grossir les rangs de la garnison de Verneuil, où commandait Surienne, et des munitions lui furent envoyées par le duc de Somerset[2]. Enfin, après le succès de l'entreprise, il reçut les félicitations de Somerset et de Talbot, et le roi d'Angleterre en personne lui enjoignit, par une lettre signée de sa main, de bien garder la place[3].

Charles VII jugea du premier coup que la rupture était inévitable. Mais il fit preuve d'une grande modération : il s'effaça, laissant agir le duc de Bretagne, et se borna à faire faire officieusement à Somerset, par ses ambassadeurs Cousinot et Fontenil, alors à Rouen, des observations au sujet de cette nouvelle violation de la trêve[4]. Les négociations entamées entre ses

---

dire audit messire François qu'il lui mandoit que sur tout le plaisir qu'il vouloit faire au Roy d'Angleterre et à luy il mist à la fin l'entreprinse de Fougères. » (Déposition de Th. du Quesne, *l. c.*, p. 309 ; cf. p. 316.) — « De son propre mouvement me parla (Suffolk) de l'entreprinse de ladicte place de Fougères et me dist que je la pouvoie prendre que ce seroit très bien besongné..., et que ung bon guerroieur ne doibt jamais faire difficulté, pour chose qui soit, de prendre une bonne place sur la frontière des ennemis ou ung bon port sur mer. » Lettre de Surienne, *l. c.*, p. 289-81. Cf. p. 297. — « Cum vero omnes Anglorum proceres consilium laudavissent et pro ea re eidem militi suas litteras dedissent... » Th. Basin, t. I, p. 196.

1. Enquête, *l. c.*, p. 331 et 331.
2. *Id.*, p. 293, 300, 307, 311, 315-16, 318, 327.
3. *Id.*, p. 306. Somerset écrivit à Surienne « qu'il estoit plus joyeux de ladicte prise que qui lui eust donné cent mil escus d'or. » Lettre de Surienne, *l. c.*, p. 288; cf., pour lettre de Henri VI, p. 290.
4. Tous les chroniqueurs contemporains disent que Charles VII envoya aussitôt ses ambassadeurs à Somerset pour le sommer de rendre la ville de Fougères. Berry (p. 432 et *Recouvrement*, p. 240) et Mathieu d'Escouchy (t. I, p. 158) nomment Culant, Cousinot et Fontenil ; Robert Blondel (p. 9) nomme Culant et Cousinot ; Chartier (t. II, p. 62) nomme Cousinot et Fontenil. Tous se sont trompés. La preuve en résulte du passage suivant du protocole des conférences de Louviers. Voici ce qu'on lit dans la *Première réponse des ambassadeurs français*, en date du 29 juin 1449 (D. Morice, t. II, col. 1488) : « Quant les dessusdis ambaxadeurs, qui furent envoyez devers ledit haut et puissant duc de Somerset à l'instigation et promocion de Thomas de Loraille et maistre Jehan Cousin, ses ambaxeurs, qui estoient venus devers ledit Roy de France (le 19 mars 1449), furent depeschez, ils n'estoient encore venu, ou temps de leur despechement, nulles certaines nouvelles dudit fait de Fougères, au mains que l'on sceust au vray qui estoit chief de ladicte entreprise, ne par quelle manière ne comment elle avoit esté faicte. » — Quant au nom des ambassadeurs, tous, sauf Chartier, ont confondu l'ambassade de juin 1449 avec celle d'avril. Cousinot et Fontenil arrivèrent à Rouen le 7 avril et en repartirent le 22 ; Culant et Cousinot furent désignés, par lettres du 27 mai seulement, comme commissaires aux conférences tenues au Port-Saint-Ouen, à Venables, à Louviers et à Bonport du 15 juin au 4 juillet. — La preuve des représentations faites officieusement à Rouen, relativement à la prise de Fougères, résulte d'un passage des instructions données à Havart le 3 juin (*Preuves de Mathieu d'Escouchy*, p. 231) et de la réponse du 31 juillet à Lenfant et Cousin (Stevenson, t. I, p. 250).

représentants et les commissaires anglais ne furent point interrompues.

Le duc de Bretagne avait aussitôt envoyé un héraut vers Somerset et fait partir Michel de Partenay pour Fougères, afin de sonder Surienne et d'obtenir la remise de la place [1]. En même temps il s'adressa au Roi et lui fit part de ses griefs [2]. Charles VII accueillit avec empressement les ambassadeurs du duc; il donna ordre à l'amiral de Coëtivy et au maréchal de Lohéac, tous deux sujets bretons, de se porter au secours de son neveu, avec trois cents lances, pour le protéger contre de nouvelles agressions [3].

Peu après, deux envoyés du duc de Somerset, Jean Lenfant et Jean Hanneford, arrivèrent à Razilly (1ᵉʳ mai); ils étaient porteurs d'une lettre de créance, en date du 23 avril, dans laquelle Somerset gardait un silence complet sur l'attentat de Fougères [4]. Mais Cousinot et Fontenil, à leur retour de Rouen, avaient apporté une autre lettre, dont la teneur nous est révélée par divers documents. Tout en désavouant le cas advenu, Somerset ne se montrait nullement disposé à en faire réparation ; il demandait même au Roi de ne point s'émouvoir du fait de Fougères ; il le priait de ne donner aucune assistance au duc de Bretagne, et d'empêcher ses gens de porter secours à ce prince [5].

Justement indigné de cette singulière prétention et du silence

---

1. Quoique les ambassadeurs bretons à la cour de Charles VII aient nié, dans l'audience solennelle du 31 juillet (*Preuves de Mathieu d'Escouchy*, p. 250), que des offres aient été faites à Surienne, il paraît constant que Partenay lui offrit 50,000 écus pour la restitution de Fougères. Voir lettre de Surienne dans Stevenson, t. I, p. 296, et déposition de Jacquemin de Molineaux, dans les *Preuves de Th. Basin*, t. IV, p. 326.

2. Cette ambassade paraît être arrivée le 10 avril à Razilly. — Le duc écrivait qu'il avait su par des gens de la garnison de Fougères, faits prisonniers à Saint-Aubin du Cormier, que la chose avait été faite du consentement de Somerset. Protocole des conférences de Louviers, dans D. Morice, t. II, col. 1485. — Ce protocole se trouve aussi, en copie moderne, dans le ms. fr. 13974.

3. Ce fait est rapporté par Robert Blondel, p. 21 ; il est confirmé par les lettres du duc de Bretagne en date du 27 juin 1449 (D. Morice, t. II, col. 1152).

4. Cette lettre est publiée dans les *Preuves de Mathieu d'Escouchy*, p. 217-18.

5. Voir le protocole de la conférence du 20 juin, dans D. Morice, t. II, col. 1467, et les instructions du 3 juin, *Preuves de Mathieu d'Escouchy*, p. 230 et 232-33. — Sur la participation de Somerset à l'acte qu'il désavouait, voir le *Memorandum* des questions à poser au duc quand il fut revenu en Angleterre. Stevenson, t. II, p. [718] et suiv.

gardé par les deux envoyés de Somerset sur la prise de Fougères, Charles VII les mit en demeure de s'expliquer à ce sujet : ils déclinèrent, au nom de leur maître, toute explication, et déclarèrent que l'affaire devait être portée devant le roi d'Angleterre, car ils n'avaient charge de s'occuper que des autres points en litige [1].

Une telle fin de non-recevoir ne pouvait être admise. Charles VII écrivit au duc de Somerset (13 mai) pour lui demander réparation de l'attentat et annoncer l'envoi de gens de son Conseil à Louviers ou à Évreux, afin de traiter de cette matière. « Vous connaissez le cas tel qu'il est, disait-il, et les inconvénients qui, par faute de réparation, en peuvent ensuivre ; vous êtes celui qui avez la charge et lieutenance générale, de par notre beau neveu d'Angleterre, deçà la mer, et à qui on doit avoir recours ; vous êtes tenu de donner provision quand tels cas adviennent. Ainsi nous a-t-il été fait savoir de bouche et par écrit, à deux reprises, par notre dit neveu. Vous savez ce que la trêve porte, et connaissez ce qui est à faire par raison touchant ladite matière [2]. »

Sur ces entrefaites, un message du roi d'Angleterre arriva à Razilly [3]; bientôt un chevaucheur de l'écurie apporta une nouvelle lettre de ce prince, en date du 3 mai, où, sans dire un seul mot de l'affaire de Fougères, il répondait longuement aux griefs dont le Roi l'avait entretenu et témoignait de son désir de lui donner satisfaction [4].

Les envoyés du duc de Somerset étaient toujours à la Cour. Ils avaient fort à faire pour répondre aux pressantes réclamations dont ils étaient assaillis ; ils alléguaient l'insuffisance de leurs pouvoirs pour trancher une question aussi grave que celle de l'occupation de Fougères ; mais ils prêtaient le flanc aux critiques en réclamant des garanties contre toute entre-

---

1. Premier mémoire des ambassadeurs anglais, dans D. Morice, t. II, col. 1476 ; instructions à Havart, *Preuves de Mathieu d'Escouchy*, p. 232.
2. Lettre du 13 mai 1449, dans D. Morice, t. II, col. 1456.
3. Annotation à la lettre de créance d'Edward Grimeston, en date du 9 avril. Ms. fr. 4054, f. 146.
4. Le texte de cette lettre, apportée par Perrinet le chevaucheur le 18 mai, se trouve dans les *Preuves de Mathieu d'Escouchy*, p. 218-21.

prise hostile. Les discussions s'envenimèrent. Les conseillers du trône ayant refusé de prendre à cet égard aucun engagement et déclaré ne pouvoir empêcher le duc de Bretagne, ou ses parents et amis, de tirer vengeance d'un outrage dont on ne voulait point faire réparation, Lenfant s'écria : « Il con-
« vient donc que chacun garde ses places le mieux qu'il pourra ! »
— « Gardez les vôtres, » lui répondit-on, « et le Roi se mettra
« en peine de garder les siennes mieux qu'on ne l'a fait à Fou-
« gères [1]. »

Toutefois les négociations ne furent point rompues. Le 27 mai, Charles VII signa des pouvoirs pour Culant et Cousinot, qui devaient se rendre le 15 juin à Louviers [2] ; le 3 juin, Havart partit pour l'Angleterre, chargé d'une mission près de Henri VI et porteur de lettres pour le roi et la reine [3]. Dans les instructions qui lui furent données, on sent vibrer une indignation encore contenue, mais au moment d'éclater. L'historique des attentats à la trêve dont les Anglais s'étaient rendus coupables, est fait avec une accablante précision ; quand, dans ce long exposé, on arrive au récit de la prise de Fougères par François de Surienne, une complaisante énumération est faite des titres de ce capitaine : « chevalier de l'ordre de la Jarretière, du grand conseil dudit prince neveu deçà la mer, son pensionnaire, son vassal, ayant charge et gouvernement de places et de gens sous lui. » La chose, est-il dit, a été accomplie « de guet apensé et par conspiration de longtemps projetée, » au sçu du duc de Somerset : « chose notoire et manifeste, non pas seulement au royaume de France, mais en toutes les marches voisines [4]. »

---

1. Instructions du 3 juin. *Preuves de Mathieu d'Escouchy*, p. 237. — Voir sur ces négociations : Réponse de Cousinot au Port-Saint-Ouen, dans D. Morice, col. 1468 ; Premier mémoire des ambassadeurs anglais et réponse des ambassadeurs français, *id.*, col. 1475-76 et 1484, 1488-90 ; Réponse du 31 juillet, dans Stevenson, t. I, p. 252-53 ; *Discussion des différends entre les Roys de France et d'Angleterre* : mémoire adressé à Louis XI et imprimé par Leibniz dans *Mantissa codicis juris gentium Diplomatici*. Hanov., 1700, in-fol., f. 63-97 (voir f. 93 bis v°) ; *Chronique de Jean Chartier*, t. II, p. 61.

2. Dom Morice, t. II, col. 1451.

3. Ces lettres se trouvent en minute parmi les *Chartes royales*, vol. XV, n°s 208 et 209. Nous en donnons le texte aux *Pièces justificatives*.

4. Ce remarquable document se termine ainsi : « Item, et pour ce que peut estre on auroit donné ou pourroit-on donner à entendre audit très hault et puissant prince

La déloyauté et l'aveugle obstination du gouvernement anglais allaient avoir leur châtiment. Tandis que le duc de Somerset s'efforçait, mais en vain, d'ajouter au gage dont il s'était saisi l'occupation d'autres places qu'il jugeait de bonne prise[1], des capitaines français se mettaient en campagne, et au cri de *Saint-Yves ! Bretagne !* s'emparaient, par de hardis coups de main, de plusieurs villes encore au pouvoir des Anglais. Pont-de-l'Arche fut enlevé le 16 mai[2], au moyen d'un stratagème ; peu après, Conches en Normandie, Gerberoy dans le Beauvaisis, Cognac et Saint-Mégrin en Bordelais, furent, « en ensuivant la querelle du duc de Bretagne[3], » soustraits à la domination

---

neveu autrement que ainsi que dessus est dit et que la verité est, le Roy nostre dit souverain seigneur envoye presentement ledit Havart par devers icelui très hault et puissant prince neveu, pour lesdictes choses lui exposer et remonstrer bien au long, qui sont veritables, et est la vraye et pure verité de tout le demené des matières, afin que ledit prince neveu, les seigneurs de son sang, les gens de son grant conseil et les autres dudit royaume, puissent cognoistre le grant devoir en quoy le Roy s'est mis de sa part, es excez et attemptaz qu'il a enduré estre faiz sur ceulx de son obeissance à l'encontre et ou prejudice des trèves, les grans parolles qui à ceste occasion se dient à la charge de lui et de ceulx qui ont aidiés à entretenir les matières en douleeur, et que l'en voie le bon vouloir et entencion que le Roy a tousjours eu et a au bien et entretenement desdictes matières pour parvenir au bien de la paix, à quoy il a toujours esté enclin et est, ne à lui n'a tenu ne tendra en tous moyens raisonnables et honourables. » *Preuves de Mathieu d'Escouchy*, p. 238-39.

1. On avait dit que les Français avaient voulu prendre Mantes ; les ambassadeurs répondirent à ce sujet (Protocole de conférences de Louviers, 29 juin) : « Monseigneur de Bretaigne a de grans parens amis et serviteurs..., et pour ce, si aucuns de ses serviteurs ou amis ont fait aucunes entreprises sur ledit Mante et ailleurs, on ne s'en doit pas donner merveilles, car il y a bien grant cause et couleur. Mais, outre ledit cas de Fougières, avoir voulu prendre la ville et cité de Xainctes, Taillebourg, Dosnis (Domme ?), Auberoche, Montegnac-le-Conte, Chasteaugontier, La Ferté-Bernard, Dreux et autres places en l'obeissance dudit Roy de France, lesquelles choses ont esté entreprises par ceulx de la part d'Angleterre et paravant la prise du Pont de l'Arche et des autres places de l'obeissance dudit prince neveu, et partie d'icelles cuidé estre executées auparavant de ladicte prise, et dont aucuns des coupables ont esté pris et punis par justice, c'est bien chose où il y a bien mendre couleur et de quoy on se doit donner bien plus grans merveilles. » D. Morice, t. II, col. 1488. Cf. *Discussion des differendz*, fol. 95 v°.

2. Tous les historiens disent le 15 mai : ce fut dans la nuit du 15 au 16. Voir Protocole des conférences de Louviers, *l. c.*, col. 1477.

3. Mathieu d'Escouchy, t. I, p. 168. « Laquelle cause, » dit Guillaume Cousinot dans sa lettre au comte de Foix en date du 25 septembre 1449, « aucuns amis et serviteurs de Mgr de Bretaigne, voyant l'outrage lequel luy avoit esté fait, et qu'il n'en pouvoit obtenir aucune provision de la part desdits Anglois, et que iceulx Anglois avoient rompu les treves et faisoient guerre ouverte, trouverent moyen de prendre le chastel et ville de Conches et le chastel de Gerberoy, » etc. *Thesaurus novus anecdotorum*, t. I, col. 1812.

anglaise[1]. Vainement Somerset, arraché tout à coup à une sécurité trompeuse[2], fit entendre ses réclamations ; vainement le Conseil anglais de Bordeaux envoya un poursuivant à Charles VII ; vainement les commissaires du roi d'Angleterre formulèrent des plaintes à la conférence de Louviers. On répondit invariablement que ces choses n'avaient point été accomplies par l'ordre et par le commandement du Roi, mais pour réparer l'outrage fait au duc de Bretagne ; que si les Anglais voulaient rendre la ville de Fougères et tous les biens dont ils s'étaient emparés, on leur restituerait les places prises sur eux[3].

Cependant Charles VII se préparait à la lutte. Il concentrait ses troupes[4], combinait avec le duc de Bretagne son plan d'attaque, envoyait une ambassade au duc de Bourgogne pour le mettre au courant des derniers incidents et prendre son avis[5]. Au commencement de juin, Dunois, Coëtivy, Précigny et Étienne Chevalier partirent pour la Bretagne[6], où, à la date du

---

1. Voir Berry, p. 433-434, et *Recouvrement*, p. 246-52 ; Blondel, p. 23-31 ; Th. Basin, t. I, p. 199-205 ; Chartier, t. II, p. 69-74 ; Mathieu d'Escouchy, t. I, p. 163-69.

2. Voir sur les terreurs de Somerset et la fureur de la duchesse sa femme, Th. Basin, t. I, p. 202-204, et Robert Blondel, p. 26 et suiv.

3. Voir Protocole des conférences de Louviers, *l. c.*, col. 1490 ; Lettre de Cousinot au comte de Foix, *l. c.*, col. 1813 ; Chartier, t. II, p. 76. — Les commissaires anglais ayant prétendu que le Roi faisait la guerre à leur maître sans la notifier, Cousinot et Culant répondirent qu'ils appliquaient au Roi ce qu'ils auraient dû appliquer au « prince neveu, » car celui-ci ou tout au moins ses gens étaient venus prendre Fougères et faire guerre ouverte en Bretagne, qui était de l'obéissance du Roi, sans que le Roi fît guerre ni demandât aucune chose au « prince neveu » et à ses sujets. « Il est donc bien cler, ajoutaient-ils, qui a commencé la guerre et dont la chose procède, ne pour un tel pays que le duchié de Normandie ledit Roy de France ne vouldroit avoir esté commenceur d'ung tel cas. » (D. Morice, t. II, col. 1491.) — Mais les Anglais ne voulaient rien entendre : n'allèrent-ils pas jusqu'à prétendre qu'ils n'étaient point les « premiers attempteurs ? » (*Id.*, col. 1494.)

4. Des troupes furent dirigées sur Pontoise, Beauvais et Dieppe (Mathieu d'Escouchy, p. 181). Bientôt une concentration fut opérée, d'un côté à Louviers, de l'autre sur les confins de la Bretagne et de la Basse Normandie (*Chronique du Mont-Saint-Michel*, t. I, p. 48 ; cf. Chartier, p. 80). Des lettres furent envoyées aux bonnes villes situées sur les frontières.

5. Voir la réponse du duc de Bourgogne à l'ambassade de Charles VII, réponse communiquée au Roi le 24 juillet, dans Stevenson, t. I, p. 264-73. — Le duc approuvait pleinement la marche suivie et insistait seulement sur la nécessité de ne déclarer la guerre qu'après avoir tenu conseil avec les princes du sang. Cf. Math. d'Escouchy, p. 186-88.

6. Leurs pouvoirs sont du 3 juin ; le texte a été publié dans les *Preuves de Mathieu d'Escouchy*, p. 239-42. Coëtivy était déjà en Bretagne, comme on l'a vu plus haut.

17 juin, fut signé un traité stipulant que le Roi prêterait assistance au duc contre les Anglais, et leur déclarerait la guerre si Fougères n'était restitué avant la fin de juillet[1].

La conférence de Louviers s'ouvrit le 15 juin, et se poursuivit, à Port-Saint-Ouen, à Venable et à Bonport, jusqu'au 4 juillet, sans amener de résultat. Les commissaires royaux, voyant qu'il était impossible d'obtenir aucune réparation, et convaincus de la mauvaise foi du gouvernement anglais, rédigèrent, à la date du 4 juillet, un acte contenant leur *ultimatum*[2]. Si les conditions en étaient repoussées, ils prendraient Dieu, le ciel et la terre à témoin du devoir en quoi le roi de France s'était mis, et de ce qu'il n'avait point tenu à lui que la trêve n'eût été observée. Quant à tous les inconvénients qui en pourraient advenir, le Roi s'en tenait honorablement et raisonnablement pour déchargé[3].

Le moment était venu de prendre une résolution. Charles VII, qui, selon la juste appréciation de Thomas Basin, « était grave et prudent, plaçant la justice, la fidélité à sa parole et l'honneur royal avant tous avantages temporels[4], » Charles VII avait épuisé les voies de conciliation. Une assemblée solennelle fut tenue le 17 juillet, au château des Roches-Tranchelion, à peu de distance de Chinon, avec le concours des princes du sang et des membres du grand Conseil. Le chancelier Guillaume Jouvenel exposa longuement les faits. Chacun fut appelé à donner son avis. Tous reconnurent que le Roi avait fait son devoir et plus que son devoir, et qu'il était en droit de déclarer la guerre aux Anglais, sans encourir le blâme de qui que ce fût. En outre, il fut déclaré que le Roi ne pouvait, sans charge pour

---

1. Lettres des ambassadeurs, dans D. Morice, t. II, col. 1508 ; lettres du duc, *id.*, *ibid.*, col. 1452. — La ratification de Charles VII est du 26 juin.
2. Cet *ultimatum* était le suivant : Fougères serait rendu, avec tous les biens dont on s'était emparé, avant le 25 juillet ; douze jours après les Français rendraient Pont de l'Arche, Conches et Gerberoy, et mettraient lord Falconbridge en liberté. D. Morice, t. II, col. 1503. Cf. Lettre de Guill. Cousinot, *l. c.*, col. 1813, et *Discussion des différends*, *l. c.*, f. 95.
3. D. Morice, t. II, col. 1507 ; *Discussion des différends*, f. 95 v°.
4. « Ipso vero, qui gravis et prudens erat, quique justitiam et fidem honoremque suum omnibus temporalibus commodis anteponeret, chariorosque haberet... » Thomas Basin, t. I, p. 198.

son honneur et sa conscience, décliner le devoir qui lui incombait de défendre son peuple, d'expulser ses ennemis et de s'employer à la conservation de la chose publique de son royaume, ainsi qu'il l'avait juré à son sacre. Le Roi ordonna que des lettres patentes fussent rédigées « pour son honneur et sa décharge au temps à venir [1]. »

La guerre étant décidée, on se mit en mesure de l'entreprendre avec vigueur. La résolution prise aux Roches-Tranchelion fut aussitôt notifiée aux princes du sang et à tous les princes alliés de la Couronne. Un appel aux armes fut lancé. Dunois fut nommé lieutenant-général dans les pays entre la Somme, l'Oise et la mer, et des pouvoirs furent donnés à plusieurs commissaires royaux pour traiter de la reddition des places [2].

Le duc de Somerset ayant, quelques jours après, envoyé une ambassade au Roi pour lui faire une nouvelle communication [3], une autre assemblée solennelle fut tenue le 31 juillet [4]. Charles VII y fit en personne l'exposé des faits et recueillit encore une fois les avis au sujet de la rupture avec l'Angleterre. L'assemblée fut aussi unanime que dans la précédente délibération. Le Roi fit alors entrer dans la salle où il siégeait, entouré de ses conseillers, les ambassadeurs du duc de Bretagne, pour leur communiquer cette détermination, qu'ils

---

1. Math. d'Escouchy, t. I, p. 185-86 ; Réponse du 31 juillet, dans Stevenson, p. 259-62 ; Blondel, p. 37 ; Chartier, p. 76-79 ; Lettre de Guillaume Cousinot, col. 1814 ; *Discussion des différends*, f. 96, etc. Les motifs de la rupture sont très nettement énoncés dans les lettres du 17 juillet donnant des pouvoirs pour traiter de la reddition des places en Normandie. Voir *Ordonnances*, t. XIV, p. 59-60.

2. Lettres du 17 juillet, nommant le comte de Dunois lieutenant-général des marches au delà des rivières de Somme et d'Oise jusqu'à la mer (Ms. fr. 20382, f. 5). — Lettres du même jour donnant pouvoir à Dunois, Gaucourt, Brézé, le sire de Précigny, Culant, Cousinot et Jean de Bar (*Ordonnances*, t. XIV, p. 59). — Il est remarquable que ce soit Dunois qui ait exercé les fonctions de « capitaine-général sur le fait de la guerre » — c'est le titre qu'il prend dans des lettres en date du 21 août 1449, publiées par M. Vallet, t. III, p. 167, note A, — et que le connétable de Richemont ait été laissé au second plan. Il est vrai que le jeune duc de Bretagne avait grand besoin d'un *lieutenant-général*. — Sur le commandement en chef de Dunois, voir Robert Blondel, p. 46, 56, 65, etc.

3. Voir lettre de Somerset, en date du 9 juillet, reçue le 21 à Razilly. Stevenson, t. I, p. 243-44.

4. Procès-verbal de l'assemblée des Roches-Tranchelion. Minute dans le ms. fr. 4054, f. 153 ; éd. *Preuves de Mathieu d'Escouchy*, p. 245 et suiv.

déclarèrent « bonne, juste et raisonnable. » Puis il fit introduire Jean Lenfant et Jean Cousin, envoyés du duc de Somerset. Par son ordre, le chancelier donna lecture d'un long mémoire[1] contenant un complet historique des négociations. Les ambassadeurs anglais tentèrent de répondre et de protester. Mais le temps des vaines paroles et des protestations illusoires était passé ; désormais la voie des armes était seule ouverte, et l'on ne pouvait en appeler qu'au jugement de Dieu.

1. Ce document nous a été conservé : il se trouve en copie du temps dans le ms. fr. 4054, . 36, et M. Stevenson l'a publié (t. I, p. 243-261), mais en le plaçant à tort en avril 1449.

CHAPITRE XII

RELATIONS AVEC LE DUC DE BOURGOGNE ET AVEC LES PRINCES ALLEMANDS

1446-1447

Extension démesurée de la puissance bourguignonne ; lutte d'influences qui se prépare en Allemagne entre Charles VII et Philippe le Bon. — Avertissement indirect donné au duc par le Roi à propos du titre *par la grâce de Dieu ;* réponse faite par ce prince. — Le duc d'Orléans et le sire de Gaucourt à la Cour du duc ; échange d'ambassades avec le Roi. — Conférences à Langres et à Chaumont pour régler des questions locales ; le duc en appelle à l'autorité du Saint-Siège relativement aux infractions au traité d'Arras dont il se plaint. — Le duc se préoccupe des affaires d'Italie ; il est constamment en relations avec le duc d'Orléans et avec le Dauphin. — Démêlé du duc de Clèves et de l'archevêque de Cologne ; intervention du Roi ; la guerre se prolonge durant plusieurs années. — Démarches faites par le duc en vue d'alliances matrimoniales entre sa maison et la maison impériale ; négociations entamées avec le duc Albert d'Autriche, puis avec Frédéric III ; exposé de ces négociations, où Philippe poursuit à la fois le mariage du comte de Charolais avec une fille du duc de Saxe, et l'érection en royaume de ses possessions du nord. — La négociation, mal conduite par le duc, se termine par un échec complet.

Par l'occupation du duché de Luxembourg, en 1443[1], Philippe le Bon avait, une fois de plus, révélé ses ambitieux desseins. Relier entre elles ses possessions du nord et de l'est, qui formaient comme deux tronçons séparés l'un de l'autre par le Luxembourg et la Lorraine, tel est le projet que semble avoir conçu le duc. Déjà, sur la route de la Bourgogne, il avait réussi à s'assurer deux étapes, Clermont en Argonne et Neufchâteau, qu'il s'était fait livrer en gage par le roi René. En relations amicales avec la ville de Metz, située dans le voisinage

[1]. Voir tome III, p. 306-317.

du territoire qu'il venait d'occuper ; avec la ville de Verdun, un moment placée sous sa protection, il lui était facile, au cas où le passage à travers le royaume lui eût été fermé, de faire prendre cette voie à ses armées pour gagner la Bourgogne. Enfin, du côté de l'Alsace, où il n'avait pas renoncé à faire valoir des prétentions, le duc était en bons rapports avec le comte de Wurtemberg, qui lui devait hommage pour plusieurs seigneuries relevant de son comté de Bourgogne, et qui, au printemps de 1444, vint le visiter à Bruxelles[1].

Mais le duc Philippe devait rencontrer de sérieuses difficultés dans la poursuite de ses desseins. En France, on ne pouvait voir d'un œil indifférent l'extension nouvelle donnée à la puissance bourguignonne. En Allemagne, si le duc avait trouvé chez le chef de l'empire un témoin complaisant et peut-être un complice, il rencontra chez plusieurs princes électeurs des adversaires déclarés. Le duc de Saxe et son frère Guillaume étaient compétiteurs de Philippe le Bon dans le Luxembourg. Quant aux archevêques de Trèves et de Cologne, ils ne pouvaient voir sans inquiétude s'établir auprès d'eux un prince dont l'insatiable soif d'agrandissement pouvait un jour ou l'autre s'exercer à leurs dépens. C'est ce sentiment qui contribua sans doute à les rapprocher de la France et à leur faire contracter avec elle une étroite alliance. Désormais l'Allemagne est le champ de bataille où vont se heurter l'influence française et l'influence bourguignonne : autant le duc de Bourgogne se montre de facile composition en ce qui concerne l'expansion de la France du côté de l'Italie, autant il redoute l'ascendant qu'elle pourrait prendre en Allemagne. Tous ses efforts tendront à resserrer son alliance avec Frédéric III, car, une fois assuré du concours de ce prince, il pourra marcher à son but en bravant tous les obstacles.

1. Voir Olivier de la Marche, t. II, p. 53. Les savants éditeurs relèvent l'erreur commise par le chroniqueur, au sujet de l'hommage de Montbéliard. — On a vu plus haut (t. III, p. 310) que le droit sur l'avouerie d'Alsace faisait partie de la cession faite au duc par Elisabeth de Gorlitz. Il faut remarquer aussi que, « pour obvier à ce que les places de Granges, Passavant et Clerevai, au bailliage d'Amont, fussent mises aux mains des gens du Dauphin, » quand celui-ci s'avança sur Montbéliard, le duc les avait fait occuper par le maréchal de Bourgogne. Voir lettres du duc données à Lille le 20 mars 1446. Archives nat., K 1995.

Charles VII avait compris les nécessités que lui imposait la politique bourguignonne. Les alliances conclues avec l'archevêque de Trèves, l'archevêque de Cologne, le comte Palatin, le duc de Saxe, semblent avoir eu principalement pour but d'opposer une digue aux envahissements successifs du duc Philippe, et de permettre, à un moment donné, de s'y opposer par la force. Si le Roi, faisant preuve d'une résignation commandée par les circonstances, avait subi les dures conditions du traité d'Arras, il possédait à un trop haut degré le sentiment de sa dignité et le souci des intérêts de la Couronne pour ne point s'opposer résolument à l'exécution de desseins qui étaient à la fois une atteinte à sa puissance et une menace pour son royaume.

Avec une rare intelligence de la situation, Charles VII sut mettre le doigt sur le point délicat. Au lendemain des conférences de Châlons, comme s'il eût voulu montrer à son ambitieux cousin qu'il n'était point dupe de l'attitude mélangée d'arrogance et de vaines démonstrations de respect qu'il n'avait cessé d'avoir depuis le traité d'Arras, il fit formuler par son procureur général une protestation contre un usage que le duc tendait à introduire dans les actes émanés de sa chancellerie : celui de s'intituler duc « par la grâce de Dieu, » et lui demanda raison de cette prétention.

En présence de cette réclamation, Philippe fit partir deux ambassadeurs pour la cour de France [1]. Ses envoyés avaient mission de fournir des explications au Roi. Le duc exprimait tout d'abord son étonnement au sujet de la protestation royale. A la vérité, le duché de Bourgogne était tenu du Roi, ainsi que les autres terres et seigneuries qu'il possédait dans le royaume ; le Roi y était souverain, sauf l'exemption d'hommage dont le duc, à titre personnel, bénéficiait en vertu du traité

---

[1]. C'est le 1er mars 1446 que partirent les ambassadeurs ; ils furent employés dans cette mission jusqu'au 31 juillet. Archives du Nord, B 1991, f. 70. — Avant le départ de ces deux ambassadeurs, plusieurs messages avaient été envoyés au Roi : le 12 janvier partit de Gand un chevaucheur de l'écurie, porteur de lettres closes traitant de « certaines matières secrètes » (Archives du Nord, B 1988, f. 143 v°) ; le 2 février, un autre chevaucheur partit de Louvain, avec des lettres closes (Id., ibid., f. 147 v°).

d'Arras[1]. Mais le duc n'avait rien dit, rien fait qui pût porter atteinte à la souveraineté royale, et il ne voulait point méconnaître que ces terres et seigneuries fussent tenues du Roi. Le titre qu'il prenait ne portait donc point désaveu ou méconnaissance de fief. Les ambassadeurs avaient charge de le proclamer hautement, et d'en faire, par acte notarié, déclaration expresse devant le Conseil. En même temps, ils devaient constater qu'en prenant possession des duchés de Brabant et de Limbourg, des comtés de Hainaut, de Hollande et de Zélande, le duc en avait usé comme ses prédécesseurs. Si, dans l'énoncé de ses titres, il se qualifiait en première ligne *duc de Bourgogne*, c'était pour garder l'honneur et la prééminence de son duché et par là de la Couronne de France, car nul n'avait été plus jaloux que lui de conserver cette prééminence. C'était à sa requête que le titre de duc de Bourgogne avait été déclaré le premier en honneur, après les Rois, et avant tous autres ducs et princes de la chrétienté, fussent-ils électeurs de l'empire : en quoi il croyait avoir soutenu grandement l'honneur de la Couronne de France. On devait, en outre, faire observer que d'autres princes s'intitulaient de la sorte : ainsi le roi de Sicile, qui était duc d'Anjou et de Bar; le duc de Bretagne, dont toutes les terres relevaient de la Couronne. Les mots *par la grâce de Dieu* n'emportaient donc pas, en eux-mêmes, souveraineté, désaveu ou méconnaissance de fief, car tous les princes de l'empire usaient de ce titre, aussi bien que les archevêques, évêques et autres prélats, lesquels toutefois avaient pour souverain, les uns l'empereur, les autres le Pape. Ce n'était point, d'ailleurs, la première fois que le duc prenait ce titre : il l'avait pris lors de la conclusion du traité d'Arras, comme le prouvaient plusieurs lettres patentes, faisant mention de ce traité, que le Roi avait eues pour agréables; il

---

1. Article XXVIII du traité d'Arras. « Item, et que mondit seigneur le duc de Bourgoingne ne sera tenu de faire aucune foy, hommage ne service au Roy des terres et seigneuries qu'il tient à present ou royaume de France, ou de celles qu'il doit avoir par ce present traictié, et pareillement de celles qui lui pourront escheoir cy après par succession audit royaume, mais sera et demourra exempt de sa personne en tous cas de subjection, hommage, ressort, souveraineté et autres du Roy, durant la vie de lui. » *Mémoires d'Olivier de la Marche*, t. I, p. 220.

l'avait pris encore lors du mariage du comte de Charolais avec madame Catherine de France, comme il résultait de lettres que le Roi avait pareillement vues et reçues, et dans d'autres lettres patentes de nomination aux offices et cas royaux présentés au Roi et à son Conseil, et reçues sans difficulté. Les ambassadeurs, en conséquence, devaient demander que le Roi, pour le présent et pour l'avenir, voulût bien s'en montrer content, et qu'il mît à néant la protestation de son procureur général, en tenant compte de la déclaration faite au nom du duc [1].

Nous n'avons pas de renseignements sur l'issue de cette ambassade; nous savons seulement que les remontrances du duc furent présentées au Roi, à Chinon, le 28 mars, et remises aux mains du chancelier de France [2].

Charles VII était engagé en ce moment dans des négociations secrètes avec le duc de Savoie, relativement à l'occupation de Gênes et à la conquête du Milanais [3]. Fort intéressé dans la question, le duc d'Orléans profita sans doute de son séjour à la cour de Bourgogne, lors de l'assemblée solennelle de la Toison d'or (11 décembre 1445), pour entretenir son cousin de ses vues sur le Milanais et le rendre favorable à ses desseins. Le 15 février suivant, le sire de Gaucourt se trouvait près du duc à Louvain [4]. Or, nous avons constaté plus haut que, dans le courant de l'année 1444, cet habile diplomate avait été chargé par le duc d'Orléans de faire des ouvertures au roi des Romains relativement à l'affaire d'Asti. C'est sans doute pour entretenir le duc et la duchesse de Bourgogne des intérêts du duc d'Orléans que Gaucourt entreprit le voyage de Flandre. D'autre part, il est présumable que la mission donnée peu après à Bertrandon de la Broquière n'était point étrangère aux projets d'intervention en Italie. La Broquière

1. Instructions en date du 21 janvier 1446. Bibl. nationale, V C Colbert, 61, p. 762.
2. Note en marge de l'Inventaire des lettres et documents emportés par Étienne Armenier. Archives de la Côte-d'Or, B 11906.
3. Voir plus haut, chapitre VIII, p. 227 et suiv.
4. Nicolas le Bourguignon, secrétaire du duc, va le 15 février, par ordre du duc, de Louvain à Bruges en la compagnie du seigneur de Gaucourt. Archives du Nord, B 1991, f. 75.

séjourna pendant plus de six mois à la cour de France[1]. A peine était-il en route qu'un second ambassadeur vint le rejoindre : c'était Pierre de Bauffremont, seigneur de Charny[2]. Peu après (15 mai), un message fut envoyé au duc d'Orléans, qui résidait alors à Chauny[3]. Le duc Philippe, à ce moment, est en correspondance suivie avec le Roi, avec Brezé, avec son ambassadeur La Broquière[4].

L'état de la jeune comtesse de Charolais, qui inspirait alors de vives inquiétudes, amenait aussi un fréquent échange de communications entre les deux Cours[5]. Catherine de France était tombée malade à Bruges, au mois de janvier; malgré les soins qui lui furent prodigués et la venue de deux des meilleurs médecins de Charles VII, le mal alla s'aggravant et fut bientôt sans remède : le 28 août, la fille du Roi succombait à la fleur de l'âge[6]. Cette mort venait rompre un des liens qui rattachaient encore la maison de Bourgogne à la Couronne. Philippe fit célébrer un service funèbre en grande pompe[7]; puis il renvoya les dames et seigneurs attachés à la personne de la princesse, en leur remettant des lettres closes pour le Roi, la Reine et le Dauphin[8].

Nous avons la preuve qu'au milieu de cette année le duc de

1. Le 21 mars 1446, Bertrandon de La Broquière est envoyé au Roi « pour certaines matières secrètes. » Il est employé à cette mission jusqu'au 6 octobre suivant. Archives du Nord, B 1991, f. 77; cf. *ibid.*, f. 82 v°, et 1988, f. 152 v°. — Étienne Armenier, président au parlement de Bourgogne, accompagna La Broquière (B 1991, f. 92).
2. Départ de Bruges le 11 avril 1446; retour le 9 juillet. Archives du Nord, B 1991, f. 81.
3. Lettres closes du duc, « pour affaires secrètes. » Archives du Nord, B 1991, f. 96 v°.
4. 20 juin : chevaucheur envoyé de Bruges avec des lettres closes pour le Roi, le seigneur de la Varenne et La Broquière, « pour aucunes choses et matières secrètes. » (B 1991, f. 99 v°.) — 20 juillet : chevaucheur envoyé de Bruxelles avec des lettres closes pour le Roi et La Broquière (*ibid.*, f. 103 v°).
5. 2 février : envoi d'un chevaucheur, porteur de lettres closes, vers le Roi « quelque part qu'il soit; » 3 février : arrivée d'un poursuivant porteur de lettres du Roi pour la duchesse de Bourgogne; 15 février : envoi d'un chevaucheur porteur de lettres pour le Roi et pour ses « phisiciens; » 9 mars : envoi de semblables lettres, etc. Archives du Nord, B 1988, f. 147 v°, 149, 149 v°, 150, 151, 152. Cf. B 1991, f. 90, 91 et s., 110.
6. Mathieu d'Escouchy, t. I, p. 110; Olivier de la Marche, t. II, p. 111-12.
7. Voir les comptes cités par les éditeurs d'Olivier de la Marche, *l. c.*; Archives du Nord, B 1991, f. 100 v°.
8. Archives du Nord, B 1991, f. 124 v° et 100 v°. Joachim de Montléon, pannetier du duc, fut chargé de présenter un rapport sur « l'estat et la maladie de laquelle feue madame la comtesse de Charrolois estoit trespassée. » (*Id.*, f. 81 v°.)

Bourgogne se décida à intervenir dans les affaires italiennes : le 10 août il fit partir une ambassade, composée des plus habiles diplomates de son Conseil : Guillebert de Lannoy, Jean Jouffroy et Toison d'or[1]. L'ambassade avait mission de se rendre successivement en Savoie, à Milan, à Venise, à Rome, et enfin à Naples, près du roi d'Aragon. Le même jour un chevaucheur alla porter des lettres closes au Roi et au Dauphin[2]. D'un autre côté plusieurs ambassadeurs français, parmi lesquels figuraient Jean d'Estouteville, seigneur de Blainville, et Étienne Chevalier, se rendirent à la cour de Bourgogne[3].

Au milieu de ces continuels échanges d'ambassade, une mission spéciale fut donnée à l'ancien serviteur de Brezé, Georges Chastellain, devenu l'un des panneliers du duc : il était chargé de faire des remontrances au Roi relativement à un fait dont nous avons parlé plus haut[4] : l'ajournement lancé contre le duc en pleine assemblée des chevaliers de la Toison d'or.[5] Un autre ambassadeur fut envoyé au duc d'Orléans, avec lequel Philippe ne cessait d'être en relations[6], et auquel il avait promis une assistance armée pour soutenir ses droits sur le duché de Milan[7].

Les difficultés pendantes entre les cours de France et de Bourgogne étaient l'objet de fréquents pourparlers. Le Roi avait voulu faire publier en Bourgogne une ordonnance relative à un droit imposé sur certaines denrées ; le conseil du duc s'y était opposé, au grand mécontentement du Roi[8]. D'autre part, le duc ayant manifesté l'intention de donner le comté d'Auxerre

---

1. Les ambassadeurs ne revinrent de cette mission que l'année suivante : Toison d'or le 1er février, Jean Jouffroy le 1er mars ; quant à Guillebert de Lannoy, de la Sicile il se rendit en pèlerinage à Jérusalem. Archives du Nord, B 1991, f. 85, 86, 101 ; Potvin, Œuvres de Ghillebert de Lannoy, p. 174 et s., 217 et s.
2. Voyage de Jean de Montlay. Archives du Nord, B 1991, f. 100.
3. Huitième compte de Jean de Xaincoins. Cabinet des titres, 685, f. 101 v°.
4. Voir chap. IV, p. 140.
5. Le voyage de Georges Chastellain dura du 27 septembre au 15 novembre. Archives du Nord, B. 1991, f. 77 v° ; Kervyn de Lettenhove, Œuvres de Georges Chastellain, t. I, p. xvii, note 2.
6. Voyage de Louis Dommessent : 30 octobre-20 novembre 1447. Archives du Nord, B 1991, f. 78. — Lettres du duc et de la duchesse au duc et à la duchesse d'Orléans, en date du 17 décembre. Id., ibid., f. 128.
7. Histoire de Bourgogne, t. IV, p. 263.
8. Extrait du sixième compte de Jean de Visen, dans Collection de Bourgogne, 65, f. 162.

au comte d'Étampes, son neveu, Charles VII avait refusé d'y consentir[1]. Le Roi faisait relever avec soin tous les faits à la charge des gens et officiers du duc[2]. A la date du 20 juillet 1446, Philippe donna commission au président Armenier et à Philippe de Courcelles, bailli de Dijon, pour se rendre à Langres et à Chaumont et y régler, de concert avec les commissaires royaux, la question des limites des comtés d'Auxerre, de Bar-sur-Seine et pays voisins[3]. Un des points en litige reçut alors une solution conforme aux désirs du duc : sur sa demande le Roi rétablit à Marcigny le grenier à sel qui avait été supprimé[4].

Ce n'étaient là que des points de détail; le duc ne cessait de porter plainte relativement à des infractions au traité d'Arras. Usant de la faculté que lui donnait le traité, il résolut de s'adresser au Saint-Siège. A la date du 29 octobre, le pape Eugène IV désigna l'évêque de Liège pour prendre connaissance de l'affaire[5].

1. Voir lettres patentes du duc de Bourgogne, en date du 11 juillet 1446. *Histoire de Bourgogne*, t. IV, *preuves*, p. CXCIV.
2. On trouve aux Archives nationales plusieurs mémoires, plus ou moins développés, mais contenant l'exposé des mêmes faits; l'un d'eux, qui forme un rouleau sur papier (J 258, n° 32), porte cet en-tête : « Cy s'ensuit ce qui s'est peu trouver pour faire declaracion à Sens par Mgr le procureur general du Roy nostre sire touchant plusieurs excès et entreprises faictes par les gens et officiers de monseigneur de Bourgongne contre des officiers royaux et aucuns subgez du Roy nostre sire et touchant les limites et juridicions du Roy nostre dit seigneur. » — Dans un autre (J 258, n° 30), on lit : « Pour remonstrer au Roy nostre sire et à nos seigneurs de son conseil, et ailleurs où il sera de necessité, les euvres de fait, entreprinses et autres excez et delitz commis et perpetrez par les gens et officiers de monseigneur de Bourgongne et autres leurs aliez et complices, plaise à reverend pere en Dieu monseigneur l'evesque de Laon veoir et visiter ces présentes memoires, lesquelles sont vrayes et notoires. » Les faits relatés remontent à 1438, mais se rapportent plus spécialement à l'année 1445. Parmi les griefs énoncés se trouvent les suivants (J 258, n° 25) : « Item, avec ce lesdiz de Bourgongne ont desborné le royaume, sans consulter aucuns officiers du Roy, et ont mises les bornes X lieux et plus ou royaume en plusieurs lieux, et mis pennonceaulx armoyez des armes du conté de Bourgongne en plusieurs villes qui de toute ancienneté sont de l'élection de Langres. — *Item*, ilz appellent les subgiez du Roy qui vont ès pays de mondit seigneur de Bourgongne : « Traitres, villains, serfs, allez, allez, paier vos tailles! » et plusieurs autres villenies et injures. — *Item*, avec ce ilz ont ordonné XVI ou XVII compaignons en habiz de merchans et autres en habit dissimulé, et aucunes fois vont en armes couvertement, lesquels ont ordonnance de tuer tous officiers du Roy qu'ilz trouveront sur les limites audit païs de Bourgongne, et vueillent appointer à eulx et mettre en debat plusieurs villes desquelles jamés ne fut contestacion fors puis ung an en ça. »
3. Collection de Bourgogne, 23, f. 6.
4. Lettres du Roi, en date du 27 juillet. Archives de la Côte-d'Or, B 11178.
5. Cet acte est mentionné dans la bulle de Nicolas V, du 23 mai 1447; voir plus loin. Cf. *Histoire de Bourgogne*, t. IV, p. 203.

Les intrigues de la Cour étaient surveillées de près par le duc de Bourgogne. Nous avons vu que Guillaume Mariette entretenait avec lui une correspondance régulière ; dans le courant de 1445 et de 1446, il vint en personne à la cour de Philippe[1]. Après l'installation du Dauphin en Dauphiné, un commerce presque incessant s'établit entre le duc et l'héritier du trône. Durant l'année 1447, un des pannetiers du duc est constamment en mission près du Dauphin[2]. Au moment où le projet d'intervention en Italie est à la veille de s'effectuer, Philippe est en relations avec le duc d'Orléans et avec le Roi : nous avons la trace de plusieurs messages et ambassades envoyés par le duc à partir du mois de mars[3].

Mais, plus encore que les affaires d'Italie et les intrigues du Dauphin, les affaires d'Allemagne occupaient le duc de Bourgogne. Philippe était engagé dans deux négociations fort délicates : l'une relative au différend survenu entre le duc de Clèves et l'archevêque de Cologne ; l'autre ayant trait à des projets d'alliance avec le duc Albert d'Autriche et la maison impériale.

Le démêlé du beau-frère de Philippe le Bon avec Théodoric de Meurs remontait à plusieurs années. Dès le commencement de 1444, des pourparlers avaient été entamés pour arriver à une pacification ; une conférence était alors projetée[4]. Lors

---

1. Voir les mémoires rédigés par Guillaume Mariette, dans les *Preuves de la Chronique de Mathieu d'Escouchy*, p. 268 et suiv. ; les lettres de Mariette au duc, p. 280 et suiv., etc.

2. C'était Joachim de Montléon. Voyages du 10 mars au 22 avril ; du 10 juillet au 3 octobre ; du 21 décembre 1447 au 14 avril 1448. En septembre-octobre un chevaucheur du Dauphin est à Bruxelles, près du duc. Archives du Nord, B 1996, f. 10 et 10 v° ; 1998, f. 42 ; 2000, f. 53 v° ; 1994, f. 170.

3. Voyage de Nicolas de Bourguignon vers le Roi et le duc : 1er mars-6 avril 1447 ; Voyage de Louis Dommessent vers le duc : 17 mars-27 avril. (Archives du Nord, B 1994, f. 70 v°, 78 v°, 94.) — Le 30 mars, Jean Vignier est envoyé en France, « par devers certaines personnes, pour aucunes ses affaires secrez » (B 1994, f. 80 v°). — Le 2 avril, un chevaucheur part de Bruges avec des lettres closes pour le Roi (B 1994, f. 90 v°). — De son côté, le Roi envoya au duc un de ses échansons, Raoulin Regnault (B 1994, f. 150 v° ; neuvième compte de Xaincoins, f. 117). — Au même moment, Jehinet Martin, chapelain de la Reine, vint à Bruges de la part de sa maîtresse « pour aucuns affaires secrez. » (B 1994, f. 109 v°.)

4. Le 18 avril 1444, le duc de Bourgogne écrivait à ce sujet au comte de Meurs, qui se rendait près de l'archevêque de Cologne (Archives du Nord, B 1982, f. 77 v°). — La conférence devait se tenir à Utrecht le 20 juin ; elle fut contremandée (B 1982, f. 93 v°).

de la diète de Nuremberg, l'évêque de Verdun vint en ambassade vers le roi des Romains et les électeurs de l'Empire ; il avait mission de s'occuper non seulement de l'affaire du duc de Clèves, mais de la pacification de l'Église, et surtout de la conclusion définitive des arrangements relatifs au Luxembourg[1]. Le différend entre le duc de Clèves et l'archevêque de Cologne, loin d'être apaisé, fut bientôt compliqué par la lutte ouverte qui s'engagea entre Gérard, duc de Juliers et de Berg[2], et Arnold, duc de Gueldre, beau-frère du duc de Clèves, au sujet de la possession du duché de Juliers. Les chroniques du temps nous apprennent que le duc de Gueldre ne tarda pas à être mis en pleine déroute[3]. L'archevêque de Cologne était soutenu dans sa querelle par la plupart des princes allemands : le comte Palatin du Rhin, les ducs Frédéric et Guillaume de Saxe, le margrave de Brandebourg, le duc Guillaume de Brunswick, etc., etc.; le duc de Clèves, dont le fils Jean soutenait la cause les armes à la main, n'avait pour auxiliaires que quelques seigneurs (le duc de Juliers[4], Bernard et Simon de Lippe[5],) et quelques villes (Osnabruck, Paderborn, etc.); mais bientôt il eut l'appui de la chevalerie bourguignonne.

Sur la demande de l'archevêque de Cologne, devenu son allié, Charles VII ne tarda point à intervenir. Il écrivit au duc de Clèves, « charitablement et amicalement, » pour lui demander de donner satisfaction à l'archevêque et de s'abstenir de toute agression. Mais le duc fit la sourde oreille[6]. Il déclara

1. L'évêque fut employé à cette ambassade du 13 avril au 31 octobre. Archives du Nord, B 1082, f. 89 v°, 90 v°, 95 v°, 106, 117 v°, 119 v°; B 1083, n° 20.
2. Voir un acte du 28 novembre 1444, dans Lacomblet, *Urkundenbuch*, t. IV, p. 320.
3. Dans un engagement qui eut lieu le 3 novembre 1444. Zantfliet, dans *Amplissima collectio*, t. V, col. 452; *Chronicon Monasterii Campensis*, dans *Annalen des historischen Vereins für den Niederrhein*, t. XX, p. 321 ; *Munstereifler Chronik*, dans le même recueil, t. XV, p. 201 (avec la date fautive de 1445).
4. Traité du 4 mai 1445, Lacomblet, *l. c.*, t. IV, p. 323. — On a peine à comprendre cette alliance, contractée pour cinq ans, entre le duc de Juliers et le damoiseau de Clèves, un mois après le traité passé entre Charles VII et le duc de Juliers. (Voir chap. II, p. 69.)
5. Traité du 10 mars 1445. Lunig, *Spicil. secul.*, 1 Theil, p. 470, et Lacomblet, p. 321.
6. Dans une lettre au Roi, en date du 28 mars 1445, le duc de Clèves allait jusqu'à dire que personne à sa cour ne comprenait bien le français : « ... Als ich dat vyt uwer genaden Brieff, die in walsch gescrelben was, des hier nyemant opt nauste en versteet verstaen heb. » Original, Ms. fr. 20587, n° 42.

que c'était bien plutôt à la partie adverse de lui faire réparation[1]. Théodoric offrit alors au duc de Clèves de soumettre le différend à l'arbitrage du roi de France et de son Conseil. Charles VII, avisé de cette démarche, s'adressa de nouveau au duc de Clèves, lui exprimant son mécontentement de ce qu'il était demeuré rebelle à ses instances, se déclarant prêt à s'occuper de rétablir la concorde, le priant de cesser toute voie de fait et de lui faire connaître s'il acceptait l'arbitrage proposé. Le Roi ajoutait que, uni à l'archevêque par un traité d'alliance, il ne pourrait, au cas où il en serait requis, lui refuser son assistance[2].

Ce cas se présenta bientôt : Gérard de Loos, comte de Blanckenheim — le même que nous avons vu, en compagnie du duc de Juliers, conclure un pacte avec Charles VII, — vint, au nom de l'archevêque de Cologne, implorer l'assistance royale. Charles VII n'hésita pas : il promit de mettre à la disposition de son allié quatre cents hommes d'armes et douze cents archers, pour le servir pendant un an, ou tout au moins pendant huit ou neuf mois, aux dépens du trésor royal; en outre, pour hâter le départ de ce contingent, il donna l'ordre de faire aussitôt une distribution d'argent aux capitaines[3].

La situation de l'archevêque de Cologne était d'autant plus grave que, sur ces entrefaites, Eugène IV, mécontent de l'appui prêté par ce prince et par son collègue, l'archevêque de

---

[1]. « Comme, disait le duc, sur divers points, qu'il serait trop long de mettre par écrit, j'ai souffert et ai été persécuté de sa part pendant nombre d'années, et que, malgré mes réclamations fondées sur notre accord et traité, je n'ai pu arriver à aucun accommodement, la nécessité nous a contraints, mon fils aîné et moi, à devenir ses ennemis; et je ne doute pas que votre grâce royale, considérant les grandes injustices que m'a faites l'archevêque susdit, l'arrogance et la présomption dont il a fait preuve envers moi et envers mon pays, ne les voie avec déplaisir, comme tous les honnêtes gens, et qu'elle ne préfère se montrer favorable et secourable envers moi et mon fils, plutôt que d'accorder son appui à l'archevêque susdit. » Je dois la traduction de ce document à mon ami M. God. Kurth, professeur à l'Université de Liège.

[2]. Lettre du Roi au duc de Clèves, sans date, dans le Ms. latin 5114A, f. 77 v° et 79, éditée par d'Achery, Spicilegium, t. III, p. 786, et par Leibniz, Codex juris gentium, p. 113. Cette lettre doit avoir été écrite avant le départ du Roi de Nancy.

[3]. Lettre du Roi à l'archevêque de Cologne, sans date, dans le Ms. latin 5114A, f. 73 v°. Datum Caynone (sans autre indication), dans d'Achery et Leibniz. Je suppose qu'il faut lire Cayurne, comme pour les documents cités plus haut (p. 75), et que la lettre fut écrite pendant le séjour du Roi à Kœur, en mai 1445.

Trèves, à l'antipape Félix, venait de déposer les deux prélats et de remplacer l'archevêque de Cologne par le jeune Adolphe de Clèves, frère cadet de Jean [1].

Pendant plusieurs années, toute l'Allemagne fut remplie du bruit de la lutte entre le duc de Clèves et l'archevêque de Cologne; de part et d'autre, de très nombreuses armées y furent engagées. La ville de Soest, principal objet du débat, qui avait ouvert ses portes à Jean de Clèves, vit autour de ses murs, s'il en faut croire une chronique allemande, quarante mille fantassins et vingt mille cavaliers [2]. La guerre ne se termina qu'au printemps de 1449, grâce à l'intervention du cardinal de Saint-Ange, légat du Pape [3].

Par sa politique ambitieuse, le duc de Bourgogne s'était aliéné plusieurs des électeurs de l'empire : le duc de Saxe, son antagoniste dans le Luxembourg; les archevêques de Trèves et de Cologne; le comte Palatin du Rhin, qui avait abandonné l'alliance bourguignonne pour l'alliance française. Il était d'une haute importance pour Philippe d'avoir l'appui du chef du saint-empire et de la maison à laquelle il appartenait.

La maison d'Autriche était l'alliée de la France : c'est contre la Bourgogne qu'avaient été conclus les traités des 22 juillet et 15 septembre 1431 [4]; il fallait donc l'arracher en quelque sorte à cette alliance; il fallait surtout mettre un terme aux longs différends entre la maison d'Autriche et la maison de Bourgogne, qui, plus d'une fois, avaient failli aboutir à une guerre ouverte [5]. L'entrevue de Besançon avait été un premier pas dans

---

1. Cet acte doit avoir été rendu à la fin de 1445; dès l'année précédente, le pape Eugène IV avait soustrait le duché de Clèves à la juridiction de l'archevêque de Cologne. Schaten, *Annalium Paderbornensium Pars II*, p. 639.
2. *Chronicon Brunwigrense*, éd. Godefr. Eckertz, dans *Annalen*, etc., t. XVIII, p. 188. La *Chronicum Belgicum magnum* porte le chiffre à cent mille combattants (Freher, t. III, p. 412). La *Chronicon Elwangense* dit que le marquis de Misnie envoya un secours de 20,000 hommes : « Misit xx millia Boemorum. » (Freher, t. I, p. 086.)
3. Voir *Clevische Chronik, nach der original Handschrift des Gert van den Schuren*, publiée par M. Rob. Scholten (Clèves, 1884, in-8°), p. 118 et suiv., 150 et suiv.; *Annalium Paderbornensium Pars II*, auct. R. P. Nic. Schaten, S. J. (1698, in-fol.), ann. 1444 à 1449.
4. Voir plus haut, tome II, p. 430.
5. Voir tome II, p. 427.

cette voie¹ ; l'ambassade à Nuremberg en fut un second. Le roi des Romains se prêtait à un rapprochement, et le mécontentement que lui fit éprouver l'occupation de l'Alsace contribua à fortifier ses bonnes dispositions à l'égard du duc.

À Besançon, le duc de Bourgogne avait mis en avant un projet de mariage : celui de Catherine d'Autriche, sœur de Frédéric, avec le fils du duc de Clèves² ; à Nuremberg, l'évêque de Verdun revint à la charge, et entretint le roi des Romains d'autres affaires d'une grande importance pour l'empire. Frédéric, avec cette indécision qui formait le fond de son caractère, éluda toute réponse définitive : il fut convenu qu'à Noël 1444 une nouvelle ambassade du duc viendrait chercher la solution. Mais l'ambassade ne fut point envoyée : le duc se fit excuser par un message.

Cependant le duc Albert, resté dans ses États héréditaires, tandis que l'empereur était retourné à Vienne, écrivait, à la date du 22 février 1445, à un conseiller de l'empire que le duc de Savoie et la ville de Berne avaient envoyé une ambassade au duc de Bourgogne pour contracter une alliance, « et qu'il serait fort utile que le duc, au moyen de négociations habilement conduites, fût amené à une entente avec la maison d'Autriche au sujet des affaires pendantes entre lui et l'empire. » Le duc offrait de s'employer dans ce sens³.

Frédéric répondit à son frère qu'il ne fallait point entamer une négociation nouvelle, et qu'il convenait d'attendre la venue de l'ambassade du duc. Mais en même temps il chargea Albert de faire porter au duc, sans délai, une lettre dont il lui donnait copie ; le duc Albert devait transmettre la réponse, après qu'il en aurait pris connaissance⁴. La lettre de Frédéric contenait une demande d'assistance contre les Suisses⁵.

1. Voir tome III, p. 313.
2. C'est ce qui résulte d'une lettre du roi des Romains à son frère le duc Albert d'Autriche, en date du 29 février 1445 (Chmel, *Materialien*, t. I, p. II, p. 165). Nous avons là l'explication du passage de la charte du 29 janvier 1443 cité plus haut (t. III, p. 314) : Il s'agissait du fils à naître du mariage projeté entre Jean de Clèves et Catherine d'Autriche.
3. Lettre du roi des Romains, *l. c.*
4. *Id., ibid.,*
5. Lettre sans date, écrite à Vienne. *Id., ibid.,* p. 166.

C'est à ce moment que Frédéric III, ayant reçu une ambassade des États du Tyrol, se décida à laisser enfin son pupille Sigismond maître de ses actions. Nous avons une lettre (d'ailleurs sans intérêt politique) adressée de Nancy, le 12 mars, par Charles VII à son « très cher et très amé fils[1]. » Elle dut parvenir à Sigismond au moment où il prenait possession du Tyrol[2]. A la fin de l'année 1445, la question de l'administration des États héréditaires de Sigismond fut réglée par un acte passé entre Frédéric III, le duc Albert, le duc Sigismond et les États du Tyrol, sous la médiation du margrave de Bade et du margrave de Brandebourg[3].

C'est le duc Albert qui avait été chargé de la direction des négociations avec le duc de Bourgogne. Autant Frédéric était mou et indécis, autant Albert se montrait remuant et résolu. Agé seulement de vingt-six ans, il commençait cette carrière brillante et agitée qui le fit surnommer « l'Achille de l'Allemagne[4]. » Albert transmit au duc Philippe le message de son frère ; au mois de juillet 1445, il reçut une lettre de Philippe, lui demandant une réponse au sujet des ouvertures faites au roi des Romains. Sur ces entrefaites, Frédéric III fit savoir à son frère qu'il consentait à ce qu'une conférence fût tenue à Besançon, le 11 septembre, avec les ambassadeurs du duc de Bourgogne. Albert en donna aussitôt avis au duc[5]. Au jour fixé, les ambassadeurs bourguignons se rendirent à Besançon ; mais ils n'y trouvèrent personne : dans l'intervalle, le roi des Romains avait prorogé au 18 décembre la réunion de la conférence. Il est probable que ce prince, rencontrant chez sa sœur une vive résistance au sujet du projet de mariage dont il était ques-

---

1. Lettre en faveur de Wersich de Stauffemberg. Archives de Vienne (communication de M. A. d'Herbomez). Cette lettre a été publiée par Chmel, *Geschichte K. Friedrichs IV*, t. II, p. 762, avec la date fautive de 1450.
2. Voir Jäger, *Der Streit der Tiroler Landschaft mit K. Friedrich III*, p. 125 et suiv.
3. Voir Chmel, *Geschichte K. Friedrichs IV*, t. II, p. 356 et suiv.
4. « Quibus ex rebus non injuria Teutonicus Achilles appellatus est, » dit Æneas Sylvius (*Europæ Status*, cap. XXXI), qui fait de lui un pompeux éloge ; il devait en 1461 ternir sa réputation par sa révolte contre son frère.
5. Lettre du 18 juillet 1445, dans Chmel, *Geschichte K. Friedrichs IV*, t. II, p. 372, note.

tion[1], cherchait à gagner du temps. Nous ne voyons point, en effet, que, malgré l'acceptation donnée par les ambassadeurs bourguignons à une prolongation de la conférence[2], aucune réunion ait été tenue.

Au mois d'avril 1446, Frédéric III se décida à reprendre les négociations. Par lettres du 3 avril, il déclara donner en fief à son frère Albert les biens non relevés de l'empire que possédait le duc de Bourgogne, savoir le duché de Brabant et les comtés de Zélande, de Hollande et du Hainaut[3], l'autorisant en même temps à entrer en arrangement avec un autre prince relativement à une vente ou à un échange[4]. Par un autre acte, en date du 7 avril, il déclara que, des dissentiments s'étant élevés autrefois entre l'empereur Sigismond et le roi Albert, d'une part, et les ducs de Bourgogne, de l'autre, au sujet du Brabant, de la Hollande, de la Zélande, du Hainaut, et de leurs dépendances, ainsi que des fiefs dont le duc Philippe avait hérité de son père en Bourgogne et en Flandre, et considérant la demande faite par le duc d'être investi desdits fiefs et pays au nom de l'empire, il chargeait son frère le duc Albert de traiter avec le duc des points en litige, lui donnant pleins pouvoirs à cet effet[5].

Il n'est pas sans intérêt de constater que, le même jour, Frédéric III déclarait approuver le contrat de mariage de sa sœur Catherine avec le margrave Charles de Bade[6].

Le 8 avril, Frédéric III signait des instructions pour le duc Albert. Ce prince devait sonder le duc de Bourgogne relative-

1. Le 2 juillet, Catherine d'Autriche écrivait à son frère Albert, suppliant qu'on ne lui tînt point rigueur au sujet de son intention d'entrer en religion ; elle avait fait vœu à Notre-Dame de rester dans le célibat jusqu'à la fin de sa vie ; on devait comprendre par là qu'il lui était impossible de consentir à un mariage, quelque peine et quelque préjudice que cela pût causer au roi son frère. Chmel, *Materialien*, t. I, part. II, p. 373.
2. Lettre des ambassadeurs bourguignons au duc Albert, en date du 8 octobre 1445, dans Chmel, *Geschichte K. Friedrichs IV*, t. II, p. 373, note.
3. Document visé par Chmel, *Regesta chronologico diplomatica*, n° 2058.
4. *Id., Ibid.*, n° 2059.
5. Chmel, *Materialien*, t. I, part. II, p. 209.
6. Herrgott, *Monumenta augustae domus Austriacae*, t. IV, part. II, p. 116. — On voit que la vocation religieuse de la princesse n'avait pas été de longue durée. Le mariage de Catherine avec le marquis de Bade eut lieu le 25 mai 1447.

ment à la cession des fiefs de Brabant, Hollande, etc., dont il avait reçu l'investiture, cession qui serait ensuite confirmée par le roi des Romains ; si le duc ne consentait pas à ce qu'on procédât de la sorte, Albert était autorisé à faire usage d'une lettre conférant l'investiture au duc pour les fiefs dépendant de l'empire ; pour ceux de Bourgogne et de Flandre, on n'aurait qu'à reproduire les lettres d'investiture données par l'empereur Sigismond au père du duc. Albert avait mission de négocier une alliance du duc et de ses successeurs avec Frédéric, en tant que roi des Romains. Il devait négocier une autre alliance avec la maison d'Autriche (c'est-à-dire avec le roi Frédéric et le duc Albert) au mieux des intérêts de cette maison. Il devait obtenir du duc, pour lui et ses héritiers, une renonciation à toute prétention sur le comté de Ferrette et autres territoires situés dans l'Alsace et le Sundgau. Si l'on demandait que les duchés de Lothiers et de Limbourg et le margraviat fussent compris au nombre des fiefs, il devait céder ; mais il ne devait point se montrer aussi accommodant relativement à la cession de la Frise ; si l'on insistait, il se bornerait à abandonner ce qui, de tout temps et de droit, faisait partie du comté de Hollande. Les lettres d'investiture seraient rédigées en latin, si on l'exigeait, mais la traduction devrait reproduire exactement le texte allemand. Enfin, le serment du duc devrait être prêté conformément à une formule remise à Albert[1].

La négociation était délicate et pleine de difficultés. Le duc Albert voulait avoir un intermédiaire pour l'entamer avec des chances favorables. Après avoir cherché vainement[2], il se décida à la confier à Guillaume de Hochberg, margrave de Röteln, et à deux conseillers de l'empire[3], et leur remit d'amples instructions[4]. Elles portaient sur deux points : 1° ce qui devait

---

1. Chmel, *Materialien*, t. I, part. II, p. 205.
2. Voir la lettre de l'évêque Jean d'Eichstädt au duc, en date du 18 juin 1446. Chmel, *Materialien*, t. I, part. II, p. 208.
3. Pouvoir donné par le duc Albert à Guillaume, margrave de Röteln, et aux conseillers André Hohegker et Berthold von Stein, en date du 9 juillet. *Id., ibid.*
4. Le texte de ces instructions a été publié par Chmel, *Geschichte K. Friedrichs IV*, t. II, p. 742 et suiv.

être conclu avec le roi des Romains et la maison d'Autriche ; 2° ce qui concernait le duc Albert seul. Ce prince voulait s'unir à la maison de Bourgogne par un mariage, obtenir une dot d'au moins cent mille florins et un prêt de cinquante mille pour six ans ; en tout cas il sollicitait l'appui du duc contre les Suisses, en cas d'attaque, et aussi contre le duc de Savoie, qui se montrait hostile au roi des Romains, bien qu'il tînt de l'empire nombre de possessions.

Au moment où l'ambassade du duc Albert se rendait à la cour de Bourgogne, un traité de protection mutuelle était passé, pour deux années, entre l'archevêque de Mayence, le comte Palatin du Rhin, le duc Othon de Bavière, le duc Albert d'Autriche, le margrave Jacques de Bade, les margraves Jean et Albert de Brandebourg, le burgrave de Nuremberg et les comtes Louis et Ulric de Wurtemberg (6 juillet 1446)[1]. On voit que les archevêques de Trèves et de Cologne et l'électeur de Saxe, alliés de Charles VII, demeuraient étrangers à ce pacte ; seul, parmi les signataires des traités du 13 février 1445, le comte Palatin du Rhin s'y était associé.

Le duc Albert était encore à cette époque, au moins nominalement, l'allié de Charles VII ; nous avons une lettre de recommandation pour un serviteur allemand du Roi, adressée à ce prince à la date du 24 août 1446[2]. Charles VII était aussi en rapport avec le jeune roi de Hongrie : au mois d'août un ambassadeur de ce prince se trouvait à la cour de Chinon[3]. Enfin le Roi entretenait des relations avec le duc Sigismond d'Autriche[4] et avec le duc Guillaume de Saxe[5].

---

1. Chmel, *Materialien*, t. I, part. II, p. 209.
2. « Magnifico ac potenti principi duci Austrie, etc., consanguineo et federato nostro carissimo. » Chinon, 14 août [1446]. Archives de Vienne. Communication de M. A. d'Herbomez. La lettre a été publiée par Chmel, *Gesch. K. Friedrichs IV*, t. II, p. 763, avec la date fautive de 1450.
3. « Messire Vincent de Bala Balachu (?), ambassadeur du Roy de Hongrie, pour soy deffrayer en la ville de Chinon, au mois d'aoust 1446, 11e l. » Huitième compte de Xaincoins, l. c., f. 103 v°.
4. Voir une lettre de Sigismond au Roi, en date du 12 décembre 1446. Original, ms. fr. 20587, n° 43.
5. Don d'un harnois et de six aunes de damas cramoisi à Lambert de Zideveuil, écuyer d'écurie du duc de Saxe (1er décembre 1446). Rôle publié dans les *Preuves de Mathieu d'Escouchy*, p. 253 et 256.

Que se passa-t-il à Bruxelles entre le duc de Bourgogne et les ambassadeurs du duc Albert ? Une lettre de ceux-ci donne quelques détails sur les relations qu'entretenait le duc Albert avec le roi d'Aragon, dont les envoyés se trouvaient alors à la cour de Bourgogne, mais ne nous renseigne point sur l'accueil fait aux ouvertures de la maison d'Autriche : « Le duc de Gueldre est ici, » écrivent les ambassadeurs à la date du 17 août; « les affaires sont toujours au même point; nous sommes dans l'attente d'une réponse. Nous vous rapporterons verbalement, à notre retour, quelle tournure les choses auront pris[1]. »

La présence du duc de Gueldre à la cour de Philippe le Bon n'était point sans intérêt pour le duc Albert, car il s'agissait précisément de faire épouser au frère du roi des Romains Marie de Gueldre, dont il avait été question autrefois pour Charles d'Anjou[2]. La première ambassade n'amena aucun résultat, car, au bout de quelques mois, nous voyons le duc Albert en envoyer une seconde, qui arriva à Bruxelles au mois de février 1447.

Cette fois, nous ne sommes point réduits à des conjectures : nous avons les rapports du margrave de Röteln et des autres ambassadeurs.

Fort gracieusement accueilli par le duc et la duchesse, le margrave eut, dès le lendemain de son arrivée, un entretien particulier avec la duchesse Isabelle. Elle l'engagea — et c'est aussi ce qu'avaient fait les conseillers du duc de Bourgogne — à laisser de côté, pour le moment, tout ce qui était étranger aux deux questions principales : l'affaire de l'empire et celle du mariage; le reste s'arrangerait ensuite facilement. Après de longues conférences avec l'évêque de Tournai, le seigneur de Croy, le seigneur de Montagu et le chancelier Rolin, le margrave obtint de celui-ci une réponse. Le duc aurait désiré pouvoir régler immédiatement l'affaire de l'empire; mais si le duc Albert désirait en référer au roi des Romains, il était prêt

---

1. Fragment publié par Chmel, *Gesch. K. Friedrichs IV*, t. II, p. 477, note 2.
2. Voir plus haut, t. III, p. 208, 212 et suiv.

à attendre jusqu'à la Pentecôte. Quant à lui, si le roi voulait lui donner l'investiture et remettre à cet effet ses pleins pouvoirs au duc Albert, il remplirait son devoir à l'égard de l'empire comme l'avaient fait ses prédécesseurs. Une fois ce point réglé, le duc était disposé à accueillir favorablement les autres demandes dont le duc Albert avait entretenu la duchesse. Relativement au mariage projeté, le duc en avait parlé au duc et à la duchesse de Gueldre, parents de la princesse ; mais ils étaient déjà en pourparlers avec le roi de Danemark, et il fallait attendre le résultat de cette négociation.

Peu de jours après, le margrave fut mandé par le duc. Philippe lui dit, sous le sceau du serment, avec défense d'en parler à nul autre qu'au duc Albert, que plusieurs électeurs s'étaient adressés à lui, et qu'il croyait pouvoir disposer de deux ou trois voix en faveur d'Albert. Le margrave en conclut qu'on songeait à déposer le roi des Romains, et que le duc de Bourgogne était mal disposé à l'égard de ce prince. Dans une nouvelle entrevue, la duchesse témoigna de son vif désir de voir aboutir l'affaire du mariage.

Les difficultés ne tardèrent point à surgir. Quand les ambassadeurs du duc Albert eurent conféré avec l'évêque de Tournai, le chancelier, le maréchal de Bourgogne et le sire de Montagu, désignés par Philippe pour suivre les négociations, il fut facile de voir qu'on n'arriverait pas à une entente. Le duc de Bourgogne ne voulait point accepter l'investiture pour tous les pays désignés par le roi des Romains ; il n'acceptait point la formule préparée par la chancellerie impériale[1]. Le duc se refusait à reconnaître qu'il fût tenu à quelque service à l'égard de l'empire et n'admettait pas que l'investiture ne fût accordée qu'à ses héritiers directs. Autre source de contestations : on vit se reproduire toutes les anciennes réclamations de la maison de Bourgogne contre la maison d'Autriche au sujet de la dot de Catherine de Bourgogne, mariée à Léopold, duc d'Autriche, à ses bijoux, aux biens meubles et bijoux du duc Léopold, qu'on évaluait à huit cent mille florins. Enfin le chiffre de la

---

1. Lettre du 5 avril 1447. Chmel, *l. c.*, p. 747.

dot de Marie de Gueldre était loin de répondre aux espérances du duc Albert : au lieu des cinq cent mille florins demandés par lui, on n'en voulait donner que cinquante mille[1].

Après de longs pourparlers, on se mit pourtant d'accord sur deux points : ceux concernant les possessions tenues en fiefs et l'investiture[2]. Le 18 mai 1447, à Bruges, fut passé un traité particulier portant alliance entre le duc de Bourgogne et Albert, duc d'Autriche, et contenant divers arrangements entre les deux princes[3].

Sollicité de donner une adhésion au traité du 18 mars, le duc Sigismond répondit qu'il ne pouvait le faire sans réserves, soit relativement à une alliance contractée avec le duc de Bourgogne dans les termes de cet acte, soit au point de vue des conventions spéciales faites entre le duc et son cousin le duc Albert. Pourtant, ne voulant point entraver les négociations entamées par le duc Albert et, en contribuant à leur échec, causer un notable préjudice à la maison d'Autriche, Sigismond consentait à donner son adhésion dans la forme où il pouvait équitablement le faire, moyennant caution du roi des Romains et du duc Albert contre tout ce qui pourrait léser ses droits et venir à l'encontre de la convention passée par lui pour six ans[4] avec le roi des Romains et Albert[5]. L'acte d'adhésion du duc Sigismond porte la date du 13 septembre 1447[6].

Aussitôt après la conclusion de son traité particulier avec le duc Albert, Philippe le Bon envoya une ambassade au roi des Romains[7]. Il s'agissait de reprendre les projets agités à Besan-

1. Lettres des 14 et 23 avril. *Id.*, p. 748 et 749.
2. Lettre du 29 avril. *Id.*, p. 750.
3. *Materialien*, t. I, part. II, p. 247 et suiv.
4. Cette convention est du 6 avril 1446. Le texte dans Chmel, *Materialien*, t. I, part. I, p. 61.
5. Observations du duc Sigismond (sans date), dans *Fontes rerum austriacarum, Diplomata et acta*, t. II, p. 135.
6. Le texte est dans Chmel, *Materialien*, t. I, part. II, p. 247-55.
7. Le traité du 18 mai était à peine signé qu'un chevaucheur de l'écurie du duc partait « hastivement, jour et nuit » pour joindre les ambassadeurs du duc Albert et porter à l'un d'eux « certaines lettres secrètes. » (Archives du Nord, B 1994, f. 97.) Le 3 juin et le 15 août, le duc Philippe écrivait au duc Albert, en réponse à ses lettres du 7 mai et du 17 juillet. *Materialien*, *l. c.*, p. 240 et 241.

çon et à Nuremberg et de consommer l'alliance de la puissance bourguignonne avec l'empire.

Voici sur quelles bases cette alliance devait être conclue.

La main d'Élisabeth, fille du roi Albert et sœur du jeune roi de Hongrie Ladislas, serait donnée au comte de Charolais; par ce mariage on assurerait à la maison de Bourgogne les droits que Ladislas avait sur le Luxembourg et aussi sur les comtés de Hainaut, de Hollande et de Zélande;

Une nièce de la duchesse de Bourgogne, sœur du roi de Portugal, serait unie au roi Ladislas;

Toutes les possessions septentrionales de la maison de Bourgogne seraient constituées en royaume indépendant [1].

Le duc de Bourgogne s'était entendu secrètement avec Gaspard Schlick, le célèbre chancelier, qui se montrait disposé à seconder ses desseins.

Le porteur des propositions du duc était un simple héraut, Henri von Heessel, qui s'intitulait « roi d'armes du saint Empire romain [2]. » Il était à Vienne au milieu du mois de juillet et remit aussitôt les lettres de créance de Philippe à Gaspard Schlick et au comte Ulrich de Cilly. Après plusieurs con-

---

[1]. Voici comment le duc de Bourgogne envisageait la chose : « Item et quant à ce que ledit messire Gaspar a chargié ledit Henry de dire et reporter à mondit seigneur le duc que, s'il lui plaisoit estre Roy et prendre couronne au tiltre d'aucun de ses pays, comme de Frise, qui de ancien temps a esté royaume, ou de Brabant, qui est la plus ancienne et excellent duchié de toute la chrétienneté..., il a esperance de conduire le fait à bonne fin..., respondra ledit Henry..., et au surplus l'advertira de trois choses : l'une qu'il sembleroit en ce cas que non mie seulement les pays de Brabant et de Frise, mais aussi tous les autres pays de mondit seigneur, comme Haynau, Hollande, Zeelande, Namur, et autres de par deça estans en l'empire, devroient estre tous uniz soubz la monarchie dudit royaume; secondement que les duchiez de Guelres, de Jullers, des Mons et autres duchiez, contez et seignouries estans en Basses Alemaignes, devroient estre feudales et subgettes audit royaume et couronne; et tiercement que l'empereur devroit, en faisant royaume de tous lesdiz pays, donner et transporter à mon dit seigneur, avecques le tiltre et couronne de royaume, tous les droiz tant de domaine, de souveraineté, que autres quelzconques à lui appartenans en tous les pays dessusdiz, et especialement en pays de Wstfrise. » Instructions à Henri de Heessel, dans Der Œsterreichische Geschichtsforscher (Vienne, 1838, 2 vol. in-8°), t. I, p. 235-36. — Ces curieux documents, publiés par M. Ernest Birk, en 1838, dans le recueil que nous venons de citer, ont été reproduits pour la plupart, en 1842, dans le Messager des sciences historiques de Belgique, p. 422-472.

[2]. Dans une lettre du 19 juillet, il s'intitule : « H. de Heessel, Osterich nuncupatum heraldum et regem armorum sacri Romanorum imperii sub titulo de Rulr. » Œsterreichische Geschichtsforscher, t. I, p. 237. — Voir le texte des instructions qui lui furent données, Id., t. I, p. 233 et suiv.

férences secrètes avec l'envoyé du duc, ces deux personnages se chargèrent de faire eux-mêmes les ouvertures au roi des Romains. Dès le 29 juillet 1447, une première réponse fut donnée au nom de ce prince. Les propositions relatives au mariage du comte de Charolais avec Élisabeth d'Autriche étaient accueillies avec faveur ; des réserves étaient faites au sujet du Luxembourg et du mariage de Portugal; quant au titre royal, le roi des Romains était disposé à entendre les ambassadeurs qui viendraient à ce sujet, pourvu qu'ils fussent munis de pleins pouvoirs [1].

Une nouvelle consultation eut lieu le 4 août entre les envoyés de Philippe le Bon et le chancelier de l'empire. Il résulte du rapport des diplomates bourguignons que, en ce qui touchait à la Couronne, les désirs du duc pouvaient facilement être réalisés, mais à deux conditions : la première, qu'il se prêterait à certaines exigences du roi des Romains; la seconde, qu'il ouvrirait sa bourse toute grande, et qu'il comblerait de ses largesses le roi des Romains et ses conseillers...., sans oublier le négociateur [2].

Le 6 août, Henri von Heessel envoya son fils Guillaume rendre compte au duc de Bourgogne de sa mission [3]. Il rédigea en outre plusieurs mémoires qui furent transmis successivement à Philippe. « J'espère, disait Heessel dans l'un d'entre eux, qu'avec la grâce de Dieu, par le mariage et par le royaume auxquels vous aspirez, vous arriverez un jour à assurer à votre race la couronne impériale... Votre Altesse verra, par mes réponses écrites et verbales, que le roi des Romains incline tout à fait en notre faveur. J'ajouterai qu'au sujet de plusieurs

---

1. Document en allemand publié par Chmel, *Œsterreichische Geschichtsforscher*, t. I, p. 237-39 ; cf. même document en latin, inséré dans la relation de Guillaume von Heessel, publiée par Chmel, *Materialien*, t. I, part. II, p. 212.
2. Voir le rapport en date du 4 août : *Œster. Geschichtsf.*, t. I, p. 239-40. — Henri von Heessel s'exprime de la sorte à ce sujet : « Sunder ir mögt wol verstanden han das mir van zweyen conigen gross versprochn ist, aber ich achte des nicht ich wil meinen hern van Burgonien in den sachn dienen und meinant anders und wall auch gern wissen warumb das ich dienen soll so wer ich auch dester vleissiger. »
3. Voir les lettres de Henri von Heessel au duc et à la duchesse de Bourgogne (Vienne, 6 août 1447) dans *Œster. Geschichtsf.*, t. I, p. 245-46, et le rapport de Guillaume von Heessel, dans *Materialien*, p. 213-15.

points, Gaspard m'a fait comprendre qu'il y avait à la Cour du roi des personnages qu'il serait bon de gratifier de quelque dix à douze mille florins. Il ne faut point lésiner quand il s'agit d'obtenir de l'empire un titre royal et une couronne. » Le duc devait d'autant moins perdre de temps que la main de la sœur du roi Ladislas était en ce moment sollicitée par le roi de Pologne et par le Dauphin, qui l'un et l'autre avaient des envoyés à la cour impériale [1].

Dans un autre mémoire, un peu postérieur [2], Heessel faisait savoir au duc que le roi des Romains avait renvoyé à Noël la réponse à donner au roi de Pologne et au Dauphin; il en concluait que Frédéric inclinait plutôt en sa faveur. Mais il engageait le duc à se hâter de faire partir son ambassade, et à la composer d'hommes capables et sûrs, car, à sa propre cour, il y avait des personnages (le fils de Heessel devait les désigner plus clairement) capables d'agir secrètement contre ses intérêts. Heessel ajoutait que l'archevêque de Trèves intriguait contre le duc; qu'à Lyon il avait fait savoir au Dauphin que, si ce prince lui accordait un secours de six mille chevaux, il saurait bien amener le duc de Saxe à envahir le Luxembourg. « A propos du duc de Saxe et du Luxembourg, continuait Heessel, votre altesse a dû remarquer un paragraphe de la réponse du roi des Romains où il est dit que le droit sur le Luxembourg appartient à la couronne de Bohême. Vous comprenez que Guillaume de Saxe, faisant part au roi de Bohême de la chose, le pousse à force d'argent et de belles paroles à secourir l'archevêque de Cologne contre monseigneur de Clèves. Si les choses marchent à leur gré en Westphalie; si d'autre part l'archevêque de Trèves obtient du Dauphin les six mille chevaux, Saxe et Bohême traverseront le Rhin, et Trèves, arrivant de son côté, tous ensemble tomberont sur le Luxembourg et sur votre altesse [3]. »

1. *Memoriale Henrici de Hessel. Œster. Geschichtsf.*, p. 212-15; cf. *Materialien*, p. 243-45.
2. Il y est question de la présence de l'archevêque de Trèves à Lyon, ce qui ne permet pas de placer la date de ce document avant le mois de septembre.
3. Mémorial de Guill. von Heessel, dans *Œster. Geschichtsforscher*, t. I, p. 210-12.

Le 20 septembre, à Vienne, Frédéric III signait des lettres portant investiture au duc de Bourgogne pour le Hainaut, la Hollande, la Zélande et la Frise ; en même temps il donnait en fief au duc les duchés de Brabant, de Lothier et de Limbourg, et le marquisat du Saint-Empire[1]. Peu après on rédigea la formule du serment que Philippe devait prêter[2].

A la réception des messages de Henri von Heessel, le duc de Bourgogne se décida à faire partir une ambassade. Mais, au lieu de désigner de notables conseillers, il fit choix d'un obscur secrétaire, Adrien van der Ee, garde de ses archives de Brabant et de Limbourg[3]. Les instructions qu'il lui remit portent la date du 22 octobre 1447 ; elles ont trait : 1° aux mariages projetés, dont on devait poursuivre l'accomplissement ; 2° au fait du royaume et de l'*intitulation*. Sur ce point délicat, le duc donnait charge à son envoyé de dire que l'initiative n'avait point été prise par lui, et que c'était à messire Gaspard et à ses autres « amis et bienveillans de par delà » de poursuivre l'affaire. Van der Ee devait se conformer aux instructions données à Heessel. Au sujet des limites du nouveau royaume, on devait demander qu'elles fussent fixées « ainsi et par la manière que le Roy Lothaire, fils de l'Empereur Charles le Grant tenoit son royaume qu'il eut par partage avec ses frères, enfans dudit Empereur Charles. » Le duc ne voulait point envoyer d'ambassade notable, ni faire une démarche publique à cet égard, sans être certain que les choses aboutiraient à la fin désirée, car « honte seroit d'estre refusé en tel cas. » Mais, alors même que l'on ne pourrait aboutir sur ce point, le duc comptait bien envoyer une notable ambassade pour conclure les mariages en question, et notamment celui du comte de Charolais.

Adrien van der Ee partit aussitôt pour Vienne[4] ; il était por-

---

1. Mais ces actes portent la formule : *Non transivit*. Les originaux furent annulés. Chmel, *Regesta*, nos 2330 et 31.
2. 13 novembre 1447. *Materialien*, l. c., p. 277.
3. Instructions à Adrien van der Ee, 22 octobre 1447. Texte français et texte latin dans OEster, *Geschichtsforscher*, t. I, p. 246-55 et 255-61.
4. Son ambassade dura du 26 octobre 1447 au 20 janvier 1448. Archives du Nord, B 1996, f. 8.

teur de lettres de créance du duc et d'une lettre de la duchesse Isabelle pour le duc Albert d'Autriche, qu'il devait voir au passage [1].

On fut très étonné à la cour de Vienne de voir apparaître un négociateur de si mince importance ; on ne fut pas moins surpris de ce que le duc de Bourgogne se montrait fort exigeant au sujet de la dot de la princesse Élisabeth. Après de longues discussions, on finit par offrir au duc, qui demandait cent vingt mille florins, une somme de soixante-dix mille florins, et on le mit en demeure de donner une réponse définitive avant la Saint-Jean-Baptiste. En ce qui concernait le mariage avec une princesse de Portugal, le roi des Romains se réservait d'envoyer secrètement un message à la cour de Portugal, pour lui faire un rapport à ce sujet, afin de donner suite au projet si cela lui convenait. Quant au titre royal, Frédéric voulait bien accorder au duc cet avantage, mais à certaines conditions déterminées par lui [2].

Van der Ee retourna près du duc de Bourgogne. A la date du 3 juin 1448, il fit connaître, par une lettre adressée au duc Albert, à Cilly et à Schlick [3], les dispositions de son maître. Philippe, ne trouvant point les négociations assez avancées, se refusait à l'envoi d'une ambassade solennelle. La vérité est que, n'ayant pas rencontré à la cour impériale une adhésion assez formelle à ses propositions, notamment au sujet de l'abandon par le roi Ladislas de toute prétention sur le Luxem-

---

1. Simple lettre de créance en date du 21 octobre. Le texte est dans Chmel, *Gesch. K. Friedrichs IV*, t. II, p. 751.
2. « Ex parte autem coronæ, etc., majestas regia, postquam deliberaretur de illa conferenda, affecta esset domino duci impendere omnem honorem, decorem et coronam regiæ dignitatis, extollereque eum in regem Brabanciæ, illique regno subjicere, terras illas quas d. dux ab imperio hunc tenet et possidet, reservatis tamen imperio illis subjectione, homagio, servicio debito ac recognicione, quibus ille terre pro nunc obligantur sacro imperio, proviso eciam quod ipsa majestas regia pro tali beneficencia gracia et honore per d. ducem debitis honoranciis recognosceretur, prout concordari posset, sed dare terras principes et immediate subditos imperii ad aliam obedienciam et per illum modum ab imperio alienare, majestas regia neque vult neque potest, nec eciam qui nomen Augusti tenet expediret minorare vel dimembrare imperium, sed illud si augere non potest, saltem in statu quo hoc suscepit Deo adjuvante manu tenere intendit. » Réponse de Cilly et Schlick à van der Ee, *l. c.*, p. 269.
3. *Œster. Geschichtsf.*, t. I, p. 266-70.

bourg en faveur de sa sœur, le duc de Bourgogne reculait. A la date du 17 août, le duc Albert fit savoir à ce prince qu'il ne pouvait ni ne voulait agréer sa demande au sujet de la constitution de ses possessions en royaume[1]. Le 6 septembre suivant, Cilly et Schlick donnèrent une dernière réponse, où étaient précisés les motifs de ce refus[2]. Les négociations furent rompues; le double projet d'union entre le comte de Charolais et Catherine d'Autriche, d'une part, entre le duc Albert et Marie de Gueldre, de l'autre, demeura abandonné.

1. Lettre du duc Albert, dans Chmel, *Geschichte K. Friedrichs IV*, t. II, p. 492, note.
2. Voir ce document dans Œster. *Geschichtsf.*, t. I, p. 270-71.

CHAPITRE XIII.

RELATIONS AVEC LE DUC DE BOURGOGNE ET AVEC LES PRINCES ALLEMANDS (suite)

(1447-1449)

Relations de Charles VII avec les princes électeurs ; ambassade du duc Sigismond d'Autriche ; demande de secours adressée par l'archevêque de Cologne ; mission donnée par l'électeur de Saxe à Henri Engelhard ; échange de lettres entre ce prince et Charles VII. — La guerre se poursuit contre l'archevêque de Cologne et le duc de Clèves ; elle menace de devenir générale par l'intervention du duc de Bourgogne, d'une part, et de Charles VII, de l'autre. — Projet de mariage entre le duc Sigismond d'Autriche et Éléonore d'Écosse ; négociations à ce sujet avec le roi d'Écosse ; échange d'ambassades entre Sigismond et Charles VII ; fiançailles de la princesse. — Intervention de Charles VII dans la lutte des Fribourgeois avec le duc de Savoie ; pacification de cette querelle. — Ambassade du Roi vers le duc Sigismond ; ce prince envoie une ambassade en France pour la conclusion de son mariage ; traités du 7 septembre 1448 ; renouvellement de l'alliance entre la France et l'Écosse ; mariage du roi d'Écosse avec Marie de Gueldre. — Relations entre Charles VII et Philippe le Bon ; ambassade de l'évêque de Châlon en 1447 ; nouvelles ambassades ; la tenue d'une conférence est décidée. — Conférence de Paris ; instructions données par Philippe à ses ambassadeurs ; appointement de Paris, en date du 19 novembre ; suite des négociations ; arrangements conclus au mois de janvier 1449. — Ambassade de Charles VII à Philippe à l'occasion de la rupture avec l'Angleterre.

Au moment où le duc de Bourgogne voyait s'évanouir l'ambitieux dessein qu'il avait formé et s'écrouler à l'avance le brillant édifice dont il ne lui avait même pas été donné de poser les fondements, Charles VII était à la veille de donner une épouse de son choix au prince que, pendant de si longues années, il avait nommé son fils : en s'unissant à Éléonore d'Écosse, le duc Sigismond d'Autriche allait plus que jamais se trouver rattaché à l'alliance de la France. Avant d'entrer dans l'exposé de cette affaire, disons un mot des relations de

Charles VII avec les princes allemands, durant les années 1447 et 1448.

L'intervention du Roi dans les affaires ecclésiastiques avait donné lieu à des négociations avec les électeurs de l'empire. Au mois de février 1447, le comte de Blanckenheim était venu à Tours, en compagnie de Philibert de Surye et de Henri Bayer, chargé d'une mission des princes allemands[1]. A la fin de ce mois, une ambassade, où figurait le même comte, était envoyée par Charles VII à Nuremberg, où devait se tenir une diète. Elle avait pour mission de décider l'archevêque de Trèves à s'unir au Roi pour travailler à l'extinction du schisme et de saisir les princes électeurs des réclamations de la France au sujet de la campagne de 1444 et d'autres points en litige[2]. De longues instructions, rappelant tous les faits, furent remises aux ambassadeurs à la date du 24 février[3]. La mort d'Eugène IV, survenue à ce moment, empêcha la réunion de l'assemblée de Nuremberg. Les envoyés de Charles VII se bornèrent à rédiger une note résumant la teneur de leurs instructions et à l'envoyer aux princes électeurs, afin de les mettre au courant des réclamations de leur maître. Cette note devait être transmise au roi des Romains et aux parties intéressées[4]. Quelle fut la suite donnée à ces ouvertures ? Nous

---

1. Rôle du 26 mai 1447. *Preuves de Mathieu d'Escouchy*, p. 254.
2. Ces points étaient les suivants : 1° réparation du préjudice causé au duc Sigismond par la non-exécution, dans le délai fixé, de la promesse relative à la délivrance du jeune duc et la mise en possession de ses seigneuries, ce qui avait empêché l'accomplissement du mariage avec Radegonde de France, morte après l'expiration de ce délai ; 2° mise en liberté du duc Louis de Bavière, oncle du Roi, toujours détenu, d'abord par son fils, puis, après la mort de celui-ci, par le jeune marquis de Brandebourg et la veuve du jeune duc ; 3° revendications financières au sujet des assignations jadis faites au feu roi Charles VI pour la somme de cinquante-cinq mille francs d'or versée en 1405 au duc Louis de Bavière, frère de la reine Isabeau, et les arrérages d'une rente de six mille florins d'or dont aucun paiement n'avait jamais été effectué.
3. Instructions du 24 février 1447. Original, Portefeuille 90 de Godefroy, à la Bibliothèque de l'Institut ; publiées (avec lacunes) par Tuetey, *les Écorcheurs en France sous Charles VII*, t. II, p. 150 et suiv. — Créance exposée le 1er mars à l'archevêque de Trèves, Du Puy, 760, f. 132 ; publiée par Tuetey, *l. c.*, p. 158 et suiv. — Miles d'Illiers reçut, pour cette ambassade, une somme de 412 l. 10 s., et Jacquemin de Bussière eut 206 l. 5 s. Neuvième compte de Xaincoins, *l. c.*, f. 110 v°.
4. Voir réponse de l'archevêque de Trèves, et lettre du comte de Blanckenheim au Roi en date du 29 mars 1447. Tuetey, *l. c.*, p. 169 et 175.

l'ignorons[1]. Nous pouvons constater seulement que le comte de Nassau s'intéressa à certaines revendications du Roi, relatives à la succession de sa mère Isabeau de Bavière, et envoya, à ce propos, son fils à la cour de France[2]. Au mois de mai, l'archevêque de Trèves se rendit à Bourges, en compagnie du chancelier de l'archevêque de Cologne et du chanoine Henri Engelhard, secrétaire du duc de Saxe. On a vu plus haut que celui-ci était porteur d'une lettre de créance de son maître, en date du 10 avril[3].

Un ambassadeur spécial, Jean Franberger, avait été envoyé par Charles VII au duc de Saxe pour lui faire savoir qu'il désirait traiter l'affaire de la pacification de l'Église de concert avec les princes ses alliés. En réponse à cette communication, Frédéric de Saxe avait fait partir son secrétaire. Chose curieuse : nous apprenons par la correspondance d'Henri Engelhard que, en se rendant en France en compagnie de l'archevêque de Trèves, l'ambassadeur saxon avait posé pour condition expresse que, au cours de sa mission, il ne serait traité d'aucune question étrangère aux affaires de l'Église. Engelhard paraissait craindre que son maître, dont la politique était pleine de circonspection, ne fût entraîné plus loin qu'il ne voulait aller, et que, plus tard, il n'en résultât pour lui quelque désagrément. Évidemment le duc de Saxe voulait, en particulier, garder une grande réserve au sujet de l'affaire du Luxembourg[4]. A peine

---

1. Le 13 mars, à Wurtzbourg, l'évêque Gotfridt donnait un sauf-conduit au comte de Blanckenheim et aux autres ambassadeurs qui devaient se rendre à la diète de Nuremberg, convoquée pour la mi-carême ; le 15, Albert, margrave de Brandebourg, délivrait pareil sauf-conduit aux mêmes. Le 19 avril, les consuls de Nuremberg accusaient réception au Roi des lettres par lesquelles il leur annonçait la venue prochaine de nouveaux ambassadeurs dans leur ville ; ils manifestaient en termes chaleureux le bonheur qu'ils auraient à se conformer à ses volontés. Ces trois pièces sont en originaux dans le Ms. fr. 20587, nos 43, 44 et 48.

2. « Pierre de la Roche, clerc Benoît du Puy, ex l. pour porter à messire Adulphe, chevalier, fils du comte de Nasse au pays d'Allemagne, demeuré malade à Lyon, venant devers le Roy lui apporter nouvelles de certains joyaux d'église et autres besognes appartenant au Roy à cause de la feue Reyne sa mère. » Neuvième compte de Xaincoins, l. c., f. 113 v°.

3. Voir chapitre IX, p. 266.

4. L'électeur Frédéric était alors brouillé avec son frère Guillaume, et celui-ci venait d'intervenir en faveur de l'archevêque de Cologne dans la lutte que ce prince soutenait contre le duc de Clèves.

arrivé à Bourges, Engelhard écrivait à ce prince : « J'ai constaté que le Roi ne songeait point à certaines choses que vous savez, autant que moi et beaucoup d'autres le pensions. » Il ajoutait : « Le Roi se montre plein de bienveillance à l'égard de votre grâce. Le sénéchal (Brezé) et l'archevêque de Reims m'ont parlé de la princesse Annette, votre fille, que, en raison de sa bonne amitié pour vous, le Roi verrait avec plaisir unie au jeune roi d'Écosse, qui est en toutes choses d'accord avec lui[1]. »

Au mois de juin, tandis que Henri Engelhard était à la Cour, une ambassade du duc Sigismond y arriva : elle se composait du commandeur Louis de Landsee, et de trois autres chevaliers, avec une suite de quarante chevaux, et venait pour demander, au nom du jeune duc, la main de la sœur du roi d'Écosse. « La demande n'est pas du goût du roi, écrivait Engelhard à son maître : il a fait répondre qu'il devait en référer au roi d'Écosse et qu'il serait trop long d'attendre sa réponse. » Des ambassadeurs bourguignons étaient aussi venus à Bourges; ils étaient partis de fort mauvaise humeur, et c'était, disait l'envoyé saxon, un déchaînement universel à leur sujet[2]. L'archevêque de Cologne avait chargé son chancelier de demander au Roi un secours de dix-huit cents chevaux, entretenus aux frais du trésor royal : le Roi avait répondu qu'il avait présentement une ambassade en Angleterre pour négocier la paix, et qu'il ne pouvait donner que six cents hommes; il avait enjoint de les faire partir immédiatement; il avait dit au représentant de l'archevêque qu'il enverrait des ambassadeurs au duc de Bourgogne et au duc de Clèves pour leur recommander de traiter son allié avec justice et équité : sinon il viendrait à son secours avec toute sa puissance. Le Roi avait ajouté qu'une fois son ambassade revenue d'Angleterre, si l'état des négociations le permettait, il enverrait à Cologne

---

1. « Auch, gnediger herre, erbulet sich der Konig von Franckrich geln uwern gnaden gar fruntlichen..., » etc. Lettre du 15 Juin. Archives de Dresde.
2. « Item der Herczog von Burgundien hatt auch sin botschaft hie, die mit unwillen und ane ende ist von hynn gescheyden und man ist ym in dissem hoff also sere grame und widder, als ich yo von ymands also gemeynlich verhasset vernommen hab. » Lettre citée.

toute sa cavalerie, ou du moins autant d'hommes qu'on lui en
demanderait. Une estafette était prête à partir pour Cologne,
afin d'y faire connaître le résultat des négociations et de permettre à l'archevêque de prendre une décision relativement au
contingent qui serait fourni aux frais du Roi [1].

Deux mois plus tard, de Lyon, où il s'était rendu en compagnie de l'archevêque de Trèves, Engelhard envoyait encore
des nouvelles à sa Cour : « Le duc de Milan, malade depuis
longtemps, vient de mourir. Pendant tout l'été, le duc de Savoie a été en correspondance secrète avec le roi de France. Je
viens enfin de découvrir à quel sujet. Ayant appris par sa
sœur la duchesse de Milan que le duc ne vivrait plus longtemps, le duc de Savoie s'est entendu avec le roi de France
sur les voies et moyens de devenir maître du duché de Milan
et du pays de Gênes. Seulement le Roi n'a promis son appui
que si Félix (l'antipape) se prête à tout ce qu'on exige de lui.
Aussitôt la nouvelle de la mort du duc de Milan (arrivée il y a
huit jours), le duc et son fils aîné (que l'on prétend être désigné
comme héritier dans le testament du Milanais) sont partis avec
six mille chevaux, dans le but de s'emparer de Milan. Le Dauphin, de son côté, se tient prêt à partir, avec six mille chevaux,
pour la même destination, par une autre route; il tient déjà le
beau comté d'Asti, que le défunt Milanais lui avait donné en
gage pour secours prêté... L'entente du Roi et du duc de Savoie est à ce point secrète que personne ici ne sait ce que le
Dauphin entend faire avec son armée, ni s'il agira pour ou
contre la Savoie. » Il résulte de la lettre d'Engelhard que c'est
seulement à ce moment que se fit l'échange des lettres de ratification du traité du 13 février 1445 : « Le Roi a fait déposer à
Genève la lettre qui vous est destinée, écrivait-il; c'est là que
vous devrez envoyer la vôtre et celle du duc Guillaume. Moyennant l'assurance que je lui ai donnée, le Roi a refusé au duc

---

1. Lettre citée, supplément, *l. c.*, f. 298. Engelhard ajoutait en *Post-scriptum* : « Ydoch
muss myn herre von Köllen iglichen monden, iglichem Pferde eygene gulden zu tranck-
gelde geben, und sie verkostegen so balde sie duczsche lande ruren und daruber auch
andere mer geschencke, wie wol das heist uf des Konigs solt ym sollch folck zusen-
den. »

de Bourgogne le secours que celui-ci demandait instamment contre Cologne et monseigneur le duc Guillaume; il se dit tout prêt à vous prouver son amitié. »

Au retour d'Engelhard de sa mission, le duc Frédéric de Saxe envoya (février 1448) un nouveau message au Roi; le porteur était Janon de Kokeritz, dont les ancêtres, disait le duc, avaient mérité de placer les lys de France sur leur écusson; il avait mission de remettre l'acte portant alliance et confédération entre le Roi et le duc, et de demander que les lettres de ratification du Roi fussent transmises à l'archevêque de Trèves, qui les ferait ensuite parvenir au duc[1]. Nous avons la réponse de Charles VII à cette lettre. Autant que le duc, le Roi avait un vif désir d'entretenir l'alliance de la maison de Saxe avec la Couronne; ayant éprouvé l'adresse de Janon de Kokeritz dans l'art de tendre les arbalètes et dans les autres exercices du même genre, il le retenait très volontiers à son service; il avait reçu les lettres d'alliance, et envoyait ses lettres d'approbation, par un de ses écuyers d'écurie, à l'archevêque de Trèves[2]. Dans une seconde missive, le Roi accréditait auprès du duc de Saxe le même écuyer, qui était chargé de lui porter le traité d'alliance[3].

Le Roi entretenait toujours des relations avec son allié l'archevêque de Cologne. Ce prince poursuivait sa lutte contre le duc de Clèves. Au printemps de 1447, il avait reçu d'importants secours du roi des Romains, du duc Guillaume de Saxe et d'autres princes d'Allemagne; il alla faire le siège de la ville de Soest (30 juin). Le duc de Bourgogne, qui redoutait une attaque du duc de Saxe du côté du Luxembourg[4], arma de son côté, et envoya des troupes au duc de Clèves et au bâtard de Bourgogne, Cornille, gouverneur du Luxembourg[5]. La conflagration

---

1. Lettre de Frédéric, duc de Saxe, au Roi. Original, en date du 20 février 1448. Cabinet de l'auteur.
2. Lettre sans date. Ms. lat. 5114 A, f. 79 v°.
3. Lettre sans date. Id., f. 80.
4. On lit dans les *Chroniques messines* (p. 258) que le duc de Saxe « manda à Mgr le duc de Bourgoigne qu'il avoit prins et conquesté la ville de Lucembourg de nuyt, et tout le pays, et qu'il le regaigneroit de jour ».
5. Mathieu d'Escouchy, t. I, p. 101 et suiv.; Olivier de la Marche, t. II, p. 115.

menaçait de devenir générale, et d'un moment à l'autre la France pouvait être amenée à y prendre part[1]. Mais l'archevêque de Cologne fut bientôt forcé de lever le siège de Soest, et, abandonné par une partie de ses troupes auxiliaires, il implora de nouveau l'assistance de Charles VII. Dans une lettre en date du 17 avril 1448, il insistait pour que ce secours lui fût envoyé à bref délai; en même temps, il faisait part au Roi des bonnes dispositions de l'évêque de Liège à l'égard de la Couronne, et annonçait la venue du comte de Blanckenheim, chargé de donner d'amples explications[2].

Nous avons vu plus haut Henri Engelhard faire allusion au projet de mariage entre le duc Sigismond d'Autriche et une princesse d'Écosse. L'ambassadeur saxon annonçait à son maître que Charles VII avait promis de sonder, à ce sujet, le roi d'Écosse. Jacques II était encore trop jeune pour s'occuper des affaires de son royaume, et la reine mère était morte en juillet 1445. Les relations de la France et de l'Écosse, un moment interrompues, devinrent plus fréquentes à partir de 1446. Dans le cours de cette année, nous voyons un héraut du roi Jacques à la Cour[3]; nous avons mentionné plus haut l'envoi d'une lettre de Charles VII à son allié (février 1447) pour le mettre au courant de ses négociations avec l'Angleterre[4]. Le 27 mai suivant, Jacques II, en accusant réception d'une autre

1. Dans une lettre de deux envoyés de la ville de Francfort en mission à Vienne, datée du 15 juillet 1447, on lit que, à la Cour Impériale, l'intervention du duc de Bourgogne était envisagée avec satisfaction : on espérait que, en se mêlant directement au conflit entre le duc de Clèves et l'archevêque de Cologne, le duc fournirait un prétexte de s'attaquer à lui et de revendiquer la possession du Luxembourg; si l'armée qui opérait en Westphalie venait à passer le Rhin, on avait lieu de croire qu'un corps de six mille chevaux viendrait le joindre; l'archevêque de Trèves s'occupait activement de cette affaire; on disait qu'il s'entendait avec le duc de Bourgogne contre le roi des Romains, et que le projet de détrôner ce prince avait été mis en avant. Janssen, *Francfurts Reichscorrespondenz*, t. II, p. 100. — Voir, en particulier, sur la guerre de Clèves-Cologne : *Die Chroniken der Niederrhein. Städte, Göln*, t. III, p. 787 et suiv.; *Clevische chronik*, publ. par le D.ʳ Rob. Scholten, p. 121 et suiv.; *Chronicon Brunwylrense*, dans *Annalen des histor. Vereins für den Niederrhein*, t. XVIII, p. 198; *Die Soestische Fehde*, dans Emminghaus, *Memorabilia Susatensia*, p. 661 et suiv.; 688 et suiv.; 703 et suiv.; Schäten, *Annalium Paderbornensium Pars II*, p. 584 et suiv., etc.
2. Original, ms. fr. 20597, n° 60. La lettre parvint au Roi le 4 juin 1448.
3. Huitième compte de Xaincoins, l. c., f. 103 v°.
4. Lettre sans date. Ms. latin 5114ᴬ, f. 77.

lettre du Roi, rappelait les anciennes alliances avec la Couronne, et faisait une ouverture au sujet du mariage du Dauphin avec sa sœur Éléonore[1]. Charles VII déclina cette proposition. Au mois de juin, après la venue de l'ambassade du duc Sigismond, le Roi fit partir pour l'Écosse Guillaume de Menypeny, avec une lettre où il transmettait à Jacques II l'offre du jeune duc. Deux des nombreuses filles du roi Jacques Ier étaient élevées à la Cour : l'aînée, Jeanne, était sourde-muette, et il était difficile de lui trouver un mari ; c'est de la seconde, Éléonore, qu'il s'agissait pour prendre à la cour d'Innsbruck la place de Radegonde de France.

Le roi d'Écosse répondit à Charles VII à la date du 1er septembre 1447. Il le remerciait du souci qu'il prenait de l'avenir de sa sœur ; si le mariage dont il avait parlé, et qui aurait eu ses préférences, ne pouvait s'effectuer, il consentait volontiers à l'union d'Éléonore avec le duc Sigismond d'Autriche, et s'en remettait pour cela au Roi[2]. Cette lettre parvint au Roi le 30 novembre ; il n'en avait point attendu la réception pour suivre l'affaire avec Sigismond. Le 12 décembre 1447, celui-ci, au retour de son envoyé Jean Pechl, chargé d'une mission près de Charles VII, annonçait que, dans un délai de quatre mois, il enverrait une ambassade pour conclure l'affaire du mariage[3]. A la date du 7 février, Charles VII répondait qu'il acceptait ce délai, et chargeait Jean Pechl d'exposer de vive voix ses intentions à Sigismond[4]. L'ambassade annoncée[5] arriva, sur ces entrefaites, à la cour de France : elle apportait au Roi une lettre où le jeune prince se déclarait prêt à s'unir avec Éléonore d'Écosse. Le 11 mars, Charles VII écrivit de nouveau à Sigismond : l'affaire du mariage avait subi un retard, tant à cause de la nécessité de s'assurer du consentement du roi d'É-

---

1. Lettre originale. Ms. lat. 10187, n° 8.
2. Lettre originale. Ms. lat. 10187, n° 9 ; éd. Stevenson, *Letters and papers*, etc., t. I, p. 191.
3. Lettre visée dans la lettre de Charles VII du 7 février 1448.
4. Original aux archives de Vienne ; communication de M. A. d'Herbomez ; éditée par Chmel, *Gesch. K. Friedrichs IV*, t. II, p. 761, avec la date fautive de 1450.
5. Elle se composait de Louis de Landsee, chevalier, gouverneur du comté de Tyrol, et de Hanze ou Jean Pachl, conseiller du duc Sigismond.

cosse, auquel il avait pour cela envoyé une ambassade, que de notifier le projet d'alliance aux ducs de Bretagne et de Savoie, époux de deux sœurs de la princesse. Mais la diligence que le Roi avait apportée à cette affaire lui avait permis d'aboutir : les fiançailles venaient d'être célébrées[1]; et comme le duc devait, dans un délai de quatre mois, donner son acceptation définitive, le Roi chargeait un des ambassadeurs de retourner près de son maître afin de le mettre pleinement au courant[2].

Sur ces entrefaites, le roi d'Écosse avait écrit au Roi (9 janvier 1448), pour annoncer l'envoi d'une ambassade chargée de s'occuper de son propre mariage, aussi bien que de celui de ses sœurs[3]. C'était une négociation nouvelle qui allait se joindre à la précédente.

L'affaire du mariage n'était point la seule agitée entre Charles VII et Sigismond d'Autriche. Dans une lettre du 6 mai 1448, il entretenait le Roi d'une question qui le préoccupait vivement. Les habitants de Fribourg étaient en lutte avec le duc de Savoie. Les hostilités avaient été ouvertes à la fin de 1447 ; Berne avait pris parti pour le duc de Savoie ; la ville de Bâle et les cantons Suisses avaient tenté vainement de pacifier la querelle. Sigismond s'était adressé au Roi, le priant de s'interposer en faveur des Fribourgeois, et celui-ci s'était empressé d'accéder à son désir[4]. La diplomatie royale poursuivait alors la conclusion d'une double alliance, offensive et défensive, avec le duc de Savoie et les cantons Suisses[5] ; il était d'une haute im-

---

1. Le 28 février. Voir le recueil : *Der œsterreichischer Geschichtsforscher*, où le chanoine Chmel a réuni, sous ce titre : *Zur Geschichte Herzog Sigismunds von Œsterreich, Nachtrag zu den Materialien*, les documents relatifs à cette affaire (t. II, p. 448 et suiv.). Le 23 mars 1448, fut passé à Tours un acte par lequel le délai de quatre mois fixé pour la célébration du mariage était prorogé au 1er août.
2. Lettre de Charles VII. Ms. lat. 5114*, f. 78 ; éditée par d'Achery, *Spicilegium*, t. III, p. 770, et par Leibnitz, *Codex juris gentium*, p. 370. — « Datum in Monte aureo, prope Laverdin. » D'après l'itinéraire, la lettre doit avoir été écrite vers le 11 mars 1448.
3. Lettre originale, Ms. lat. 10187, n° 12 ; éd. Stevenson, t. I, p. 197.
4. Voir une lettre de Charles VII (sans date) à Sigismond, relative à cette affaire, dans le Ms. lat. 5114*, f. 80.
5. Voir les documents déjà cités qui se trouvent dans le Ms. latin 17770, f. 49 et suiv., et le Mémoire de M. B. de Mandrot : *Étude sur les relations de Charles VII et de Louis XI avec les cantons Suisses*, p. 11 et suiv.

portance de prévenir un conflit qui aurait entravé l'exécution des projets du Roi. Informé que Charles VII allait intervenir, le duc Sigismond écrivait qu'il comptait lui envoyer à ce sujet une ambassade; mais comme, dans l'intervalle, les habitants de Fribourg étaient exposés à succomber sous l'effort de leurs adversaires, il priait instamment le Roi de leur fournir les moyens de se tirer d'affaire, afin qu'ils pussent reconnaître l'efficacité de son intervention [1]. Le 20 mai suivant, le gouvernement de Fribourg était invité par des ambassadeurs du Roi, alors à Lausanne en compagnie d'envoyés du duc de Bourgogne, à se faire représenter à des conférences qui allaient s'ouvrir dans cette ville pour travailler à une pacification. Le 26 mai on vit arriver à Fribourg deux ambassadeurs français, Aimery de Hoquedé, abbé de Saint-Thierry de Reims, et Guillaume de Menypeny, seigneur de Concressault, et deux ambassadeurs bourguignons [2]. Ce ne fut pas sans peine qu'on triompha des velléités belliqueuses des Fribourgeois; enfin, le 16 juillet, grâce à la médiation des ambassadeurs de France et de Bourgogne, et des villes et communautés de Bâle, Schwytz, Uri, Unterwalden, Zug et Glaris, fut signé à Morat un traité mettant fin aux hostilités [3].

La mission des ambassadeurs de Charles VII ne se bornait pas à cette pacification; ils devaient se rendre à la cour du roi des Romains pour engager ce prince à travailler, de concert avec le Roi, à la pacification de l'Église [4], et aller ensuite s'entendre avec le duc Sigismond relativement au douaire de la princesse d'Écosse [5].

L'affaire du mariage ne tarda pas à suivre son cours. Le 1er juin, à Innsbruck, Sigismond donnait des pouvoirs pour conclure son mariage avec Éléonore [6]; le même jour, il écrivait

1. Original, dans Le Grand, vol. IV, f. 15.
2. Mandrot, l. c., p. 17.
3. Id., p. 18. Sitzungsberichte der philos. histor. Klasse der Wiener Akademie, t. II, p. 441 ; Descriptio belli annis 1447 et 1448 gesti, auct. Joh. Gruyere, dans Quellen zur Schweizer Geschichte, t. I (1877), p. 304 et suiv.
4. Voir lettre des Pères de Bâle à Sigismond, en date du 25 mai, dans Chmel, Materialien, t. I, part. II, p. l. c., 286.
5. Materialien, l. c., p. 291.
6. Materialien, p. 290.

à Charles VII pour accréditer auprès de lui de nouveaux ambassadeurs[1]. De son côté, le roi d'Écosse, à la date du 6 mai, donnait mission à William, lord Crichton, chancelier d'Écosse, à John Ralston, évêque de Dunkeld, et à Nicolas de Otterburn, official de Saint-André et chanoine de Glasgow, de se transporter dans les États du duc de Bourgogne, du duc d'Autriche et du comte d'Armagnac, et ailleurs où ils jugeraient utile, pour négocier l'affaire du mariage des deux princesses ses sœurs[2]. Les ambassadeurs étaient aussi porteurs d'une lettre de leur maître pour le duc Sigismond, par laquelle lord Crichton et Nicolas de Otterburn étaient accrédités auprès de lui[3], et d'une lettre pour Charles VII.

L'ambassade de Sigismond d'Autriche arriva en Touraine dans le courant d'août; elle n'y trouva point les ambassadeurs que nous venons de nommer, mais seulement un mandataire du roi d'Écosse, Thomas de Spens, protonotaire apostolique, investi, de concert avec Nicole Chambre, seigneur de la Guerche, — le capitaine de la garde du Roi, — des pouvoirs nécessaires pour contracter le mariage de la princesse Éléonore[4]. Charles VII s'occupa aussitôt de prendre les derniers arrangements[5]. Nous avons le texte du pouvoir (daté de Champigny, le 27 août) qu'il donna à l'évêque de Maillezais, à Bertrand de Beauvau et au sire de Gaucourt pour conclure avec les ambassadeurs du duc Sigismond un traité d'alliance perpétuelle[6]. Les négociations ne tardèrent pas à aboutir à la conclusion de

---

1. Le commandeur Louis de Landsee, Perreval de Annemberg et Léonard de Velsegk. *Materialien*, l. c., p. 200 et suiv.
2. *Œsterr. Geschichtsf.*, t. II, p. 450.
3. Lettre sans date. *Id., ibid.*, p. 460.
4. Voir les instructions (sans date) qui furent données à Thomas de Spens par le roi d'Écosse, dans *Œsterr. Geschichtsf.*, p. 462-64. — Il résulte des traités passés le 7 septembre suivant (*Materialien*, t. I, part. II, p. 200 et suiv.) que, tout en se qualifiant de « nuncii, procuratores et commissarii per serenissimum principem et dominum dominum Jacobum, Dei gratia regem Scotorum, ad infra scripta specialiter deputati, » les deux représentants du roi d'Écosse ne purent produire le texte de leurs pouvoirs, et qu'ils prirent l'engagement de fournir ces pouvoirs dans le délai d'un mois.
5. *Materialien*, t. I, part. II, p. 289.
6. Le Roi avait tout fait préparer à l'avance. Nous trouvons dans les comptes la mention suivante : « M. Jacques de Paranty, notaire apostolique, ex s., pour avoir escript en avril plusieurs lettres et instrumens touchans les fiançailles et mariage de madame Elyenor d'Escosse. » Dixième compte de Xaincoins, l. c., f. 120 v°.

trois traités, passés à la date du 7 septembre 1448 : le premier fixant les clauses du contrat de mariage de Sigismond et d'Éléonore[1] ; le second portant alliance et confédération entre Charles VII et Sigismond[2] ; le troisième portant alliance et confédération entre le roi d'Écosse et Sigismond[3]. Le lendemain 8 septembre, la cérémonie du mariage fut accomplie par l'évêque de Maillezais, en présence du Roi, de la Reine et d'un grand nombre de seigneurs, dans l'église de Beaumont près Chinon[4].

L'ambassade du roi d'Écosse trouva donc l'affaire du mariage conclue, quand, après un long séjour à la cour du duc de Bourgogne[5], elle arriva près de Charles VII, à la fin de septembre[6]. Mais la mission qu'elle avait à remplir s'étendait à d'autres points ; il s'agissait, d'une part, de renouveler les traités d'alliance entre la France et l'Écosse ; de l'autre, de trouver une épouse à Jacques II. C'est ce qui résulte de la lettre du roi d'Écosse à Charles VII[7], remise par les ambassadeurs, et des pouvoirs à eux donnés[8]. Les envoyés du duc d'Autriche et du roi d'Écosse firent un long séjour à la Cour. Il fallait expédier les affaires que les ambassadeurs d'Écosse étaient chargés de traiter ; il fallait préparer le départ de la princesse d'Écosse, régler son itinéraire[9], se munir des sauf-conduits nécessaires au voyage[10]. Charles VII remit à Guillaume

---

1. Herrgott, t. III, part. 1, n° 30 ; Chmel, *Materialien*, l. c., p. 200.
2. Ce traité est visé dans les lettres de ratification données par Charles VII le 30 juin 1449. *Id., ibid.*, p. 304.
3. *Materialien*, l. c., p. 202.
4. Acte de mariage, « per verba de præsenti, » dans Herrgott, t. III, part. 1, n° 31. Voir sur la robe de drap d'or donnée par Charles VII à la princesse, un rôle du 27 mars 1450. *Supplément aux preuves de Mathieu d'Escouchy*, p. 4.
5. Du 1er au 14 avril, Hasset de Mate, chevaucheur de l'écurie du duc de Bourgogne, accompagne les ambassadeurs à travers les pays du duc ; il leur fait visiter Hesdin, Saint-Pol, Lille, Bruxelles, Gand, etc. Archives du Nord, B 2000, f. 68.
6. Cette date résulte de la mention placée au bas de l'original de la lettre du roi Jacques apportée par les ambassadeurs : « Recepta die XXIX mensis septembri. »
7. Lettre sans date, reçue le 29 septembre 1448, dans le ms. fr. 4054, n° 83 ; éd. Stevenson, l. c., p. 221.
8. Lettre du 6 mai, insérée dans le traité du 31 décembre 1448 ; voir plus bas.
9. « C'est le chemin que madame Eleonor d'Escoce, duchesse d'Autherisse, et sa compaignie, ont à tenir leur chemin de Tours à Beaufort en la conté de Ferrettes. » *Œsterr. Geschichtsf.*, t. II, p. 460.
10. Sauf-conduit du duc de Bourgogne, en date du 22 septembre. *Id., ibid.*, p. 459.

de Menypeny une lettre l'accréditant auprès de Sigismond[1]. La jeune princesse prit enfin le chemin du Tyrol sous la conduite du sire et de la dame de Gaucourt[2]. Peu après son départ, fut signé à Tours (31 décembre) un traité renouvelant les anciennes alliances entre la France et l'Écosse et contenant certaines clauses relatives à l'attitude de chacun des alliés à l'égard de l'Angleterre[3].

En quittant la cour de France, les ambassadeurs écossais se rendirent près du duc de Bourgogne. Ils n'avaient trouvé en France aucune princesse pouvant convenir à leur maître, et Charles VII leur avait conseillé de s'adresser à Philippe le Bon. Ce prince offrit aussitôt la main de sa nièce, Marie de Gueldre, élevée à sa Cour, et qui remplissait toutes les conditions désirables[4]. Après avoir obtenu l'agrément de Charles VII, les ambassadeurs passèrent à Bruxelles le contrat de mariage, à la date du 1er avril 1449[5].

L'échec éprouvé par le duc de Bourgogne, dans ses négociations avec Frédéric III, devait-il le rendre plus circonspect à l'égard de Charles VII? Nous le voyons, à ce moment, entamer de nouvelles négociations qui aboutirent à la conclusion d'un compromis connu sous le nom d'*appointement de Paris*.

Le duc ne cessait de se plaindre des empiètements de la juridiction royale. Dans une lettre écrite au Roi, le 16 février 1447, il rappelait que ce prince avait donné à Châlons des lettres

---

[1]. Amboise, 9 décembre. Original aux Archives de Vienne, communiqué par M. d'Herbomez; éd. par Chmel, *Österr. Geschichtsf.*, p. 505.
[2]. Voir, sur les dépenses faites à l'occasion de ce voyage, le rôle cité, p. 8 et suiv., 14 et 15.
[3]. Archives nationales, J 678, n° 28. Copies dans Du Puy, 753, f. 40, et Brienne, 61, f. 72. Le 30 juin 1449, Charles VII donna des lettres de ratification du traité conclu par ses ambassadeurs. *Materialien*, t. I, part. II, p. 304.
[4]. « Jam nubilem et formosam. » Rapport des ambassadeurs cité dans Burnett, *l. c.*, t. V, préface, p. LXXIV.
[5]. Voir Mathieu d'Escouchy, t. I, p. 176; Olivier de la Marche, t. II, p. 117. Ce chroniqueur dit de Jacques II: « Ung moult bean chevalier, josne et vertueux Roy, et fut celluy qui avoit la moitié du visaige rouge. »

patentes, portant surséance durant neuf ans aux appels de Flandre; au mépris de cette ordonnance, d'incessantes poursuites étaient lancées par les officiers royaux. Le duc ne doutait pas que ce fût à l'insu de Charles VII; il le priait, dans les termes les plus courtois — on pourrait dire les plus humbles, — d'annuler un mandement de relèvement en cas d'appel donné par le Parlement, au sujet d'une sentence rendue à Bruges, ou tout au moins de faire surseoir à l'exécution; il demandait que des ordres fussent donnés aux gens du Parlement pour que de pareils faits ne se reproduisissent pas[1].

Au mois de mai suivant, une ambassade bourguignonne, composée de Jean Germain, évêque de Chalon, de Pierre de Bauffremont, seigneur de Charny, et de Pierre de Goux, se rendit à la cour de France; elle avait mission de porter à la connaissance du Roi et de son Conseil l'exposé des griefs dont le nombre allait chaque jour croissant[2]. Nous avons le compendieux discours prononcé à cette occasion par l'évêque de Chalon[3]. Le prélat avait emprunté au psaume LXVII le texte suivant : *Confirma hoc, Deus, quod operatus es in nobis*, et il l'expliquait de la sorte : « C'est-à-dire, Sire, plaise à Votre « Majesté royale de confermer, entériner, faire garder et mettre « en pratique toute le bien que avez fait et ouvré en ce « royaulme. » Pour s'efforcer de troubler la paix qui règne en France, les ennemis du Roi ont pris un capitaine général qui s'appelle *Mauvais rapport*, et qui a juré de mettre la discorde au sein de la maison de France. Deux choses sont nécessaires pour triompher de sa fâcheuse influence : *Confidence* d'abord, et ensuite *Espérance*. Le discours, rempli d'allégories et de digressions, n'est au fond que le développement de ces deux pensées. L'évêque y fait ressortir les bienfaits de la paix et

---

1. Voir cette lettre, où les faits sont longuement exposés, dans le ms. fr. 5041, f. 4; elle a été publiée en 1850 par Gachard, *Compte rendu des séances de la commission royale d'histoire de Belgique*, 2ᵉ série, t. XII, p. 360.
2. Sur leur chemin les ambassadeurs recevaient des messages au sujet d'exploits faits par des officiers royaux, et d'entreprises des gens du Roi au préjudice du duc. Voyage de Huguenin de Longchamp (2-9 mai); Voyage d'un chevaucheur (22 mai). Archives de la Côte-d'Or, B 1700, f. 136 v° et 137 v°.
3. Ce discours se trouve in extenso à la Biblioth. nat., dans le Ms. fr. 10142, f. 61-75.

constate les heureux résultats déjà obtenus : « N'est-il pas
« chose notoire que, par la demourance de paix en votre
« royaume, votre domaine commence à remettre sus, les
« églises qui ont esté abatues et les ministres chassés hors,
« se réédifient, et le divin office commence; partout les mo-
« nastères se fournissent de religieux; les universités sont fré-
« quentées; votre noblesse, dont les pères ont été morts par
« guerre, se renouvellent, et leurs enfants se nourrissent des-
« sous paix pour servir au temps à venir; les villes et vil-
« lages se resplendissent, remplissent de gens, et se refont
« les maisons et la terre cultivée. » Vers la fin, l'évêque de
Chalon trace un brillant tableau des perspectives qui s'ou-
vriraient si le Roi et le duc de Bourgogne demeuraient en bon
accord : avec la puissance du duc, ses grandes possessions
hors du royaume[1], on pourrait, une fois la paix conclue avec
les Anglais, entreprendre une expédition en Orient et arracher
la Grèce au joug des Turcs. Le prélat conclut en ces termes :
« Sire, donc, gardez l'écusson de paix planté en votre royaume,
« écrit et scellé de religion, unité de courages, de douceur
« envers vos parents et subjets, et y planter la haie de Con-
« fidence contre Mauvais rapport; et vous ne doubterez ni
« Anglois ni Espagnols, ni Arragonnois, ni nations qui soient
« dessous le ciel, ains profiterez au bien de la foi et l'exalta-
« tion d'une très noble maison de votre haute majesté en ce
« monde temporellement, et après éternellement, ce que vous
« doint Dieu. Amen. »

Sur ces entrefaites le duc de Bourgogne obtint une bulle de

1. Voici textuellement ce curieux passage : « Et, Sire, puis le traicté de paix, vous avez
uny à vostre coronne et conjoint en vostre corps vostre parent et subject monseigneur
[le] duc de Bourgoigne, non pas seulement comme duc de Bourgoigne ou conte de Flandres, d'Artoys ou de Boulonois, ains le congnoissez estre prince hors de vostre royaulme
ès deux pays plus grant terrien, ains avez à vous actrait ung duc de Brebant, ung duc de
Limbourg, ung duc de Luxembourg, un conte de Haynau, de Hollande, de Zelande, de
Namur, de Bourgoigne et un marquis de Saint-Empire, seigneur de Frise. Celle congnoissance vous doibt engendrer confidence en vostre parent que, puis que Dieu luy a
donné tant de si haultes seigneuries en outre icelles qu'il tient de vostre royaulme, qu'il
ne vouldroit penser envers vous ne faire chose qui ne appartienne à un si hault prince. »
— Cf. le discours prononcé l'année suivante par Jean Jouffroy à Rome devant le pape
Nicolas V, où est faite une énumération plus pompeuse encore des possessions du duc
hors du royaume. Le cardinal Jean Jouffroy, par Ch. Fierville (1874, in-8), p. 233.

Nicolas V (23 mai 1447), confirmant celle donnée par son prédécesseur au sujet du différend entre le Roi et le duc : le Pape désignait les évêques de Liège et d'Utrecht et l'abbé de Saint-Aubert de Cambrai pour trancher toutes les difficultés soulevées par l'application du traité d'Arras[1].

Les exhortations à la paix de l'évêque de Châlons coïncident avec la reprise des hostilités entre l'archevêque de Cologne et le duc de Clèves ; elles attestent la crainte qu'avait le duc Philippe de voir une rupture se produire et le Roi entamer contre lui une lutte ouverte avec l'appui du duc Guillaume de Saxe et des autres auxiliaires de l'archevêque[2]. Les inquiétudes du duc ne tardèrent pas à se dissiper : les événements se chargèrent de le rassurer[3]. Au cours de cette année, il continua à être en fréquentes relations avec le Roi[4]. C'est le moment où il s'allie avec le roi d'Aragon, auquel il fait porter le collier de la Toison d'or[5], où il soutient en Lombardie le duc d'Orléans, et se croit à la veille de réussir dans ses négociations avec Albert d'Autriche et Frédéric III. Mais l'échec qu'il subit

1. Archives de la Côte-d'Or, B 11907. Cf. *Histoire de Bourgogne*, t. IV, p. 261.
2. Le passage suivant d'une *Chronique de l'abbaye de Floreffe*, composée entre 1462 et 1473, montre combien la situation était tendue (*Monuments pour servir à l'histoire des provinces de Namur*, etc., recueillis par le baron de Reiffenberg, t. VIII, p. 103) :

> En icelle meisme année
> Le duc de Bourgoigne grant armée
> Mis sus trestout pour certain :
> Car l'on disoit trestout à plain
> Que li voir Charle de Franche
> Avoit fait grant alliance
> Aux dus d'Ostrice et de Zassenne,
> Telement que d'une assenne
> Feroient gherre au duc de Bourgoigne ;
> Et l'archevesque de Coloingne,
> Avecques plusieurs Allemans,
> Avoient promis estre nuisans
> Au puissant duc des Bourguengnons.

3. Le 3 juillet, juste au moment du siège de Soest, le duc envoie Jean Miatre porter de Gand des lettres au Roi, « quelque part qu'il soit, pour aucunes matières secrètes. » Archives du Nord, B 1094, f. 103.
4. Ambassade de Pierre de Goux, du 5 septembre au 25 octobre (B 1094, f. 127 v°) ; nouvelle ambassade de Pierre de Goux, avec deux autres conseillers, Jean le Sot et Jean d'Auby, en décembre et janvier (B 1096, f. 20 v° ; 1098, f. 60 v° et 67 v°).
5. Le roi d'Aragon avait envoyé des ambassadeurs au duc au mois de mai ; le 11 août 1447, Guillebert de Lannoy partit pour se rendre près du roi d'Aragon et dans d'autres cours ; cette mission l'occupa pendant sept mois.

à Vienne l'amène à entrer en accommodement avec la France. Au mois de mai 1447, deux ambassadeurs se rendent à Tours près du Roi, et de là en Bourgogne vers le chancelier Rolin[1]; au mois de juillet, une conférence se réunit à Amiens entre des représentants du Roi et du duc[2]; il est convenu qu'une « journée » sera tenue le 1ᵉʳ septembre, pour examiner toutes les questions litigieuses; cette réunion est renvoyée au 25 septembre : c'est à Paris qu'elle doit avoir lieu.

La conférence de Paris marque une nouvelle étape dans les relations entre Charles VII et Philippe le Bon; elle est, après la conférence de Châlons en 1445, la plus importante des réunions tenues entre les représentants des deux parties. Il convient donc d'exposer avec quelque détail les faits qui s'y rapportent.

Dans les amples instructions données par Philippe à ses ambassadeurs, il leur recommandait, avant toutes choses, d'insister sur la stricte exécution du traité d'Arras. Ils devaient réclamer la punition des meurtriers de Jean sans Peur, notamment de Tanguy du Chastel et de Pierre Frotier, auxquels le Roi ne craignait pas de continuer ses faveurs : le titre de prévôt de Paris avait même été maintenu à Tanguy, et il avait été désigné pour faire partie de la grande ambassade envoyée au Pape; ils devaient exiger que les fondations prescrites à Montereau et aux Chartreux de Dijon, pour le repos de l'âme du feu duc, fussent enfin faites; ils devaient réclamer le paiement intégral des cinquante mille écus dus pour restitution des biens et joyaux du feu duc, sur lesquels quinze mille écus seulement avaient été payés; ces trois conditions devaient être imposées tout d'abord; si les représentants du Roi voulaient encore apporter des délais à leur exécution, les ambassadeurs ne passeraient outre qu'en protestant que tout ce qui serait fait ultérieurement ne pourrait y déroger ou préjudicier. Les ambassadeurs aborderaient ensuite les points de détail, longuement

---

1. Leur mission dura du 22 mai au 5 septembre. Archives du Nord, B 1008, f. 51 v°, et 2002, f. 95 v°.
2. Archives du Nord, B 2002, f. 86 v°.

énumérés dans leurs instructions[1]. Pierre de Goux était venu de Bourgogne, en compagnie du président Armenier, trouver le duc à Hesdin pour s'entendre avec lui[2]; il partit le 22 septembre pour se rendre à Paris, où se trouvèrent bientôt tous les ambassadeurs bourguignons : c'étaient le chancelier Nicolas Rolin, l'évêque de Tournai, le président Armenier, Jean de Croy, seigneur de Chimay; Gilles de le Woestine, président de la chambre du conseil de Flandre; Jean d'Auby, Jean le Sot, Guillaume de Zadelaire, Jean de Molesme, Oudart Chuperel, Jean Vincent et Godefroy Cloet[3]. Charles VII avait délégué, pour le représenter, le comte de Dunois, Jean Jouvenel des Ursins, évêque de Laon; Bertrand de Beauvau, seigneur de Précigny; Jean Dauvet, procureur général, etc.[4].

La conférence s'ouvrit le 1er octobre. Les discussions furent longues et donnèrent lieu à plusieurs échanges de communications entre le duc et ses ambassadeurs[5]. A la date du 19 novembre, les représentants de Charles VII remirent aux ambassadeurs bourguignons un long mémoire contenant leurs réponses aux « doléances » du duc.

Sur les trois premiers points : 1° l'affaire de Tanguy du Chastel; 2° les fondations et constructions prescrites par le traité d'Arras; 3° la dette de cinquante mille écus, les ambassadeurs du Roi répondirent qu'ils n'avaient à ce sujet aucune instruction, et qu'ils ne pensaient pas qu'il en dût être parlé; ils consentaient pourtant à en référer à leur maître.

4° Désordres commis par les gens de guerre de l'un et l'autre parti; punition des capitaines et gens de guerre qui, depuis le

1. Instructions aux ambassadeurs du duc pour la journée qui doit être tenue à Paris le 25 septembre, communiquées par le duc à son conseil, le 22 septembre, au château de Hesdin. Archives de la Côte-d'Or, B 11007. — « S'ensuivent les points et articles sur lesquels semble que l'on peut besoigner et conclure à ceste presente journée et convencion de Paris, et dont à la journée de Hedin fut parlé. » Id., B 11009.
2. Archives du Nord, B 2002, f. 85.
3. Archives du Nord, B 2000, f. 75, 77 v°, 78 v°; 2002, f. 85, 90; 2004, f. 121 v°, 129 v°, 131.
4. Huitième compte d'Étienne de Bonney, dans Cabinet des titres, 685, f. 131.
5. Le 15 octobre, le duc envoie à Paris Jean Vignier, son conseiller; le 17 il fait partir un chevaucheur, avec des lettres closes pour le chancelier et ses autres ambassadeurs. Archives du Nord, B 2002, f. 93 v°; 2000, f. 88 v°.

traité d'Arras, ont ravagé les pays du duc. — On tomba d'accord que la meilleure solution était que le Roi donnât à cet égard une abolition générale à ses gens, sujets et serviteurs, et à ceux du duc, pour tous maux, excès et délits commis depuis le traité jusqu'à présent, sauf les deux cas de viol et d'incendie.

5° Procès de Dimanche de Court contre des chevaliers et écuyers picards, sujets du duc. — Le Roi donnera abolition pour tous ceux poursuivis à ce propos et interdira toutes poursuites.

6° Abolition demandée par le seigneur d'Aumont. — Elle lui sera accordée par le Roi.

7° Lettres de marque obtenues par Alabre de Suze et excès commis par lui en vertu de ces lettres. — Alabre sera mandé à Paris et un appointement sera pris avec les ambassadeurs du duc à ce sujet.

8° Lettres de défi de Joachim Rouault au maréchal de Bourgogne. — Défense sera faite à Rouault d'y donner suite.

9° Affaire d'Évrard de la Marck, qui se permet de venir à la Cour, sous prétexte d'un procès pendant entre lui et Saintrailles et Pierre Regnault. — Le procès sera porté devant le connétable à la table de Marbre du Palais et déclaration sera faite à Évrard que le Roi n'entend nullement le soutenir contre le duc.

10° Serment exigé des francs-archers et levée d'hommes d'armes appartenant aux pays du duc, au mépris du traité. — Les sujets et vassaux du duc et de ses serviteurs ne seront point tenus de fournir des hommes; les arrières-vassaux, sujets du Roi, seront seuls tenus d'en fournir, sauf le service qu'ils doivent à leur seigneur.

11° Différend relatif aux terres des baillages de Mâcon et Saint-Gengoux. — Des commissaires seront nommés pour examiner la question et la trancher d'un commun accord.

12° Différend relatif à d'autres terres du Forez, de la baronnie de Beaujeu, etc. — Même procédure, en appelant des représentants du duc de Bourbon et des autres parties intéressées.

13° Différend relatif à des villages de la châtellenie de Châteauneuf et du baillage de Mâcon dont on veut les distraire pour les faire ressortir à Lyon. — Des commissaires examineront l'affaire, et le lieutenant du sénéchal de Lyon sera, après enquête, autorisé, s'il y a lieu, à laisser provisoirement la jouissance de ces lieux au duc.

14° Contestation relative au titre de bailli de Mâcon pris par le sénéchal de Lyon. — La question sera portée devant le Roi, qui y donnera provision à la satisfaction du duc.

15° Nomination de commissaires royaux sur le fait des péages au baillage de Mâcon. — Information sera faite, sur la demande du duc, par le bailli royal de Mâcon, relativement aux péages nouvellement établis et aux abus qui auraient pu s'introduire.

16° Dixième sur l'épicerie et la droguerie levé au baillage de Mâcon et en Bourgogne. — L'argentier du Roi entendu, il est décidé qu'on cessera de lever cette imposition.

17° Sel et gabelle du sel à Mâcon et en Mâconnais. — Deux commissaires seront nommés par chacune des parties pour régler cette affaire.

18° Grenier à sel de Marcigny. — Des commissaires prononceront, et la jouissance sera maintenue au duc jusqu'à décision prise.

19° Enclaves dans le duché de Bourgogne, le comté d'Auxerre, etc. — Des commissaires examineront l'affaire et y donneront une solution le plus promptement possible ; le profit des terres en litige sera perçu en attendant par deux personnes commises par le Roi à la nomination du duc, l'un en la marche de l'Auxerrois, l'autre en l'élection de Langres.

20° Limites du royaume et du comté de Bourgogne. — Des commissaires examineront l'affaire ; en attendant leur décision, les choses resteront dans l'état.

21° Attentats au sujet des limites et des enclaves. — Renvoyé aux commissaires nommés.

22° Empiétement à Ussy-l'Évêque. — Même décision ; le duc conservera provisoirement la jouissance.

23° Exploits faits à Nogent par les élus de Tonnerre. — Ordre leur sera donné de les mettre à néant et de s'en départir à l'avenir.

24° Villes et villages du comté d'Auxerre que le bailli de Tonnerre veut en distraire pour en appliquer les profits au Roi. — Ce qui dépend du comté sera restitué.

25° Prétention des grenetiers de Joigny, Saint-Florentin, Tonnerre et Vezelay sur des villes et villages du comté d'Auxerre. — Les habitants du comté prendront leur sel au grenier d'Auxerre; ceux qui ne résident pas dans les lieux transportés au duc pourront s'adresser aux greniers les plus voisins.

26° Condamnation à une amende du procureur du duc à Auxerre. — Elle sera mise à néant.

27° Ajournement donné aux habitants de Saint-Bris, Collonges, etc. — Ils seront mis hors de procès.

28° Empêchements donnés par des officiers royaux au baillage de Sens à l'entérinement des lettres de grâce et de rémission du Roi. — Si des empêchements de ce genre ont été ordonnés, ils seront mis à néant.

29° Commission donnée au prévôt de Villeneuve-le-Roi pour appréhender des gens auxquels le duc avait fait grâce. — Si elle a été donnée, elle sera révoquée.

30° Commission sur le fait de nouveaux acquets. — Elle sera révoquée.

31°-35°. — Satisfaction était également donnée au sujet d'autres menus griefs.

36° Causes et procès des sujets du duc évoqués au Parlement ou devant les baillis royaux. — Le Roi entend donner prochainement bon ordre au fait de sa justice; une grande assemblée sera convoquée à Paris; le duc de Bourgogne sera invité à s'y faire représenter, et cette question pourra alors être résolue; en attendant, le Roi ordonnera de surseoir aux causes concernant les sujets du duc et de ne plus donner de lettres d'évocation.

37° Refus de donner des lettres de relèvement d'appel. — Ordre sera envoyé de les délivrer, de façon à ce que les sujets du duc n'aient plus lieu de se plaindre.

38° Évocations particulières faites au Parlement. — On en fera le renvoi aussitôt après la rentrée de la Cour.

39° Amendes des appellations, procédant de pays cédés au duc, que le Roi veut appliquer à son profit. — Elles proviennent du report que le Roi s'est réservé.

40° Affaire de Cruzy, Luynes et Gruselles, mis en la main du Roi. — Provision sera donnée au duc au prochain Parlement.

41° Appels venant des pays et lois de Flandre. — Le Roi désignera deux conseillers auxquels seront communiqués toutes les pièces et qui trancheront la question, avec deux commissaires du duc, après enquête faite en Flandre. En attendant, ordre sera donné de surseoir à la réception des appels et à toutes les causes concernant des marchands étrangers, et l'on maintiendra l'exécution des lettres de surséance, pendant neuf ans, relativement aux appels des quatre principales lois de Flandre.

42° Difficultés au sujet de ces lettres de surséance. — Avisé comme dessus.

43° Évocation des causes introduites en la chambre et devant les lois de Flandre, et autres « nouvelletés. » — Avisé comme dessus.

44° Répits à cinq ans et à un an donnés par le Roi aux sujets du duc. — Avisé comme dessus.

45° Prisonniers de la châtellenie de Courtrai détenus dans les prisons du Roi. — L'affaire sera réglée par les commissaires des parties.

46° Imposition foraine mise à Tournai sur les blés portés à Gand. — L'exécution des mandements royaux cessera et les mandements seront réputés comme non avenus.

47° Imposition foraine mise en plusieurs lieux en deçà de la rivière de Somme. — Elle sera suspendue, à titre de provision ; les gens du duc devront pareillement suspendre la levée de l'imposition foraine à Bar-sur-Seine.

48° Titre de bailli d'Amiens donné au nouveau bailli ordonné par le Roi. — Il s'intitulera désormais bailli d'Amiénois.

49° Aides levées à Picquigny-sur-Somme. — Ordre sera donné d'y surseoir jusqu'à ce qu'autrement soit ordonné.

50° Aides de Ham et Bohain ; empêchements donnés au duc. — Le duc jouira provisoirement des aides de Ham et le Roi de celles de Bohain.

51° Prétention du seigneur de Mauny, maître des eaux et forêts, d'étendre sa juridiction en Ponthieu. — L'affaire est pendant devant le Parlement, à cause de la contestation, relative audit office entre le seigneur de Mauny et le seigneur d'Auxy; toutefois le seigneur d'Auxy jouira dès maintenant dudit office en ce qui concerne les terres transportées au duc.

52° Pilleries des Anglais à Crotoy. — Il en sera parlé à la journée qui doit se tenir à Louviers avec les commissaires du roi d'Angleterre, et, si le duc veut y envoyer ses gens, ils seront reçus comme ceux du Roi.

53° Titre *Par la grâce de Dieu*. — Le duc baillera ses lettres patentes dans lesquelles, après avoir exposé « comment, après les seigneuries des duchés de Lothier, Brabant et Limbourg à lui échues, il ait en toutes ses lettres patentes, au commencement de son tiltre, fait mettre ces mots *par la grace de Dieu*; en conclusion il confessera que par ce il n'a entendu ne entend vouloir, avoir ou pretendre, ès pays et seigneuries qu'il y a et tient en ce royaume, aucun plus grant droit qu'il y avoit auparavant lesdictes seigneuries à lui eschéues et que ses predecesseurs y avoient et povoient avoir à pretendre; et congnoistra ce non obstant le Roy estre son souverain seigneur au regard des terres et seigneuries qu'il a et tient en son royaume, sauf et reservé à luy son exemption à sa vie, selon le contenu ou traictié de la paix faicte entre le Roy et lui. Et moyennant ce, le Roy est et sera content que lesdiz mots *par la grace de Dieu* soient et demeurent au tiltre de mon dit seigneur de Bourgogne ainsi et par la manière qu'il les y a fait mettre et escrire, et de ce baillera ses lettres patentes, èsquelles seront incorporées et transcrites les lettres de monseigneur de Bourgogne. »

54° Les quatre mille livres de rente sur la recette de Normandie. — Les ambassadeurs du duc ayant dit que le Roi avait donné à cet égard des lettres de provision à la duchesse de Bourgogne, à laquelle le duc a abandonné cette rente, les lettres seront produites et provision sera ensuite donnée.

55° Les trois cents livres de rente sur la recette de Meaux. — Les comptes de la ville de Meaux seront examinés pour voir comment la rente a été constituée, et provision sera donnée ainsi qu'il appartiendra.

56° Débat au sujet de lettres d'octroi des prédécesseurs du duc à certaines villes. — Il en sera fait comme au temps du duc Philippe, aïeul du duc.

57° Droit exigé par l'audiencier de la chancellerie. — On veillera à ce que ce droit ne dépasse pas le taux habituel.

58° Vexations dont le duc est l'objet de la part de gens qui se disent étudiants en l'Université de Paris. — Le Roi y pourvoiera au bien de tout son royaume.

59° Main-mise du Roi sur le comté d'Étampes et la seigneurie de Dourdan. — Pour Étampes, on a agi en vertu d'une décision du Parlement; pour Dourdan, la requête sera transmise au Roi.

60° Restitution du comté de Gien. — Il en sera délibéré à la réunion que le Roi doit tenir à Paris sur le fait de la justice, sur le vu des pièces que le duc et son neveu enverront.

61° Restitution de trente-deux mille écus au comte d'Étampes. — Renvoyé à la réunion susdite.

62° Francs archers dans les châtellenies de Péronne, Montdidier et Roye. — On ne fera aucune levée dans les terres cédées au duc.

63° Prétentions des greneliers de Beauvais et Noyon sur certains villages desdites châtellenies. — Elles seront réprimées.

64° Exécutions faites par le bailli de Chaumont en la terre d'Arc-en-Barrois. — Elles ont été faites par l'autorité du Parlement, devant lequel le duc fera porter l'affaire.

65° Villages du Vimeu, au nombre de cent seize, imposés aux tailles et appatis. — Ils en seront tenus quittes et déchargés.

66° Appatis en Ponthieu réglés à Châlons avec la duchesse de Bourgogne. — Information en sera faite.

67° Tailles et appatis levés dans les trois châtellenies. — Même réponse [1].

Le comte de Dunois et le seigneur de Précigny se chargèrent d'aller en référer au Roi relativement aux points qui n'avaient pas reçu de solution.

---

1. Collection de Bourgogne, 95, p. 1038 et suiv.

Sur les trois premiers, le Roi se borna à répondre qu'il « avoit bon vouloir et entencion de faire tout ce qu'il appartiendroit par raison et le plus tost que bonnement faire se pourroit. »

Pierre de Goux et deux de ses collègues se rendirent à Louviers, avec les ambassadeurs du Roi, pour prendre part aux conférences avec les représentants du roi d'Angleterre et traiter les questions intéressant le duc de Bourgogne. A son retour, Goux se rendit près du Roi, avec Jean d'Auby et Jean de Molesme, pour lui soumettre certaines questions réservées à sa décision, et prendre les derniers arrangements.

La diplomatie bourguignonne n'était point satisfaite de la réponse évasive donnée par le Roi relativement aux « trois premiers points. » Un acte notarié fut rédigé à Amiens, le 25 décembre, par les ambassadeurs qui, après avoir pris part aux conférences de Paris, étaient retournés vers leur maître. Il contenait la teneur des réclamations présentées de ce chef au nom du duc de Bourgogne. Une nouvelle ambassade bourguignonne se rendit à la Cour au mois de janvier; nul doute qu'elle ne soit revenue à la charge. Mais, si Charles VII était disposé à donner à Philippe toutes les satisfactions qu'il estimait lui être légitimement dues, il n'entendait point aller au delà : à la date du 28 janvier, de nombreuses lettres patentes furent rendues en exécution des promesses faites à Paris.

Ces lettres étaient relatives aux points suivants : abolition à tous les gens de guerre, sujets et serviteurs des deux parties (art. 4); détrousse de Dimanche de Court et autres, faite par le comte d'Étampes et ses gens (art. 5); abolition à Jacques, seigneur d'Aumont (art. 6); affaire d'Alabre de Suze (art. 7); défi de Joachim Rouault (art. 8); affaire d'Évrard de la Marck (art. 9); levée d'hommes d'armes dans les pays du duc (art. 10); nomination de commissaires pour trancher le différend au sujet des terres du bailliage de Mâcon (art. 11); décharge d'un dixième levé dans le duché de Bourgogne (art. 16); nomination de commissaires relativement à l'affaire du sel dans le bailliage de Mâcon (art. 17), à l'affaire du grenier à sel de Marcigny (art. 18), à la question des limites (art. 20), à l'autorisation donnée aux habitants du comté d'Auxerre de prendre leur sel au grenier d'Auxerre (art. 25); révocation de commission donnée au prévôt de Villeneuve-le-Roi (art. 29); révocation de commission sur la levée de droits d'amortissement à raison d'acquets (art. 30); nomination de commissaires pour trancher la question des appels de Flandre et confirmation des lettres de surséance (art. 41 et 42); défense de soumettre à l'imposition foraine les marchandises passant par Tournai à destination de Gand et ailleurs (art. 46); jouissance des aides à Ham et à Bohain (art. 50); attribution des privilèges de maître des eaux et forêts en faveur du seigneur d'Auxy, dans les pays cédés en vertu du traité d'Arras (art. 51); autorisation au duc de Bourgogne de prendre le titre : *Par la grâce de Dieu* (art. 53)[1].

Les actes que nous venons d'énumérer attestent suffisamment les loyales dispositions du Roi et son ferme désir de donner à son vassal toutes les satisfactions compatibles avec les intérêts et la dignité de la Couronne. Charles VII avait ses vues en agissant ainsi : prévoyant une prochaine rupture avec les Anglais, il voulait écarter tout embarras du côté du duc de Bourgogne.

Une détente s'était d'ailleurs opérée dans les relations entre les deux Cours. A ce moment le duc de Bourgogne donnait enfin un époux à sa nièce, Marie de Gueldre, et cet époux il le recevait, on peut le dire, de la main de Charles VII. La puissance bourguignonne, devenue par cette union l'alliée de l'Écosse, se trouvait en même temps rapprochée de la France et rattachée à la politique de celle-ci à l'égard de l'Angleterre.

Bientôt une nouvelle ambassade vint trouver le duc au nom de Charles VII. Elle se composait de Louis de Luxembourg, comte de Saint-Pol; de Jean de Lorraine, fils du comte de Vaudemont; de Guillaume d'Estouteville, seigneur de Blainville, et de plusieurs autres « notables gentilshommes[2]. » Elle avait mission d'exposer au duc les derniers incidents qui s'étaient

---

[1]. Je renvoie à mon *Catalogue des Actes*, où l'on trouvera toutes les indications de sources sur ces lettres, la plupart datées du 28 janvier, sauf quelques-unes qui ne portent que la date du mois.
[2]. Mathieu d'Escouchy, t. I, p. 186-87.

produits, entre le Roi et les Anglais, depuis la prise de Fougères, et de lui demander son avis sur l'attitude à prendre. Philippe, très sensible à cette communication[1], répondit qu'il remerciait « très humblement » le Roi de l'honneur qu'il lui faisait et de la « bonne amour et affection » qu'il témoignait par là envers lui ; il donnerait volontiers son avis, car, « de tout son cœur, il desiroit l'honneur et prosperité du Roy et du Royaume ; » après avoir fait examiner tous les documents en son Conseil, il lui semblait que le Roi s'était conduit « très prudemment et sagement, » particulièrement en ce qui touchait à la paix, et qu'il n'avait tenu ni ne tiendrait à lui qu'elle n'eût été conclue, — du moins une paix « honorable et raisonnable. » En toutes choses, la conduite du Roi avait été très correcte ; il avait fait tout ce qui était en son pouvoir pour prévenir la rupture, « tellement qu'il en a grande louenge et recommandation. » Si le plaisir du Roi était de réunir à bref délai une assemblée des gens de son Conseil et des princes du sang pour trancher définitivement la question, ce serait très bien fait, et le duc était prêt à y envoyer ses représentants[2].

Une autre requête fut, paraît-il[3], présentée au duc : on lui demanda d'autoriser les nobles, chevaliers, écuyers et gens de guerre de ses pays à aller servir le Roi (à la solde de celui-ci), si bon leur semblait. Le duc, après en avoir délibéré, fit répondre qu'il avait des trêves avec les Anglais, et qu'il n'avait point l'intention d'entrer en guerre avec eux si les trêves n'étaient point rompues de leur côté ; néanmoins, dans le cas où des nobles et gens de guerre de ses pays voudraient aller servir le Roi, il s'en rapportait à eux et n'entendait point les empêcher de le faire.

---

1. Elle fut faite par le comte de Saint-Pol, le seigneur de Blainville et Mathieu Beauvarlet, secrétaire du Roi.
2. Rapport des ambassadeurs du Roi. Ms. fr. 5040, f. 37 ; édit. Stevenson, t. I, p. 261 et suiv.
3. Le rapport des ambassadeurs n'en parle pas ; c'est Mathieu d'Escouchy qui rapporte le fait.

Tel fut le dernier échange d'ambassades[1] entre Charles VII et Philippe le Bon, avant la campagne qui devait amener la libération du territoire et par là modifier profondément la situation du duc de Bourgogne à l'égard de la Couronne.

1. Le duc fit donner deux flacons d'argent au seigneur de Blainville et deux pots d'argent, verrés aux bords, à Beauvarlet. Archives du Nord, B 2002, f. 211 v°.

CHAPITRE XIV

LA RÉFORME DE L'ARMÉE

1445-1448

Premiers essais de réglementation. — Mesures préparatoires prises à Nancy; le Roi met l'affaire en délibération; elle est longuement étudiée dans le Conseil; part personnelle du Roi aux discussions. — Formation des compagnies d'ordonnance; leur composition, leur effectif. — Manière dont on procède; licenciement de tous les gens de guerre, en dehors de ceux qui entrent dans les compagnies; merveilleux résultat de cette réforme. — Solde et logement des compagnies; règlements faits à ce sujet; nomination de commissaires. — Application des ordonnances. — Création des francs-archers; teneur des lettres du 28 avril 1448. — Caractère de cette mesure; vices d'organisation. — Des commissaires sont envoyés pour procéder à l'établissement de la nouvelle milice; règlements relatifs aux francs-archers.

Par la grande ordonnance du 2 novembre 1439, Charles VII avait, avec le concours des États généraux, fixé les principes qui devaient présider à la réforme de l'armée. Les circonstances ne lui avaient pas permis de donner une sanction à cet édit solennel. Le moment était venu d'arriver enfin à l'application, de guérir cette plaie toujours ouverte dont souffrait le royaume, livré depuis tant d'années aux excès d'une multitude avide de pillage et de sang.

Un premier essai de réglementation fut fait au commencement de 1444, à la veille de la conclusion de la trêve avec l'Angleterre. « Pour obvier aux grans maulx et excessives pilleries » qu'il voulait à tout prix réprimer, Charles VII avait ordonné que, à partir de la saison nouvelle, et jusqu'à ce qu'il eût fait à ses troupes assignation de places sur les frontières, il n'y aurait sur les champs que treize capitaines, ayant chacun sous ses ordres cent lances et deux cents hommes de trait; il avait même procédé à la nomination des treize capitaines et prononcé la révocation de tous autres[1]. En outre, il avait pourvu à la garde de ses places et désigné les seigneurs et capitaines qui en étaient chargés[2]. Des mesures furent prises, soit pour préserver l'Anjou, le Maine et la Bretagne des exactions ou des ravages des troupes royales[3], soit pour réprimer les excès qui se commettaient journellement dans le royaume : ordre était donné au prévôt de Paris d'appréhender et de punir tous gens de guerre, français ou anglais, qui troubleraient la sécurité publique[4].

Mais le meilleur moyen de mettre les populations à l'abri des déprédations et des violences, c'était d'éloigner ces bandes indisciplinées, et de les emmener, suivant l'expression usitée par la chancellerie royale, « vivre hors du royaume. » En réponse aux plaintes qui ne cessaient de lui parvenir, Charles VII disait, dans une lettre en date du 4 juin 1444, adressée aux habitants de Reims : « Quant aux pilleries et oppressions qui, par lesdictes gens de guerre et autres, vous ont esté et sont faictes, nous en sommes bien desplaisans, et avons esperance, au plaisir de Nostre Seigneur, de y mettre brief telle provision

---

[1]. « S'ensuivent les ordonnances faictes par le Roy pour la conduite et entretenement des gens de guerre et pour obvier aux grans maulx et excessives pilleries qui se souloient faire. » Fragment sur papier dans les archives du duc de la Trémoille. — Nous avons signalé ces « ordonnances » plus haut (t. III, p. 416). — Les capitaines maintenus en exercice étaient : Le Louvet (Blain Loup), seigneur de Beauvoir, Antoine de Chabannes, le bâtard de Culant, Pierre Aubert, Jean de Blanchefort, Boniface de Valpergue, Robin Petillo, Jean de Mongommery, Joachim Rouault, Étienne de L'Espinasse, Porchon de Rivière, Olivier de Coëtivy, Olivier de Broon, etc. Plusieurs étaient préposés en commun, par groupe de deux, au commandement d'une compagnie.

[2]. Le Sixième compte de Jean de Xaincoins (Cabinet des titres; 685, f. 83 v°) nous fournit à cet égard les renseignements suivants pour l'année 1443-1444 : Lusignan : Jean du Mesnil (2,500 l.); Loches : Jamet de Tillay (1,200 l.); La Charité : Jean du Mesnil Simon, seigneur de Maupas (1,000 l.); Beauté : Gaspard Dureau (100 l.); Sainte Menehould : Bertrand de Beauvau, seigneur de Précigny (1,200 l.); la Bastille : Guichart de Chissé (1,200 l.); Montargis : Pierre de Brezé (400 l.); Montereau : le bâtard d'Orléans (1,200 l.); Saint Pierre-le-Moutier : Henri de Villeblanche (200 l.); Nogent-le-Rot : Tristan l'Hermite; Amboise : Fouquet Guidas (1,200 l.) ; Tours : Guillaume d'Avaugour (400 l.); Chinon : le sire de Gaucourt (1,200 l.), etc.

[3]. Lettres du 20 janvier 1444, déjà citées, publiées par Lecoy de la Marche, le roi René, t. II, p. 252 ; lettres du Roi, en date du 4 mai, et du Dauphin en date du 10 juin, portant engagement à l'égard du duc de Bretagne d'empêcher toute agression des gens de guerre dans son duché. Archives de la Loire-Inférieure, E 94 et 105.

[4]. Lettres du 27 février 1444, Archives nationales Y⁵, f. 70 ; éd. par Cosneau, le Connétable de Richemont (1886, in-8°), p. 605. Cf. lettres du 6 octobre 1447, édictant une mesure analogue : Ordonnances, t. XIII, p. 509.

que vous et noz autres subgetz de par delà vous en apercevrez en tout bien[1]. »

Dans des lettres patentes du 21 juillet suivant, par lesquelles il donnait commission au prévôt de Paris et aux baillis de Senlis et de Meaux de se saisir de tous les gens de guerre vivant sur le pays et en particulier de ceux qui ravageaient la vicomté de Paris, Charles VII faisait part en ces termes de la résolution qu'il avait prise : « Comme, après la trêve prinse et accordée puis naguères entre nous et nostre nepveu et adversaire d'Angleterre, nous ayons ordonné que tous les capitaines et gens de guerre qui estoient et vivoient sur les champs en nostre royaume, et une partie de ceulx qui estoient ès garnisons ès places estans ès frontières de nos ennemis, s'en yroient, en la compaignie de nostre très chier et très amé filz le Daulphin de Viennois, lequel, par nostre ordonnance, les meine et conduit hors de nostre dit royaume, en aucunes parties que lui avons chargié, afin de eviter les grans pilleries et maulx que faisoient lesdiz gens de guerre sur nozdiz pays et subgetz; et à ceulx qui sont demourez èsdictes garnisons ayons fait ordonnances convenables pour leur paiement, et ordonné que aucun ne tenist plus les champs, sur peine d'encourir nostre indignacion et d'en estre pugniz[2]. »

Pendant le cours de la double campagne du Roi et du Dauphin, des mesures furent prises pour contenir les troupes, et pour prévenir, autant que possible, soit des excès sur les territoires occupés, soit des incursions dans les pays voisins[3]. D'un autre côté Charles VII n'épargna rien pour pourvoir, dans la mesure où ses ressources le permettaient, à la solde des gens de guerre[4].

---

1. Archives de Reims.
2. Archives nationales, Y$_3$, f. 85 v°; éd. Cosneau, l. c., p. 607.
3. Voir plus haut, pages 125 et suiv. — On lit dans le Huitième compte de Xaincoins (l. c., f. 100 v°) : « Perrenet de la Condre, escuier, naguères capitaine de gens d'armes, pour un voyage de Tours vers les marches de Montbéliart devers Joachim Rouaut et autres capitaines qu'ilz ne feissent pilleries par les lieux où ils passeroient. — Pierre du Fontenil, escuier d'escurie, LX l. pour semblable cause. »
4. Nous voyons par les documents du temps qu'une somme de 60,000 l. t. fut employée à cette dépense (Ms. fr. 26120, n° 136). Au mois de janvier 1445, une aide de 300,000 l. fut imposée tant « pour le paiement et entretenement des gens d'armes et de

Durant son séjour à Nancy, Charles VII n'eut rien de plus pressé que de poursuivre l'œuvre si résolument entreprise. Dans des lettres du 9 janvier 1445, il s'exprimait en ces termes : « Comme, le temps passé, pour la pitié et compassion que avions, comme bien avoir devions, des grans maulx que noz loyaulx subgetz et le povre peuple de nostre royaume avoient à souffrir à l'occasion de la guerre et de la pillerie qui, soubz umbre de ce, a longuement eu cours et regné en nostre dit royaume, ou grant detriment de nostre seigneurie et de noz diz peuple et subgetz, nous nous soions souventes foiz efforcez et mis en devoir par divers moiens de faire cesser ladicte pillerie, à quoy, jusques à nagueres n'avons peu parvenir, ainsi que bien eussions voulu, pour cause de ladicte guerre generale estant lors entre nous et les Angloys, noz anciens ennemis et adversaires ; pour laquelle cause, et pour trouver moien que nostre dit peuple et subgetz peussent avoir repos et demourer en aucune paix et seurté, et que justice peust aussi regner en nostre dit royaume pour le bien de la chose publicque, avons esté meuz et nous soions puis nagueres condescenduz de faire, prendre et accepter certaine treve et abstinence de guerre avecques nostre nepveu d'Angleterre, en bonne esperance de parvenir par ce moien à paix final ou autre bon appointement avecques lui. Pendant laquelle treve avons advisé que, pour extirper ladicte pillerie, estoit expedient, voire necessaire, de trouver façon et manière de vuider et mettre hors de nostre dit royaume les gens de guerre qui y vivoient sur les champs, faisant ladicte pillerie et autres maulx importables à nosdiz subgetz ; laquelle chose, à l'ayde de Nostre Seigneur, et par la grant diligence que faicte y avons, et que aussi y a faicte nostre très chier et très amé filz le Daulphin, a esté de fait executée, parce que nous et nostre dit filz, en nos propres personnes, avons tiré, conduit et mené hors de nostre dit royaume lesdiz gens de guerre, et jusques ci les avons entretenuz et encores

---

trait hors de nostre royaume, pour garder que la pillerie et lesdiz gens d'armes ne retournent en icellui nostre royaume, que pour autres nos affaires. » *Pièces originales*, 249 : BEAUPOIL.

entretenons, tant ou pays d'Alemaigne et ou van de Metz que autre part ès marches de par deçà[1]. »

Ce préambule avait pour but de faire apparaître la nécessité d'un concours financier indispensable pour atteindre la solution désirée. Donc, en faisant observer que « trop plus grevable chose, sans comparaison, seroit le retour des desdiz gens de guerre et la continuacion de leurs exploiz acoustumez que de contribuer à ung aide, » le Roi annonçait qu'il avait décidé de lever sur ses pays de Languedoil une imposition de trois cent mille livres.

C'était là, en quelque sorte le prélude de la réforme projetée, car, pour discipliner l'armée, il fallait, avant tout, assurer sa solde.

Aussitôt après le traité conclu pour l'évacuation de l'Alsace (13 février 1445) et l'accord passé avec les habitants de Metz (28 février), le Roi mit la question en délibération dans son grand Conseil. Le Dauphin, le roi René, le connétable de Richemont, le comte du Maine, le maréchal de la Fayette, Pierre de Brezé, et tous les membres du Conseil prirent part à la discussion entamée à ce sujet.

Tout le monde était d'accord sur le but à atteindre. On estimait que, si l'on pouvait parvenir à réduire le nombre des gens de guerre et à assurer régulièrement leur solde, à les répartir sur différents points, enfin à licencier tous ceux qui ne seraient pas enrégimentés, ce serait « moult honnourable, prouffitable et utile chose pour le Roy et son royaume. » Mais on n'était pas d'accord sur le choix des moyens. Les uns pensaient que, si les gens de « moyen et de petit état » qui formaient la majeure partie de l'armée, apprenaient ce qu'on se proposait de faire, ils pourraient s'assembler, sous des capitaines « de légère volonté, » en si grande puissance et en telle multitude que le Roi éprouverait beaucoup de difficulté à les chasser du royaume : on l'avait bien vu au temps de Charles V, quand les grandes compagnies s'étaient rendues si redoutables.

---

[1]. Archives, K 68, n° 9. Ces lettres ont été éditées partiellement par Tuetey, *l. c.*, t. I, p. 307 note.

D'autres faisaient observer que le Roi était très affaibli par les guerres que pendant si longtemps il avait eues à soutenir; que ses finances étaient fort diminuées; que les provinces, les villes, et la plupart de ses sujets étaient « en grande ruine et pauvreté, » et qu'il serait bien malaisé d'en tirer les ressources nécessaires pour pourvoir à la solde des troupes sans causer la destruction totale du royaume. D'autres objections, de moindre importance, étaient encore soulevées.

Le Roi laissait les opinions se produire librement. Il avait longuement médité sur les difficultés de l'entreprise. Après avoir écouté avec bienveillance toutes les objections, il prenait la parole pour les réfuter, car il avait la chose fort à cœur, et voulait aboutir à une solution. Il fit décider que des ouvertures seraient faites, très secrètement, aux principaux capitaines. Les grands seigneurs du Conseil, qui avaient sous leurs ordres la plupart d'entre eux, eurent mission de les sonder relativement à la réforme qu'on voulait entreprendre; une fois le consentement des capitaines obtenu, on devait charger ceux-ci de se mettre en rapport avec leurs compagnons et de les engager à condescendre aux volontés du Roi.

La démarche eut un plein succès. Assurés qu'ils seraient les premiers et les mieux pourvus, les capitaines n'hésitèrent pas à promettre leur concours. Le noyau des compagnies d'ordonnance étant ainsi formé, on pouvait en toute confiance entreprendre la réforme [1].

Il importait, avant toutes choses, d'inspirer confiance aux nouveaux chefs et à leurs gens. Tous avaient plus ou moins participé aux désordres commis durant les guerres : une abolition générale leur fut donnée par Charles VII, sans parler des lettres de rémission accordées nominativement à de nombreux capitaines et hommes d'armes [2].

Cette formalité remplie, une première ordonnance fut rendue

---

[1]. Tous ces détails sont donnés par Mathieu d'Escouchy, t. 1, p. 52 et suiv.

[2]. Nous n'avons pas le texte de ces lettres d'abolition générale, mais elles sont visées dans de nombreux documents. Quant aux lettres de rémission, nous devons forcément renvoyer à notre *Catalogue des Actes*. Il est à remarquer qu'un grand nombre de ces lettres furent données à Bourges dans les mois d'août et de septembre 1445.

à Nancy, vers le mois de février ou de mars 1445[1]. Les capitaines devaient passer devant le connétable la revue de leurs gens. Celui-ci désignerait ceux qui seraient compris dans les compagnies de nouvelle formation ; les autres seraient congédiés et reconduits par groupes dans leurs pays respectifs, sous la direction des capitaines, pour y reprendre l'exercice de leur profession. Les compagnies d'ordonnance, composées chacune de cent lances[2], devaient être au nombre de quinze, et former un effectif de quinze cents hommes d'armes, deux mille cinq cents coutillers et trois mille hommes de trait. Chaque « lance fournie » devait comprendre un homme d'armes, un coutilier, un page, deux archers et un valet de guerre, tous montés. Quinze « notables chefs » seraient préposés au commandement des compagnies, lesquelles devraient être réparties dans les villes, et non point logées sur les champs[3].

Les quinze capitaines choisis furent amenés devant le Roi. Là il leur fut ordonné d'observer strictement les ordonnances, de choisir des hommes sûrs et dont ils pussent répondre, enfin de ne souffrir aucune violence de la part de leurs gens[4].

---

1. Cette date est fixée par le sauf-conduit donné par le connétable de Richemont, à la date du 20 avril 1445, où il est fait mention de « l'ordonnance de monseigneur le Roy pour faire cesser les pilleries et voleries » (Ms. fr. 4054, f. 46 ; éd. *Bibliothèque de l'École des chartes*, t. VIII, p. 124 note, et Cosneau, *l. c.*, p. 609) ; par le rapport présenté au Conseil de Ville de Tours au nom des ambassadeurs envoyés vers le Roi à Nancy, du 2 avril au 5 mai, « afin de obtenir provision sur les ordonnances que ledit seigneur avait faictes de mettre ses gens d'armes pour vivre ès villes de son obéissance, mesmement ès pays de Touraine, Berri, Poitou, Xaintonge et autres pays voisins, et pour avoir rabais de la somme de XIII^m francs qui n'avoit guères avoit esté mise sus audit pays de Touraine. » (*Registres des comptes*, XXIX, f. 139.) — On lit dans la *Chronique abrégée* publiée par Godefroy (p. 317) : « Au départ de Nancy, le Roy publia une ordonnance pour le payement des gens d'armes, afin qu'ils n'endommageassent plus le peuple. » — On lit encore dans la *Cronique martinienne* (f. 288 v°) : « Et audit Nancy le Roy mist XV^c hommes d'armes sus, payez à la souldoye, c'est assavoir les hommes d'armes de XV l. par moys, et les archiers sept l. x s. t.... » — Les ambassadeurs milanais, à la date du 26 mai, écrivaient à leur maître qu'ils lui envoyaient copie de l'ordonnance.

2. Sur ce nombre de cent hommes d'armes par compagnie, voir l'ordonnance de Charles V du 13 janvier 1374, article XIII. *Ordonnances*, t. V, p. 600.

3. Ordonnance du 26 mai 1445. Archives, K 68, n° 14 ; éditée partiellement par Vallet de Viriville dans la *Bibliothèque de l'École des chartes*, l. c., p. 124, et *in extenso* par Cosneau, *l. c.*, p. 610 ; Mathieu d'Escouchy, t. I, p. 55 ; rapport des envoyés de la ville de Tours, présenté le 7 mai 1445, *l. c.*, f. 134.

4. Mathieu d'Escouchy, t. I, p. 57.

Avant de prendre possession de leur charge, ils durent prêter le serment suivant : « Je promets et jure à Dieu et à Notre « Dame que je garderay justice et ne souffriray aucune pille- « rie, et puniray tous ceux de ma charge que trouveray avoir « failli, sans y espargner personne, et sans aucune fiction, et « feray faire reparation des plaintes qui viendront à ma con- « noissance, à mon pouvoir, avec la punition des susdits, et « promets faire faire à mon lieutenant semblable serment que « dessus [1]. »

Les capitaines s'occupèrent aussitôt de former leurs compagnies, en choisissant les hommes « les plus experts et les mieux habillez [2]. » L'habillement des gens de guerre était très simple ; ils avaient un hoqueton de cuir de cerf ou de mouton, et une robe courte de drap de couleur de vingt à vingt-cinq sous l'aune [3]. Les hommes d'armes avaient cuirasse, harnais de jambes, salade, bavière, dague et épée, en un mot « tout ce qu'il faut à un homme armé au cler [4] ; » chacun avait trois chevaux de prix, l'un pour lui, les deux autres pour son page et son valet ; le coutiller, les archers et le valet de guerre étaient armés de salades, brigandines, harnais de jambes, jacquettes ou haubergeons ; le valet portait hache et guisarme [5]. Les capitaines avaient pleins pouvoirs sur leurs gens ; ils pouvaient les casser s'ils étaient ivrognes, tapageurs, et s'ils blasphémaient le nom de Dieu ; défense leur était faite de mener à leur suite femmes, chiens ni oiseaux [6].

Après avoir ainsi pourvu à la réorganisation de son armée, Charles VII publia une ordonnance par laquelle il était enjoint

---

1. Le texte de ce serment est donné par le P. Daniel, dans son *Histoire de la milice françoise*, (t. I, p. 105) tel qu'il était prêté sous Louis XI, en 1467. L'auteur pense que la formule remontait au temps de l'institution des compagnies d'ordonnance.
2. Mathieu d'Escouchy, p. 57.
3. Henri Baude, p. 11.
4. Berry, p. 456-57 ; Chartier, t. II, p. 235 ; Jacques du Clercq, livre I, ch. xxxvii.
5. Berry ; Chartier ; du Clercq. Voir *Du costume militaire des Français en 1446*, par René de Belleval (Paris, 1866, in-4°). Olivier de la Marche constate (t. II, p. 60) que les chevaux devinrent hors de prix : « Et la cause de celle chierté fut telle que l'on parloit de faire ordonnance sur les gens d'armes de France et de les deppartir soubz chiefs et par compaignies, et de les choisir et eslire par nom et surnom. »
6. Henri Baude, p. 11.

à tous ceux qui n'étaient point portés sur les rôles de se retirer « hastivement et sans delay ès pays d'où ils estoient originaires, sans piller ni desrober le pauvre peuple[1]. » En cas de contravention, les officiers royaux avaient ordre de traiter les délinquants comme « gens abandonnés et sans aveu. » Tel était l'ascendant du pouvoir royal que, dans un délai de quinze jours, cette masse de gens se dispersa et qu'on n'en entendit plus parler[2].

En racontant la réforme accomplie par Charles VII, les auteurs contemporains constatent unanimement le merveilleux résultat obtenu : « Dedans deux mois ensuivans, dit l'un d'eux, les marches et pays du royaume furent plus seurs et mieux en paix qu'ils n'avoient esté trente ans auparavant. Sy sembla à plusieurs marchans, laboureurs et populaires, qui de long temps avoient esté en grans tribulacions par le moien de la guerre, que Dieu, nostre createur, principallement les eust pourveus de sa grace et misericorde[3]. » — « Il n'y avoit si hardy ni si maulvais desdictes gens d'armes, dit un autre, qui osassent personne desrober ne riens prendre de l'aultrui. Ains passoient marchans et toutes aultres bonnes gens aussi seurement par les lieux où ils se tenoient que parmy les bonnes villes. Et ainsi faisoit-on par tout le royaulme de France puis qu'on avoit passé le pays de Picardie ; et eust-on porté par les champs son poing plein d'or ; ny oncques n'y avoit si seur, car mesme larrons ne brigands ne se osoient tenir en France que tantost ne feussent prins par les justices ou les gens d'armes[4]. » — « Fist cesser les tyrannies et exactions des gens d'armes, dit

---

1. Mathieu d'Escouchy, p. 57.
2. Mathieu d'Escouchy, p. 56 ; Thomas Basin, t. I, p. 167. — La *Chronique martinienne* rapporte qu'Antoine de Chabannes fut l'un des capitaines auxquels on enleva leur commandement. Chabannes, au désespoir, revêtit aussitôt une robe noire et un chaperon de deuil. Averti du fait, le Roi le manda et lui dit : « Qui vous meut ainsi à porter « chaperon de deuil ? — Sire, répondit Chabannes, vous m'ôtez la vie de me ôter mes « gens d'armes, car l'espace de vingt ans j'ai avec eux vécu sans vous faire faute. — « Comte, reprit le Roi, servez moi bien, et mon fils aussi, et je vous ferai des biens et « vous donnerai six cents livres pour votre état. » Chabannes se résigna ; il devait bientôt se retrouver à la tête de ses hommes d'armes.
3. Mathieu d'Escouchy, p. 59.
4. Jacques du Clercq, l. IV, ch. XXIX.

un troisième, aussi admirablement que par miracle. Fit d'une infinité de meurtriers et de larrons, sur le tour d'une main, gens resolus et de vie honneste ; mist bois et forests meurtrières passages asseurés, toutes voyes seures, toutes villes paisibles, toutes nations de son royaume tranquilles[1]. »

Charles VII régla en même temps, par des ordonnances, ce qui était relatif au logement et à l'entretien des compagnies d'ordonnance ; il fixa le nombre de lances qui résideraient dans chaque localité, et qui devaient être logées chez l'habitant ; il détermina les conditions de leur nourriture. La solde serait payée en nature[2]. Chaque homme aurait par an une charge et demie de blé et deux pipes de vin ; les six hommes formant une lance auraient, par mois, deux moutons, un demi-bœuf ou vache, ou autre viande équivalente, et par an quatre lards (bacons de porc) ; pour le sel et l'huile, la chandelle, les œufs et le fromage, servant à la nourriture les jours d'abstinence, et les autres menus besoins, on devait fournir, pour les six hommes, vingt sous tournois par mois. La nourriture des chevaux était aussi réglée[3].

Les heureux résultats de la réforme opérée permirent bientôt de substituer aux fournitures en nature une solde en argent. C'était d'ailleurs un vœu formulé, sur plus d'un point, par les États provinciaux[4]. Charles VII décida qu'à partir du 1er janvier 1446, les compagnies d'ordonnance seraient payées de la sorte. Chaque homme d'arme toucherait, par mois, dix livres

1. Georges Chastellain, t. II, p. 181. — Les chroniqueurs les plus hostiles à Charles VII sont unanimes à constater les merveilleux résultats de la réforme. On lit dans le *Livre des trahisons de France* (*Collection des chroniques belges*, p. 218) : « Ainssy de là en avant fut le royaume gouverné, quy moult avoit esté foulé par lesdis escorcheurs et par autres, et fut tenu paisible en telle faichon que oncques puis ne fut nouvelle de roberie nulle parmi le royaume ; et sy avoit par ainssy faire tousjours ses gens prests, au moien desquels le Roy fist de belles conquestes. » — Cf. Jean Germain, *Liber de virtutibus Philippi Burgundiæ ducis* (même Collection, textes latins, p. 66).

2. « Tanta esset exiguitas, pauperies atque inopia populorum, quod... necessarium fuit in illis exordiis magna ex parte stipendia militibus non in numerata pecunia, sed in quantitate certa annonæ et victualium necessariorum, tam pro personis quam equis taxari. » Thomas Basin, t. I, p. 168.

3. Ordonnance du 26 mai 1445, citée plus haut.

4. Voir Thomas, *les États provinciaux de la France centrale sous Charles VII*, t. I, p. 155 et suiv.

tournois ; les archers et le valet de guerre toucheraient dix livres tournois ; vingt sous seraient payés en outre pour l'état du capitaine ; cela faisait donc vingt-une livres tournois par lance fournie. En outre, on devrait fournir par mois des vivres représentant une somme de dix livres : savoir une charge trois quarts de blé, froment et seigle par moitié (la charge pesant deux cent cinquante livres du poids de Paris) ; trois charretées de bois ; six charges d'avoine ; deux charretées (mille livres) de foin et paille (deux tiers de foin et un tiers de paille). Tout le monde devait contribuer à cette dépense ; étaient seuls exemptés les gens d'église[1], les nobles vivant noblement, et ceux qui avaient été exemptés par de précédentes ordonnances[2].

Pourtant le Roi n'imposait point d'une manière absolue l'obligation de fournir la solde en argent. Un règlement destiné à être mis en vigueur le 1er janvier 1446, détermina trois modes que l'on pouvait adopter indifféremment pour « l'entretenement et nourrissement » des compagnies d'ordonnance : 1° Le paiement en nature, conformément aux premières ordonnances ; 2° le paiement en argent comptant (vingt-une livres tournois par mois), plus l'équivalent de dix livres en nature, conformément à l'ordonnance du 4 décembre ; 3° le paiement entièrement en argent, soit trente-une livres par lance fournie. En même temps, le Roi déclarait que les habitants chez lesquels ses gens de guerre seraient logés n'auraient à leur

---

1. Dès le 3 août, à Sarry-les-Chalons, une ordonnance avait été rendue pour mettre les gens d'église à l'abri des agissements des commissaires chargés de pourvoir à l'entretien des troupes (*Ordonnances*, t. XIII, p. 442) : « Voulons, ordonnons et declarons par ces presentes que nostre intention et volonté ne fut oncques ne est que les personnes desdiz gens d'Eglise de nostre dit royaume fussent ou doivent estre compris ne aucunement estre contraints à contribuer auxdiz vivres, provision et ordonnance desdiz gens de guerre, ne à les loger en leursdictes habitations et demeures, ains voulons et nous plaist qu'ils soient et demeurent de ce francs, quittes et paisibles, comme raison est. » — Cette exemption était pourtant accompagnée de réserves : « Toutefois nous entendons en autre manière requerir lesdiz gens d'Eglise qu'ilz aideront à supporter les charges de nosdiz gens d'armes, et pour ceste cause leur escririons (*sic*) en chascun diocese lettres particulières. »

2. Lettres du 4 décembre 1445. Original (signalé par M. Thomas), Ms. fr. 21.427, (ancien Gaignières 892³), n° 10 ; édité (d'après une copie authentique conservée au British Museum) par Vallet de Viriville, *l. c.*, p. 127.

fournir que le linge de table et de lit, et les ustensiles qui leur seraient nécessaires tant pour eux que pour leurs chevaux ; les gens de guerre devraient changer de logement tous les trois mois, afin que chacun supportât sa part du fardeau imposé à ses sujets [1].

Des commissaires étaient institués pour passer la revue des compagnies, veiller à ce qu'elles fussent toujours au complet, à ce que l'équipement fût soigneusement entretenu, à ce qu'aucun harnais ou cheval ne fût vendu [2]. La justice ordinaire devait connaître de tous les délits qui pourraient être commis.

Les mesures prises furent aussitôt mises à exécution : dès le mois de mai 1445 des commissaires étaient désignés pour procéder à la répartition des gens de guerre [3]; des logements furent assignés aux compagnies d'ordonnance dans les diverses provinces [4]. Les tentatives isolées de résistance qui se produisirent furent aussitôt comprimées [5]. Dans des lettres du 4 décembre 1445 et du 5 janvier 1446, Charles VII constatait

1. Ms. fr. 5909, f. 216 v°; éd. Cosneau, l. c., p. 614-16.
2. Mathieu d'Escouchy, p. 58-59.
3. Voir Thomas, les États provinciaux, t. I, p. 275 et 315; t. II, p. 227.
4. Voir à ce sujet, outre l'ordonnance du 26 mai : Ms. fr. 26129, n° 466; 20583, n° 26; 26074, n°s 5321, 5343 et 5350; Registres des Comptes de Tours, vol. XXIX, f. 134, 135, 136 v° et 200; Archives nat., P 1977¹, cote 2839; Mallet, Extrait en bref, etc., dans les Monuments Inédits de Bernier, p. 21, et Flammermont, Histoire des Institutions municipales de Senlis, p. 101 et suiv., 261 et suiv. — On trouve dans ce dernier ouvrage de curieux détails sur la résistance opposée par le clergé, à Senlis, aux exigences des commissaires royaux.
5. Les gens de guerre du duc de Bourbon occupaient encore Corbeil : Denis de Chailly alla les chasser; il fallut un siège de quinze jours pour en avoir raison. (Archives, X²ᵃ, 24 au 27 juin 1448; cité par Cosneau, l. c., p. 359.) — Jean de Lesparre, écuyer, fut envoyé de Chinon en Lorraine vers Joachim Rouault pour qu'il amenât sur la Loire les gens de guerre de sa compagnie qui devaient être cassés. (Huitième compte de Xaincoins, l. c., f. 105). — Aux mois de juin et juillet 1446, l'archevêque de Reims envoya, de Nîmes, « apporter certaines lettres closes, articles et mémoires au Roy et à messeigneurs de son grant Conseil, faisans mention des gens de guerre lors logez en Velay soubz messire Martin Garcie, lesquelz icellui seigneur avoit ordonné estre logez, par mondit seigneur de Reims et autres ses conseillers et commissaires, au pays de Gascongne; lesquelz desnyoient et reffusoient, au moins les aucuns d'eulx, d'y aler en la compaignie dudit messire Martin, obstant certains debats et discours qu'ilz avoient eu avecques lui pour le fait de leurs vivres et paiement. » (Lettres des généraux des finances en date du 11 janvier 1447, dans Fontanieu, 119-120.). — On lit dans le Neuvième compte de Xaincoins, l. c., f. 116, qui comprend l'année écoulée du 1er octobre 1446 au 30 septembre 1447 : « Robert de Haranvillier, escuier, III××ᵗ II l. X s. pour son voyage de Chinon en Loraine devers Joachim Rouault, escuier, capitaine de gens d'armes, pour le fait desdites gens d'armes qui faisoient plusieurs excez et domages en Barrois et Loraine. »

qu'il avait « mis ordre au fait des gens d'armes » et qu'il les avait répartis dans tous ses pays de Languedoil [1]. L'effectif des compagnies logées dans les provinces du Languedoil s'élevait à quinze cents lances, et il y en avait cinq cents autres logées en Languedoc; en outre, un certain nombre de gens de guerre étaient préposés à la garde des places situées sur la frontière ennemie [2].

Des lettres patentes du 29 septembre 1446 nous montrent la façon dont les ordonnances étaient appliquées. Le Roi ayant appris que, nonobstant la défense expresse par lui faite à ses gens de guerre de rien prendre sans paiement, certains de ses gens, et notamment ceux qui étaient logés au pays de Rouergue, quand ils allaient et venaient pour passer leurs montres, se permettaient de vivre sur ses « pauvres sujets » et de prendre et exiger « pain, vin, foing, avoine, argent et autres choses; » que, de plus, après avoir été ainsi « fournis, » ils emportaient à leur logis « lart, poulaille, vivres et autres choses [autant] qu'ils en peuvent porter sur leurs chevaulx, » et qu'ils faisaient en outre « plusieurs autres grans exactions et excès, » ordonna d'en faire telle punition que ce fut exemple à tous, et d'obliger les gens de guerre et leurs capitaines à restituer tout ce qui apparaîtrait dûment avoir été pris, ou à en faire rabattre la valeur sur la solde des gens de guerre et du capitaine [3].

Nous pouvons enfin constater, par les rares extraits de comptes qui nous ont été conservés, avec quel soin et quelle vigilance on s'occupa de l'organisation et de la surveillance de la nouvelle milice [4].

---

1. Lettres du 4 décembre, citées ci-dessus; lettres du 5 janvier. Mss. fr. 24031, et 10369, f. 59; éd. Thomas, t. II, p. 237 et suiv.
2. C'est ce qui résulte de lettres des commissaires royaux en date du 26 avril 1446 et de lettres de Charles VII du 26 novembre suivant. Archives nat., K 68, nos 21 et 21 bis; Chartes royales, XV, no 189; Ms. fr. 14031; Archives nat., K 68, no 22.
3. Doat, 217, f. 328.
4. Voici quelques passages empruntés au Ms. 685 du Cabinet des titres.
Année 1445 : « M. Gerard le Boursier, conseiller et maistre des requestes de l'hostel, IIc XL l. t. pour partie d'un voyage de Tours en Nivernois (?) pour le fait des gens d'armes et faire une information à Sens de certaine commotion qui y avoit esté faite par le populaire contre les gros bourgeois f. 104 v°. » — « Pierre de Courcelles, escuier, LX l. t. sur un voyage de Chinon en Lorraine querir 30 lances estans sous le seigneur de Lespinace et LX l. t. pour un autre voyage en Lorraine voir les monstres. » Autre mention de deux

Par la formation des compagnies d'ordonnance, Charles VII avait donné à la cavalerie une organisation définitive. Une autre tâche restait à remplir : il s'agissait de créer l'infanterie.

Jusque-là, l'infanterie s'était composée : 1° des milices communales que les villes mettaient, pour un temps déterminé, à la disposition du souverain ; 2° de compagnies d'archers et arbalétriers étrangers. Les archers et arbalétriers des villes, constitués en confréries, fournissaient ainsi un contingent qui, durant la guerre contre les Anglais, rendit de grands services. Charles VII n'avait cessé d'entourer de sa protection ces con-

voyages de Pierre de Fontenil en Lorraine (*id.*). — « Pierre de Courcelles, escuier, LX l. t. pour un voyage au mois d'aoust 45 de Chinon voir en Champagne le fait des gens d'armes logez audit pays (f. 105 v°). » — « Jacquet de Saint Romain, xxx l. t. pour partie d'un voyage de Chinon en Loraine devers Joachim Rouault, capitaine de gens d'armes, pour le faire loger ses c lances et deux cens archers en la place d'Ernay (?) et en l'abbaye de Goze (*sic*) (f. 101 v°). » — « M. Jehan Chevrier, conseiller du Roy, cu. l. t. pour un voyage en Gastinois, Nivernois et autres pays sur la rivière de Loire pour pourvoir au fait des vivres des gens d'armes estans sous la charge de Poton de Xaintrailles (f. 105). » — « Messire Georges de Clere, chevalier, LX l. t. pour un voyage de Chinon en Limosin et en la Marche visiter les gens d'armes qui y estoient (*id.*). » — « Brunet de Longchamp, escuier, XL l. t. pour un voyage de Chinon en Berry visiter les gens d'armes qui y estoient (*id.*). »

Années 1446 et 1447 : « Guillaume Bellier, maistre d'hostel du Roy, bailly de Troyes, c l. pour son voyage en octobre 46 de Chinon à Grandville et au Mont Saint-Michel pour la monstre des gens d'armes (f. 110). » — « Pierre de Courcelles, escuier, xxx l. pour son voyage en octobre de Tours en Poictou et à Chasteauroux (?) pour voir les monstres des gens d'armes du mareschal de Loheac ». — Au même, « L l. pour un voyage en avril (1447) de Mehun en Lorraine recevoir les monstres (f. 116 et 116 v°). » — « Messire Georges de Clere, chevalier, ct l. v. s. pour son voyage de Chinon en Limousin visiter le logis des gens d'armes et informer sur le fait de leur payement (f. 110). » — « Gonsalles d'Ars, escuier, huissier d'armes, xxIII l. vi s. pour un voyage en Agenois, Condomois, Bigorre, Armagnac, Comminge, Perdiac et Astarac, pour pourveoir aux vivres de cent lances et deux cens archers (f. 116 v°). » — « Jehan de Bar, general des finances, III° l. pour son voyage en Bourbonnois, Forest, Lyonnois et Auvergne pour le payement des gens d'armes (*id.*). » — « Pierre de Fontenille, escuier d'escuierie du Roy, c l. pour un voyage de Bourges en Lorraine devers Mgr de Calabre et les seigneurs de la ville Mez touchant le fait de Joachim Rouault et des cent lances qu'il avoit sous luy logez en Barrois et Lorraine (f. 117 ; cf. f. 126 v°). » — « Gonsalles d'Ars, huissier d'armes, IIII^{xx} l. pour un voyage en octobre de Bourges en Gascogne pour faire l'assiete des vivres des gens d'armes (f. 126 v°). »

Année 1448 : Jehan de Loucelles, escuier, LXVIII l. XV s. sur son voyage en aoust en Auvergne de Rouergue devers le mareschal de la Fayette voir les monstres des gens d'armes logez en Bourbonnois, Lyonnois et autres (f. 127 v°). » — « Pierre de Dinteville, escuier, pannetier du Roy, xxx l. pour un voyage en aoust de Chinon en Poitou voir les monstres des gens d'armes de Jacques de Clermont, Floquet et du mareschal de Loheac (f. 128). »

frériés, les maintenant dans la possession de leurs privilèges, leur en accordant de nouveaux, les exemptant de toutes tailles[1]. On en rencontrait non seulement dans les villes, mais dans de simples bourgades.

Nul doute que la formation de ces corps d'élite, au sein de la bourgeoisie, n'ait grandement facilité l'exécution des desseins du Roi.

C'est au mois d'avril 1448 que Charles VII résolut de créer un corps spécial, sous le nom de *Francs archers*, destiné à être le noyau de l'infanterie française.

Dans l'ordonnance rendue à la date du 28 avril, en rappelant que, après avoir détruit « la grande et desordonnée vie et pillerie qui longuement avoit duré, » il avait établi dans son royaume un certain nombre de « gens de deffense » dont il se pût servir dans ses guerres, sans qu'il fût besoin de recourir à d'autres que ses propres sujets, il avait décidé, conformément à l'avis de plusieurs princes et seigneurs de son sang, des membres de son grand conseil, et d'autres gens notables, de constituer un corps spécial.

« Voulons et ordonnons, disaient les lettres, pour le plus aisé et à moins de charge pour nos subjects, que, en chascune paroisse de nostre royaume aura ung archer qui sera et se tiendra continuellement en habillement suffisant, et armé de sallade, dague, espée, arc et trousse, jaque ou huque de brigandine, et seront appellez les *Francs archers*, lesquels seront esleuz et choisis par vous (les élus sur le fait des guerres) ès prevostez et élections, les plus duiz et aisez pour le fait et exercice de l'arc qui se pourront trouver en chascune paroisse, sans avoir regard ni faveur à la richesse ni aux requestes que on vous pourroit faire sur ce. Et seront tenuz de eulx entretenir en l'habillement dessus dit et de tirer de l'arc et aller en leur habillement toutes les festes et jours non ouvrables, afin qu'il soient plus habilles et usitez audit fait et exercice, pour nous servir toutes fois qu'ils seront par nous mandez ; et nous les ferons paier de

---

[1]. Nous avons cité déjà les lettres de Charles VII en faveur des archers et arbalétriers de Paris (22 octobre 1436 ; 23 septembre 1437) ; des arbalétriers de Châlons (17 octobre 1437). Il faut mentionner encore celles en faveur des arbalétriers de Tournay (16 décembre 1446) et des archers et arbalétriers de La Rochelle (novembre 1447).

quatre frans pour chascun moys pour le temps qu'ilz nous serviront.

« Et afin que lesdiz archers aient mieulx de quoy et qu'ils soient plus curieux de eulx mestre et entretenir audit estat et habillement, avons ordonné et ordonnons, par cesdictes presentes, qu'ilz et chascun d'eulx soient frans, quietes et exemps, et iceulx affranchissons, quictons et exemptons de toutes les tailles et autres charges quelzconques qui seront mises sus par nous en nostre royaume, et tant du fait et entretenement de nos diz gens d'armes, de guet, de garde de porte, que de toutes autres subvencions quelzconques, excepté du fait des aides ordonnées pour la guerre et de la gabelle du sel, en deffendant par ces dictes presentes aux commissaires qui seront commis à mectre sus et asseoir les tailles et autres impostz qui seront mis sus de par nous qu'ils ne les y assoient, et aux seigneurs, capitaines ou chastelains des chastellenies qu'ils ne les contraignent doresenavant à faire lesdiz guet et garde.

« Et à ce qu'ilz soient plus astrainctz de nous servir et eulx entretenir en l'habillement dessus dit, voulons et ordonnons que lesdiz archers, et chascun d'eulx, feront le serment en voz mains de bien et loyaument nous servir en leur dit habillement envers et contre tous en eulx exercitant en ce que dit est, et mesmement en noz guerres et affaires, toutes fois qu'ils seront par nous mandez ; et ne serviront aucun en fait de guerre, ni oudit habillement, sans nostre ordonnance, sous peine de perdre leur dicte franchise et d'en estre pugny.

« Et en oultre voulons et ordonnons que lesdiz francs archers seront par vous enregistrez par noms et surnoms, et les paroisses où ils seront demourans, et que de ce soit fait registre en la court de vous, esleuz, afin que nous en puissions aider et les recouvrer promptement toutes fois que par nous seront mandez[1]. »

Le caractère de cette mesure est ainsi apprécié par un juge compétent : « Ce n'était pas, à proprement parler, une armée

---

[1]. *Ordonnances*, t. XIV, p. 1. — Voici en quels termes le héraut Berry parle de la création des francs-archers (p. 432) : « En ce temps, ordonna le Roy à avoir en chascune paroisse de son royaume un archier armé et prest toutes fois que bon luy sembleroit, pour faire guerre à son plaisir quand il lui seroit besoin. Et à cette occasion et afin qu'ilz feussent subgietz à ce faire, les affranchist de non paier toutes subsides courans en son royaume, et fut ordonné aux bailliz dudit royaume, chascun en droit soy, pour choisir en chascun bailliage et paroisse à prendre les plus habiles et ydoines. » Texte corrigé d'après l'édition que prépare le comte A. de Bourmont.

permanente, mais une sorte de landwehr, car, pendant le temps où ils ne servaient pas, les francs-archers demeuraient dans leur village, où ils se livraient à des occupations agricoles ; mais le principe de levée adopté par Charles VII était une révolution politique. Ce mode de recrutement établit des rapports directs entre la royauté et le peuple ; car l'intermédiaire des seigneurs fut écarté. Cela apprit aux hommes libres à obéir à une autre autorité qu'à celle du seigneur, et au seigneur à respecter les ordonnances du Roi ; ce fut en un mot l'origine de l'infanterie, c'est-à-dire l'abaissement de la noblesse et l'élévation du peuple... Grâce à l'établissement de l'infanterie, le peuple porta les armes de droit, et fut appelé avec la noblesse à concourir à l'entretien de l'ordre et à la défense du royaume. Ce ne fut plus une multitude qu'on appelait au temps du danger, à peine armée, et qui n'allait à la guerre que pour y périr. Charles VII établit l'aptitude de tout homme libre, habitant le royaume, à être soldat ; le recrutement était forcé, mais il ne se faisait pas par la voie du sort : les officiers du Roi choisissaient les hommes les plus propres au service[1]. »

Assurément, tout n'était point irréprochable dans une telle organisation ; les vices du système apparurent bientôt, et plus tard des réformes devinrent nécessaires ; mais l'institution resta, et si Charles VII ne réalisa pas du premier coup ce qui devait être l'œuvre du temps, il eut au moins le mérite d'avoir devancé son époque et ouvert la voie à ses successeurs.

Au mois de juillet 1448, des lettres furent adressées par le Roi à ses bonnes villes pour assurer l'accomplissement de l'ordonnance du 28 avril. Les commissaires des aides procédèrent aussitôt à l'organisation de la nouvelle milice[2].

---

1. Boutaric, *Institutions militaires de la France*, p. 319-20.
2. Dès le mois d'avril on s'occupait de la mise à exécution. On lit dans un état de paiement des sommes votées par les États d'Auvergne : « *Item*, à Robin Ogier, chevaucheur de l'escuierie du Roy, pour avoir esté, par l'ordonnance de mesdessusdiz seigneurs, ès païs de Touraine, Poictou et Berry savoir comment on se gouverneroit en mettant sus le fait des francs arbalestriers et nobles que le Roy a nouvellement ordonné estre mis sus. » Clairambault, 119, p. 139. — Voir le Compte de la « despense faicte pour mectre sus et en point en la ville de Poictiers douze francs archiers, ordonnez y estre mis sus par le Roy nostre sire, selon son ordonnance generalle faicte en ce Royaume desdiz francs archiers pour la tuicion et deffense d'iceluy, » publié par M. Rédet dans les *Mémoires de la Société des antiquaires de l'Ouest*, t. VII, p. 437 et suiv.

Les commissaires devaient tout d'abord dresser un état du nombre des paroisses, de leurs ressources, en ayant égard au nombre des feux, pour l'établissement des francs-archers. Ce travail fait, ils devaient se transporter dans chaque paroisse, ou tout au moins dans chaque châtellenie, pour se mettre en rapport avec les habitants, s'informer de ceux qui seraient les plus habiles à se servir de l'arc ou de l'arbalète, et procéder à la réception du franc-archer. Chacun recevra des lettres de franchise, conformément à l'ordonnance du Roi. Un homme de bien sera désigné, dans chaque pays, pour visiter les francs-archers, vérifier s'ils sont en règle et les convoquer toutes les fois qu'il plaira au Roi de les appeler; les commissaires lui remettront l'état des francs-archers, portant leurs noms et surnoms et le lieu de leur résidence; s'il y a dans la paroisse un « bon compagnon usité de guerre, » et qu'il n'ait pas de quoi s'équiper, les commissaires engageront les habitants à lui venir en aide, en faisant ressortir les avantages qui en résulteraient pour eux. L'archer était tenu de tirer de l'arc aux fêtes et de s'exercer avec les autres qui voudraient s'habituer au tir; les habitants des paroisses devaient veiller à ce que l'archer ne s'absentât point, ne vendît ni n'engageât son habillement, et informer les élus des irrégularités qui se produiraient; le seigneur châtelain, ou son capitaine, était tenu de visiter tous les mois les archers de sa châtellenie et d'aviser les élus de ce qu'il remarquerait de répréhensible; enfin les commissaires et élus devaient faire prêter serment à chaque franc-archer de servir le Roi bien et loyalement envers et contre tous, en ses guerres et autres affaires, toutes et quantefois il seroit mandé par le Roi, et non autrement, sous peine de perdre sa franchise [1].

Un auteur contemporain[2] dit qu'il y eut sous Charles VII huit mille francs-archers; nous savons d'une manière positive que, sous Louis XI, leur nombre s'élevait à seize mille [3].

1. *Ordonnances*, t. XIV, p. 1 et suiv.
2. Henri Baude.
3. Ordonnance faite touchant le fait des francs-archers, dans le ms. n° 18442, f. 101 : « Item a esté ordonné que on levera par tout ce royaume seize mille francs archiers. »

CHAPITRE XV

L'ADMINISTRATION DE 1444 A 1449

ROYAUTÉ, ADMINISTRATION CENTRALE, PARLEMENT, ÉTATS GÉNÉRAUX, CLERGÉ, NOBLESSE, TIERS ÉTAT, FINANCES, COMMERCE, INDUSTRIE.

Politique de Charles VII à l'égard des princes du sang; affaire du comte d'Armagnac; les princes sont soumis au droit commun. — Changements dans le personnel des grands officiers et du grand conseil. — Réformes dans l'administration de la justice. — Sommes imposées d'office dans les provinces de Languedoïl; États généraux du Languedoc. — Mesures prises à l'égard du clergé, de la noblesse, des provinces et des villes. — Ordonnances relatives au domaine, aux trésoriers, à l'administration des finances en général, aux monnaies. — Produit de la taille; administration des aides; liquidation d'anciennes dettes; ordonnances relatives à la Chambre des comptes. — Mesures prises pour favoriser le commerce et l'industrie.

« L'office des Roys, disait Charles V dans son règlement pour la régence du royaume, est de gouverner et administrer sagement toute la chose publique, non mie partie d'icelle mettre en ordonance et l'autre lessier sans provision convenable, et ès faiz et besoignes dont plus grant peril puet venir pourveoir plus hastivement, et y querir et mettre les remèdes plus nécessaires et convenables, plus honnorables et profitables qui y puent estre mis, tant pour le temps de leur gouvernement comme pour cellui de leurs successeurs[1]. » Nos rois comprenaient le devoir de la Royauté de la façon la plus élevée et la plus large : « Gouverner par soi-même, administrer

---

1. *Ordonnances*, t. VI, p. 45-46.

toute la chose publique, sans omettre aucune partie, voilà l'office royal[1]. »

Autant et plus qu'aucun de ses prédécesseurs, Charles VII regardait la Royauté comme une magistrature, j'allais dire comme un sacerdoce[2]. En toutes choses, il s'attachait religieusement à conserver les traditions de sa maison. Par sa persévérance, par son énergie, il avait su relever le prestige de la Couronne, fort amoindri pendant les sombres années de Charles VI et les premiers temps de son règne, et imposer à tous le respect de l'autorité royale.

Mais, tout en s'attachant à réprimer les abus de pouvoir chez les princes du sang, forcés de s'incliner devant son sceptre, il avait pour principe de les entourer de la considération et de la protection qui leur étaient légitimement dues. Nous avons constaté ce qu'il fit à l'égard de la maison d'Anjou, dont la fidélité ne s'était point démentie[3]; à l'égard du duc d'Orléans, quand ce prince, au retour de la longue captivité où la meilleure partie de son existence s'était écoulée, vint se ranger autour du trône[4]. Charles VII ne se montra pas moins généreux envers le comte d'Angoulême, sorti de prison en 1445 dans un état de dénuement peu digne d'un prince qu'on pouvait justement qualifier de « quarte personne de la Couronne de France[5] : » le comte obtint une pension de six mille livres[6]. Le duc de Bretagne, rentré dans le devoir et redevenu prince français, reçut divers avantages[7]. Le comte de Richemont, connétable de France, touchait annuellement vingt-quatre mille livres. Le

---

1. M. Lavisse, *Le Pouvoir royal au temps de Charles V*, dans la *Revue historique*, t. XXVI, p. 270.
2. Dans des lettres du 17 avril 1445, il disait : « Nous, considerans que nous et nos predecesseurs Roys de France avons esté, et par grace especiale de Dieu, nostre createur, sommes dits et appellés par toute chrestienté *Roys très chrestiens*, et à ceste cause nous nous sommes tous jours montrés et exibés voulentifs et enclins à faire tout ce qui fait et peut faire à l'exaltation, tuicion et entretenement de la sainte foy catholique... » *Thesaurus novus anecdotorum*, t. 1, col. 1807.
3. Voir t. III, p. 421-22.
4. Voir t. III, p. 420.
5. Voir plus haut, chap. I, p. 21, note 2.
6. Voir lettre des généraux des finances en date du 23 février 1447. Ms. fr. nouv. acq. 3024, n° 309.
7. Voir plus haut, ch. VI, p. 182.

duc de Bourbon, malgré les torts si graves qu'il s'était donnés et son éloignement de la Cour, jouissait d'une pension de quatorze mille quatre cents livres, et son fils, uni en décembre 1446 à une fille du Roi, fut également pensionné. Le comte de Vendôme avait six mille livres ; le comte de Montpensier deux mille. Le duc d'Alençon, tout disgracié qu'il fût, à cause de sa révolte de 1440, ne cessait de toucher sa pension de douze mille livres. Le comte de la Marche et le comte d'Eu touchaient chacun six mille livres. Le comte de Foix, quand il vint s'installer à la Cour, fut inscrit pour six mille livres sur le registre des pensions. Le comte de Nevers, que le Roi avait su rattacher à sa cause, avait huit mille livres, et le comte de Saint-Pol paraît en avoir eu douze mille [1].

Outre ces avantages financiers, de nombreuses marques de libéralité sont données aux princes du sang. Le duc d'Orléans obtient confirmation de la jouissance du droit de gabelle dans toutes ses seigneuries [2] et est maintenu en possession de la seigneurie de Coucy [3] ; à dater de sa sortie de prison, le comte d'Angoulême a chaque année cinq mille livres comptant [4] ; le comte de Dunois est mis en possession de l'apanage constitué en sa faveur par son frère [5] et reçoit plusieurs riches capitaineries [6] ; le comte du Maine obtient une partie des revenus de Saint-Maixent et de nombreux dons [7] ; le comte de Clermont reçoit plusieurs dons [8] ; le comte de Richemont obtient confirmation du don de Fontenay-le-Comte, sa vie durant [9] ; le comte d'Eu a la capitainerie et la garde des château, terre et seigneurie de Capdenac, confisqués sur le comte d'Armagnac, avec tous les revenus de la seigneurie, et en outre la jouis-

---

1. Comptes de Jean de Xaincoins, l. c. passim.; Pièces originales, 1173 : Foix, nos 101 et 103.
2. Lettres du 11 février 1445. Pièces originales, 2158 : Orléans, nos 418 et 419.
3. Lettres du 3 mars 1447. Collection de Champagne, 14, f. 161.
4. Comptes de Xaincoins, l. c., f. 101 v°, 112 v° et 121 v°.
5. Lettres du mois de novembre 1446. Archives, JJ 178, n° 74.
6. Dunois était capitaine de Châteaudun, de Montereau, de Blois et de Sommières.
7. Huitième et neuvième comptes de Xaincoins, l. c., f. 82, 82 v°, 112 v° ; ms. fr. 20385, n° 19.
8. 27 janvier 1445 ; mars 1447. Ms. fr. 28980, f. 32 ; et Preuves de Mathieu d'Escouchy, p. 261.
9. 24 novembre 1444. Archives, P 2298, p. 1315.

sance du quart des revenus de la seigneurie de Séverac [1] ; le comte de Nevers obtient la jouissance du produit des amendes et confiscations des greniers de sel établis dans ses domaines [2] et plusieurs dons [3]. Le comte de Penthièvre obtient restitution des biens jadis confisqués par le duc Jean V [4], et reçoit, en dédommagement des pertes subies durant les guerres, le produit des tailles dans la vicomté de Limoges pendant quatre ans [5]. Deux princesses sont pensionnées sur le trésor royal : Marguerite d'Orléans, comtesse d'Étampes, et Catherine d'Alençon, duchesse en Bavière [6].

La bienveillance dont Charles VII faisait preuve à l'égard des princes ne l'empêchait point de sévir contre eux quand l'intérêt de la Couronne l'exigeait.

Depuis longtemps le comte d'Armagnac avait les allures d'un souverain indépendant. Non content de s'intituler comte « par la grâce de Dieu, » de battre monnaie et d'usurper d'autres prérogatives royales, il s'était emparé de plusieurs châteaux et forteresses appartenant au Roi ou aux sujets du Roi ; il avait mis à contribution les pays de Rouergue, de Quercy et de Périgord ; il entretenait des chefs de compagnie, véritables bandits qui se répandaient dans tout le Midi, où ils semaient la terreur, et entretenaient des intelligences avec les Anglais ; ses officiers s'étaient permis d'enlever les armes du Roi et de les remplacer par celles du comte ; enfin il avait conclu avec les représentants du roi d'Angleterre des trêves et autres arrangements à son profit, et négocié avec les ambassadeurs de ce prince une alliance matrimoniale.

Une telle conduite appelait une sévère répression : on a vu plus haut comment Charles VII força le comte d'Armagnac à reconnaître son autorité et quel châtiment il lui infligea ; on a vu aussi comment, sur les supplications des princes du sang et de

1. 11 janvier 1446. Doat, 125, f. 222.
2. 21 octobre 1445. *Inventaire des titres de Nevers*, col. 27.
3. Sixième compte de Xaincoins, f. 82.
4. Lettres du 8 avril 1446, et arrêt du Parlement en date du 18 août 1447. Doat, 215, f. 69 et suiv.
5. Lettres du 28 avril 1446. Doat, 215, f. 67.
6. Comptes de Xaincoins, *passim*.

souverains étrangers, le Roi écouta la voix de la clémence. Mais, malgré tout, justice fut faite : le comte dut faire l'aveu des abus de pouvoir, des crimes même dont il s'était rendu coupable[1] ; il dut remettre aux mains des représentants du Roi les villes et châtellenies de Séverac et de Capdenac ; lui et ses enfants durent jurer d'être toujours bons et loyaux sujets du Roi et de le tenir pour souverain seigneur ; il dut prêter serment de renoncer à toutes les alliances qu'il pouvait avoir contractées avec les Anglais ; il dut promettre de ne plus s'intituler « comte par la grâce de Dieu, » et remettre au Roi les sûretés des princes et grands seigneurs qui s'étaient portés garants de sa soumission. C'est seulement après avoir rempli toutes ces formalités que le comte fut appelé à profiter des lettres de rémission que le Roi lui avait octroyées, en considération de la « grande humilité » avec laquelle il avait requis « grâce et miséricorde, » et de la « grande déplaisance et douleur qu'il avoit d'avoir commis les crimes, fautes et désobéissances » énumérés dans l'acte. Les biens du comte lui furent restitués ; mais le Roi garda le comté de Comminges, comme appartenant à la Couronne ; les terres du maréchal de Séverac, dont le comte s'était emparé injustement ; les château et seigneurie de Capdenac et autres terres indûment possédées par lui ; enfin les quatre châtellenies de Rouergue et les villes de Lectoure et de Gourdon. En outre, les villes, places, forteresses, terres et seigneuries situées en deçà de la Guyenne devaient rester en la main du Roi jusqu'à ce que ce prince eût reçu les sûretés du roi de Castille et du duc de Savoie. Le Roi faisait aussi réserve de tous droits royaux dans les terres et seigneuries restituées au comte[2]. Une fois mis en liberté, le comte dut prendre l'engagement que, si les princes de sa maison venaient à mourir sans enfants mâles, toutes leurs possessions feraient retour à la Couronne[3].

1. Confession du comte d'Armagnac, en date du 11 octobre 1445, dans *Preuves de Mathieu d'Escouchy*, p. 139 et suiv.
2. Lettres de rémission publiées dans les *Preuves de Mathieu d'Escouchy*, p. 125 et suiv.
3. Procès de 1497, aux Archives nationales, J 885, n° 2. — Dans ses lettres du 20 mai 1446, Charles VII faisait la déclaration suivante : « Disons, voulons et déclarons

Nous avons montré comment Charles VII s'éleva contre la prétention du duc de Bourgogne à s'intituler « par la grace de Dieu[1]. » Le comte de Foix fut, lui aussi, mis en demeure de renoncer à s'intituler de la sorte[2]; le comte eut beau faire rechercher soigneusement les actes de sa chancellerie et fournir un long mémoire de son procureur pour établir son droit[3] : tout porte à croire qu'il fut obligé de s'incliner devant l'interdiction royale.

D'autres mesures attestent la volonté de soumettre les princes du sang au droit commun : le roi René n'ayant pas rendu au temps voulu l'hommage qu'il devait pour la châtellenie de Conflans en Bourgogne, elle fut, faute d'hommage, mise entre les mains du Roi[4]. Le comte de Foix avait demandé à être admis à faire hommage de la vicomté de Narbonne; le Roi exigea que, préalablement, le comte fit valoir devant le Conseil les droits qu'il avait à cette vicomté[5].

Le personnel des grands officiers subit peu de changements entre 1444 et 1449. Le chancelier Regnault de Chartres, mort le 4 avril 1444, fut remplacé, le 16 juin 1445, par Guillaume Jouvenel des Ursins, seigneur de Traynel. La mort du comte de Vendôme, souverain maître d'hôtel de France, survenue au mois de décembre 1446[6], amena une vacance qui ne devait être comblée qu'à la fin de 1449, par la nomination de Charles

---

par ces presentes que nos volunté et plaisirs sont que doresenavant nostre dit cousin d'Armaignac, sesdiz enfans, ne autres soubz ombre d'eux ne autrement, ne feront ne pourront faire poursuite, demande, ne requeste de quelzconques biens meubles qui aient esté prins et levez ez villes, chasteaux, maisons et autres places de nostre dit cousin d'Armaignac et de sesdiz enfans par quelzconques gens que ce soit esté fait, depuis la prinse et arrest de nostre dit cousin, jusques à sa delivrance, pour quelque cause ne en quelque maniere que ce soit, ores ne en un tems à venir. » Fontanieu, 119-120.

1. Voir plus haut, ch. XII, p. 335.
2. En avril 1443. D. Vaissete, t. IV, p. 500.
3. Voir ce mémoire dans Doat, 217, f. 200 et suiv.
4. « Nous, ces choses considerées, qui ne voulons noz droiz et prerogatives estre perduz ne diminuez, mais les garder ainsi que raison est. » Lettres du 27 octobre 1447. Archives, J 258, n° 38.
5. Délibération prise en Conseil le 23 mars 1448 et signée par Étienne Chevalier. Collection Doat, vol. 218, f. 125.
6. Voir ci-dessus, p. 200. Un document, que nous publions aux *Pièces justificatives*, fixe la date de la mort du comte.

de Culant comme grand maître de l'hôtel[1]. La charge de grand aumônier, devenue vacante en 1446 par la mort d'Étienne de Montmoret, fut donnée au sous-aumônier Jean d'Aussy[2]. Nous avons vu que Louis, seigneur d'Estouteville, avait été nommé grand bouteiller en 1444; le Roi avait en outre un premier échanson, Jean de Rosnivinen, auquel fut substitué son neveu Guillaume par lettres du 16 janvier 1447[3]. La charge de grand veneur devint vacante en 1446 par la mort de Guillaume Bellier; il ne fut point pourvu à son remplacement. Quant à la charge de grand maître des eaux et forêts, elle fut, après la mort de Guillaume de Chaumont-Quitry (1445), l'objet de contestations judiciaires entre Jean Crespin, seigneur de Mauny, et Jean, seigneur d'Auxy[4].

Nous avons signalé déjà[5] la tendance de Charles VII à remplacer, dans son Conseil, les princes du sang par des personnages de moins haut parage. Entre les nouveaux membres du Conseil qui apparaissent, nous pouvons signaler : parmi les prélats : Jacques Jouvenel des Ursins, archevêque de Reims (juillet 1444); Hélie de Pompadour, archidiacre de Carcassonne et évêque d'Alet en 1448 (avril 1446); — parmi les hommes de guerre : Jean, seigneur de Bueil (avril 1445); Charles, sire de Culant (décembre 1445); Bertrand de la Tour, seigneur de Montgascon (mai 1446); Antoine de Chabannes, comte de Dammartin (décembre 1447); — parmi les hommes de robe et de finances : Jean de Bar, seigneur de Baugy (décembre 1444); Guillaume Cousinot (mai 1445); Jacques Cœur (mars 1446); Jean le Boursier, seigneur d'Esternay (avril 1446); Jean Hardouin (décembre 1446); Jean Fournier (juin 1447); Jean Dauvet, le futur procureur général (octobre 1447)[6].

Dans sa réponse aux remontrances des princes, réunis à Nevers en mars 1442, Charles VII avait promis de s'occuper

---

1. Le P. Anselme, t. VIII, p. 365.
2. Id., ibid., p. 290-91.
3. Id., ibid., p. 581.
4. Voir Collection de Bourgogne, 95, p. 1038 et s.
5. Voir plus haut, p. 103-104.
6. Catalogue des actes.

de la réforme de la justice ; il le fit par la grande ordonnance du 28 octobre 1446, où, confirmant et développant les édits de ses prédécesseurs, il traçait les règles que devait suivre le Parlement. Le préambule de cet acte est remarquable. « Considerant, disait le Roi, que, pour les guerres, divisions et autres maux qui ont esté en nostre royaume, les ordonnances precedentes n'ont bonnement pas esté entretenues en leur force et vertu, dont se sont ensuivis plusieurs grans inconveniens, à la foule de justice et opression de nos subgez...; voulans, comme raison est, bon ordre et forme de justice estre tenuz en nostre Cour de parlement, qui est et doit estre vraie lumière et exemplaire à toutes les autres de bonne equité et de droiture[1]. »

Voici quelles étaient les dispositions de l'ordonnance

I. Si un siège de conseiller au Parlement vient à vaquer, il y sera pourvu, par voie d'élection, dans le plus bref délai. Les deux chambres, assemblées en présence du chancelier, devront désigner un, deux ou trois candidats parmi ceux qui seront jugés les plus aptes à remplir l'office. La liste sera présentée au Roi, avec l'indication du candidat le plus capable, afin que le Roi puisse choisir en connaissance de cause.

II. Les présidents et conseillers qui, durant les sessions, s'absenteront sans l'autorisation du Parlement, seront privés de leurs émoluments et profits pour toute la durée de la session.

III. Nul conseiller ne pourra prendre d'office ou recevoir de pension que du Roi seul, sous peine d'être privé *ipso facto* de son office, à moins qu'il n'ait pour cela congé et licence du Roi.

IV. Aucun président, conseiller, greffier, notaire ou autre, ne révélera en nulle manière les secrets du Parlement, sous peine de privation d'une année de ses gages et même de perte de son office, si le cas le requiert. Ceux qui auront connaissance de la violation du secret seront tenus d'en avertir, sous peine de privation de leur office ou de bannissement hors la ville de Paris.

V. Les prélats ou autres ayant faculté de siéger au Parlement qui révéleraient les secrets de la Cour, seront privés du droit de séance et condamnés à une amende arbitraire.

VI. Les gens tenant le Parlement ne mangeront ni ne boiront

---

1. *Ordonnances*, t. XIII, p. 471.

avec les parties plaidantes ni avec leurs procureur et avocat ; ils les fréquenteront le moins possible, et se garderont le plus qu'ils pourront de recevoir des parties des dons ou présents.

VII. Aucunes informations à part ne seront tolérées, sous peine d'amende arbitraire.

VIII. Les présidents et conseillers devront être rendus au Parlement à six heures ou six heures un quart, au plus tard, sous peine de perdre leur salaire de la journée ; à sept heures, on commencera à plaider, si c'est jour de plaidoirie, ou à juger les procès, si c'est jour de conseil ; entre six et sept heures, on expédiera les menues affaires et les requêtes.

IX. A chaque jour de conseil, on expédiera les difficultés du registre et des causes plaidées le jour précédent.

X. Toutes les requêtes auxquelles il conviendra de donner réponse ne seront plus remises au président, mais au greffier, qui fera lire en pleine Cour les requêtes civiles, et renverra les criminelles devant la chambre des requêtes ou la chambre criminelle.

XI. La connaissance du principal d'aucune cause introduite devant le Parlement ne sera donnée, par requête ou autrement, aux conseillers ; s'il survient quelque incident qui en dépende, on pourra nommer des commissaires pour ouïr les parties et faire rapport à la Cour.

XII. Les présidents de la grande chambre s'assembleront quand ce sera nécessaire ; ils s'adjoindront deux des plus anciens conseillers, l'un clerc, l'autre laïque ; ils feront un rôle des procès prêts à juger, et les distribueront aux conseillers pour les visiter et rapporter.

XIII. Les inventaires de tout procès, soit civil, soit criminel, seront lus tout au long.

XIV. Les présidents, tant de la grande chambre que des requêtes, écouteront patiemment les opinions des conseillers.

XV. Nul président ou conseiller commis pour interroger un prisonnier ne pourra rien prendre ni exiger de lui.

XVI. Nul prisonnier ne pourra être expédié et délivré sans qu'on ait entendu le procureur du Roi.

XVII. Toutes informations seront d'abord apportées au greffier, puis remises au procureur du Roi pour qu'il prenne ses conclusions.

XVIII. Les chambres ne pourront plus être assemblées à la requête de l'une des parties, mais seulement par décision de la Cour et quand celle-ci le jugera convenable.

XIX. Les appels seront promptement expédiés, et si l'appel est frivole ou ne semble avoir été fait que pour retarder la sentence, l'appelant devra payer soixante livres parisis, plus une amende arbitraire.

XX. Les présidents, tant de la grand'chambre que des requêtes, s'adjoindront deux conseillers, l'un clerc et l'autre laïque, pour la nomination des commissions d'enquête ; ils devront choisir un vieux et un jeune, pour que l'égalité soit maintenue.

XXI. Les présidents et conseillers qui iront en commission commenceront leurs enquêtes à la fin d'août, de façon à être de retour pour l'ouverture de la session.

XXII. Les parties qui plaideront devant la Cour seront tenues de se présenter dans les deux premiers jours assignés à leurs bailliages, sénéchaussées et prévôtés, sans pouvoir attendre de prorogation ; les rôles de présentation seront dressés par le greffier.

XXIII. Aucune cause étrangère à l'ordinaire de la Cour ne sera introduite, si ce n'est pour de graves motifs. La Cour ne prononcera pas sans urgente nécessité sur le principal des causes d'appel.

XXIV. Avant que les causes ne soient appelées, les procureurs devront communiquer aux parties leurs exploits, avec les lettres d'impétration dont les parties voudront se servir, le tout sous peine de quarante sous tournois d'amende.

XXV. Il sera enjoint par la Cour aux avocats, en prêtant serment, d'être le plus brefs qu'ils pourront dans l'exposé des faits, sous peine d'amende arbitraire, selon la nature du cas, « tellement que ce soit exemple à tous autres. »

XXVI. Les causes dont la plaidoirie aura été commencée seront poursuivies sans interruption, à moins qu'une des parties, n'étant pas en mesure, ne réclame un délai.

XXVII. Deux jours après que les avocats auront donné leurs conclusions, les procureurs des parties seront tenus de venir les vérifier et corriger, s'il y a lieu, sur le registre du greffe.

XXVIII. Les parties qui sont en procès devront envoyer les mémoires et instructions nécessaires pour que la cause puisse être plaidée au jour assigné ; sinon la partie qui sera prête aura exploit contre l'autre ; et si l'un des procureurs des parties se présente sans mémoire ou instruction, il paiera une amende de cent sous parisis.

XXIX. Lorsqu'un délai aura été fixé par la Cour, les parties devront s'y soumettre ; il ne sera prolongé que par délibération de la Cour.

XXX. Après les plaidoieries, les avocats seront tenus de les résumer brièvement par articles ; ces articles seront remis à la Cour dans la huitaine.

XXXI. Lorsque les articles auront été ainsi fournis discordés, ils seront signés par le greffier, qui indiquera le jour de leur réception ; douze jours après ils seront rapportés au greffe, tous accordés, et au bout de huit autres jours, ils devront être rendus clos et scellés à la Cour, pour qu'il soit nommé des commissaires. Le tout sous peine d'amende prononcée contre les avocats et procureurs qui y auraient failli.

XXXII. Les parties appointées en faits contraires où en enquêtes seront tenues de rapporter ces enquêtes devant le prochain Parlement aux jours ordinaires de leurs bailliages, prévôtés et sénéchaussées.

XXXIII. Les parties qui feront procéder à des enquêtes comparaîtront, au jour fixé, devant les commissaires pour voir jurer les témoins. En cas de non-comparution, on procédera en leur absence. On ne tiendra pas compte de l'appel qui pourrait être interjeté par l'une des parties. Les parties ne pourront produire que dix témoins sur chaque article.

XXXIV. Les présidents et conseillers qui seront désignés pour aller en commission commenceront à procéder à leurs enquêtes dès la mi-août, de façon à être de retour lors de la rentrée, s'ils n'ont congé de poursuivre les enquêtes au-delà de ce temps.

XXXV. Lorsqu'une requête sera reçue par la Cour, les parties seront tenues de donner leurs lettres et reproches dans le délai de trois jours, sauf délibération contraire de la Cour.

XXXVI. Il en sera de même pour les parties appointées à produire.

XXXVII. Les contredits aux lettres de la partie adverse seront déposés dans le délai de six jours.

XXXVIII. La Cour enjoindra aux avocats d'être brefs « en leurs contrediz et salvations, » sans revenir sur les arguments déjà présentés ; la prolixité entraînerait une punition.

XXXIX. Les parties ne produiront aucune pièce inutile ou qui n'ait été inscrite dans leurs inventaires, sous peine de cent sous parisis d'amende contre la partie ou son procureur.

XL. Les avocats ou procureurs n'emploieront dans les inventaires aucune raison de droit, ni autres allégations, sous peine de cent sous parisis d'amende.

XLI. Les quatre présidents, ou trois d'entre eux au moins, seront toujours résidant en la Cour [1].

C'est ainsi que Charles VII s'efforçait « de soumettre les fonctions de la magistrature à des habitudes plus régulières et de relever la dignité morale du corps [2]. » Mais tout n'était pas fait du premier coup. Le Roi le reconnut lui-même, au mois d'octobre 1448, durant les conférences qui eurent lieu entre ses conseillers et les ambassadeurs du duc de Bourgogne, en annonçant l'intention où il était de se rendre à Paris, et d'y mander les princes et prélats du royaume, afin de « mettre bon ordre au fait de sa justice [3]. » Ce fut l'objet de la grande ordonnance rendue en 1454, dont nous parlerons plus loin.

En dehors de l'ordonnance du 28 octobre 1446, il y a peu de chose à dire, pour cette période, relativement à l'administration de la justice [4]. Notons cependant que, par lettres du 26 mars 1446, la connaissance des causes relatives à l'Université, qui, jusqu'alors n'avait appartenu qu'au Roi, fut attribuée au Parlement. Voici les considérants sur lesquels s'appuyait cette mesure : « Ces choses considérées, et que nostre dicte Cour de parlement est souveraine et capital de par nous de tout nostre dit royaume, et y respondent et obeyssent tous noz parens, les pers, ducz, contes, et autres grans seigneurs de nostre royaume comme à nous et nostre justice souveraine, à laquelle tous ceulx de nostre dit royaume sont subgetz ; et aussi que, pour les grans et haulx affaires de nostre royaume, en quoy sommes continuellement occuppez, ne pourrions vacquer ne entendre à nostre personne à ouyr, discuter et decider

---

1. *Ordonnances*, t. XIII, p. 471 et suiv.
2. Dansin, *Histoire de l'administration*, etc., p. 145-46.
3. Voir un document déjà cité, dans la Collection de Bourgogne, 95, p. 1038 et suiv.
4. Il faut enregistrer un règlement (27 octobre 1447) pour le paiement, nonobstant les ordonnances relatives à la distribution des finances du domaine, des amendes dont bénéficiaient les officiers du Parlement (*Ordonnances*, t. XIII, p. 512), et une ordonnance (22 mars 1449) exemptant les gens du Parlement de l'obligation de lever à leurs dépens des gens d'armes et de trait, à raison des fiefs et terres nobles qu'ils tiennent du Roi (*Id.*, t. XIV, p. 47).

des querelles, causes, negoces et questions de nostre dicte fille l'Université de Paris, ne des suppostz d'icelle, et que de plus grans choses de moult que celles de ladicte Université nostre dicte Cour de parlement cognoist, decide et determine de jour en jour, et en laquelle est faicte justice sans acception de personne[1]. »

Les États généraux des provinces de Languedoïl ne se réunissaient plus depuis 1439 : le Roi, on l'a vu, fixait de sa propre autorité le montant de la taille, et les États provinciaux étaient appelés à voter la quote-part de chaque province. Voici les sommes qui furent imposées de 1444 à 1449 : janvier 1445, trois cent mille livres ; novembre 1445, quatre cent mille livres ; janvier 1446, deux cent vingt-six mille livres ; janvier 1447, deux cent mille livres ; octobre 1447, deux cent mille livres ; octobre 1448, deux cent mille livres ; janvier 1449, deux cent mille livres[2].

---

[1]. Archives, X¹ª 8605, f. 110 ; *Ordonnances*, t. XIII, p. 458.

[2]. 1445, janvier : 300,000 l. t. à lever sur tous les pays de Languedoïl, tant deçà la rivière de Loire que par delà, « pour le paiement et entretenement des gens d'armes et de trait hors du royaume, ad ce que la pillerie et lesdiz gens de guerre ne retournent oudit royaume » et autres affaires du Roi. *Pièces originales*, 181 : BAR, nº 3950, au 1ᵉʳ décembre 1445 ; *Id.*, 2567 : ROUSSELET, au 23 janvier 1445 ; *Id.*, 1302 : GAY, au 2 avril 1445 ; *Id.*, 528 : BROSSE, au 1ᵉʳ août 1445 ; *Id.*, 3030 : VISSAC, au 15 septembre ; *Id.*, 1432 : GUERNOS, au 12 décembre, etc. ; Ms. fr. 26073, nº 5145 ; Clairambault, 137, p. 2115 ; 151, p. 3633 ; Archives, K 68, nº 10.

1445, novembre : 400,000 l. sur tous les pays de Languedoïl, pour l'année commençant le 1ᵉʳ janvier 1446, tant pour le paiement et entretenement des gens de guerre que le Roi a envoyé vivre hors de son royaume que pour ses autres affaires. Lettres du 4 décembre 1445 : *Bibliothèque de l'École des chartes*, t. VIII, p. 131 ; *Pièces originales*, 703 : CHATEL (du), nº 16271, au 4 novembre 1445.

1446, janvier : 226,000 l. imposées par le Roi en ses pays de Languedoïl, tant pour le fait de la convention de la paix que pour ses autres affaires. *Pièces originales*, 1119 : FAYETTE (la), au 14 mars 1446 ; *Id.*, 240 : BEAUFORT, au 8 septembre 1446 ; *Id.*, 3031 : VISTE (le), au 18 août 1446 ; Clairambault, 149, p. 3105 ; 151, nº 3695, etc.

1447, janvier : 200,000 l. sur les pays de Languedoïl. Archives, K 68, nº 25.

1447, octobre : 200,000 l. sur les pays de Languedoïl, pour le fait de l'assemblée des rois de France et d'Angleterre, etc. *Pièces originales*, 158 : AYSSE, au 15 janvier 1818 ; *Id.*, 240 : BEAUFORT, au 22 septembre 1448 ; *Id.*, 1933 : MENUCHON (Id.) ; *Id.*, 2494 : TUDERT, au 1ᵉʳ juin 1448 ; *Chartes royales*, XV, nºˢ 192, 194, 201 et 203 ; Clairambault, 149, p. 139, etc.

1448, octobre : 200,000 l. sur les pays de Languedoïl. *Pièces originales*, 158 : AYSSE ; *Id.*, 781 : CLERE ; *Id.*, 3011 : VOUSY, au 6 novembre 1448 ; *Chartes royales*, XV, 203 ; Ms. fr. 20409, f. 7, etc.

1449, janvier : 200,000 l. sur les pays de Languedoïl. *Pièces originales*, 401 : BRAQUEMONT ; Clairambault, 137, p. 2117 ; Ms. fr. 20437, f. 10.

Il y eut pourtant, à diverses reprises, des assemblées appelées à délibérer sur des questions importantes. C'est ainsi qu'à Tours, au mois d'avril 1444, pendant la durée des négociations avec l'Angleterre, fut tenue une réunion « des seigneurs de France et autres plusieurs grans seigneurs, barons, gens d'église, en très grant nombre [1]. » C'est ainsi qu'à Meaux, au mois de janvier 1446, eut lieu, sous la présidence de Jean Jouvenel, évêque de Laon, de Thibaud de Lucé, évêque de Maillezais, et de Jean le Picart, une assemblée des députés de plusieurs bonnes villes situées au nord de la Seine et de l'Oise [2] : les représentants du Roi « exposèrent plusieurs poins, tant sur le gouvernement des gens d'armes envoyés par le Roy èsdis lieux, comme pour avoir un aide au pays de Languedoil, montant à la somme de trois cens mil livres, sans les frès, à payer en deux termes ; » il fut question du mode de paiement des gens de guerre, et, pour mettre un terme aux plaintes qui se produisaient, on laissa la liberté de choisir entre le paiement en argent et le paiement en nature [3]. — Nous rencontrons encore une assemblée partielle réunie à Tours au mois de juin 1448 [4].

Les États du Languedoc continuèrent à tenir régulièrement leurs sessions.

Au mois de septembre 1444, une réunion eut lieu à Montpellier. Les commissaires royaux sollicitèrent une aide de deux cent mille livres ; la somme octroyée ne fut que de cent soixante mille livres. Des doléances furent présentées relativement au triste état de la province, ravagée par les

---

[1]. Lettres du 26 juillet 1444, données au nom de Pierre de Brezé, sénéchal de Poitou, pour le paiement de trente l. t. à Me Johan Chevredens, procureur du Roi en Poitou, « pour avoir esté, par l'advis et deliberacion des gens du Conseil du Roy nostre dit seigneur en son dit païs de Poictou, de ceste ville de Poictiers devers le Roy nostre dit seigneur en sa ville de Tours, à l'assemblée que derrenièrement y a esté des seigneurs de France et autres plusieurs grans seigneurs, barons, gens d'eglise, en très grant nombre, les Anglois estans audit lieu pour le fait des treves, » etc. Il vacque durant vingt-cinq jours, lui quatrième, à partir du 31 mars. Ms. fr. 26072, n° 5041.

[2]. « Plusieurs villes estans deça les rivières. » Rapport des députés de Senlis, dans Flammermont, *Histoire des Institutions de Senlis*, p. 270.

[3]. Flammermont, *Histoire des Institutions de Senlis*, p. 270.

[4]. Quittance du 12 avril 1447, où est nommé Jean Beaupoil, « receveur pour le Roy au Bas païs de Limosin de l'aide octroyé en la ville de Tours au mois de juing 1448. » Ms. fr. 26127, n° 188.

routiers et les gens des garnisons, et à divers autres points [1].

L'année suivante, les États furent convoqués à Montpellier pour le 20 août; la session dura jusqu'au mois d'octobre. Au lieu des deux cent mille livres demandées par les commissaires royaux, on vota une somme de cent vingt mille livres; mais, pour l'équivalent aux aides, on continua à donner une somme de quatre vingt-trois mille livres. Un cahier de doléances fut présenté le 8 octobre [2].

Une réunion d'États eut lieu à Montpellier au mois d'avril 1446. On y vota une somme de cent mille livres, pour obtenir décharge du logement et de l'entretien des cinq cents lances fournies mises à la charge de la province, et pour subvenir aux frais des négociations avec l'Angleterre et spécialement de la convention qui devait être tenue entre les deux rois. Un cahier de doléances, contenant cinquante-cinq articles, fut présenté aux commissaires royaux [3].

Une nouvelle réunion fut tenue à Montpellier au mois de février 1447. Au lieu des deux cent cinquante mille livres qui leur étaient demandées, les États votèrent cent soixante mille livres, payables en trois termes, et présentèrent un nouveau cahier de doléances [4].

En 1448, l'assemblée des États s'ouvrit à Montpellier le 8 janvier et se prolongea jusqu'au mois de mai; elle vota une somme de cent cinquante mille livres, plus vingt mille livres pour obtenir des lettres d'abolition en faveur des habitants du Languedoc, relativement à tous crimes, excès et délits commis jusqu'à ce jour [5].

1. D. Vaissete, t. V, p. 5-6; *Pièces originales*, 213 : BATAILLE (dossier 4795); *Id.*, 1559 : ISLES; *Id.*, 2216 : PAVIE; *Id.*, 2248 : PETIT; *id.*, 3000; VILLARS; Ms. fr. 26128, n° 92; 26420, n° 130; Clairambault, 137, p. 2385, etc.
2. D. Vaissete, t. V, p. 6; *Pièces originales*, 1987 : MONDEL; *Id.*, 2616 : SALLELLES; *Id.*, 2801 : TAULIGNAN; Ms. fr. 26129, n° 115; Archives, K 68, n° 17, etc.
3. D. Vaissete, t. V, p. 9; *Pièces originales*, 218 : BAUDINEL; *Id.*, 538 : BRUX (le), dossier 12131; *Id.*, 567 : CADOENNE; *Id.*, 655 : CHAMBES; *Id.*, 2248 : PETIT; Ms. fr. 26081, n° 6445, etc.
4. D. Vaissete, t. V, p. 9; *Pièces originales*, 116 : ATHIES; *Id.*, 207 : BARTON; *Id.*, 1089 : EUDON; *Id.*, 1430 : GUERIN, dossier 32365; *Id.*, 1890 : MATUSSON; Clairambault, 155, p. 4053; Fr. nouv. acq., 3024, n° 377, etc.
5. D. Vaissete, t. V, p. 11-12; *Pièces originales*, 93 : ARMAGNAC; *Id.*, 2248 : PETIT; Ms. fr. 25908, n° 646; Clairambault, 153, p. 3911, etc.

Pareille somme de cent cinquante mille livres fut votée à une autre assemblée, tenue à Montpellier de janvier à avril 1449 ; un cahier de doléances fut présenté le 30 avril aux commissaires royaux [1].

Nous aurons occasion d'examiner la conduite de Charles VII à l'égard du clergé, en revenant, à propos de l'assemblée tenue à Chartres en 1450, sur la question de la Pragmatique. Nous nous bornerons pour le moment à passer rapidement en revue les actes du Roi.

Nous avons vu, en parlant de la création des compagnies d'ordonnance, que des lettres d'exemption avaient été accordées au clergé (3 août 1445) relativement aux frais de solde et d'entretien des gens de guerre ; mais, en prononçant cette exemption, le Roi s'était réservé de déterminer la part contributive des hommes d'église à la lourde charge imposée à ses sujets. Ce fut d'accord avec le clergé de chaque diocèse qu'une taxe fut imposée, afin de décharger les sujets laïques du Roi d'une partie du fardeau [2].

Des lettres d'exemption de tous impôts et subsides, et du droit de gabelle, furent accordées aux Chartreux de Saint-Jean du Liget (20 mars et 2 avril 1445) ; cette exemption fut étendue ensuite à toutes les maisons de Chartreux (septembre 1446). Les religieux de l'ordre de Saint-Jean de Jérusalem furent exemptés de contribuer à un décime imposé sur les gens d'église pour les frais des négociations relatives à la pacification de l'Église (1er avril 1445). Les religieux de Saint-Satur de Bourges se virent déchargés de l'obligation de donner à dîner

---

1. D. Vaissette, t. V, p. 12-13 ; *Pièces originales*, 76 : ANTHONY ; Id., 115 : ASTIER ; Id., 534 : BRUGNIER ; Id., 2216 : PAYES ; Id., 3038 : VOISINES ; *Charles royales*, XV, 213 ; Ms. fr., 25967, n° 333 ; Clairambault, 153, p. 9009 ; Fr., nouv. acq. 3042, n° 824, etc.

2. Voir chap. XIV, p. 397, note 1. A l'appui de ce que nous avons dit plus haut, relativement à la part contributive imposée aux gens d'église, on lit dans des lettres du 28 janvier 1446 (Orig., Ms fr. 20903, n° 86) : « Avons donné et quictée... la somme de dix livres tournois à quoy elles (les religieuses et abbesse de la Trinité de Poitiers) ont esté taxées et imposées par les gens du clergié du diocèse de Poictiers pour leur porcion de certaine somme de deniers que les gens dudit clergié nous ont octroyée et donnée pour aider à soulager nos subgiez laiz dudit païs des grans charges qu'ilz ont pour l'entretenement des gens de guerre logez audit païs. »

et à souper au prévôt de Bourges durant les foires de Sancerre (septembre 1446).

Parmi les confirmations de privilèges aux églises et monastères, nous citerons les lettres données à l'archevêque et au chapitre de l'église cathédrale de Tours (mai 1444), au chapitre de Saint-Goery d'Épinal (septembre 1444), à l'église de Châlons (octobre 1444), aux religieux de Saint-Médard de Soissons (23 novembre 1444), au chapitre de Saint-Aignan (17 décembre 1444), aux Chartreux de Liguell (2 avril 1445), à l'église Saint-Martin de Tours (septembre 1445), à Sainte-Catherine du Val des Écoliers (3 juin 1446), à plusieurs chapitres et communautés de Cambrai (29 juillet 1446), aux religieux de Combelongue, de l'ordre des Prémontrés (10 novembre 1446), à l'église de Sainte-Marie de Loudun (juin 1447).

Des lettres de sauvegarde furent données à l'abbaye de Saint-Nicolas du Port (septembre 1444), aux religieuses de Notre-Dame de Beauvoir (12 octobre 1444), au monastère de Saint-Pierre de Remiremont et au chapitre de Remiremont (octobre 1444), au monastère de Beaulieu dans le diocèse de Vendôme (22 janvier 1445), à l'abbaye de Saint-Mansuy près Toul (janvier 1445), à l'abbaye de Gorze (juin 1445), à l'église et communauté de Verdun (6 juillet 1445), au monastère de Candeil (25 février 1446), à l'hôpital d'Aubrac au diocèse de Rodez (31 décembre 1446), à l'église de Saint-Austrille près Bourges (juillet 1447), à l'abbaye de Beaumont-les-Clermont (janvier (1449).

Des lettres d'amortissement furent délivrées en faveur de l'église Sainte-Madeleine de Bourges (janvier 1445), de l'université et du chapitre de Viviers (6 août 1445), de la paroisse Saint-Barthélemy à La Rochelle (août 1445), du chapitre de Notre-Dame du Puy (novembre 1445), de l'église de Saint-Sauveur de Beauvais (novembre 1445), de l'église de Saint-Étienne de Villeneuve d'Agen (janvier 1446), des religieuses de Sainte-Claire de Corbie (29 juillet 1446 et 24 mai 1448), de l'abbaye de Saint-Laon de Thouars (janvier 1447), des Célestins de Paris (mai 1447), de l'église de Mons-en-Laonnais (juin 1447), de l'église Sainte-Marie-Madeleine de Mezières (novembre 1447), de l'église de Notre-Dame de Melun (octobre 1447), de l'église de Limoges (décembre 1447).

Parmi les autorisations de fortifications, notons celles dont furent l'objet l'abbaye de Saint-Chaffroy (17 septembre 1445), le chapitre de Saint-Aignan au faubourg d'Orléans (janvier 1446), les religieux du Loroux en Anjou (décembre 1446), le prieuré de Vaux, dépendant de l'abbaye de Saint-Denis (juin 1449).

Ce n'était point seulement à l'égard des gens d'église que s'exerçait le zèle des commissaires royaux chargés de la perception de la taille des gens de guerre; certains nobles étaient eux-mêmes inquiétés. Nous en avons pour preuve des lettres de Charles VII, en date du 21 septembre 1445, adressées à son secrétaire Jean Besuchet, « commis et ordonné à recevoir, au païs et conté de Poictou, le fait et impost des exemps. » Par ces lettres le Roi déclarait exempter nominativement vingt-un habitants de la châtellenie de Lusignan, « lesquels, disait-il, sont nobles et extraits de noble lignée, ainsi qu'il nous a esté remonstré; » la même exemption était étendue au fermier du moulin royal sis au parc de Lusignan, et au métayer du capitaine de cette ville[1].

Nous avons constaté, dans le précédent volume, que de très nombreuses lettres d'anoblissement furent octroyées par Charles VII, en récompense de services rendus. Le Roi demeura fidèle à cette pratique : entre la conclusion de la trêve avec l'Angleterre (28 mai 1444) et la rupture consommée en juillet 1449, nous ne rencontrons pas moins de soixante actes de cette nature[2]. Parmi eux, nous devons signaler : l'anoblissement de Jean Barat, pour services rendus à la prise d'Évreux et au siège de Pontoise[3]; de Jean de la Loère, notaire et secrétaire du Roi; de Jean Barillet, dit de Xaincoins, receveur gé-

---

1. Fontanieu, 119-120, à la date. On lit dans ces lettres : « Car ainsi nous plaist-il et voulons estre fait, nonobstant que lesdiz nobles n'aient esté nous servir à nostre mandement de l'arrière-ban que feisions faire pour le voiage de Pontoise. »
2. *Catalogue des actes*; voir le relevé qui se trouve dans le ms. fr. 4130, f. 169 et suiv.
3. Janvier 1445. Archives, JJ 177, n° 28.

néral des finances; de Jean Nerement, secrétaire du Roi; de Pierre Bérard, membre du grand conseil; de Jean Pavye, notaire et secrétaire du Roi; de Jean de Novelompont, le compagnon de Jeanne d'Arc dans son voyage de Vaucouleurs à Chinon [1]. Des lettres de confirmation de noblesse furent accordées à la famille du Vair, à Jean et Gaspard Bureau, à Guillaume de Varie et à ses frères et sœurs, à Pierre Lorfèvre, etc. — Des lettres de légitimation furent données en faveur de Louis d'Harcourt, fils naturel du comte Jean VII; de Jean de Wavrin, de Jean de Bar, etc.

La mesure décisive prise, au printemps de 1445, à l'égard des gens de guerre, fut, nous l'avons dit, accompagnée d'une amnistie générale. Mais beaucoup de seigneurs étaient trop compromis pour pouvoir être couverts par cette amnistie; aussi trouvons-nous un grand nombre de lettres d'abolition données à titre nominatif. Nous citerons celles accordées à Jacques de Pons, au bâtard de Vergy, à Robert de Floques, à Sauton de Mercadieu, etc.

Parmi les concessions accordées à la noblesse, nous pouvons noter les suivantes : droit de haute justice au comte de Tancarville, à Dreux Budé et à Antoine de Virieu; — droit d'avoir un troisième gibet accordé à Guy de Laval; — droit de garenne à Jean Robin, écuyer; — autorisations de faire fortifier ou réparer leurs châteaux à plusieurs seigneurs. Un office d'élu sur le fait des guerres en Saintonge est donné à Guillaume de Braquemont, écuyer, « en recompensation des bons, recommandables et agreables services » par lui rendus au Roi pendant les guerres, en la compagnie de Prégent de Coëtivy [2]. Jean de Salezard, écuyer d'écurie du Roi, obtient des lettres de sauvegarde et certains avantages territoriaux [3].

La politique de Charles VII à l'égard de la bourgeoisie et du peuple apparaît à toutes les pages de ce livre. On a vu, par l'exemple d'Épinal, avec quelle faveur il traitait les villes q

---

1. Voir Quicherat, *Procès de Jeanne d'Arc*, t. V, p. 364.
2. Lettres du 7 décembre 1445. *Chartes royales*, XV, n° 189.
3. Archives, P 1357¹, cotes 321 et 321 ter; 1958₁, cotes 182 et 188.

se donnaient à lui ; nous rencontrons, durant la période qui nous occupe, un de ces actes qui n'apparaissent plus que de loin en loin : nous voulons parler des lettres confirmant la charte d'affranchissement donnée en 1427 par Jean de Brosse, maréchal de France, aux habitants de Boussac : cette concession fut faite moyennant le paiement de sept cents écus d'or.

Des confirmations de privilèges sont données aux habitants de l'Anjou et du Maine (février 1446) ; aux habitants du vicomté de Turenne (mai 1446) ; aux habitants de la Bretagne (10 septembre 1446) ; aux habitants du Languedoc (décembre 1446) ; aux villes de Meulant et des Mureaux (janvier 1446), de Gourdon (juillet 1446), des Alluets-le-Roi près Poissy (décembre 1446), de Nîmes (décembre 1446), de Lorris (décembre 1448), de Bourganeuf (mai 1449) ; aux consuls et à la ville du Puy (janvier 1449).

Des exemptions partielles de subsides sont octroyées aux villes suivantes : Fresnay l'Évêque (mai 1444), Maurés (3 juillet 1444), Sarlat (6 juillet 1444), Toulouse (6 août 1445), le Marché de Meaux (10 août 1445), Tours (7 février 1446).

De nouvelles exemptions à perpétuité sont données à des villes, en raison de leur situation en pays occupé par les ennemis et de leur fidélité à la cause royale : il en est ainsi pour Granville (mars 1446)[1] et pour le Mont-Saint-Michel (février 1447)[2]. La ville de Paris, exemptée du paiement des tailles pour l'année 1449, moyennant que le Roi percevrait le tiers des aides ordonnées pour la guerre, antérieurement attribué aux habitants, reçut aussi une exemption perpétuelle de toutes tailles (26 mai 1449)[3].

Parmi les villes qui reçurent des concessions ou divers avantages, on peut citer La Rochelle, Parthenay, Fontenay-le-Comte, Tours, Donzy, Meaux, Clermont, Beauvais, Arnay-le-Duc, Nevers, Poitiers, Montpellier, Reims, Chartres, Langres,

---

1. *Ordonnances*, t. XIII, p. 459 ; Luce, *Chronique du Mont Saint-Michel*, t. II, p. 192.
2. *Ordonnances*, t. XIII, p. 497 ; Luce, *l. c.*, p. 202.
3. *Ordonnances*, t. XIV, p. 52 et 53.

Avignon, Saint-Jean d'Angely, Montargis, Le Puy, Saint-Sauveur.

Certaines provinces ou villes firent des difficultés pour le paiement de la taille des gens de guerre : ainsi les habitants du comté de la Marche[1] et de la Touraine[2], les habitants de Montigny-sur-Canne (Nièvre)[3]. Une contrainte fut donnée contre certains habitants du Puy qui voulaient s'exempter du paiement des impositions[4]. Des poursuites furent exercées contre des habitants de Montauban qui refusaient d'acquitter leurs impôts[5].

Nous avons rencontré des lettres d'abolition conférées aux habitants de Capdenac (avril 1446) pour avoir soutenu le comte d'Armagnac dans sa révolte[6]; de La Réole (mai 1446), pour meurtre commis dans cette ville[7]; de Périgueux (mai 1446), pour avoir entretenu des relations avec l'ennemi[8]; de Gourdon (29 juillet 1446), pour faits d'insubordination, alors qu'ils étaient sujets du comte d'Armagnac[9]; de Sarlat (juillet 1446), pour participation aux excès commis durant les guerres[10]; de Lautrec (février 1447), pour avoir refusé de contribuer aux tailles[11]; aux habitants du Poitou (mars 1447), relativement à des abus dans la perception des tailles et autres subsides[12]; aux consuls d'Aurillac (juillet 1447), pour fraudes commises dans la levée des deniers[13]. En outre, des lettres d'abolition générale furent octroyées, en mai 1448, aux habitants du Languedoc, moyennant le paiement de vingt mille livres, pour fraudes, abus et excès de tous genres commis au temps passé[14], et aux habitants du Périgord

---

1. Voir *Pièces originales*, 1187 : Fontanges, au 26 juillet et au 22 octobre 1451.
2. Les habitants de la Touraine firent beaucoup de difficultés avant de s'imposer cette charge. Voir *Registres des comptes*, XXIX, f. 195 et suiv., 200 et suiv.
3. Lettres du 18 mars 1446. *Inventaire des titres de Nevers*, col. 27.
4. Lettres du 21 janvier 1446. Aymard, *Privilèges du Puy*, l. c., p. 689.
5. 28 juillet 1447. Doat, 88, f. 16.
6. Archives, JJ 177, n° 236.
7. Archives, JJ 178, n° 19.
8. Id., ibid., n° 11.
9. Id., ibid., n° 27.
10. Id., ibid., n° 12.
11. Id., ibid., n° 121.
12. Moyennant paiement de 18,000 livres. Id., ibid., n° 191.
13. Id., ibid., n° 211.
14. *Ordonnances*, t. XIV, p. 16.

pour tous crimes et délits dont ils s'étaient rendus coupables durant les guerres[1].

Par ses lettres du mois de septembre 1443, Charles VII avait posé les règles qui devaient être suivies pour l'administration du domaine ; mais ce n'était qu'un premier pas dans la voie des réformes. En revoyant son ordonnance, il lui sembla expédient de l' « amplier, accroître et interpreter sur aucuns points plus avant et particulièrement que fait n'avoit esté. » Ce fut l'objet de lettres données à Nancy, à la date du 18 février 1445.

Les dispositions relatives aux détenteurs de biens du domaine étaient tout d'abord confirmées ; l'emploi du revenu du domaine était précisé : en premier lieu on devait acquitter les gages d'officiers, réparations et autres charges indispensables, puis les fiefs et aumônes dont le domaine était grevé, enfin les charges extraordinaires ; le changeur du trésor devait compter désormais en la Chambre des comptes, aux termes fixés, par rôles ou mandements patents signés du Roi, relativement aux dépenses ordinaires ou extraordinaires, et seules les menues dépenses ne dépassant pas vingt-cinq livres pourraient être acquittées sur taxation des trésoriers ; contrairement à ce qui avait été fait parfois, « par importunité de requérants, » il ne serait donné désormais aucuns octrois, amortissements, manumissions, légitimations, affranchissements, anoblissements, reliefs, amendes, régales, etc., que moyennant finance et composition raisonnable ; les amendes du Parlement de Paris, autrefois reçues par les gens du Parlement pour leurs gages, et maintenant attribuées aux maîtres des requêtes de l'hôtel, continueraient à être payées à ces derniers par le receveur ordinaire de Paris, et celles du Parlement de Toulouse seraient perçues par le receveur du lieu pour être distribuées sur décharge du trésorier du Roi ; les trésoriers pourraient suspendre ou changer les receveurs, élus, et autres officiers du domaine qu'ils jugeraient incapables, et les généraux des finances en feraient de même à l'égard des officiers chargés

[1]. *Ordonnances*, t. XIV, p. 20.

des finances extraordinaires; les gens des comptes ne procéderaient à la clôture des comptes de receveurs, greneticrs et autres officiers qu'en présence des trésoriers pour le domaine, ou des généraux pour les finances extraordinaires; les dispositions édictées relativement au paiement sur rôles et mandements signés du Roi étaient étendues au Languedoc et devraient être observées également par le changeur du Trésor; les décharges des receveurs particuliers ne seraient valables qu'autant qu'elles seraient signées par l'un des généraux et par le contrôleur; les receveurs particuliers rendant compte des finances extraordinaires à la Chambre des comptes, devraient produire, sur l'emploi de leur recette, les états à eux remis chaque année; cependant, pour certaines dépenses non désignées, ils pourraient produire des lettres closes, signées du Roi ou des généraux; cette disposition serait applicable aux receveurs et officiers du domaine; les gens des comptes ne recevraient, en réglant avec les receveurs, aucunes décharges ou contre-lettres antérieures à l'année pour laquelle on comptait, et n'emploieraient aucune cédule de *debentur* sans mandement patent du Roi; aucune commission touchant les finances, soit pour réformation, soit pour composition, en toute autre matière, ne serait faite et scellée sans le commandement du Roi, et l'expédition des trésoriers pour le domaine et des généraux pour les finances extraordinaires; quant aux dons et rabais faits par le Roi à ceux tenant ferme de lui, les receveurs particuliers pourraient en compter sur mandements patents, dûment expédiés; il en serait de même pour les dons de partie des aides faits aux communautés des villes afin d'être employés aux réparations, à moins qu'ils n'excèdent une durée de dix ans ou qu'ils soient à vie : auquel cas les dons ne seraient valables qu'en vertu de lettres expédiées par les gens des comptes aussi bien que par les généraux; en ce qui touchait aux dons et rabais faits pour une fois, il en serait compté, comme par le passé, sans décharge et sur mandements expédiés par les gens des finances; pour éviter des déplacements et frais inutiles, il serait compté devant les gens des comptes des taxations ordonnées pour l'imposition et la levée des subsides, sans autre décharge et acquit, moyennant que les receveurs particuliers rapporteraient les lettres du Roi et les quittances des parties ; enfin, les trésoriers généraux et autres officiers ne devraient prendre, pour les « gros voyages et chevauchées, » que ce qui leur serait ordonné par mandements patents signés du Roi[1].

Six mois plus tard (12 avril 1445), une autre ordonnance[2] vint régler les fonctions et les pouvoirs des trésoriers. Trois conseillers du Roi avaient été désignés comme trésoriers de France : Jean Bureau, Jean Hardouin et Jean le Picart ; le Roi énumère longuement la façon dont ils doivent procéder, les obligations qu'ils ont à remplir ; c'est « la lumière, l'ordre, l'économie portés dans un service qui, jusque-là, avait été recouvert d'épaisses ténèbres ; c'étaient les règles simples et précises qui doivent présider à toute gestion de finances[3]. »

Les grandes ordonnances de 1443 et 1445 furent complétées par une ordonnance nouvelle, rendue à Bourges le 26 novembre 1447. « Comme, disent les lettres, ès ordonnances dernièrement faites ès villes de Saumur et de Nancy sur le fait de nos finances, y ait aucuns articles bien généraux et non assez déclarez, par quoy soit nécessaire les plus amplement déclarer et exprimer, » on revenait sur certains d'entre eux. En ce qui concernait la clôture des comptes, spécialement des recettes générales et autres grosses recettes, on devrait attendre le retour des trésoriers et généraux, s'ils étaient absents de Paris, pendant un délai de trois mois ; les états des comptes devraient être faits et clos publiquement au bureau, en présence de tous les membres de la Chambre des comptes ; les gens des comptes ne procéderaient à l'audition des comptes qu'après avoir reçu les contrôles ; dans le cas où les receveurs généraux compteraient sur des rôles signés du Roi, ils devraient veiller à ce que les articles fussent suffisamment énoncés et fournir tous acquits ou renseignements nécessaires ; le correcteur des comptes devrait faire ses corrections dans la chambre d'en bas, sans revenir

---

1. *Ordonnances*, t. XIII, p. 414.
2. *Id., ibid.*, p. 441.
3. Dansin, *l. c.*, p. 173.

au bureau ni ailleurs, à moins qu'il n'y ait à faire à cause de son office ; ce qui serait resté dû au Roi devrait être tenu secret par le correcteur et les clercs des comptes; les décharges levées au Trésor devraient, à partir du 1er janvier, être signées par les trésoriers, ou par l'un d'eux, pour pouvoir être valables ; comme le Roi était souvent requis de céder plusieurs droits royaux touchant son domaine, comme rachats, reliefs, quint-denier, rentes, honneurs, amendes, etc., etc., il entendait que, quelque don qu'il en fît dorénavant, soit de tout ou partie, il n'y fût obéi ni obtempéré par les gens des comptes et trésorier, sinon par moitié, et que l'autre moitié fût convertie au profit du Trésor ; quant aux dons des confiscations faites sur gens tenant le parti contraire, ils ne sortiraient aucun effet en ce qui concernait les héritages et immeubles sis en pays de l'obéissance royale, à moins qu'il n'apparût de la volonté contraire du Roi par mandement patent signé de sa main ; les dons de biens meubles ne seraient reçus que pour moitié au plus ; quant aux dons d'immeubles situés en pays désobéissants ou sur les frontières, ils pourraient être vérifiés sans difficulté. Les receveurs généraux ne pourraient à l'avenir rien recevoir des receveurs particuliers ou d'autres personnes que sur décharge ou quittances, contrôlées et dûment expédiées, sauf dans le cas où il conviendrait de faire finance en l'absence des généraux et contrôleurs, auquel cas ils recevraient sur leurs cédules, en promettant acquit suffisant dans le délai de quatre mois [1].

Il y a peu de règlements sur les monnaies, durant les années 1444 à 1449 ; on avait renoncé à tirer profit d'une ressource qui avait été l'expédient des mauvais jours [2].

Des lettres du 12 août 1445 prescrivirent que les monnaies d'or et d'argent en Dauphiné ne seraient frappées désormais qu'aux nom et armes du Dauphin, et qu'elles auraient cours dans tout le royaume [3]. Le même jour, le Roi régla la fabrica-

---

[1]. *Ordonnances*, t. XIII, p. 516.
[2]. Le Blanc cite, dans son *Traité des monnoyes* (p. 76), un ancien registre des monnaies qui paraît dater du règne de Charles VII, où il est dit que, « onques puis que le Roi meit les tailles des possessions, des monnoyes ne luy chalut plus. »
[3]. *Ordonnances*, t. XIII, p. 452.

tion d'espèces dans les monnaies de Paris, Tournai, Troyes, Tours, Angers, La Rochelle, Bourges, Saint-Pourçain, Lyon, Montpellier et Toulouse, et défendit d'en fabriquer d'autres [1].

Dans des lettres du 23 décembre 1446, le Roi déclarait que, nonobstant son ordonnance du 23 novembre 1443, il avait toléré le cours de diverses monnaies étrangères, eu égard, disait-il, « à la grant soufferte, indigence et nécessité que puis nos dictes ordonnances a esté de nos monnoyes en plusieurs et divers lieux de nostre royaulme, comme à l'occasion des très grans et urgens charges que, obstant les guerres et autrement, avons eues à supporter, et mesmement à la prière et requeste d'aucuns de nos subjets qui sur ce nous ont humblement requis. » Mais les monnaies d'or étrangères dites *mailles au chat* ayant diminué de plus d'un quart, tant en poids qu'en loi, le Roi les décria [2]. Le 20 janvier suivant, considérant que des monnaies étrangères avaient encore cours en son royaume, qu'on les prenait à un plus grand prix que leur valeur, eu égard à la « bonté » de la monnaie royale, qu'elles étaient répandues en telle abondance que le cours de celle-ci en était « grandement ravalé » et que les ateliers monétaires étaient réduits au chômage, le Roi ordonna d'apporter en ses monnaies toutes les pièces étrangères, et détermina quelles seraient les monnaies qui seraient fabriquées et livrées à la circulation [3].

Le 24 février 1447, Charles VII, nonobstant la défense par lui faite de frapper des blancs de dix ou cinq deniers, ordonnait la fabrication de petits-blancs du prix de cinq deniers, jusqu'à concurrence de dix mille marcs d'argent [4].

Le 26 mai suivant, pour remédier aux abus commis dans ses monnaies, il ordonna la fabrication d'écus d'or à vingt-trois carats trois quarts et un quart de carat de remède, de soixante-dix et demi de poids au marc, et d'autres espèces blanches et noires [5]. A la date du 27 octobre 1447, il déclara étendre à la

---

1. Archives, Z¹ᵃ 60, f. 60 v°; cf. Blanchard, *Compilation chronologique des ordonnances*, t. I, p. 261.
2. *Ordonnances*, t. XIII, p. 484.
3. *Id., ibid.*, p. 490.
4. *Id., ibid.*, t. XIII, p. 497.
5. *Id., ibid.*, t. XIII, p. 503.

monnaie de Tournai la mesure édictée dans son ordonnance du 20 janvier précédent[1]. Enfin, par lettres du 10 janvier 1448, Charles VII, considérant que son ordonnance du 20 janvier précédent n'avait point été observée, que le chômage augmentait dans ses ateliers monétaires, et après en avoir délibéré avec les généraux maîtres des monnaies, prescrivait de la mettre à exécution, nonobstant l'ordonnance rendue le 26 mai, et de procéder à la fabrication des espèces qui y étaient énumérées[2].

Voici, présenté en un tableau, suivant notre coutume, le produit de la taille durant la période de la trêve.

LANGUEDOIL	Livres Tournois	LANGUEDOC	Livres Tournois
		1444, septembre, Montpellier	100,000
1445, janvier	300,000	1445, août-octobre, Montpellier	120,000
novembre	400,000	plus l'équivalent aux aides	83,000
1446, janvier	225,000	1446, avril, Montpellier ...	100,000
1447, janvier	200,000	1447, février, Montpellier ..	170,000
octobre	200,000		
1448, octobre	200,000	1448, janvier-mai, Montpellier	150,000
1449, janvier	200,000	1449, janvier-avril, Montpellier	150,000

Par l'ordonnance du 28 janvier 1436, il avait été décidé que la connaissance de toutes les affaires relatives aux aides, gabelles et tailles appartiendrait aux élus, et, en appel, aux généraux-conseillers sur le fait de la justice des aides, sans que ni les juges ordinaires ni le Parlement pussent en connaître, non plus que les juges ecclésiastiques et les conservateurs des privilèges d'études. Il arrivait cependant qu'on s'efforçait de faire renvoyer les causes concernant ces matières devant les conservateurs laïques ou ecclésiastiques. Le Roi, pour couper court à ces abus, rendit une ordonnance à la date du 19 juin 1445; en voici les dispositions. Les cas touchant aux aides,

---

1. *Ordonnances*, t. XIII, p. 514.
2. *Id., ibid.*, p. 533.

gabelles, tailles, et autres subventions imposées et à imposer pour la défense du royaume seront portés devant les élus, dans l'étendue de leur élection, et, en cas de ressort et souveraineté, devant les généraux-conseillers ; défense est faite à tous juges ecclésiastiques et séculiers d'en prendre connaissance, sous peine de saisie de leur temporel et de privation de leur office ; les sergents ou autres officiers qui s'efforceraient de faire renvoyer, en vertu de quelques lettres que ce fût, devant d'autres juges, les causes portées devant les élus, seront contraints de se désister, sous peine d'emprisonnement et de perte de leur office. Tous les sujets, de quelque état qu'ils soient, qui ne seront pas nominativement désignés comme exempts des tailles, seront tenus d'y contribuer et contraints à le faire, en les punissant au besoin d'amende arbitraire. Le procureur du Roi prendra fait et cause pour les officiers, fermiers, receveurs ou collecteurs qui seraient cités devant d'autres juges, et poursuivra l'exécution de l'ordonnance aux frais du Roi[1].

La tendance du pouvoir vers une certaine égalité devant l'impôt subsiste. Nous trouvons même, à ce sujet, une déclaration remarquable dans l'ordonnance du 19 juin : « Voulons égalité estre gardée entre nos subjects ès charges et frais qu'ilz ont à supporter pour la tuition et defense de nostre royaume, sans ce que l'un porte ou soit contraint à porter le faix et charge de l'autre, soubs ombre de priviléges, clericatures, ni autrement[2]. » Nous avons aussi la trace d'efforts faits pour assurer une plus juste répartition de l'impôt[3].

Par lettres du 21 juillet 1444, Charles VII, considérant qu'en rétablissant le Parlement de Toulouse il avait révoqué les pouvoirs des commissaires intitués sur le fait de la justice des aides, désigna six des conseillers du Parlement pour procéder à tout ce qui était relatif à la justice des aides en Languedoc[4]. C'était le premier pas vers la création d'une Cour des aides spéciale à cette province ; mais ce pas ne devait être franchi

---

1. *Ordonnances*, t. XIII, p. 428.
2. *Id., Ibid.*, p. 407.
3. Voir Thomas, *Les États provinciaux*, t. I, p. 126-27.
4. *Ordonnances*, t. XIII, p. 407.

que sous le règne de Louis XI. Par une autre ordonnance, en date du 30 janvier 1447, Charles VII enjoignit de mettre en application les anciens règlements portant que les aides et tailles devaient être payées dans les lieux où étaient situés les biens des contribuables, alors même que ceux-ci séjourneraient ailleurs [1].

Nous avons constaté qu'à partir de 1436 le gouvernement royal commença à liquider d'anciennes dettes, remontant parfois très loin. Nous rencontrons, dans les trop rares comptes du temps, les traces de cette liquidation, qui fut poursuivie entre 1444 et 1448 [2].

1. *Ordonnances*, t. XIII, p. 429.
2. On paya à Etienne Pelourde, échanson du Roi, en 1445-46, 370 l.; en 1446-47, 370 l., et en 1447-48, 390 l., sur 2,200 l. t. qu'il avait prêtées au Roi en 1422 (f. 98, 108 v° et 121); 500 l. t. à Pierre de Fontenil, écuyer d'écurie, sur 2,200 l. restant de 4,200 l. dues par appointement fait avec lui ; à Guillaume Belier, bailli de Troyes, 200 l. t. sur 600 qui lui étaient dues ; à Jean de Blanchefort, écuyer, capitaine de gens d'armes, 1,000 l. t., sur 2,000 à lui dues par appointement fait avec lui. Comptes de Xaincoins, dans le ms. 685 du Cabinet des titres, f. 108 v°.
Voici quelques extraits de ces comptes :
Année 1445-46 : « Martin de Poncher, tant pour luy que pour les autres heritiers de feu sire Jehan de Poncher, general maistre des monnoyes du Roy, III° l. t. sur ce qui estoit deu du reste de XV° escus que ledit deffunt presta au Roy pour le navire d'Espagne qui en ce temps là alloit en Escosse querir certaine armée de gens dudit pays que le Roy faisoit descendre en France pour le servir contre les Anglois (f. 98). »
Année 1446-47. « Mademoiselle Blanche de la Tour, veufve feu Guillaume d'Avaugour, bailly de Touraine, v° l. t. sur II°° escuz prestez par ledit defunt au Roy en 1422 pour le fait de l'armée d'Escoce (f. 108). » — Perrete Boquine, veufve Pierre du Puy, seigneur de la Gaudrée, et. l. t. sur II° VI l. t. que le Roy luy doit pour partie de III° escus d'or que ledit defunt, dès le mois de may 1420, presta pour le fait de la ville d'Orléans, lors assiégée par les Anglois (f. 108 v°). » — « M° Jehan Daubignon, maistre des requestes, III° l. t. sur IX° XLXV l. t., pour certains dyamans pris de luy en 1435 (f. 109). » — « M° Estienne Chevalier, secretaire du Roy, XI° l. t. qu'il avoit prestées en 1442, au voyage de Tartas et pays de Guyenne (*Id.*). » — « M° Jacques Charrier, secretaire du Roy, VI° IIII°° VII l. X s. qu'il avoit baillé en 1442, en la ville de Tuelle, à plusieurs Anglois (*Id.*). » — « Jacques le Jude, escuier, III° l. t., à quoy il a esté apointé de mille l. t., à lui donnees en 1442 en faveur que, à l'assaut et prinse de Saint-Sever, il entra le premier par dessus la muraille de ladicte ville (f. 111 v°). » — Messire Gerard d'Athies et le Bon de Rely, chevaliers, v° l. t. restans de mille l. t. pour bons services en 42 au voyage de Guyenne (*Id.*). »
Année 1447-48. « Martin de Poncher, fils et heritier de feu Jehan de Poncher, general maistre des monnoyes du Roy, III° l. t. sur le reste de XV° escus que ledit feu Jehan presta pour le navire d'Espagne où fut amenée une armée d'Escosse au service du Roy (f. 120). » — « M° Jehan Daubignon, maistre des requestes de l'ostel, II° l. t. pour partie de IX° LXXV l. t. pour certains diamans acheptez de lui en 1435 (*Id.*). » — « Perrette Bessoneau, veufve Raoul Cheneau, general conseiller sur le fait des finances, II° l. t. sur III° v° l. t. qui lui estoit deue (f. 120 v°). » — « Blanche de la Tour, veufve de feu Guillaume d'Avaugour, bailly de Touraine, III° l. t. sur ce que ledit deffunt avoit presté

Par lettres données à Chinon le 27 mai 1446, Charles VII exposait que, depuis l'entrée de ses ennemis à Paris, en 1418, il avait donné nombre d'offices, et que parfois le même office avait été donné successivement à deux ou trois personnes. Pour éviter les réclamations qui pourraient se produire de ce chef, le Roi déclarait que tous officiers institués depuis 1418 et qui auraient été en paisible possession de leurs charges durant cinq années consécutives, ne pourraient être inquiétés à ce sujet et annulait tous autres dons [1].

Deux ordonnances sont consacrées au paiement des membres de la Chambre des comptes. Par la première [2], le Roi déclarait qu'ayant dû, pour le paiement des officiers de cette Chambre, faire assignation sur les finances extraordinaires, le changeur du trésor acquitterait désormais leurs gages sans qu'il fût besoin d'avoir acquit du Roi par rôle ou mandement signé de sa main. A la date du 31 janvier 1447 [3], Charles VII, considérant que la Chambre des comptes était l'une des principales cours de justice du royaume et souveraine après le Parlement en ce qui concernait le domaine et des autres finances tenues du Roi, et qu'il convenait d'assurer le paiement des gages des membres de la Chambre, faisait assignation pour cela sur le produit de l'imposition foraine dans les villes et châtellenies de Paris, Reims, Châlons, Troyes, Laon, etc., supprimant toutes autres assignations antérieures sur ce revenu.

Avec la sécurité le commerce reprit, à partir de 1444, un essor merveilleux. Le gouvernement royal apporta tous ses efforts à favoriser ce développement, et les chroniqueurs constatent les résultats obtenus. Mais il fallait du temps pour dégager le commerce de toutes les entraves. Durant les guerres, de

pour le fait des guerres (*Id.*). » — Pierre Perceaut, receveur général des finances de Mgr le comte du Mayne, III^m l. t. pour la délivrance des places de Beaumont et de Sillay, lors occupées par les Anglois, moyennant laquelle somme lesdites places et autres ont été mises en obéissance du Roy (f. 121). »

1. *Ordonnances*, t. XIII, p. 402 ; cf. p. 482.
2. En date du 10 décembre 1446. Archives, P 2298, p. 1423.
3. *Id., ibid.*, p. 1416.

nombreux péages avaient été, d'une façon arbitraire, imposés, soit par le Roi, soit par les officiers royaux, de leur propre autorité : par lettres du 21 juillet 1444, le Roi abolit tous péages et droits sur les rivières de Seine et Oise, en aval de Paris, sauf ceux établis anciennement[1]. La même mesure fut édictée relativement à la Loire et à ses affluents[2]. Divers autres droits de péage furent abolis sur divers points, et les habitants de certaines villes obtinrent exemption des droits de ce genre[3]. La navigation de l'Eure et de la Loire fut de nouveau l'objet de mesures protectrices[4].

Nous pouvons enregistrer aussi plusieurs concessions de foires et marchés : à Sainte-Menehould (13 juin 1445 et juin 1446)[5], à Troyes (19 juin 1445)[6], à Benais (6 février 1446 et août 1448)[7], à Granville (mars 1446)[8], à Saint-Pierre-les-Vifs près Sens (20 janvier 1447)[9], à Saint-Thierry-les-Reims (février 1447)[10]. Par lettres du mois de janvier 1447, les privilèges des sergents des foires de Champagne furent confirmés[11].

En ce qui touche à l'industrie, nous mentionnerons les mesures suivantes : approbation des statuts des barbiers du royaume (juin 1444)[12]; confirmation de privilèges aux pêcheurs de Melun (janvier 1447)[13] et aux barbiers de Saint-Jean d'Angely (août 1447)[14]; approbation ou confirmation des statuts des tisserands d'Issoudun (décembre 1447)[15], des tondeurs de drap de

---

1. *Ordonnances*, t. XIII, p. 405.
2. *Id.*, t. XIV, p. 7.
3. 1446, 11 février : péage aboli à la requête des habitants de Cognac ; 1446, 4 juin : confirmation d'exemption des droits de péage, etc. aux habitants de Negrepelisse ; 1448, 14 décembre : lettres relatives aux exactions des seigneurs qui ont des péages, etc.
4. Voir pour la rivière d'Eure, L'Épinois, *Histoire de Chartres*, t. II, p. 97-98 ; pour la Loire, *Ordonnances*, t. XIV, p. 7.
5. Archives, JJ 178, n° 5.
6. *Ordonnances*, t. XIII, p. 431.
7. Moreau, 252, f. 12.
8. *Ordonnances*, t. XIII, p. 461.
9. Collection de Champagne, 42, f. 74.
10. Archives, JJ 178, n° 127.
11. *Ordonnances*, t. XIII, p. 496.
12. *Id.*, t. XV, p. 213.
13. *Id.*, t. XIII, p. 495.
14. *Id., ibid.*, p. 506.
15. *Id., ibid.*, p. 531.

Tours (février 1448[1]), des chausseliers de Touraine (*ibid.*)[2], des merciers de Touraine, Anjou et Maine (août 1448)[3].

1. *Ordonnances*, t. XIII, p. 434.
2. Id., ibid., p. 536.
3. Id., t. XIV, p. 27.

NOTES SUPPLÉMENTAIRES

I

Accusations formulées contre Pierre de Brezé et d'autres conseillers de Charles VII.

Une grave accusation a été portée par MM. de Saulcy et Huguenin[1] contre plusieurs personnages de la cour de Charles VII, et des plus notables : « Des sommes énormes, disent ces deux auteurs, furent offertes à l'amiral de France, au grand maître d'hôtel, au grand écuyer, au grand chancelier (sic), au président du parlement, à tous ceux enfin que l'on supposait avoir quelque influence sur l'esprit du Roi; *tous vendirent leurs bons offices*. Pierre de Brezé surtout se laissa prendre à l'appât des monceaux d'or qui lui furent offerts, et promit de servir la cause de la cité (cf. p. 160-161). »

Les personnages incriminés sont :

1º Pierre de Brezé; 2º l'amiral, c'est-à-dire Prégent de Coëtivy; 3º le *grand maître d'hôtel*, c'est-à-dire Louis de Bourbon, comte de Vendôme; 4º le *grand écuyer*, c'est-à-dire Poton de Saintrailles; 5º le *chancelier*, c'est-à-dire Guillaume Jouvenel; 6º le *président au parlement* (et non *du*), c'est-à-dire Jean Rabateau.

Sur quelle autorité s'appuie-t-on pour formuler une telle accusation?

J'ai cherché en vain dans les preuves qui accompagnent la *Relation du siège*, sans trouver la moindre articulation à cet égard. La chronique manuscrite de Lorraine est la seule autorité qu'on puisse invoquer. Nos auteurs le constatent eux-mêmes (p. 161) : « La chronique manuscrite de Lorraine, publiée par D. Calmet, est la seule qui fasse mention de ce fait. »

Or, que lit-on dans cette chronique?

« Ceulx de Metz voyant que grande guerre on leur faisoit et que plu-
« sieurs places perdus avoient, ils s'assemblèrent au Conseil pour visiter
« le cas, comme s'y debvoient gouverner. Ils firent faire deux tonnes
« plaines de gros de Metz, lesquelles pour lors ne valloient que dix huit
« deniers... Quand lesdits de Metz eurent faict tout forgier, au Conseil

---

1. *Relation du siège de Metz*, p. 151-52.

« du Roi Charles firent remontrer que le Roi avoit tort de commencer
« la guerre veu les droiets qu'ils ont... A chacuns des gens du Roi
« Charles et tous les Grands, secretement à chacun d'eulx leurs donne-
« rent grande somme d'argent, à l'Admiral, au grand Maistre d'hostel,
« au grand Escuyer, au grand Chanceller, au grand President; tous en
« eurent des pièces, lesquels remonstrerent au Roi que il leur faisoit
« tort[1]. »

Il faut noter pourtant cet éloge de Brezé, que nous rencontrons dans une des chansons composées pour célébrer la délivrance de Metz :

> Par Dieu, Roy de Secille
> Tu es mal avisoir
> Quant tu vint devant Mets,
> . . . .
> Au Roy de France avois donneis à entendre.
> Mais quant il ait veu la veritez,
> Du pays s'a partis et s'en est retournels.
> E ! Gentil de France, adieu, soyés rendus ;
> Et le gentil Daulphin qui vous a recondus ;
> Le gentilz seneschaul d'Anjou
> Homme d'honneur et de bonne conscience
> Comme il l'ait demonstrez.
> Ou pays par dessa Dieu le veuillet honnoreir !

MM. de Sauley et Huguenin, qui citent cette chanson[2], reproduisent quelque part (p. 161, note) un passage de Belleforest qui, dans ses *Grandes Annales de France*, a prétendu que Brezé était « gaigné par ceux de la ville. » Ceci est simplement le commentaire de ce passage de la chronique dite de Praillon :

« Le XIIIe jour de mars, le seneschaul d'Anjou arriva à Metz, où il fut
« bien receu et bien festoié des seigneurs de Mets, lesquelz pour la part
« du Roy avoit fort travaillé pour faire la paix d'icelle guerre. De quoy
« les seigneurs de Metz l'en sçavoient bon greis et ne luy furent point
« ingrat[3]. »

De tout ceci, qu'est-ce que l'histoire sérieuse doit retenir ?

Une seule chose, conforme aux usages du temps, et qui n'autorise nullement l'accusation portée contre les conseillers de Charles VII : c'est que, dans les négociations engagées soit avec des souverains étrangers, soit avec des villes, on faisait des largesses aux ambassadeurs. Mais de là à les taxer de s'être vendus, il y a loin, et il est impossible de soutenir que Pierre de Brezé, le principal négociateur, se soit laissé corrompre. C'est ce qu'a très bien reconnu M. Vallet de Viriville, qui dit à ce propos[4] : « Il n'est pas douteux que Pierre de Brezé, ainsi que les grands personnages français, reçurent des Messins de larges gratifications pécuniaires et autres. Mais on n'observe pas que ces présents aient altéré en rien la

---

1. *Histoire de Lorraine*, t. VII, *Preuves*, col. XXXV.
2. Elle se trouve aussi dans le *Bulletin de la Société d'archéologie lorraine*, t. IV, p. 460.
3. *Relation*, p. 283.
4. *Histoire de Charles VII*, t. III, p. 11 note.

droiture et la fidélité de leur conduite. L'usage des présents diplomatiques ou administratifs était, au quinzième siècle, d'un emploi quotidien et universel. »

II

Les joutes de Nancy et de Châlons.

Les chroniqueurs ont tellement mêlé les faits relatifs aux joutes qui eurent lieu, en 1445, à Nancy et à Châlons, que ceux de nos historiens qui ont parlé de ces divertissements chevaleresques ont eu quelque peine à s'y reconnaître.

On a vu plus haut que nous avons pris le parti de transporter à Châlons l'épisode principal, savoir le pas d'armes de Jacques de Lalain, malgré l'assertion de l'auteur du *Livre des faits de Jacques de Lalaing*, et celle d'Olivier de la Marche [1]. Nous devons exposer ici les motifs qui nous y ont déterminé.

1° Il y a de très sérieuses difficultés à admettre qu'après les joutes qui eurent lieu à l'occasion du mariage de Marguerite d'Anjou avec le roi d'Angleterre, représenté par le marquis de Suffolk, de nouvelles fêtes aient été célébrées à Nancy : le départ du roi René, qui accompagna sa fille jusqu'à Bar-le-Duc (où il séjourna ensuite, sans revenir à Nancy, jusqu'à ce qu'il allât rejoindre le Roi à Châlons) ; la mort de Radegonde de France (survenue à Tours le 19 mars), dont la nouvelle arriva sur ces entrefaites ; le départ de la Reine de Nancy, à la fin d'avril, rendent la chose absolument invraisemblable.

2° L'auteur du *Livre des faits*, qui place le pas d'armes de Jacques de Lalain à Nancy, donne la date du jour où, pour la première fois, il en fut question : « Vérité est que le dixiesme (al., 6° ou 24°) jour de juin, l'an mil quatre cent quarante quatre, le Roy de France, pour lors estant en la ville de Nancy, accompagné du Roy de Sicile et du Dauphin de Viennois [2]... » etc. Or, si l'on écarte la date de 1444, qui est inadmissible, il faut écarter aussi le mot *Nancy*, car, le 10 juin 1445, le Roi était, non à Nancy, mais à Châlons-sur-Marne.

3° Le narrateur, qui nous dit que les joutes commencèrent quinze jours plus tard, fait arriver, avant la fin de la fête, le comte d'Angoulême, récemment sorti de captivité. Or, des documents mis au jour depuis peu [3] nous apprennent que le comte était encore à Rouen le 1er avril 1445, jour où il donna acte à Suffolk de sa mise en liberté. Il ne put donc se rendre à Nancy, et c'est incontestablement à Châlons qu'il vint trouver le Roi. Ajoutons que, le 22 juin 1445, il se trouvait à Paris, comme il appert de lettres du duc d'Orléans contresignées par lui et par Dunois [4].

1. Voir t. II, p. 60.
2. *Œuvres de Georges Chastellain*, t. VIII, p. 10.
3. *Revue des documents historiques*, t. IV, p. 17-30.
4. *Louis et Charles d'Orléans*, par M. Champollion, p. 310.

III

Les prétendues lettres d'Agnès Sorel.

Chacun sait que les matériaux utilisés par M. Pierre Clément dans son livre : *Jacques Cœur et Charles VII*[1], lui avaient été en grande partie fournis par M. Vallet de Viriville. C'est à celui-ci, évidemment, que l'auteur dut la connaissance de « quelques lettres d'Agnès Sorel, heureusement conservées jusqu'à nous, et donnant sur son caractère de précieuses indications. »

« Toutes ces lettres, au nombre de cinq, lit-on dans une note (t. II, p. 125), sont inédites. Deux d'entre elles, la première et la quatrième, font partie de la riche et curieuse collection de M. Chambry, ancien maire du 3e arrondissement, qui a bien voulu mettre ces deux pièces à ma disposition... Le texte de la seconde des deux lettres adressées au sire de la Varenne m'a été communiqué, avec une extrême obligeance, par M. Vallet de Viriville. Enfin, les deux autres appartenaient à M. le baron de Trémont. — Quatre de ces lettres sont en entier de la main d'Agnès Sorel. Le corps de l'une d'elles, celle adressée de Candé à mademoiselle de Belleville, et dans laquelle il est question de l'accident arrivé au petit Robin, n'est pas de l'écriture d'Agnès, qui a seulement écrit de sa main ces mots : *la toute votre bonne amye*, et signé. — L'authenticité de ces pièces avait été mise en doute, mais elle a été constatée d'une manière formelle, en 1846 et 1847, par M. Teulet, archiviste paléographe de l'École des chartes, comparaison faite avec l'écriture d'Agnès Sorel que l'on possède à la Bibliothèque nationale. »

Deux ans plus tard, M. Vallet de Viriville publiait à son tour ces mêmes lettres dans son *Étude sur Agnès Sorel* (*Revue de Paris* du 15 avril 1855). Voici ce qu'il en disait :

« Des documents qui ont été mis récemment en lumière, permettent d'apprécier avec plus d'étendue l'instruction et le style de la belle Agnès. Cinq lettres missives nous sont restées d'elle en original. Pour prix du travail que peut en causer la lecture, elles nous promettent l'avantage d'être initiés par elles aux sentiments et aux actes quotidiens de sa vie privée. » (Suit le texte des cinq « autographes. »)

Dans ses *Nouvelles recherches sur Agnès Sorel*, publiées l'année suivante, M. Vallet disait encore (p. 57-58) :

« On conserve quelques lettres originales ou autographes de la belle Agnès. C'est la source d'information la plus directe, la plus profonde, qui puisse nous instruire sur les points intimes de notre curiosité. Ces lettres révèlent une belle âme, de l'esprit gaulois, une intelligence alerte, gracieuse, enjouée. »

Enfin, en 1865, dans son *Histoire de Charles VII* (t. III, p. 27-28), M. Vallet citait les lettres d'Agnès comme des documents historiques, disant

---

1. Publié en 1853, en 2 vol. in-8o.

qu'elles « attestaient de sa part une culture intellectuelle peu commune » et « révélaient des sentiments d'humanité généreuse et délicate¹. »

Donnons maintenant l'énumération des cinq fameuses lettres :

1° A Madamoyselle de Belleville. — De Razillé, ce VIIIe jour de septembre².

2° A la même. — De Candé, le vendredi après la saint Michel³.

3° A Monsieur de la Varenne, chambelant du Roy. — De Cucé, le penultiesme jour d'avril⁴.

4° Au même. — A Amboise, ce disuitiesme jour d'aoûtᵇ.

5° A Monsieur le prevost de la Chesnaye. — Du Plessis, ce VIIIe jour de juing⁶.

M. Vallet indiquait en note⁷ que ces documents avaient une origine commune : « Ces cinq lettres proviennent du cabinet de Charles d'Hozier, à Versailles. »

Sur la foi d'une telle autorité, les fameuses lettres ont été acceptées de confiance, et nous-même, en 1873, nous les avons citées dans notre étude sur le *Caractère de Charles VII*⁸.

Mais le certificat d'authenticité de Toulet et la crédulité un peu naïve de Vallet de Viriville ne sauraient dispenser d'y regarder de plus près.

Or, au point de vue extrinsèque comme au point de vue intrinsèque, la fausseté des lettres apparaît avec tous les caractères de l'évidence.

Faut-il entrer à cet égard dans un examen détaillé? Nous perdrions notre temps. Nous pouvons couper court, car nous possédons le témoignage d'un homme du métier, consommé dans son art et dont les décisions font loi.

Voici la note qu'a bien voulu nous envoyer M. Étienne Charavay, le savant archiviste paléographe dont chacun connaît la compétence et a pu apprécier la parfaite obligeance :

« Dans les ventes d'autographes, il a passé quatre pièces d'Agnès « Sorel, à savoir une quittance signée, vendue en 1834; une lettre signée « avec la souscription autographe à Mademoiselle de Belleville (collection « Laroche-Lacarelle, vendue en 1847), et deux lettres autographes signées

---

1. M. Steenackers, qui a publié en 1868, sous ce titre : *Agnès Sorel et Charles VII*, un livre qui n'est qu'un compendieux commentaire des écrits de Vallet de Viriville, dit de ces lettres qu'elles ont « une valeur considérable ; » qu'elles « correspondent à tout ce que laisse entrevoir sa physionomie ; » qu'elles « la confirment et lui donnent comme le sceau de l'évidence, » etc. (Voir p. 56; cf. p. 61 et suiv.)
2. Publiée d'après l'original autographe faisant partie de la collection de M. Chambry.
3. Publiée d'après l'original signé communiqué en 1848 à M. Vallet de Viriville par le baron de Trémont. Vendue à la vente Trémont, le 6 mai 1853, 80 fr.
4. Publiée d'après l'original autographe appartenant à M. Charavay et communiqué par lui en 1848 à M. Vallet de Viriville.
5. Publiée d'après l'original autographe qui, de la collection du baron de Trémont, passa dans celle de M. de Lajarietle en 1852. Vendue 220 fr. (1817) et 201 fr. (1852).
6. Publiée d'après l'original autographe faisant partie de la collection de M. Chambry.
7. *Revue de Paris*, l. c., p. 262.
8. *Revue des questions historiques*, t. XIV, p. 113 et suiv.

« au sire de La Varenne. Je ne peux rien dire de la quittance, que je
« n'ai pas vue. Elle est probablement authentique. Quant aux trois
« autres lettres, elles proviennent du trop fameux fonds Letellier. J'ai
« étudié à fond la question des autographes provenant de ce cabinet
« généalogique et j'ai acquis la conviction, non seulement que ce sont
« des contrefaçons, mais que toutes les pièces, attribuées à des person-
« nages si divers, ont été écrites par la même main. En mettant à côté
« les unes des autres plusieurs de ces pièces, l'identité d'écriture saute
« aux yeux. Il est donc pour moi certain que les trois lettres ci-dessus
« désignées, provenant de cette source impure, ne sont pas moins fausses
« que toutes les autres pièces que j'ai eu occasion d'examiner et que j'ai
« retirées de la circulation ou annulées par un timbre spécial. Mais j'en
« ai eu une preuve plus manifeste. La collection Chambry, dont j'ai ré-
« digé le catalogue en 1881, renfermait un certain nombre de ces faux
« Letellier, et, parmi eux, se trouvait une lettre d'Agnès Sorel à Made-
« moiselle de Belleville (autre que celle de La Roche-Lacarelle). Cette
« pièce était un faux assez mal fabriqué, en somme, et je l'ai annulée.
« (Cf. *l'Amateur d'autographes*, nos 331-332, avril-mai 1881, p. 70.)

« Je considère donc comme fausses les quatre lettres d'Agnès Sorel
« qui ont passé dans le commerce.

ÉTIENNE CHARAVAY. »

PIÈCES JUSTIFICATIVES

I

Le Roi aux gens des comptes

Tours, 20 février 1444.

DE PAR LE ROY.

Noz amez et feaulx, vous povez assez avoir sceu que, après le trespas de feu Pierre Jaillet, à son vivant cappitaine de Meulent, nous avons[1]..... la cappitainerie du dit lieu à nostre amé et feal conseillier et chambellan le sire de la Varenne, seneschal de Poictou, et que, pour la garde d'icelle, lui avons..... la somme de douze cens livres tournois, à icelle avoir et prendre par chascun an sur le demaine dudit lieu de Meulent, fiefz, aumosnes, gaiges d'officiers et..... ordinaires premierement palées. Et combien que sur ce ayons baillé noz lettres patentes, par lesquelles estoit mandé au recevour ordinaire d'ilec que..... somme de XII^c l. t. il feist paiement à nostre dit conseillier et chambellan, neantmoins icelui recevour n'y a aucunement voulu obtemperer, soubz..... qu'il dit noz dictes lectres patentes non avoir par vous esté expediées ne verifliées. Et pour ce que nostre plaisir est que nostre dit conseillier et chambellan soit..... que à ceste cause lui peut estre deu depuis que lui baillasmes charge de ladicte place jusques au premier jour de mars prochainement venant, nous..... mandons que par ledit recevour l'on faites paier et contenter, et à ce contraindre ledit recevour en maniere que plus n'en oyons parler et n'aye..... de vous en escripre; et faites qu'il n'y ait faulte.

Donné à Tours, le XXme jour de fevrier.

CHARLES. CHEVALIER[2].

1. Les points indiquent des lacunes dans la pièce.
2. Original signé sur parchemin (la pièce est coupée au bord). *Chartes royales*, XVI, n° 389.

II

Le Roi aux habitants de Reims

Montils-les-Tours, 4 juin 1444.

A nos chiers et bien amez les bourgois, manans et habitans de nostre ville de Reins.

DE PAR LE ROY.

Chiers et bien amez, nous avons receu voz lettres et sceu l'exploit qui a esté fait par le prevost forain de Laon sur les gens de Hector de Dampierre et autres gens de guerre qui pilloient noz païs et subgez de par delà, comme nous avez fait savoir par vos dictes lettres, dont avons esté et sommes bien contens, et voulons que, au regard de ceulx qui sont prisonniers, que en toute diligence on procede contre eulx par procès ordinaire et que justice leur soit faicte, soit en absolucion ou condempnacion, toute dissimulacion arriere mise, et de ce escrivons audit prevost de Laon ; quant aux pilleries et oppressions qui par lesdictes gens de guerre et autres vous ont esté et sont faictes, nous en sommes desplaisans, et avons esperance, au plaisir de Nostre Seigneur, de y mectre brief tele provision que vous et noz autres subgez de par delà vous en apercevrez en tout bien.

Donné aux Motis, le IIIe jour de juing.

CHARLES.

GIRAUDEAU [1].

III

Le Roi aux habitants de Reims

Montargis, 25 juillet 1444.

A nos chiers et bien amez les gens d'eglise, eschevins, bourgois et habitans de la ville de Reims.

DE PAR LE ROY.

Chiers et bien amez, nous avons receu les lettres que escriptes nous avez, faisans mencion que Jaques de la Jumont, Lespinace et

---

[1]. Original signé. Archives de Reims.

autres noz gens de guerre, jusques au nombre de IIᵐ chevaulx, sont environ la ville de Reims, où ilz font de grans dommaiges, aussi que avez envoié devers beau filz le Daulphin aucuns d'entre vous pour le fait de la destrousse nagueres faicte par aucuns noz officiers en justice de par delà sur les gens de Hector de Dampierre, et que ledit beau filz, après qu'il a oy voz excusacions, a respondu que de ceste matiere lui avions autreffoiz escript, et que plus ne s'en mesloit. Quant au premier point, touchant les gens de guerre qui sont environ ladicte ville de Reims, nous en sommes très desplaisans, et à ceste cause, pour y donner provision et descharger vous et autres noz subgetz du pays de Champaigne des maulx que vous font lesdiz gens de guerre, tirons en ladicte marche en toute diligence et esperons y estre très prouchainement, et, nous y arrivé, pourverrons à vostre fait en maniere que devrés estre contens et congnoistrés la desplaisance que prenons ès dommaiges qui ainsi vous sont faiz. Et quant à la destrousse par nosdiz officiers ainsi faicte sur les gens dudit Hector de Dampierre, nous l'avons agreable et voulons qu'elle demeure à ceulx qui l'ont faicte, et qu'ilz n'en facent aucune restitucion. Et en ce les soustendrons, ainsi que autreffoiz vous avons escript et fait savoir par aucuns de noz gens et officiers, et sommes bien contens de la response que sur ce vous a faicte ledit beau filz; et tousjours vous aurons pour recommandés en voz affaires.

Donné à Montargis, le xxvᵉ jour de juillet.

    CHARLES.

                                          CHEVALIER [1].

IV

Le Roi aux habitants de Reims

Nancy, 6 octobre 1444.

A nos chiers et bien amez les gens d'eglise, eschevins, bourgois et habitans de la ville de Reims.

DE PAR LE ROY.

Chiers et bien amez, nous avons receu les lettres que escriptes nous avez, par lesquelles et pour les causes dedans contenues nous requerez que vueillons abatre et mectre à neant la traicte de

---

[1]. Original signé. Archives de Reims.

IIII s. p. qui l'année passée fut mise par nostre très chier et très amé filz le Daulphin de Viennois sur chascune queue de vin qui des villes et elections de Reims, Laon, Noyon et Compiengne seroit menée et transportée ès villes et pays où ne se lievent de par nous aucuns aides. Vous savez les grans et comme innumerables charges que, pour le fait de la guerre et autrement, avons eu et avons à supporter, et mesmement pour deschargier nostre pays de Champaigne et autres pays de nostre obeissance des gens de guerre qui y vivoient à la grant charge et dommaige de noz subgietz d'iceulx pays, et envoier et entretenir hors de nostre royaume lesdiz gens de guerre, à ce que plus ne retournent en nostre dit pays pour y faire les dommaiges qu'ilz ont acoustumé y faire, aussi que nostre demaine est de très petite et comme nulle valour, par quoy ne pourrions subvenir aux dictes charges sans avoir et lever autre aide que les aides ordonnez pour le fait de la guerre, à laquelle cause pour le present ne povons bonnement obtemperer à vostre dicte requeste, mais avons conclud que ladicte traicte de IIII s. p. pour queue de vin qui sera menée èsdis pays où ne levons aucuns aides aura cours pour ceste année seulement, ainsi et par la maniere contenue en noz lettres patentes sur ce faictes; et à la fin d'icelle année pourrés envoier devers nous, et nous vous donnerons provision dont par raison devrez estre contens.

Donné à Nancy, le VIe jour d'octobre.

CHARLES.

CHEVALIER[1].

V

Le Roi au roi des Romains

Nancy, 14 octobre 1444.

Serenissimo principi Friderico Romanorum regi primo carissimo[2].

Karolus, Dei gracia Francorum rex, Serenissimo principi Friderico, Romanorum regi, fratri[3] et consanguineo[4] nostro carissimo, salutem et mutue dilectionis affectum.

1. Original signé. Archives de Reims.
2. Adresse au dos de la pièce.
3. Une notation A et B indique en tête de la lettre une interversion des noms dans l'adresse et le preambule. Il s'agit de faire passer avant le nom du roi des Romains celui de Charles VII.
4. A la fin de la premiere ligne a été ajouté en correction : « et consanguineo. »

Serenissime princeps, frater carissime, litteras vestras solita ac debita predecessorum vestrorum stili honestate carentes, non sine admiratione recepimus, quarum serie querimonia Tullensium apud fraternitatem vestram hiis diebus delata ac eciam pretextu loci de Spinalo binas lamentationes collegimus, dicimur enim adversus imperium et preter veteris amoris fedus in locis prescriptis aliqua per nostros commicti permississe quibus fraternitas vestra tanquam in juribus suis lesa admirari non sufficiat, ut tandem a molestacionibus et infestacionibus imperio subdictis per nos aut nostros inferendis desistatur vehemencius postulando, hoc equidem subjuncto quod postquam ut ponitur fraternitas vestra pridem super restitucione loci de Spinalo nobis alias direxit litteras, quas tamen non accepimus, multo graviora per nostros temptata fuisse dicuntur.

Nos autem postquam intravimus quam modeste quamque suaviter in agendis citra injuriam processerimus luce clarius est, nec infestacionibus assueti sumus quo pretextu visa litterrarum vestrarum continencia et pariter admirari non suffecimus, et scabinos ac justiciarios Tullenses qui nil a nobis gravo passi sunt pretor veritatis semitam scripsisse et violenciam a nobis penitus alienam suis litteris imponere voluisse molestum est, tantoque molestius quod ex contentis in littera vestra fraternitatem eamdem credulas hiis aures accomodasse perpendimus.

Hactenus enim, ut congruam licteris vestris responsionem faciamus, quicquam preter juris debitum ac justicie decus hiis in partibus actemptasse nec actemptari permississe credimus, sed jure nostro utentes, quod ne quadam arguamur segnicie procurare nobis licere non ambigimus nedum vobis, sed nec cuiquam minimo injuriam fecisse arbitramur. Spinalenses vero, communi omnium assercione, proprio domino vetustissima antiquitate perfruentes miserabiles quidem tamquam in luporum faucibus sitos et auxilio destitutos, clemencie nostre presidium implorantes benigne suscepimus et veluti procelloso mari efracta navi collapsos protectionis nostre clipeo servavimus. Quod enim ex hoc molestacionis injuria nobis aut nostris ascribi possit arbitrari non possumus (ms. prim : possimus), quim potius cum maximo reges doceat ut oppressis prosint et supplices protegant per singulorum ora celebrem famam et laudis gloriam merito remur vendicasse.

Datum in villa Nancei, die xiiii[a] mensis octobris [1].

1. Original, parchemin, collection de Lorraine, 973, n° 267. La pièce n'a pas été scellée.

VI

Le Roi aux habitants d'Épinal

Nancy, 5 janvier 1445.

De par le Roy.

Chiers et bien amez, nous avons sceu par nostre seneschal de Poictou la grand doubte que vous avez de tourner et chever ès mains de l'evesque de Mets, par aucuns mauvais rapports et choses faintes que on vous a données à entendre, et que, à ceste cause, vous et nos bonnes gens de la ville, lesquels avons chiers et tenons nos loyaulx subjects et vrais obeyssans, estre fort troublez, doublans que ainsi le veuillons faire. Nous vous sçavons très bon gré de la bonne affection que avez à nous et croyons certainement que nous tendrez ce que nous avez promis. Aussi tenez vous certains que, de nostre part, en ce que vous avons accordé, ne vous ferons faulte, et des lors en avant vous avons tenus et reputez, tenons et reputons, et ferons, ou temps advenir, nos loyaux vassaulx et subjects, et comme tels avons entention de garder et deffendre vous et nostre bonne ville d'Espinal envers tous et contre tous, et jamais, pour quelconque rapport qui vous soit fait touchant ceste matiere, ne pensez le contraire. Faictes nous tousjours sçavoir de vos nouvelles.

Donné à Nancy en Lorraine, le cinquiesme jour de janvier.

CHARLES.

GIRAUDEAU [1].

VI

Les gens des comptes au Roi

Paris, 5 janvier 1440.

Nostre Souverain Seigneur, nous nous recommandons à vostre bonne grace le plus humblement que nous povons; et vous plaise savoir, mon Souverain Seigneur, que, par nostre frere et compagnon maistre Jehan Bureau, nous avons receu vos lettres clauses, et par

---

1. « Scellée sur le dos, en placard, d'un cachet de cire rouge. » Copie moderne dans le ms. fr. 18881, f. 103, d'après l'original sur parchemin.

avant en avons receu unes faisant mention toutes deux de l'office de grant maistre d'hostel et que nous vous informions se avecques et ensemble l'office de vostre chambellan ledit office de grant maistre de vostre hostel soient bien compatibles, et que, s'aucuns ordonnances, registres ou enseignemens en sont en vostre Chambre des comptes, que le vous rescripvons. Si vous plaise savoir, nostre Souverain Seigneur, que, pour ceste cause, nous avons veu et visité les livres, comptes, et autres escripts qui nous a semblé à voir et regarder en vostre dicte Chambre sur ceste matiere, mais que, determinement, y soit faicte mention de ce que dit est, ne l'avons point vu ne trouvé. Vray est, nostre Souverain Seigneur, que, du temps de vos devanciers Roys, on a bien vu que audit office de grant maistre d'hostel l'on pourvoit d'un des notables chevaliers qui feust, lequel ne prenoit à court hostellages ne livrées, ne autres droits appartenans à l'office de chambellan, ne le chambellan aussy qui parvenoit au dit office de grant maistre d'hostel, et ont tousjours lesdiz deux estatz de grant maistre d'hostel et de chambellan esté deux offices differens et separez chascun d'iceux, ayant ses droits, et par ce incompatibles. Nostre Souverain Seigneur, nous prions le Saint-Esperit qu'il vous ait en sa sainte garde, et vous doint bonne vie et longue.

Escrit à Paris, le cinquiesme jour de janvier[1].

VIII.

Le Roi aux habitants de Lyon

Montils-les-Tours, 18 février 1447.

De par le Roy.

Chiers et bien amez, pour ce que nostre ville de Lyon est l'une des notables citez de nostre royaume, estant ès fins et extremitez d'icellui, et que en teles villes qui sont comme clefz de nostre dit royaume a besoing de plus grant garde que ès autres qui ne sont pas en limite, nous vous avons dès pieça et plusieurs foiz mandé et ordonné que vacquessiez diligemment à la garde d'icelle nostre ville pour obvier à tous inconveniens; et toutesvoies nous avons esté advertiz que vous ne faites faire guet ne garde nuit ne jour, et

1. Copie moderne, Fontanieu, 119-120.

que toutes manieres de gens y entrent et en yssent à toutes heures, en tel nombre et abillement que bon leur semble, sans ce que on saiche qu'ilz sont, et telement que s'ilz avoient vouloir de mal faire, s'en pourroient ensuir de très grans inconveniens. Desquelles choses nous donnons grans mervelles, et pour ce vous mandons et commandons de rechief très expressement, sur tant que nous doubtez desplaire, que vous vacquez et faites diligemment entendre à la garde d'icelle nostre ville, tant des portes que autrement, telement que aucun inconvenient n'en adviengne. Et sur les choses dessus dictes pourveez et vous conduisez par l'advis et conseil de noz amez et feaulx conseillers l'evesque de d'Aleth, le grant maistre de nostre hostel et maistre Girart Le Boursier, qui sont par delà, ausquelx nous en escripvons presentement. Et en ce ne faites faulte.

Donné aux Montilz lez Tours, le xviii° jour de fevrier.

  CHARLES.

        De la Loere[1].

IX

Le Roi aux habitants de Lyon

Montils-les-Tours, 4 mars 1447.

A noz chiers et bien amez les conseilliers de nostre ville de Lyon.

De par le Roy.

Chiers et bien amez, nous avons sceu par noz officiers estans de pardelà, et mesmement par nostre maistre d'ostel Johan d'Aulon, chevalier, la bonne obeissance et loyaulté que avez tousjours eue envers nous et nostre seigneurie, et comment avez bien et diligemment obey et obtemperé à tout ce que vous ont requis de par nous nosdiz officiers, dont vous en savons très grant gré; et pour ce que encores sommes deliberez d'entretenir nos diz officiers en la ville de Lyon pour le bien et conservacion de nostre dicte seigneurie, et que savons certainement que pour rien ne vouldriez varier né faire faulte contre nostredicte seigneurie, vous mandons que, en tous noz affaires que vous requerront nosdiz officiers, les vueillez avoir en especial recommandacion, ainsi que avez tousjours fait et que y

---

1. Original signé, trace de sceau plaqué en cire rouge. Archives de Lyon, AA 20, f. 14.

avons parfaicte fiance, et par maniere que en doyons tousjours plus estre contens de vous.

Donné aux Motiz les Tours, le iv° jour de mars.

CHARLES.

DE LA LOÈRE [1].

X

Le Roi aux doyen et chapitre de Lyon

Montils-les-Tours, 14 mars 1447.

A nos amez et feaulx les doyen et chappitre de l'eglise de Lyon.

Nos amez et feaulx, nous avons sceu que Nostre Saint Pere le Pape a commis et ordonné nostre amé et feal conseiller l'evesque d'Orlliens vicayre au gouvernement de l'eglise de Lyon, jusques à ce que nostre cher et amé cousin Charles de Borbon soit en aage, dont nous sommes bien content; et pour ceste cause avons levée nostre main qui avoit esté mise ou temporel de ladicte eglise. Si vueillez recevoir ledit vicaire ou ses commis et ordonnez sur ce à l'administracion de ladicte eglise, et au surplus luy obeyr et faire obeir comme en tel cas appartient.

Donné aux Motiz, le xiiii° jour de mars.

CHARLES.

DE LA LOÈRE [2].

XI

Le Roi au duc de Savoie

Bourges, 3 septembre 1447.

A nostre très cher et très amé cousin le duc de Savoye.

Très cher et très amé cousin, nostre très cher et très amé frere le duc d'Orleans, à present duc de Millan par le deces du feu duc son oncle, puis nagueres alé de vie à trespas, comme son plus prou-

---

1. Original signé sur papier, petit format; trace de cachet particulier; rare pièce quant à la forme. Archives de Lyon, AA 22, f. 70.
2. Copie existant dans les registres capitulaires de Saint-Jean de Lyon. Archives du Rhône, G 3000, f° 27 v°. Communication de M. J. Vaesen.

chain hoir, habille à lui succeder, se est trait par devers nous et nous ha bien exprès fait dire et remonstrer le bon droit qu'il a audit duchié de Millan et hoirrie de son dit oncle, lequel, selon toute rayson et bonne equité, lui doevent apartenir, en nous humblement suppliant et requerant, comme à son souverain seigneur et ou chief de l'ostel dont il est yssu, et à celluy à qui, en ses afferes, tant par la proximité de lignage en quoy il nous attient comme pour les services que sanz varier continuelement il nous ha fait, il doit avoir recours, et pour lesqueulx et acquiter sa loyauté envers nous il a enduré si longue prison et soustenu et souffer tant de pertes et domaiges que, à la conservacion de son bon droit audit duchié et hoirie dudit feu duc de Millan, et à ce que d'iceulx il puisse avoir paisible possession et seignorie, ainsy que rayson est, nous le voullons pourter, soubstenir et favoriser, et lui donner tout conseil, confort et ayde; laquelle chouse, tant par consideracion de ce que dit est comme pour ce que nature et tout droit et bonne rayson veulent et nous inclinent et amonestent le soubstenir, pourter et favoriser ès chouses dessusdictes, et que ne voyons pas, en faisant nostre devoir, que raysonablement il ne nous convegine[1] ainsy le fere, lui avons octroyée, accordée et consentie. Et pour ce que, pour parvenir aux chouses dessus dictes, ait besoing de soy aider de tous ceulx qui povent en ladicte matiere, et que estes prouchain voysin des marches dessus dictes et savons certainement que y povez beaucop finer et ayder, aussy que estes descendu de l'ostel d'où est nostre dit frère et ouquel y quiert son refuge, pour quoy raysonablement estes plus tenus et devés estre plus enclin à le pourter, soustenir et ayder, nous vous signifions nostre vouloir et entencion touchant ladicte matiere, lequel est en effect de pourter, soubstenir, favoriser, aider et conforter nostre dit frère en son bon droit qu'il ha audit duchié de Millan et hoirie de son dit feu oncle, en tout ce que possible nous sera. Et par maniere que, moyennement l'aide de Nostre Seigneur et son bon droit, nous esperons qu'il demourra paisible seigneur et possesseur dudit duchié et hoirrie, ainsy que rayson est, vous priant que en ce ne luy donnés aucun destourbier ou empeschement, ainçois, en ce que possible vous sera et dont requis serés, lui veuilliez donner tout conseil, confort et aide; car contre tous ceulx qui en son bon droit le vouldroyent molester, perturber ou empescher, nostre entencion est de

---

1. *Sic*, pour « convegne ».

le pourter, soustenir, favoriser par toute maniere à nous possible, ainsi que plus à plain avons chargié nostre bien amé et feal eschanceon Raoulin Regnault, escuier, vous dire et exposer, lequel veuillés croire de tout ce qu'il vous dira de par nous pour ceste foys touchant lesdictes matieres.

Donné à Bourges, le troisieme jour de septembre.

CHARLES,

DE LA LOERE[1].

Au dos : *Copia litterarum Regis pro duce Aurelianensi.*

XII

Charles VII au chapitre d'Angers

Bourges, 25 octobre 1447.

Très chiers et bien amez, pour ce que tousjours desirons les Eglises de nostre Royaume, et par especial les cathedrales desquelles sommes protecteurs et garde, fructifier et prosperer, leurs prerogatives, privileges, franchises et libertez estre entretenu, et obvier que par division, controverses et debatz elles ne cheent en desolation, ou que aucun inconvenient y aviegne et que soit[2] de nostre consentement, soubz esperance de pacifier vostre eglise, laquelle, comme savez assez, a esté longtems en contemps et debat pour les droits pretendus à par feu maistre Jehan Michel, dernier possesseur du dit evesché, d'une part, et notre très chier cousin le cardinal d'Estouteville, d'autre, dont plusieurs inconvenients sont advenus en ladicte eglise, ainsy qu'il est tout notoire, appoinctement a esté prins entre nostre dit cousin le cardinal, ou ses procureurs pour luy souffisament fondés, et nostre bien amé maistre Jehan de Beauvau, fils naturel et legitime de nostre amé et feal conseiller et chambellant Bertrand de Beauvau, chevalier, sire de Precigny, pour le droit pretendu par iceluy nostre cousin le cardinal oudit evesché, et lequel maistre Jehan de Beauvau est nostre conchanoine, et par le moyen duquel, tant à cause dudit droit pretendu par nostre cousin, lequel il a delaissé en faveur de la promotion d'iceluy maistre

---

1. Copie du temps. Archives du canton de Genève, ms. 154, n° 1. Communiqué par M. Fréd. Borel. Cf. Gaullieur, *Archiv für Schweizerische Geschichte*, t. VIII, p. 273-75.
2. Il faut lire sans doute : « et escheoit. »

Johan de Beauvau que autrement, et de ses parents et amis, est vraisemblable que ladicte eglise pourra estre mieux et plus aiseement pacifié que par nul autre, et ses dits drotts, prerogatives, franchises et libertés gardées, conservées et maintenues, et le patrimoine, jurisdiction et autres choses à icelle appartenans, qui de present sont en piteux estat à l'occasion desdits debats et vont en ruyne et desolation, comme l'en dit restaurés et remis sus, nous vous prions, en faveur et contemplacion de vostre dicte eglise et pour le bien d'icelle, principalement à ce qu'elle puisse demourer en bonne union et conformité, et tous les debaz et contencions estans à cause d'icelle cedés et pacifiez, vous vueillez iceluy maistre Johan, le fait duquel nous avons très à cœur, tant pour les causes dessus dictes que pour la bonne relation qui faite nous a esté de sa personne, de laquelle avez assez cognoissance, et esperé l'en, considerez les vertus et merites qui sont en luy, que une fois il fera grand fruit en Sainte Eglise, en vostre election, qui prochainement se fera, avoir pour especialement recommendé et iceluy elire et postuler en votre evesque et pasteur, en laquelle chose faisant croions que sera œuvre à Dieu agreable, à ladicte eglise profitable, et de ce vous sçaurons très bon gré, et en aurons vous et vos affaires et ceux de ladicte eglise en plus especiale recommandation, ainsi que plus amplement nous avons chargé nos amés et feaulx conseillers maistre Guillaume Cousinot, maistre des requestes de nostre hostel, et Johan Havart, nostre varlet tranchant, vous dire et exposer de par nous, lesquels vouillez croire et adjouter foy à ce qu'ils vous diront de nostre part touchant lesdictes matières, comme se nous mesmes le vous disions.

Donné à Bourges, le XXIII° jour d'octobre.

CHARLES [1].

« Au dos de la susdicte lettre est escrit : « Exhibita et præsentata fuit præsens lettera die mercurii XXV° octobris MCCCC XLVIII [2] per Cousinot et Havart infra nominatos. »

---

[1]. Copie moderne dans la Collection de D. Housseau, vol. IX, n° 3930, d'après les Archives du Chapitre d'Angers.
[2]. *Sic* pour XLVII. — La date de la pièce est évidemment 1447 : l'élection de Jean de Beauvau eut lieu le 27 octobre 1447 (*Gallia Christiana*, t. XIV, col. 580).

XIII

Le Roi au duc de Somerset

Razilly, 13 mai 1449.

A hault et puissant nostre tres chier cousin le duc de Somerset.

CHARLES, PAR LA GRACE DE DIEU, ROY DE FRANCE,

Hault et puissant très chier cousin, nous avons receu les lectres que, par maistre Guillaume Cousinot et Pierre de Fontenil, nos conseillers et ambaxeurs, escriptes nous avez, et aussi celles que maistre Jehan Lenfant et Jehan Hanneford, chevalier, consiliers de nostre beau nepveu d'Angleterre, et vos ambaxeurs, nous ont presentées de par vous, ensemble oy ce que par iceulx vos ambaxeurs nous a esté dit et exposé de vostre part. Ausquelles choses leur avons fait responce que tousjours vouldrions tout debvoir estre fait de nostre part, ne, comme povez avoir congneu, n'est aucun inconvenient en nostre deffault advenu ou fait des treves. Mais, besongner presentement ez autres attemptaz et laissier le fait de Fougières derrière, qui est si grant et si enorme, et si directement contre la teneur desdictes treves, est chose bien clere que ce seroit petitement pourveoir à l'entretenement d'icelles. Vous congnoissez le cas tel qu'il est, et les inconveniens qui, par faulte de reparacion, en puent ensuivir. Vous estes celui qui avez la charge et lieutenance general de par nostre beau nepveu d'Angleterre deça la mer, et à qui on doit avoir recours, et estes tenu de donner provision quant tels cas adviennent. Et ainsi nous a-t-il esté fait scavoir, de bouche et par escript, par deux fois, par nostre dit nepveu. Vous scavez ce que la treve porte et congnoisslez ce qui est à faire par raison touchant ladicte matiere. Vosdiz ambaxeurs nous ont dit que vous aviez entier vouloir et bon au bien de paix et à l'entretenement desdictes treves. Nostre intencion est de envoier bref aucuns des gens de nostre Conseil à Louviers ou à Evreux ; ils verront quel debvoir et quelle reparacion auront esté fais par effet touchant ladicte matiere, et, fait de vostre part ce qu'il appartient, de la nostre sera tellement fait, au plaisir de Dieu, que chascun pourra congnoistre que nous avons entier et bon vouloir au bien de la paix et à l'entretenement desdictes treves.

Donné à Razillé, le XIII° jour de may.

CHARLES[1].

XIV

Le Roi au roi d'Angleterre

Razilly, 3 juin 1419.

A très hault et puissant prince nostre très chier nepveu d'Angleterre, Charles, par la grâce de Dieu, Roy de France, inclinacion d'amour, avec cordial desir à toute vraye paix et parfaite union.

Très hault et puissant prince, nostre très chier nepveu, pour ce que souventes fois nous avés fait savoir que oïr de nos nouvelles vous est chose bien agreable, ainsi que du semblable estre de vous acertené en bien nous est grant lyesse et consolacion, se vostre plaisir estoit d'en savoir, nous estions, à la façon de cestes, en bon estat et disposicion, graces à Nostre Seigneur, qui pareillement vous vueille tout temps maintenir, comme de bon cuer le desirons et que pour nostre propre personne mieulx le saurions demander ou requerir. Tres hault et puissant prince nostre très chier nepveu, par ce que derrenierement vous avons escript par Edouart Gymeston, escuier, vostre serviteur et familier domestique, vous avez peu voir la responce que lui avons faicte aux troys poins dont il nous avoit parlé de par vous. Et, pour ce que chascun jour seurviennent nouvelles choses, et que puet estre on vous donne ou pourroit donner à entendre autrement que la verité, nous envoyons presentement par devers vous nostre amé et feal variet tranchant Jehan Havart, porteur de cestes, pour vous dire et exposer bien au long tout le demené des matières; car croyez que nous avons tousjours eu bon vouloir au bien de paix et eussions esté bien joyeux que tous bons et convenables moyens y eussent esté trouvez, ne à nous n'a tenu ne ne tiendra. Si vous prions que ledit Havart vous plaise benignement oïr et adjouster pleine foy à tout ce qu'il vous dira de nostre part, pour ceste foiz, touchant les choses dessus dictes, et par luy nous signifier s'il est chose à vous agreable que convenable-

---

1. Copies modernes. Du Puy, 760, f. 153, et ms. fr. 13954, f. 3; édité par D. Morice, t. II, col. 1156.

ment faire puissions, pour nous y emploier de très bon cuer, au plaisir de Nostre Seigneur, lequel nous prions, très hault et puissant prince nostre très chier nepveu, que tousdis vous vueille avoir et tenir en sa saincte et benoiste garde.

Donné à Rasilly, le III⁰ jour de juing[1].

XV

Le Roi à la reine d'Angleterre

Razilly, 3 juin 1449.

A très haulte et puissante princesse nostre très chière niepce d'Angleterre, Charles, etc., salut et entière dilection.

Très haulte et puissante princesse nostre très chière niepce, pour ce que pensons que estre acertenée de noz nouvelles en bien est chose que bien vous vient à plaisir, ainsi que de vous oir le semblable nous est singuliere resjoissance, se vostre plaisir estoit d'en savoir, à la rescription des presentes nous estions en bon estat et disposicion, graces au benoist filz de Dieu, qui le pareil tout temps vous vueille octroyer, ainsi que parfaitement le desirons et que pour nous mesmes mieulx le saurions souhaitter. Au sourplus, très haulte et puissante princesse nostre très chière niepce, nous envoyons presentement par devers très hault et puissant prince nostre beau nepveu, vostre espoux, nostre amé et feal varlet tranchant Jehan Havart, pour luy dire et remonstrer aucunes choses touchant l'estat et le demené des matieres de par deça, lequel Havart avons chargé vous aler faire la reverence et nous raporter au vray du bon estat, santé et prosperité de vostre très noble personne, que Dieu, par sa saincte grace, vueille tousjours conduire et entretenir de bien en mieulx. Si vous prions que, par icelui Havart, nous en vueillez faire savoir, ensemble s'il est chose à vous agreable que convenablement faire puissions, pour nous y employer de très bon cuer, au plaisir de Nostre Seigneur, lequel nous prions, très haulte et puissante princesse nostre très chière niepce, qu'il vous ait et tiegne en sa saincte et benoiste garde.

Donné à Raisilly, le III⁰ jour de juing [2].

---

1. Minute sur papier. *Chartes royales*, XV, n⁰ 209.
2. Minute sur papier. *Chartes royales*, XV, n⁰ 208.

TABLE DES MATIÈRES

LIVRE IV : CHARLES VII PENDANT LA TRÊVE AVEC L'ANGLETERRE

CHAPITRE I. Les expéditions de Suisse et de Lorraine. — Campagne du Dauphin. — 1444.

Allégresse générale à la nouvelle de la trêve avec l'Angleterre ; après avoir délivré ses sujets des maux de la guerre, Charles VII veut les mettre à l'abri des routiers. — Ouvertures faites par Frédéric III, en lutte contre les Suisses, en vue d'obtenir un corps de troupes ; après avoir échoué tout d'abord, il revient à la charge et demande le secours de la France ; la campagne du Dauphin est décidée. — Véritable but de cette campagne ; visées de la politique royale ; la limite du Rhin ; pendant que le Dauphin marche contre les Suisses, le Roi se décide à attaquer Metz. — Arrangements faits avec les Anglais après la trêve ; négociations entamées pour la libération du comte d'Angoulême ; appréciations de ce prince sur la situation ; lutte d'influences autour du Roi. — Départ du Dauphin pour son expédition ; concentration de l'armée à Langres ; marche sur Montbéliard. — Effroi causé en Alsace par sa venue ; entrée de l'avant-garde en Suisse ; victoire de Saint-Jacques. — Négociations avec la ville de Bâle et les cantons suisses, bientôt suivies de la conclusion d'un traité d'alliance entre le Dauphin et les confédérés. — Attitude du roi des Romains à Nuremberg ; ambassade envoyée au Dauphin ; négociations entamées. — Le Dauphin s'installe à Ensisheim ; ses troupes occupent la haute Alsace et se répandent dans la basse Alsace ; Strasbourg est menacé. — Suite des négociations entre le roi des Romains et le Dauphin ; ambassade de Charles VII ; réponse du Dauphin aux plaintes de Frédéric. — Mesures militaires prises par ce prince ; le Dauphin n'en poursuit pas moins sa marche en avant ; il s'arrête au moment où l'on croit qu'il va attaquer Strasbourg. — Négociations entre le duc Albert d'Autriche et le Dauphin ; on convient d'une suspension d'armes. — Le Dauphin quitte l'Alsace, après avoir assigné des cantonnements à ses troupes 7

CHAPITRE II. Les expéditions de Suisse et de Lorraine. — Campagne du Roi. — 1444-1445.

Le Roi s'avance vers la Lorraine ; négociations avec Épinal, qui lui ouvre ses portes ; sommations à Verdun et à Toul. — L'armée devant Metz ; les Messins sont requis d'envoyer une députation au Roi ; conférences à Nancy avec les députés ; poursuite des hostilités ; énergique résistance des Messins. — Nouvelles négociations ; elles aboutissent à la conclusion d'un traité. — Verdun et Toul finissent par accepter le protectorat royal. — Plaintes du roi des Romains au sujet de ces démonstrations contre des villes impériales ; réponse de Charles VII. — Frédéric III demande l'évacuation de l'Alsace ; l'archevêque de Trèves se porte médiateur ; par son entremise l'évacuation est obtenue. — Résultats diplomatiques de la double expédition dans l'est : traités avec les princes allemands ; importance de ces traités. — Suite des négociations avec le roi des Romains ; instructions aux ambassadeurs français qui devaient se rendre à Mayence ; conférence de Boppart avec les électeurs. — Incident de Sainte-Croix-aux-Mines : capture de l'artillerie du Dauphin ; négociations à ce sujet avec le margrave de Bade. — Diète de Francfort ; Charles VII y envoie des ambassadeurs ; ses lettres aux princes-électeurs ; Frédéric III oppose une fin de non-recevoir à toutes les réclamations ; il se décide pourtant à mettre en liberté son pupille le duc Sigismond. 47

CHAPITRE III. La Cour à Nancy et à Châlons. — 1444-1445.

Les *fêtes du Roi* et la Cour; le roi René reçoit Charles VII à Nancy avec grande pompe. — Portrait de Charles VII. — La reine Marie d'Anjou; la dauphine Marguerite d'Écosse. — Grande affluence de princes et de seigneurs à Nancy; ambassade du marquis de Suffolk; mariage de Marguerite d'Anjou; fêtes et divertissements; joutes; départ de la reine d'Angleterre. — On apprend la mort de Radegonde de France; la Cour quitte Nancy. — La duchesse de Bourgogne à Châlons; ses relations avec la Reine et la Dauphine. — Nouvelles fêtes; pas d'armes de Jacques de Lalain; arrivée du comte d'Angoulême. — Mariage du connétable de Richemont, en troisièmes noces, avec Catherine de Luxembourg; rivalités et divisions dans l'entourage royal; grands seigneurs éloignés de la Cour. — Affaire du comte d'Armagnac; le Roi instruit la cause; abolition donnée sous condition. — Maladie de la Dauphine; sa mort; départ de Châlons. 77

CHAPITRE IV. Les conférences de Châlons. — 1445.

Attitude de Philippe le Bon depuis le traité d'Arras; il ne s'inspire que de vues personnelles; il conclut un traité séparé avec l'Angleterre. — Menaces d'un conflit entre le Roi et le duc; entreprises des écorcheurs sur les pays du duc; incident du passage de Floquet et de Mathew Gough en Picardie; le duc rassemble une armée; inquiétudes qu'il conçoit de l'expédition du Dauphin; ravages commis par les écorcheurs en Franche-Comté; la guerre existe de fait. — Moyens employés par le Roi pour prévenir une rupture : ambassade de Pierre de Brezé; conférence de Bruxelles. — On décide la réunion d'une nouvelle conférence; mémoires remis par la chancellerie bourguignonne; préliminaires de la conférence de Reims. — Nouvelles menaces de conflit durant la retraite des écorcheurs après l'expédition du Dauphin; mesures prises par le Roi et le Dauphin pour prévenir toute agression. — Instructions du duc à ses ambassadeurs; ouverture des conférences à Reims; arrivée de la duchesse de Bourgogne et des ambassadeurs de son mari; exposé des griefs et des réclamations du duc. — Les conférences se poursuivent à Châlons; mémoire présenté par la duchesse de Bourgogne; points mis en discussion. — Arrangements pris avec la duchesse. — Nouvelles difficultés qui surgissent aussitôt : passage du sire d'Orval à travers la Bourgogne; prise d'armes d'Évrard de la Mark. — Le duc tient l'assemblée solennelle de la Toison d'or; affront qu'il reçoit en pleine réunion des chevaliers de son ordre. . 112

CHAPITRE V. Négociations avec l'Angleterre. — La grande ambassade de 1445.

Négociations matrimoniales avec le duc d'York; elles échouent. — Envoi d'une grande ambassade en Angleterre; son entrée à Londres. — Portraits de Henri VI et de Suffolk. — Vote du Parlement en faveur de Suffolk. — Henri VI donne audience aux ambassadeurs; exposé de leur créance; gracieux accueil du jeune roi. — Nouvelle audience le lendemain; protestations amicales de Suffolk; discours de l'archevêque de Reims; désignation de commissaires. — Ouverture des conférences; propositions faites par l'archevêque, au nom de ses collègues; discussions sur l'étendue des cessions territoriales.— Nouvelles réunions; concessions faites par les ambassadeurs de France; projet d'une convention entre les deux rois. — Nouvelle audience donnée par Henri VI à trois des ambassadeurs; l'archevêque de Reims sollicite l'approbation du roi pour le projet de convention personnelle; réponse du chancelier d'Angleterre; le projet soumis au Conseil. — Avis favorable du Conseil; pouvoirs donnés pour le renouvellement de la trêve; traité de Londres. — Ambassades d'André Moleyns en France et de Cousinot et Havart en Angleterre; ces deux ambassadeurs réclament l'abandon du comté du Maine. — Nouvelle prorogation de la trêve; lettres de Henri VI à Charles VII relativement à la paix et à la cession du Maine 142

CHAPITRE VI. La Cour à Razilly. — Faveur d'Agnès Sorel. — Intrigues du Dauphin. — 1445-1446.

Le Roi s'installe au château de Razilly près Chinon. — Faveur d'Agnès Sorel; nature de son influence. — Les mignons du Roi : Villequier, Gouffier, Clermont, Aubusson. — La garde du Roi : éléments dont elle se compose. — Les princesses d'Écosse à la Cour. — Enquête sur la conduite de Jamet de Tillay à l'égard de la Dauphine. — Le duc de Bretagne à Chinon ; cérémonie de l'hommage ; joutes à Chinon. — Affaire de Gilles de Bretagne ; son arrestation. — Attitude du Dauphin ; ses intrigues. — Complot dans lequel il veut entraîner Antoine de Chabannes ; desseins du Dauphin ; découverte du complot ; interrogatoire de Chabannes. — Grandes affaires qui occupent le Roi ; mariage de Jeanne de France avec le comte de Clermont ; mort du comte de Vendôme ; naissance de Charles de France. — Le Dauphin quitte la Cour, et se retire en Dauphiné 169

CHAPITRE VII. Le complot de Guillaume Mariette. — 1447-1449.

La Cour à Montils-les-Tours, à Mehun-sur-Yèvre, à Bois-Sir-Amé et à Bourges. — Sourdes menées du Dauphin ; arrivée de Guillaume Mariette à Bourges ; ses rapports avec Brezé ; Mariette dénonce le Dauphin au Roi. — Le comte du Maine reparaît à la Cour ; il se rapproche de Brezé. — Arrestation de Mariette ; il s'échappe et se réfugie en Dauphiné, où les officiers du Dauphin l'emprisonnent. — Procès instruit par ces officiers contre Mariette ; dénonciation contre Brezé faite par le Dauphin. — Mariette est transféré à Chinon et de là à Paris, dans la Bastille ; condamné par le Parlement, il est exécuté. — Brezé demande à être jugé et se constitue prisonnier ; son procès ; il obtient des lettres de rémission. — Voyage d'Agnès Sorel à Paris ; pèlerinage à Sainte-Geneviève. — Brezé reparaît à la Cour, plus en faveur que jamais ; la campagne de Normandie est décidée. — Agnès Sorel à Loches ; elle vient rejoindre le Roi à l'abbaye de Jumièges, où elle donne le jour à une fille ; elle tombe malade ; ses derniers moments ; sa mort 202

CHAPITRE VIII. La politique royale en Italie. — Entreprise sur Gênes et sur Asti. — 1444-1447.

Intérêts politiques de la France en Italie : le duc d'Orléans et le duché de Milan ; le roi René et le royaume de Naples ; la possession de Gênes : lettres d'abolition données aux Génois. — Impression causée en Italie par la victoire de Saint-Jacques ; ouvertures faites au Dauphin par le duc de Milan et la république de Gênes ; le duc de Savoie conclut avec lui un traité. — Négociations avec le duc de Milan : mission de Coucourt ; ambassade de l'évêque d'Albenga ; conditions de l'alliance projetée. — Nouvelle ambassade milanaise à Nancy et à Châlons : relation des ambassadeurs. — Négociations avec le duc de Savoie : projet d'occupation de Gênes et de conquête du Milanais ; traité secret passé à Genève. — Inquiétudes du duc de Milan ; battu par les Vénitiens, il se retourne vers la France : ambassade de Thomas Tibaldo ; instructions données à cet ambassadeur ; traité de Tours. — Difficultés faites par le duc de Milan ; nouvelle ambassade de Tibaldo. — Projet d'une entreprise sur Gênes ; Charles VII se met en relations avec les seigneurs génois et prend avec eux des arrangements ; envoi d'une ambassade à Marseille ; dispositions concertées par les ambassadeurs avec Janus de Campo Fregoso. — Campo Fregoso occupe Gênes ; une fois en possession du pouvoir, il chasse les Français qui l'avaient accompagné. — Étonnement des ambassadeurs restés à Nice ; ils comptent sur une prompte revanche ; rapports qu'ils adressent à la Cour et au Dauphin ; conseil tenu à Romans avec le Dauphin ; la marche sur Gênes est décidée. — Échec subi par les ambassadeurs, qui sont contraints de quitter Gênes sans coup férir. — Relations avec les puissances italiennes ; attitude de Philippe-Marie ; sa correspondance secrète avec Sforza ; conclusion définitive du traité avec la France. — Délais apportés par Philippe-Marie à la remise d'Asti ; il entame de nouvelles négociations ; sa mort. — Charles VII revendique les droits du duc d'Orléans sur le duché de Milan ; Dresnay s'installe à Asti, entame des négociations avec Sforza, et se met en campagne ; il est battu devant Bosco. — Arrivée du duc d'Orléans à Asti ; impuissance de ce prince ; Charles VII abandonne la partie 220

CHAPITRE IX. La pacification de l'Église. — 1444-1449.

Situation de la Papauté ; Eugène IV, après avoir consommé l'union avec l'Église grecque, s'efforce d'arrêter l'invasion musulmane. — Ses relations avec Frédéric III ; le roi des Romains se décide à sortir de la neutralité et à reconnaître Eugène IV. — Les électeurs de l'Empire entrent en négociations avec Eugène IV, auquel ils prétendent imposer leurs conditions ; le Pape renvoie la solution à la diète de Francfort, où rien n'est résolu. — Intervention de Charles VII ; pourparlers avec le duc de Savoie, en vue d'obtenir le désistement de l'antipape; convention du 30 mars 1446. — Le Roi décide l'envoi d'une ambassade à Lyon pour travailler à la pacification; instructions rédigées à cet effet; propositions formulées en Conseil au mois de novembre. — Mission donnée à l'archevêque d'Aix, nonce du Pape, et à Élie de Pompadour; ambassade envoyée à la diète de Nuremberg. — Mort d'Eugène IV, au moment où il venait d'être reconnu comme pape par les princes électeurs; nomination de Nicolas V; le nouveau pape notifie son élection à Charles VII. — Le Roi est investi par Nicolas V de la mission de travailler à la pacification de l'Église; il reçoit une lettre de l'antipape. — Succès de la démarche du roi auprès de l'archevêque de Trèves; l'archevêque promet de s'employer en personne à la pacification. — Assemblée de Bourges, à laquelle il prend part en son nom et au nom de trois des électeurs de l'Empire; déclaration fixant les bases des négociations. — Assemblée de Lyon; instructions données aux ambassadeurs du Roi. — Adhésion de l'Allemagne à Nicolas V. — Conférences de Genève; articles produits par les plénipotentiaires royaux; prétentions de l'antipape; convention du 1er décembre 1447. — Relations de Charles VII avec Nicolas V; attitude du Pape; il s'en rapporte au Roi. — Grande ambassade à Rome; accueil favorable qu'elle reçoit; lettre de Nicolas V au Roi. — Continuation des négociations avec l'antipape; efforts qu'il fait pour obtenir des concessions; déclaration du 4 avril 1449. — Renonciation de Félix V à la Papauté; Nicolas V ratifie tout ce qui a été fait; il adresse à Charles VII un bref de félicitations pour avoir accompli la grande œuvre de la pacification 262

CHAPITRE X. L'occupation du Mans. — 1446-1448.

Conférences d'Évreux, de Louviers et de Rouen; traité du 16 décembre 1446. — La situation en Angleterre; déclarations faites devant le Parlement; vote en faveur de Suffolk. — Relations entre Charles VII et Henri VI: ambassade de Moleyns et de Dudley; ambassade de Havart; traité passé à Londres le 18 décembre 1446. — Nouvelle ambassade de Moleyns et de Dudley; prorogation de la trêve. — Réunion du Parlement; arrestation et mort subite du duc de Glocester; bill d'indemnité décerné à Suffolk. — Arrivée à Londres du comte de Dunois à la tête d'une nouvelle ambassade; déclaration de Henri VI relativement à l'abandon du Maine; ordres donnés à ce sujet. — Résistance opposée à l'exécution de ces ordres; conférence du Mans; mauvaise foi des commissaires anglais. — Réclamations de Charles VII; convention passée à Tours; elle n'est point exécutée. — Brézé à Rouen; nouvelle convention faite avec Thomas Hoo; les commissaires royaux s'avancent à la tête d'une armée pour la mettre à exécution. — Charles VII à Lavardin; traités passés avec les ambassadeurs anglais venus vers le Roi; attaque et occupation du Mans 284

CHAPITRE XI. La rupture avec l'Angleterre. — 1448-1449.

Arrivée en France du duc de Somerset; Charles VII lui envoie une ambassade pour se plaindre de l'occupation de Saint-James de Beuvron et de Mortain; réponse de Somerset. — Ambassade du héraut Valois en Angleterre; instructions données par Charles VII à son envoyé. — Conférence de Louviers; les commissaires royaux n'obtiennent aucune satisfaction. — Réponse de Henri VI aux remontrances présentées par le héraut Valois; lettres du roi d'Angleterre à Somerset et à Charles VII. — Relations de Somerset avec la cour de France; il envoie Carter en Angleterre pour avoir de nouvelles instructions. — Nouvelle conférence tenue aux environs de Louviers; résolution prise. — Troisième conférence à Louviers. — Nouvelle ambassade du héraut Valois en Angleterre; sommation faite à Somerset. — Plaintes adressées au Roi par Somerset; envoi de Cousinot et de Fontenil à Rouen; on n'aboutit à aucun résultat. — Occupation de Fougères par les Anglais; caractère de cet attentat; attitude du Roi; démarches faites par le duc de Bretagne auprès de Somerset et du Roi. — Ambassade de Somerset au Roi; Charles VII demande réparation de l'attentat; démêlés avec les envoyés de Somerset. — Ambassade de Havart en Angleterre; instructions qu'il reçoit. — Occupation de plusieurs places par des capitaines français agissant dans l'intérêt du duc de Bretagne; Charles VII se prépare à la lutte; traité passé avec le duc de Bretagne. — Conférence de Louviers; déclaration des commissaires royaux. — Première assemblée des Roches-Tranchelion; la guerre est décidée; mesures prises par le Roi. — Dernière ambassade de Somerset; seconde assemblée des Roches-Tranchelion; dernière délibération au sujet de la guerre; réponse donnée en public aux envoyés de Somerset 300

CHAPITRE XII. Relations avec le duc de Bourgogne et avec les princes allemands. — 1446-1447.

Extension démesurée de la puissance bourguignonne; lutte d'influence qui se prépare en Allemagne entre Charles VII et Philippe le Bon. — Avertissement indirect donné au duc par le Roi à propos du titre *par la grâce de Dieu* ; réponse faite par ce prince. — Le duc d'Orléans et le sire de Gaucourt à la Cour du duc ; échange d'ambassades avec le Roi. — Conférences à Langres et à Chaumont pour régler des questions locales ; le duc en appelle à l'autorité du Saint-Siège relativement aux infractions au traité d'Arras dont il se plaint. — Le duc se préoccupe des affaires d'Italie ; il est constamment en relations avec le duc d'Orléans et avec le Dauphin. — Démêlé du duc de Clèves et de l'archevêque de Cologne; intervention du Roi ; la guerre se prolonge durant plusieurs années. — Démarches faites par le duc en vue d'alliances matrimoniales entre sa maison et la maison impériale; négociations entamées avec le duc Albert d'Autriche, puis avec Frédéric III ; exposé de ces négociations, où Philippe poursuit à la fois le mariage du comte de Charolais avec une fille du duc de Saxe, et l'érection en royaume de ses possessions du nord. — La négociation, mal conduite par le duc, se termine par un échec complet. 333

CHAPITRE XIII. Relations avec le duc de Bourgogne et avec les princes allemands (suite). — 1447-1449.

Relations de Charles VII avec les princes électeurs ; ambassade du duc Sigismond d'Autriche ; demande de secours adressée par l'archevêque de Cologne ; mission donnée par l'électeur de Saxe à Henri Engelhard ; échange de lettres entre ce prince et Charles VII. — La guerre se poursuit contre l'archevêque de Cologne et le duc de Clèves ; elle menace de devenir générale par l'intervention du duc de Bourgogne, d'une part, et de Charles VII, de l'autre. — Projet de mariage entre le duc Sigismond d'Autriche et Éléonore d'Écosse; négociations à ce sujet avec le roi d'Écosse; échange d'ambassades entre Sigismond et Charles VII ; fiançailles de la princesse. — Intervention de Charles VII dans la lutte des Fribourgeois avec le duc de Savoie; pacification de cette querelle. — Ambassade du Roi vers le duc Sigismond ; ce prince envoie une ambassade en France pour la conclusion de son mariage ; traités du 7 septembre 1448 ; renouvellement de l'alliance entre la France et l'Écosse ; mariage du roi d'Écosse avec Marie de Gueldre. — Relations entre Charles VII et Philippe le Bon ; ambassade de l'évêque de Châlon en 1447 ; nouvelles ambassades ; la tenue d'une conférence est décidée. — Conférence de Paris ; instructions données par Philippe à ses ambassadeurs ; appointement de Paris, en date du 19 novembre; suite des négociations ; arrangements conclus au mois de janvier 1449. — Ambassade de Charles VII à Philippe à l'occasion de la rupture avec l'Angleterre. 359

CHAPITRE XIV. La réforme de l'armée. — 1445-1448.

Premiers essais de réglementation. — Mesures préparatoires prises à Nancy ; le Roi met l'affaire en délibération ; elle est longuement étudiée dans le Conseil ; part personnelle du Roi aux discussions. — Formation des compagnies d'ordonnance ; leur composition, leur effectif. — Manière dont on procède ; licenciement de tous les gens de guerre, en dehors de ceux qui entrent dans les compagnies ; merveilleux résultat de cette réforme. — Solde et logement des compagnies ; règlements faits à ce sujet ; nomination de commissaires. — Application des ordonnances. — Création des francs-archers ; teneur des lettres du 28 avril 1448. — Caractère de cette mesure ; vices d'organisation. — Des commissaires sont envoyés pour procéder à l'établissement de la nouvelle milice ; règlements relatifs aux francs-archers. 387

CHAPITRE XV. L'administration de 1444 à 1449. — Royauté, Administration centrale, Parlement, États généraux, Clergé, Noblesse, Tiers État, Finances, Commerce, Industrie.

Politique de Charles VII à l'égard des princes du sang ; affaire du comte d'Armagnac ; les princes sont soumis au droit commun. — Changements dans le personnel des grands officiers et du grand conseil. — Réformes dans l'administration de la justice. — Sommes imposées d'office dans les provinces de Languedoïl ; États généraux du Languedoc. —

Mesures prises à l'égard du clergé, de la noblesse, des provinces et des villes. — Ordonnances relatives au domaine, aux trésoriers, à l'administration des finances en général, aux monnaies. — Produit de la taille; administration des aides; liquidation d'anciennes dettes; ordonnances relatives à la Chambre des comptes. — Mesures prises pour favoriser le commerce et l'industrie. 405

NOTES SUPPLÉMENTAIRES.

I. Accusations formulées contre Pierre de Brezé et d'autres conseillers de Charles VII. 437
II. Les joutes de Nancy et de Châlons 439
III. Les prétendues lettres d'Agnès Sorel 440

PIÈCES JUSTIFICATIVES.

I. Le Roi aux gens des comptes. Tours, 20 février 1444. 443
II. Le Roi aux habitants de Reims. Montils-les-Tours, 4 juin 1444. 444
III. Le Roi aux habitants de Reims. Montargis, 25 juillet 1444 444
IV. Le Roi aux habitants de Reims. Nancy, 6 octobre 1444 446
V. Le Roi au roi des Romains. Nancy, 14 octobre 1444. 446
VI. Le Roi aux habitants d'Épinal. Nancy, 5 janvier 1445. 448
VII. Les gens des comptes au Roi. Paris, 5 janvier 1445 448
VIII. Le Roi aux habitants de Lyon. Montils-les-Tours, 18 février 1447 449
IX. Le Roi aux habitants de Lyon. Montils-les-Tours, 4 mars 1447. 450
X. Le Roi aux doyen et chapitre de Lyon. Montils-les-Tours, 14 mars 1447. . . 451
XI. Le Roi au duc de Savoie. Bourges, 3 septembre 1447. 451
XII. Charles VII au chapitre d'Angers. Bourges, 25 octobre 1447 453
XIII. Le Roi au duc de Somerset. Razilly, 13 mai 1449. 455
XIV. Le Roi au roi d'Angleterre. Razilly, 3 juin 1449. 456
XV. Le Roi à la reine d'Angleterre. Razilly, 3 juin 1449 457

TABLE DES MATIÈRES. 458

ERRATA

Tome IV — Page 87, ligne 6, au lieu de : prince *de* sang, lisez : prince *du* sang.

Page 142, la note 1 est tombée, il faut suppléer : Voir t. IV, p. 92. — La note 2 se rapporte à la 4e ligne de la page 143, au mot *Roi*.

Page 173, ligne 26, au lieu de : la seigneurie de Bois-Trousseau, lire : la seigneurie de Vernon-sur-Seine.

Page 281. Les renvois sont mal placés. Supprimer le chiffre 1 ; le chiffre 2 devient 1 et se réfère à la note 1 ; le chiffre 3 devient 2 et se réfère à la note 3 ; le troisième renvoi doit se placer à la fin du § suivant et se réfère à la note 2.

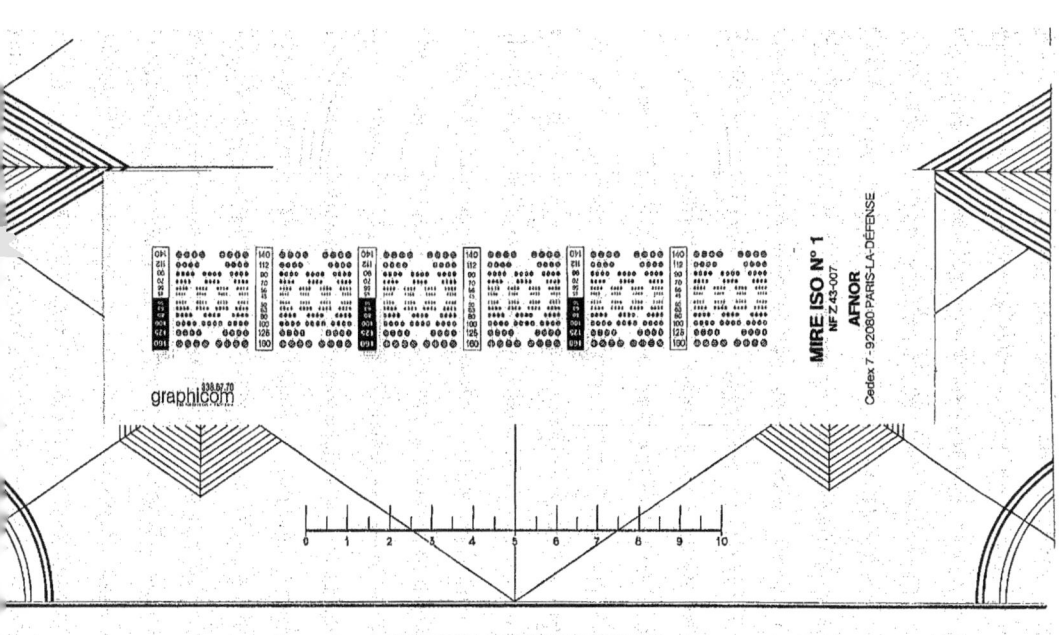

SERVICE PHOTOGRAPHIQUE

www.ingramcontent.com/pod-product-compliance
Lightning Source LLC
Chambersburg PA
CBHW070204240426

43671CB00007B/543